*Wenn ich an die Schweiz denke,
dann an Lucerne Festival!*

András Schiff

Kultur in der Zentralschweiz Band 25

ERICH SINGER
LUCERNE FESTIVAL

Von Toscanini zu Abbado

INHALT

13 **ZUM GELEIT**
Michael Haefliger – Hubert Achermann

14 **VORWORT**
András Schiff

16 *Alois Koch*

19 **URSPRÜNGE**
Die Vorgeschichte

28 **WIDERSPRÜCHE**
Zeitgeist und Luzerner Geist um 1938

51 **OUVERTÜRE**
Gelungener Start – 1938

85 **LICHT UND SCHATTEN**
1939

101 **KRIEG**
1940 bis 1944

101 **AUFSCHWUNG UND KRISE**
1945 bis 1954

167 **UMSCHWÜNGE**
1954 bis 1969

223 **MUT ZUM RISIKO**
Die künstlerische Direktionszeit von Rudolf Baumgartner 1969 bis 1980

255 **KONSOLIDIERUNG**
Die künstlerische Direktionszeit von Ulrich Meyer-Schoellkopf 1980 bis 1991

297 NEUE ASPEKTE
Die Intendanz Matthias Bamert 1991 bis 1998

339 GEGENWART
Die Intendanz Michael Haefliger seit 1998

366 NACHWORT UND DANK
Erich Singer

370 GESPRÄCH MIT PAUL SACHER

374 GESPRÄCH MIT MARIO GERTEIS

376 GESPRÄCH MIT KASPAR LANG

379 GESPRÄCH MIT HEINZ HOLLIGER

386 QUELLENVERZEICHNIS

389 PERSONENVERZEICHNIS

394 ABKÜRZUNGSVERZEICHNIS

395 BILDNACHWEIS

396 HINWEISE ZUR DVD

400 IMPRESSUM

Alle Programme, Interpreten und die Chronologie der IMF/LF ab 1938 sind online einsehbar:

www.lucernefestival.ch/archiv
Login: lucerne_festival
Passwort: classicalmusic

ZUM GELEIT

Die Geschichte eines Festivals gleicht dem Leben eines Menschen: Es ist keineswegs selbstverständlich, den 75. Geburtstag feiern zu können, denn an Risiken, Gefährdungen und Unwägbarkeiten besteht kein Mangel. LUCERNE FESTIVAL aber durfte 2013 tatsächlich dieses Jubiläum begehen, mit berechtigtem Stolz, vor allem jedoch mit Dankbarkeit für die Arbeit der Generationen, die uns vorangegangen sind und diese mutige künstlerische Gründung gewagt, entfaltet und bereichert haben. Um sie, die Musiker, die Vordenker, die Organisatoren und natürlich auch die Konzertbesucher der vergangenen Jahrzehnte dreht sich alles in diesem Buch.

Der Autor Erich Singer hat die erfolgreiche Historie des Festivals selbst zu einem guten Stück mitgestaltet: Als Orchestermusiker, Künstlerbetreuer, Pressechef, Leiter des Künstlerischen Büros und der Redaktion war er den Festspielen 36 Jahre lang verbunden und gehörte dabei zeitweilig der Geschäftsleitung an. Er hat die Chronik nun akribisch aufgearbeitet, ist in die Archive gestiegen, hat Zeitzeugen befragt und manches überraschende Dokument zutage gefördert. Sein Buch erzählt von Sternstunden, kuriosen Geschehnissen und tragischen Ereignissen, es spiegelt den Zeitgeist und beleuchtet Hintergründe. Zahlreiche historische Zeugnisse, Fotografien und eine DVD mit zum Teil unveröffentlichten Filmaufnahmen ergänzen den opulent gestalteten Band.

Diese Festspielgeschichte stellt ein unverzichtbares Nachschlagewerk dar – und bietet überdies eine spannende Lektüre für alle Musikliebhaber und Freunde von LUCERNE FESTIVAL.

Michael Haefliger
Intendant

Hubert Achermann
Präsident

LUZERNER GEDANKEN

«Woran denken Sie, wenn Sie an die Schweiz denken?» – In der heutigen sachlich-prosaischen Zeit fielen die Antworten wahrscheinlich etwa so aus: «An die UBS» oder «an Schokolade, vielleicht auch Uhren». Einst lauteten die Antworten anders. 1918 schrieb Stefan Zweig in einem seiner berühmten Feuilletons, *Die Schweiz als Hilfsland Europas*, die Schweiz sei eine Oase des Friedens in kriegerischen Zeiten. Er lobte die Neutralität des Landes, die Hilfsbereitschaft der Bevölkerung gegenüber den Flüchtlingen, die heroische Arbeit des Roten Kreuzes. Er sah die Schweiz «nicht mehr als Panorama-Landschaft, nicht mehr als Fremdenparadies, nicht mehr als Hochzeitsreisenden-Ziel, sondern als Gemeinschaft, die Nationen und Sprachen in Liebe eint».

Nur zwanzig Jahre später, 1938, wurden die Luzerner Festwochen, das heutige Lucerne Festival, gegründet, legendär das Konzert im Tribschen-Park unter der Leitung von Arturo Toscanini. Dies nach der Machtübernahme in Österreich durch Hitler und seine Nazi-Partei. Plötzlich wurde für viele bedeutende Künstler, jüdische und nicht-jüdische, die Schweiz und damit Luzern zur Oase und Insel der Kultur, der Freiheit und Unabhängigkeit. Der grosse Europäer Stefan Zweig musste seinen geliebten Wohnsitz in Salzburg endgültig verlassen und damit die *Welt von Gestern*. Heute steht auf dem Salzburger Kapuzinerberg sein Denkmal, auf dem geschrieben steht, er habe hier zwischen 1919 und 1934 gelebt, ohne Erwähnung, warum er gehen musste. So untrennbar sind eben Kunst und Politik.

Luzern und der Vierwaldstättersee: Es gibt wenig schönere Orte auf dieser Erde, mit einem See, der so geheimnisvoll ist. Kein Wunder, dass Schriftsteller und Maler von dieser Landschaft immer wieder inspiriert wurden. So etwa der Poet und Kritiker Ludwig Rellstab, der Textdichter von manchen wunderschönen Schubert-Liedern, dem wir den fragwürdigen Titel *Mondscheinsonate* verdanken, weil er beim Rudern in einer Nacht das Mondlicht auf dem Wasser mit der Stimmung des ersten Satzes der beethovenschen cis-Moll-Sonate verband. (Beethoven hatte freilich mit der «Sonata quasi una Fantasia» andere Intentionen.)

Während meiner Kindheit in Ungarn war die Schweiz für mich ein fernes, unerreichbares Land. Wir kannten sie von Postkarten und von Bildern, die Schokoladenpackungen zierten. Ganz besonders geliebt habe ich die schönen Aquarelle von Felix Mendelssohn Bartholdy, die der geniale Musiker und begnadete Maler und Zeichner in der Schweiz, darunter auch in Luzern, schuf. In einer Biographie des Komponisten waren sie abgebildet. Erst viele Jahre später, in den frühen achtziger Jahren, hatte ich das Glück, erstmals nach Luzern zu kommen, weil meine spätere Frau, die japanische Geigerin Yuuko Shiokawa, von Rafael Kubelík gefördert wurde. Als er sie als junges Mädchen in München gehört hatte, stellte er ihr die Violine seines Vaters Jan Kubelík – die «Emperor»-Stradivarius – zur Verfügung. Wir haben Rafael und seine Frau in seinem zauberhaften, idyllischen Haus in Kastanienbaum oft besucht und erlebten zusammen wunderbare Stunden, in denen leibliche Genüsse und Musik sich ergänzten, denn seine erste Frage war immer: «Kinder, was trinken wir?» Umso mehr gereichte es mir zur Freude und Ehre, dass ich mit dem New York Philharmonic unter seiner Leitung debütieren durfte, dem Dirigenten, der das Luzerner Festival künstlerisch und emotionell so stark mitgeprägt hat.

Auch mit Bernard Haitink, der Luzern ebenfalls zu seiner Wahlheimat bestimmte, verbindet mich eine langjährige Freundschaft mit vielen gemeinsamen Musikerlebnissen. In Patricias und Bernards Haus leitete ich sogar einmal einen öffentlichen Meisterkurs des Festivals. Und dieses Festival lernte ich als Lernender kennen. Wenn es mir die Zeit erlaubte, reiste ich an die sagenhaft inspirierenden Abende mit Mieczysław Horszowski. Er war mir als Pianist und Kammermusiker ein Vorbild – was für ein Ton! –, aber ebenso als ein äusserst kultivierter und unglaublich bescheidener Mensch.

Die Schweiz darf stolz auf ihre wunderbaren alten Konzertsäle in Zürich, Basel, Bern und Genf sein. Und 1998 hat sie mit dem Luzerner KKL-Saal den vielleicht besten in den letzten Jahren erbauten Saal überhaupt erhalten. In ihm sind Architektur und akustische Verhältnisse in einem optimalen Gleichgewicht, was keine Selbstverständlichkeit ist trotz enormer Fortschritte der Technologie und Wissenschaften. Ich durfte es selbst erfahren: Sinfonieorchester, Chöre, Solorezitals, Kammermusik: Der Saal eignet sich für alles hervorragend. Nicht zuletzt ist es diesem Umstand zu verdanken, dass das Festival in neue Dimensionen vorgestossen ist. Es darf heute als das führende Forum für internationale Orchester gelten, aber ebenso als ein Zentrum für zeitgenössische Musik. Das Bedauern darüber, dass Luzern keine Opernfestspiele anbietet, kann ich nicht teilen. Ganz subjektiv gestehe ich, den Mangel als Gewinn zu empfinden. Denn das Festival gerät so nicht in Versuchung, die Musik und ihre Schöpfer in die hinterste Reihe zu verbannen. Luzern ist ein Fest der Musik, sie spielt die Hauptrolle. Das scheint mir richtig so – «prima la musica».

Der vorliegende Band, der in die Geschichte des Festivals blickt, mag nicht nur an Vergangenes erinnern oder vielleicht Unbekanntes zutage fördern, sondern auch zeigen, dass es stets hingebungsvoller Arbeit bedurfte, um den hohen Status zu erreichen, den Lucerne Festival nach 75 Jahren errungen hat.

Auf die Frage am Anfang antworte ich: «Wenn ich an die Schweiz denke, dann an Lucerne Festival!»

András Schiff
Florenz, 25. August 2013

VOM IDYLL ZUM RING

Erich Singers Aufarbeitung der 75-jährigen Geschichte der Luzerner Festwochen, die sich von Anfang an international orientierten und heute als Lucerne Festival weltweit bekannt sind, stellt einen signifikanten Beitrag zur Schweizer Musikgeschichte des 20. Jahrhunderts dar. Sie reflektiert jenen Aspekt unserer Kultur, der seit je Impulse von aussen suchte und realisierte: Seien es barocke Prachtbauten, gestaltet von internationalen Fachkräften und finanziert mit im Ausland erworbenen Mitteln, seien es Geistesgrössen, die von Erasmus bis Nietzsche ihr Wirken in der Schweiz entfalteten, seien es Musiker von Senfl bis Wagner, deren Biografie und Werke mit diesem Land verbunden sind.

In der Zentralschweiz, besonders im katholisch-feudalen Luzern, war der internationale musikalische Austausch besonders beliebt, wohl ein Gegengewicht zum bürgerlich-protestantischen Selbstbewusstsein anderer Schweizer Städte. So ist die faszinierende Entwicklung der Festwochen im 20. Jahrhundert die konsequente Fortsetzung einer über die provinziellen Grenzen hinausgerichteten Denkweise. Dass dabei als Triebfeder immer auch gesellschaftliche und touristische Interessen mitspielten, versteht sich, doch bleibt die Feststellung, dass auf diese Weise sich hier, im geografischen Zentrum der Schweiz, die grosse musikalische Welt einfindet – seit 75 Jahren.

Angefangen hatte es mit dem Idyll auf Tribschen – Wagners *Siegfried-Idyll* ist denn auch zu einer Art Markenzeichen geworden – und mit seinem *Ring des Nibelungen* in der Salle blanche des KKL symbolisiert Lucerne Festival im Jubiläumsjahr seine aktuelle Bedeutung und Kompetenz. Es ist das grosse Verdienst des Autors, mit seiner sowohl akribischen wie kritischen Sichtung und Qualifizierung der schriftlichen, bildlichen und phonografischen Quellen die Dynamik dieser Entwicklung darzustellen, aufschlussreich für Kenner und erlebnisnah für Liebhaber von Musik und Geschichte.

Alois Koch
Mitglied des Stiftungsrats Lucerne Festival

URSPRÜNGE

Die Vorgeschichte

*Das, was war, interessiert uns nicht darum, weil es war,
sondern weil es in gewissem Sinne noch ist, indem es noch wirkt.*

Gustav Droysen

Aufrüstung des Weinmarkts für den 1. Tag des Luzerner Osterspiels von 1583. Rekonstruktion von August am Rhyn

Ein Geheimnis wird es wohl für immer bleiben, wann in federführenden Luzerner Köpfen die Idee geboren wurde, Musikfestwochen in der Stadt durchzuführen. Lange und unmittelbar vor und nach den späten Dreissigerjahren des vergangenen Jahrhunderts stiegen hingegen hin und wieder kulturpolitische Rauchzeichen in den Himmel über der Bucht des Vierwaldstättersees, die auf eine Festspielstadt von nationaler und internationaler Bedeutung hinwiesen.

Seit 1453, vor allem dann im 16. Jahrhundert fanden in Luzern bei der Osterfeier des Kapitels der vier Waldstätte unter der Spielleitung des Stadtschreibers Renward Cysat meist alle fünf Jahre *Osterspiele* auf dem Weinmarkt statt, laut dem amerikanischen Germanisten M. Blakemore Evans die «höchstentwickelte Bühnenleistung in der gesamten Geschichte des mittelalterlichen deutschsprachigen Dramas». Dabei kam der Musik eine wesentliche, wenn auch eher dienende Rolle zu; so soll, wie Cysat anmerkt, «der wylen man im spil ettwas agiert, kein Music gan lassen, damitt man vffsehe». Gemäss präzisen Regieanweisungen waren indes Instrumentalmusik oder Gesänge durchaus erwünscht, wo sie die nachgespielten Ereignisse der Karwoche noch eindrücklicher, farbiger und festlicher zu illustrieren vermochten, wie beispielsweise für «Der Englen Gesang» und die «Judengesänge», oder an der Stelle, wo «dz allt Testament vssgangen, vund das nüw anfacht, vnd man fröwd schüsst vnd blasst, sond sy [die Trompeten] ouch starck vffblasen». [Cysat zit. nach Bossard, 1988, S. 5ff.]

Tafel 13 der «Judengesänge» von 1583: «Gsang der Sinagog uff den 2 tag des Osterspils. Erstlich nach der begreptnus Lazari: ‹Transit ad patres Lazarus in requiem.›»

Einigen Schwung und Schub in das städtische Kulturleben brachte die im frühen 19. Jahrhundert gegründete Theater- und Musikliebhabergesellschaft. Der honorige Verein fungierte nicht nur als Konzertveranstalter und Gründer einer Instrumental- und Volksmusikschule – aus ihm ging die Städtische Musikschule hervor –, sondern er war auch massgeblich beteiligt an der Errichtung der Allgemeinen Schweizerischen Musikgesellschaft, aus der sich später der Schweizer Tonkünstlerverein entwickelte. Unter ihrer Ägide fanden in Luzern hin und wieder Musikfeste statt; bereits im Rahmen der Gründungsfeier wurde Haydns *Schöpfung* unter Franz Xaver Schnyder von Wartensee aufgeführt.

[Auf die Entwicklung des städtischen Konzertlebens und der Luzerner Orchesterszene kann hier nicht näher eingegangen werden. Sie wird von E. Singer nachgezeichnet im Kapitel «Luzerner Sinfonieorchester. Szenen eines Wachstums» in A. Koch (Hg.). (2010). *Kreative Provinz. Musik in der Zentralschweiz.* Luzern: Pro Libro, S. 148ff.]

Freilich schnupperte man kraft derartiger Anstrengungen, ein Luzerner Musikleben zu etablieren, noch keine internationale Luft. Deshalb mag es nicht verwundern, dass Richard Wagner als Hausherr von König Ludwigs II. Gnaden auf Tribschen (vom 1. April 1866 bis zum 22. April 1872) zur lokalen Musikszene eher auf Distanz ging; für ihn war sie schlicht zutiefst provinziell. Zwar pflegte der Meister wiederholt Kontakte mit dem Luzerner Musikdirektor Gustav Arnold, der sich seinerseits mühte, den herrschenden musikalischen Dilettantismus mit Kammermusikabenden höheren Niveaus aufzumischen. Als Frau Cosima ihren Richard am Sonntagmorgen des 22. Mai 1870 mit einem Geburtstagsständchen beglückte, blies das Korps der Luzerner Feldmusik seinen festlichen *Huldigungsmarsch* unter Anteilnahme einer zahlreichen Zuhörerschaft aus der Bevölkerung. Wagner soll tief gerührt gewesen sein und habe beim gereichten Wein allen Musikern freundlich zugeprostet. Für sein eigenes Ständchen zu Cosimas Geburtstag am Weihnachtstag des gleichen Jahres, für das *Siegfried-Idyll,* mit dem er nach ihren Worten «unser Tribschen auf ewig geweiht» hatte, verpflichtete er dann aber sechzehn Musiker des Zürcher Theaterorchesters unter der Leitung seines Getreuen Hans Richter aus Deutschland.

Wagner regte schon während seines Zürcher Exils (1849–1858) an, in der Gegend des Vierwaldstättersees Festspiele zu veranstalten, und hielt dafür Brunnen oder Luzern als geeignetsten Ort. Mehr interessieren hier Wagners spätere Pläne für eine Festspielstätte, wo ausschliesslich seine Bühnenwerke gespielt werden sollten. Unter Berufung auf Angaben des Urenkels von Joseph Placidus von Segesser, Hans-Ulrich von Segesser († 1982), schrieb der Historiker Michael Riedler: *Während seines Tribschener Aufenthaltes hatte Wagner mit dem Architekten Gottfried Semper, dem Erbauer der Staatsoper in Dresden, öfters Theaterprojekte erörtert. […] Pläne in dieser Richtung schmiedete er auch für Luzern, und zwar nicht mit Semper, sondern mit dem einheimischen Architekten Joseph Placidus von Segesser. Immer wieder hat Wagner den Luzerner bestürmt, entsprechende Projekte auszuarbeiten. Wagner meinte, dass es für von Segesser, eine angesehene und einflussreiche Persönlichkeit in Luzern, ein Leichtes sei, die für die Realisierung der Theaterpläne notwendigen finanziellen Mittel aufzutreiben. Da für von Segesser Wagners Vorschläge nur irreale Schwärmereien waren, ging er jedoch gar nie daran, entsprechende*

Pläne zu entwerfen. [Riedler, 1983, S. 15f.] Die Fortsetzung ist bekannt – der Bayreuther Gemeinderat reagierte anders, und die Vorschüsse für die Grundsteinlegung zum Bau des Bayreuther Festspielhauses auf dem «Grünen Hügel» flossen aus der Kabinettskasse des wagnerverrückten Bayernkönigs Ludwigs II. Wagners Sohn Siegfried spielte übrigens vier Jahre vor seinem Tod 1930 ebenfalls mit dem Gedanken, Luzern als Festspielstadt zu etablieren.

> [Die folgenden Ausführungen stützen sich wesentlich auf Janine Kopps Artikel «Ein Quartier träumt von Weltruhm». [2009, S. 18]]

Tribschen, genauer das Tribschen-Quartier, gab 1932 durch die Gründung der Festspielgemeinde Luzern wiederum Anlass zu Träumereien. Bayreuth und Salzburg hatten inzwischen erfolgreich die Ansicht widerlegt, Träume seien nichts als Schäume. Jedenfalls wollten Touristiker und notabene Patrioten während der Hochblüte der Luzerner Hotellerie die internationale Klientel nicht nur mit dem See, der nach Schiller «lächelt und zum Bade ladet», und dem Alpenblick bezaubern, sondern auch mit Kultur im grossen Stil. Etliche Eiferer bildeten sich ein, Luzern zum nationalen, ja zu einem europäischen Mittelpunkt der Naturgeschichte und Kulturpolitik emporzuheben. Bereits um die Wende zum 20. Jahrhundert plante man beispielsweise eine Freiluftbühne im Gütschwald für 5000 Zuschauer. Doch erst mit der Institution der «Festspielgemeinde», die ausdrücklich auf Künstler schweizerischer Nationalität setzte, nahmen dergleichen Vorstösse konkretere Formen an, erst recht, als unter der Führung des Zürcher Schriftstellers und Dramaturgen Eduard Liehburg alias Max Eduard Meier angestrebt wurde, die «Theaterverhältnisse» neu zu ordnen. Er beabsichtigte, die Grenzen von Zuschauer und Bühne durch ein «Gemeinschaftserleben» zu sprengen, und zwar mit «Grossdramen und Massenaufmärschen mit sakralpolitischer Bedeutung». 1937 lautete die Losung für die währschaft eidgenössischen Luzerner Spiele: «Hier sollen die schweizerischen Stämme zusammenkommen; hier sollen sie sich fühlen als Genossen einer durch Eid zusammengebundenen Schicksalsgemeinschaft. Hier sollen sich die abendländischen Völker zu einem geistigen Rütli zusammenfinden.» Zielsetzungen dieses Schlages – ebenso das augenfällig an das lange Kreuz auf dem Banner der Frontisten erinnernde Emblem der Stiftung Luzerner Spiele – erregten bei den Stadtvätern keinerlei Verdacht. Ein stattliches Kreditbegehren Liehburgs bewilligte der Stadtrat, indem er sich enthusiasmiert «verneigt[e] vor dem dem Projekt zugrunde liegenden grossen Gedanken». Auf dem Inseli, dem Werftareal und auf Tribschen erwartete man über 10'000 Leute, die ein vaterländisches Spektakel als Beitrag zur «Geistigen Landesverteidigung» und als Zeichen nationalen Selbstbewusstseins hätten miterleben können. Es blieb beim Wunsch. Unter dem Pseudonym Lynkeus entlarvte ein Autor der *Neuen Zürcher Zeitung* den geistigen Urheber der Festspiele und dessen nationalistische Ideen als verschleierte Anschlusstheorie an die Ideologie des Dritten Reichs. Das liberale *Luzerner Tagblatt* übernahm die Artikelreihe, die ein gewaltiges Beben auslöste. Jetzt erst zogen sich verschiedene Politiker sowie private Gönner aus dem Projekt zurück und distanzierten sich von Liehburg, dessen Vorhaben endültig in der Versenkung verschwand, als ihm der Bund 1938 sämtliche Subventionen verweigerte.

Richard Wagner: «Siegfried-Idyll» (letzte Seite). Faksimile des Autographen

Das Abendmahl
Szene aus den Passionsspielen, 1938

Doch die Hoffnungen waren noch nicht gestorben und die Träume nicht ausgeträumt. Der Literaturhistoriker und Theatermann Oskar Eberle sprang in die Bresche. Er, der in Zürich Geborene, an innerschweizerischen Kollegien Ausgebildete, 1927 in Königsberg mit der *Theatergeschichte der innern Schweiz 1200–1800* Promovierte, hatte nach Regiestudien an der Theaterschule des Deutschen Theaters in Berlin unter Max Reinhardt in Luzern die Gesellschaft für innerschweizerische Theaterkultur mitbegründet, die er als Aktuar, Redaktor der Publikationen und Verantwortlicher für die Sammeltätigkeit sowie bis zu seinem Tod als Leiter der Geschäftsstelle prägte. Neben einer vielfältigen Tätigkeit als Regisseur und Autor leitete er Aufführungen geistlicher Spiele durch die sogenannte Bekrönungsbruderschaft. 1934 gründete er die Luzerner Spielleute und wirkte als Autor und Regisseur ihrer Spiele, darunter *Das Luzerner Passionsspiel* (1938), *Jedema* nach Hofmannsthals *Jedermann* (1942, beide vor der Hofkirche), *Chlaus vo Flüe* (1944 auf dem «Inseli») und *Mirakel* (1947 bei der Franziskanerkirche) – Theateraufführungen, die in der Folge unter der Schirmherrschaft der Musikfestwochen Luzern stattfanden. Dieser ausgewiesene und engagierte Theaterfachmann sollte nach dem Platzen der Seifenblase Festspielgemeinde Luzern eine neue Vision verwirklichen. Aber auch Eberles Pläne erwiesen sich als Utopie, denn er plädierte für ein «Theater der Völker» in Form eines Monumentalbaus, der vom Inseli bis zur Wartegg reichen sollte – ein zu ehrgeiziges und zu grosses Projekt, selbst für die energisch vorangetriebene Kulturpolitik der Stadt. Immerhin darf dieses Ansinnen als erstes Postulat für die Errichtung eines neuen Luzerner Festspielhauses in den Festival-Annalen gelten. Der intendierte Spielplan richtete sich nun international aus, wohlüberlegt als geistiges Pendant zum politischen Völkerbund. Und ihn, den «geistigen» und «politischen» Bund, löschte der Zweite Weltkrieg aus. Mit Eberle, der 1949 die Stadt frustriert und erbittert verliess, endeten die Visionen von grossen Luzerner Theaterfestspielen; bis zum heutigen Tag hat es niemand mehr gewagt, sie wieder aufzugreifen, es sei denn, man sähe in diesem Kontext das vom Lucerne Festival initiierte und vorerst gescheiterte Projekt einer «Salle Modulable» … Aber dies beschriebe ein anderes Kapitel, das noch nicht Geschichte ist.

Möglicherweise waren diese realitätsfernen Fantasien in der Zwischenkriegszeit nötig, um wieder Bodenhaftung zu bekommen dank Gegebenheiten und Umständen, die Voraussetzungen für ein Gelingen boten. Und dieses Fruchtland gewährte nicht die grosse Theaterbühne, sondern der Konzertsaal als Hort der Musik.

FUNDAMENTE DER LUZERNER MUSIKFESTWOCHEN

Als Richard Strauss und Max Reinhardt zusammen Festspiele planten, zogen sie während der Vorbereitungsphase (um 1913) auch Luzern als Standort in Betracht, entschieden sich dann aber bekanntlich für Salzburg, wo 1920 die ersten Festspiele durchgeführt wurden. Noch Jahre später, nach den ersten Erfolgen in Salzburg, regte der Komponist des *Rosenkavalier*, der immer wieder gerne als (Kur-)Gast in einschlägigen schweizerischen Touristenmetropolen abstieg, zum Leidwesen des östlichen Nachbarlandes an, die Schweiz müsse auf Grund ihrer Infrastruktur in irgendeiner Form ebenfalls Festspiele veranstalten. In der vergriffenen Edition *Salzburger Festspiele* (Bd. I: 1920–1945) liest man im Unterkapitel «Eine Entgleisung» (August 1932) die Sätze: «In einem Interview mit den *Zürcher Neuesten Nachrichten* [recte: *Neue Zürcher Nachrichten*] stellt Richard Strauss die Frage, warum sich die Schweizer nicht die Errungenschaften Salzburgs zunutze machten und als Fremdenland ersten Ranges, das einen herrlichen Rahmen für Festspiele abgeben würde, dem Reiseverkehr durch solche Veranstaltungen neue Impulse zuführen wollten. Das *Neue Wiener Journal* vom 23. August nimmt Anstoss an diesen Äusserungen: ‹[…] niemand würde sich wundern, wenn die Schweizer selbst auf ähnliche Gedanken kämen, dass aber ein mit Österreich und der Wiener Oper so eng verbundener Mann vom Rang und Ansehen eines Richard Strauss just das Zeichen zum Beginn einer solchen grossen Konkurrenzunternehmung für Salzburg gibt, war, selbst wenn man die Undankbarkeit der Welt im allgemeinen und das Naturell des Herrn Dr. Strauss im besonderen in Rechnung stellt, denn doch nicht zu erwarten.›» [Fuhrich & Prossnitz, 1990, S. 128]

Ob die Anregung aus berufenem und berühmtem Munde Geister rief, Festspiele in der Fremdenstadt Luzern zu erwecken? Wir wissen es nicht. Dennoch muss sich die Idee in einigen initiativen Köpfen festgesetzt haben, schweizerische, landschaftlich verlockende Orte mit exquisiten musikalischen Veranstaltungen für Feriengäste noch attraktiver zu machen. In einem kleinen Dorf, ganz hinten in einem Bergtal des Kantons Glarus, geschah die Pioniertat: Dort wurde 1935 erstmals die «Musikwoche Braunwald» durchgeführt, um inmitten der Bergwelt die Kurgäste mit erlesenen Musikgenüssen «über die graue Dunstwolke des Alltäglichen» hinaufzuführen, wie es auf dem Werbeprospekt jenes ältesten Festivals helvetischer Provenienz immer noch heisst. In Luzern plante Stadtpräsident Dr. Jakob Zimmerli zusammen mit einem gleichgesinnten Kreis innovativer Männer – Frauen hatten damals noch kaum öffentliches, schon gar kein politisches Sagen – eine Nummer grösser.

Der Stadtvater stützte sich bei seinen Plänen auf bestehende Infrastrukturen, zog fachkundige Berater hinzu und band die Verkehrskommission, die er präsidierte, sowie das Kurkomitee in seine Initiative ein, um das Projekt vor allem seitens der Tourismusbranche breit abzustützen. Wann genau Zimmerli beabsichtigte, eine «Musikfestwoche» im Singular oder auch «Musikfestwochen» im Plural – die wenigen Quellen nennen beide Formen – durchzuführen, ist nicht bekannt, da Zimmerli seinen persönlichen Nachlass vernichten liess. Mit dem 1882 nach dem architektonischen Vorbild der

Titelblatt Programmheft – Gastspiel Gewandhausorchester Leipzig unter Arthur Nikisch im Unions-Saal, 1916

französischen Renaissance im neobarocken Stil erbauten Kursaal (heute Casino) und vor allem mit dem im Dezember 1933 eröffneten Kunst- und Kongresshaus, das der Luzerner Architekt Armin Meili entworfen hatte, standen zwei ausgezeichnete Konzertsäle zur Verfügung. Im Kursaal (manchmal auch im Saal des Hotel Union) hatte sich schon lange vor der Gründung der Musikfestwochen die Elite der internationalen Musikwelt hin und wieder ein Stelldichein gegeben: Arthur Nikisch mit dem Leipziger Gewandhausorchester (1916), Arturo Toscanini an der Spitze des Orchestra della Scala di Milano (1924); Solisten wie Adolf Busch, Ferruccio Busoni, Carl Flesch, Fritz Kreisler, Yehudi Menuhin, Heinrich Schlusnus, Rudolf Serkin oder Richard Tauber seien hier stellvertretend für viele andere klangvolle Namen genannt.

Geradezu prophetisch schrieb ein Chronist nach der Einweihung des neuen Kunst- und Kongresshauses: «Es wird mächtig zur Entwicklung von Luzern als Kongressstadt beitragen und auch das musikalische und künstlerische Leben in unseren Mauern fördern.» [zit. nach Kaufmann, 1993, S. 18] Kurze Zeit davor hatte die Stadt die Villa am Rhyn auf Tribschen erworben und machte sie als Richard-Wagner-Museum dem Publikum zugänglich. Bei der Eröffnungsfeier spielte übrigens das verstärkte Kursaal-Orchester unter der Leitung von Anton Wermelinger Wagners *Siegfried-Idyll*, das er aus der handschriftlichen Original-Partitur dirigierte; im Kursaal erklang am gleichen Tag festliche Wagner-Musik aus des Meisters Tribschen-Zeit unter der Leitung des Grafen Gilbert Gravina, eines Schwiegersohns von Cosima Wagner. Angesichts der Weltlage mit Nachkriegsfolgen, Wirtschaftskrise und Anzeichen einer neuen Kriegskatastrophe mag der unter dem touristischen Aspekt auflebende Luzerner Bauboom in den Zwanziger- und Dreissigerjahren (es kamen Sportplätze, eine neue Seebrücke, die Festhalle Allmend dazu) erstaunen, denn der Fremdenverkehr darbte ja unter diesen ungünstigen Prämissen. Oder motivierte vielmehr die heikle Phase die für die Stadt verantwortlichen Gremien, in unheilschwangerer Zeit neue, kulturelle Akzente zu setzen?

Kursaal in den 1930er Jahren

Wahrscheinlich im Winter 1936, spätestens aber im ersten Halbjahr 1937, nahm die Planung von Musikfestwochen konkrete Formen an: Im ersten offiziellen Protokoll einer gemeinsamen Sitzung der Vorstände der Verkehrskommission und des Offiziellen Kurkomitees vom 16. November 1937 (Traktandum: «Gemeinsame Besprechung über die Möglichkeit der Abhaltung einer Musikfestwoche [sic!] im Sommer 1938 in Luzern») ist festgehalten, der Vorsitzende Zimmerli habe die «Anwesenden über vorangegangene Besprechungen mit Herrn Ansermet (Orchestre Romand [sic!]) und Herrn Schulthess (Zürich)» orientiert und im Weiteren daran erinnert, «dass diese Festwoche schon für den Sommer 1937 geplant und grundsätzlich beschlossen war». Die Vorarbeiten seien aber zu spät erfolgt, «sodass eine Verschiebung auf den Sommer 1938 notwendig wurde». Weiter unten liest man: «Der Vorsitzende glaubt, dass die grosse Veranstaltung den Namen Luzerns als Fremdenplatz mit einem Ruck wieder in den Vordergrund rücken würde. Schon die Mitwirkung berühmter Dirigenten würde eine Sensation bedeuten und die Veranstaltung durch ihre propagandistische Wirkung auch wirtschaftlich rechtfertigen.» [Prot. 16.11.1937] Der legendäre Dirigent Ernest Ansermet, 1918 Gründer des Orchestre de la Suisse Romande, fasste aus menschlichen und künstlerischen Gründen ins Auge, dem in den Folgejahren gültigen Arbeitsvertrag seiner Musiker zu einer sinnvollen Ergänzung zu verhelfen. Diese waren nämlich lediglich für die Konzertsaison, also für rund ein halbes Jahr, fest angestellt; während der anderen Jahreshälfte waren die Mitglieder arbeitslos, was sie zu einem Nebenerwerb zwang. In der Regel verdienten sie sich in der Sommersaison ein Einkommen durch die Mitwirkung in einer Kurkapelle, was der künstlerischen Entwicklung nicht unbedingt förderlich war. Deshalb hielt Ansermet nach künstlerisch ergiebigeren Betätigungsfeldern Ausschau, ging auf Mission und fand für sein Anliegen Gehör – in Luzern, nach seinen Worten dem «Montreux der deutschen Schweiz». Das Begehren passte haargenau zu den dortigen Festwochen-Absichten – man benötigte schliesslich ein gutes Orchester ... In einer brieflichen Antwort auf ein unbekanntes Schreiben Ansermets vom 23. Januar 1938 fragte Zimmerli den Dirigenten um Rat, ob man das «aus 20 Mann bestehende Kursaalorchester durch Zuzug von aussen auf den notwendigen Bestand» ergänzen könne. Im gleichen Brief mutmasste er, Ansermet sei «inzwischen von Herrn Schulthess über die gegenwärtige Situation ohne Zweifel einigermassen orientiert worden». Zimmerli, im Wissen um seinen eigenen Liebhaber-, doch Laienstatus in musikalischen Fragen und um jenen seiner Gefolgsleute, suchte und fand den professionellen Beistand im lokalen «Musikpapst», dem Komponisten und Chordirigenten Johann Baptist Hilber, und in der hoch angesehenen Musikerpersönlichkeit Walter Schulthess. Als Komponist und Pianist leitete er seit 1928 die Konzertgesellschaft Zürich, besonders in den Vor- und Nachkriegszeiten eine der bedeutendsten Konzertagenturen Europas. Als Ehemann der berühmten Geigerin Stefi Geyer hatte er ausgezeichnete Verbindungen sowohl zur schweizerischen Orchesterlandschaft als auch zu den führenden Dirigenten und Solisten der internationalen Musikszene. Auf Pfeilern und Säulen dieses Kalibers – von ihnen wird noch des Öfteren die Rede sein – liessen sich die intendierten Musikfestwochen im Sommer 1938 schliesslich realisieren, trotz oder auch wegen dunkler Wolken, die über Europa hingen.

Kunsthaus Luzern von Armin Meili (1933)

WIDERSPRÜCHE

Zeitgeist und Luzerner Geist um 1938

Das, was war, wirkt auf uns allemal tiefer als das, was ist.

Egon Friedell

Die denkmalgeschützte Figur «Der Zeitgeist» (1907) von Richard Kissling, seit 1990 auf dem ehemaligen Hauptportal des alten Luzerner Bahnhofs (abgebrannt 1971), jetzt auf dem Bahnhofsvorplatz, versinnbildlicht den rastlosen, sich über alle Hindernisse hinwegsetzenden Genius der Zeit, der «aber der Technologie und dem Fortschritt nicht ganz traut». Kisslings bekanntestes Werk ist das Telldenkmal in Altdorf

Die Sicht auf die Gründung der Luzerner Musikfestwochen im Kontext der (kultur-)politischen und gesellschaftlichen Situation der Dreissigerjahre hat sich im Verlauf der letzten fünfzig Jahre gründlich gewandelt. Parallel zur Aufarbeitung der Rolle der Schweiz in der Zeit vor, während und nach dem Krieg durch Historiker, Filmemacher und Journalisten (beispielsweise der *Bonjour-Bericht,* die Reportagen Niklaus Meienbergs, Filme wie Markus Imhoofs *Das Boot ist voll* etc.) begann auch die wissenschaftliche und journalistische Musikschriftstellerei mit der Ausräumung von Tabus. Seit der 68er-Bewegung begeisterte sich die kritische Intelligenz am Wort «Entmystifizierung», ähnlich wie einst das Wort «Vaterland» die patriotische Intelligenz begeistert hatte. [von Matt, 2010, S. 100] Unangenehme Fragen, die lange unter dem Mantel der Verschwiegenheit gehalten, bagatellisiert oder frisiert wurden, gerieten zum Gegenstand der Diskussion. Die Fokussierung der Umstände der Festwochengründung erfolgte unter diesen Auspizien fortan mit schärfer eingestellter Optik. Noch bis zum fünfzigjährigen Jubiläum 1988 kursierten etliche idealisierende Mythen und Darstellungen über die Gründerzeit, vornehmlich in den festwocheneigenen Festschriften und Publikationen. In der IMF-Festschrift 1963 [SALU 1n88] und auch in der *Neuen Zürcher Zeitung* vom 5. August 1963 schrieb ofr. (Othmar Fries, der spätere administrative Direktor der IMF), die Schweiz sei bald nach 1933 «zum einzigen deutschsprachigen Land geworden, in welchem die Kunst noch frei und von Ideologien ungehindert ausgeübt werden konnte». Zehn Jahre später lautete der Tenor praktisch gleich, und derselbe Autor kommentierte den Anfang der Festwochen in der nächsten Festschrift mit den Sätzen:

Nun galt es für die Stadt am Vierwaldstättersee, mitten im Herzen eines Landes, das bald ringsum vom Terror der Nazis bedroht war, für die beiden bis anhin berühmten Festspielorte, Bayreuth und Salzburg, in die Lücke zu springen. […] Und Dr. Zimmerli, ungefähr im selben Alter wie Toscanini und sich rasch mit ihm befreundend, war weitsichtig genug, zu erkennen, welch einzigartige Gelegenheit sich hier bot, Luzern zu einer Stätte freiheitlicher Musikäusserung zu erheben. [Festschrift IMF, 1973, S. 23f.]

[Diese «Erhebung Luzerns zur Stätte freiheitlicher Musikäusserung» wird noch erörtert und relativiert werden müssen. Erstaunlich ist, dass zu diesem Zeitpunkt – nach den gesellschaftlichen Umwälzungen, die ebenfalls die 68er-Bewegung im In- und Ausland evoziert hatte – die Gründerzeit immer noch mit unveränderter Wortwahl kommentiert wurde. Hier sei nur die Frage aufgeworfen, ob die Konstellation der Festwochen in Luzern eine Lückenbüsser-Funktion für die beiden berühmten Festspiele überhaupt hätte erfüllen können. Weiter müsste gefragt werden, ob der Nazi-Terror die einzige Bedrohung war. Warum wird der italienische Faschismus nicht als solche erkannt und erwähnt? – Zimmerli pflegte mit Toscanini wohl ein gutes Einvernehmen, dies freilich vorherrschend auf pragmatischer Ebene denn als auf jener zweier rasch zu «Freunden» gewordener Zeitgenossen.]

Selbst 1988 erklangen abermals ähnliche Töne aus dem offiziellen Sprachrohr der Internationalen Musikfestwochen: Fritz Schaub, von den IMF mit der Rückschau auf fünfzig Jahre betraut, stellte die Festwochen-Entstehung unter den Titel «Hort der Freiheit» und meinte:

Die internationalen Musikfestwochen sind letzten Endes aus einer ganz speziellen politischen Konstellation heraus entstanden. Nachdem mit der Besetzung Österreichs und dem Anschluss an Nazi-Deutschland fünf Jahre nach Bayreuth auch Salzburg unter den Einfluss der braunen Schreckensherrschaft geraten war, war es vielen Musikerpersönlichkeiten, teils aus Gewissensgründen, teils wegen ihrer Abstammung, nicht mehr möglich, an den Bayreuther und Salzburger Festspielen teilzunehmen. Toscanini, bekannt für seinen Widerstand gegen jede Diktatur, hatte bereits Mussolinis Italien den Rücken gekehrt und war nach den USA emigriert, wo für ihn eigens das NBC-Orchester gebildet wurde. Nun weigerte er sich, weiterhin in einem Land aufzutreten, in welchem die Demokratie mit Füssen getreten wurde, und er lehnte nach Bayreuth auch eine neuerliche Einladung an die Salzburger Festspiele ab. Luzern sprang – ähnlich wie Zürich auf dem Gebiet des Sprechtheaters – in die Lücke und bot den Künstlern einen neuen Wirkungskreis, in dem sie sich frei entfalten konnten. [Stiftungsrat IMF, 1988, S. 10]

[Auch hier ist abermals von einer «Lücke» die Rede, in die Luzern gesprungen sei. Doch konnten und wollten die Verantwortlichen der Festwochen im Bewusstsein einer fehlenden Basis weder Bayreuth noch Salzburg ersetzen; in erster Linie fehlte die vergleichbare Infrastruktur, nämlich die Opern- respektive Schauspielbühne. Von einem neuen «Wirkungskreis» für die Künstler zu sprechen, scheint zu hoch gegriffen, denn die kurz bemessene Zeitdauer der Festwochen vermochte lediglich neue Auftrittsmöglichkeiten zu erwirken, mehr nicht. Der Vergleich mit dem Zürcher Schauspielhaus hinkt: Diese Bühne, bis 1933 kaum beachtet, gewährte freiwillig und unfreiwillig exilierten Schauspielerinnen und Schauspielern wie Therese Giese, Albert Bassermann, Ernst Ginsberg, Kurt Horwitz, Leopold Lindtberg, Grete Heger tatsächlich einen «neuen Wirkungskreis»; sie war überdies erwiesenermassen ein Ort des geistigen Widerstands, wo Stücke zur Aufführung gelangten, die im übrigen deutschsprachigen Raum auf dem Nazi-Index verbotener – «jüdischer», «bolschewistischer», «entarteter» – Werke standen (etwa die legendären Brecht-Aufführungen). Die Programme in der Anfangszeit der Festwochen hingegen präsentierten sich, wie noch ausführlicher dargelegt wird, konservativ ausgerichtet, wenn auch aufgrund nachvollziehbarer Voraussetzungen. Fritz Schaub, dem ich viele Anregungen und Hinweise zu den Recherchen verdanke, sieht die hier monierten Sachverhalte heute aus anderem Blickwinkel, siehe LNN, «Dossier», 23. 8. 2013]

Just in dieser unkritischen (Jubiläums-)Euphorie erregte ein Beitrag von Peter Bitterli in der Jubiläums-Sonderbeilage der *Luzerner Neuesten Nachrichten* (LNN) die Gemüter. Seine Recherchen förderten bislang Unbeachtetes zutage; seine Vorbehalte gegenüber den Darstellungen seitens der Internationalen Musikfestwochen IMF irritierten die Verantwortlichen – aus gegenwärtiger Perspektive betrachtet – über Gebühr. Nach langem Abwägen hinderte der Stiftungsrat Bitterli jedenfalls daran, über dieses Thema zu dissertieren und weitere Forschungen anzustellen, indem das Gremium beschloss, die Archive aus Gründen des Personenschutzes nur noch bedingt zugänglich zu machen.

[Urs Mattenberger griff in den *Luzerner Neuesten Nachrichten* im Artikel *Schwierige Korrektur einer «Heiligenlegende»* und im Kommentar *Nicht die Wahrheit schadet* den «Fall» Bitterli auf. Dieser habe ungeschickt reagiert, weil er über die *Sonntags-Zeitung* an die Öffentlichkeit gelangt sei. «Der [...] Artikel wurde von der Redaktion in verfälschender Weise aufgemotzt. Um die Geschichte für das Blatt ‹interessant zu machen› (so die Begründung des Redaktors), wurden die IMF kurzerhand als ‹Forum für Nazikünstler› apostrophiert: eine Wertung, für die Bitterlis bisherige Publikationen und Forschungen keinen Anhaltspunkt bieten.» [LNN, 11. 12. 1993] Unter dem Titel «Wovor haben sich die IMF zu fürchten?» äusserte sich auch Fritz Schaub in der *Luzerner Zeitung* zur Kontroverse über das IMF-Archiv. [LZ, 24. 12. 1993] – Die oft gehörte Behauptung, Lucerne Festival habe die Archive geschlossen, entbehrt jeglicher Grundlage.]

Bitterli räumte im erwähnten Artikel mit den schönfärbenden Verbrämungen erstmals öffentlich auf und vermittelte ein nüchterneres und objektiveres Bild der Festwochengründung:

Allzu schmeichelhaft ist die Vorstellung von der voralpenländischen Provinzstadt Luzern als letzter Zufluchtsstätte des mächtigen Erbes deutscher, ja alpenländischer Kultur: ein Alpenreduit des Geistes, ein Landidörfli der Kulturbeflissenen. [...] Wir wollen die Verdienste des damaligen Luzerner Stadtpräsidenten Dr. Jakob Zimmerli nicht schmälern; auch soll keineswegs in Abrede gestellt werden, dass in finstern Zeiten viele Künstler, die im braunen Teil Europas nicht auftreten wollten und durften, dankbar waren, nach Luzern kommen zu können. Allein: der magistrale Gründervater dachte zur Zeit der Jahreswende 1937/38 weit pragmatischer, als seine Heiligenlegende es uns nachträglich weismachen will. Die Durchsicht des erhaltenen Teils seiner Korrespondenz fördert Unbekanntes, Interessantes zu Tage. Es ersteht das Bild eines tatkräftig und zielstrebig für die Interessen Luzerns und seines Fremdenverkehrs arbeitenden Mannes. Züge eines Heros der Freiheit aber, eines Wilhelm Tell der freien Kunst sind keine zu erkennen.
[LNN, 13. 8. 1988]

Unter Berufung auf Bitterlis Aufsatz doppelte Hans Stutz ein knappes Dezennium später in der von der Stadt Luzern herausgegebenen Reihe *Luzern im Wandel der Zeiten* (Folge 9) mit dem Band *Frontisten und Nationalsozialisten in Luzern 1933–1945* ähnlich nach. In Kapitel 11 *Von Hitlers Geburtstagsfeier zu den Internationalen Festwochen* schreibt Stutz:

Im Sommer 1938 wurden erstmals die Internationalen Musikfestwochen (IMF) in Luzern veranstaltet, um dem darbenden Fremdenverkehr zu mehr Umsatz zu verhelfen. Bereits wenige Monate später begannen einige Exponenten, so etwa Stadtpräsident Jakob Zimmerli, die Gründung der IMF als antifaschistischen und freiheitlichen Akt zu verklären; eine Sichtweise, die über Jahrzehnte hinweg offizielle Ideologie blieb. Während des Krieges sahen sich die IMF-Verantwortlichen vor die Frage gestellt, wie weit es opportun sei, Künstlerinnen und Künstler zu engagieren, die sich dem Nazistaat oder dem faschistischen Italien als kulturelle Botschafter zur Verfügung stellten und durch ihre Auftritte diesen

Diktaturen zu kulturellem Glanz verhalfen. Sie zeigten meist keine Berührungsängste gegenüber den Repräsentanten von rechten Diktaturen. [Stutz, 1997, S. 128]

Anlässlich eines Symposiums Anfang Juli 2000 in Braunwald sprachen verschiedene Referenten zum Thema *Musik im Exil. Die Schweiz und das Ausland 1918–1945*. Die Referate erschienen 2005 in Buchform. Darin wagte Verena Naegele mit dem Beitrag *Luzern als «Gegenfestival»: Mythos und Realität* einen weiteren Schritt und eine umfassendere Betrachtung im Nachgang auf die durch Bitterli entfachte Diskussion. Sie stellte die Anfänge der IMF in einen kulturpolitischen Zusammenhang.

Was bei der bisherigen Diskussion um die Entstehung der Internationalen musikalischen Festwochen Luzern aber zu wenig berücksichtigt wurde, ist die Tatsache, dass mit Zimmerli ein Politiker ein kulturelles Ereignis dieser Grössenordnung initiiert hat. Die Gründerväter der IMF Luzern waren alles andere als «Kulturtäter». Jakob Zimmerli war als Stadtpräsident ein ausgesprochen konservativer Politiker, sein Nachfolger und IMF-Mitbegründer Alphons [recte: Hans] *Pfyffer von Altishofen war ebenfalls konservativer Kommunalpolitiker, dazu im Ersten Weltkrieg Oberstdivisionär und Kommandant der Gotthardbefestigung, Präsident der Hotel National AG Luzern sowie Verwaltungsrat bei internationalen Hotelketten wie dem Ritz. Zudem war Pfyffer mehrere Jahre lang im diplomatischen Dienst der Eidgenossenschaft tätig.*

Es ist also kaum anzunehmen, das die beiden Politiker und Festivalgründer in undiplomatischer Hauruckmanier das braune Hitlerdeutschland mit einem Gegenfestival für vertriebene Juden und «Kulturbolschewisten» vor den Kopf stossen wollten. Beide Männer waren zutiefst im 19. Jahrhundert verwurzelte Exponenten eines gleichermassen auf Tradition und Autonomie bedachten Schweizertums. Dies gilt auch für Bundesrat Philipp Etter, der eine dezidierte Ansprache zur Eröffnung der ersten Festwochen hielt, womit ein weiterer, eidgenössischer Politiker sich öffentlich für ein Musikfestival stark gemacht hatte. An der im In- und Ausland beachteten Eröffnung vom 18. Juli 1938 nahmen offizielle politische Vertreter aus den drei Nachbarländern Frankreich, Italien und dem Deutschen Reich teil, ein Umstand, der angesichts der weltpolitischen Lage von damals an Sprengkraft noch gewinnt. Mit Sicherheit wurden damit (kultur)politische Ziele verfolgt. [Naegele, 2005, S. 238f.]

Ich selbst habe im Anschluss an die Recherchen Naegeles und Bitterlis sowie im Zuge eigener Nachforschungen in knappen Presseartikeln und in einem Beitrag im Buch *Kreative Provinz. Musik in der Zentralschweiz* in die gleiche Kerbe geschlagen. Im *Tages-Anzeiger* vom 12. August 2009 deutete ich an, dass «auf der anderen Seite jene Spekulationen ins Kraut [schiessen], die hinter der Fassade des (vermeintlichen) Refugiums für verfemte (jüdische) Künstler gar ‹anpässlerische› Tendenzen der Gründer zum Faschismus vermuten». Mit dem Seitenblick wollte ich auf ein Unbehagen hinweisen, das mich bei allen diesen – die eigenen nicht ausgenommen – kritischen Sichtweisen beschleicht: das Unbehagen, dass es diesen an einer vertiefenden Darstellung der Zeitumstände fehlt oder, pointierter gesagt, dass sie diese zwar wahrnehmen, aber aus der Sichtweite derer beurteilen, die die verheerenden Folgen jenes Zeitgeistes kennen. Die notwendige Differenzierung kann hier zwar nicht geleistet werden, doch mögen einige Streiflichter auf einschlägige historische Umstände dazu verhelfen, die zurückliegenden Beweggründe und das Handeln der Gründerväter aus der Perspektive einer anderen Zeit heraus zu verstehen. Ein Urteil über vergangene Zeiten vom hohen Ross der geschichtlichen Distanz herab zu fällen, ist zu einfach und dem adäquaten Verständnis abträglich. Mit den Worten Peter von Matts gesagt: «Rechthaben ist leicht, Gerechtsein ist schwer.» [von Matt, 2010, S. 93] Geschichtliche Ereignisse können unterschiedlich gesehen und gedeutet werden, und wichtiger in diesem Kontext ist die Frage, wie sich der Zeitgeist auf die Konzeption der Festwochen ausgewirkt und möglicherweise konkretisiert hat. Griffen damalige Denkweisen und Überlegungen, das politische Klima oder gar Ideologien in die spezifische Musikkultur der IMF ein? Aber auch: Was änderte sich nicht?

Marsch der Frontisten über die Luzerner Seebrücke, 23. Mai 1937

DIE SCHWEIZ ZWISCHEN FASCHISMUS UND NATIONALSOZIALISMUS

Die Schweiz, präziser: ihre offizielle Politik, hielt «getreu ihrer Jahrhunderte alten Überlieferung» (so der Bundesrat beim Ausbruch des Ersten Weltkriegs) stets und beharrlich an der 1815 beurkundeten Neutralität fest, zeitweise sogar auf Kosten der inneren Einheit. Nach dem «völkerrechtswidrigen Gewaltakt» des deutschen Kaiserreichs gegen das neutrale Belgien 1914 blieb der Staat wohl neutral, das Volk jedoch keineswegs. Den Deutschschweizern imponierte das kraftprotzende Machtgehabe des nördlichen Nachbars, die Romands hingegen wähnten in ihm den «unzivilisierten, undemokratischen Gewaltstaat». Mit seiner berühmten Rede *Unser Schweizer Standpunkt* am 14. Dezember 1914 vermochte der spätere Literatur-Nobelpreisträger Carl Spitteler die Wogen hitziger und leidenschaftlich geführter Debatten etwas zu glätten. Er appellierte, es verbiete sich angesichts der fürchterlichen Ereignisse eine «heftige, wüste Sprache von selber». Jubel, aber auch Spott seien aus der «Sicherheit unserer Unverletzlichkeit heraus» unangebracht, vor allem nicht die Pöbeleien einiger «Winkelblättchen im Wirtshausstil», denn die «jammernden Schluchzer» des Krieges tönten «in allen Nationen gleich». Dem Schweizer Zuschauer bleibe deshalb nur «schweigende Ergriffenheit» und «Andacht» – dies sei der richtige, neutrale «Schweizer Standpunkt». [Spitteler, 2009, S. 327–329] Der wohlmeinende und rechtschaffene Aufruf rief unterschwellig freilich nach einer «Gesinnungsneutralität», die ein politisches Denken verhindert. Und an diese – per se honorigen – Spitteler-Gedanken klammerten sich vor und während des Zweiten Weltkriegs fatalerweise abermals viele Leute, «obwohl gegenüber dem verbrecherischen Nazireich eine absolute […] neutrale Haltung politisch-ethisch nicht zu rechtfertigen war». [Kaestli, 1998, S. 414] Bereits vor der nazistischen Machtübernahme, als Mussolini als Duce der Faschisten nach dem Marsch auf Rom die Herrschaft über Italien an sich gerissen hatte, zeigte sich die Schweiz nicht ernsthaft besorgt. Im Gegenteil: Besonders in der französischen und katholischen Schweiz genoss Mussolini nicht wenig Zustimmung, gar Bewunderung. Die Universität Lausanne verlieh ihm 1937 gar die Ehrendoktorwürde, zwei Jahre nach seinem Überfall auf Abessinien. Und der Bundesrat? Er blieb «neutral» wie eh und je. Dem Politischen Departement stand seit 1920 der Tessiner Giuseppe Motta vor, ein Katholisch-Konservativer, der, «erfüllt von einem grossherzigen Glauben an die Völkerbundsidee» (so sein Biograph Jean Rudolf von Salis), sich mit der italienischen Kultur verbunden fühlte. Nachdem Mussolini an die Spitze des Staates gekommen war und mit dem gewaltsamen imperialistischen Streich das Völkerrecht arg verletzt hatte, geriet der ehrenwerte Patriotismus Mottas in ein Dilemma. Kaestli [1998, S. 426]: «Sollte die Schweiz, um das Tessin nicht an Italien zu verlieren, freundlich mit Mussolini sein oder im Gegenteil die antifaschistischen Kräfte stärken? Motta war für Freundlichkeit.»

Die Zwangslage wurde noch schwieriger, als es zur Achsenbildung Berlin – Rom kam. Die Regierung der Schweiz – buchstäblich in der Klemme – schwankte «zwischen völkerrechtlichen Verpflichtungen einerseits, aussenpolitischen Rücksichten und wirtschaftlichen Rücksichten andererseits». [Kaestli, 1998, S. 426] Priorität erhielt einmal mehr das Dogma der absoluten Neutralität, zudem starb die Völkerbundidee ohnehin sang- und klanglos. Unter dem Vorwand, den Bolschewismus und die stalinistischen Weltrevolutionspläne zu bekämpfen, durfte Hitler mit dem Segen Frankreichs und Englands die Tschechoslowakei annektieren und Österreich «heim ins Reich» führen. (Die Gegenwehr unseres östlichen Nachbars war freilich nicht gerade eine vehemente: «Nachdem man ihm die Pelzdecke seiner östlichen Gebiete weggezogen hat, [ist er] in seiner peinlichen Nacktheit und fröstelnden Einsamkeit zum Wärmen unter den Bauch seines grösseren Bruders gekrochen, dessen Körper von allerlei Fiebern glühte.» [Kertész, 2003, S. 34]) Ganz Westeuropa und die Vereinigten Staaten waren sich, sieht man von sozialistischen und kommunistischen Minderheiten ab, wenigstens darin einig, es gelte vordringlich die «rote Gefahr» zu tilgen.

Im Oktober 1929 kam es am «Black Thursday» zum Absturz der Aktienkurse, was eine Weltwirtschaftskrise («Grosse Depression») auslöste, welche die Schweiz zwei Jahre später ebenfalls empfindlich traf. Nur dank einer Arbeitsplätze schaffenden Wehranleihe (Aufrüstung) sowie einer Frankenabwertung konnte sich die Wirtschaft in der Folge wieder allmählich erholen. Die Auswirkungen der Krise brachten eine Verhärtung der politischen Positionen in der Regierung und in der Bevölkerung mit sich. Die Nation geriet, gespalten in ein sogenannt bürgerliches und ein sozialistisches Lager, bedrohlich an den Rand der Desintegration. Das faschistische Modell von Staat, Wirtschaft und Gesellschaft brachte die liberale und soziale Nationalstaatsidee ins Wanken.

Krisen zu überwinden ist ein Punkt, ein anderer ist, dass aus ihnen nicht selten neue Probleme erwachsen. Hitler hatte 1933 behauptet, die Schweiz gehöre zum grossdeutschen Reich, was prompt unselige Geister auf den Plan rief. Bis 1936 formierten sich 45 Nazi-Ortsgruppen in der Schweiz; diese sogenannte Frontenbewegung, die sich als Statthalter der Nazis in der Schweiz verstand, erhielt Aufwind, als die ökonomische Situation jenes prekäre Ausmass erreichte. Die fanatischen und finsteren Parolen der Nazis und Faschisten verfingen vor allem bei jungen, verunsicherten Leuten. Hitlers Machtantritt liess sie auf eine neue Zeit, eine neue Art der Politik hoffen. Zu diesem Heilsprogramm gehörte der Kampf gegen das «Weltjudentum», bei dem die Nationalsozialisten den Hauptschuldigen an der Misere ausmachten. Nach deutschem Vorbild veranstalteten die «Fröntler» schweizweit Radau- und Propaganda-Aktionen («Frontenfrühling»), die sich für das Führerprinzip stark machen wollten und sich gegen die parlamentarische Demokratie richteten, verbunden mit antisemitischen Hetzen, antiliberalen und antikommunistischen Parolen sowie der Mystifikation alteidgenössischer Tugenden.

Der grobschlächtige Rechtsextremismus vermochte sich trotz Anfangserfolgen auf die Dauer jedoch nicht durchzusetzen. «Seit der Einverleibung Österreichs in das Deutsche Reich ist das endgültige Urteil über den Frontismus in unserem Lande auch in *den* Kreisen gefällt, die lange glaubten, selbst aus der Retorte landesverräterischer Gärung müsse schliesslich noch ein eidgenössisches Elixier tröpfeln …», meinte der Leitartikler im Abendblatt der *Neuen Zürcher Zeitung* vom 2. August 1938. Besonnene liberale Kräfte, der liberale Protestantismus, die Sozialdemokraten, Medienschaffende und eine Mehrheit der Bevölkerung erstickten das «unschweizerische» Gegröle der grossdeutschen Vasallen wenn auch nicht im Keim, so doch immerhin zur innenpolitischen Bedeutungslosigkeit. Aber einflussreiche Kreise aus dem Lager der Katholisch-Konservativen und einzelner «Bürgerlicher» sympathisierten noch lange mit dem Gedankengut von rechts aussen. Ohne die rüden Formen der Frontisten zu kopieren, teilten sie deren Ruf nach einer autoritären Staatsform. Noch schwerer wog der offen bekannte Antisemitismus vor allem der katholischen Seite, aber auch derjenige breiter Bevölkerungsschichten.

ANTISEMITISMUS IN DER SCHWEIZ

Nach dem *Historischen Lexikon der Schweiz* bezeichnet der 1873 von Wilhelm Marr eingeführte Begriff «Antisemitismus» *Judenfeindschaft oder judenfeindliche eingegebene Infragestellung der bürgerlichen Gleichstellung der Juden, mit affektiver oder ideologischer Akzentuierung durch rassistische Theorien, wirtschaftlich-soziale Schuldzuweisungen oder religiös-theologische Argumente. Unterschieden wird in der neueren Forschung zwischen der traditionellen, religiös fundierten Judenfeindschaft (Antijudaismus) und dem säkularmodernen, rassistischen Antisemitismus, wenn auch in beiden Haltungen gleiche oder ähnliche Muster und Motive vorhanden sind.* Allgemein gilt Antisemitismus als Ausdruck des Rassismus. [«Antisemitismus», 2009] Pseudowissenschaftliche Theorien von Joseph-Arthur de Gobineau, Karl Eugen Dühring, Houston Stewart Chamberlain, Paul Anton de Lagarde wie auch das Unbehagen über die Wandlungen soziologischer und kultureller Strukturen lösten in den folgenden Jahren über fast ganz Europa antisemitische Bewegungen aus.

[Hin und wieder wird auch Friedrich Nietzsche in den Topf dieser Rassenlehrer geworfen, was einem unreflektierten Vorurteil gleichkommt. Ein Beispiel: Im Frühjahr 1887 sandte Theodor Fritsch einige Nummern seiner *Antisemitischen Correspondenz* dem Philosophen zu. Dieser schickte sie zurück und verspottete in einem Begleitbrief «dieses abscheuliche Mitredenwollen noioser [sic!] Dilettanten über den Werth von Menschen und Rassen, diese Unterwerfung unter ‹Autoritäten›, welche von jedem besonneneren Geiste mit kalter Verachtung abgelehnt werden (z.B. E. Dühring, R. Wagner, Ebrard, Wahrmund, P. de Lagarde – wer von ihnen ist in Fragen der Moral und Historie der unberechtigtste, ungerechteste?), diese beständigen absurden Fälschungen und Zurechtmachungen der vagen Begriffe ‹germanisch›, ‹semitisch›, ‹arisch›, ‹christlich›, ‹deutsch› […]» Auf einer privaten Notiz schrieb Nietzsche: «Neulich hat ein Herr Theodor Fritsch aus Leipzig an mich geschrieben.
Es gibt gar keine unverschämtere und stupidere Bande in Deutschland als diese Antisemiten. Ich habe ihm brieflich zum Danke einen ordentlichen Fusstritt versetzt. Dies Gesindel wagt es, den Namen Z[arathustra] in den Mund zu nehmen! Ekel! Ekel! Ekel!»]

Die Rassenlehre erreichte ihren Gipfelpunkt im Nationalsozialismus. Dessen Ideologen und Propagandisten brandmarkten «den Juden» als essentiellen Sündenbock: Sie sahen in ihm die Wurzel allen Übels und koppelten die Überwindung wirtschaftlicher und politischer Krisen an die «Lösung der Judenfrage».

Auch in der Schweiz fand die Rassenlehre Gehör in breiten Kreisen der Bevölkerung. Wie in anderen Ländern verunglimpften sie die Juden als vermeintlich minderwertige Urheber einer krankmachenden Infizierung der Nation oder Gesellschaft. Überdies glaubten nicht wenige Leute hier wie dort an den Mythos einer jüdischen Weltverschwörung.

Andererseits war es auf jüdischer Seite keineswegs selbstverständlich, dass Juden zur Nation des Landes gehören wollten. Sie beanspruchen für sich, nach jüdischem Gesetz leben zu können, um sich somit als besonderes und abgesondertes Volk zu manifestieren. Die jüdische Orthodoxie auf der einen und der kirchlich geförderte Judenhass, verbunden mit dem rassistischen Antisemitismus, auf der anderen Seite, sorgten dafür, dass die jüdische Bevölkerung somit auch in der Schweiz eine Sondergruppe blieb.

Den latenten oder virulenten Antisemitismus in der Schweiz fasst Zsolt Keller wie folgt zusammen:

Auch wenn der Antisemitismus in der Schweiz zwischen 1933 und 1945 keine eliminatorische Dimension (Daniel J. Goldhagen) annahm, so war er doch in vielen gesellschaftlichen Kreisen latent vorhanden. Das Urteil der unabhängigen Expertenkommission Schweiz – Zweiter Weltkrieg (UEK) [...] hält fest, dass «antisemitische Vorurteile und christlich geprägte Judenfeindschaft auch in der Schweizer Bevölkerung allgemein üblich» waren.

Ähnlich interpretiert auch Gerhart M. Riegner den helvetischen Antisemitismus, den er mit dem Attribut «vorbeugend» oder «prophylaktisch» versah: Man «liess die Juden nicht in die zentralen Stellen der Schweizer Politik, der Schweizer Presse, der Schweizer Wirtschaft hinein, dann brauchte man sie nachher auch nicht aus diesen Stellen rauszuschmeissen.» Golo Mann qualifizierte 1960 den Antisemitismus der Schweizer als «überaus diskret und in sicheren Grenzen gehalten». Zynisch hielt er fest: «Wenn Antisemitismus sein muss, dann ist der Antisemitismus schweizerischer Art wohl der erträglichste, zivilisierteste. Nun, in der Schweiz hat eben alles eine menschliche Dimension.»

In Anlehnung an den Historiker Fritz Stern kann von einem «feinen Schweigen» gesprochen werden, das auch in der Schweiz während der Zeit der Krise von 1933 bis 1945 und bis weit in die Nachkriegszeit das gesellschaftliche Klima prägte. Eine Art indifferentes Schweigen, das dem Wegsehen gegenüber dem Elend Vorschub leistete und eine klare Stellungnahme gegen die Schoah und den Antisemitismus be- wenn nicht gar verhinderte. Der christliche Antijudaismus und die introvertierte sowie gruppenegoistische Haltung der Schweizer Katholiken, die sich in den Kriegsjahren von protestantischer Seite dem Vorwurf der mangelnden patriotischen Gesinnung ausgesetzt sahen und sich als bedrohte Minderheit fühlten, hemmte das Zustandekommen einer breiten Solidarität mit der jüdischen Schweiz. [Keller, 2006, S. 74ff.]

«GEISTIGE LANDESVERTEIDIGUNG»

Die Versuche, die Schweiz als Nation gegen die eindringende nationalsozialistische und faschistische Propaganda immun zu machen, blieben nicht aus. Man hielt die eigene Fahne hoch, indem in erster Linie der Appell an den Bürger erging, sich der nationalen Werte bewusst zu bleiben. Dies verursachte eine geistig-kulturelle Auseinandersetzung mit dem Namen «Geistige Landesverteidigung», deren Kernpunkte das Bekenntnis zu Freiheit, Demokratie, bewaffneter Neutralität, Dreisprachigkeit und kulturelle Vielfalt umfassten. Trotz des Erfolgs des Programms – das Machtgehabe Hitlers stiess bei den Schweizern zunehmend auf Skepsis und Ablehnung – ähnelte die Geistige Landesverteidigung «immer stärker dem, was sie eigentlich bekämpfen wollte, sie nahm selbst beinahe totalitäre Züge an». [Kaestli, 1998, S. 468]

Statt zu einem Zukunftsprojekt zu wachsen, gerann sie zur reaktionären Bewahrerin alter Werte, «feierte alles, was der schweizerischen Tradition zu entsprechen schien, und verdammte alles Neue» [Kaestli, 1998, S. 469] – eindrücklich manifestiert mit der Landesausstellung 1939.

> [Diese Beobachtung gilt zudem für die nach Kriegsausbruch gebildete Arbeitsgruppe, die unter dem Namen «Pro Helvetia» das spezifisch schweizerische Kunstschaffen, also auch jenes im Bereich der Musik, fördern sollte.]

Während des Zweiten Weltkriegs bezog sich das schweizerische Nationalbewusstsein nicht mehr auf die reale Schweiz, sondern auf den «alpenrosenfarbigen Patriotismus» (Spitteler) und die «geschönte Schweiz der Filmwochenschau» [Kaestli, 1998, S. 470] und verkam zur Nationalideologie.

LUZERNER POSITIONEN

Diesen schweizerischen Positionen gehörten in Luzern je eigene Sprachorgane an. Sie dokumentieren eindeutig die jeweiligen Haltungen der einzelnen Interessengruppen und Parteien gegenüber den knapp geschilderten Zeiterscheinungen. Die von der liberalen Mehrheit regierte Stadt besass ihr Forum im *Luzerner Tagblatt*, ihr traditioneller Antipode, die in den ländlichen Gebieten stark vertretenen Katholisch-Konservativen, im *Vaterland* und die relativ kleine Linke (Sozialdemokraten) in der *Freien Innerschweiz*. Die *Luzerner Neuesten Nachrichten* vertraten einen unabhängigen Standpunkt.

Der berüchtigte Nazi-Gauleiter Fritz Sauckel (im Volksmund «Sauleiter Gaukel») – als Kriegsverbrecher 1946 hingerichtet – soll einmal ein nazi-kritisches Stück der Thomas-Mann-Tochter Erika im Zürcher Kabarett «Pfeffermühle» mit den Worten kommentiert haben, die Schweiz sei «ein eiternder Blinddarm» und müsse «so schnell wie möglich operiert werden». [«Die Schweiz 1933–1945», SF DRS, 9. 7. 1997] In diesem Sinne wollte im Zuge des «Frontenfrühlings» auch in Luzern eine gesinnungstreue Schar sich daran chirurgisch betätigen, sah sich indes bald einem Boykottaufruf der Sozialisten ausgesetzt.

Tatsächlich wurden verschiedene Geschäfte von Nazi-Sympathisanten, auch vermeintlichen, boykottiert. Nutzniesser der Auseinandersetzungen zwischen der extremen Rechten und der ebenfalls nicht zimperlich auftretenden Linken waren die Konservativen. Sie forderten – nicht wie der Liberalismus den laizistischen, i.e. kirchlich unabhängigen – den auf dem Katholizismus fussenden, straff geführten Staat. Diese Positionierung, gepaart mit christlich begründeter Judenfeindschaft, hatte Tradition: Der Luzerner Patrizier und Nationalrat Philipp Anton von Segesser lobte 1863 die Gegner der Judenemanzipation dafür, «dass kräftige, altschweizerische Gesinnung ihnen höher steht als neumodisches Humanitätsgewinsel». [zit. nach Kaestli, 1998, S. 441] In seinem Wirken lässt sich überhaupt der Übergang vom alten Judenhass zum modernen Antisemitismus, der sich auf die Rassenlehre stützt, nachvollziehen.

«Wir sollten aus kulturellen Gründen Antisemiten sein, aber in der Verneinung des Judentums die richtigen Wege gehen», schreibt 1920 Karl Wick, Redaktor des *Vaterland* und (später) Nationalrat. Der Historiker Urs Altermatt deckte in seinem Buch *Katholizismus und Antisemitismus* auf, dass auch bekannte Theologen wie Mario von Galli und Hans Urs von Balthasar sich nicht scheuen, antisemitische Pamphlete zu veröffentlichen. [NZZ, 20. 11. 1999] Mit Fug und Recht lässt sich aber behaupten, solche Anklänge an – aus aktueller Sicht – extremes Gedankengut seien keineswegs fanatisierten Köpfen entsprungen. Daher kann es nicht verwundern, dass an Äusserungen dieser Art kaum Anstoss genommen wurde, auch nicht seitens liberal Gesinnter.

Erntedankfeier der Fröntler im Kunsthaus, 1941

Erklärung!

An die Bürgerschaft von Luzern und Umgebung!

1. Seit einiger Zeit werden in massloser Hetze verleumderische Gerüchte über mich herumgeboten. Man bezichtigt mich landesverräterischer Handlungsweise und stellt mich als nationalsozialistischen Funktionär und Treiber vor. Gegen mein Geschäft wird die Boykottparole ausgegeben. Die Schaufenster wurden in der Nacht vom 28./29. November mit Hakenkreuzen beschmiert.

2. Dieses Werk der moralischen und wirtschaftlichen Zerstörung richtet sich gegen einen völlig Unschuldigen. Ich habe mich gestern vormittag bei der Bundesanwaltschaft in Bern und am Nachmittag beim Kantonalen Polizeikommando Luzern persönlich gemeldet und Durchführung einer Untersuchung gegen mich selbst verlangt. Die Bundesanwaltschaft hat festgestellt, dass mein Name in ihren Akten überhaupt nicht figuriert. Das kantonale Polizeikommando erklärte, seine Recherchen hätten die vollständige Haltlosigkeit der zirkulierenden Gerüchte ergeben. Beide Amtsstellen sind bereit, dies zu bestätigen.

3. Ich erkläre, dass ich mich als Schweizer Bürger in jeder Hinsicht auf den Boden der Bundesverfassung stelle und dass ich insbesondere für die Behauptung der Unabhängigkeit der Schweiz eintrete, wann und wo es immer sei.

In meiner seelischen Not appelliere ich an die Loyalität und die gute Schweizer Gesinnung der Bürgerschaft u. hoffe zuversichtlich, dass ich nicht ungerechterweise aus der Gemeinschaft ausgestossen und der psychischen und physischen Verelendung preisgegeben werde. Ich bitte alle vaterländisch gesinnten Bürger, mich im Kampf gegen die Verleumder, der in jeder Beziehung zum Existenzkampf für mich und meine Familie geworden ist, zu unterstützen.

Luzern, den 30. November 1938. (14027)

Gez. **Jean SCHNEIDER**
der Photograph b. Bahnhof

Fotograf Jean Schneider wehrt sich mit einem Zeitungsinserat gegen Unterstellungen

Auf Stadtpräsident Zimmerli zurückkommend, liegt die Mutmassung nahe, er habe diese Aspekte bei seinen Zielsetzungen entweder geflissentlich ausser Acht gelassen, oder sie seien für ihn mindestens irrelevant gewesen. Ihm ging es als Verantwortlichem um das Wohlergehen der Stadt und die Ankurbelung des Fremdenverkehrs, der im industriell bedeutungslosen Luzern entscheidend war, denn die Touristen drohten auszubleiben. Dafür setzte Zimmerli sämtliche Hebel in Bewegung, die ihm zur Verfügung standen, und mit der intendierten Gründung der Musikfestwochen hielt er die Werte hoch, die in der Musikszene von damals als sicher galten. In der Musik hiess das Werke aus dem deutschen Repertoire – Beethoven und Wagner voran. Wagner genoss wegen seines langen Tribschen-Aufenthalts ohnehin einen Luzerner Sonderstatus. Die Stadt gewährte nach der Übernahme der Am-Rhyn-Villa 1933 den Nachkommen des Komponisten darin Wohnrecht auf Lebenszeit, was von der Wagner-Sippe allerdings nur teilweise und nur bis zum Kriegsausbruch genutzt wurde. Diese Offerte fusste auf einem ausgezeichneten Einvernehmen mit den Wagners in Bayreuth – notabene fast allesamt Träger des Goldenen Parteiabzeichens. Mit der Einrichtung der Ausstellung im Wagner-Museum beauftragte die Stadt den Wagner-Forscher Max Fehr, einen ausgewiesenen Fachmann – und bekennenden Antisemiten. Ernest Ansermet, erst Bittsteller, dann künstlerischer Berater Zimmerlis, Freund des politisch wankelmütigen Igor Strawinsky (Richard Taruskin: «a fascist by conviction»), hat noch lange nach dem Krieg aus seinen Abneigungen gegen die jüdische Musikkultur keinen Hehl gemacht; in seinem vor allem gegen Arnold Schönbergs Musikdenken gerichteten Buch *Les Fondements de la musique dans la conscience humaine,* erschienenen 1961, zeugen diverse Passagen von Antipathien dieses Schlages. Als Zimmerli mit den Musikfestwochen bereits 1937 starten wollte, schwebte ihm als Höhepunkt ein Konzert unter der Leitung von Richard Strauss vor. Es konnte ihm nicht entgangen sein, dass jener 1933 zu den Unterzeichnern des «Protests der Richard-Wagner-Stadt München» gegen Thomas Manns Essay *Leiden und Grösse Richard Wagners* gehört hatte und nachher zum Präsidenten der Reichsmusikkammer ernannt worden war, 1935 allerdings wegen der Zusammenarbeit mit Stefan Zweig von diesem Amt zurücktreten musste. Zimmerli rechnete 1938 immer noch mit dem von ihm bewunderten Dirigenten und Komponisten Strauss – doch davon später. Auf der anderen Seite bemühte er sich, Musiker wie den jüdischstämmigen Bruno Walter, die Brüder und Nazi-Gegner Adolf und Fritz Busch und vor allem mit viel persönlichem Engagement den Stern am Dirigentenhimmel, den Feind Mussolinis und Verächter jeglicher Diktatur, Arturo Toscanini, für Luzern zu gewinnen.

Die Erörterung über Zimmerlis Bewältigung politischer Alltagsgeschäfte ist hier nicht von Interesse, doch mag die Schilderung einer die Beziehung zum hitlerergebenen Hause «Wahnfried» betreffenden Episode darlegen, dass er in heiklen Augenblicken durchaus standfest reagieren konnte. Zusammen mit Adolf Zinsstag unterstützte er nach Kriegsausbruch die Auswanderungsgelüste der Wagner-Enkelin Friedelind, dieser Rebellin unter der Nachkommenschaft, die sich wort- und tatkräftig von einer jungmädchenhaften Nazi-Überzeugten entschieden zu einer Gegnerin des Dritten Reiches gewandelt hatte.

[Adolf Zinsstag kam mit sechzehn Jahren als Geiger zum Basler Sinfonieorchester. Der ausgebildete Gold- und Silberschmied trat trotz seiner musikalischen Beschäftigungen in das väterliche Juweliergeschäft an der Gerbergasse (Haus «Rheingold») ein. Er war Gründer der Schweizer Richard-Wagner-Vereine und mit Siegfried Wagner, dem Sohn Richards, befreundet. Versehen mit dem absoluten Gehör, einem sicheren Instinkt für das Rhythmische, rascher Auffassungsgabe und einem hervorragenden Gedächtnis spielte er nahezu sämtliche Orchesterinstrumente und dirigierte etliche Blaskapellen. Als Wagner-Verehrer setzte er sein ganzes Privatvermögen ein für den Erwerb der Handschrift des *Siegfried-Idyll,* welche heute im Besitz des Wagner-Museums in Tribschen ist. Auch wegen weiterer Donationen kann er als wichtigster Mäzen für das Wagner-Museum gelten. 1961 veröffentlichte er seine Rückblicke in Basler Mundart *(Ruggbligg).*]

Damit fiel Friedelind auch in der Familie in Ungnade. Trotz der Bemühungen – waren es nachgerade Drohungen? – seitens ihrer Mutter Winifred, trotz der Bitten ihrer Tanten (Eva Chamberlain-Wagner und Daniela Thode-von Bülow) und der Schwester Verena, nach Hause zurückzukehren und sich nicht «ausserhalb der Familie und der Volksgemeinschaft zu stellen», blieb sie hartnäckig bei ihrem Entschluss, Deutschland zu verlassen. Nachdem sie die Festwochen 1939 besucht hatte [Winifred Wagner bezeichnete diese als antideutsche Kulturveranstaltungen, die Juden und Emigranten aufzögen], wollte sie bis zum Eintreffen der Ausreisepapiere in Tribschen bleiben. Unterstützung für ihr Vorhaben fand sie bei Toscanini und seinen Vertrauten, Zinsstag und Zimmerli. Zinsstag schrieb in einem Brief nach Bayreuth, Friedelind sei «einstweilen bei uns in guter Obhut» und habe sich «mit unserem schweizerisch-demokratischen Wesen eng befreundet». Sie werde nach England ausreisen, weil sie «einfach nicht anders konnte, sie musste ihrer dem III. Reich entgegengesetzten Empfindungswelt Ausdruck geben, […] einer Überzeugung, die ihr nicht von irgend jemand aufgenötigt wurde, sondern die sie sich selbst aneignete». Zimmerli antwortete an Daniela Thode, die wiederholt um Informationen gebeten hatte: «Fräulein Friedelind geht ihre eigenen Wege. Es ist daran nichts zu ändern. Es hat sich alles damit abzufinden.» Er unterrichtete Zinsstag über sein Schreiben und meinte, die «Schweizerluft» tue dem Fräulein sehr gut und habe «in jeder Beziehung einen erfreulichen Einfluss auf sie»; er schloss mit Worten, die sich als Prophezeiung erweisen sollten: «Sie wird sich mit grösster Dankbarkeit dieser Zeit erinnern und sich der Stadt Luzern gegenüber erkenntlich zeigen.» Sie hat dies getan, verbrachte ihre letzten Lebensjahre in Luzern und ermöglichte unter anderem die Restauration des Erard-Flügels im Wagner-Museum. [Dazu ausführlich Rieger, 2012. Alle Zitate dort, S. 129–135, 148]

[Die Publikation *Richard Wagners Nachfahren auf Tribschen oder Der ergötzliche Rückblick* der ersten Museumsleiterin Ellen Beerli-Hottinger auf die Jahre 1933–1960 [SALU F1.r2678] gewährt allerlei Einblicke in die illustre Gesellschaft, die im Museum zu Gast war, und in einigen Abschnitten auch Berichte, die den hier zur Debatte stehenden Themenkreis illustrieren. Das Wohnrecht für die Wagner-Nachfahren nahmen seit 1934 bis zum Kriegsausbruch 1939 Eva Chamberlain-Wagner und Daniela Thode-von Bülow jeweils in den Sommerferien wahr. Ellen Beerli, mit der Betreuung der Damen beauftragt, verrät, welche Order sie in der Küche zu beachten hatte: «Oft fragte mich Frau Chamberlain nach der Art des Kochens. Wehe, wenn irgendwo Zwiebeln, Knoblauch oder Kraftwürfel vorkamen! Sofort verbot mir Frau Geheimrat die zwei ersteren, da dies Speisen der Juden wären.» (S. 9) Friedelind, die zu ihren Tanten eine herzliche Zuneigung hegte und später auch in Tribschen zu ihnen stiess, wirbelte offenbar die Tribschen-Idylle gehörig auf, wenn Diskussionen über Hitler und seine Politik aufkamen: *Über das tägliche Leben und dessen Pflichten gingen die Ansichten schon weit auseinander, aber erst, wenn es sich um Politik oder das Judenproblem handelte! Die letzteren Themen brachten die Gemüter oft in Weissgluthitze. Beide Damen waren Trägerinnen des Goldenen Parteiabzeichens, was sie als blindergebene Jüngerinnen des Führers stempelte. Im Stillen zweifelte Frau Geheimrat an vielem, was aus mancher Frage herauszusehen war; oder sie erzählte etwas von der Partei Vorgesehene oder Getätigte, fühlte aber oder wusste sogar, dass es nicht gut oder sogar falsch war, so griff sie dies Thema auf. Legte mein Mann oder auch ich ihr auseinander, wie falsch die Sache sei, wusste sie, was sie wissen wollte und vermutet hatte, gab es aber dennoch nicht offen zu. Einmal Friedelind hier, fuhr diese noch mit stärkerem ‹Geschütz› auf als wir. Fast täglich spielten sich solch politische Gefechte ab […]* (S. 21)]

GESTERN UND HEUTE

Allein der kurze hier gebotene Abriss über schweizerische und luzernische Eigenschaften in der unmittelbaren Vorkriegszeit offenbart die Schwierigkeiten, denen sich der Betrachter des frühen 21. Jahrhunderts ausgesetzt sieht, will er versuchen, jene Zeit, jenen Zeitgeist zu begreifen. Noch schwieriger, wenn nicht unmöglich scheint es, ein moralisches Urteil zu fällen oder gar zu verurteilen. Diese turbulente Zeit gleicht einer Partitur wildester und regellosester Polyphonie, die keine verbindliche Syntax kennt und schwer les- und hörbar ist. Abgrundtiefe Widersprüche tun sich auf, die sich nicht selten als scheinbare entpuppen, indes vermeintliche Konstanten und Gemeinsamkeiten bisweilen ebenso Risse zeigen.

Nach dem Scheitern der extremen faschistisch-nationalsozialistischen und kommunistischen Weltanschauungen, doch beladen mit der Erfahrung ihrer dunkle Schatten werfenden Folgen bekundet vor allem die jüngere Generation Mühe, sich der gegenwartsfernen «Zeit der Ideologien» (Karl Dietrich Bracher) zu nähern. Sie ist ihr «ungefähr so nah wie scholastische Debatten des Mittelalters», schreibt Jan-Werner Müller in einem bemerkenswerten Essay und ergänzt, dass auf der anderen Seite die historische Diskussion «in den Kategorien des zwanzigsten Jahrhunderts befangen» sei. Irreführend sei es überdies, «einen Grossteil des politischen Denkens im Europa des zwanzigsten Jahrhunderts als blosse Polit-Pathologie abzutun», denn «Ideologie-infizierte Gehirne» hätten oft auch die konkrete Lösung von Problemen angestrebt und manchmal erreicht, an denen liberale Demokratien sich vergeblich abgearbeitet hatten. «Das galt für illiberale Ordnungsvorstellungen [...], zumindest teilweise aber auch für die grossen ideologischen Extreme: Die damals verbreitete Faszination für Mussolinis Faschismus oder auch für den Stalinismus erklärt sich nicht nur aus einem antibürgerlichen Ressentiment (was zwar eine wichtige Rolle spielte), sondern auch daraus, dass [...] nicht nur verblendete Intellektuelle den Eindruck gewannen», diese Ideologien seien bereits praxisbewährt. [NZZ, 1. 10. 2011]

Eine solche Sicht mag den Eindruck erwecken, hier schlage der Versuch des Verstehens in verständnisvolle Nachsicht um. Doch: Erstens zieht das «Verstehen» das «Verzeihen» nicht per se mit; zweitens gelingt das «Be-Greifen» des noch jungen Zeitalters der europäischen Massendemokratien wenn überhaupt, so nur aus der Perspektive ihrer zugehörigen Gegenwart. Damit schafft man die Vorbedingung, um «die Verführungskraft von Ideologien richtig einzuschätzen». [NZZ, 1. 10. 2011]

MUSIK IM DUNSTKREIS DER IDEOLOGIEN

Auch wenn die Schweiz «sich vor der Frage nach Faschismus innerhalb seiner Grenzen völlig immun» [Stenzl, 1998, S. 9] dünkt(e), ist sie nicht zuletzt im Bereich der Musik von faschistischen Ideen und Idealen ebenfalls tangiert worden.

In einem im Dezember 1932 veröffentlichten *Manifest italienischer Musiker für die Tradition der romantischen Kunst des 19. Jahrhunderts* springen vor allem vier Punkte ins Auge, die beileibe keine ausschliesslich italienische Sonderbegehren beinhalteten und nicht ohne Konsequenzen weit über Italien hinaus bleiben sollten:
 – *Die Herde des Zerebralismus und des Individualismus müssen ausgerottet werden.*
 – *Man muss zum Volk hingehen.*
 – *Die Folgen der Atonalität sind analog jenen des Bolschewismus.*
 – *Die jüdische Musik bedeutet den Triumph der Materie über den Geist.*
  [zit. nach Stenzl, 1998, S. 82]

Die NS-Propagandisten doppelten in diesem Sinne wenig später radikal nach: Musik, die sie als kopflastig taxierten, vermochte in ihrer Anschauung nicht dem Gusto des gesunden Volksempfindens zu entsprechen. Damit diente primär die nach neuen Wegen aufbrechende Musik als Zielscheibe, an erster Stelle die sogenannt atonalen Werke Schönbergs und seiner Schüler, wobei im Falle Schönbergs der Nicht-Arier-Status noch dazukam. Die Musik jüdischstämmiger Komponisten von Mendelssohn bis Mahler verschwand aus den Konzertsälen, aus denen auch die Interpreten (nicht nur jüdische, auch regimekritische wie die Brüder Adolf und Fritz Busch) verjagt wurden, weil sie die Direktiven des Regimes nicht erfüllten. Hochkonjunktur genossen umgekehrt Musiker, die sich gegenüber den Diktaturen willfährig verhielten, in Italien beispielsweise Pizzetti, Respighi, Casella, Malipiero, in Deutschland Pfitzner. [vgl. dazu u.a. Wulf, 1963] Auch

Schweizer Komponisten wie Othmar Schoeck und Heinrich Sutermeister fanden Eingang in deutsche Opernhäuser. Es wäre interessant, fundiert zu erforschen, ob diesen Komponisten posthum die «anpässlerische» Attitüde zum Verhängnis geworden ist, denn sie sind – Ausnahmen bestätigen wieder einmal die Regel – praktisch aus den aktuellen Konzertprogrammen verschwunden, ein Phänomen, das sich in vielen Fällen keineswegs mit dem Mangel an Qualität erklären lässt.

Um in der Schweiz zu bleiben: Hier stiessen «Neutöner» ebenso auf Ablehnung; ein Name wie Erich Schmid (der nachmalige Chefdirigent unter anderem des Tonhalle-Orchesters) steht hier stellvertretend für andere. Emigranten wie dem Dirigenten Paul Klecki oder dem linksorientierten Dirigenten und Komponisten Hermann Scherchen legte man happige Steinbrocken in den Weg. [vgl. Walton & Baldassarre, 2005] Georg Solti, zwar dankbar dafür, als ungarischer Jude in der Schweiz während des Krieges Aufnahme gefunden zu haben, fand in einem 1966 in Luzern geführten Gespräch aber wenig Worte der Begeisterung über jenen Aufenthalt. Er, immerhin Assistent von Toscanini, habe sich meist mit Klavierspielen verdingen müssen …

[Vornehmlich deutsche Medien sind zum 100. Geburtstag des Dirigenten nicht zimperlich mit der Schweiz umgesprungen, was deren Umgang mit Solti als Flüchtling betraf. Manche Texte berichteten von Dirigier-, gar Arbeitsverboten. Verena Naegele korrigierte jüngst in der *Schweizer Musikzeitung* (Nr. 12, Dezember 2012) das schiefe Bild und konnte über dreissig Konzerte (darunter auch Dirigate etwa in der Tonhalle) nachweisen, die Solti während der Kriegsjahre hierzulande bestritt; zudem begann er hier seine Schallplattenkarriere.]

Es entbehrt nicht einer gewissen Pikanterie, dass «Schönberg ja sein ganzes Leben lang gerade von denen stigmatisiert [wurde], deren konservative politische Überzeugungen er teilte». [Stenzl, 1998, S. 215] Politische Rückschrittliche waren ebenso Strawinsky – Sympathisant der Faschisten, doch musikalischer Bürgerschreck von damals – und Webern, dessen kompromisslose Zwölftonmusik das Wiener Publikum noch in den 1960er Jahren als blosse «Hirnmusik» oder gar als Un-Musik niederpfiff. (Ich erinnere mich an eine derartige Reaktion nach der Wiedergabe der Symphonie op. 21 unter Karajan in Wien.) Doch exakt dieser Webern, Schüler und Freund Schönbergs, hoffte – persönlich zwar sehr bedrückt – noch auf den deutschen Sieg, als der Krieg längst verloren war und er einen gefallenen Sohn zu beklagen hatte. [vgl. dazu Moldenauer, H. & R. (1980). *Anton von Webern, Chronik seines Lebens und Werkes.* Zürich: Atlantis]

Die wenigen Beispiele legen offen, dass im Bereich der Musik die Vorgänge sich von jenen in der Politik nicht wesentlich unterschieden; beide verliefen nicht in geraden Bahnen. Doch solche Ungereimtheiten sind obsolet, denn: *Geschichtswirksam wurden Strawinsky, Schönberg und Webern nicht als politische Denker und politisch Handelnde; wie weit ihre konservativen, ja reaktionären politischen Positionen, die sie mit Hunderttausenden teilten, ihre musikalischen Werke und wie tief bestimmten, wäre erst einmal zu untersuchen. Ein demokratischen – oder sozialistischen – Positionen anhängender Historiker kann zwar bedauern, dass Schönberg ein ‹konservativer Revolutionär› war (nach der Bezeichnung des offiziellen deutschen Mussolini-Übersetzers und Alban-Berg-Schülers*

Willi Reich), aber er wird schwerlich [den Marxisten] *Hanns Eisler zum fraglos bedeutendsten Komponisten im zweiten Drittel des 20. Jahrhunderts machen können. Wesentlich ergiebiger wäre es, wenn diese sich heute stellenden Fragen an das Damals eine Antwort fänden, welche ‹ihrem Gegenstand nicht Gewalt antut› (Carl Dahlhaus).*
[Stenzl, 1998, S. 213]

Unter diesen grob umrissenen Prämissen der Epoche um die IMF-Gründung sollen in den anschliessenden Kapiteln Konstellationen und Konzeptionen der Internationalen Musikfestwochen im Gründerjahr, während des Krieges und in den ersten Jahren danach beleuchtet werden.

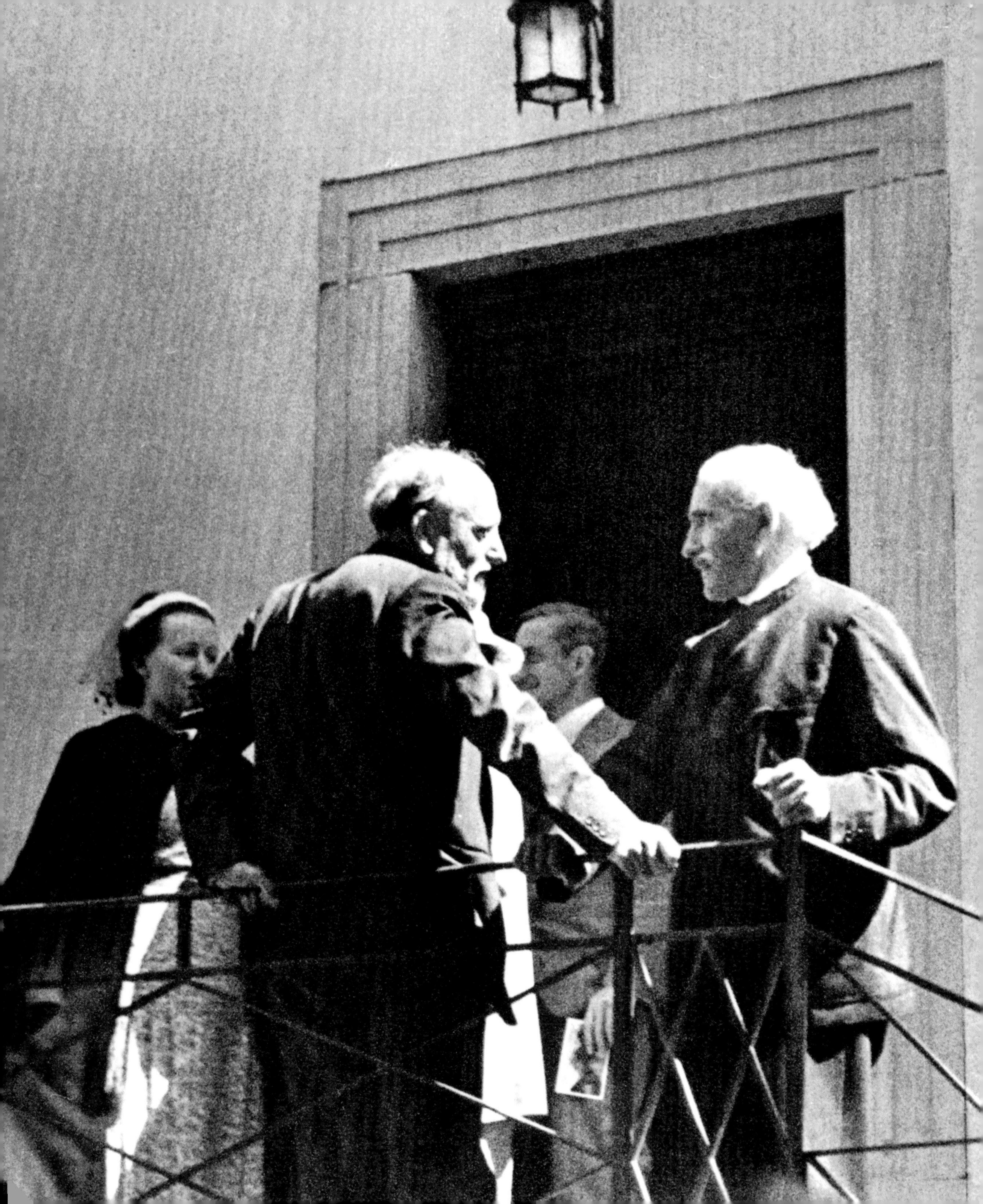

OUVERTÜRE

Gelungener Start – 1938

Persönlichkeiten, nicht Prinzipien, bringen die Zeit in Bewegung.

Oscar Wilde

Ernest Ansermet und Arturo Toscanini auf der Eingangstreppe der Tribschen-Villa links: Friedelind Wagner

Feuereifer, gepaart mit Beharrlichkeit und diplomatischem Geschick für seine Mission der Kulturbewahrung, verbunden mit dem gleichzeitigen Willen, neue und riskante Wege zu gehen, waren Stadtpräsident Zimmerlis Triebfedern, in schwirigen Zeiten die Stadt Luzern zur internationalen Musikstadt zu erheben. Nach dem Scheitern der Pläne für Festwochen 1937 [immerhin fand eine Art Probelauf im Kursaal statt: Am 7. August 1937 spielten die vereinigten Radioorchester von Zürich und Lausanne unter Robert F. Denzler im Kursaal ein von den drei Landessendern übertragenes Konzert] liess der Stadtvater nicht locker. Die Dokumentation der kurzfristigen Vorbereitungen [heute müssen Spitzenmusiker und -orchester zirka drei Jahre vorher verpflichtet werden] für die Durchführung im folgenden Jahr ist sehr spärlich – lediglich zwei Sitzungen des Organisationskomitees wurden protokolliert. [Prot. 8. 4., 23. 6.] Das Ergebnis, das schliesslich realisierte Programm, lässt indes darauf schliessen, Zimmerli und seine Beistände hätten keine Anstrengungen gescheut, um ihr Vorhaben zu verwirklichen. Von Zimmerlis persönlichem Engagement zeugen um die fünfzig Briefe [SALU unter M17/423] aus der ersten Jahreshälfte von 1938 (dazu kam wahrscheinlich noch private, wie erwähnt vernichtete Korrespondenz, hauptsächlich an Dirigenten sowie an die Konzertgesellschaft Zürich, Botschaften und Touristikunternehmen).

Langwierig gestalteten sich die Bemühungen um die Mitwirkung von Richard Strauss (von ihm sind in der Angelegenheit keine Schreiben aufzufinden): Noch am 1. Februar kann sich Zimmerli an einer Zusage «mit herzlichem Dank und dem Ausdruck wahrer Verehrung» erfreuen, bittet am 22. März um den Konzertzeitpunkt und dann, am 13. April, um einen Programmvorschlag. Um Strauss möglicherweise entgegenzukommen, regte Zimmerli am 26. April selbst eine Werkfolge an. [vgl. Abb. S. 53]

Am 20. September 1938 trug sich Richard Strauss ins Gästebuch des Wagner-Museums ein

Aus dem Schreiben geht hervor, dass offenbar einige Herren aus Luzern eine von Strauss geleitete Aufführung in Berlin besucht hatten. Am 8. Mai dann wurden allfällige «Schwierigkeiten» hinsichtlich der Beteiligung Strauss' in Erwägung gezogen. Zimmerli versicherte ihm deshalb, in der Voranzeige «Ihr Konzert nur mit dem stillschweigenden Vorbehalte» zu erwähnen, und teilte ihm mit, Ansermet habe sich bereit erklärt, «sofern Sie es wünschen sollten, die Vorproben zu übernehmen». Der letzte Brief vom 11. Juni ist eine Replik auf Strauss' endgültig erfolgte Absage: «Wir bedauern es ausserordentlich, dass gebieterische Rücksichten auf Ihre Gesundheit und Ihre übrigen Verpflichtungen es Ihnen nicht gestatten […]» Das zweite Argument öffnet Raum für Spekulationen: Wollte, musste Strauss aus politischen Verbindlichkeiten gegenüber dem Dritten Reich verzichten? Es gibt auf die Frage keine Antwort, es lassen sich höchstens Mutmassungen formulieren. [Strauss besuchte gemäss Gästebuch am 20. 9. 1938 das Wagner-Museum.]

Die hinterlassene Korrespondenz Zimmerlis fördert zudem einen erwähnenswerten Briefwechsel zutage, der zwar auf das definitive Programm ohne Auswirkung geblieben ist, aber auf den Argwohn der Schweiz gegenüber dem Ausländischen hindeutet. Zudem öffnet er spezifisch ein Nebenkapitel in den Auseinandersetzungen mit dem radikal fortschrittlichen Dirigenten Hermann Scherchen, die sich zu einem eigentlichen «Fall Scherchen» entwickelten. [vgl. dazu Brotbeck, 1996, und Gartmann, 2005, S. 39–59.]

Kopie des Briefes von Zimmerli an Strauss

Offenbar versuchte Zimmerli, «den extrem aktiven, zuweilen etwas arroganten und im Umgang schwierigen Dirigenten» [Brotbeck, 1996] als Berater und Helfer in die Planung einzubinden. Im Hinblick auf eine in Aussicht genommene Ausstellung «Die Schallplatte in Kunst, Wissenschaft und Technik» (wahrscheinlich ein Segment der schliesslich realisierten Internationalen Musikausstellung) bat er den mit der Materie vertrauten Scherchen, entsprechende «Firmen, offizielle Grammophon-Archive und Radio-Gesellschaften zu besuchen und mit denselben die zweckdienlichen Verhandlungen zu führen». [Zimmerli an Scherchen, Brief vom 2. Mai] Überdies leistete Scherchen selbst Vermittlerdienste, denn vier Tage später teilte er Zimmerli mit, er habe erreicht, dass Bruno Walter gewillt sei, ein Konzert in Luzern zu dirigieren [Scherchen an Zimmerli, Brief vom 6. Mai]; auf eine erste Anfrage hatte dieser nämlich abgesagt. Aus dem sofort erfolgten Antwortschreiben geht hervor, dass Scherchen bereits früher Luzern einen Dirigierkurs unter seiner Leitung angeboten hatte. Zimmerli sah sich gezwungen, einige Punkte klarzustellen: *Die moralische Verantwortung für die Fest-*

wochen trägt nach aussen die Stadt Luzern, intern wird die moralische und finanzielle Verantwortung von den Vorständen der Verkehrskommission, des Kurkomitees und der Kurhausgesellschaft getragen. Die Luzerner Instanzen […] werden es nicht zulassen, dass irgendein Teil der Veranstaltungen […], unabhängig von Ihnen, gewissermassen als persönliches Unternehmen, durchgeführt werde. […] Was Ihre Dirigierkurse anbelangt, habe ich es von Anfang an als nicht angängig betrachtet, dass sie in dem seit Monaten festgelegten Generalprogramm […] aufgeführt werden. Diese Auffassung war auch für die andern Luzerner Herren eine selbstverständliche. Ich habe es lediglich als angängig betrachtet, dass Ihre Kurse während der Festwochen in einem städtischen Lokal durchgeführt werden, und dass sie in den speziellen Publikationen ebenfalls berücksichtigt werden. Es handelt sich da doch offensichtlich um ein rein persönliches Unternehmen, mit dem, im Gegensatz zu den übrigen Veranstaltungen, ein gewisser Erwerbszweck verbunden ist. [Zimmerli an Scherchen, Brief vom 7. Mai]

[Leider ist nirgends dokumentiert, was in den folgenden zwei Wochen geschah. Handelte Zimmerli auf unbekannte Weisung seitens der Politik, des Schweizerischen Tonkünstlervereins (STV), privater Interventionen oder aus eigenem Antrieb, als er den Brief an Scherchen adressierte?]

Das schriftliche Echo Scherchens blieb aus oder ist unbekannt. Der als «Kulturbolschewist» in die Schweiz Verjagte erlebte in Luzern einmal mehr (und es sollte ihm bis 1950 noch mehrmals widerfahren), dass ihn konservative Exponenten der Musikergilde unter Zuhilfenahme der Behörden mit allen Mitteln zurückbanden. «Wenn Scherchen einen Dirigierkurs am Konservatorium Bern übernimmt, wird im Vorstand des STV überlegt, bei der Fremdenpolizei aktiv zu werden. Wenn er – noch vor dem Krieg – ein Festival aufbauen will, rät der Vorstand in einem Brief an das Departement des Innern mit klaren Worten davon ab. Wenn er ein Orchester gründen will, versammeln sich 1937 fast alle Schweizer Orchester unter der Leitung des STV-Präsidenten, um solches zu verhindern.» [Brotbeck, 1996] Was die Musikfestwochen betrifft: Scherchen wurde als Dirigent bis zu seinem Tod und als Komponist bis zum heutigen Tag ignoriert.

Die Organisatoren hatten noch weitere Absagen hinzunehmen, sodass das in der Sitzung des Komitees vom 8. April vorgestellte Programm zu guten Teilen auf den Kopf gestellt wurde. Neben Strauss und Thomas Beecham musste auf den ehemals berühmten ukrainischen Wagner-Sänger Alexander Kipnis und auf Rudolf Serkin verzichtet werden (Kipnis war für einen Liederabend, Serkin als Rezital-Partner von Adolf Busch vorgesehen). Am 23. Juni konnte Zimmerli dem verantwortlichen Gremium die (vermeintlich) definitive Veranstaltungsreihe vorstellen. Für Strauss sprang kein Geringerer als Fritz Busch in die Bresche, zudem lagen die Zusagen von Arturo Toscanini und Bruno Walter vor. Und dennoch kam es anders. Das Programm war schon gedruckt, als es eine unerwartete Ergänzung erfuhr, weil Toscanini sich spontan entschloss, zwei Tage nach dem Galakonzert ein weiteres Orchesterkonzert mit Werken von Cherubini, Brahms, Mendelssohn und Wagner im Kunsthaus zu dirigieren. Somit präsentierten sich die Festwochen im Jahr eins unversehens in neuer Gestalt. [vgl. Abb. S. 55]

Gesamtprogramm der ersten Musikfestwochen 1938

ERSTE KONZERTE

Alfred Cortot

Ein Vollerfolg war bereits dem ersten «Orchester- und Solistenkonzert» im Kursaal am 18. Juli 1938 beschieden: Der dortige Theatersaal war bis auf den letzten Platz besetzt; für die auswärtigen und einheimischen Musikfreunde sei der Abend «zu einem unvergesslichen musikalischen Erlebnis» geworden dank dem «hervorragenden Dirigenten von aussergewöhnlichem Format», einem «Solisten von Weltruf» und einem aus «erstklassigen Kräften zusammengesetzten Orchester», schrieb der Rezensent in den *Luzerner Neuesten Nachrichten* vom 20. Juli. Der Beifall für Ernest Ansermet, Alfred Cortot und das mit Musikern des Orchestre de la Suisse Romande verstärkte Kursaal-Orchester habe «solch südliche Formen» angenommen, «wie sie in Luzern nicht allzu oft zu hören sind». Keine Selbstverständlichkeit angesichts der aufgeführten Werke, die allesamt nicht zu den Zugpferden zählten – Ravel und Strawinsky galten in jenem Jahr gar noch als Neue Musik.

«Ungewöhnlicher, kräftiger und andauernder Beifall» [LNN, 27. 7. 1938] honorierte auch die glänzenden, bunt gemischten Lieder-Darbietungen der amerikanisch-italienischen Sopranistin Dusolina Giannini und des Pianisten Michael Raucheisen, eines Hitler-Günstlings, dem nach Kriegsende ein befristetes Berufsverbot auferlegt wurde.

[Künstlerisch leitete er den Wandel der Liedbegleitung mit ein, die auf «die Einheit von Wort und Ton, Gesang und Klavier» [Brendel, 2012, S. 67] hinzielt, wodurch der Pianist aus der Rolle des notwendigen Übels schlüpft. Früher war es meist Usus, dass der Sänger oder die Sängerin den Ton allein angab. Dem Pianisten sei «gerade noch gegönnt gewesen, dabei zu sein.» (Brendel) Raucheisen übersiedelte 1958 mit seiner dritten Ehefrau, der berühmten Sopranistin Maria Ivogün, als Privatier in die Schweiz, nach Beatenberg.]

Ein Abkömmling aus dem «braunen» Bayreuth, Graf Gilbert Gravina, und der jüdischstämmige Cellist Emanuel Feuermann waren die Protagonisten des dritten Konzerts, dessen «solenner Abschluss» eine «klangprächtige Wiedergabe des *Meistersinger-Vorspiels*» bildete. Unter Anwesenheit von Gravinas Tante, Daniela Thode-von Bülow, habe die festliche Musik wie «ein Huldigungsgruss an die Manen Richard Wagners» gewirkt, schrieb O. M. (Otto Marchi) am 4. August in den *Luzerner Neuesten Nachrichten*. Das Konzert habe überdies «einen leuchtenden Hinweis auf das demnächst stattfindende grösste Ereignis» gegeben: «das Elitekonzert von Maestro Arturo Toscanini, dem unvergleichlichen, kongenialen Ausdeuter der Kunst Richard Wagners».

Bevor es mit dem Grossereignis so weit war, beglückte erst das Busch-Quartett, abermals im Kursaal, das Auditorium mit einem «der schönsten, hier je genossenen Kammermusikabend[en]». [O. M., LNN, 11. 8. 1939] Die Buschs dann wiederum – Dirigent Fritz (1933 aus Dresden vertrieben) und sein Bruder Adolf, der exzellente Geiger und Primarius des nach ihm benannten Streichquartetts – eröffneten die Reihe der grösser besetzten Orchesterkonzerte im grossen Saal des Kunsthauses mit einem Beethoven-Programm. Und endlich *der* Höhepunkt, eine knappe Woche später: Das seither zum Wiegenfest des Internationalen Musikfestivals erhobene Toscanini-Galakonzert auf Tribschen am 25. August wurde Sensation und Ereignis.

Ernest Ansermet

DAS CONCERT DE GALA – FUNDAMENT FÜR DIE ZUKUNFT

Doch bis es so weit war, bedurfte es eines guten Stücks Arbeit und zugleich eines feinnervigen Fingerspitzengefühls. Fragmentarisch überlieferte Briefe lassen jedenfalls darauf schliessen. Dazu erwies sich die herrschende schweizerische Befindlichkeit als günstig. Man profitierte davon, dass antidiktatorisch gesinnte Ausländer die Schweiz als das ansahen, was sie in des Schweizers Lieblingsvorstellung war: die friedliche, kaum umwölkte Insel inmitten tosender Wellen und Finsternis. Dieser hilfreiche Umstand darf im Bericht über die letztlich erfolgreiche Bindung Toscaninis an Luzern wohl nicht ausser Acht gelassen werden. Die politischen Ereignisse fungierten gewissermassen Schritt für Schritt als Voraussetzung für den Handlungsspielraum der Luzerner Organisatoren.

Mussolini-Gegner der ersten Stunde, brach Toscanini endgültig mit dem faschistischen Regime, nachdem er 1931 vor einem Konzert in Bologna aufs Übelste beschimpft und angepöbelt wurde. Als Star und erster nicht-deutscher Dirigent in Bayreuth kehrte er nach Hitlers Machtübernahme den Wagner-Festspielen konsequenterweise ebenfalls den Rücken und etablierte sich bis in das Jahr 1937 zum «alles beherrschenden Regenten» [Fuhrich & Prossnitz, 1990, S. 164] der Salzburger Festspiele. Als sich der «Anschluss» Österreichs im Februar des folgenden Jahres konkret abzuzeichnen begann, reagierte Toscanini unverzüglich mit der Absage für die bereits geplanten Festspiele.

Just an dem Tag, als am Abend die Machtübernahme erfolgte, in der Nacht darauf die deutschen Truppen einmarschierten und aus Österreich die deutsche «Ostmark» wurde, richtete Zimmerli im Namen des Stadtrates von Luzern an den Maestro assoluto ein Einladungsschreiben in italienischer Sprache für zwei Konzerte – eines im intimen Rahmen auf Tribschen, ein anderes mit grossem Orchester im Kunsthaus. [Zimmerli an Toscanini, Brief vom 11. März] Während die Salzburger Festspielleitung einer Meldung der «Kulturpolitischen Pressekonferenz» zufolge «seit Ende März ein völlig verjudetes Programm auf den Kopf stellen» [Fuhrich & Prossnitz, 1990, S. 229] musste, wollte oder durfte, nützten die Luzerner das trübe Kapitel zu ihrem Vorteil und packten die Gelegenheit beim Schopf. Wahrscheinlich gleichzeitig mit der ersten Anfrage kontaktierte Zimmerli Frau Geheimrat Thode, indem er sie um unterstützende Dienste für seine Herzensangelegenheit ersuchte. Sie schrieb Zimmerli am 14. März, sie werde seinem Wunsch als Freundin des «ungeheuren Künstlers und ebenso grossen – wenn auch manchmal irregeführten [!] – Menschen», der ihr «die Abendsonne» ihres «tief beschatteten Lebens» bedeute, nachkommen und ihn schriftlich im Sinne Zimmerlis kontaktieren. Zwei Wochen später schickte dieser der Frau Geheimrat die Abschrift seines Toscanini-Einladungsschreibens zu und bekundete, es sei Toscanini von einem alten Freund Luzerns, dem Musikreferenten Vuillermoz, in Paris übergeben worden. Eine Zusage sei jedoch nicht erfolgt. Weiter zähle er auf ihre Fürsprache, denn sie sei «mehr als alle offiziellen Schritte geeignet», einen endgültigen Entschluss des Maestro «im Sinne der Zustimmung herbeizuführen». Toscanini muss erst zurückhaltend reagiert haben, teilte

Toscanini sagt telegrafisch die Teilnahme an den Salzburger Festspielen ab

doch Zimmerli seiner Bayreuther Sekundantin Ende März mit, sie habe sicher recht, dass «jedes Drängen psychologisch verfehlt [wäre]», dies könnte «den Meister verstimmen und vielleicht ganz abstossen». Fast genau einen Monat später folgte die Fortsetzung, als Toscanini sich auf seiner geliebten Isola San Giovanni im Lago Maggiore erholte. Zimmerli suggerierte, ein Tribschen-Konzert in einer weltweit einzigartigen («unico al mondo») Naturumgebung mit dem dort entstandenen *Siegfried-Idyll* müsste für den «illustrissimo Maestro» eine «felice emozione personale» bedeuten. Zudem würde auf alle seine Wünsche eingegangen, einige Vorbereitungen seien bereits getroffen worden. Das angestrebte Orchesterkonzert im Kunsthaus fand darüber hinaus wieder Erwähnung. Die Kopie des Briefes ging gleichzeitig an Frau Thode. Toscanini telegrafierte postwendend zurück und verlangte schriftlich genaue Details über die Orchesterzusammensetzung, bevor sich «loro signori si disturbano venire», denn die Luzerner dachten daran, ihn aufzusuchen, um zu verhandeln. Zimmerli kabelte sofort zurück und versicherte den Dirigenten, Ansermet beurteile den Ort als für ein Konzert günstig und übernehme gleichzeitig die Verantwortung für ein optimal besetztes Orchester. Unverzüglich ging Zimmerli per Brief ins Detail und versicherte Toscanini, Ansermet rate zu einem «intimen» Tribschen-Konzert mit einem vierzig bis fünfzig Mann starken Orchester, oder je nach Gusto des Maestro zu einem Konzert mit einer grossen Besetzung (achtzig Mitglieder) im Kunsthaus. Der Ton des Briefes kann die Absicht nicht verbergen: Hauptsache, er kommt, egal was er dirigiert und egal wo. Ansermet wäre in jedem Fall bereit, das Orchester vorzubereiten. Um diesen Zeitpunkt herum kam Adolf Busch ins Spiel, denn Zimmerli befürchtete, «der Maestro könnte es als unerwünschten Druck empfinden» [Zimmerli an Thode, Brief vom 14. Mai], wenn der Geiger interveniere. Exakt dies hatte Busch in Mailand aber bereits getan, was aus einem von Toscaninis Anwalt Luigi Ansbacher an Zimmerli gerichteten Schreiben vom 14. Mai hervorgeht. Darin nannte der Avvocato erstmals das von Toscanini gewünschte und (bislang) einzige Konzertdatum: 25. August – anno 1870 der Hochzeitstag von Richard und Cosima Wagner! Weiter liess der Vertreter Toscaninis ausrichten, der Maestro sei mit Busch persönlich übereingekommen, die Streicher des Orchesters durch die Mitwirkung des Busch-Quartetts sowie Toscaninis Cousin Enrico Polo zu verstärken. In der Bestätigung bat Zimmerli um detaillierte Programmangaben, um mit der Werbung beginnen zu können. Die Werkauswahl traf am 28. Juni vom Anwalt ein, wobei angemerkt wurde, der Maestro sei von einem Einladungskonzert für einen kleinen Kreis ausgegangen und habe deshalb überlegt, doch noch wenig später ein zweites Konzert für die breite Öffentlichkeit zu dirigieren. Toscaninis Vorstellungen präzisierte Ansbacher am 1. Juli: *Der Maestro hat das Konzert in Tribschen immer als eine Art Huldigung für Wagner angesehen, also eine intime Veranstaltung, bei der gerade die Abwesenheit von zahlendem Publikum der Veranstaltung einen besonderen Reiz der Intimität und – ich möchte sagen – der Poesie geben würde. Daher der Gedanke, dass man das Ganze als Einladung machen würde. Dabei kämen natürlich nicht 800 Eingeladene in Betracht, sondern 300 bis 400, oder wenig mehr. – Der Maestro könnte aus dem Kreise seiner Bekannten […] ohne Weiteres auch 100–200 Eingeladene angeben.* [Ansbacher an Zimmerli, Brief vom 1. Juli] Sollte das behutsam eingefädelte Garn im letzten Moment doch noch reissen? Denn die geschäftigen und durch des Maestro Zusage enthusiasmierten Luzerner hatten derweil den Stein, will sagen den Kartenverkauf, bereits ins Rollen gebracht. Zimmerli blieb nichts anderes übrig, als sein Bedauern über das Missverständnis auszudrücken; es sei «schmerzlich, dem Gedanken des Maestro ohne unseren Willen nicht nachgekommen zu sein». Mit den Zeilen, die wiederholt den Wunsch nach einem zweiten Konzert andeuteten, schloss das Schreiben. [Zimmerli an Ansbacher, Brief vom 5. Juli] Die Antwort lautete: «Ihren Vorschlag kann man nicht annehmen, auch wenn man dafür dankt. Es bleibt also bei dem *einen* [Hervorhebung original] Konzert [...]» Dann öffnet sich ein mögliches Hintertürchen: Er, der Fürsprecher, könne nicht wissen, ob sich «an obiger Antwort» irgendetwas ändere, wenn der Maestro demnächst «nach Luzern fährt, um sich den Ort anzusehen». [Ansbacher an Zimmerli, Brief vom 10. Juli] Am 11. Juli bestätigte Zimmerli dem Anwalt den Inhalt des Schreibens. Doch wurde weiter insistiert, was auch aus dem privaten Briefwechsel Toscaninis hervorgeht. Er schrieb seiner Geliebten Ada Colleoni Mainardi anfangs Juli, die Buschs würden ihn wegen Luzern mit Telefonanrufen bombardieren. Er benötige ja für dieses den Musikern bekannte Programm nur wenige Proben, aber «the Busches are maniacal! And now they have the occasion to play under my direction! They're jumping out of their skin». Zuletzt fügte er an, er habe «those Swiss fellows» zugestanden, «to repeat the concert the next day in a bigger venue» [Sachs, 2006, S. 337], weil auf Tribschen nur 500 Plätze zur Verfügung stünden. Adolf Buschs Werben war also von Erfolg gekrönt. Am 11. August – ganze zwei Wochen (!) vor

Fritz Busch dirigiert am 19. August 1938 das durch Musiker des OSR verstärkte Kursaalorchester

Toscaninikonzert 25. August 1938, 16.30, auf Tribschen.

Massnahmen zur Verhütung von Lärm und anderen Störungen.

Sitzung vom 9. 8. 38, 11.00 - 12.15 Uhr im Stadthaus.

Vorsitz : Hr. Stadtpräs. Dr. Zimmerli.

Anwesend : Die HH. Kaufmann (D.G.V.), Brun (Vertr. des Polizeikommissärs), Dir. Pessina u. Frl. Bossard (Verkehrsbureau), Dir. Siegwart (Trambahn), Dir.Sekr.Landolt und Arch.Möri (Baudirektion).

1. **Lärmverhütung auf dem Wasser.**

   Nauen. Durchfahrt muss vermieden werden. Herr Bossard (Strasseninspektor) stellt in Verbindung mit der D.G.V. Das Verzeichnis auf, Zirkular an sämtl. Besitzer.

   Dampfschiffe. Von den normalen Kursen kann nicht abgewichen werden. Dagegen soll langsam gefahren werden zur Verhütung von starkem Wellenschlag. Keine Signale in der Nähe der Tribschenhalbinsel, beim Lido und Hermitage.

   Motor - u. Aussenbordmotorboote.

   Verbot des Verkehrs von 16.00 - 19.00 durch kant. Militär - u. Polizeidepartement.

   Zirkular an sämtliche Besitzer von Motorbooten durch Verkehrsbureau.

   Der Verkehr der Motorboote nach Tribschen wird von 16.00 an eingestellt. Die D.G.V. wird besondere Kurse für die Konzertbesucher organisieren.

   Seeabsperrung. Durch patrouillierende Pol.Ruderboote soll das Seegebiet im bestimmten Umkreis von jedem Bootsverkehr freigehalten werden (ev. Bojen).

   Fischerflottille. Da die Fischer vorwiegend Motorboote haben, soll jeder Lärm auch von dieser Seite vermieden werden.

2. **Lärmverhütung zu Land.**

   Autos. Polizeiposten an sämtl. umliegenden Strassen. Hupen u. Lastwagenverkehr nach den Ablagerungsplätzen muss vermieden werden.

   Ablagerungsplatz Imfang. Der Betrieb wird eingestellt und jegliche Zufuhr (unterbleiben) unterbunden.

   Sirenen und anderer Industrielärm: Die Polizei gibt sämtlichen Betrieben in der Umgebung (Baumaterial A.G., Nähmaschinenfabrik, Seeverlad, Schiffswerften Herzog, de Bert; SNG, SBB Verkehr etc.) die Zeit bekannt, während der jeder Lärm vermieden werden muss. Insbesondere soll jeder Bahnverkehr nach der Werfte, dem Seeverlad und nach dem Abstellgebiet im Tribschenmoos vermieden werden (Dampflokomotiven !)

   Sportanlagen. Badeanstalten : Ev. sind die Leiter und Aufsichtspersonen anzuweisen, darüber zu wachen, dass nicht gelärmt wird. Fussballplatz Tribschen : Spielbetrieb einstellen von 16.00 - 19.00 (Fussballklub "Kickers" ist zu avisieren).

   Landwirtschaftliche Geräusche. Die Hunde der Pächter müssen entfernt werden. Die Polizei hält sämtl. Pächter in der Umgebung zur Verhütung jeglichen Lärms an (Holzfräsen, Herdengeläute etc.). Ev. Intervention bei den Pächtern durch Grosstadtrat Burri, Lamperdingen.

   Kinderhort : Die Kinder sind von Wartegg fernzuhalten; sie können einen Spaziergang machen.

Massnahmen zur Durchführung des Concert de Gala

- 2 -

Musik Hermitage. Wirt soll ersucht werden, in seinem Orchester keine Saxophone spielen zu lassen, da dieses Instrument auf Tribschen gehört wird.

Strassenbauten in der Umgebung und ev. auf dem Bellerivegut werden durch die Baudirektion eingestellt.

3. **Lärmverhütung in der Luft.** Mitteilung an das eidg.Luftamt Bern durch das Polizeikommissariat.

4. **Absperrung.** Augenschein durch Baudirektion und Polizei.

5. **Verkehr.**
   Automobilverkehr mit 2 Wagen ab Bahnhof in der Zeit von 15.15 - 15.45.

   Motorboote der D.G.V. ab Schweizerhofquai 15.15 - 15.45.

   Parkplätze Privatwagen vor der "Gass", Mietwagen hinter der "Gass" (nicht auf den Ablagerungsplätzen).

   Der Verkehr ist ab Bahnhof möglichst dem See entlang zu leiten, da der Alpenquai und die Eisfeldstrasse die besten Parkierungsmöglichkeiten bilden.

   Zur Entlastung ist der Motorbootsverkehr zu propagieren.

6. **Bestuhlung.** Statt Bänke sind Stühle als bequemere Sitzgelegenheit vorzuziehen. Zugang zu sämtlichen Plätzen vom Richard Wagnerhaus her.

7. **Platzanweisung.** Die gute Organisation mit ca. 16 Personen, wird vom Verkehrsbureau vorbereitet, und zwar so, dass unbedingt pünktlich begonnen werden kann. Zu spät eintreffende Besucher sind erst während der grossen Pause einzulassen.

8. **Das Tribschen - Museum** ist am Konzertnachmittag für den Besuch gesperrt.

Für das Protokoll :

P. Möri.

dem hohen Anlass, konnte Zimmerli dem auf seinem Eiland weilenden Maestro «persönlich und im Namen der ganzen Luzerner Bevölkerung» dafür danken, dass er eingewilligt habe, am 27. August 1938 noch ein zweites Konzert im Kunsthaus zu dirigieren. Gerne würde er betreffend die Vermittlung von Busch Genaueres erfahren.

Zimmerlis persönliches Engagement bei diesem hindernisreichen Verhandlungsprozess – einer von nicht wenigen im Verlauf der Festival-Geschichte – trug letztlich also die ersehnten Früchte. Entsprechend viel Herzblut forderte der Stadtvater ebenfalls bei der Organisation in Luzern selbst. Kein Detail sollte ausser Acht gelassen werden, nichts dem Zufall überlassen werden – jegliche zu leistende Vorkehrung oblag der Obhut Zimmerlis. Er wusste, Maestro Toscaninis Wünsche waren bedingungslos zu erfüllen; er wusste, dass jähe Zornesausbrüche und Schlimmeres diejenigen wie Blitze trafen, die nicht nach dessen Geige tanzten. So inszenierte Zimmerli eine auf das Fest vorbereitende Kampagne, die einer Generalstabsübung glich. Wochen vorher, als die definitive Zusage Toscaninis noch nicht einmal vorlag, ergingen an betroffene Stellen Weisungen zur Sicherstellung eines geordneten Konzertablaufs. Ein Hauptproblem bildete die Vermeidung von Lärmimmissionen während des Konzerts. Die Bevölkerung wurde dazu via Presse aufgefordert, die Polizei hatte Order, den Verkehr entsprechend zu regeln, an Industrie- und Hotelbetriebe schrieb man direkt und wies sie an, lärmige Arbeiten für drei Stunden ruhen zu lassen, und dergleichen mehr. Die Massnahmen sind protokollarisch festgehalten. [vgl. Abb. S. 61]

Im speziellen Fokus stand natürlich der Ort des Geschehens – Tribschen. Denn Toscanini machte seine Ankündigung wahr und fuhr nach Luzern, um sich selbst ein Bild vom Konzertort zu machen. Die Stimme der Kustodin Ellen Beerli erzählt lebendig und anschaulich von den Vorarbeiten neben der Wagner-Villa und vom zu guter Letzt durchgeführten Galakonzert:

Gab das ein Schaffen, Sorgen und Planen, um ja alles zu bestem Erfolg zu bringen. «Wir Tribschener» bekamen den Auftrag, während Wochen jedes aussergewöhnliche Geräusch zu notieren, Ursache und Ort zu eruieren, auf dass es auf die Konzertstunden untersagt werden konnte.

Natürlich erwarteten wir auch die Damen wieder. […] Frau Geheimrat [Daniela Thode] war ganz in Ekstase über das Kommende und natürlich über das Mitwirken ihres vergötterten Maestro. […] Wie tief Tosca[nini] in diesem schon sehr alten Herzen sass, beweist das Folgende. An einem sehr schönen Junimorgen beobachtete Frau Geheimrat vom oberen Treppenfenster aus das Kommen und Gehen der Museumsgäste, als ein Fiaker vorfuhr und ich nur noch hörte: «Maestro!!» Als dieser Jubelruf erscholl, wollte mir gerade ein Arzt eine Infektion an einem Finger aufschneiden. Aber nun kam ich in zweiter Linie für meinen «Chirurgen», Maestro war Trumpf. Wie ein Backfisch flog die gute Daniela die Treppe hinunter und dem Teuren um den Hals; dann ging's hinauf in den Salon. Nach einiger Zeit besah sich Toscanini den Konzertplatz und das Museum und war von beidem sehr begeistert. Mit dem Mittagsboot ging er ins Hotel, Frau Geheimrat zum Mittagessen und «Nickerchen», bestimmt sich noch in den Armen des Vergötterten fühlend. Ich musste ja nur staunen, dass soo viel Leidenschaft in der stets so würdigen, zeremoniellen und fast

Wegweiser zum Concert de Gala   *Werbeplakate an prominenter Lage*

kalten Daniela verborgen lag. [...] Nach dem Schläfchen oder süssen Nach-Träumen muss Daniela plötzlich eingefallen sein, dass bei der Anfahrt eine schöne, jüngere Dame bei Maestro im Wagen gesessen hatte, die eigentlich nachher nirgends mehr war. Natürlich sollte ich Aufschluss geben, da es weder Wally noch Wanda [Toscaninis Töchter] war. Ich hatte im Fremdenblatt die Gästenamen in Toscas Hotel durchzulesen und darunter fand Frau Geheimrat einen, der für sie «Bände» sprach, aber auch viel Herzensqual auslöste. Nun, ein Heiliger war Tosca eben nicht und an der Umarmung mit Daniela konnte er auch nicht ewig zehren.

Die Hochsaison kam und man war stramm an der Herrichtung für das Konzert. Der Hügel wurde treppenartig überdeckt zur Bestuhlung, rechts vom Haus entstand der Pavillon fürs Orchester. Samstag, den 20. August, sollte die erste Probe stattfinden. War das ein Betrieb beim Haus, Sägen, Hämmern, Auto-An- und Abfahren. Im Museum total internationales Gewoge, mir brummte der Kopf bis am Abend, derweil Daniela im 7ten Himmel schwebte. Das Wetter war mies, Regen herrschte vor und rauer Wind.

[...] Wir sassen auf der Bretterbeige vis-à-vis dem Musentempel, um die Probe anzuhören. Es dauerte aber nur wenige Minuten, bis Toscanini nach einigen Takten Adolf Busch den Taktstock übergab, den Hügel hinanstieg, um zu horchen, wie der Klang sei. Sehr rasch winkte er ab, kam den Hügel herunter und dann kam ein vernichtendes Urteil: «Sofort abbrechen, Akustik miserabel, grösser machen!» Das war eine schaurige Douche, und man rief sofort Herrn Stadtpräsident Dr. Zimmerli sowie den städtischen Zimmermeister her. Ich vergesse nie all die bekümmerten Gesichter, aber es gab nur eines: des Gestrengen Befehl ausführen. Die Musiker waren längst fort, und nun gingen auch die Herren mit sehr ernster Miene. Der Zimmermeister mass die neuen Umrisse aus, und der Himmel öffnete seine Schleusen und bekundete damit seine Anteilnahme an der sehr unerfreulichen Sache.

Prominenz auf Tribschen: 1) Arturo Toscanini, 2) seine Frau Carla Toscanini, 3) Nathan Milstein, 4) Enrico Polo, Cellist und Cousin Toscaninis, 5) Daniela Thode-von Bülow, 6) Eva Chamberlain-Wagner, 7) Friedelind Wagner, 8) Vladimir Horowitz, 9) Schwiegersohn von E. Polo, 10) Piero Mandelli, Journalist aus Turin, 11) Toscaninis Tochter Wally, 12) Emanuela, Tochter von Wally Toscanini

Der arme [Zimmermeister] hatte erst seine Arbeiter zusammenzutrommeln, Bretter auszumessen und zuzuschneiden sowie das Werkzeug zu richten, und dies bis 12 Uhr nachts. Sonntag früh um 6 Uhr fuhr ein schwerbeladener Camion bei uns vor, bei sintflutartigem Regen. Die vier Eckpfosten wurden mit einer Blache überspannt, um darunter schaffen zu können. Unheimlich rasch arbeiteten die Männer. Die dem Regen am meisten Ausgesetzten mussten ihre Kleider oft wechseln. Die Blache senkte sich unter dem himmlischen Segen oft tief in die Hütte, sodass dieser «See» von Zeit zu Zeit mit Stickeln [Pfahlstangen] entleert werden musste.

Gegen Mittag kam Herr Stadtpräsident, um sich den Stand der Dinge anzusehen. Er war sehr verärgert ob dem tapferen Schaffen der Männer bei solcher Witterung und dazu an einem Sonntag. Mit tiefem Brustton sagte er: «Das gits dänn nümme [das darf nie mehr vorkommen], Frau Beerli». Er bestellte ein gutes Mittagessen für die Leute in einer nahen Gaststätte und ging heim, und zwar nicht so gut gestimmt! Um 6 Uhr war wohlverdienter Feierabend. Montag früh wurde wieder mit «Todesverachtung» weitergearbeitet. Abends war Probe, um die Akustik zu prüfen: Gottlob klappte es diesmal. Bis Mittwochabend war das Wetter unbeständig und rau gewesen, sodass wir mit schwerem Herzen zu Bett gingen, eher befürchtend, dass das Konzert wohl doch noch im Kunsthaus abgehalten werden müsse. Am 25. August stand ich um 3 Uhr auf. Mein Blick galt natürlich dem Himmel und oh Wunder, blitzblank war dieser, und bereits ein feiner Goldton der aufgehenden Sonne kam hinter der Rigi herauf. Als ziemlich guter Wetterprophet wusste ich, dass unser Fest gerettet war. Keine 10 Pferde hätten mich nochmals ins Bett gebracht, die Arbeit flog mir aus der Hand. […] Um 10 Uhr kam Friedelind [Wagner] mit ihrem Freund und Anbeter Gottfried von Einem und Robert Denzler zur Hauptprobe, die bald begann und die auch ich anhörte, um am Nachmittag Hauswache zu halten. Daniela war überglücklich, weil ihre Lieblingsnichte für den Tag gekommen war. […] Wie ein Gottesdienst war dieses Frühkonzert gewesen, im Freien bei strahlendstem Sonnenschein und begleitet noch obendrein vom «gemischten Chor Tribschen», denn die Vögel liessen es sich nicht nehmen, mitzutun in unseren schönen alten Bäumen. […] Um 1 Uhr wurden die Kunsthaus-Sessel gebracht zur Hügelbestuhlung, auf dem Platz wurden Armsessel aufgestellt. Gegen 3½ Uhr kamen die Musiker an und zwölf sehr schöne Luzerner Töchter, alle in fast gleichen Roben: crème, zartrosa und blassblau. Es war, als ob Schmetterlinge herumflatterten. Ihre Arbeit war, die Gäste an ihre Plätze zu weisen, deren Einzug gegen 4 Uhr begann. Ein Teil kam mit den reich bewimpelten Booten der DGV, andere von der Strasse her, deren Wagen allerdings ziemlich weit entfernt stationiert waren. Natürlich war höchste Gesellschaftsklasse und höchste Eleganz vorherrschend und viele Nationen waren vertreten. […]

Schlag 4½ Uhr erschien Toscanini, von unendlichem Jubel begrüsst, eine Verbeugung, den Taktstock erhoben und schon ertönten die Instrumente. Ich hatte Sperrsitz an meinem Kassafenster. Nicht nur, dass ich die Musik ebenso hörte, sondern ich hatte noch den ganzen Anblick auf die andächtigen Zuhörer. Als der erste Teil vorüber war, war der Applaus so gross, dass Toscanini zwei Mal herauskam, was er scheint's nie tat laut Danielas Aussage.

Besucher des Concert de Gala. Im Vordergrund links Bundesrat Philipp Etter, dahinter Walter Strebi, neben ihm die Kronprinzessin Marie-José

Vom Schiff begeben sich die Gäste zum Konzert

Principessa del Piemonte, Marie-José

In der Mitte Toscaninis Frau Carla, umgeben von ihren Töchtern Wally und Wanda mit ihrem Ehemann, dem Pianisten Vladimir Horowitz (rechts angeschnitten)

Concert de Gala: Blick auf die Besucher und den Konzertpavillon neben der Villa Tribschen

Toscanini dirigiert das Eliteorchester

[Nach dem Konzert] war ich so weggetragen, dass ich erst durch den frenetischen Jubel in die Gegenwart zurückkehrte. Zwei der Ehrendamen gingen mit zwei prächtigen Blumensträussen an meinem Fenster vorbei und ich begab mich somit sofort auf meinen Wachtposten an der Haustüre, da ich strikte Order hatte, niemanden zu Toscanini zu lassen nach dem Konzert. Kein Minute war vergangen, seit ich «Posten» stand, als die Tür des Pavillons aufging, Tosca wie ein Schachtelteufel herausstürmte, den Taktstock in weitem Bogen über die Hecke schleuderte und an mir vorüberstürmte, wetternd wie ein Rohrspatz, dem man sein Nest ausgeräumt hatte. Ich war sprachlos, wie es zu diesem Excess gekommen war. Hinter Tosca kamen seine zwei Töchter Wanda und Wally, aber so niedergeschlagen, als ob sie in den See gefallen wären. Überhaupt folgte ihm die ganze Familie entgeistert ins Haus. Herrn Präsident [...] sah ich in einiger Entfernung total bestürzt stehen. Natürlich musste ich viele abweisen, die zu dem Erzürnten wollten, der im Musikzimmer wie ein Gassenjunge fluchte. Sich nochmals zeigen und verabschieden gab es nicht. Meine Aufgabe war es nun, die Leute ersuchen heimzugehen.

Welch trauriger Ausklang war das für das so ersehnte und bis zum letzten Ton so wohlgelungene Konzert, für das unendlich viel getan und geopfert worden war! Man hatte bis und von Vordermeggen, auf der anderen Seite des Sees, wie auch von und bis Haslihorn diesseits, alle Autosignale untersagt, die Dampfer waren über Seeburg geleitet, ebenso ohne An- und Abfahrtszeichen. Die Betriebe am Alpenquai meldeten weder Vesper- noch Feierabendzeit. Um die Tribschenhalbinsel lag Polizei in Booten, die angrenzenden Gehöfte hatten Hühner und Hunde einzusperren, unser Schäferhund war den ganzen Tag bei seiner alten Herrin in der Stadt und selbst den Enten auf dem See soll man die Schnäbel zugebunden haben, damit sie nicht schnattern würden während des Konzertes, behauptete ein Witzbold. Alles hatte geklappt, und dann dieses traurige Ende. Als ich mich nach der Ursache des bedauerlichen Ausganges erkundigte, hörte ich, dass die zwei prächtigen Blumengebinde schuld waren: «Non sono una Ballerina» [«Ich bin keine Tänzerin»] war sein Dank an die beiden Töchter. Das gab meiner Begeisterung für den König des Taktstocks einen argen Knacks, denn ein solch grosses Ereignis beschliesst man nicht mit dieser Art Marotten.

Nach Konzertschluss hatten zwei Polizisten mit Fanfaren bekanntgegeben, dass der Festanlass auf Tribschen vorbei sei und dass der Wasserverkehr wieder normal seinen Weg einhalten könne. Maestro hatte sich nach dem Umkleiden im ersten Stock in einen Armsessel gesetzt, wartend, bis ich ihm meldete, dass gar niemand mehr da sei, dann wollte er heim. [Er logierte im Hotel National.] Nun war es auch bei uns wieder still und wir freuten und sehnten uns, Feierabend zu machen. Die Sessel wurden geholt, nach 12 Uhr fuhr der letzte Camion ab, die Barriere wurde geschlossen und um 1 Uhr war Lichterlöschen auf der «Insel der Seligen» nach einem mehr als turbulenten Tag. Einen innigen Dankesblick warf ich aber noch zum Himmel, der sein Bestes hergegeben hatte und nun mit Milliarden von Sternen übersät war.

Soweit der authentische Bericht über das denkwürdige Musikereignis; es bleiben lediglich einige Ergänzungen anzubringen. Von Toscaninis und den von der Stadt geladenen Gästen abgesehen, mussten die Konzertbesucher – sie kamen aus zwölf Ländern – für das «Concert de Gala» tief in die Tasche greifen. Die Eintrittspreise betrugen sündhaft teure 22, 33, 44 und 55 Franken, was in etwa dem zehnfachen heutigen Wert entspricht. Die teuerste Karte für die übrigen Orchesterkonzerte im Kunsthaus kostete 16.50 Franken, die billigste 4.40 Franken. Trotzdem war das Konzert nach der Anküdigung sofort ausverkauft; jedenfalls blieb die Suche nach Werbeinseraten ergebnislos. Toscanini beanspruchte kein Honorar, jedoch eine stattliche Anzahl Freikarten für seine Familie und Freunde.

In der *Neuen Zürcher Zeitung* vom 4. Dezember 1938 findet sich eine Rückschau auf die Radioübertragungen der «Festspiele in Luzern». Der Autor (at.) weist darauf hin, die Übertragungen hätten «nicht nur eine künstlerische, sondern auch eine kulturpropagandistische Ausstrahlung» gehabt. *Mit diesen Übertragungen hat der Rundspruch uns allen sehr wertvolle Propagandadienste geleistet. Wichtig waren vor allem die Rundspruchübertragungen nach Amerika. Die National Broadcasting Co. übernahm zwei Konzerte von Toscanini und eines von Bruno Walter, wobei sie übrigens während der Konzertpausen Reportagen in englischer Sprache […] brachte, in denen für Luzern und seine Festspiele geworben wurde.* Auch die französische und englische Radiopresse habe günstig berichtet, was «für die Stadt Luzern im besonderen und für die Schweiz im allgemeinen in der Welt Sympathiekräfte» geweckt habe. «Das ist eine Propaganda, die mit Geld kaum aufzuwiegen wäre.» Mit der Anmerkung, Kulturwerbung sei «immer auch die vornehmste Art von Fremdenverkehrswerbung», schliesst der Artikel.

In der Schweiz gelangte die Toscanini-Gala nicht zur Ausstrahlung. Das sogenannte Eliteorchester, ad hoc zusammengestellt, vereinigte neben dem Busch-Quartett und Enrico Polo noch weitere führende Streichquartette sowie die Violinistin Stefi Geyer, die Frau von Walter Schulthess. Dieses Ensemble stand einzig Toscanini zur Verfügung, alle anderen Dirigenten leiteten dasjenige Orchester, das Ansermet zusammengestellt hatte. Einige Kritiker wiesen denn auch mit Recht darauf hin, dass es deshalb müssig gewesen sei, Qualitätsvergleiche anzustellen.

Der Auftritt Toscaninis war dem faschistischen italienischen Regime ein Dorn im Auge. Spitzel des Geheimdienstes notierten sämtliche Autonummern italienischer Konzertgäste, und Toscanini selbst erlebte bei seiner Rückkehr nach Italien eine böse

Konzertdatum	Dirigent	Teilnehmende Länder	Zahl der anschl. Sender
19. Aug.	*Busch*	*Frankreich, Schweiz, Tschechoslowakei*	*9*
25. Aug.	*Toscanini*	*Vereinigte Staaten von Nordamerika, Canada*	*174*
27. Aug.	*Toscanini*	*Vereinigte Staaten von Nordamerika, Canada, Schweiz*	*179*
29. Aug.	*Walter*	*Frankreich, Canada, Norwegen, Schweden, Schweiz, Tschechoslowakei, Vereinigte Staaten von Nordamerika*	*215*
1. Sept.	*Mengelberg*	*Deutschland, Frankreich, Schweiz, Tschechoslowakei*	*22*
			599

Liste der Radioübertragungen 1938

Überraschung – sein Pass wurde konfisziert. Dadurch konnte er nicht wie beabsichtigt nach Amerika reisen. Er verbrachte die Wartezeit in einem von ihm gekauften Bauernhof und auf dem Isolino, während Tochter Wally in der leidigen und heiklen Angelegenheit persönlich beim Aussenminister Graf Ciano vorsprach. Dieser notierte in seinem Tagebuch: *Der Duce ist ärgerlich, weil viele Italiener, und vor allem die Prinzessin von Piemont, zu dem Wagner-Konzert nach Luzern gereist sind. Aber die Einziehung seines Passes hängt mit einem abgehörten Telephongespräch zusammen, aus dem hervorgeht, dass Toscanini den Duce wegen seiner antisemitischen Politik angegriffen hat, die er als «mittelalterlichen Unsinn» bezeichnet.* [zit. nach Sachs, 1980, S. 368] Toscanini-Sohn Walter stachelte einen befreundeten Schweizer Journalisten an, eine heftige Pressekampagne im wohlgesinnten Ausland zu entfachen, was den Duce schliesslich zum Nachgeben zwang; er liess den Pass zurückgeben. Toscanini musste jedoch durch diesen Vorfall erkennen, in Italien als Persona non grata zu gelten. Ein Weiterleben in seinem Land wurde zu gefährlich. Er reiste per Schiff anfangs Oktober nach den Vereinigten Staaten; seine Heimat sah er bis nach dem Kriegsende nicht mehr.

Das Echo auf die beiden Toscanini-Konzerte hallte durch die internationale Presse und deren Berichterstatter überboten sich gegenseitig im Anhäufen von Superlativen des Lobes. Besonders bedenkenswerte Zeilen verfasste der Rezensent R. J. H. in der *Neuen Zürcher Zeitung* [31. 8., Mo., und 4. 9., «Das Wochen-Ende»], indem er darauf hinwies, wie Toscanini «scheinbar mühelos» zum Volkshelden und Volksverbundenen Luzerns wurde. Seine Volkstümlichkeit *blieb nicht in den gesellschaftlichen Oberschichten stecken, auch nicht im Akademischen oder Oberflächlichen. Ihr war die italienische Kronprinzessin ebenso innig verpflichtet wie der Kuhhirt auf der Weide von St. Niklausen, der seinen Hutbefohlenen während des Konzerts im nahen Tribschen die Glocken von den Hälsen löste.* Die «Grossen der Politik und der Künste, die Geistes-, Geburts- und Geldaristokraten» seien glücklich gewesen, ohne «Zeremoniell nur Zuhörer» zu sein, und keiner der Helfer habe sich vorgedrängt. Der «pappelbestandene Landschaftsfriede», wo der grosse Meister gewirkt habe, habe eine Pietät auferlegt, die «sich auch im Gemüte des einfachsten Mannes» regte. *Es hätte der Wimpeln und Fahnen im Stadtbild nicht bedurft, um der festlichen Stimmung Luzerns und seiner Bewohner augenfällige Akzente aufzusetzen. Die Festspielwochen wurden wie etwas Selbstverständliches, Gegebenes empfunden, und nur die Eingeweihten wussten, welche monatelangen emotionellen Mühen den Plan von den Anfängen bis zum erfolgreichen Abschlusse begleiteten.* Der Musikkritiker deutete noch auf einen wichtigen Punkt hin: Das uneingeschränkte Gelingen der Festkonzerte sei zustande gekommen, weil «das Offizielle» erst folgte, als die entscheidende Mission «einzelner Personen» erfüllt war. Der Artikel schliesst mit einem Seitenhieb auf die Zwinglistadt. Ein Hupverbot für Autos und Schiffe riefe einen «Massenaufstand» und eine Protestwelle hervor; das Zürcher Publikum brächte niemals für die Kunst «solche Opfer» dar.

> [Toscanini dirigierte 1938, möglicherweise erst 1939, das *Siegfried-Idyll*, ausserdem in kleiner Besetzung in den Räumen des Tribschener Wagner-Museums und für einen ganz kleinen Kreis geladener Gäste.]

Toscanini dirigiert das «Siegfried-Idyll» in den Räumen der Villa Tribschen

ZEITZEUGEN ZUR TRIBSCHEN-GALA

Friedelind Wagner in *Nacht über Bayreuth* [1997, S. 314]:
1938: … ich beabsichtigte, zunächst nach Luzern zu gehen, wo Toscanini im Garten von Tribschen das Siegfried-Idyll *und anlässlich des Jahrestages der Hochzeit meines Grossvaters ein Gedächtniskonzert dirigieren sollte. Sein Telegramm, worin er mich einlud, fing ich ab, damit meine Familie nicht erführe, dass ich versprochen hatte, ihn in Tribschen zu treffen.*
[…] … ich verbrachte zwei äusserst glückliche Tage mit den Tanten und den Toscaninis, deren unwandelbare Zuneigung Balsam für meine Wunden war.

Bruno Walter schreibt in seinen Erinnerungen und Gedanken unter dem Titel *Thema und Variationen* [1947, S. 427]:
In jenen Sommer 1938 fielen die ersten Festspiele in Luzern, zu denen Toscanini und ich eingeladen worden waren. Mir ist davon eine eigenartige Veranstaltung im Gedächtnis geblieben: eine Aufführung des Wagnerschen Siegfried-Idyll *unter Toscaninis Leitung vor dem Hause bei Triebschen [sic!], in dem Siegfried Wagner geboren, wo das Stück komponiert und zum erstenmal erklungen war.*

[Der einstigen Dirigentengrösse blieb just das «Galakonzert» im Gedächtnis haften. Das selbst geleitete Konzert erwähnt er nicht. Warum etikettierte Bruno Walter den Anlass als «eigenartig»? War es der Konzertort? Der betriebene bauliche Aufwand? Das Stelldichein der Prominenz, von Lokalgrössen bis zum Hochadel? Die geradezu militärisch organisierten Anfahrten des Publikums? Die Massnahmen zur Vermeidung von Lärmimissionen?]

Georges Bucher im Gespräch mit E. S. (11. Juni 2008):
Das Galakonzert – ich war damals 14 Jahre alt – besuchte ich mit meinem Vater. Ich weiss leider nicht mehr, wie er zu den Karten kam. Wahrscheinlich durch seine Tätigkeit als Aktuar oder Kassier beim Konzertverein. Die Mutter war wahrscheinlich nicht dabei, denn ich kann mir nicht vorstellen, dass wir mehr als zwei Karten hätten ergattern können. Die gingen blitzschnell unter der Hand weg. Ich erinnere mich gut an die italienischen Contessen, die dabei waren – an die grossen Hüte und die weissen Kleider. An den musikalischen Teil entsinne ich mich nicht mehr. Ich weiss nur noch, dass Flüchtlinge wie das Busch-Quartett die wichtigen Positionen im Orchester besetzt hatten. Ich ging damals in die Kantonsschule und bekam – bin mir aber nicht sicher – schulfrei. Nach 70 Jahren ist es schwierig zu sagen, was effektive Erinnerungen sind und was sich im Kopf von dem festgesetzt hat, was ich darüber gelesen habe. Jedenfalls war es für Luzern – vor allem für die sogenannt «Mehrbesseren» – ein ausserordentliches Ereignis. Das «gewöhnliche» Volk hatte wenig Chance, am Ereignis teilzunehmen. Mein Vater war zwar nur ein höherer Beamter, der erste kantonale Bücherexperte, also ein Steuereintreiber. Ein Dampfschiff – die «Italia» – fuhr uns Konzertbesucher als Extrakurs von der Schifflände nach Tribschen. Man wählte die heute verschwundene und verschrottete «Italia», weil sie am wenigsten

Tiefgang aufwies. Das Problem war dasselbe, mit dem wir dann 1991 konfrontiert waren: Wegen der geringen Seetiefe musste die Landebrücke vor der Tribschen-Wiese verlängert werden. Wir profitierten später also von den baulichen Massnahmen anno 1938.

1991 erhielt ich einen Brief, in dem mir jemand nach einem Konzert schrieb, es gehe nicht an, diesen Ort als Konzertstätte wieder «aufzuwärmen» – ein pfeifender Vogel habe damals massiv gestört …

> [Diese Anekdote verbürgt auch Toscanini-Biograph Piero Melograni [2007, S. 161]: «Da un cespuglio d'alloro vicino al palco dell'orchestra, all'improvviso, un uccellino cominciò a cinguettare. Quell'uccellino si fece udire via radio fino all'America.»]

Der zeltartige Pavillon in Tribschen befand sich hinter dem Haus Tribschen. Ich habe mich damals schon gefragt: Warum hinter dem Haus? – Es wäre doch schöner vor dem Haus. Aber dort wäre weniger Platz zur Verfügung gestanden. Das Publikum sass auf dem Platz, wo heute der Parkplatz ist. Und Bäume waren, soweit ich mich richtig erinnere, noch keine auf dem dahinterliegenden Bord. So sass dort ein Teil der Zuhörerschaft wie auf einer Tribüne.

DIE ABSCHLUSSKONZERTE

Der Zorn über den gutgemeinten, jedoch unwirsch abgelehnten Dank mit Blumen verflog so italienisch rasch, wie er eingefahren war – Toscanini dirigierte nicht nur das sehr spät angekündigte zweite Konzert im Kunsthaus, sondern er fühlte sich im versammelten kleinen Kreis in Wagners ehemaligem Stammlokal «Dubeli» (heute «Li-Tai-Pe») glücklich, «dem grossen unsterblichen Meister […] den Tribut seiner unermesslichen Verehrung dargebracht zu haben». [NZZ, 31. 8. 1938, Mo.] Offensichtlich lag ihm jetzt viel daran, den Festwochen zur Fortsetzung zu verhelfen, und er versprach, im nächsten Jahr sogar vermehrt mitzuwirken. Die Stadt dankte ihm später mit der Verleihung des Ehrenbürgerrechts.

Mit einem «ungemein präzis und scharf umrissenen Vortrag» [NZZ, 1. 9. 1938] von Wagners *Meistersinger-Vorspiel* schloss der Toscanini-Abend im Kunsthaus – nochmals eine Wagner-Ehrbezeugung des Italieners, der den Abend mit der Ouvertüre zur Oper *Anacréon* seines Landsmannes Cherubini einleitete. Nach der 3. Symphonie des Wagner-Antipoden Brahms stand nach der Pause Mendelssohns *Italienische*-Symphonie auf dem Programm, die mit «hinreissender geistigen Intensität in etwas ungewohnt schnellen Tempi» [NZZ, 1. 9. 1938, «Radio»] geboten wurde. Wählte Toscanini dieses Programm mit Bedacht? *Seine* italienische Visitenkarte – der zum musikästhetischen Wagner-Widersacher stilisierte Brahms – Mendelssohn, von Wagner geschmäht, von den Nazis ganz verbannt – und zuletzt doch noch die Wagner-Feier? Eine Demonstration der Durchbrechung von musikgeschichtlichen oder kulturpolitisch auferlegten Schranken? Die Rehabilitation der von den Deutschen vereinnahmten, doch von ihm verehrten Meister aus Wien und Bayreuth, indem er sie zusammenbrachte und in jene Umgebung stellte? Ganz ohne Zweifel manifestiert die programmatische Konzeption Toscaninis felsenfeste Überzeugung, das musikalische Argument sei letztlich das kräftigste.

Der legendäre Landessender Beromünster übertrug diesmal wenigstens den zweiten Teil des Konzertes, während das welsche Radio Sottens das ganze sendete. Allerdings war «der Äther an dem Abend dermassen gewittergeladen und unruhig, dass man auf einen mehr oder weniger störungsfreien Empfang der F-Dur-Sinfonie von Brahms leider verzichten musste». [NZZ, 1. 9. 1938, «Radio»] Der Empfang des zweiten Teils sei aber klar gewesen und habe umso mehr Genuss bereitet. Die Tücken der Technik in der Pionierzeit des Rundfunks ereilten einst die Leute wie heutzutage die Abstürze der Computer.

[Lucerne Festival unternimmt zurzeit Anstrengungen, mögliche Aufnahmen der Toscanini-Konzerte aufzuspüren – bis jetzt ohne Ergebnis. Auf einer längst vergriffenen Doppel-Langsspielplatte sind von 1938 lediglich ein Probeausschnitt zur Cherubini-Ouvertüre sowie das Konzert mit dem Scala-Orchester unter Toscanini aus dem Jahr 1946 dokumentiert.]

Bruchstücke aus Bühnenwerken Wagners bildeten den Mittelpunkt des «Romantiker-Abends», den Bruno Walter leitete; Carl Maria von Weber und Franz Schubert (C-Dur-Symphonie, die *Grosse*) standen am Anfang beziehungsweise am Ende des Programms. Willi Schuh (-uh.) hob in seiner Besprechung vor allem Walters «überlegenes Gestalten», «seine Fähigkeit des Sichversenkens» hervor; der «glühende Künder des Seelischen und des Ethischen im musikalischen Kunstwerk» habe «mehr als je es auch in Form» und nachgestalterisch erfasst. Bei den Wagner-Darbietungen erlebte man Walters intensivste Ausstrahlung des «geistig-seelischen Wesens»; die Interpretationen, die «jede Übersteigerung im Dynamischen meidend, durch das Masshalten» bestachen, wirkten eben deswegen umso eindringlicher. [NZZ, 31. 8. 1938, Mo.]

Willem Mengelberg, der seine Karriere in der Festspielstadt einst als junger städtischer Musikdirektor (1891–1895) begonnen hatte, dirigierte als nun international berühmter Dirigent – inzwischen stand er als erster Chefdirigent dem Amsterdamer Concertgebouw seit 43 Jahren vor und hatte das Ensemble zu Weltruhm geführt – das Schlusskonzert, dessen Inhalt während der Festwochenplanung seltsame Sprünge machte. Am 27. April 1938 ersuchte Zimmerli den holländischen Dirigenten «bescheiden» – aber gemessen am allgemeinen Zeitgeschmack höchst innovativ –, einen Programmvorschlag «wohlwollend» zu prüfen, der ausschliesslich das Schaffen Gustav Mahlers berücksichtigte: 4. Symphonie, Orchesterlieder und *Das Lied von der Erde*.

[Der Fachmann mag hier ein mildes Lächeln nicht verkneifen – in punkto Zeitdauer ist das ein übergebührlich befrachtetes Programm, das nicht einmal einem eingespielten Orchester zugemutet werden kann, geschweige denn damals, als Mahler-Aufführungen Seltenheitswert besassen.]

Der rührige Zimmerli wünschte sich – das ist ihm hoch anzurechnen – ein Mahler-Festkonzert und wollte den Mann dafür gewinnen, der als «*der* [Hervorhebung original] Freund und Wahrer der symphonischen Kunst» Mahlers wie kaum ein anderer dazu berufen war. Zimmerli fügte noch an, die Amsterdamer Mahler-Festkonzerte in den Zwanzigerjahren seien noch bei vielen schweizerischen Musikfreunden unauslöschlich in Erinnerung. Mengelberg ging leider aus unersichtlichen Gründen auf das Ansinnen überhaupt nicht ein und unterbreitete einen Gegenvorschlag, zu dem Zimmerli am 8. Mai Zustimmung signalisierte. Im Konzert erklangen infolgedessen Schuberts *Unvollendete* und Brahms' Erste Symphonie, hingegen fiel Mendelssohns Musik zum *Sommernachtstraum* Liszts *Les Préludes* zum Opfer. Das pompöse Werk – im Krieg Fanfare der deutschen Wehrmacht für die Blitzmeldungen von der Ostfront (!) – «gab dem grossen Dirigenten […] Gelegenheit zu darstellerisch und klangtechnisch imponierender Virtuosität». [NZZ, 4. 9. 1938, Sonntagsausgabe] Der Kritiker E. I. (Ernst Isler) – war er eventuell in das Prozedere eingeweiht? – monierte, die Hörer «hätten wohl ein gewichtigeres, auch mehr in die Zukunft weisendes Werk als Abschluss der Luzerner musikalischen Festwochen vernehmen mögen», was ja mit Mahler zugetroffen hätte. Ansonsten zollte die Kritik dem Dirigenten höchste Anerkennung für einen «bis ins letzte Detail durchstudierten Vortrag». Das Orchester – obschon «weit unter der Qualität des eigenen» – sei aber doch «in schönem Masse fähig» gewesen, Mengelbergs Intentionen umzusetzen und dessen agogischen Freiheiten zu folgen. Isler berührte als Marginalie noch einen wunden Punkt, der fortan immer zu Diskussionen und Anregungen Anlass geben sollte und erst mit dem Bau des späteren Kunst- und Kongresszentrums KKL verstummte: die Saalakustik. «Wäre [sie] dem Posaunenklang günstiger gesinnt, müsste das Dynamische noch vollendeter erschienen sein», heisst es über die Wiedergabe der Schubert-Symphonie.

Portrait Willem Mengelberg
Das Bild hing bis Mitte der 1990er Jahre
in der «Liedertafel»-Gaststube des Hotels
Wilden Mann. Heute im Besitz des
Luzerner Sinfonieorchesters

AUSSTELLUNG: MUSIK IN AUTHENTISCHEN HANDSCHRIFTEN
16. Juli bis 1. September 1938

Ja, das Verdi-Requiem ist schon in der Vitrine, aber der ganze Donizetti steckt noch in der Blechkiste [...] Schon ist das kostbare Schreibtisch-Piano Gounods – übrigens eine genial-praktische Möbelkombination des Meisters – aus seiner Hülle geschält und an seinen Platz aufgestellt; das authentische Schreibzeug wird gleich draufgelegt, und nun kommt noch die Streusandbüchse dazu samt dem Streusand [...] Pergamenthandschriften und frühe Notendrucke, Briefe, Porträts, Erinnerungsstücke, Dokumente – in allen vier Sälen der werdenden Ausstellung häufen sich die Kostbarkeiten aus den letzten Sammlungen Italiens, Frankreichs, Deutschlands und der Schweiz [...] Wenn man über die Schulter des Kontrolleurs hinweg in die Listen späht, sieht man [...] hinter der Rubrik «Wert» fünf- und sechsstellige Ziffern. [J. N., LNN, 15. 7. 1938]

Dies sind Sätze aus der Vorschau zur Internationalen Musikausstellung, mit der die «Musikalischen Festwochen» im Rathaus am Kornmarkt offiziell mit einem Festakt eröffnet wurden. Zimmerli begrüsste im Rahmen der intimen Feier im Namen der Stadt und des Organisationskomitees nicht nur «den Förderer und Hüter der schweizerischen Kunstpflege» [LNN, 18. 7. 1938], Bundesrat Etter, sondern auch offizielle Vertreter des Deutschen Reiches, Frankreichs und Italiens, um den internationalen Charakter der Exponate zu unterstreichen. Etter würdigte in einer Rede (deren genauer Wortlaut mir bisher nicht greifbar ist), die ausländischen Leihgaben als «Ausdruck der freundnachbarlichen Gesinnung», anerkannte und verdankte die Leistung Zimmerlis, der mittels Dokumenten aus dem Geiste für die Verschiedenheit der Kulturen und ihrer Zusammenarbeit ein reiches Stück «lebendigster, unverstellter Musikgeschichte» präsentieren könne. Dieser Reichtum, vom «europäischen Gemeinschaftsgeist» geschaffen, verweise auch auf die «einigende Kraft», die dem musikalischen Kunstwerk innewohne.

Schon der flüchtige Blick in den Ausstellungskatalog lassen Kenner und Liebhaber ehrfürchtig staunen: Aus den vier besagten Ländern wurden von grossen Bibliotheken, Opernhäusern, privaten und öffentlichen Sammlungen Objekte (vor allem Autographen) im Rathaus zu einer überwältigenden Schau zusammengebracht, die – hier trifft das Prädikat mit Fug zu – einmalig war, und zwar bis zum heutigen Tag. Das Publikum durfte an die 600 Exponate bewundern, darunter die originale Partitur der *Zauberflöte* (damals erstmals im Ausland ausgestellt). «Das Juwel [war] umgeben von der Manuskript-Partitur der *Kaffee-Kantate* von J. S. Bach, vom Autograph der Sonate op. 110 von Beethoven und des *Liederbuches* aus dem Jahre 1840 von Schumann.» [Stocker, 1938, S. 426 f.] «Es dürfte nicht allzu viele Komponisten der deutschen, französischen und italienischen Sprachkreise geben, die hier (soweit sie das Mittelmass übersteigen) nicht ihre Berücksichtigung gefunden hätten.» [Franz Brenn in der Einleitung zum Ausstellungskatalog]

> [Die in- und ausländische Presse nahm eifrig Notiz von diesen Denkmälern der Musik seit ihren Anfängen (Neumen aus Klosterhandschriften) bis zur Gegenwart (Webern und Strawinsky), die positiven Stimmen drangen in alle Welt.]

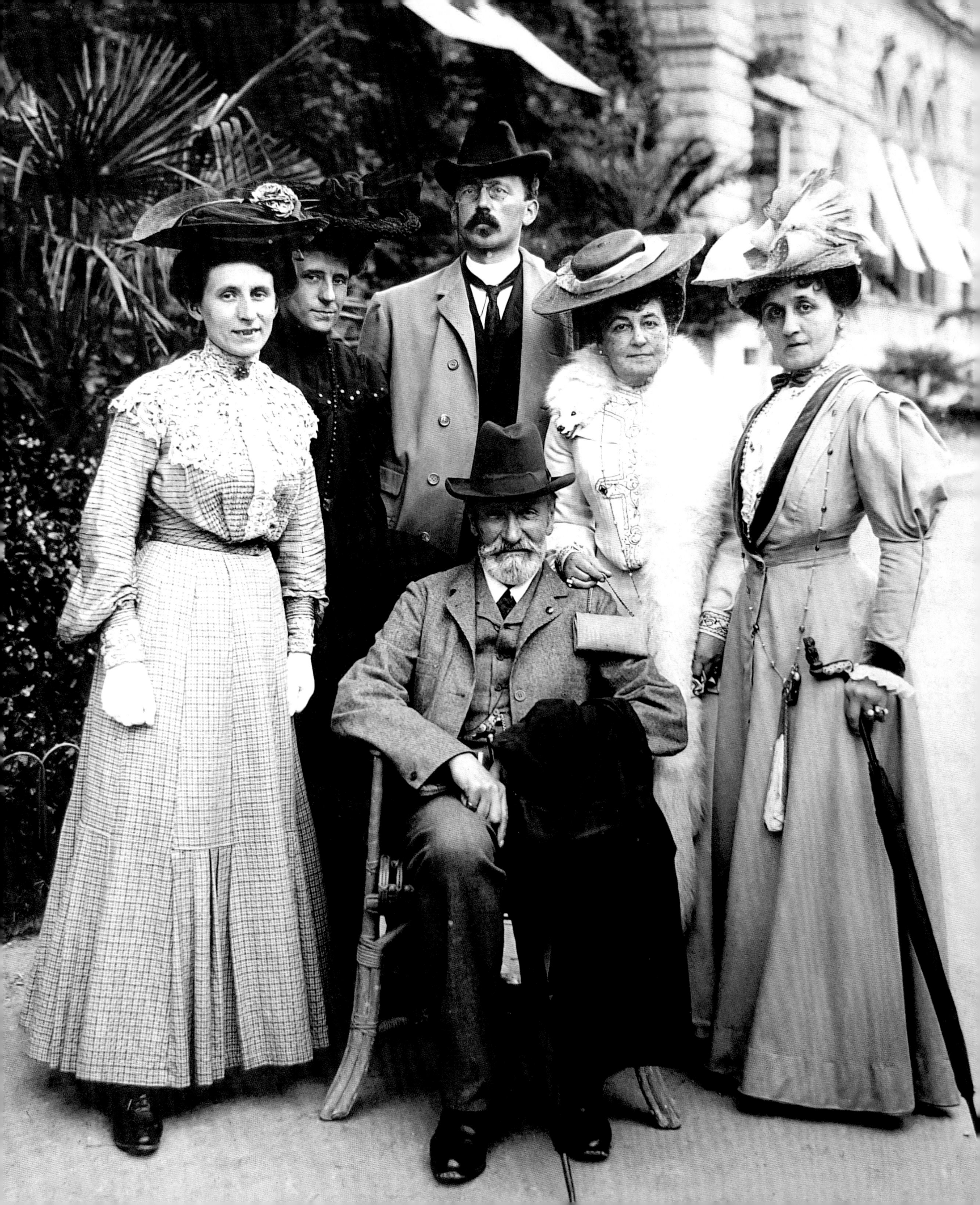

ERSTE FESTWOCHENBILANZ

«Als beweglicher Schöngeist fing Dr. Zimmerli den Ball im rechten Moment auf – als erfahrener Magistrat formte er ihn so, wie er sich die Sache zurechtgelegt hatte: Nicht zu viel auf einmal, aber das Erreichte in bester, in festspielmässiger Qualität.» [LNN, 16. 7. 1938] Wenn auch nicht als solches gedacht, zieht dieser Satz treffend das Fazit über das Geburtsjahr der ersten «Musikalischen Festwochen Luzern». Primär wegen der Auftritte Toscaninis, dann aber auch jener Buschs und Walters – alle ursächlich wegen der politischen Situation ermöglicht – rückte Luzern mit einem Schlag in den internationalen Fokus. Daher ist es nachvollziehbar, dass fortan und bis in die Gegenwart das Tribschen-Konzert als Geburtstag und Grundsteinlegung der bisher ein Dreivierteljahrhundert dauernden Festival-Entwicklung angesehen wird. «In der ganzen musikalischen Welt wird diese erlesenste Veranstaltung [das Concert de Gala] auf dem durch den Genius Richard Wagner geheiligten Flecken Erde als ein Ereignis von allererstem Rang bewertet, und es ist nicht zu verwundern, dass der idyllische Wellengang um das Tribschener Wagnerhaus bis an die Ufer der Weltpresse wogt», so der überschwängliche Tenor einer anonymen Rückschau, die sich in der Korrespondenz Zimmerlis befindet.

Künstlerisch erfüllten die Darbietungen ausnahmslos höchste Erwartungen. Musikwerke aus dem (gross)deutschen Raum (ohne Schweiz) standen im Zentrum der Programme, weitaus am häufigsten aufgeführt wurden populäre Werke Beethovens und Wagners.

Siegfried-Idyll und *Meistersinger*-Vorspiel (zweimal auf dem Gesamtprogramm) leuchten wie Fixsterne über allen Konzerten – «hausgemachtes» Geburtstagsständchen und C-Dur-Weihefeierlichkeit. Das *Siegfried-Idyll* fand fortan prompt Einlass in die Programme der IMF respektive von Lucerne Festival, wenn ein Jubiläum zu feiern war. Zehn Jahre nach dem «Galakonzert» dirigierte Wilhelm Furtwängler im alten Kunsthaus sogar zwei Aufführungen, eine davon als Wohltätigkeitskonzert. Zum 25-jährigen Bestehen spielten Mitglieder des New Philharmonia Orchestra London die Komposition im Rahmen eines Extrakonzerts an der Stätte ihres Ursprungs. 1978 figurierte sie auf einem Programm des Schweizerischen Festspielorchesters unter der Leitung des nachmaligen künstlerischen IMF-Direktors Ulrich Meyer-Schoellkopf. Im Wagner-Jahr 1983 musizierten die Luzerner Kammersolisten sie völlig originalgetreu auf der Treppe der Tribschen-Villa und zum 50. Geburtstag der IMF erklang die *Siegfried*-Musik unter Claudio Abbado zusammen mit dem Chamber Orchestra of Europe im Rahmen des «Toscanini-Konzerts», das dieselben Werke wie einst Toscaninis Galakonzert zu Gehör brachte. Zum Siebzigsten folgte eine Aufführung mit den Gästen aus Chicago unter dem Wahl-Luzerner Bernard Haitink. Das Werk kam auch in regulären Jahren zur Aufführung: Ein anderer ehemaliger Wahl-Luzerner, Rafael Kubelík, setzte 1962 das *Siegfried-Idyll* unter anderem auf das Arbeitsprogramm seines Dirigierkurses – im Schlusskonzert leitete es die Luzerner Kursabsolventin Sylvia Caduff [vgl. Abb. S. 116]. Im Gedenkkonzert an den ein Jahr zuvor verstorbenen Herbert von Karajan dirigierte James Levine mit den Berliner Philharmonikern 1989 eine weitere Aufführung des Stücks. Die restlichen

Stadtpräsident Jakob Zimmerli (stehend) mit seiner Familie am Nationalquai

Interpretationen standen unter der Stabführung von Georg Solti (1966 mit den Wiener Philharmonikern) und 1950 beim letzten Luzerner Auftritt des legendären Bruno Walter am Pult des Festspielorchesters.

Die Organisatoren wollten 1938 keine Experimente wagen und setzten also auf das gemeinhin bekannte, risikofreie Repertoire. Die Passage eines Zimmerli-Briefes unterstreicht paradigmatisch diese Haltung: «Busch und Serkin hätten ihr Programm auf ein internationales Durchschnittpublikum, nicht auf ein musikalisches Elitepublikum einzustellen. Es müsste mit berühmten Zugstücken bestritten werden.» [Zimmerli an Schulthess, Brief vom 24. März]

Mitten in den Festwochen, am 24. August, traf ein an den Stadtpräsidenten und Stadtrat gerichtetes Schreiben (mit Kopien u.a. an Bundesrat Etter) ein, worin die Unterzeichnenden (die Präsidenten des Schriftstellervereins, der Gesellschaft schweizerischer Dramatiker und jener für Theaterkultur, des Tonkünstlervereins, der Direktor der Landesausstellung 1939, der Generalsekretär der Schweizerischen Rundspruchgesellschaft, Oskar Eberle und Ernest Ansermet) beliebt machen zu prüfen, zukünftig die Festspiele sowohl als Freilichtspiele am See als auch in einem neuen, unmittelbar danebenstehenden Festspielhaus durchzuführen. Kaum waren also die Festwochen lanciert, erging bereits ein erster Ruf nach einem neuen Haus, freilich unter ganz anderen Voraussetzungen und anderen Zielsetzungen als fast ein halbes Jahrhundert später, zu Beginn der ersten Planungsphase des heutigen KKL. Die Eingabe von damals gipfelt im Kernsatz, «das Projekt der Luzerner Festspielwochen [könne] nicht länger von der Frage nach dem Bau eines eigentlichen Festspielhauses getrennt werden».

[Es blieb in diesen brüchigen Zeiten jedoch bei der Anregung; die Antreiber der Idee köchelten jedoch noch einige Zeit ihre Utopien weiter. Das Sitzungsprotokoll vom 25. November 1943 hält ein Votum Oskar Eberles fest, der «besonders angelegentlich empfiehlt, den Bau eines Festspielhauses in das Arbeitsbeschaffungsprogramm aufzunehmen, resp. die diesbezüglichen Studien sofort an die Hand zu nehmen».]

Staub aufgewirbelt hatte sie allemal. Im Frühherbst sah sich Zimmerli nämlich genötigt, auf offenbar geäusserte Befürchtungen und Bedenken des deutschfreundlichen, apologetischen Wagner-Gralshüters Max Fehr ausführlich zu antworten. Tribschen werde niemals «durch störende, der Stätte nicht würdige ‹Anlässe›» profaniert werden, beruhigte Zimmerli. Die Stadt habe trotz prekärer Finanzlage das Gut erworben, um die «Gefahr einer spekulativen Verwertung auszuschalten und es in seiner Unversehrtheit für alle Zeiten zu erhalten. […] Es wird auf dem Tribschengut auch nicht gebaut werden, weder ein Schauspielhaus noch sonst etwas, und weder vor dem Wagnerhaus noch auf dem Hügel hinter dem Haus». Selbstverständlich wäre es «angenehm, ein Festspielhaus zu besitzen, doch zum Bau fehlten die Millionen». Fehr hatte Zimmerli dem Anschein nach geschrieben, «nicht-wagnerfreundliche Leute» hätten den Neubau gefordert, und bemerkte überdies, «dass mindestens für einen Teil der Hinterlassenen Salzburgs, ‹international› die eindeutige Note ‹nichtdeutsch› in sich berge». Für diese Sichtweise ging Zimmerli das Verständnis ab: «Mit Salzburg» – so replizierte er – «hatten Vorbereitung und Durchführung der Festwochen rein nichts zu tun. […] Salzburg lässt sich sowenig nach Luzern übertragen, wie Luzern nach Salzburg.» Es sei eine nicht voraussehbare Koinzidenz gewesen, dass sich dort der Regimewechsel vollzogen hatte, als hier die Planung fast abgeschlossen war. Niemand könne «vernünftigerweise» Toscanini und Bruno Walter nur deswegen nicht einladen, «weil der eine nicht mehr dirigieren wollte und der andere nicht mehr dirigieren durfte». Durch deren Mitwirkung seien die Luzerner Konzerte nicht «un-deutsch» geworden. Zimmerli fügte an, wie er sein Möglichstes versucht habe, Richard Strauss zu verpflichten. Er schloss: «Waren die Konzertveranstaltungen deshalb un-deutsch, weil […] ein Stück von Felix Mendelssohn aufgeführt wurde?» Die Konzerte seien nicht un-deutsch, aber auch nicht deutsch im «nationalistischen Sinne, sowenig wie französisch oder italienisch» gewesen, sondern hätten sich nach «rein künstlerischen Gesichtspunkten» ausgerichtet, «also übernational […] wie es dem Wesen der Kunst entspricht und in unserem neutralen, freigesinnten Lande eine Selbstverständlichkeit ist». [Zimmerli an Fehr, Brief vom 19. September]

Bezüglich der finanziellen Seite durften die Organisatoren mindestens einen Teilerfolg verbuchen: Die Konzerteinnahmen ergaben einen Überschuss von über 2000 Franken, hingegen resultierte ein Defizit von knappen 20'000 Franken aus der aufwendigen Musikausstellung, was jedoch dank einer Defizit-Garantie des Hotelier-Vereins in dieser Höhe aufgefangen werden konnte. [Prot. 15. 4. 1939]

Das gute Ergebnis aus dem Kartenverkauf war nicht nur dem hohen Prestige und der Prominenz der Dirigenten und Solisten zuzuschreiben. Allein die grobe Überschau der Tagespresse vermittelt den Eindruck, die Propaganda für die Veranstaltungen sei von sehr professionell agierenden Instanzen geleitet worden. Die städtische Touristik-Branche verstand es, das breite Publikum für die Konzerte zu gewinnen. Den Zeitungen kam dabei grösseres Gewicht als heute zu, weil sie neben dem noch in den Kinderschuhen steckenden Radio als einzige mediale Vermittler fungierten. Neue Medien sind inzwischen über die Presselandschaft gefegt und haben sie gehörig ausgedünnt. Damals erschienen (neben der üblichen Inseratewerbung) meistens sogar auf den Frontseiten informative Artikel als Konzertvorschauen sowie konzertbezogene Sonder- oder Themenartikel in den Wochenendausgaben. Mit Massnahmen dieser Art erreichte man die interessierten Schichten, primär die lokalen. Diese honorierten in der Folge die Anstrengungen selbst in wirtschaftlich schwieriger Lage.

Die Erstauflage der Musikfestwochen wirkte ermutigend und spornte zur Fortsetzung an. Das «ceterum censeo» der Initianten, Luzern dauerhaft zu einer Musikstadt werden zu lassen, durfte weiter traktandiert werden. Standhaft, trotz der «unsicheren politischen Lage», die «kein Hindernis» sein dürfe [Prot. 15. 4. 1939], begannen die Organisatoren sofort nach dem Abschluss der ersten mit der Planung der zweiten Durchführung. Die Vorzeichen waren verheissungsvoll: Arturo Toscanini und Bruno Walter hatten ihre neuerliche Mitwirkung bereits zugesagt.

AM RANDE DES ERÖFFNUNGSJAHRES

Ein ehemaliger Konzertbesucher, nach eigenen Worten «unter Lebensgefahr» in Proben des Maestro geschlichen, meinte 1988 in einem Filminterview, der Mythos Toscanini gründe sich auf dessen Präzisionsfanatismus, der sich bezüglich Klarheit auf die Orchester übertragen habe, heute Voraussetzung für einen professionellen Standard. Beindruckt hatte ihn, wie Toscanini die Musiker zum «Singen» brachte. Als die Posaunen im *Meistersinger*-Vorspiel massiv wilhelminisch dröhnten, schrie er sie an: «Non siamo elefanti!»

Paul Wyss, ehemaliger Direktor (1931–1967) des Casino-Kursaals Luzern, formulierte 1988 seine persönlichen Erlebnisse so:

Vor dem offiziellen Eröffnungskonzert dirigierte Ansermet zusammen mit dem Kursaalorchester und Musikern seines Genfer Orchesters im akustisch hervorragenden Theatersaal mehrere Symphoniekonzerte mit bekannten, klassischen Werken, die als einführende Darbietungen zu den IMF-Festkonzerten galten.

Bei der ersten Probe gab es einen Zwischenfall. Ansermet verlangte, dass seine Genfer Musiker die ersten Pulte besetzten. Der langgediente Solocellist des Kursaalorchesters beanspruchte diese Position jedoch für sich. Nur dank der Intervention des damaligen Musikförderers Dr. Walter Strebi und meiner Person gelang es, den aufgebrachten Cellisten zu beschwichtigen und dem Genfer Kollegen den Vorrang zu geben. Mit etlicher Verspätung konnte ein sichtlich verärgerter Ansermet doch noch die Probe beginnen.

Toscanini besuchte eine Orchestervorprobe für eine Privataufführung des Siegfried-Idylls *im Theatersaal des Kursaals unter Dr. Walter Ducloux. Im Saal erinnerte er sich, dass er dort erstmals 1924 im Rahmen eines Galakonzerts das durch Musiker der Tonhalle verstärkte Kursaalorchester dirigiert hatte. Beim Anblick der Bühne erinnerte er sich an den grossen Erfolg dieses Konzerts trotz der extrem hohen Eintrittspreise (bis 25 Franken) und bat uns, wir sollten uns dafür einsetzen, dass Bühne und Theatersaal für immer und ewig erhalten blieben. Dem Wunsch wurde bis 1976 Genüge getan, dann mussten Saal und Podium einem Nightclub weichen.*

[Walter Ducloux, Dirigent und Korrepetitor am Stadttheater (1937–1939), gehörte seinerzeit dem Komitee an, das die Musikfestwochen aus der Taufe hob. Als er viele Jahre später ferienhalber in Luzern weilte (er war nach 1939 in die USA ausgewandert), erklärte er Fritz Schaub in einem (nicht mehr datierbaren) Interview, dass Toscanini sogleich Vertrauen zu dem ungefähr gleichaltrigen Zimmerli gewann; es seien freundschaftliche Bande zwischen den beiden entstanden. Es sei Zimmerli gewesen, der einen Festwochenchor anregte, und er habe Toscanini telegrafisch angefragt, ob er damit einverstanden sei. Trotzdem müsse im Komitee eine Unstimmigkeit aufgekommen sein, was Zimmerli wohl 1940 dazu bewog, seine sämtliche Korrespondenz zu vernichten und sich völlig zurückzuziehen.]

Von den Lärmverhütungsmassnahmen während des Concert de Gala war auch der Kursaal [immerhin in einer Luftliniendistanz von rund 2 km von der Tribschen-Villa entfernt] *betroffen. Es wurde uns nicht gestattet, draussen vor und während des Konzerts – auch nicht in der Konzertpause – Konsumationen zu servieren!* [Handschriftliches Ms. vom 10. April 1988, im Besitz von E. S.]

Piero Melograni hält in seiner Toscanini-Biographie [2007, S. 161] fest: «Dopo il concerto la principessa di Piemonte chiese a Toscanini di apporre la sua firma su uno spartito della Messa di Verdi, ma Toscanini, che disprezzava i Savoia, rifiutò di farlo, così come rifiutò di incontrare la principessa.» [«Nach dem Konzert bat die Prinzessin von Piemont um Toscaninis Unterschrift auf einem Auszug der Verdi-Messe [Requiem]. Aber er weigerte sich, weil er das Haus Savoyen verachtete und der Prinzessin auch gar nicht begegnen wollte.»]

Walter Ducloux

Illustre Besucherinnen:

Sara Ann Delano Roosevelt (mit Blumenbouquet), Mutter des damaligen amerikanischen Präsidenten, wird am Bahnhof Luzern empfangen, 1939

Mary Churchill (links), heute Lady Soames, und vermutlich ihre Schwester Sarah an den Festwochen, 1946

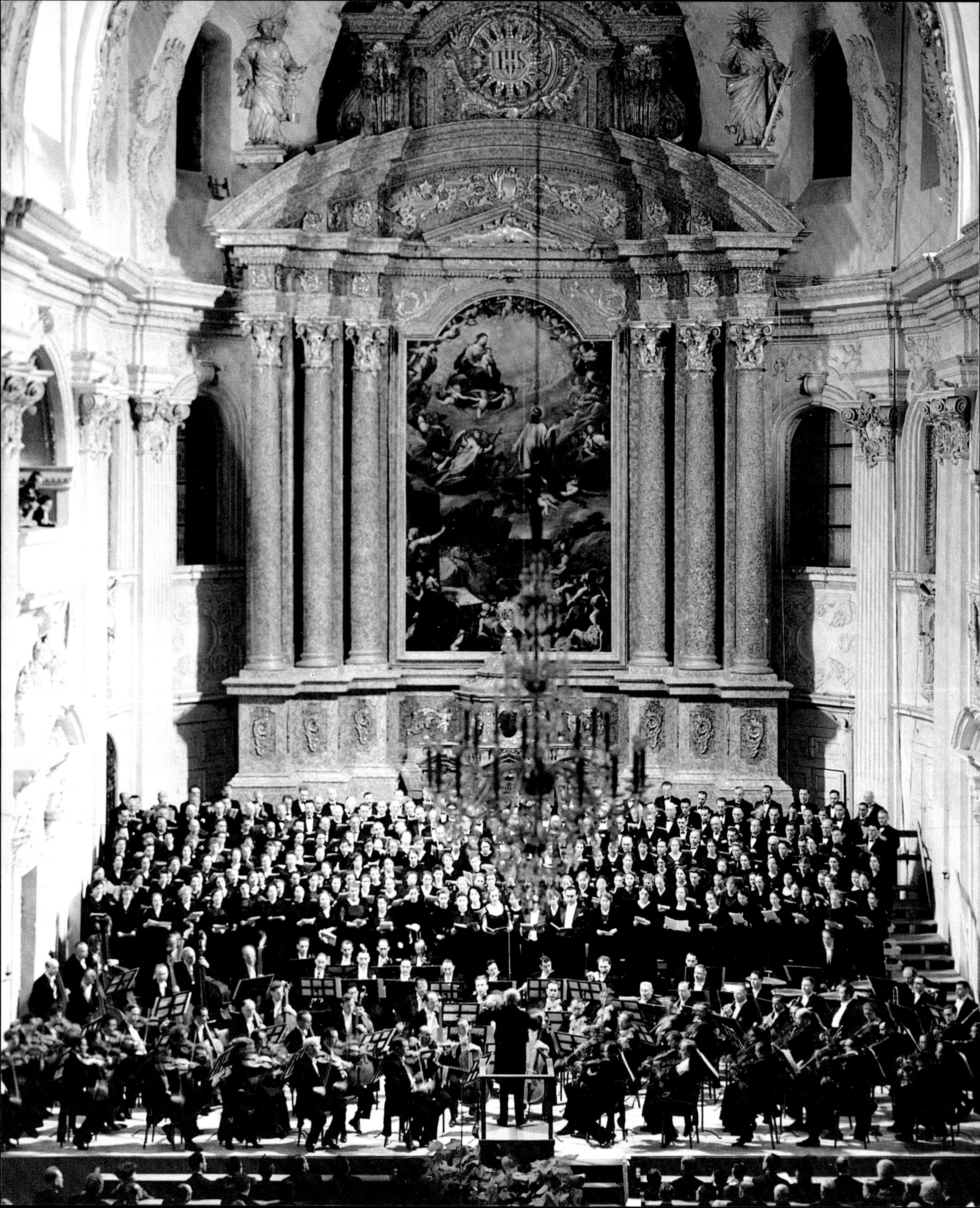
IHS

LICHT UND
SCHATTEN

1939

Das eigentlich Charakteristische an dieser Welt ist ihre Vergänglichkeit.

Franz Kafka

Toscanini dirigiert das Verdi-Requiem in der Jesuitenkirche

Das Programmblatt zum Verdi-Requiem

Warum sich auf andere oder neue Werte stützen, wenn die bisherigen Kräfte die Erwartungen mehr als erfüllt hatten? Für die Organisatoren war die Frage fürwahr nur eine rhetorische. Auf den Grundmauern des Gründerjahres konnte, ja musste weitergebaut werden. Schon anfangs Februar verbreitete die Tagespresse eine zwar noch unvollständige Vorschau auf die Zweitauflage der Luzerner Festwochen. Das von Adolf Busch und Ernest Ansermet wiederum zusammengestellte neunzigköpfige Eliteorchester stand nun auf Intervention von Bruno Walter nicht nur Arturo Toscanini, sondern auch den anderen Dirigenten zur Verfügung. Neben den Genannten waren diese abermals Fritz Busch sowie anstelle des nicht verfügbaren Willem Mengelberg erstmals Adrian Boult aus England – der Wunschdirigent Thomas Beecham hatte abgesagt. «Auf solche, dem Künstlerischen in höchstem Masse Rechnung tragende Weise ist sehr wohl möglich, die Luzerner internationalen musikalischen Festwochen zur ständigen Einrichtung werden zu lassen.» [NZZ, 5. 8. 1939, Mo.]

Zimmerli – Mitte Juni als Stadtpräsident zurückgetreten, doch immer noch Vorsitzender des Festwochen-Organisationskomitees – schrieb Toscanini am 27. Oktober, einen Gipfel des Programms sähe er in einer vom Maestrissimo geleiteten Aufführung des «Reqiem [sic!] de Verdi». «Le concert aurait lieu dans l'Eglise des Jesuites dont l'acoustique est *excellente* [Hervorhebung original].» Bezüglich des benötigten Chors zerstreute er zum Vornherein allfällige Bedenken des Maestro und versicherte, Luzern besitze einen riesigen Fundus an begabten Chorsängern, die durch ein gestrenges Verfahren von drei ausgewiesenen Chordirigenten an Ort und Stelle ausgewählt würden, sodass 120 bis 150 Mitglieder zur Verfügung stünden, die den Winter über von hiesigen Chorleitern vorbereitet würden, bevor sie unter die Fittiche eines von Toscanini bestimmten Leiters kämen. Zimmerli nannte den Namen von Vittore Veneziani, Chorleiter des Teatro della Scala di Milano. [An ihn richtete Zimmerli am 19. Dezember eine persönliche Anfrage.]

Falls Toscanini die Leitung der *Messa da Requiem* nicht übernähme, wollte Zimmerli vom diesem Programmwunsch absehen. Im selben Brief bat er, der Maestro möge sich überlegen, eventuell eine Mozart- oder Donizetti-Oper im Stadttheater zu leiten, und zeigte sich begeistert über ein kürzlich gehörtes Horowitz-Rezital in Zürich. [Vladimir Horowitz war seit 1933 mit der Toscanini-Tochter Wanda verheiratet.]

Zimmerli musste dennoch um die neuerliche Teilnahme Toscaninis fürchten; in einem Schreiben liess er verlauten: «Die Vermutung ist aber wohl nicht ganz abwegig, dass starke Einflüsse eingesetzt wurden, um ihn [Toscanini] von seinem Entschlusse abzubringen. Es würden den betreffenden Stellen wohl auch gewichtige Druckmittel zur Verfügung stehen.» [Zimmerli an Otto, Brief vom 7. November 1938]

Ob mit den «betreffenden Stellen» das faschistische Italien, eine andere Politmacht oder nur eifersüchtige andere Veranstalter gemeint sind, ist nicht auszumachen, ebenfalls nicht das weitere Prozedere der Vorbereitungen bis zum Frühling 1939.

Schaufensterdekoration mit dem Plakat und den Fotografien aller auftretenden Künstler

An der Sitzung der Organisatoren vom 15. April 1939 verkündete der Vorsitzende Zimmerli, das Programm könne in zirka einer Woche versandt werden. Toscanini wünsche das Eröffnungs- und das Schlusskonzert zu dirigieren, deshalb fänden alle Konzerte im August und die Orchesterkonzerte ausschliesslich im Kunsthaus statt. Das Verdi-Requiem werde zwei Mal in der Jesuitenkirche aufgeführt. Der Elitechor aus 200 Mitgliedern werde von J. B. Hilber einstudiert, ohne Zuzug eines anderen Chorleiters. Zum Budget «hält der Vorsitzende dafür, dass trotz der unsicheren politischen Lage die Durchführung der Festwochen mit keinem allzu grossen Risiko verbunden sein werde». Toscanini habe die Absicht, von anfangs Juni bis zum Festwochenende in Luzern zu wohnen, und wünsche dafür eine möblierte Wohnung. [Prot. 15. 4. 1939]

Selbst bei kürzerer, jedoch konzentrierterer Dauer stellte man für dieses Jahr ein reichhaltigeres Programm als im ersten zusammen; es musste dann allerdings noch einige Abstriche in Kauf nehmen. So fielen die Teilnahme des Pianisten und früheren polnischen Ministerpräsidenten Ignacy Paderewski (er verliess seinen Wohnsitz am Genfersee und reiste in die USA, als sich der Krieg gegen Polen abzeichnete), ein Liederabend mit Beniamino Gigli und zwei Auftritte der Cappella Sistina unter Lorenzo Perosi (sie erhielten alle vom Mussolini-Staat keine Ausreisebewilligung) politischen Umständen zum Opfer.

[Gertrud Brichet-Bosshard, Sekretärin der Festwochen 1938/39, erzählte 1988: «Kurz vor dem Liederabend teilte Gigli telefonisch mit, er könne unmöglich nach Luzern reisen, die Grenze sei geschlossen. Trotz der sofortigen Intervention der Schweizer Botschaft wurde ihm die Einreise verwehrt, und wir entschlossen uns, im Kunsthaus seine Platten zu spielen.»]

Toscanini dirigierte diesmal die vier fest vereinbarten regulären Konzerte nicht honorarfrei, verdankte gewissermassen das im Juni vom Stadtrat abgesegnete Ehrenbürgerrecht immerhin mit dem gagenfreien Einspringen für Paderewski und für Bruno Walter, dessen angekündigtes Konzert er mit verändertem Programm sehr kurzfristig übernahm. Walter, für Aufführungen des mozartschen d-Moll-Klavierkonzerts KV 466 mit ihm als Solisten und der 2. Symphonie von Mahler vorgesehen, reiste unmittelbar nach Probenbeginn überstürzt ab, erklärte sich ausserstande, das Konzert zu dirigieren, da seine Tochter jäh einem schrecklichen Eifersuchtsdrama zum Opfer gefallen war.

Villa Althaus in Kastanienbaum, wo Toscanini im Sommer 1939 wohnte

WALTERS ABSAGE

> [Vom 2007 verstorbenen Michele Selvini, Arzt und langjähriger Gast sowie Berichterstatter der IMF, liegt eine Untersuchung des tragischen Dramas in italienischer Sprache vor. Anhand der Autobiographie von Ezio Pinza, Briefen und weiteren Dokumenten schildert Selvini die Tragödie um Walters Tochter; darauf stützen sich die folgenden Ausführungen. [Selvini, 1999, S. 429ff.]]

Margarete (auch Gretel, Grete oder Greta gerufen) Walter hatte sich im Herbst 1933 in London-Westminster mit dem Filmarchitekten und Filmproduzenten Robert Neppach verheiratet. Die Ehe stand bald unter einem Unstern, denn das Paar lebte meist getrennt. Der Mann war berufsbedingt häufig auf Reisen, zudem litt seine Karriere zunehmend unter dem Aufkommen des Tonfilms. Neppach geriet in eine Phase der Erschöpfung und versuchte sich als Produzent in der Eigenschaft des Managers einer neuen Filmunternehmung. Für die sechzehn Jahre jüngere Grete, aufgewachsen im Künstlermilieu, war ein Leben ausserhalb der Kunst unvorstellbar.

Sie begann sich innerlich von Neppach zu lösen und reiste mit ihrem Vater als seine «beste Kritikerin» (Bruno Walter) von Musikmetropole zu Musikmetropole. Im August 1934 begegnete sie in Salzburg während der Proben zu *Don Giovanni* Ezio Pinza, einem Lieblingssänger Walters und Träger der Titelrolle. Ein Jahr später, wieder an der Salzach, gingen beide eine geheime Liebesbeziehung ein – jene mit Neppach scheiterte dagegen endgültig. Pinza trennte sich in der Folge von seiner Ehefrau, Gretel war gewillt, sich von Neppach zu lösen. Um nicht noch mehr Turbulenzen im Hause Walter zu verursachen – der Dirigent musste wegen seiner Abstammung das Deutsche Reich verlassen und siedelte vorerst nach Sorengo bei Lugano über, wo er eine Villa mietete –, beabsichtigte sie, die Liaison erst nach vollzogener Scheidung von Neppach offenzulegen. Der Prozess verzögerte sich der politischen Wirren und Folgen wegen.

> [*Don Giovanni* blieb 1938 und 1939 mit Pinza auf dem Salzburger Spielplan, statt Walter standen im «richtiggestellten Programm» nun jedoch Karl Böhm und Hans Knappertsbusch am Pult, 1939 bewog die Festspielleitung Clemens Krauss, die «alte, recht verschlampte Vorstellung» [Krauss, zit. nach Fuhrich & Prossnitz, 1990, S. 261] zu dirigieren.]

Am 16. August 1939 sass Grete zusammen mit ihren Eltern und der Schwester in der Luzerner Jesuitenkirche und hörte die gewaltigen apokalyptischen Klänge des «Dies irae» aus Verdis Requiem unter dem Feuergeist Toscanini. [vgl. Walter, 1947, S. 436]

Am nächsten Tag begann Walter mit den Proben für Mahlers Zweite Symphonie, Toscanini leitete am Abend die zweite Aufführung des Requiems. Walter: «Ich habe die Mahlersche Symphonie nicht dirigiert. Das schwerste Unglück war über uns hereingebrochen und hat mir die Welt verändert: unsere jüngere Tochter wurde uns durch einen gewaltsamen Tod entrissen. Es war die furchtbare Aufgabe der Frau [Carla] und Tochter [Wally] Toscaninis, mir das Entsetzliche mitzuteilen. Sie erfüllten sie mit tiefster Güte

Grete Walter *Bruno Walter verlässt das Kunsthaus Luzern*

[…] In unsere Seelennacht drangen wie aus der Ferne die Nachrichten, die den unmittelbar bevorstehenden Kriegsausbruch bedeuteten.» [Walter, 1947, S. 436]

Dies irae! Was war passiert? Am Freitag, 18. August, reiste Grete nach Zürich, wo sie sich in einem Hotel in Bahnhofsnähe mit Neppach traf, um ihn zur Einwilligung in die Scheidung zu bewegen. Um 17.30 Uhr kam es laut Zeugenaussagen zu einem lauten und heftigen Wortwechsel, darauf folgten mehrere Schüsse. Offenbar willigte der verzweifelt an Grete festhaltende Ehemann nicht in die Trennung ein und verletzte sie mit mehreren Pistolenschüssen tödlich, bevor er sich mit einem Herzschuss selbst umbrachte.

Falsch ist die Angabe, er habe Grete in Berlin im Schlaf («in slept») erschossen. [Ryding & Pechefsky, 2001, S. 267]

Die Presse reagierte äusserst zurückhaltend, berichtete freilich vom Ehedrama, doch unter Wahrung strikter Anonymität. Die Festwochenleitung gab lediglich bekannt, dass «infolge Todesfalls in der Familie» Bruno Walter verhindert sei, das vorgesehene Konzert zu dirigieren. «Auf den dringenden Wunsch seines Freundes Bruno Walter hat sich nun Maestro Toscanini bereit erklärt, das Konzert mit verändertem Programm zu dirigieren», hiess es in der kurzen Mitteilung. Das ist auch deshalb bemerkenswert, weil Toscanini zeitlebens nie Werke Mahlers dirigierte.

Pinza reiste nach der Todesnachricht unverzüglich nach Zürich, wo Grete nach einer intimen Trauerfeier, zu der Bruno Walter im Beisein der Toscaninis den Kopfsatz der *Mondschein*-Sonate Beethovens spielte, kremiert wurde. Die Familie und Pinza brachten die Asche ins Tessin, wo sie im Familiengrab in Montagnola beigesetzt wurde. Dort hat inzwischen auch jene der Eltern ihre letzte Stätte gefunden.

Vom Grand Hotel & Kurhaus Rigi-Kaltbad schrieb Toscanini: «Ich stehe immer noch unter dem furchtbar traurigen Eindruck von Grete Walters tragischem Sterben. Ich kann sie nicht vergessen. Ich sehe sie in meinem Studio in Kastanienbaum mit ihrem wunderschönen Lächeln, und es dünkt mich unwirklich, dass drei Stunden später ihr Leben ausgelöscht wurde.» [Toscanini an Ada Mainardi, Brief vom 25. August 1939]

Bald erging das Gerücht, Hintergrund der Verzweiflungstat sei die Entfremdung des Ehepaars infolge des staatlich verordneten Antisemitismus in Deutschland gewesen. Vielleicht mag der Umstand eine Nebenrolle gespielt haben, niemals jedoch eine entscheidende. Behauptungen insinuieren, Neppach sei ein fanatischer Parteigänger gewesen, der sich deshalb gewaltsam seiner jüdischstämmigen Frau entledigen wollte. Dies nimmt sich als blanker Unsinn angesichts der verbürgten Tatsache aus, dass Neppach wiederholt versucht hat, seine Frau wiederzugewinnen. Er beging die Verzweiflungstat, als er einsehen musste, dass diese Mühen vergeblich waren.

Hatten die Festwochen 1938 noch improvisatorische Züge getragen, so wurden jene von 1939 erstmals als grosse, in sich geschlossene Veranstaltung mit einem auffälligen karminrot-dunkelgelben Plakat angekündigt, das die Dirigenten und Solisten prominent vorstellte. Selbst unter Berücksichtigung der erwähnten Imponderabilien lag der Berichterstatter der *Luzerner Neuesten Nachrichten* am Ende richtig, wenn er die Zweitauflage als die «grossartigste künstlerische Veranstaltung, die Luzern je durchgeführt hat» einschätzte.

Toscanini und seine Frau vor dem Künstlereingang des Kunsthauses

Plakat 1939

Rachmaninows Villa Senar

*Auf der Halbinsel Hertenstein gelegen und nicht öffentlich zugängig, diente die Villa dem reisefreudigen Russen in den 1930er Jahren als ruhender Pol nach den Jahren der Unstetigkeit. 1929 kaufte er das Grundstück und beauftragte zwei Schweizer Architekten mit dem Bau eines Hauses, für das ein Felsabhang oberhalb des Sees gesprengt werden musste. Die Architekten Alfred Möri und Karl-Friedrich Krebs gehörten der Bewegung des «Neuen Bauens» an (sie realisierten auch die Luzerner Lukaskirche). Das Haus fällt durch die konsequente architektonische Modernität auf. Grosse Glaswände öffnen es zum See hin. «Der Wohnraum zieht in den Park hinaus, die Seelandschaft drängt sich förmlich in die Räume hinein.» (Heinz Horat) Technisch war das Haus auf neuestem Stand: Ölheizung, Fahrstuhl und Flachdach für ein Sonnenbad. In der Garage stand ein Lincoln, mit dem der begeisterte Autofahrer Rachmaninow Reisen nach Paris und Bayreuth unternahm. 1933 kaufte er ein Motorboot, um Luzern in einer Viertelstunde zu erreichen. Der Name «Senar» ist aus den Anfangsbuchstaben von **Se**rgej und seiner Frau **Na**talja **R**achmaninow gebildet.*

Im Zenit standen unbestreitbar die von Toscanini dirigierten Konzerte; die doppelt geführten Aufführungen der *Messa da Requiem* von Verdi setzten den absoluten Glanzpunkt und brannten sich bei der Generation, die sie gehört oder gar mitgesungen hatte, unauslöschlich im Gedächtnis ein. Heute würde man sagen, sie erhielten Kultstatus. Toscanini wurde nicht nur Ehrenbürger der Stadt, sondern gewissermassen auch zum Patron der Festwochen. Das Organisationskomitee vertrat beispielsweise einhellig die Meinung, es werde ohne den Segen des Maestro mit keinem anderen Dirigenten verhandelt.

Toscanini selbst nahm es mit den künstlerischen Vorbereitungen akribisch genau und übernahm selbst die Verantwortung dafür. Ohne Hilfe von Assistenzkräften war er gewillt, die wichtigen Prozesse selbst zu leiten oder zu überwachen. Ganze zwei Monate vor seinem Konzert reiste er wie angekündigt in die Innerschweiz. «Domani lascio Londra … in aeroplano vado a Basilea – da là Emilio [l'autista] viene a prendermi per portarmi al Kastanienbaum, un piccolo villaggio vicino a Lucerna … Abbiamo preso in affitto una Villa sul lago – (Villa Althaus) …» [Toscanini an Ada Mainardi, Brief vom 4. Juni, zit. nach Sachs, 2006, S. 354f.]

Ich bin jetzt seit drei Tagen hier. Der Ort ist schön, friedlich, gegen den See gelegen, das Haus ist komfortabel, grosszügig, gut möbliert, weit genug weg von Luzern, um nicht oft Störenfriede um mich zu haben, doch so nahe, dass ich die Stadt mit dem Auto in wenigen Minuten erreichen kann. Aber es ist nicht mein Isolino, nicht mein See, mein Himmel, meine Berge – kurz, nicht mein Land und mich plagt tiefes Heimweh. [Toscanini an Ada Mainardi, Brief vom 8. Juni, zit. nach Sachs, 2006, S. 355, übersetzt von E. S.]

Besondere Sorgfalt liess er den Requiem-Aufführungen angedeihen – ein durchaus nachvollziehbarer Schritt, denn der in dieser Formation bislang noch nie aufgetretene Chor barg ein Risiko. Stiftschordirigent und Musikdirektor Hilber gelang es, Toscanini für ein Chorwerk mit einem Chor, den es bislang gar nicht gab, zu gewinnen. Er suchte die besten Sänger aus verschiedenen Chören zusammen, bildete aus Mitgliedern der Luzerner Gesangsvereine einen so genannten Elitechor und vereinbarte eine lange, intensive Probenarbeit, um Toscanini mit einem qualitativ adäquaten Chor zu überzeugen. Ein Chorsänger, der ehemalige Kantonsschullehrer Alois Schönenberger, erzählte fünfzig Jahre später, dass im Laienchor manches Knie vor Toscanini gehörig schlotterte, waren doch den Leuten seine Wutausbrüche bekannt, die so manchen Taktstock in Brüche gehen liessen. Ohne Ankündigung sei er eines Abends in eine Probe gekommen. *Ein kleines Männchen, das wie ein Raubtier hin- und herhetzte und mit dem ganzen Körper zu lauschen schien. Ab und zu hat er uns unterbrochen und mit krächzender Stimme etwas vorgemacht. Und dann geschah etwas Wunderbares: Plötzlich lag die Melodie wie ein Sonnenstrahl in der Luft, allein durch die hypnotische Einwirkung Toscaninis.*

Beim «Dies irae» habe er wie ein Stier zum Schlagwerk gebrüllt: «Più forte» – es konnte ihm nie genug laut sein. «Wir dachten, die Kirche müsse einstürzen.» Am ausperlenden Schluss sei er niedergekniet und habe ein «Non così» gehaucht, um mehr Subtilität zu fordern. Als die Solistin Kirstin Thorborg im «Libera me» nur sang, was Verdi schrieb, nämlich Noten, begehrte Toscanini auf: «No, no. É una preghiera [Gebet].» Und er machte es ihr vor – ein dringliches, unbeschreibliches Flehen.

Toscanini bei der Probe zum Verdi-Requiem in der Jesuitenkirche

«Die Sängerin verstand, aber sie betete niemals so inbrünstig, wie er es ihr vorgezeigt hatte.» (Schönenberger) Dem Elitechor fiel ein beträchtlicher Anteil am letztlich überwältigenden Erfolg zu. [Die Formation war übrigens auch für die Mahler-Symphonie unter Bruno Walter vorgesehen.] Noch dachte niemand daran, dass aus dem «Toscanini-Chor» die feste Institution des Luzerner Festwochenchors erwachsen sollte.

Mit dem barocken Kirchenraum war Toscanini ebenso unvertraut. Nach den ersten Proben fand er die Akustik der Jesuitenkirche «gewöhnungsbedürftig», nach drei Stunden immerhin «nicht allzu schlecht». Dennoch liess er ein Holzpodium von etwa 50 cm Höhe über dem Steinboden für das Orchester erbauen, um die Resonanz für die Streicher zu optimieren. Der Aufwand machte sich bezahlt; die *Neue Zürcher Zeitung* konstatierte eine «herrliche Akustik: Der für Musik wie geschaffene erhabene Bau dieser Kirche rückt geistliche Aufführungen künftiger Luzerner Musikfestwochen ohne weiteres in ihren Mittelpunkt». [NZZ, 18. 8. 1939, Ab.] Um den Gesamteindruck der Wiedergabe zu beschreiben, fehlten dem Rezensenten die passenden Worte: «Man müsste ein Dichter sein, um ein Bild von ihm geben zu können.» Ärger gab es nur bei den Radiohörern zu Hause: Im ersten Teil traten wegen eines Defekts in der weit von der Kirche gelegenen Verstärkeranlage massive Störungen auf.

Nach den ersten drei Orchesterkonzerten unter Toscanini (das erste ohne Solist, das zweite wie im Jahr zuvor mit Adolf Busch) und Boult (unter Mitwirkung von Pablo Casals, dem unbestritten grössten Cellisten jener Zeit) spielten im Kursaal die vier Herren des Busch-Quartetts «meisterhaft wie kaum je» [NZZ, 14. 8. 1939, Ab.] zusammen

Ernest Ansermet und Sergej Rachmaninow im Künstlerzimmer des Kunsthauses

mit dem englischen Klarinettisten Reginald Kell mit den Quintetten von Mozart und Brahms die beiden bedeutendsten Beiträge für diese Besetzung. Die Programmierung der beiden Werke im gleichen Konzert ist seither singulär geblieben.

Mitbegründer Ernest Ansermet begleitete im darauf folgenden Orchesterkonzert keinen Geringeren als Sergej Rachmaninow, für dessen Verpflichtung sich Zimmerli persönlich eingesetzt hatte. Luzern betrachtete den Komponisten und Klaviervirtuosen ohnehin als einer der ihren, verbrachte er doch seit wenigen Jahren die Sommermonate in seiner Villa «Senar» auf der Halbinsel Hertenstein. Der Exil-Russe spielte gleich zwei Klavierkonzerte, das Erste von Beethoven und die eigene *Rhapsodie über ein Thema von Paganini*.

Der Kritiker A. H. bewunderte «die stupende Leichtigkeit seiner Technik, der zauberhafte zarte Anschlag, die Transparenz seines Vortrags» und charakterisierte die Darstellung des Beethoven-Konzerts als «sehr schön» und «vergeistigt». Mit «stürmischen Ovationen» habe man den «populären Meister» geehrt, «der sich trotz seiner vornehmen Zurückhaltung die Liebe der Massen erworben» habe. [NZZ, 14. 8. 1939]

Applaus für Rachmaninow und Ansermet

Toscanini und Adolf Busch

Die Festwochen hielten Einzug auch in der anderen grossen Luzerner Kirche und mit ihnen auch die Alte Musik. In einer «erhebenden Abendfeier» in der bis auf den letzten Platz besetzten Hofkirche (Stift St. Leodegar) erklang Orgel- und Chormusik aus einer Zeitspanne von rund 700 Jahren. *Auf der alten Geislerschen Orgel hätte der Solist dieses Konzertes, der vortreffliche Pariser St. Eustache-Organist Joseph Bonnet, die eröffnende Orgelmusik des 13. und 16. Jahrhunderts und gleichermassen französische Kompositionen aus dem 17. und 18. Saeculum müheloser zeitgemäss vortragen können, als auf dem jetzigen, dem Geschmacke des 19. Jahrhunderts entsprungenen Instrument. Bonnets stilvolle Orgelkunst rang der Orgel erstaunlich geschickt die nötigen Klänge ab für Perotins primitiv [sic!] pastoralhaftes* Posui adjutorium *und für die vorwiegend in unseren Konsonanzen und nun schon stark akkordisch sich bewegenden* Te deum-*Versetten eines unbekannten altfranzösischen Komponisten.* [NZZ, 15. 8. 1939, Ab.] «Dieser eigenartige Introitus» leitete über zu Chorwerken franko-flämischer Musik des 15. und 16. Jahrhunderts, gesungen aus den Kehlen von sage und schreibe 150 Laien. Die heute fast selbstverständlich gewordene historisierende Aufführungspraxis harrte damals noch ihrer Erweckung. Der Kritiker – man beachte seine Sicht auf Alte Musik – rügte, dass zum Programmabschluss, wohl um festlich zu enden, nach Mozarts schlichtem *Ave verum* noch weitere Werke (Bruckner und Franck) folgten.

Der im Gründungsjahr ausgefallene Liederabend von Alexander Kipnis wurde nun nachgeholt. Zusammen mit dem Pianisten Albert Felber, der auch einige Solostücke spielte, sang der Bassbariton Liedergruppen von Händel bis Brahms. Ria Ginster und Hermann Schey widmeten ein weiteres Rezital ausschliesslich dem Liedschaffen Othmar Schoecks, der am Klavier begleitete. Damit setzten die Festwochen den ersten Akzent zur Schoeck-Pflege, der später immer wieder besondere Aufmerksamkeit geschenkt wurde.

Im Konzert mit Fritz Busch fiel dem Kritiker der *Neuen Zürcher Zeitung* der Qualitätsunterschied des Orchesters im Vergleich zum Vorjahr auf. Mit dem Eliteorchester habe Busch seine ausserordentlichen Qualitäten jetzt erst richtig zur Entfaltung bringen können und mit diesem Abend «die Ehre reindeutscher Musik in urdeutscher Art gerettet» – wohlverstanden inklusive einer Aufführung des Mendelssohn-Violinkonzerts mit dem jüdisch-polnischen Geiger Bronislaw Hubermann, dem Gründer des Palestine Orchestra, aus dem 1948 das Israel Philharmonic Orchestra hervorging.

Der Abschluss gehörte wieder Toscanini, oder war es sein Schwiegersohn, der als Solist für Furore sorgte? *Die grossartige Qualität von Joh. Brahms B-Dur-Klavierkonzert durch Vladimir Horowitz verlieh dem denkwürdigen Festwochenabschluss sogar noch eine unerwartete, ganz aussergewöhnliche künstlerische Steigerung. Seit den besten Zeiten von Busonis Pianistentum erinnere ich mich nicht, plastischeren und im Reichtum der Klangabstufungen und Differenzierungen grösseren Klavierton gehört zu haben […]*, ist in der Abendausgabe der *Neuen Zürcher Zeitung* vom 31. August 1939 zu lesen. In der Mittagsausgabe des nächsten Tages lautete die Schlagzeile: «Deutschland im Kriegszustand mit Polen.»

In punkto Dramaturgie änderte sich bis auf die erwähnten Programmpunkte nichts Nennenswertes. Beethoven und die deutsche Romantik bildeten wie 1938 das Hauptgerüst der Veranstaltungen, wobei Wagner weniger berücksichtigt wurde – lediglich die *Faust*-Ouvertüre gelangte unter Toscanini zur Wiedergabe.

Neben einem Werk des englischen Komponisten Ralph Vaughan Williams standen Debussy (unter Toscanini *La Mer*; unter Ansermet zwei Sätze aus *Trois Nocturnes*) sowie Ravel (unter Ansermet *La Valse*) für die neuesten Programmkomponenten ein. Abgesehen vom Schoeck-Liederabend sucht man vergebens nach weiteren nationalen Kompositionen, ebenso ergebnislos fällt die Ausschau nach der avancierten zeitgenössischen Musik aus. In der Rückschau des Organisationskomitees beklagte man die hohen Ausgaben und begründete sie durch den Umstand, über kein eigenes Orchester zu verfügen, überdies seien sich die Musiker über die Qualität des zusammengestellten Ensembles untereinander uneinig [Prot. 17. 11. 1939], was angesichts der durchweg positiven Presseechos erstaunt.

Die dräuenden politischen Stürme hielten die einschlägigen gesellschaftlichen Kreise nicht davon ab, sich nach den Konzerten zum geziemenden Stelldichein zu treffen und sich «mit einem chicken und gepflegten Service aufs kultivierteste» [LNN, 14. 8. 1939] betreuen zu lassen, besonders am Gala-Ball vom 12. August im Hotel Schweizerhof, wo

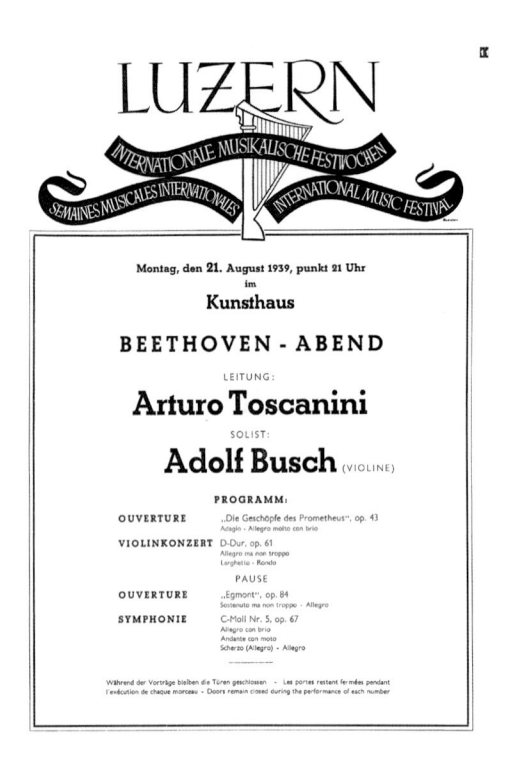

Das Programmblatt zum Konzert mit Toscanini und Adolf Busch

Toscanini und Vladimir Horowitz

Der Maharadscha von Mysore beglückwünscht Rachmaninow   *Der Maharadscha als Zuhörer im Publikum*

die feine Gesellschaft zu «zündendsten Tanzweisen» auf «spiegelndem Parkett» das Bein schwang. Eine exotisch-exklusive Note erhielt die Gala durch den Ehrengast, den Maharadscha von Mysore, der 1939 mit einem Gefolge von 43 Leuten durch Europa reiste. Ein Sonderzug brachte ihn nach Luzern; der rote Teppich wurde im Bahnhof zu seinem Empfang ausgerollt, ein Drum und Dran, das einen Riesenwirbel bei der schreibenden und fotografierenden Zunft sowie bei der neugierigen Bevölkerung auslöste. Der angehende König, ein Musikenthusiast, besuchte mit seinen Prinzessinnen einige Konzerte und sprach bei vielen Interpreten vor. Nur Toscanini wies ihn scheinbar ab.

Niemand schien indes zu interessieren, wer dieser Mann eigentlich war, vor allem erwähnte offenbar keiner sein musikalisches Fachwissen. Dieser letzte Maharadscha, ein ausgewiesener Kenner der südindischen klassischen Musik und Philosophie, unterstützte darüber hinaus wenig bekannte Komponisten wie etwa Nikolaj Medtner und machte sie im Westen bekannt. Medtner widmete ihm sein Drittes Klavierkonzert. Eine eigene Pianistenkarriere einzuschlagen war ihm von Geburt wegen verwehrt; er war nach dem Tod seines Vaters (1939) und seines Onkels (1940) zum Thronfolger von Mysore bestimmt. 1948 berief man ihn in London zum ersten Präsidenten der Philharmonia Concert Society. Walter Legge, Gründer des Philharmonia Orchestra und des Schallplattenlabels «His Master's Voice» (später EMI), erinnerte sich an einen Besuch im Königreich Mysore: *Der junge Mann besass in einem seiner Räume eine Sammlung praktisch aller verfügbaren klassischen Schallplattenaufnahmen, die er über eine ganze Reihe von Lautsprechern zu hören pflegte, überdies standen mehrere Konzertflügel im Palast. [...] Er gewährte mir eine drei Jahre währende Unterstützung von jeweils 10'000 Pfund, um die Philharmonia Society und Orchestra auf Firmenstatus zu bringen.* [Wikipedia, 20. 7. 2013b]

[Die Subvention ermöglichte Legge, Karajan als Dirigenten zu verpflichten und Schallplatten mit ausgefallenem Repertoire zu produzieren, wie etwa mit Werken von Balakirew, Roussel und Busoni. Der Maharadscha erfüllte ebenso einen letzten Wunsch von Richard Strauss: ein Konzert in London mit den *Vier letzten Liedern* unter Furtwängler mit der Sopranistin Kirsten Flagstad. Legge holte immer wieder den fachkundigen Rat des Regenten ein, der Karajans Einspielung der Fünften Symphonie («as Beethoven wished it to be») und jene Furtwänglers der Vierten über alles schätzte. Von Toscaninis Platten distanzierte er sich; er schrieb Legge: «The speed and energy are those of a demon, not an angel or superman as one would ardently hope for.» [Wikipedia, 20. 7. 2013a]]

Gewiss folgten diese mäzenatischen Tätigkeiten erst Jahre nach dem Luzerner Besuch, so mag es nicht wundern, dass männiglich sich vordringlich am fremden Kolorit labte – ein Königsbesuch aus fernen Landen war ja schliesslich keine Luzerner Alltäglichkeit. Doch das breit bekundete Interesse an der hohen Visite demonstrierte, wie ungebrochen intensiv die Bevölkerung am Geschehen rund um die Festwochen Anteil nahm. Beim Durchsuchen der Tagespresse springen oft Randbemerkungen ins Auge, die kolportieren, wie Dutzende von Zaungästen vor dem Künstlereingang des Kunsthauses Spalier standen, um die Künstler aus der Nähe zu sehen. Eine Generation später war dies allenfalls noch bei den Karajan-Einzügen zu beobachten.

Der Leitartikel der *Luzerner Neuesten Nachrichten* vom 28. August 1939 stand unter dem Titel «Überschattete Festwochen». Der Verfasser stimmte darin keinen Jammergesang an, gab indes zu bedenken, «düsterste Schatten eines entsetzlichen Verhängnisses» würden über der ganzen europäischen Kultur schweben, der die Luzerner Festwochen zu einem Teil angehörten. «Was heute an ihnen geschieht, mag für das Schicksal der ganzen Kultur symptomatisch sein.»

Im letzten Programmheft verabschiedete man sich vom Publikum: «Auf Wiedersehen anlässlich der Festwochen 1940!» – ein Wunsch, der nicht in Erfüllung gehen sollte. Drei Tage nach dem Abschlusskonzert überfielen die Truppen des Dritten Reichs Polen, was die Katastrophe des Zweiten Weltkriegs auslöste. Die Schweizer Regierung verordnete die Mobilmachung, ernannte Oberstkorpskommandant Henri Guisan zum General und rief in der Presse die Daheimgebliebenen auf: «Strickt Socken für unsere Wehrmänner!»

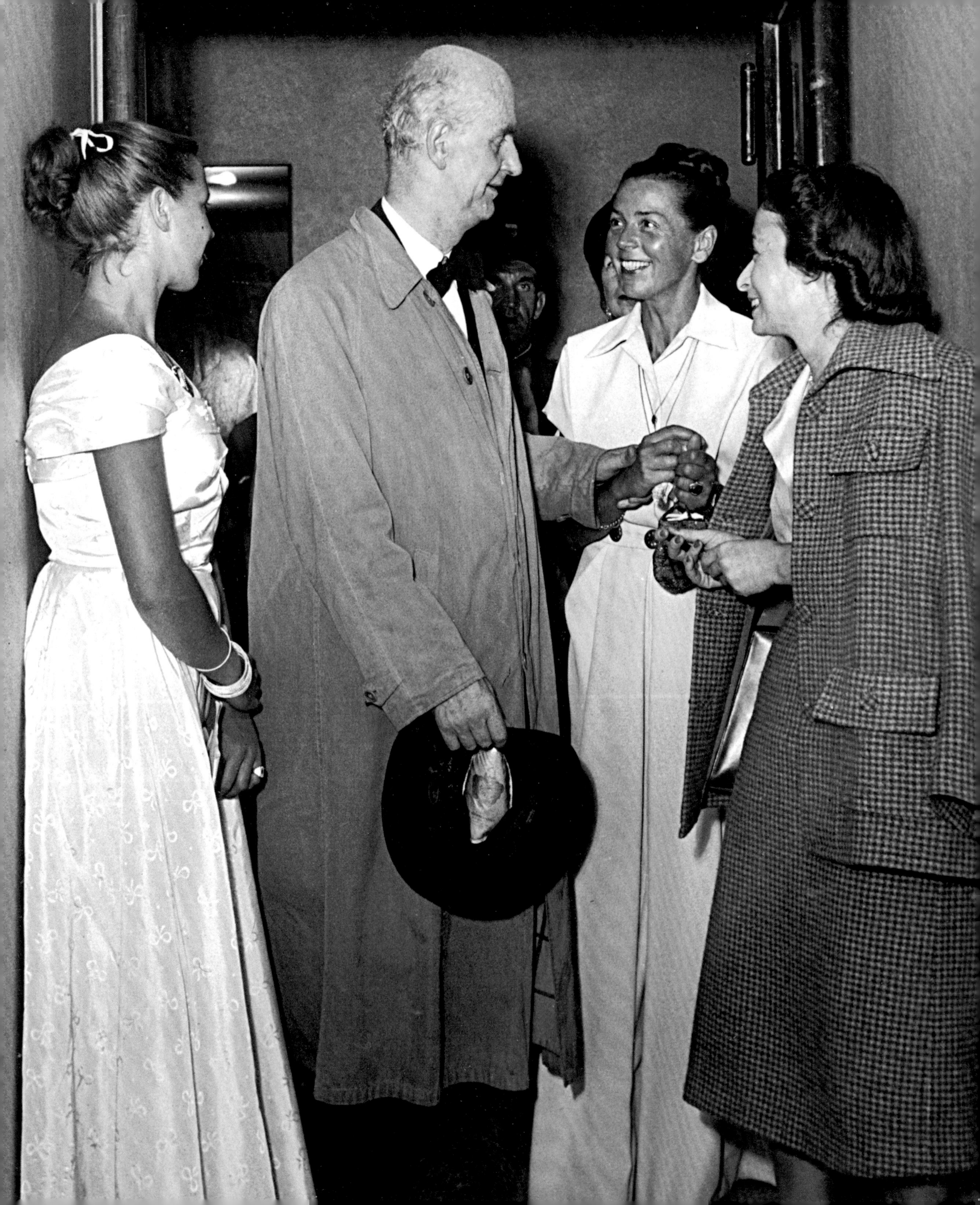

KRIEG

1940 bis 1944

Inter arma silent musae

Cicero

*Wilhelm Furtwängler beim Künstlereingang
Kunsthaus Luzern, 1944
Links von ihm Ursula, rechts Maria Strebi*

«Trotz der Ungunst der Zeit» sollten im Kriegsjahr 1940 Festwochen durchgeführt werden, um «Traditionen nicht zu unterbrechen» nach den «so glänzenden und aufsehenerregenden» Anfangserfolgen. So lautete ein Votum des Vorsitzenden des Organisationskomitees, Jakob Zimmerli, Mitte April, als Polen darniederlag, Dänemark und Norwegen gerade Hitlers Expansionsgelüsten kampflos zum Opfer fielen und die Blitzkriege im Westen unmittelbar bevorstanden. Der Votant stellte seinen Antrag aus guten Gründen, denn tatsächlich können Einschnitte in etablierte zyklische Abläufe einer Institution deren Weiterbestand erheblich gefährden.

[Mit der Problematik eines Unterbruchs waren die Verantwortlichen der Festwochen dann ein zweites Mal konfrontiert, als der Kunsthaussaal 1997 wegen des KKL-Neubaus nicht verfügbar war und der neue Konzertsaal noch der Vollendung harrte.]

Auf der anderen Seite wusste er, dass jene Musiker, die auf die Musikstadt Luzern Glanzlichter geworfen hatten, in diesem Sommer unmöglich nach Europa reisen konnten. *Die Welt im Kriege oder doch in der Furcht vor dem Kriege dürfte ein vermehrtes Bedürfnis empfinden, sich durch Darbietungen grosser Kunst über das Elend des Tages emporzuheben. Man wird dieses Jahr allerdings fast ausschliesslich auf schweizerisches Publikum angewiesen sein. […] Im Übrigen scheint ein wesentlich schweizerisches Programm angezeigt.* – «Schweizerisch» schloss ebenso Schweizer Künstler ein: Namen wie die Schola Cantorum Basiliensis, Paul Sacher, Volkmar Andreae, Felix Weingartner machten neben Ernest Ansermet die Runde. Ausser Konzerten plante man die Aufführung von Hugo von Hofmannsthals *Jedermann* in der Jesuitenkirche. Mit dem nachgeholten Engagement der Sixtinischen Kapelle (1939 ausgefallen) war das einzige ausländische Ensemble vorgesehen. Zimmerli meinte, diese Faktoren berechtigten zur Schlussfolgerung: «Luzern muss, wenn nichts Ausserordentliches eintritt, im August 1940 die Durchführung von musikalischen Festwochen wagen.» [Alle Zitate aus Prot. 15. 4. 1940]

Doch das «Ausserordentliche» trat ein. Einen Monat später, als bereits die ersten Eidgenossen vorwiegend aus dem Gebiet der reichsnahen Nord- und Ostschweiz Haus und Hof in Richtung Innerschweiz aus Angst vor dem Einmarsch der Deutschen verlassen hatten, dachten die Luzerner Veranstalter daran, den Musikerverträgen eine Klausel anzufügen, die den Vertrag bei Kriegsgefahr ungültig erklären würde. Ein Votant rief an der Sitzung vom 16. Mai radikal zur Absage auf. Definitiv wurde der Verzicht noch nicht beschlossen, immerhin eine Publikationssperre über das Ansinnen verhängt. Letztlich musste sich aber dieser Durchhaltewille den veränderten Realitäten beugen, die Durchführung der Festwochen wurde absolut aussichtslos.

Allein das Kunsthaus, der zentrale Konzertort, war militärisch belegt; der Saal für Musikkultur wandelte sich zu einem Zentrum der Feldpost, was die Stadt daran hinderte, dort im November eine Gedächtnisfeier zu Ehren von Zimmerli zu organisieren – der Schöpfer der Festwochen war am 22. Oktober im Alter von 77 Jahren gestorben. Seine Nachfolge als Präsident des Organisationskomitees trat Hans Pfyffer von Altishofen an.

*Walter Strebi, Edwin Fischer, Victor de Sabata,
Hans Pfyffer von Altishofen*

1941 UND 1942 – L'ORCHESTRA DELLA SCALA DI MILANO

Obwohl der Krieg rings um die Schweiz schnell zum Weltenbrand auswuchs, beharrte eine Mehrheit der Festwochen-Organisatoren auf dem Plan, nach dem unvermeidlichen Unterbruch wieder musikalische Festwochen durchzuführen, wenn auch mit Abstrichen beim angestrebten internationalen Charakter. Gemäss Sitzungsprotokollen verhandelte Verkehrsdirektor Pessina im Winter 1941 erstmals mit dem den Luzernern von der Musikausstellung 1938 bekannten Museumsdirektor der Scala di Milano über eine mögliche Verpflichtung des Scala-Orchesters. Der Schritt stiess nicht überall auf Beifall. Musikredaktor Otto Maag von der Basler *National-Zeitung,* der früher zu Zimmerli in enger Beziehung gestanden hatte, intervenierte bei von Pfyffer, er sei «nicht sehr begeistert», da es sich um ein Opernorchester handle. Das Luzerner Gremium sprach sich indes für Weiterverhandlungen mit der Scala aus, weil dieses Engagement finanzielle und zeitliche Vorteile mit sich brachte, da Proben schon in Mailand abgehalten werden konnten. Man wünschte aber neben italienischen auch schweizerische Dirigenten am Pult des Mailänder Orchesters und dachte etwa an Ansermet, Andreae und Weingartner. Auf die effektiv folgende Einladung reagierte Ansermet «erstaunt»; er sah nicht ein, ein ausländisches Orchester zu holen, während viele Musiker in der Schweiz arbeitslos waren. Demgegenüber hoben die Luzerner das internationale Renommee des Scala-Orchesters hervor; einige Herren befürchteten indessen negative Reaktionen aus politischen Gründen. Stadtpräsident und Nationalrat Wey sprach deswegen beim Bundesrat vor, um dessen Haltung gegenüber dem politisch brisanten Ansinnen zu erfahren. Die höchste Berner Behörde erteilte dem Projekt den Segen, allerdings ist die Stellungnahme nicht dokumentiert. Dennoch verstummten die Stimmen nicht, die der Ansicht waren, jede Veranstaltung, wie sie damals möglich war, bedeute notwendigerweise einen Abfall gegenüber 1938 und 1939. Diesem Argument hielt man entgegen, das Scala-Orchester garantiere unter den gegebenen Umständen das Bestmögliche, und dies wäre jedenfalls besser als ein neuerlicher Verzicht, zumal andere Städte darauf schielten, noch so gerne in eine mögliche Lücke zu springen. Überdies beruhigte man skeptische Gemüter mit der Zusicherung, Schweizerisches gebührend zu berücksichtigen. Ein anderer Anstoss ging in Richtung Pädagogik, nämlich «Unterrichtskurse» mit landeseigenen Kräften durchzuführen – ein Vorschlag, der zwei Jahre später mit den ersten Meisterkursen folgenreich umgesetzt wurde. [Prot. 12. 2., 15. 3., 23. 4. 1941]

Nachdem die Stadt eine Dislokation der Feldpost erwirkt hatte, waren die Wege für die neuerliche Durchführung der Festwochen geebnet; anfangs Juli erfolgte die offizielle Verpflichtung des Scala-Orchesters, die letzten Details handelte man erst Ende Monat aus. Das Luzerner Komitee gewann mit Max Sauter-Falbriard einen Fachmann für die Vermittlung italienischer Musiker nach der Schweiz. Er organisierte die befristete Wiederzusammenstellung des im Mai aufgelösten Scala-Orchesters, führte die Finanzverhandlungen, war um die Einreisebewilligungen besorgt und trug die luzernischen Anliegen nach Mailand, die insofern Früchte trugen, als immerhin zwei – allemal nicht achsenfeindliche – Dirigenten schweizerischer Provenienz das Orchestra della Scala di Milano in Luzern leiten konnten: Robert F. Denzler und Othmar Schoeck.

Die traditionelle Beliebtheit der Luzerner Orgelkonzerte illustriert auf satirische Weise eine Anekdote Mark Twains, der die Stadt auf seiner Europareise 1878 besuchte.

Die Hofkirche ist berühmt für ihre Orgelkonzerte. Den ganzen Sommer über strömen die Touristen abends gegen sechs Uhr zu ihr hin, bezahlen ihren Franken und hören sich den Lärm an. Nicht den ganzen allerdings. Sie stehen irgendwann auf und trappeln über den laut hallenden Steinboden hinaus, wobei sie Zuspätgekommenen begegnen, die mit lebhaften und laut hallenden Schritten hereingetrappelt kommen. Dieses Raus- und Reingetrappel hält fast die ganze Zeit über an und wird von dem ununterbrochenen Türenschlagen und dem Husten und Belfern und Niesen der Menge mit Akzenten versehen. Unterdessen dröhnt und kracht und donnert die grosse Orgel daher und tut ihr Möglichstes, um zu beweisen, dass sie die grösste und lauteste Europas ist und eine enge kleine Schachtel von Kirche der günstigste Ort zur Würdigung ihrer Fähigkeiten. Zugegeben, es gab hin und wieder ein paar leise, sich erbarmende Passagen, aber das Trapp-Trapp der Touristen gestattete einem sozusagen nur einen flüchtigen Blick auf sie, und schon liess der Organist seine nächste Lawine los. [Twain, 1997, S. 221f.]

[Der Dirigent und Komponist Robert F. Denzler wurde am 19. März 1892 in Zürich geboren. Er studierte am Konservatorium Zürich sowie privat beim damaligen Chefdirigenten des Tonhalle-Orchesters Volkmar Andreae. Nach Korrepetitorenstellen in Köln und an den Bayreuther Festspielen wurde er zum städtischen Musikdirektor in Luzern ernannt, drei Jahre später zum Ersten Kapellmeister am Stadttheater Zürich. Von 1925 bis 1931 organisierte er Wagner-Festspiele in Genf. 1927 übersiedelte Denzler nach Berlin und wirkte an der städtischen Oper. 1934 kehrte er als musikalischer Oberleiter zurück an die Zürcher Oper, wo er sich für die in Deutschland als «entartet» geschmähte Musik einsetzte (u.a. Uraufführungen von Alban Bergs *Lulu* und Paul Hindemiths *Mathis der Maler* sowie Opern von Othmar Schoeck). Anfang der 1930er Jahre unterhielt Denzler Beziehungen zur Nazi-Partei, wohl in der Hoffnung, seine Stellung in Berlin trotz der politischen Wirren zu behalten. 1946 wurde er deswegen gezwungen, seine Stelle am Zürcher Stadttheater aufzugeben. Bald kehrte er jedoch als Gastdirigent zurück und konnte in den folgenden Jahren seine Karriere wieder fortsetzen. Denzler bekannte sich zu seinem politischen Fehler, der ihn viel gekostet hatte. Er starb 1972 in Zürich.]

Während einer guten Woche, vom 23. bis 31. August, stand Luzern also musikalisch im Zeichen einer italienisch-schweizerischen Allianz.

Die «Hausdirigenten» der Scala, der herrische und nervige Victor de Sabata und der ruhige Antonio Guarneri sowie der Römer Bernardino Molinari, berücksichtigten neben Pfeilern der klassisch-romantischen Epoche (Beethovens *Eroica* und Fünfte, Brahms' Zweite) selbstverständlich Werke ihrer Landsleute. Neben Erfolgsstücken von Vivaldi bis Verdi und Respighi brachten sie Kompositionen von Martucci, Giordano und Salviucci zu Gehör, die später nie mehr Aufnahme in die Luzerner Programme fanden.

Im Jahr 1988 erinnerte sich ein unbekannter Konzertbesucher an die Darbietungen des Scala-Orchesters: *Zwei Konzerte des Scala Orchestra blieben mir in Erinnerung. Den Dirigenten de Sabata empfand ich als Hysteriker; Schoeck vermittelte mir eindrücklich Schuberts C-Dur-Sinfonie, welche das Orchester erstmals spielte.* [Bruno Walter dirigierte dieses Werk mit dem verstärkten Kursaalorchester bereits 1938 in Luzern.] *Die Musiker brachten dem Dirigenten eine Standing ovation dar.*

Zwischendurch – Denzler und Schoeck probten in Luzern – hielt man die eigene Fahne hoch mit einem Volksliederabend unter dem Titel *La Chanson Valaisanne*; die einzelnen Liedgruppen wurden mit populären (Opern-)Arrangements aufgemischt. Max Hirzel und Albert Emmerich, am Klavier begleitet von Robert F. Denzler, sangen im Kursaal Ausschnitte aus Wagner-Bühnenwerken und in der Hofkirche zogen der «Hausorganist» Josef Breitenbach und der Italiener Adolfo Bossi die Register der grossen Orgel.

Die inhaltliche Konzeption und die Zeitdauer der nächsten Festwochen-Auflage 1942 unterschieden sich nur marginal von der vorherigen. Man hielt am Scala-Orchester fest, es konzertierte wiederum unter denselben Dirigenten (de Sabata, Guarneri, Denzler und Molinari), neu kam Tullio Serafin dazu, und als landeseigene Kraft dirigierte der Basler Musikdirektor Hans Münch unter Mitwirkung des Basler Gesangsvereins Mozarts c-Moll-Messe KV 427 mit der aus heutiger Sicht stilwidrigen, kaum mehr gehörten Ergänzung von Alois Schmitt. Das Publikum bekam abermals Italienisches vorgesetzt; zum Bekannten (Rossini, Verdi etc.) gesellten sich weitere zeitgenössische Stücke von Ghedini, Catalani, Pick-Mangiagalli und Pizzetti – keine aufbegehrend avantgardistische Kompositionen, sondern solche, die der faschistischen Kunstdoktrin entsprachen [vgl. S. 47]. Dem Luzerner Wunschdenken wurde weiterhin Genüge getan: Vorspiele und Ausschnitte aus Wagner-Opern blieben hoch im Kurs, und Beethovens schon obligate Fünfte führte auch in diesem Jahr die Köpfe und Herzen der Zuhörer per aspera ad astra.

Victor de Sabata dirigiert das Orchestra della Scala di Milano, 1941

Marcel Dupré

Beachtung verdienen zwei andere Veranstaltungen: In der Hofkirche trat erstmals der französische Orgelvirtuose Marcel Dupré auf, dessen Interpretations- und Improvisationskunst fortan regelmässig – manchmal jährlich, manchmal mit zwei- bis dreijährigem Unterbruch – bis 1963 einen fixen Programmpunkt der IMF bildete. Die Werkfolge seines ersten Rezitals zur Vesperzeit wurde mit den Sätzen der *Missa Paschalis* von Ludwig Senfl ergänzt. Das fünfstimmige polyphone Werk dieses in der Nähe von Basel geborenen und in Zürich eingebürgerten, neben seinem Lehrer Heinrich Isaac bedeutendsten Musikers um 1500 im deutschsprachigen Raum sang der Chor des Radio della Svizzera Italiana unter Edwin Löhrer; die Bass-Solopartien waren dem nachmaligen Schweizer Buffo-Opernstar Fernando Corena anvertraut.

Am gleichen Tag standen im Rahmen eines Ballett- und Opernabends im Stadttheater *Il Combattimento di Tancredi e Clorinda* von Monteverdi – damals eine Pioniertat – neben *La Serva Padrona* von Pergolesi und die Pantomime *Les petits riens* von Mozart auf dem Programm. Das Orchestra della Radio della Svizzera Italiana stand unter der Leitung von Otmar Nussio und Antonino Votto.

Othmar Schoeck dirigiert das Orchestra della Scala di Milano, 1941

UNLÖSCHBARE ERINNERUNGEN
von Pierre Sarbach († 22. November 2009)

Internationale Festwochen Luzern hiessen die grossen Konzerte vor Jahrzehnten, und schnell verbreitete sich ihre aussergewöhnliche Anziehungskraft. 1938 hörte ich als Zwölfjähriger davon, 1939 wieder und 1941 las ich mit grossem Interesse, was unsere kleine Lokalzeitung in unserm kleinen Freiämterdorf Wohlen darüber berichtete. Ich bat meine Eltern inständig, ein solches Konzert doch einmal besuchen zu dürfen. Dafür sei ich noch viel zu jung, erhielt ich zur Antwort, erneuerte meinen Wunsch ein Jahr später – noch immer viel zu jung – und drängte 1942 mit aller Intensität.

Und wirklich. Meine Eltern gaben mir hundert Franken «Spesengeld» und fanden für mich vom 12. bis 23. August 1942 – dies die Dauer der gesamten Konzertreihe – bei Bekannten in Kriens ein Quartier. Dort angekommen suchte ich sogleich nach dem Offiziellen Verkehrsbureau Luzern – damals Vorverkaufsstelle – und bezahlte für vier Konzerte etwas über achtzig Franken.

Zunächst besuchte ich in der Hofkirche ein Orgel-Konzert von Marcel Dupré, einem weltbekannten Organisten aus Paris. Mit grösstem Interesse hörte ich seinen Bach, seinen Mozart und seinen Franck und staunte über die Chor-Einlage der Missa Paschalis *von Ludwig Senfl, einem mir bis anhin noch fremden Komponisten. Was mich aber am meisten beeindruckte, war die Improvisation, mit der Dupré sein Konzert beschloss. Das Thema zur Improvisation war ihm kurz zuvor gegeben worden, aber was er daraus machte, habe ich wohl gleichwertig auch später nicht mehr gehört.*

Für den zweiten Abend [Sarbach täuscht sich – es war am selben Abend] *ging ich ins damalige Stadttheater und hatte zunächst einen grossen Schock zu verdauen. Wie ich vor dem Theater stand, sah ich in festlichem Schwarz gekleidete Damen und Herren den Taxis entsteigen. Mein Mut verlor sich fast im Nichts. Zwar hatte ich auch mein «Festtagskleid» an, aber das bestand aus einer hellgrünen Hose und einer grün gesprenkelten Jacke. Ich wartete, bis die Türen fast geschlossen wurden, schlich mich in meine hintere Loge und wartete nach dem Ende, bis alle Besucher das Theater verlassen hatten. Was ich aber zu hören bekam, spülte alle Kleidersorgen weg. Von Monteverdi, den ich damals nicht kannte, begeisterte mich* Il combattimento di Tancredi e Clorinda *sofort und später, als Musiker, habe ich mich manche Stunde in seine Partituren vertieft und immer wieder seine Musik in Konzertprogramme eingebaut. Hinreissend fand ich auch Pergolesis* La Serva padrona, *die ich später noch oft hörte, und Mozarts* Les petits riens, *dieses kleine Nichts, das für mich noch immer zu den grossen Partituren zählt.*

Beim dritten Konzert – inzwischen hatte ich per express die schwarze Kleidung meines ältesten Bruders zugeschickt bekommen – lernte ich Tullio Serafin kennen, der mich mit Cimarosa und Debussy, mit Wagner und Verdi faszinierte. Nur während der Sinfonia in La *von Ildebrando Pizzetti in schweizerischer Erstauffführung wurde es immer dunkler in mir und ich bin, Gott sei's geklagt, ein paar Minuten eingenickt. Ob ich schon damals – wie auch heute – zur zeitgenössischen Musik ein etwas gespaltenes Verhältnis hatte?*

Bei meinem letzten Konzert spielte unter Robert F. Denzler das Scala-Orchester Mailand Tschaikowskys h-Moll-Sinfonie, von Richard Strauss die sinfonische Dichtung Don Juan *und von Beethoven die* Leonoren-Ouvertüre Nr. 3. *Obwohl Strauss ein Zeitgenosse von Pizzetti war, blieb ich beim* Don Juan *hellwach, und mit Tschaikowsky und Beethoven endete meine Festwochen-Woche in heller Begeisterung. Denzlers Name kannte ich schon von Zürich her, und als ich später während meiner Studienzeit in Genf eine Saison im dortigen Opernchor mitsingen durfte, kam Denzler für eine beeindruckende Aufführung von Wagners* Parsifal *nach Genf.*

ZUKUNFTSVISIONEN

Richtungsweisendes geschah im Vorfeld der Veranstaltungen. Eine Persönlichkeit, die schon im Gründerjahr Hand geboten hatte, ein eifriger Konzert- und Theaterbesucher, begann sich allmählich als treibende Kraft für die zukünftige Ausrichtung der Festwochen zu profilieren: Walter Strebi, Jurist und Stadtrat. Am 19. Februar 1942 hielt er anlässlich der Sitzung der Verkehrskommission ein bemerkenswertes Referat zum «Ausbau der Musikalischen Festwochen in Luzern», dessen Kernpunkte hier im Wortlaut wiedergegeben seien, denn einige Begehren und Visionen sollten kurz darauf oder später erfüllt werden.

Nach dem Anfang, eine grosse Tat, muss Luzern alles daran setzen, die Festspielstadt der Schweiz, wenn nicht ganz Europas zu werden. Das kann nicht einfach dadurch geschehen, dass man jeweilen im Sommer ein paar weltbekannte Dirigenten und allenfalls noch ein erstklassiges Orchester engagiert. Der letztjährige Versuch war trotz des Erfolges nur ein Notbehelf, ohne jedoch etwas Neues zu bieten. Derartiges können auch andere Städte veranstalten.

Luzern eignet sich nicht nur durch seine Lage am besten als Festspielstadt, sondern auch durch seine Intimität, die jeder grösseren Stadt abgeht. Der Ausbau zur Festspielstadt kann m. E. nur erfolgen, wenn zwei Voraussetzungen erfüllt sind:
1. *Die Kunst- und speziell die Musikpflege muss im Allgemeinen in Luzern gefördert werden, sodass mit der Zeit die ganze Bevölkerung mit dem angestrebten Ziel verwächst.*
2. *Möglichkeiten und Annehmlichkeiten Luzerns sollen im vollen Umfang ausgenützt werden.*

Es folgt ein Plädoyer für die Erhaltung und den Ausbau des Stadttheaters, das tendenziell von der Schliessung bedroht war. Strebi, als dessen Dezernent, sieht realistisch, dass eine Betriebseinstellung auch die Auflösung des Orchesters (AML) wegen Unterbeschäftigung zur Folge hätte, und bemerkt, eine Musikstadt ohne Orchester wäre ein Witz. Deshalb fordert er eine Verstärkung des städtischen Orchesters und streift dann das Gebiet der Ausbildung:

Schwierig ist es aber, sich in Luzern musikalisch auszubilden. Wir haben eine reformbedürftige Musikschule, ein städtisches Orchester und in Volkshochschulkursen sucht man das musikalische Wissen zu mehren. Alles das genügt aber nicht. Ein neuer Weg muss beschritten werden, es muss ein Konservatorium geschaffen werden.

Ein eigenes Konservatorium kommt aber aus finanziellen Erwägungen und wegen des Umstands, dass erste Lehrkräfte nicht erhältlich sind, nicht in Frage. Ist aber die Verbindung mit einem bestehenden, anerkannten Konservatorium möglich?

Strebi referiert von «diskreten» Verhandlungen, die er deshalb mit dem künstlerischen Leiter des Konservatoriums in Basel, Hans Münch, geführt habe. Basel sei bereit, seine Lehrer zur Verfügung zu stellen.

Durch diese Organisation käme Luzern ohne beträchtliche Kosten (es müssten eigentlich nur die Räume und die Flügel zur Verfügung gestellt werden) zu einem Konservatorium, was viel zur Hebung des künstlerischen Niveaus und zum systematischen Ausbau als Festspielstadt beitragen würde.

Im Zusammenhang […] mit den Festwochen stellt sich [die Frage] der Schaffung von Meisterkursen. Während der Musikalischen Festwochen sind in Luzern immer Künstler von Weltruf anwesend. Diese enger mit Luzern zu verbinden, ist notwendig. Dies kann dadurch geschehen, dass man sie zur Mitwirkung bei den Konzerten verpflichtet, aber noch besser, indem man sie zur Veranstaltung von Meisterkursen gewinnt. Strebi erwähnt gleich eine Anzahl prominenter Interpreten, die verfügbar seien.

Eine richtige Festspielstimmung wird einerseits durch die Künstler, anderseits durch die Mitwirkung der ganzen Bevölkerung erzielt. Neben den Höhepunkten der Festwochen muss diesen daher auch eine populäre Note gegeben werden. Der Referent schlägt beispielsweise Konzerte in der Festhalle Allmend oder Nachtkonzerte auf dem See vor. Nach Ausblicken auf Möglichkeiten von Orchesteraufstockungen, Aufführungen klein besetzter Opern, der Wiedererweckung der mittelalterlichen geistlichen Spiele an historischer Stätte, was eine Verlängerung der Festwochen bedinge, erklärt er:

Dass Aufführungen in der Jesuitenkirche mit ihrem schönen Raum und der vorzüglichen Akustik in jedem Festwochen-Programm vorzusehen wären, erscheint mir selbstverständlich. […] Serenaden können in Tribschen, im Hof des Regierungsgebäudes, eventuell auch im Lido in Aussicht genommen werden, denn intimere musikalische Feiern sind ebenfalls anzustreben. Voraussetzung dafür sei die Zusammenstellung eines erstklassigen kleineren Schweizer Orchesters, zum Beispiel das Collegium Musicum Zürich, und Strebi schliesst:

Es handelt sich bei meinen Ausführungen nicht um ein Programm, dazu bin ich weder Fachmann noch sonstwie kompetent, sondern um Anregungen, wie ein Ausbau der musikalischen Festwochen, d.h. eine Entwicklung Luzerns als Festspielstadt erfolgen könnte. Wichtig ist, dass jedes Jahr rechtzeitig ein Gesamtprogramm geschaffen wird. Dieses soll nicht nur diejenigen befriedigen, die bei allen grossen Festivitäten dabei gewesen sein wollen, sondern es soll auch tiefere künstlerische Eindrücke vermitteln. Ein solches Gesamtprogramm, das von Fachleuten vorbereitet wird, könnte der Propaganda wichtige Dienste leisten. […] Zürich, Lausanne und Genf wollen auch Festpielstadt werden. Mit Optimismus und Mut wird es Luzern bestimmt möglich sein, seine grossen Vorteile und seinen Vorsprung den anderen Städten gegenüber zu behaupten.

Im Sitzungsprotokoll des Festwochen-Komitees vom 2. März wurde zu diesen Reflexionen Strebis lediglich vermerkt, der Vorsitzende Wey habe das Gremium mit den Vorschlägen Strebis «bekannt gemacht»; sie lösten keinerlei Diskussionen aus, denn es dauerte nicht mehr lange, bis Strebi seine Trümpfe ausspielen konnte. Strebi berührte auch Punkte, die bis in die jüngste Geschichte des Festivals hinein Gegenstand der Zielsetzungen bleiben sollten. Der Ruf nach einer Musikausbildungsstätte hingegen nahm bereits am 16. September 1942 konkrete Form an; in den Räumen des ehemaligen Hotels Luzernerhof, unter dem Patronat des Konservatoriums Basel und unter der Gesamtleitung von Hans Münch wurde das Konservatorium eröffnet. Beauftragter für die Luzerner «Filiale» war Paul Eger, Direktor des Luzerner Stadttheaters.

GELDSEGEN

Ein anderes Traktandum interessierte die Sitzungsteilnehmer hingegen brennend. Von Pfyffer und Wey teilten vertraulich mit, Sauter-Falbriard habe ihnen einen Gönner zugeführt, von dem eine «grössere Zuwendung» zu erwarten sei. Er sei bereit, für 1941 «ein Defizit bis zu 100'000 Franken zu garantieren, eine beabsichtigte Schenkung [sei] durch die Kriegsgewinnsteuer vereitelt worden». Der Gönner «möchte zu einem Friedenswerk beitragen und beabsichtigt, eine Stiftung von 1½ Millionen Franken zu machen, deren Zinsen die Durchführung der Musikalischen Festwochen sicher[n] sollen». Ende April lag die Stiftungsurkunde auf dem Tisch, die anfangs Juli vorerst mit 100'000 Franken unterzeichnet wurde. Den grosszügigen Geldgeber wählte man unter ergebenen Dankesbezeugungen gleich ins Komitee. Sein Name: Emil Georg Bührle. [Prot. 30. 4., 2. 7. 1942]

[Bührles Rolle als Industrieller ist nach wie vor umstritten und in den vergangenen Jahrzehnten unterschiedlich bewertet worden. Zum einen wandelte er die vor dem Konkurs stehende Werkzeugmaschinenfabrik Oerlikon in ein florierendes Unternehmen um. Rüstungsproduktion und -export zum anderen erzeug(t)en immer wieder moralische Kritik. Unabhängige Untersuchungen ergaben, dass Bührles Unternehmen vor dem Zweiten Weltkrieg das republikanische Spanien (also Francos Gegner) und das unabhängige Abessinien im Krieg gegen Italien genauso beliefert hatte wie baltische Länder, die Tschechoslowakei, Griechenland, China, die Türkei, Frankreich, die Niederlande und Grossbritannien. Die Lieferung von Rüstungsgütern an das Deutsche Reich und Italien im Zweiten Weltkrieg erfolgte auf Anordnung der schweizerischen Regierung. Die Bergier-Kommission stufte diese Waffenlieferungen als nicht kriegsentscheidend und nicht kriegsverlängernd ein. [UEK, 2002, S. 521] 1936, als die finanziellen Voraussetzungen geschaffen waren, begann Bührle mit dem Aufbau der inzwischen berühmten Kunstsammlung und betätigte sich als Mäzen, der jedoch in den Kriegsjahren nicht nur – wie in Luzern – erwünscht war. Eine beabsichtigte Zuwendung von zwei Millionen (!) Franken wies die aus deutschen Emigranten bestehende Belegschaft des Zürcher Schauspielhauses mit der Begründung zurück, man wünsche kein «Blutgeld».]

NEUE PLÄNE

Es tat sich noch mehr 1942. Die Ausschaltung der Mehrheit der Schweizer Orchestermusiker durch die Verpflichtung eines Klangkörpers aus einem faschistischen Staat, der dessen Abstecher in die Innerschweiz gar noch subventionierte, rief den Schweizerischen Musikerverband auf den Plan. Als Vorreiter und -streiter gegen die seiner Meinung nach «missliche» Kulturinvasion aus dem Süden tat sich der Zürcher Fagottist Rudolf Leuzinger hervor. Erst bewegte er den Verband, bei den zuständigen Stellen und beim Eidgenössischen Departement des Innern zu protestieren – das Echo blieb zunächst weitgehend aus. Im Schwange der «Geistigen Landesverteidigung», inzwischen zum Schlagwort des Alltags, zum «gesellschaftlichen Halluzinogen» (Peter von Matt) geraten, entwarf er, getragen von der Motivation, das musikalisch Landeseigene zu verteidigen, einen Plan zum Aufbau eines Schweizerischen Festspielorchesters. Mit dem Orchester beabsichtigte er, in Luzern das Eliteorchester, in dem er 1939 selbst sass, wiederherzustellen, oder anders formuliert: Er betrachtete dieses als Prototyp für seine intendierte Neuschöpfung [so Heinz Klose im *Schweizerischen Musiker-Blatt,* Nr. 6, Juni 1968]. *Auf meine Anregung hin beschloss dann die Orchesterkonferenz am 1. Mai 1942 in Olten, es sei dem Organisationskomitee von Luzern ein aus den besten Musikern der Schweiz zusammengesetztes Orchester für die Durchführung der IMFL 1943 zur Verfügung zu stellen und dem gleichen Komitee die Übernahme der künstlerischen Organisation der von ihr gewünschten Konzerte durch den SMV zu offerieren.* [Leuzinger, ohne Datum, S. 9]

Der Prozess der Verwirklichung gestaltete sich nicht ohne Hindernisse. «Vor allem galt es, in Luzern selbst einen hartnäckigen Widerstand zu überwinden.» [Ebd.] Die Luzerner waren ja mit dem italienischen Angebot (Organisation, Programm, Orchester, Dirigenten und Solisten) trotz politischer Bedenken vorzüglich bedient. Der überwiegende Teil der Deutschschweizer Presse wertete zudem die Scala-Gastspiele als künstlerisch hochstehend und die staatlich gelenkten italienischen Medien priesen den Kulturaustausch der beiden Nachbarländer. *Das gegenwärtige Völkerringen engt naturgemäss den internationalen Begriff von Musikwochen stark ein, doch gelingt es Luzern und seinen künstlerischen und organisatorischen Beratern stets von Neuem, Breschen in einen einseitigen Nationalismus zu schlagen.* [NZZ, 18. 8. 1942, Ab.] Als Kämpfernatur wich Leuzinger nicht von seinem angesteuerten Ziel ab und «hätte das SFO auch angestrebt, wenn Luzern ein anderes ausländisches Orchester engagiert hätte» (Leuzinger), was für Luzern das Risiko einschloss, den Klangkörper an eine andere Stadt abzutreten zu müssen. Leuzinger, 1939 noch fürstlich honoriert – zirka 120 Franken Tageshonorar bei einem Monatsgehalt in der Tonhalle von 436 Franken –, lockte mit einem Angebot, das die gewerkschaftlich festgelegten Tarife umging. «Die Musiker waren damit einverstanden, denn sie betrachteten es als Ehrensache und Auszeichnung, ihre Qualität in Luzern zu beweisen.» Voraussetzung war, «dass diesem Orchester oder seinen Vertretern ein Mitbestimmungsrecht für die künstlerische Gestaltung der Festwochen eingeräumt werde». [Leuzinger] Das Konzept fand im Stadtpräsidenten Wey einen Fürsprecher, der es gegenüber Skeptikern verteidigte, auch gegenüber Sauter-Falbriard, dem mit der beabsichtigten Neuerung die Felle davonzuschwimmen drohten. Der kluge Taktiker Wey wollte ohnehin aus dem Stadthaushalt nur wenig Geld für die Festwochen ausgeben und argumentierte: *Wo kämen wir hin? Am Ende wünschten dann unsere Parlamentarier noch, dass die Vierte Tschaikowskys anstelle der Ersten von Brahms aufgeführt würde. Wir sind dazu da, Festwochen zu machen, und nicht, um zu sagen, was gespielt werden soll. Die Fachleute sollen das Sagen haben.* [zit. nach Ulbrich, 2005, S. 23] Leuzinger gewann für seine Idee überdies Freunde und Helfer, sodass er gegen Ende des Jahres eine von «angesehensten Persönlichkeiten» aus Politik und Kultur mitunterzeichnete Eingabe um ideelle und finanzielle Unterstützung an Bundesrat Etter richten konnte, die positiv beantwortet wurde. Der Innenminister stellte einen einmaligen – es blieb tatsächlich bei diesem einen Mal – namhaften Beitrag in Aussicht, was die Diskussionen um mangelnde Finanzen zum Verstummen brachte. Die Wege für die Gründung eines «Nationalorchesters» waren geebnet, obschon noch einige Stolpersteine weggeräumt werden mussten.

Wilhelm Furtwängler im Pausengespräch mit Musikern des Festspielorchesters, 1944

DAS FESTSPIELORCHESTER

Nach zähem Hin und Her in fast wöchentlich stattfindenden Sitzungen erwogen die Luzerner Organisatoren im Januar 1943 finanziell verträglichere Alternativlösungen, etwa die Fusion der Orchester von Genf mit Winterthur oder Basel, denn ein Wiederengagement des Scala-Orchesters wurde wegen der Kriegslage stets risikoreicher. Von Pfyffer drängte deswegen auf einen neuerlichen Verzicht auf Festwochen; Wey, mit Rückendeckung des Bundesrats, hielt hingegen an einer Fortsetzung mit Schweizer Kräften unter ausländischen Dirigenten fest, um den Faden nicht abreissen zu lassen. Hier kam erstmals der Name Wilhelm Furtwänglers ins Spiel, der zusammen mit Robert F. Denzler gegen eine Fusion aus fachlicher Sicht Stellung bezog.

Bevor es dann doch zu fruchtbaren Verhandlungen mit dem Vertreter des Schweizerischen Musikerverbandes kam, beschloss man Verbesserungen der internen Organisation und kleine Neuerungen. Die wichtigsten Punkte:

– Aus dem Komitee wird ein Arbeitsausschuss gebildet.
– Die Rechnung wird zukünftig treuhänderisch überprüft.
– Im Verkehrsbüro wird ein eigenes IMF-Sekretariat während vier bis fünf Monaten geschaffen.
– Die Programme enthalten neu Konzerteinführungen sowie die Texte von Vokalwerken.

Von Pfyffer reichte im März seine Demission ein und Wey trat die Nachfolge an. Nach Detailverhandlungen im Mai – Leuzinger präsentierte dabei eine Orchesterliste und einen Programmentwurf – übertrugen die Luzerner Verantwortlichen Leuzinger die künstlerische Organisation der Festwochen. Am 22. August war es so weit: Die Mitglieder des Festspielorchesters, darunter der spätere künstlerische Direktor Rudolf Baumgartner sowie mehr als die halbe Formation des Eliteorchesters von 1939, trafen in Luzern zur ersten Probe des Eröffnungskonzerts unter Denzler ein. Denzlers Auftakt zu Wagners *Meistersinger*-Vorspiel vier Tage später – offensichtlich eignete sich zu grossen Feiern kein Stück besser – war zugleich der Startschuss zu einem strahlend festlichen C-Dur-Einstand des festwocheneigenen Orchesters, das die IMF in den nächsten fünf Dezennien nachhaltig prägen sollte.

Die Programmierung der Sinfoniekonzerte zeigte jetzt immerhin strukturelle Ansätze. Denzler und Münch (Solist: Wilhelm Backhaus) dirigierten «deutsche» Musik (darunter ein Werk von Heinrich Sutermeister), Paul Klecki, der ein glanzvolles Debut feierte, ein «slawisch-russisches» Programm unter anderem mit *Le Poème de l'Exstase* von Aleksandr Skrjabin als Novität (Solist: Carl Flesch) und Ansermet ein «französisch-spanisches» (Solist: Walter Gieseking). Antonino Votto hätte ein «italienisches» dirigiert, wäre er nicht verhindert gewesen und durch Carl Schuricht, der erstmals im Ausland auftrat, ersetzt worden (Solist: Edwin Fischer).

Im Zentrum standen zwei denkwürdige Aufführungen der *Missa solemnis* von Beethoven unter Carl Schuricht, einmal in der Jesuitenkirche und einmal im Kunsthaus. Wie beim Verdi-Requiem unter Toscanini stellte J. B. Hilber wieder einen Riesenchor

Carl Schuricht und Robert Casadesus, 1961

(über 200 Mitglieder) zusammen, wobei die Damen übervertreten waren. Deshalb kamen vom professionellen Zürcher Kammerchor (Leitung: Johannes Fuchs) Tenöre und Bässe als Verstärkung hinzu. Schuricht übernahm schon im Juli die Chor-Einstudierung, die er mit äusserster Akribie und Hingabe, «à la limite du possible» [Chauvy, 2004, S. 67], besorgte. Ein Orchestermitglied notierte über die Zusammenarbeit mit Schuricht: *Jene Missa solemnis [war] wohl in jeder Beziehung das Hochwertigste, was in Luzern je geboten wurde. Schuricht [hat] durch seine Probenarbeit entschieden mitgeholfen, die Institution der Festwochen mit unserem Orchester zu festigen.* [zit. nach SMV, 1993, S. 27]

Wiederholt eroberte Opernstar Beniamino Gigli die Herzen und Gemüter der Amateure des Belcanto. Nach der Abreise des Festspielorchesters spielten die Luzerner Spielleute unter der Regie von Oskar Eberle auf dem Weinmarkt Goethes *Faust*. Vor dem eigentlichen Festwochenbeginn fand ein Gedenkkonzert für Sergej Rachmaninow statt, der am 28. März verstorben war.

In einem persönlichen Rückblick unter dem Titel «Betrachtungen, Erfahrungen und Vorschläge» (Kopie eines Typoskripts im Archiv des Festspielorchesters) schrieb Leuzinger unter anderem über den «schönen künstlerischen und moralischen Erfolg» des Orchesters:

Rein musikalisch gesehen war es gemäss den massgebenden Musikkritikern der grossen einheimischen Zeitungen eine glückliche Überraschung. Niemand ernsthaft Urteilender konnte wesentliche Nachteile auf Grund der einmaligen Ad-hoc-Zusammenstellung aufzeigen. Das Orchester präsentierte sich vielmehr schon im ersten Konzert als ein homogen zusammenarbeitendes Instrument, welches von sämtlichen Dirigenten als ein Ganzes bezeichnet wurde, das jeder ausländischen Konkurrenz standhalten könne. – Rein menschlich betrachtet müsse man wohl sehr weit in und ausserhalb unseres Landes herumsuchen, um eine Musiziergemeinschaft zu finden, in der eine so vorbildliche Kameradschaftlichkeit und ein so spontaner Wille zum Zusammenarbeiten herrscht.

Wohl war das weibliche Element stärker vertreten, als dies im Allgemeinen als wünschbar erscheint, doch ist anderseits zu bemerken, dass diese Damen, denen der übliche Theater- oder Orchesterdienst zu anstrengend ist, die Möglichkeit haben, ihre Kunst zu kultivieren und zu vervollkommnen. Manche von ihnen verfügen daher über ausgezeichnete Fähigkeiten und können unserem Orchester, dessen Arbeit wohl nicht leicht, sich jedoch nicht auf lange Zeit erstreckt, in erfreulicher Weise dienen. Trotzdem werden wir in Zukunft nicht von dem Prinzip abgehen können, von zwei künstlerisch gleichwertigen Bewerbern (schon in Bezug auf seine soziale Stellung) einem Mann den Vorzug zu geben [sic!].

Selbstverständlich kann hier nicht die Rede davon sein, die einzelnen Dirigenten und Programme kritisch zu beleuchten; das wurde in genügendem Mass von mehr oder weniger berufener Seite getan. Doch sei mir an dieser Stelle der Hinweis gestattet, dass uns gerade diejenigen beiden Dirigenten, die in der Schweiz so gut wie unbekannt waren, durch den Verband aber zielsicher vorgeschlagen wurden – Paul Kletzki und Carl Schuricht –, den diesjährigen Festwochen zu den schönsten Erfolgen verhalfen.

Paul Klecki dirigiert das Festspielorchester, 1943

>Betrachten wir schliesslich die einzelnen Konzertprogramme im Zusammenhang mit dem Publikums- und Kassenerfolg, so frappiert unter anderem, wie sehr sich die Konzertbesucher gerade nach den vorgesehenen Kompositionen richteten. Vor allem wurde neuere Musik eindeutig abgelehnt. Dies mag der Grund sein, weshalb zum Beispiel das Münch-Konzert rund 2000 Fr. mehr einbrachte als dasjenige des Herrn Ansermet, obschon das Letztere nach unserer Ansicht das unbedingt höherstehende war. Gleicherweise überraschend ist die Tatsache, dass die Missa Solemnis im Kunsthaus weniger Geld einbrachte als in der Kirche. Diese beiden Tatsachen scheinen mir eindeutig darauf hinzuweisen, dass unser Publikum eine gefühlsbetonte Weihestunde einem noch so interessanten Programm vorzieht.
>
>Es wäre aber äusserst bedauerlich, ja es müsste geradezu als Armutszeugnis bewertet werden, wenn in Luzern nicht auch zeitgenössische Musik geboten werden könnte. Ich schlage deswegen vor, aus der bestehenden Not in folgender Weise eine Tugend zu machen. Wenn schon moderne Kompositionen in das Programm aufgenommen werden, so soll es sich hierbei um Ur- oder mindestens Erstaufführungen handeln. Durch diese Attraktion ziehen wir eine Reihe von Anhängern neuerer Musik nach Luzern, die lediglich wegen einer guten Interpretation eines bekannten Stückes die Reise in unsere Festspielstadt nicht unternehmen würden.

[…] Um nun aber zu solchen Uraufführungen zu gelangen, gibt es zwei Möglichkeiten. Entweder, man beauftragt alljährlich ein[en] erwiesenermassen ausgezeichneten Komponisten, ein entsprechendes Werk für das Programm des kommenden Jahres zu schreiben, und honoriert diesen mit wesentlicher Unterstützung des Fonds der Landesausstellung (eventl. mit Hilfe der «Pro Helvetia») oder aber man veranstaltet jedes Jahr einen Wettbewerb für grosse Orchesterkompositionen und zeichnet dann jeweils die Beste und die beiden Besten durch die Aufführung im Rahmen der Festwochen aus. – Auf diese Weise kämen in Luzern nicht nur die ausführenden, sondern auch die schaffenden schweizerischen Musiker gebührend zu Wort und über die vielen ausländischen Sender könnte nicht nur das reproduzierende Element, sondern auch das eigentliche schöpferische Musikleben der Schweiz verbreitet werden.

MEISTERKURSE

Sylvia Caduff im Dirigierkurs Kubelik, 1961

Ein weiterer Wunsch von Stadtrat und Präsident des Konservatoriumsvereins Walter Strebi ging in diesem Jahr ebenfalls in Erfüllung: die Geburtsstunde der Meisterkurse am 9. August 1943. Strebi (der zur Eröffnung im Frack erschien) notierte ein Jahr später:

Im Sommer 1943 hat das Konservatorium Luzern (Vereinigte Konservatorien Basel – Luzern) die Räume im «Himmelrich», dem edlen, parkumgebenen Patrizierhaus am Obergrund, bezogen. [Das Konservatorium Dreilinden wurde 1952 bezogen.] *Gleichzeitig und erstmals in Luzern im Rahmen der Internationalen Musikalischen Festwochen lieh das Konservatorium seine Räumlichkeiten der Durchführung von Meisterkursen. In einer Eröffnungsfeier, die durch die internationale Berühmtheit ihrer Mitwirkenden – Ilona Durigo, Carl Flesch, Edwin Fischer, Paul Baumgartner – ausgezeichnet war, führten die Meister ihre Kurse ein. Das «Himmelrich» empfing seine einzigartige Weihe.* [DVD 1.1.]

Worin liegt die Bedeutung der Meisterkurse? […] Einmal stehen wir vor der bedeutenden Tatsache, dass Künstler von Weltruf, prominente Solisten der grossen Festkonzerte, den Mikrokosmos ihres Künstlertums und ihrer Meisterschaft vor einer begabten und begeisterten Schülerschar ausbreiten. Als Pädagogen werden hier Künstler zu weisen Beratern.

An intimen, jedoch öffentlichen Veranstaltungen der Kursleiter wird der Kreis der Hörer vervielfacht und dennoch eine Stimmung bewahrt, die der grosse Konzertsaal nie herzuzaubern vermag. Auch der Hörer fühlt sich da dem Künstler auf ganz persönliche Weise verbunden. […]

[Die verheissungsreiche Durchführung der Meisterkurse 1943] *berechtigt wohl zur Hoffnung, dass die hier geförderte und vertiefte künstlerische Verbundenheit zwischen Meister und Nachwuchs eine noch nachhaltigere Ausdehnung, persönlich und räumlich, erfährt, wenn das Stelldichein grösster Künstler an den Internationalen Musikwochen in Luzern wiederum zur ungehinderten Selbstverständlichkeit wird.* [Programmheft Meisterkurse, 1944]

Meisterkurs im «Himmelrich» mit Edwin Fischer. Unter den Teilnehmern Alfred Brendel (mit Brille)

FURTWÄNGLER

Wilhelm Furtwängler sagte für die Saison 1944 zwei Konzerte zu, doch nicht überall stiess die Offerte auf einhellige Begeisterung. «Auf alle Fälle ist heute in politischer Hinsicht bei der Wahl der Dirigenten grösste Vorsicht geboten», gab von Pfyffer zu bedenken. [Prot. 4. 12. 1943] Andere Einsprüche wurden laut. Seine Konzerte seien ohnehin keine Sensation mehr, da er oft in anderen Städten der Schweiz dirigiert habe, argumentierte Verkehrsdirektor Pessina. [Prot. 25. 11. 1943] Einige Aufregung verursachte die welsche Presse, die das völlig aus der Luft gegriffene Gerücht ausstreute, Luzern sei drauf und dran, ihn als Generaldirektor der Festwochen zu berufen. Die politisch motivierten Einwände hielten jedoch den künstlerisch begründeten Zustimmungen nicht stand. Die hohe Kunst dieser «faszinierenden Persönlichkeit» [Gielen, 2005, S. 116] war unbestritten, galt der Dirigent doch schon zu Lebzeiten als Legende – der Legende und «Instanz der Welt von gestern verhaftet, zu sehr auf unzeitgemässe, letztmalige Beschwörung von unrettbar Vergangenem festgelegt, als dass Arturo Toscanini sich im Blick auf eine fortschreitend technisierte Welt nicht als zeitgemässe Gegenfigur dargestellt hätte». [Gülke, 2006, S. 124] Der Kontrahent Toscaninis: ein Anti-Perfektionist aus eigenem Willen, ein ambivalenter Charakter (laut Aurèle Nicolet gleichzeitig «schüchtern» wie «Autokrat»), eine politisch paradoxe Figur (couragiert und anpasserisch) – Wilhelm Furtwängler.

[Es ist hier nicht der Ort, auf die Debatte um die beiden Pultheroen von damals einzugehen, deren Geschichte länger ist als die des Luzerner Festivals. Doch sei in diesem Kontext festgehalten, dass die Ansichten der jeweiligen Biographen meist zu kurz und dadurch zur klischeehaften Schwarz-Weiss-Malerei geraten. Furtwängler trug mit seinem schroffen und vernichtenden Urteil über Toscanini selbst nicht unwesentlich dazu bei, dass die Diskussionen meist in Polemik enden. Ein differenziertes Bild vermittelt beispielsweise der zitierte Aufsatz von Peter Gülke.]

Furtwängler, dem Carl Zuckmayer im *Geheimreport* [Zuckmayer, 2002, S. 135] die Neigung zusprach, «gern ‹der Einzige› in seinem Gebiete und in seiner Welt zu sein», stellte sein Kommen unter die Bedingung, die Leitung des ersten und letzten Konzerts zu übernehmen. Die Organisatoren beschlossen, dieser Forderung zu genügen, und verlangten ihrerseits, Furtwängler dürfe von Mai bis September in der übrigen Schweiz nicht auftreten. Als Gegengewichte verpflichteten sie den Franzosen Paul Paray (der dann aber absagen musste und durch Ansermet ersetzt wurde) sowie nach seinem erfolgreichen Debut wiederum Paul Klecki mit Carl Flesch als Solisten. Klecki, der «Fremde» im Lande, führte auch diesmal wieder als Einziger ein zeitgenössisches Werk eines Schweizers auf – Walther Geisers *Fantasie I*. Ein vom Bischof bewilligtes Konzert in der Jesuitenkirche dirigierte Volkmar Andreae unter Mitwirkung des Festwochenchors (Bruckners 9. Symphonie und *Te Deum*; Ernst Haefliger, der Vater des gegenwärtigen Intendanten Michael, übernahm die Tenorpartie). Der Kammerchor Zürich unter Johannes Fuchs sang in der Hofkirche Vokalwerke der Spätrenaissance, dazwischen spielte Karl Matthaei Orgelwerke von Bach. Vor der eigentlichen Eröffnung widmete

Bootssteg beim Lido. Georg und Barbara Kulenkampff (mit dem Rücken zum Bild) und Ursula Strebi, stehend: Walter Strebi

man ein Kammermusikkonzert dem Schaffen Arthur Honeggers; bereits im Juli boten die Luzerner Spielleute Oskar Eberles *Chlaus vo Flüe* mit der Musik von J. B. Hilber auf der Inseli-Freiluftbühne dar, und die Meisterkurse erlebten ihre gut frequentierte Zweitauflage. Der Krieg schrieb eine weitere Geschichte im Falle des beabsichtigten Wiederengagements von Gigli: Der Sänger wollte nicht mehr kommen, weil ihm – wer auch immer in Italien – seine Gage vom Vorjahr nie jemand überwiesen hatte …

Einige unbedarfte Unkenrufe konnten den Triumph Furtwänglers – «mit ihm ist eine neue Dimension eingezogen» (Leuzinger) – anlässlich seines ersten Erscheinens in keiner Art schmälern, ein *Triumph seines alle im musikalischen Kunstwerk beschlossenen geistigen und seelischen Kräfte zu intensivster Strahlung bringenden Interpretentums, aber auch zu einem Triumph des schon am ersten Abend als ein Klangkörper von erstaunlichem Differenzierungsvermögen, aber auch von prachtvoller Rundung sich präsentierenden Festspielorchesters, zu einem Triumph schliesslich aber auch der Luzerner Festspielidee; denn nicht anders als durch solch grosse Abende vermag ein Unternehmen, das gleich zu Beginn mit den Toscanini-Konzerten den Massstab festlegte, nach dem es beurteilt sein will, seinen Anspruch zu wahren und seine internationale Geltung zu befestigen.* [NZZ, 24. 8. 1944, Ab.]

[Während Furtwänglers Luzerner Aufenthalt tobte die finale Schlacht um Deutschland. Deshalb entschied sich der Dirigent kurz vor der Rückreise, seine schwangere Frau Elisabeth in der Schweiz zurückzulassen; er wollte, «dass sein Kind in der Schweiz zur Welt käme. So waren wir getrennt bis zum Februar». (Elisabeth Furtwängler) Sie und ihr Sohn Thomas fanden bei Freunden und Verwandten in Zürich eine vorläufige Bleibe. Zurück in Berlin musste er wie immer nach Auslandreisen bei Innenminister Goebbels Bericht erstatten, lenkte dabei von den privaten Dingen ab und sprach über Politik. Goebbels notierte in seinen *Tagebüchern 1924–1945* über die «ausführliche Aussprache mit Furtwängler»: «Er erzählt haarsträubende Dinge von der politischen Auffassung führender Schweizer Bürger, die geradezu blamierend und alarmierend ist. Ich glaube, die Schweizer werden nicht eher klug, als bis sie den kalten Lauf einer GPU-Pistole im Nacken fühlen.» [Goebbels, 1992, S. 400]]

LÖWENDENKMAL-SERENADE

Mit der Durchführung einer Serenade hatten die Verantwortlichen schon länger geliebäugelt; am 27. August erlebte sie nach einem «unsäglich heissen und schwülen Tag» [NZZ, 30. 8. 1944, Ab.] ihre bereits Wochen vorher ausverkaufte Premiere. Dem schlechten Ruf des «Schüttsteins der Nation» zum Trotz wollten die Veranstalter das Publikum in lauen Sommernächten unter freiem Luzerner Himmel mit passender Musik stimmungsvoll ergötzen. Das 1941 formierte Collegium Musicum Zürich unter seinem Leiter und Gründer Paul Sacher sollte diese Abendmusik darbieten; man sah dafür den Hof des Regierungsgebäudes oder das Inseli vor. Sacher entschied sich nach einer Begehung und Begutachtung aller in Frage kommenden Örtlichkeiten für ein Konzertpodium auf einem Floss vor dem Löwendenkmal. Den Liebreiz der Mozart-Serenade, wie sie fortan genannt wurde, mochte niemand mehr missen; sie florierte rasch zur festen Institution, bildete in den Jahren 1982–1987 sogar das Sujet des IMF-Werbeplakats. Ohne die später doppelt geführten Serenaden waren die IMF bis fast ins neue Jahrtausend schlechthin unvorstellbar, selbst wenn Petri offene Schleusen hin und wieder den Stimmungspegel etwas sinken liessen, wenn das erlesene Ständchen im Kunsthaus dargeboten werden musste. [vgl. dazu das Gespräch mit Paul Sacher 1996, S. 370–373] Zum Bedauern vieler Musikfreunde musste die Durchführung der Serenade wenige Jahre nach Sachers Tod (1999) aufgegeben werden, was einerseits an organisatorischen Gründen lag, andererseits daran, dass die aparte Aura zu verblassen drohte, die Sacher der Veranstaltung magistral verliehen hatte. Im Künstlerischen besonders trifft das Diktum «Jedermann ist ersetzbar» nicht immer die Wahrheit ...

ORGANISATIONSFRAGEN

Schon unmittelbar nach dem ersten Konzert des Festspielorchesters 1943 wurde im Verlauf einer Diskussion zwischen Leuzinger und Strebi evident, dass Leuzinger in Zukunft nicht im gleichen Masse für die Festwochen arbeiten konnte wie in jenem ersten Jahr. In einem ausführlichen Schreiben an Stadtpräsident Wey hielt er zwei mögliche Lösungen fest: «[...] ich verzichte auf meine Stellung in Zürich und stelle mich restlos in den Dienst der Luzerner Festveranstaltungen oder aber ich suche meine Arbeit zu vereinfachen, d.h. mit einer weiteren Person zu teilen.» [Leuzinger an Wey, Brief vom 1. September 1943] Strebi und Wey bevorzugten die zweite Variante und schlugen als Vermittler für Dirigenten und Solisten Walter Schulthess von der Konzertgesellschaft Zürich vor. Sie wähnten ohnehin – nicht zu Unrecht –, Leuzingers Einfluss auf die künstlerische Konzeption könnte über Gebühr anwachsen und Luzern verlöre jegliche Mitbestimmung. Leuzinger, an sich Schulthess zugetan, gab Wey zu bedenken, dieser komme in einen Interessenkonflikt, weil er sich als Zürcher eher für die Belange der

Tonhalle-Gesellschaft einsetze. Wahrscheinlich mutmassend, es komme zur Zusammenarbeit mit Schulthess – was dann tatsächlich eintraf –, schloss Leuzinger den Brief: *Für den Fall, dass Sie dieser Lösung doch endgültig zustimmen, möchte ich lediglich festhalten, dass ich mich neben der Mitsprache in allen künstlerischen Belangen um nichts anderes als um das Festspiel-Orchester zu kümmern hätte, dass aber andererseits der Öffentlichkeit von der vorgenommenen Veränderung in keiner Weise Kenntnis gegeben wird. Ich halte also an Ihrer Zusicherung fest, wonach in den Programmen des Jahres 1944 unter den künstlerischen Mitarbeitern mein Name an erster Stelle genannt würde.* [Leuzinger an Wey, Brief vom 1. September 1943] Damit begann bereits ein Schwelbrand zu glimmen, der sich fast ein Jahrzehnt später ausbreitete, will sagen zum Zerwürfnis mit Leuzinger führte.

Überdies stand es mit den Finanzen nicht zum Besten. Die Abrechnung 1943 ergab ein Defizit von 50'842.51 Franken. Bührle schoss 20'000 Franken ein und bat darum, man möchte auch andere «prominente Schweizer» angehen, um die Defizite auszugleichen. Es kam zu einem Statutenentwurf des Kreises «Freunde der Luzerner Festspiele», für die die zehn grössten Firmen in und um Luzern sowie einige Privatiers gewonnen werden sollten, was in diesen schwierigen Jahren nicht auf Anhieb gelang. Der Krieg, die Konkurrenz (Gstaad, Braunwald, Bern, Davos, Silvaplana), schlechte Geschäftsgänge, hohe Lebenskosten und ausserordentliche Steuern schlugen sich auf den Kartenverkauf nieder. Das Komitee tröstete sich selbst mit dem errungenen «moralischen Erfolg». [Prot. 14. 11. 1944] Trotzdem empfahl Oskar Eberle an der Sitzung vom 25. November «den Neubau eines Festspielhauses in das Arbeitsbeschaffungsprogramm aufzunehmen, resp. die diesbezügl. Studien sofort an die Hand zu nehmen». [Prot. 25. 11. 1944]

Zu reden gab auch der Festspielchor. Hilber monierte im Hinblick auf die geplante Bruckner-Aufführung, der Chor sei zu schlecht, der Probenbesuch leider dürftig, es komme Widerstand von den einzelnen Vereinen und die Mitglieder müssten ihre Sommerferien opfern. [Prot. 17. 5. 1944] Andere, inoffizielle Gründe des mangelnden Interesses lagen im Angebot: Nach Toscanini und Schuricht fühlten sich einige Chormitglieder wenig motiviert, unter dem weniger zugkräftigen Namen Andreae zu singen, obschon dieser als hervorragender Bruckner-Dirigent ausgewiesen war. Es brauchte die persönliche Intervention von Wey, um die Situation zu retten. Die hier aufkeimende eifersüchtige Opposition aus den Vereinsecken sowie deren allzu selbstbewusste künstlerische Ansprüche, die das erträgliche und zu verantwortende Mass strapazierten, sollten während der nächsten 50 Jahre immer wieder für Zündstoff, Sitzungen und Diskussionen sorgen und schliesslich mit dazu beitragen, dass es mit dem verdienstvollen Chor zur Jahrtausendwende ein Ende nehmen musste.

Stadtpräsident und Präsident des Organisationskomitees Max Wey (stehend), links seine Frau, rechts der Pianist Alexander Brailowsky mit seiner Ehefrau, hinten Hans Pfyffer von Altishofen, wahrscheinlich 1947

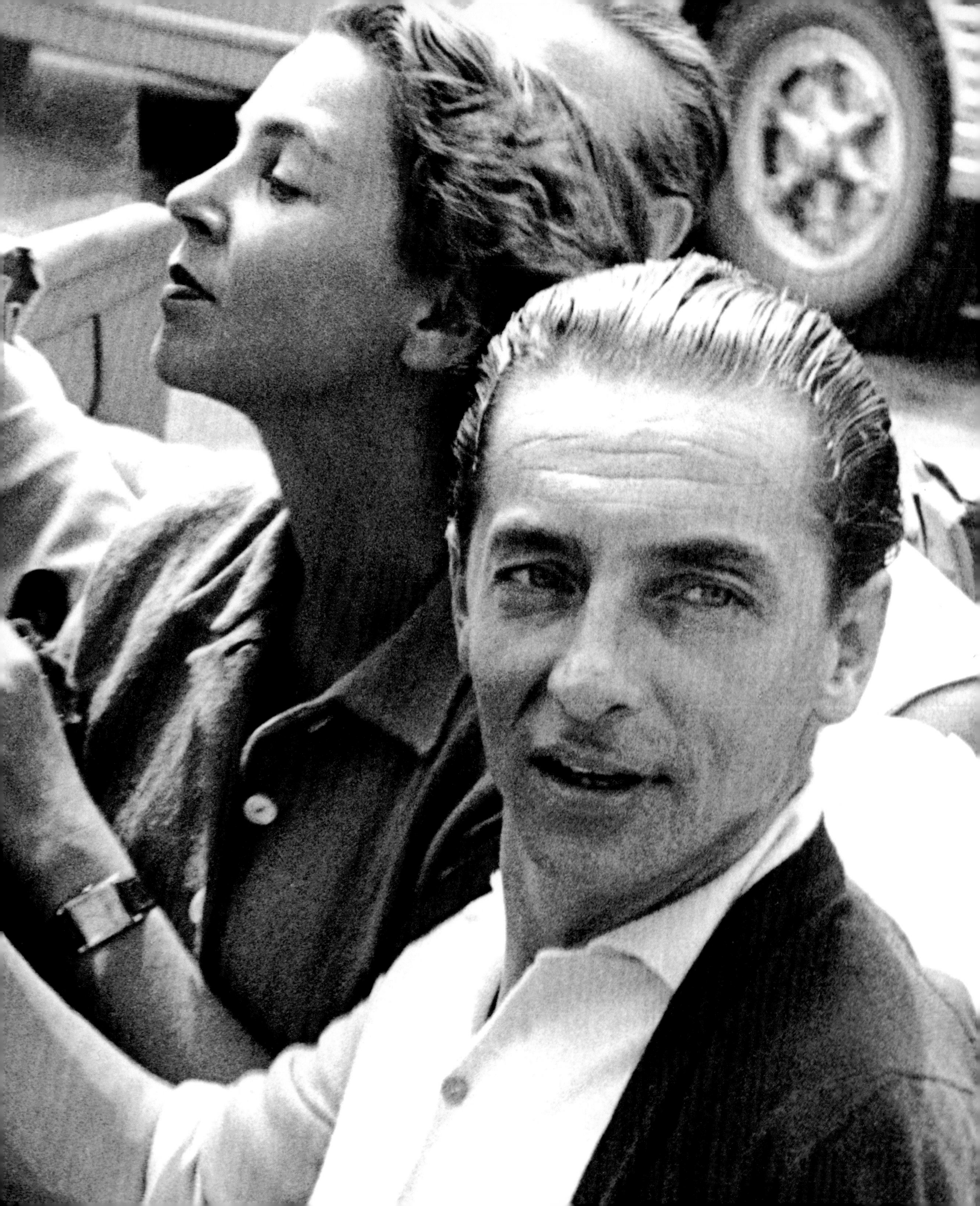

AUFSCHWUNG
UND KRISE

1945 bis 1953

Krise kann ein produktiver Zustand sein.
Man braucht ihr nur den Beigeschmack der Katastrophe zu nehmen.

Max Frisch

1945 – 21. AUGUST BIS 5. SEPTEMBER

Herbert von Karajan fährt mit seiner damaligen Ehefrau Anita beim Kunsthaus vor, 1949

Die Vorbereitungen traf man noch zu Kriegszeiten; die Festwochen konnten durchgeführt werden, als die Waffen endlich schwiegen. Das Dritte Reich war zusammengebrochen, nicht aber der «Nazismus, der ja heute noch lebt und virulent ist». [Kertész, 2003, S. 121] Doch kaum war der Krieg vorbei, standen sich zwei atomwaffenbestückte Siegermächte gegenüber, deren jeweilige Ideologien bald nach den Siegesfeiern zum Kalten Krieg ausarteten. Die Kriegswunden verheilten, wenn überhaupt, noch lange Zeit nicht. «Der Rauch des Holocaust hat einen langen, dunklen Schatten auf Europa geworfen, während seine Flammen unauslöschliche Zeichen in den Himmel brannten.» [Kértesz, 2003, S. 59] Als die Ausmasse des Grauens allmählich an die Öffentlichkeit drangen, verlor das «Land der Dichter und Denker» vor allem in der Optik Betroffener das «zivilisierte Antlitz». [Feinberg, 2005, S. 9] Künstler, die während der Nazi-Diktatur – egal ob als Parteimitglieder oder konforme Mitläufer – ihren Beruf im Dienst des Regimes ausgeübt hatten, gerieten ins Kreuzfeuer der Kritik. Die Besatzungsmächte strengten gegen die renommiertesten unter ihnen langwierige Untersuchungen in sogenannten Entnazifizierungsverfahren an. Auf dem Gebiet der Musik scheint Wilhelm Furtwängler «die Quintessenz dessen verkörpert zu haben» [Feinberg, 2005, S. 10], was Isaac Stern als unverzeihlich taxierte: «Einer, der lieber *der* deutsche Dirigent bleiben wollte und lieber Musik für die Nazis machte», als «wie die integren Musikbrüder Busch Nazideutschland zu verlassen». [Stern & Potok, 2000, S. 78]

> [Die jüdische Seite vertrat diese Meinung nicht einhellig; Yehudi Menuhin etwa setzte sich wiederholt für Furtwängler ein und unternahm immer wieder Schritte zur Aussöhnung mit Deutschland.]

Jetzt, nachdem «d'Schwobe» nicht in das Land eingefallen waren, verstärkten sich in der Schweiz die Animositäten gegen alles Deutsche, das heisst, Luzern musste mit heftigen Protestwellen auf der Strasse rechnen, falls das Festwochenkomitee am eigentlich gewünschten Wiederengagement Furtwänglers festgehalten hätte. Strebi hielt vorerst ein Zuwarten für opportun, nachdem er von «peinlichen» Anti-Furtwängler-Demonstrationen von sozialdemokratischer Seite in Zürich und Winterthur berichtet hatte. [Prot. 8. 3. 1945]

Der folgende gekürzte Auszug aus Haffners Furtwängler-Biografie [2003, S. 321–322] wirft ein Schlaglicht auf die kontroversen Haltungen, die nicht nur im Kanton Zürich aufeinanderprallten:

Schon Mitte Januar werden Sozialdemokraten und Gewerkschaften bei der Zürcher Polizeidirektion vorstellig, ihnen eine Demonstration «in der Nähe der Tonhalle» zu bewilligen. Diese wendet sich daraufhin an die eidgenössische Fremdenpolizei mit der Bitte, lieber Furtwänglers Einreisebewilligung in den Kanton Zürich abzulehnen. Als dies bekannt wird, intervenieren einflussreiche Winterthurer und Zürcher Musikkreise, und die für Genf und Lausanne erteilte Genehmigung wird auch auf den Kanton Zürich ausgedehnt. So versucht der Stadtrat von Zürich einen anderen Weg zu finden und wendet sich an die Tonhalle-Gesellschaft mit dem Wunsch, «angesichts der starken Erregung» in weiten Kreisen der Bevölkerung auf die Durchführung des Konzertes zu verzichten. Der

Vorstand der Tonhalle denkt allerdings nicht daran, darauf einzugehen. Darum ersucht der Stadtrat dringend den Regierungsrat, die Bewilligung zu widerrufen: «Bei der gereizten Stimmung, die heute in der Bevölkerung herrsche, sei mit Sicherheit vorauszusehen, dass die Abhaltung der Konzerte zu einer grossen Demonstration benützt werde, an der sich auch Leute beteiligen werden, die an den Konzerten gar nicht interessiert seien.» Und dieser [der Regierungsrat] *erteilt daraufhin «mit grösstem inneren Widerstreben» das Verbot, welches Furtwängler umgehend während einer Orchesterprobe übergeben wird. Dieser kontert, «dass er jahrelang im Dritten Reich dagegen gekämpft habe, dass Politik und Kunst vermengt würden, und er bedaure, dass er heute in einem freien Lande dieselbe Fehlentwicklung mitansehen müsse».*

Es geht hier jedoch weniger um Furtwängler als um die Entladung innenpolitischer Spannungen; das zeigt der nun folgende Pressekrieg. [Die wichtigsten Artikel sind in der Bundesakte in Bern archiviert und bezeugen das besondere Interesse an der medialen Diskussion.]

Am 20. Februar kommentiert die Neue Zürcher Zeitung: *«Nun sind wir bei uns glücklich auch so weit, dass Kunst und Politik vermengt werden […] Furtwängler dirigiert seit Jahrzehnten regelmässig in unserem Land. Er hat vor und seit dem Bestehen des Dritten Reiches hier gewirkt, und der Umstand, dass er den Titel eines ‹Staatsrats› trägt, hat niemanden angefochten […] Für uns, die wir nie vor ähnlichen Entscheidungen gestanden haben, ist es allzu leicht, heute über das Verhalten Furtwänglers den Stab zu brechen […] Aber es handelt sich ja nicht darum, Furtwängler zu verteidigen, sondern es geht um Grundsätzliches, nämlich darum, ob sich fortan jeder Künstler, der bei uns auftritt, über seine politische Gesinnung auszuweisen haben wird. Ist es nicht etwas peinlich, dass jetzt, wo das Ende des Dritten Reiches herannaht, Furtwängler plötzlich als ‹untragbar› gelten soll. Während zwölf Jahren des nationalsozialistischen Regimes hat man Furtwängler bei uns als Künstler gelten lassen, im dreizehnten Jahr nun will man in ihm nur noch den ‹Staatsrat› sehen.»*

Einen Tag später qualifiziert der Präsident des Zürcher Gemeinderates unter dem Titel «Wer regiert Zürich?» in der Zeitung Die Tat *die Mitglieder des Stadtrates als «haltlose Trabanten» ab. Und tags darauf weiss das sozialistische* Volksrecht *über Furtwängler: «Er hat sich jahrelang dazu missbrauchen lassen, dass nach aussen die Schreie der Opfer in den Konzentrationslagern mit feierlicher Musik übertönt wurden; durch sein Wirken sollten im Ausland die grausamen Verbrechen an unzähligen Menschen nicht gehört und nicht für möglich gehalten werden.»*

Auch die Administration [die Stadtverwaltung] *reagiert ambivalent: Das Konzert* [das Furtwängler nachher beim Winterthurer Stadtorchester bestreiten soll] *wird gestattet. Stadt- und Kantonspolizei sowie die Feuerwehr mit einem Wasserwerfer sind am Stadthaus aufgeboten, als «unkontrollierbare Elemente die Ordnung auflösten», wie es die* Neue Zürcher Zeitung *am 5. März 1945 formuliert. Das Konzert endet zwar mit Ovationen für den Dirigenten, doch anschliessend kommt es zu Belästigungen und Tätlichkeiten.*

Der Abend in Winterthur sollte das letzte Konzert Furtwänglers in der Schweiz für über zwei Jahre sein. [Haffner, 2003, S. 322]

Mit der Verpflichtung Furtwänglers lief man in Luzern Gefahr, Musiker anderer Staaten zu verärgern oder gar von einem Gastauftritt in der Schweiz abzuhalten. Nach den Scharmützeln im Kanton Zürich erteilte Furtwängler Luzern indessen aus eigenen Stücken eine Absage. Dort bemühte man sich wieder um Toscanini, der jedoch die Einladung ausschlug. Die englische Regierung liess vorläufig keine Musiker ins Ausland reisen, sodass auch Dirigenten wie Thomas Beecham, Malcolm Sargent und John Barbirolli 1945 nicht verfügbar waren. Nach Klecki und Ansermet dirigierten der Italiener Alceo Galliera, der Franzose Paul Paray und der Portugiese Pedro de Freitas Branco erstmals das Festspielorchester.

[Galliera trat 1947 und 1963 nochmals an dessen Pult, Paray ein Jahr später noch einmal, während es für de Freitas Branco bei diesem einen Gastspiel blieb.]

Das eigentliche Abschlusskonzert unter Beecham musste trotz diplomatischer Interventionen entfallen, da kein Einspringer gefunden werden konnte.

Im Eröffnungskonzert spielte Dinu Lipatti das Es-Dur-Klavierkonzert von Liszt, in den folgenden Konzerten Georg Kulenkampff das Violinkonzert von Tschaikowsky, Pablo Casals das Cellokonzert von Dvořák, Paul Baumgartner das Schumann-Klavierkonzert und Bronislaw Huberman das Violinkonzert von Brahms. Kulenkampff und Ansermet (Dirigierkurs) wirkten zudem als Dozenten der Meisterkurse.

Zur Serenade des Collegium Musicum Zürich unter Paul Sacher mit dem Flötisten Marcel Moyse gesellte sich – ebenfalls vor dem Löwendenkmal – eine weitere Abendmusik mit Bläsern des Tonhalle-Orchesters unter dem Luzerner Musikdirektor Max Sturzenegger, die dann bis 1948 jährlich auf dem Programm stand. Marcel Duprés virtuoses Orgelspiel war zum zweiten Mal in der Hofkirche zu hören. Das Zürcher Madrigal-Ensemble unter Robert Blum stellte im Kursaal *Le vin herbé* von Frank Martin vor. Mit der Wiederaufnahme von *Chlaus vo Flüe* und der Neuinszenierung der *Antigone*-Tragödie von Sophokles (deutsche Übersetzung von Emil Staiger) mit der Musik von Albert Jenny ergänzten vor den Festwochenterminen Schauspiele das Programm.

Der Kartenverkauf ergab wieder bessere Resultate, wobei das Schweizer Militär wie auch amerikanische Urlauber in den Genuss eines 25%-Rabatts kamen. Nun begann die Zeit des bewundernden Werbens um die «Retter Europas» und man bot ihnen ein Jahr später sogar das Golfspielen auf dem Dietschiberg gratis an. Eine seltsame Entscheidung, konnotierte man doch aufstrebenden Reichtum, Wohlstand und Fortschritt mit der Gestalt des mit Dollars gesegneten «Uncle Sam». – Lediglich die Freilichtspiele waren arg defizitär (über 35'000 Franken), deshalb verzichtete man 1946 auf deren Durchführung. [DVD 1.1.]

1946 – 20. AUGUST BIS 4. SEPTEMBER

Der absolute Höhepunkt kam völlig unverhofft, quasi ante festum in der Vorsaison und bedurfte einer Blitzaktion: Am Samstag, 29. Juni 1946, unterrichtete Scala-Kommissär Ghiringhelli Schulthess, Toscanini wäre bereit, in der Schweiz zwei Konzerte zu dirigieren, eines in Luzern und eines in Zürich oder in der Westschweiz. Die Luzerner handelten sehr rasch und entschlossen: Die Verantwortlichen kamen bereits am Sonntagmorgen zusammen und bekundeten ohne Wenn und Aber ihren Willen, *beide* Konzerte «mit allen Mitteln» [Prot. 30. 6. 1946] durchzuführen, auch wenn für Werbung und Verkauf nur wenige Tage Zeit blieb. Noch während der Sitzung kabelte man nach Mailand und erhielt den Zuschlag für Konzerte am 5. und 7. Juli. Zwei Stunden später verkündete der Landessender die frohe Botschaft mit dem Communiqué: «Im Rahmen der Internationalen Musikfestwochen und auf Einladung des Festspiel-Orchesters [in dessen Hand die künstlerische Organisation lag] hat sich Arturo Toscanini bereit erklärt, mit dem Scala-Orchester zwei Extrakonzerte in Luzern zu dirigieren. Die Einnahmen aus den Konzerten dienen dem Wiederaufbau des Scala-Theaters in Mailand.»

Weshalb die plötzliche glückliche Fügung nach all den vergeblichen Bemühungen, den Maestro wieder nach Luzern zu bringen? Erneut lag die Ursache in der Politik. Nach dem Krieg warf Toscanini sein ganzes Prestige in die Waagschale, die zerstörte Scala-Oper als ruhmreiche Spielstätte wiederherrichten zu lassen. Zudem wollte er das französische und britische Rote Kreuz bei dessen Pflege Kriegsversehrter unterstützen, indem er Benefizkonzerte – am 30. Juni in Paris und am 3. Juli im Londoner Covent

Walter Strebi und Musikkritiker Aloys Moser empfangen Toscanini am Bahnhof Luzern, 1946

Garden – mit dem Scala-Orchester dirigieren wollte. Ende Juni erfuhr er in den Nachrichten vom Entscheid der Viermächtekonferenz, ein kleines Stück italienisches Territorium im Piemont sei an Frankreich abgetreten worden. Toscanini entschied kurzerhand, die Reise abzusagen, und liess sich davon nicht abbringen, obwohl der Zug schon zur Abreise bereitstand. «[…] die Absage ergab sich nicht aus verletztem Nationalstolz; sie bekräftigt lediglich die Trauer der Italiener angesichts dieser neuerlichen Demütigung», lautete der Schluss der Mitteilung (original französisch) an die Presse. [zit. nach Sachs, 1980, S. 400] Die sowjetische Agentur «Tass» schalt Toscanini wegen der Protestaktion einen Reaktionär; er drehte den Spiess um und unterstellte der Sowjetregierung reaktionäres Handeln, als sie 1944 nach Mussolini die Regierung Vittorio Emanuele offiziell anerkannte. Also fuhren Toscanini und das reisefertige Orchester in die Zentralschweiz, wo die beiden Konzerte (die letzten Toscaninis in Luzern) im Nu ausverkauft waren und sehr erfolgreich durchgeführt wurden.

[Das zweite Konzert ist auf einer Doppel-Schallplatte dokumentiert. Auf dem Cover steht ein falsches Datum («August» statt Juli).]

Als symptomatisch für die in jener deutschfeindlichen Zeit aufflammenden und seither niemals verstummten, meist oberflächlichen Debatten um Dichter (wie Jünger, George), Philosophen (wie Nietzsche, Spengler, Heidegger), Musiker (wie Wagner, Bruckner, Strauss), die von der Nazi-Weltanschauung als Vorläufer oder Vordenker gepachtet wurden, liest sich der Eingang der Besprechung des Konzertes vom 7. Juli (nicht 8., wie in Sachs' Toscanini-Biographie angegeben) von Willi Schuh in der *Neuen Zürcher Zeitung*:

Toscanini ist das scheinbar Unmögliche gelungen, in seinem zweiten Luzerner Festwochenkonzert die grossartige Wirkung des ersten noch zu übertreffen. Natürlich hat das wiederum reich befrachtete, aber wesentlich geschlossenere Programm [Werke ausschliesslich von Beethoven bis Wagner] *viel dazu beigetragen, die Eindrücke wechselweise zu vertiefen und zu steigern. […] Dass der glühende Patriot und Antifaschist Toscanini in Luzern Wagner und Strauss* [im ersten Konzert *Tod und Verklärung*] *auf seine Programme setzte, gereicht ihm zur Ehre. Er zeigte damit, dass er nichts wissen will von jenem erbärmlich sturen Chauvinismus in der Kunst, dem die Deutschheit von Wagners Kunst – die «tief, mächtig und unbezweifelhaft» ist – zum Ärgernis und Anlass wird, sich der «Soldatenstiefel, Konzentrationslager und der Krematoriengreuel» zu erinnern. Vielleicht gibt Toscaninis Haltung den Ahnungslosen zu denken, die von der «Weltgerechtigkeit und Weltgeniessbarkeit», die Thomas Mann der mit europäischer Artistik durchtränkten Musik Wagners nachrühmt, noch nie einen Hauch verspürt haben, und die darum so wenig wie die teutonisch-nazistischen Wagner-Apostel zu begreifen imstande sind, dass die komplexe und in ganz anderem als dem von ihnen vermuteten Sinne «tief fragwürdige» Kunst des Bayreuthers für Simplifizierungen gänzlich ungeeignet ist.* [NZZ, 9. 7. 1946, Mo.]

Das Programm vom 5. Juli glich effektiv einer kunterbunten Mischung: Kabalewsky: Ouvertüre zu *Colas Breugnon* / Brahms: Symphonie Nr. 4 e-Moll / Debussy: *La mer* / Rossini: Tänze aus *Guillaume Tell* / Strauss: *Tod und Verklärung*. Von diesem Konzert existiert kein Tondokument.

DIE «EIGENTLICHEN» FESTWOCHEN

Die Nachspeise war gewissermassen gegessen, als der Hauptgang im August aufgetischt wurde. Mit Malcolm Sargent leitete ein Luzerner Neuling das Eröffnungskonzert, für den Solisten des Konzerts, Zino Francescatti, war es der erste Auftritt in der Schweiz nach dem Krieg. Leider waren zwei Neue des Neuen zu viel; der Kartenverkauf liess zu wünschen übrig. Ansonsten vertraute man bei den Dirigenten auf bekannte Grössen: auf Klecki mit dem Mozart-Requiem in der Jesuitenkirche, Victor de Sabata mit Edwin Fischer im Kunsthaus. Unter Robert F. Denzler gab daselbst der Stargeiger Yehudi Menuhin seinen Luzerner Einstand mit dem Mendelssohn-Violinkonzert, ein Ereignis, das auf grösstes Interesse stiess – das Konzert hätte doppelt geführt werden können, was aber nicht realisierbar war. Schliesslich debütierte im Schlusskonzert unter Paul Paray der Pianist Robert Casadesus mit dem 4. Klavierkonzert von Saint-Saëns, das seither nie mehr im Rahmen des Festivals erklang. Casadesus trat in der Folge noch mehrmals in Luzern als Solist und als Kammermusik-Partner von Francescatti in Erscheinung.

Nach dem Abschlusskonzert blieb das Festspielorchester noch zwei Tage in Luzern, um unter der Leitung von Paul Klecki für die Schallplattenfirma «His Master's Voice» die Vierte Symphonie von Brahms aufzunehmen, die erste Schallplatte, die nicht als Live-Aufnahme aus Luzern produziert wurde.

Die Mozart-Serenade des Collegium Musicum Zürich war diesmal eine Haydn-Serenade (Solistin: Stefi Geyer). Im Kursaal musizierte das aus Meisterkurs-Dozenten gebildete Klaviertrio Edwin Fischer, Georg Kulenkampff und Enrico Mainardi, das in dieser Form bis zu Kulenkampffs frühem Tod (1948) und dann mit Wolfgang Schneiderhan bis 1954 jährlich konzertierte. Franz Josef Hirt und Rosmarie Stucki brachten zeitgenössische Klaviermusik für Klavierduo von Albert Moeschinger, Strawinsky, Honegger und Ferruccio Busoni zur Wiedergabe. Zum 60. Geburtstag von Othmar Schoeck sang Ernst Haefliger, am Klavier vom Geehrten begleitet, dessen Liederfolge *Der Sänger*; dem Komponisten überreichte man zudem eine Ehrengabe von 1000 Franken. Georg Kulenkampff und Paul Baumgartner, ebenfalls im Kursaal, und Edwin Fischer mit zwei Beethoven-Sonaten im Konservatorium (das erste Klavierrezital hiess «Vorspielabend») ergänzten die kammermusikalischen Veranstaltungen. Im Stadttheater dirigierte Ansermet eine szenische Aufführung der *Histoire du Soldat* von Strawinsky. [vgl. Abb. S. 2]

Das Trio Kulenkampff – Fischer – Mainardi

INFRASTRUKTUR-PROBLEME

Anlässlich einer Manöverkritik beklagte Leuzinger etliche Mängel am Kunsthaus und begehrte Verbesserungen, was gleich neuerliche Diskussionen über ein neues Festspielhaus auslöste. Die Streitereien über die Akustik des Saals verstummten aber erst, als sie 1996 wegen des Abbruchs obsolet wurden. Es gab aber immer wieder Stimmen ausgewiesener Fachleute, welche die Hörverhältnisse im alten Haus rühmten, wenn sie auch einräumen mussten, in einigen Sektoren seien gewisse Plätze akustisch arg benachteiligt.

[Ich erinnere mich, nach dem letzten Konzert im Kunsthaus auf dem des engen Zugangs wegen ungeliebten, jedoch akustisch idealen Mittelgalerie-Dienstplatz sehnlichst gehofft zu haben, der neu geplante Konzertsaal möge dieselbe Qualität bieten.]

Wenn die Musiker sich über die Verhältnisse auf dem Podium beklagten, lag dies nicht zuletzt daran, dass sie herkunftsbedingt gewohnt waren, in unbestreitbar ausgezeichneten Konzertsälen zu spielen – die Zürcher Tonhalle, die Genfer Victoria Hall, die Casinosäle in Basel und Bern: allesamt hervorragende Auditorien. Andere Mängel am Haus hingegen waren prekär. Die sanitären Anlagen entsprachen dieser Misere. Die Foyers für das Publikum luden nicht zum Verweilen ein, die Platzverhältnisse waren eng und der ganze Rahmen entsprach kaum den gesellschaftlichen und festlichen Ansprüchen. Im Lauf der Jahre ergriff man aber diesbezüglich mehr verbessernde Massnahmen als im Backstage-Bereich.

Hinter den Kulissen im (engen) Kunsthaus und im Hotel Schweizerhof, Ende der 1980er Jahre

Die Organisatoren kalkulierten in den ersten Nachkriegsjahren mit höheren Defiziten, plädierten abermals für eine Gesellschaft der «Freunde der Luzerner Festwochen» und beschlossen zudem eine Erhöhung der Eintrittspreise, die sich im Rahmen von 27.50 bis 4.40 Franken bewegten. Um auswärtige Besucher anzuziehen, führte man Verhandlungen mit den Bundesbahnen, die bewirkten, dass die Konzertbesucher Fahrkarten einfach für retour erstehen konnten. Was erst 1970 Realität wurde, hatte Strebi schon 24 Jahre vorher angeregt, nämlich die Errichtung einer Stiftung, da bei der damals aktuellen Rechtssituation (Einfache Gesellschaft) jedes Einzelmitglied haftbar war.

Ende April 1946 trat Eduard Schütz die Nachfolge von Luigi Pessina als Verkehrsdirektor an, nach Leuzingers Worten ein Mann mit weniger «Beziehungen zu den schönen Künsten» als sein Vorgänger; «in der Zusammenarbeit zwischen der künstlerischen und der administrativen Leitung […] zeigten sich Konfliktherde. Das Komitee der IMF wurde in kleinere Ausschüsse aufgeteilt, und Max Wey präsidierte nur noch ein bis zwei jährliche Sitzungen des grossen Komitees». [Leuzinger, 1985]

Insgesamt ernteten die Festwochen im Komitee wie in der Presse nicht nur positive Resonanz. An der Sitzung vom 21. Oktober vermissten die Mitglieder die «einheitliche Linie» und forderten künftig ein Programm mit mehr Breitenwirkung. Zu sehr sei die Moderne gewichtet worden, die Solisten hätten «nur ihre technische Seite» demonstrieren können. Luzern müsse sich zukünftig in jedem Konzert auf den Publikumserfolg und auf den internationalen Charakter ausrichten. Der beste Garant dafür sei Toscanini. [Prot. 21. 10. 1946]

1947 – 9. BIS 30. AUGUST

Toscaninis Sohn Walter sagte jedoch schon früh im Namen seines Vaters ab. Also ruhten die Hoffnungen auf Furtwängler und auf dessen möglichst schneller Entnazifizierung, denn er war der «einzige erstklassige» Dirigent (Leuzinger), der noch in Frage kam. Einige Herren hielten ein Wiederengagement für zu früh und stellten es aufgrund diverser Kampagnen gegen den Dirigenten infrage, etwa der Hetze von H. K. in der *Freien Innerschweiz* am 24. Dezember 1946. Als die Verpflichtung trotzdem beschlossen war, schlug Strebi vor, sie nicht öffentlich bekannt zu geben, «bevor reiner Tisch» gemacht sei, unterlag mit diesem Begehren jedoch mit fünf zu sechs Stimmen, weil die Versammlung wünschte, das Generalprogramm früher als bisher zu präsentieren. [Prot. 21. 12. 1946]

Da Strawinsky und Eugene Ormandy ihre erst erteilten Zusagen zurücknahmen und Klecki wegen eines Auftritts in Interlaken für Luzern ausschied, standen die Veranstaltungen 1947 ganz im Zeichen Furtwänglers.

[Furtwängler wohnte zu dieser Zeit schon fast ein Jahr lang in der Schweiz. Dank ärztlichen Attesten und der juristischen Intervention durch Walter Strebi erhielt er nach monatelangen, nervenaufreibenden Gesuchen um Verlängerung der abgelaufenen Visa am 29. Oktober 1946 die definitive Aufenthaltserlaubnis. Bis zu seinem Tod 1954 lebte er fortan in Clarens am Genfersee.]

In der Jesuitenkirche – «dem herrlichsten Raum [sic!], den unser Land für solche musikalische Feiern besitzt» [NZZ, 22. 8. 1947, Ab.] – leitete er eine Wiedergabe des *Deutschen Requiems* von Brahms mit den Solisten Elisabeth Schwarzkopf und Hans Hotter, dem Festspielchor (Einstudierung: Albert Jenny) und dem Festspielorchester. Der Kritiker hob hervor, die Wiedergabe sei «einem neuschöpferischen Akt» gleichgekommen und bei Furtwängler sei noch etwas «Neues» dazugekommen: «eine grössere Schlichtheit, eine menschliche und künstlerische Reife, die sich auch an den beherrschteren, gemässigteren Dirigierbewegungen ablesen liess». [NZZ] Das Orchester spielte unter ihm ausserdem die beiden Abschlusskonzerte mit Werken von Beethoven (1. Klavierkonzert mit Adrian Aeschbacher [DVD 5.3.] und das Violinkonzert), Brahms (zweimal die 1. Symphonie) und Wagner, wobei Yehudi Menuhin, der Furtwängler sinnfällig als «Fremden im nationalsozialistischen Deutschland und Nazi in den Augen der Fremden» beschrieb [Menuhin, 1979, S. 51f.], das Violinkonzert von Beethoven interpretierte, von dem heute noch eine Live-Aufnahme erhältlich ist.

[Das Label «His Master's Voice» – später EMI – veröffentlichte noch eine weitere Schallplatte mit dem Brahms-Konzert in der gleichen Besetzung, die jedoch dieses Werk im Konzert nie aufführte. Die ersten Pressungen als 78er-Platten wie auch spätere in LP-Form vermerken kein Aufnahmedatum. Spätere Neupressungen und CD-Versionen weisen die Einspielung als «Live-Aufnahme» aus und geben als Aufnahmedatum je nach Edition verschiedene Jahre an, auch von Jahren, in denen Menuhin gar nicht in Luzern auftrat. Eine vor Jahren versuchte Anfrage bei EMI, hier könne einiges nicht stimmen, wurde forsch als «ungebührlich» zurückgewiesen mit der Begründung, die Bänder seien authentisch beschriftet. Erst aufgrund eines im Nachlass gefundenen Vertrags und eines Briefes von Leuzinger an die Kollegen des Festspielorchesters vom 12. Juli 1949 fand sich des Rätsels Lösung: Im Vertrag steht, jedes Orchestermitglied verpflichte sich auch zu Plattenaufnahmen; im Brief heisst es explizit: «Es steht nun fest, dass wir am 29. – 31. August 1949 unter der Leitung von Wilh. Furtwängler mit Yehudi Menuhin das Violinkonzert von Brahms auf Platten spielen werden.» Also: keine Live-, sondern eine Studioaufnahme. In der Biografie Haffners [2003, S. 368] ist die Schilderung der beiden Aufnahmen ungenau und verwirrend.]

Der Umgang des Orchesters mit Furtwängler gestaltete sich laut verschiedenen Zeugnissen durchaus kameradschaftlich, ganz im Gegensatz zu den ernsten, akribischen, von Ausbrüchen und Schimpftiraden begleiteten Proben Toscaninis. Eine verbürgte Anekdote erzählt anschaulich, wie sogar lockerer Humor bei Furtwängler Wirkung zeigen konnte: Sein Hang, Proben zeitlich zu überziehen, war notorisch. Als seine «innere Uhr» nicht gleich wie jene Uhr tickte, die gut sichtbar im Kunsthaus hing und die 12.30 Uhr anzeigte, setzte keine Solotrompete ein. Überrascht fragte Furtwängler: «Warum spielen Sie nicht?» Der Trompeter klapperte mit den Ventilen, hob sein Instrument in die Höhe und rief: «Meine Trompett' spielen nur bis 'alb eins!» Unter Gelächter war die Probe zu Ende. Leuzinger hob 1949, als Walter und Furtwängler das Festspielorchester dirigierten, eine Gemeinsamkeit beider hervor: «Sie gingen sozusagen vorurteilslos an ihre Arbeit. Sie waren an dem, was ihnen vom Orchester entgegenkam, interessiert; sie besassen die Fähigkeit, zusammen mit den Musikern die Orchesterleistung so zu verfeinern, dass die Interpreten über sich hinauswuchsen. […] Am Schluss der Generalprobe [zu Haydns *Schöpfung*] verliess Furtwängler sein Dirigentenpodium, als wollte er sich auf das gleiche Niveau wie die Orchestermusiker stellen, und sagte: ‹Wenn wir Glück haben, wird es eine sehr schöne Aufführung werden.›» [Leuzinger, 1985] Leuzinger wertete dies richtigerweise nicht als nette, hohle Phrase, denn wäre das «Glück» nicht hold gewesen, hätte Furtwängler dies ruhig und gelassen als Gegebenheit hingenommen.

Furtwängler versprach schon im Juni, im folgenden Jahr wieder in Luzern zu dirigieren, falls ihm dies «schriftlich und verbindlich» [Prot. 25. 6. 1946] zugesichert werde. Der Wunsch war Luzern Befehl, freilich unter dem Mantel der Verschwiegenheit – die Presse durfte davon erst nichts erfahren.

Kurz vor dem Stellenantritt als Chefdirigent des Boston Symphony Orchestra gab auch der Elsässer Charles Munch zusammen mit dem Chopin-Spezialisten Alexander Brailowsky als Solisten Luzern die Ehre; er erschien im Jahr darauf noch einmal als Gast der IMF. Paul Hindemith mit seiner Sinfonie *Mathis der Maler* und Dinu Lipatti mit dem d-Moll-Klavierkonzert Mozarts waren die Protagonisten eines weiteren Konzerts mit dem Festspielorchester. [DVD 5.1.1.] Bei einer Privateinladung im Hause Strebi spielten die beiden «aus Jux» (Maria Strebi) sogar vierhändig Klavier. Unter Alceo Galliera debütierte im Eröffnungskonzert die Violinistin Erica Morini in Luzern. Sie ist in den Annalen des Festivals die erste Instrumentalsolistin eines Sinfoniekonzerts.

In den Zeiten der von Männern beherrschten Musikszene soll sie einmal geäussert haben: «Ein Geiger ist ein Geiger, und ich werde für einen solchen gehalten – nicht für eine weibliche Musikerin.» Menuhin war vor dem Auftritt mit Furtwängler auch Solist unter Ansermet. In jenem Konzert brachte er das zweite Bartók-Violinkonzert sehr zum Missfallen des Organisationskomitees – «zu modern, nicht publikumswirksam» – zu Gehör, und der Dirigent leitete als Uraufführung im Rahmen der IMF die Version für grosses Orchester der *Symphonie concertante* von Frank Martin.

Einen starken Akzent setzte Benjamin Britten, eine der herausragenden Musikerpersönlichkeiten des 20. Jahrhunderts, ausserordentlich nicht nur als Komponist, sondern auch als Dirigent und Pianist. Lange Zeit galt seine Musik als eher konservativ und geriet ein wenig an den Rand, doch seit einigen Jahren erwies man ihr, die unbestreitbar von hoher kompositorischer Meisterschaft und unfehlbarem Handwerk zeugt, wieder vermehrt Beachtung. Im Stadttheater führte The English Opera Group unter seiner Leitung seine zwei jüngsten Bühnenwerke auf: die ein Jahr früher komponierte Kammeroper *The Rape of Lucretia* und die Komödie *Albert Herring*, die wenige Wochen vorher in Glyndebourne aus der Taufe gehoben wurde.

[Mario Gerteis weiss von einer pikanten Konstellation zu berichten: 1969, beim dritten und letzten Gastspiel Benjamin Brittens in Luzern, kam der Lebenspartner des Komponisten, der bedeutende Tenor Peter Pears, anlässlich eines Interviews auf eine interessante Reminiszenz zu sprechen. Er erinnere sich ganz genau, meinte er im Gespräch, an die Auftritte der English Opera Group im Luzerner Stadttheater 1947. Er selber und Britten hatten damals den Gedanken eines eigenen Festivals in Aldeburgh an der englischen Ostküste bereits ziemlich weit entwickelt. Ein Jahr später sollte es dann so weit sein. Einen wichtigen Anstoss gaben die Luzerner Erfahrungen. Pears: «Wir waren sehr beeindruckt von der Atmosphäre in Luzern wie von den prächtigen musikalischen Darbietungen. Ich weiss noch genau, wie wir auf der Rückreise darüber diskutierten und Pläne schmiedeten.» Für Pears und Britten war es vor allem das spezifische Luzerner Cachet, das sie faszinierte, und wie eine Kleinstadt fern der Metropolen ein eigenes künstlerisches Gesicht zu entwickeln vermag.]

In der erstmals doppelt durchgeführten Serenade vor dem Löwendenkmal – sie stand diesmal wieder ganz im Zeichen Mozarts – kamen die Besucher in den Genuss zweier der hervorragendsten Mozart-Stimmen jener Epoche: Elisabeth Schwarzkopf am ersten, und die noch junge Maria Stader am zweiten Abend sangen Mozarts Motette *Exultate, jubilate*. [DVD 5.2., 5.3.] Walter Schulthess und seine Frau Stefi Geyer hatten wesentlich dazu beigetragen, dass Stader als Heilsarmee-Kind nach dem Ersten Weltkrieg aus Ungarn in die Schweiz gelangte und unter anderem von Ilona Durigo ausgebildet, besonders mit Mozart eine beispiellose Gesangskarriere einzuschlagen vermochte, obwohl sie wegen ihrer Statur (1.44 m) nur selten auf der Opernbühne erschien. Es war später sehr unterhaltsam, wenn sie im vorgerückten Alter, als ihre Stimme nur noch von Schallplatten zu vernehmen war, über die alten Zeiten sprach und im trauten Kreis ihre hohen Qualitäten freimütig und durchaus selbstbewusst pries. Besonders ihre Darstellung des *Exultate* habe seither keine Sopranstimme mehr gleichwertig erreicht, betonte sie hin und wieder. Sie blieb den IMF bis an ihr Lebensende 1999 treu. Nach ihrem letzten Auftritt 1969, ebenfalls im Rahmen der Serenade, besuchte sie alljährlich einige Konzerte der IMF und traf sich in Luzern mit ihrem Freundeskreis.

Die Bläser-Serenade [vgl. S. 126] fand zum vorletzten Mal statt; sie erwies sich nämlich als wenig erträglich, und deswegen verzichtete man nach 1948 darauf.

In der Rückschau konstatierte das Organisationskomitee ein ungünstiges Finanzergebnis, weil keine Bundessubventionen mehr flossen. Als eine erspriessliche Investition zeigten sich die Werbekampagnen beim damals weltberühmten, in fast ganz Europa zu empfangenden kommerziellen Sender Radio Luxembourg (seit 1983 unter dem Namen RTL).

Plakat des Stadttheaters zu den Aufführungen der zwei Kammeropern von Britten

1948 (11. BIS 30. AUGUST) – WIEDER INTERNATIONALER

Es war ein Jahr, welches das Prädikat «denkwürdig» verdient. Die IMF durften auf ihr zehnjähriges Bestehen blicken und taten dies mit klingenden internationalen Namen, die einem Vergleich mit dem Angebot von 1939 absolut standhielten. *Der konservativ-repräsentative Charakter* [der Festwochen] *entspricht dem glänzenden gesellschaftlichen Rahmen, in welchem sie sich als Sommerveranstaltung präsentieren, wobei das Moment der Internationalität nicht nur in den Programmen gewahrt bleibt, sondern neuerdings auch wieder in der Zusammensetzung der Hörerschaft stark zur Geltung kommt,* schrieb Willi Schuh zur Eröffnung. [NZZ, 13. 8. 1948, Ab.] Die Reisebeschränkungen für Ausführende wie Publikum waren nun weitgehend aufgehoben. Der Schriftsteller François Mauriac weilte beispielsweise während der ganzen Festspielperiode in Luzern und besuchte die Konzerte. Künstler, die Europa aus bekannten Gründen verlassen hatten, kehrten zurück oder standen immerhin wieder für Gastverpflichtungen zur Verfügung; einschlägige Auftrittsverbote aus dem (gross)deutschen Raum waren für nichtig erklärt worden, erste Musiker kehrten den kommunistischen Diktaturen im Osten den Rücken und suchten im Westen Zuflucht. Am künstlerischen Konzept änderte sich allerdings wenig. Schuh schrieb in der erwähnten Rezension: *Der Schwerpunkt liegt durchaus auf den Sinfoniekonzerten, da theatralische Aufführungen (die in den letzten Jahren das Gesamtbild entschieden belebt haben) diesmal ganz fehlen. Weil die Luzerner Festwochen – im Gegensatz zu berühmten ausländischen Sommerfestspielen – ohne die finanzielle Unterstützung von Staat und Stadt auskommen müssen, sind sie (leider) in besonderem Masse auf die Zugkraft von Ausführenden und Werken angewiesen. Und das hat zur Folge, dass von einer künstlerischen Leitidee kaum die Rede sein kann und in den Orchesterkonzerten […] die von den Gastdirigenten bevorzugten Standardwerke der klassischen und romantischen Musikliteratur den unbedingten Vorrang geniessen. Abliegenderes Musikgut, zeitgenössisches und schweizerisches Musikschaffen, erscheint begreiflicherweise nur ganz am Rand; weniger leicht einzusehen ist dagegen, weshalb von den Möglichkeiten eines grossen Orchesterapparates, wie ihn das Schweizerische Festspielorchester darstellt, nicht ausgiebiger Gebrauch gemacht wird, also etwa auch Werke einbezogen werden, die ihrer anspruchsvollen Besetzung wegen – die späteren sinfonischen Dichtungen von Richard Strauss oder auch Mahlersche Sinfonien kämen hier in Betracht – verhältnismässig selten aufgeführt werden können.*

Ergänzend sei angefügt, dass das Luzerner Festival von Beginn an bis in die Gegenwart – bedingt durch die Infastruktur – sich als Festspiel des Konzerts versteht, wobei Orchesterkonzerte das Hauptgewicht ausmach(t)en. Denn genauso wie das grössere Opernhaus fehlte ein spezieller Kammermusiksaal, ein Manko, das bewirkt(e), dass die Pflege der kammermusikalischen Gattungen seit eh und je bescheiden ausfällt und diese Konzerte quasi als Nebenveranstaltungen figurieren. – Die zwar regelmässigen, doch unerheblichen Finanzspritzen seitens der öffentlichen Hand (gegenwärtig knappe drei Prozent des Gesamtbudgets!) bedingen zwar die mitunter schwierige Geldbeschaffung aus anderen Quellen, erweisen sich indes als vorteilhaft, weil die Politik sich nicht in die

Konzeptionen einmischen kann, wie es bei anderen vergleichbaren Festspielen der Fall ist und dort immer wieder zu Kontroversen führt.

Warum die Bühne des Stadttheaters 1948 während der Festwochen verwaist blieb, ist nicht auszumachen, hingegen ist festgehalten, weshalb der hochgepriesene Raum der Jesuitenkirche unberücksichtigt blieb: Die Präfektur der Kirche machte im Januar in einer Aussprache über Konzerte in der Jesuitenkirche geltend, bis dahin sei für alle Konzerte eine Ausnahmebewilligung erteilt worden; die Ausnahmen könnten aber keinesfalls zur Regel werden oder sogar Rechtsstatus erlangen. Rechtens seien ausschliesslich Konzerte mit «geistlicher Musik bei freiem Eintritt und der Segenserteilung». Der Einwand des Klerus bedingte eine Denkpause.

Die künstlerische Leitidee liess noch auf sich warten; sie kam erst 1970 zum Tragen, als die Organisation der IMF professionalisiert wurde. – Was die Aufführung der symphonischen Literatur von Strauss und Mahler betrifft, sei hier nur bemerkt, dass für nicht wenige Werke beider Komponisten der Platz auf der Konzertbühne schlicht zu knapp bemessen war. Die geforderte Anzahl Ausführender überstieg die vorgegebenen Quadratmeter des Kunsthauspodiums. Da die Luzerner Mahler-Aufführungen und -Rezeption noch eingehender behandelt werden wird, sei lediglich darauf hingewiesen, dass Mahler-Werke, von den Nazis mit dem Bannfluch belegt, sich drei Jahre nach deren Untergang noch nicht vom Aufführungsverbot erholt hatten, sprich: Ihnen fehlte im In- und Ausland die Popularität. Einer Mahler-Renaissance harrten nur wenige Kenner entgegen; sie setzte erst allmählich nach Mahlers 100. Geburtsjahr in den 1960er Jahren ein.

LUZERNER TRADITIONEN

Das Etikett «Nebenveranstaltungen» darf nicht als minderwertig oder unbedeutend missverstanden werden. Im Gegenteil: Die zwar im bescheidenen Umfang durchgeführten Veranstaltungen massen sich wie die Orchesterkonzerte am gleich hohen Qualitätsprinzip und verhalfen den IMF zu einer eigenen, luzernischen Note. Dazu gehörten nicht nur die erwähnten stimmungsvollen Löwendenkmal-Serenaden, sondern auch Matinéen oder Soiréen wie 1948 eine zum 70. Geburtstag des einheimischen Komponisten Fritz Brun oder eine andere im Zeichen Rachmaninows. Der Trio-Abend mit Fischer, Kulenkampff und Mainardi fand wegen der starken Nachfrage im Kunsthaus statt und war bis auf den letzten Platz besetzt. Die kirchlichen Choraufführungen, diesmal auf ein Konzert des Strasbourg-Domchors – eine Reminiszenz auf 1939 – eingeschränkt, trugen das ihre bei, um eine Tradition der Eigengewächse im Garten der IMF zu begründen.

MARKEN FÜR DIE ZUKUNFT

Für die Dezenniums-Festlichkeiten 1948 war Internationalität zwingend. In manchem Kopf der rührigen Luzerner Zepterführer garantierte dafür keiner so wie Toscanini. Unverdrossen bemühte man sich um den müder werdenden und nunmehr wenig reisefreudigen Maestro, dessen Sohn unter diesen Umständen umgehend abwinkte. Drei Furtwängler-Konzerte bildeten also wiederum das Rückgrat des Jubiläumsprogramms. Schulthess, dieser «weise» (Strebi) Professionelle im Organisationskomitee, ein profunder und kompetenter Kenner der Szene, ausgestattet mit unfehlbarem Gehör (im doppelten Wortsinn) machte den Luzernern zwei Namen beliebt, die für die Weiterentwicklung des Festivals enorm folgenreich sein sollten: Rafael Kubelík und Herbert von Karajan. Die beiden «müssen als tüchtige Dirigenten der jüngeren Generation warmgehalten» werden – davon war Schulthess fest überzeugt, und er sollte Recht behalten.

Walter Schulthess, 1969

[Walter Strebi an der Trauerfeier für Walter Schulthess in der Zürcher Wasserkirche am 28. Juni 1971:

Wie ich mit Walter Schulthess Programmfragen besprechen konnte, üblicherweise in einer Gaststube, er kettenrauchend aus einem feinen Mundstück, beide beim Wein, bleibt mir unvergesslich. Besonders bei diesen Gelegenheiten hat Walter Schulthess die Gaben, die ihm von Natur verliehen wurden, in einer Weise entwickelt, wie es für alle, die dabei waren, unvergesslich bleiben wird. Sie waren Ausdruck schönster Menschlichkeit und edler Klarheit. Immer hat Walter Schulthess Ruhe und Überlegenheit ausgestrahlt, auch bei der Programmgestaltung; er wusste, dass ein Festival-Programm nur sinnvoll wird, wenn es zum Besuche lockt. Seine überlegte Abstimmung der Programme hat im Verlauf der Zeit auch konservative Festwochenbesucher bei Werken von Bartók, Britten, Hindemith, Honegger, Kodály, Martin und Strawinsky im Saal festgehalten. Bei all diesem Wirken ist Walter Schulthess stets der Herr geblieben, der dabei auch zum Ausdruck brachte: Macht kein Aufhebens von mir.] [Privatdruck, ohne Datum]

Kubelík dirigierte gleich das Eröffnungskonzert, das nach den Worten Willi Schuhs «die Festlichkeit eines eleganten gesellschaftlichen Ereignisses mit der Spannungsfülle eines glanzreichen musikalischen Geschehens, an dem Dirigent, Solist und Festspielorchester in gleichem Masse Anteil hatten», verband. [NZZ, 13. 8. 1948, Ab.] Schuh pries die «ursprünglichste Begabung» des Orchesterleiters und die «naturhaft-musikantischen Kräfte seines Volkstums» – Eigenschaften, die er mit einem in sich schlüssigen tschechisch-russischen Programm demonstrierte. Er, der gerade die damalige Tschechoslowakei, seine Heimat, verlassen hatte, um nach seiner Aussage sein «Volk nicht zu verlassen», überraschte in Luzern gleich mit einer Novität: *Taras Bulba* von Leoš Janáček. Ein Werk, das rhapsodisch frei Inhalt und Geist der gleichnamigen Novelle von Gogol beschwört, die vom erfolgreichen Kampf des ukrainischen Kosaken Taras Bulba erzählt, der zwar 1628 den Feuertod erleidet, aber auf dem Scheiterhaufen seinem Volk eine ruhmvolle

Zukunft prophezeit. Der unmittelbare Widerhall von Janáčeks Begeisterung für eine um Unabhängigkeit kämpfende (tschechische) Nation gab dem temperamentvollen, 34-jährigen Kubelík eine geradezu ideale Vorlage, seine mitreissende, suggestive und autoritative Leiterfunktionen auf das Orchester strahlen zu lassen; durch diese Musik floss Eigenblut, und die Aura des Authentischen schwebte stets über dem Gespann Kubelík und Janáček. [Warum ist eigentlich dieser grossartige symphonische Dreiteiler seither nie mehr auf einem Lucerne-Festival-Programm gestanden?] Alexander Brailowsky, mit eigenem Flügel angereist, wuchtete nach diesem erratischen Programmpunkt das populäre Tschaikowsky-Konzert in das Auditorium, bevor Kubelík das Konzert mit der damals kaum bekannten, Brahms nahen Symphonie in d-Moll (Nr. 7) von Dvořák abschloss – noch eine Luzerner Erstaufführung.

Unter Charles Munch – es war der zweite und letzte Luzerner Auftritt des langjährigen (1949–1962) Chefdirigenten des Boston Symphony Orchestra – erschien eine der grossen Koryphäen des Geigenspiels im 20. Jahrhundert erstmalig auf dem Kunsthaus-Podium: Isaac Stern mit dem Mendelssohn-Konzert. Zum Konzertschluss erlebte Honeggers 3. *Symphonie Liturgique* ihre Luzerner Erstaufführung. [DVD 5.4.]

Charles Munch dirigiert das Festspielorchester, 1948

```
Dr. Wilhelm Furtwängler                          Mailand, den 15. April 1951


        Frau Erika T o t h
        Ramperstorffergasse 5
        W i e n  V

        Liebe Frau Toth,
                Vor einiger Zeit schrieb mir ein gescheiter Mann: "Das
        System Karajan - denn er ist mehr als nur eine Person - bedeutet
        nicht mehr und nicht weniger als die Inflation der Werte der
        grossen Musik. Für ihn ist es gleichgültig, ob er heute die
        Meistersinger oder den Ring, morgen die Missa solemnis oder die
        Hohe Messe von Bach usw. herunterdirigiert; alles wird bei diesem
        arbiter elegantiarum (für Snobs und Dienstmädchen) zum "gesellschaft-
        lichen Ereignis". Unter seinen Händen wird jede Musik zu derselben
        parfümierten Wassersuppe, dargeboten mit Manieren, die viel von
        einem Scharlatan an sich haben."- -

                Mir scheint bei diesem Urteil viel treffendes !
                                            Mit besten Grüssen
                                                    Ihr
```

Ein Muster von Furtwänglers Kommentaren zu Karajan

Doch nach wie vor bildeten drei Furtwängler-Konzerte auch in diesem Jahr das Gravitationszentrum. Es ist zu vermuten – Gesprächsaussagen der Witwe Strebis vor Jahren in diese Richtung stützen die Annahme –, Furtwängler habe mit Nachdruck für sich beansprucht, mindestens ein Konzert mehr als seine Kollegen zu leiten und garantiert eine höhere Gage als diese zu erhalten. Ob die Nachrede zutrifft oder nicht: Es lässt sich indes nicht verhehlen, dass Furtwängler sich nach dem unverhältnismässig (verglichen mit jenem mancher Kollegen) schwierigen und von ihm schwer ertragenen «Absolutionsprozess» – Parteimitglied war er übrigens nie – nach wie vor für einen «Propheten der Welt von gestern» und für den Massstab schlechthin hielt. Er wusste um seine starke Wirkung als Person, die sich handkehrum äusserlich völlig uneitel und schlicht gab. Zur Schau getragenes, dennoch durchaus vorhandenes, starkes Selbstbewusstsein war ihm fremd. Umso merkwürdiger muten seine Neigung zu Überempfindlichkeit gegenüber Kritik, geradezu peinlich seine Eifersüchteleien gegenüber Kollegen an, besonders gegenüber jenem, dessen Stern schon vor dem Krieg aufleuchtete und der just in diesem Jahr die Strahlen auf die «Leuchtenstadt» zu werfen begonnen hatte: Herbert von Karajan. Noch betraute man indessen Furtwängler, dem Jubiläumsjahr mit entsprechend feierlichen Klängen Nachdruck zu verleihen, und dafür standen wie eh und je Beethoven (1. und 9. Symphonie), Wagner und Bruckner (4. Symphonie) ein, aber auch Furtwängler selbst, der diesen Stilkosmos auf überwältigende Weise darzustellen wusste. An dieser Musik vermochte er den berühmten Bogen zu schlagen, die Melodik unvergleichlich schwingen zu lassen oder tragische Spannungen wie in der *Götterdämmerungs*-Trauermusik auf ein Höchstmass zu treiben. Die Kritik aus dem In- und Ausland attestierte dem Festspielorchester und seinem Leiter jedenfalls unisono uneingeschränkte Bewunderung. Die Wagner-Weihestunde (neben der Trauermusik das *Siegfried-Idyll* und das *Meistersinger*-Vorspiel) wurde als Wohltätigkeitskonzert wiederholt – wem die Benefiz-Gunst zukam, war nicht zu eruieren –, wobei anstelle der Bruckner-Symphonie Beethovens Erste erklang. Zum Höhepunkt der Zehnjahres-Feier und zum eigentlichen Abschluss erklang unter Furtwänglers Leitung Beethovens Neunte Symphonie mit dem Solistenquartett Elisabeth Schwarzkopf, Elsa Cavelti, Ernst Haefliger und Paul Schöffler sowie dem Festwochenchor.

Volkmar Andreae dirigierte ein konventionelles Programm, in dessen Zentrum Artur Schnabel *das Klavierkonzert von Schumann mit einer durch eher breite Zeitmasse geförderten plastischen Modellierung* [interpretierte]. *Dass das Gefühlsmoment und die Klangpoesie des Werkes dabei zu voller Auswirkung gelangt wären, kann man bei allem Respekt vor der Meisterschaft des grossen Pianisten freilich nicht behaupten.* [NZZ, 23. 8. 1949, Ab.] Leider blieb es bei diesem einzigen und scheinbar von nicht eruierbaren Imponderabilien belasteten Auftritt des Künstlers, worauf ein Gästebucheintrag deutet. Schnabels Erscheinen gleicht zwar einer Marginalie in den Annalen der IMF; es ist jedoch insofern bedeutsam, als dieser Pianist und notabene radikal «avantgardistische» Komponist, der sich nach eigenen Worten zeitlebens gegen den «normierten Maschinenzeitalterkollektivismus» gestellt hatte und sich nach der Zeit zurücksehnte, «in der das *Was* vor dem *Wie* und *Wer* und *Wieviel* rangierte» [Schnabel, 2009, S. 83], vor Hitler in Berlin eine Grösse war, im amerikanischen Exil allerdings in Europa etwas in Vergessenheit geriet. Erst nach seinem Tod (1951, in Schwyz begraben) wurde er allmählich gebührend erkannt. Er war unter anderem mitverantwortlich, dass Schuberts lange ignoriertes Œuvre für Klavier endlich wieder rezipiert wurde, und er war meines Wissens der erste Interpret, der in seiner Gesamteinspielung der Beethoven-Klaviersonaten die authentischen (raschen) Tempovorgaben respektierte. Deswegen nimmt er für einige Pianisten der Gegenwart eine Vorbildfunktion ein, etwa für András Schiff. Dem Luzerner Auftritt kam zudem noch Exklusivwert zu, weil er zwar nach dem Krieg wieder nach Europa an den Comersee zurückkehrte, jedoch nie mehr deutschen Boden betrat, denn «ich möchte nicht in ein Land fahren, das mich nur einreisen lässt, weil es einen Krieg verloren hat», heisst es in einer seiner Schriften. [Schnabel, 2009, S. 260]

Artur Schnabels Eintrag im Gästebuch der Festwochen

ERSTES KARAJAN-KONZERT

Wilhelm Backhaus als Solist mit dem Schweizerischen Festspielorchester, 1943

Wilhelm Backhaus, um 1960

Bei der Übergabe des Luzerner Kunstpreises 1969 sagte der Geehrte in seiner kurzen Dankesrede: «Ich bin besonders dankbar dafür, dass […] Luzern die erste Stadt war [sic!], die mich eingeladen hat, ausserhalb meines Landes wieder zu dirigieren. Das werde ich ihr nie vergessen.» Er hielt Wort und sollte den Festwochen während fast vier Jahrzehnten seinen Stempel aufdrücken: Herbert von Karajan. «Wieder zu dirigieren», hiess: Wegen seiner doppelten Mitgliedschaft in der NSDAP – in zahlreichen Publikationen und Biografien weidlich ausgeschlachtet und bis zum heutigen Tag (über)strapaziert – wurde er nach Kriegsende von den Alliierten mit einem Dirigierverbot belegt, das im Oktober 1947 aufgehoben wurde. Die künstlerisch verantwortlichen Organisatoren der IMF engagierten Karajan für ein erstes Konzert ausserhalb Österreichs. Laut seinem Biographen Robert C. Bachmann sollen sie an ihn mit der Zusicherung herangetreten sein: «Was da über Sie gesagt und gegen Sie getan wurde, geht uns alle nichts an. Sie sind bei uns willkommen und können immer kommen.» [Bachmann, 1983, S. 180] Sein Einstand in Luzern mit dem Festspielorchester unter Mitwirkung des Solisten Wilhelm Backhaus im 2. Klavierkonzert von Brahms errang einen «Grosserfolg» [Prot. 12. 1. 1949] unter stürmischen Ovationen im zum Bersten gefüllten Saal, was gleich zur Wiederverpflichtung mit dem Eröffnungskonzert im folgenden Jahr führte. Willi Schuh kommentierte Karajans Debut: *Das erste Auftreten des österreichischen Dirigenten, an dessen Namen sich auf Grund seines Wirkens in Aachen, Berlin, Wien und Salzburg bereits ein legendärer Ruhm knüpft, vollzog sich in einer Atmosphäre fast fiebrig gespannter Erwartung. Die ungeheure Energie, die von diesem Intelligenz und Vitalität auf eine sehr persönliche Weise in sich vereinigenden, agilen und eher schmächtigen Mann ausgeht, die Konzentriertheit seines durch einen fanatischen Zug gekennzeichneten Wesens mussten […] auf Orchester und Publikum eine faszinierende Wirkung ausüben.* [NZZ, 28. 8. 1948, Mo.]

> [Fritz Schiesser, einer meiner ehemaligen Lehrer, der damals an den Pauken sass, erzählte mir vor fast 50 Jahren, es habe in Orchesterkreisen geheissen, die Musiker müssten eigentlich bezahlen, um in den Karajan-Proben spielen zu dürfen – und fügte schmunzelnd hinzu: «Wenn sie das Geld dazu gehabt hätten …»]

An der Wiedergabe der Mozart-Sinfonie B-Dur KV 319 hob Schuh den «wachen Klangsinn» bei dem «Wissen um das richtige Verhältnis von Spannung und Lösen» heraus, in Beethovens Fünfter die «straffste Führung von Tempo und Rhythmus», die «dramatische Spannung und die unerbittliche Folgerichtigkeit des Ablaufs», der zuliebe sich ein «breiteres Ausschwingenlassen» versagte. Das Zusammenspiel mit dem Solisten erhielt die Prädikate «souverän» und «ideal».

Über das (gestörte) Verhältnis zwischen den Pultheroen Karajan und Furtwängler hat das Papier aus zahllosen Federn schon viel Gescheites und Dummes ertragen müssen. Hier sei diesbezüglich lediglich hinzugefügt, dass die Leitung der IMF mit den beiden offenbar diplomatisch und planerisch gewandt umging. Allein der Umstand, sie im

Karajan bei der Probe mit dem Festspielorchester anlässlich seiner ersten Verpflichtung in Luzern, 1948

jeweils gleichen Festival zusammenzubringen, bedeutete ein Unikat. Die Proben- und Konzertplanung richtete man dergestalt aus, dass sich keiner der beiden ins Gehege kommen konnte. Es wäre naiv und vermessen gewesen, einen Versuch zu unternehmen, ein kollegiales Verhältnis ausgerechnet in Luzern erwirken zu wollen; dieses hätte wegen der divergenten Charaktere ohnehin nicht entstehen können. In diesem Kontext darf aber auch das Wenige, das sie verband, nicht ausser Acht gelassen werden, nämlich die vertragliche Bindung an den damaligen «Papst» der Schallplatte, Walter Legge, der mit feiner Nase die Antipoden geschäftsfördernd für seine «Columbia Records» respektive «His Master's Voice» zu gewinnen vermocht hatte – den lange zögernden und ungern in Aufnahmestudios arbeitenden Furtwängler zwang der Seitenblick auf den Konkurrenten und das finanziell verlockende Angebot letztlich auch zur Vertrags-Unterschrift. Er leistete sie 1946 im Luzerner Bahnhofbuffet. So gelang es Furtwänglers (späterem) Rechtsberater und Karajan zugetanem Strebi, vereint mit den Kräften Legges, die Dirigentengrössen gemeinsam zum Mittagstisch im Hause Strebi zu empfangen, wie ein Gästebucheintrag vom 23. August 1948 bezeugt.

Die tatsächliche und erfundene Rivalität spaltete wie anderswo auch das Luzerner Publikum in zwei Lager; davon soll später berichtet werden.

1949 (10. BIS 28. AUGUST) – ANZEICHEN EINES ZERWÜRFNISSES

Obwohl noch jung, zeigte das Festival bereits Merkmale der Erstarrung. Man setzte sich nur ungern Risiken in der künstlerischen Planung aus, vertraute weiterhin auf bewährte Kräfte und fest eingefahrene Programme trotz vereinzelten kritischen Einwürfen seitens der Presse. Die Konzertbesucher, zunehmend ein Kreis, der sich tendenziell von der Durchschnittsbevölkerung abzuheben begann, wollten es schliesslich nicht anders. Daher wandelte sich das Gesicht der IMF anno 1949 kaum merklich. Karajan dirigierte wie vorgesehen das Eröffnungskonzert, immerhin mit dem erst- und in Luzern letztmalig aufgeführten *Concerto grosso* von Bohuslav Martinů, womit er schon damals jene Lügen strafte, die immer wieder das Klischee bedienen, Karajan habe sich nur der Schlachtrösser der Literatur angenommen. Es folgte das c-Moll-Konzert von Beethoven mit Edwin Fischer am Klavier. Karajan beschloss das Programm mit Brahms' Erster, mit dem Opus, das er in Luzern noch fünf Mal dirigierte, zuletzt 1988, als er trotz seiner physischen Hinfälligkeit mit der Interpretation dieser Symphonie allen, die begünstigt waren, dabei zu sein, eine musikalische Sternstunde bescherte.

Das Wiedersehen mit Bruno Walter – neben Mozarts g-Moll-Sinfonie stand wie 1938 Schuberts *Grosse* auf dem Programm – wurde für die Musiker zum beglückenden Ereignis. Leuzinger beschrieb Walters Einstudierungen als Akt der «Liebe», er habe «mit so viel Behutsamkeit und Umsicht» seine Einsätze gegeben, «dass man sich in keiner Weise dirigiert gefühlt» habe. Das sei besonders nach Karajan aufgefallen, dieser völlig gegensätzlichen Natur; zwei Gegensätze ähnlich wie Toscanini und Furtwängler. Die

«Absolutisten» Toscanini und Karajan, so Leuzinger, hätten «eine bis in die Einzelheit ausgefeilte Vorstellung davon, wie ein in der Partitur festgehaltenes Werk klingen muss». Walter und Furtwängler seien hingegen «an dem, was ihnen vom Orchester entgegenkam, interessiert; sie besassen die Fähigkeit, zusammen mit den Musikern die Orchesterleistung so zu verfeinern, dass die Interpreten über sich selbst hinauswuchsen». [Leuzinger, 1985]

> [Dieser Meinung gegenüber steht die Frage, ob nicht der Ansatz der «Diktatoren» die Musiker auch zu Höchstleistungen treiben kann. Rainer Zepperitz, ehemaliger langjähriger Kontrabassist der Berliner Philharmoniker, über Karajan: «Wenn er dirigierte, waren wir irgendwie besser.»] [Stiftung Berliner Philharmoniker, 2007, S. 232]

Paul Klecki dirigierte darauf nach der *Moldau* und *La Mer* mit dem *Lied von der Erde* die erste Mahler-Aufführung in Luzern – eine stilistisch eigenartige Werkfolge. Oder wollte dieses Programm den Bogen vom Fluss über das Meer zur ganzen Erde spannen? Jedenfalls war die Zeit Mahler noch nicht hold; die Festwochen-Bilanz des Komitees vermerkte im Nachhinein eine gute Aufnahme des Gesamtprogramms «ausser *Das Lied von der Erde*». [Prot. 1. 10. 1949]

Robert F. Denzler brachte Hindemiths Sinfonie *Mathis der Maler* einmal mehr in das IMF-Programm, bevor nach Menuhin, Francescatti und Stern in den Jahren zuvor ein weiterer Jahrhundert-Geiger, Nathan Milstein, den ersten von insgesamt zwölf Luzerner Auftritten – den letzten 1977 – mit dem Beethoven-Konzert bewältigte.

Die Schlusspunkte waren abermals Furtwängler vorbehalten. Mit den Meisterkurs-Dozenten Wolfgang Schneiderhan und Enrico Mainardi dirigierte er das Doppelkonzert von Brahms. Darauf erzählte er die von Strauss in Musik gesetzte Geschichte von *Till Eulenspiegel* und überwältigte das Publikum mit einer Wiedergabe von Tschaikowskys Vierter Symphonie, «die über alle [ihre] Schwächen und Trivialitäten triumphierte und den so ganz persönlichen und bekenntnishaften Charakter der von abgründiger Melancholie durchwehten Musik des Russen auf die packendste Weise offenbarte». [NZZ, 28. 8. 1949, Sonntagsausgabe] Haydns Oratorium *Die Schöpfung* mit Irmgard Seefried, Walter Ludwig, Boris Christoff und dem von Albert Jenny einstudierten Festwochenchor wurde als Abschluss zweimal aufgeführt, allerdings nicht vor vollem Hause. Haydn «scheint zu wenig ‹Sensationen› zu versprechen», meinte die *Neue Zürcher Zeitung* und taxierte das Chorwerk im gleichen Atemzug als «wenig anspruchvolles, aber nicht minder liebenswertes». (Diese unverständliche Bagatellisierung von Haydns Musik hält sich bis heute allenthalben hartnäckig.)

In den restlichen Veranstaltungen glänzten Zino Francescatti und Robert Casadesus mit einem Sonaten-Abend; das Schneiderhan-Quartett, das nur bis 1951 bestand, verzeichnete den einzigen IMF-Auftritt; Maria Stader und Stefi Geyer bereicherten solistisch die Serenade, und Marcel Dupré legte in der Hofkirche ein weiteres Zeugnis seiner Improvisations-Meisterschaft ab. Im Stadttheater fand eine Bruckner-Feier zum 125. Geburtstag des Komponisten mit einer Gedenkrede von J. B. Hilber statt.

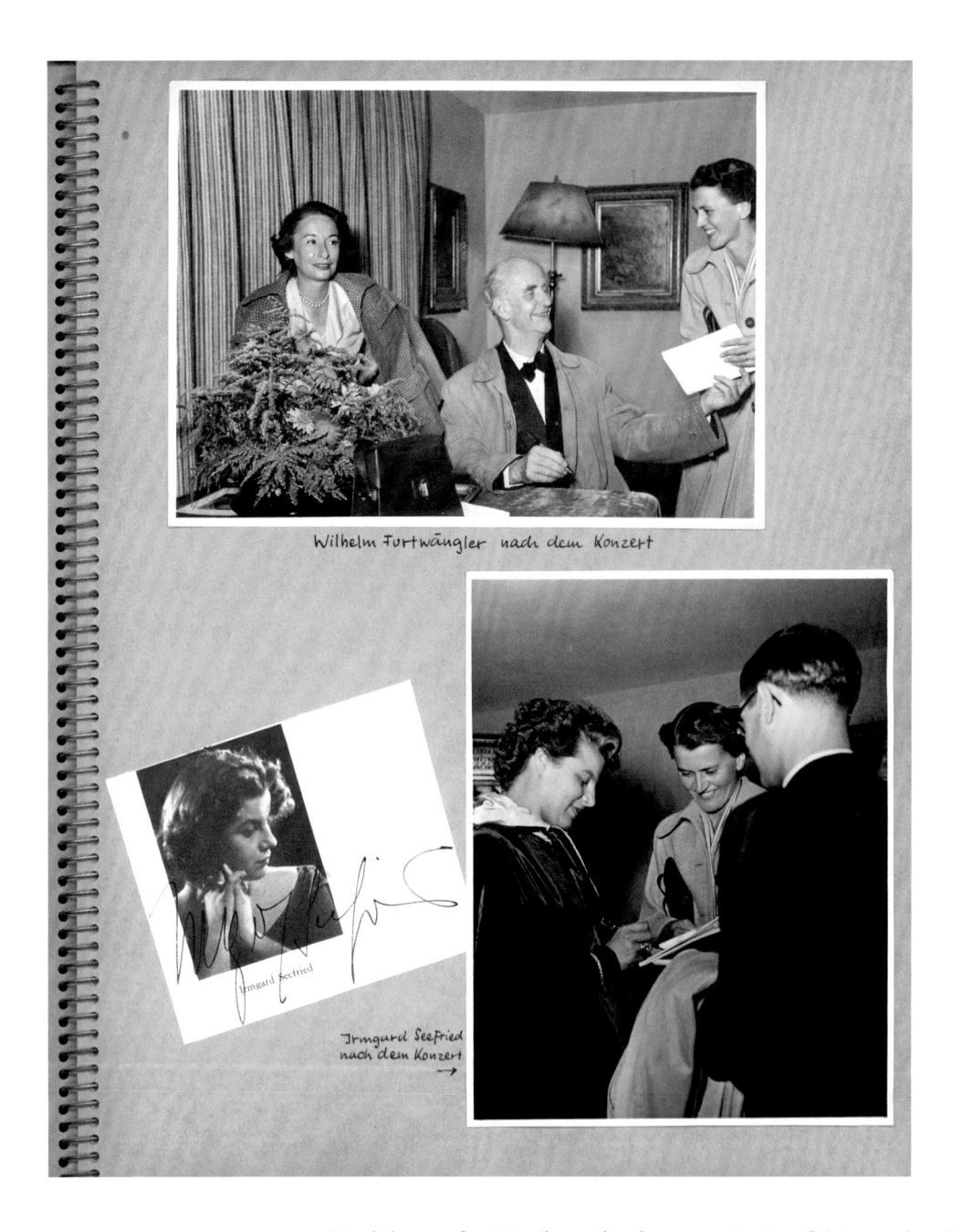

Die Konzertbesucherin Claire Rickli-Reggiori bittet um Autogramme bei Furtwängler und Irmgard Seefried nach der Aufführung der «Schöpfung», 1949

Doch bevor die Musik spielte, begann ein Konflikt zu schwelen. Offenbar teilte Strebi Anfang Juni Leuzinger brieflich mit, das diesjährige Orchester sei nicht «gestützt auf rein fachliche Ausweise aufgestellt» worden, zudem ohne Mitglieder des Basler Orchesters. Er ersuchte deshalb um «Verbesserungen». Leuzinger antwortete umgehend: Er legte Strebis Äusserungen als negatives Qualitätsurteil aus und hielt fest, ein «Maximum an Qualität sei erreicht» und die Verträge seien unterschrieben. Die Streicherbesetzung sei mit ihm besprochen worden; im Orchester befänden sich acht Basler Mitglieder. Leuzinger warf Strebi vor, zu wenig Musiker zu kennen, um sie «auch nur personell beurteilen zu können», geschweige ihre «künstlerische Leistungsfähigkeit». Deshalb fehle jegliche Grundlage, «die Modalität zur Zusammenstellung» des Festspielorchesters zu ändern.

Strebi verfolge wie einige andere «Herren schon seit längerer Zeit» eine «Politik der Nadelstiche gegenüber dem Schweizerischen Musiker-Verband [SMV]». Und prophetisch – der Konflikt eskalierte tatsächlich 1953 – schrieb Leuzinger, «diese Tendenz» müsse «eines Tages unweigerlich zu einem ‹Entweder-Oder› führen, das die Atmosphäre [...] restlos vergiftet». [Leuzinger an Strebi, Brief vom 15. Juni 1949]

Am 1. August hielten die beiden Parteien (IMF und SMV) eine Versammlung ab. Dabei ging es im Wesentlichen um die Kompetenzverteilung und um den ersten Paragraphen des Vertrags zwischen den beiden Körperschaften. Das Komitee wollte die Formulierung: «Der Schweizerische Musikerverband übernimmt für das Komitee der Internationalen Musikalischen Festwochen die künstlerische Organisation der von diesem beschlossenen musikalischen Veranstaltungen» abändern in: «Der Schweizerische Musikerverband besorgt in Verbindung mit dem Komitee der IMF [...]»

Laut Besprechungsprotokoll [Prot. 11. 8. 1949] konnte Präsident Wey die Widerstände des SMV gegen diese Neuformulierung überhaupt nicht nachvollziehen, man wolle den SMV «in keiner Weise in eine untergeordnete Rolle hineindrängen, [...] es hand[elt] sich nicht um einen Entzug von Kompetenzen, doch das Komitee IMF [muss] nach aussen die Verantwortung übernehmen und [will] deshalb auch mitreden können.» Er schloss sein Votum mit Humor: «Tant de bruit pour une omelette.» Im Endeffekt stimmten sämtliche Anwesende für die bisherige Politik.

Für Leuzinger war die Angelegenheit nicht vom Tisch. Er erstattete an den SMV noch am gleichen Tag umfassend Bericht, weiterhin das Feuer schürend, indem er beklagte, seit 1946 werde ein kontinuierlicher Abbau seiner Kompetenzen und somit des Verbandes angestrebt. Er konstatierte einen empfindlichen Schwund der Werbemittel auf künstlerischer Ebene und empfand, die Propaganda sei nur noch auf wirtschaftliche Aspekte ausgerichtet. Als Drahtzieher im Streit verdächtigte er Verkehrsdirektor Eduard Schütz, der zunehmend versuche, in künstlerische Belange einzugreifen. Dieser habe auch angestrengt, ihm die Redaktion der Programme zu entziehen, und beurteile jene nur nach ihren «mutmasslichen Einnahmen». In dieses Bild passe der Umstand, den Beauftragten zu den Sitzungen der Programmkommission nicht mehr einzuladen. Leuzingers Ausführungen gipfelten im Begehren, «das bisherige Mitspracherecht und die bisherige Souveränität in allen künstlerischen Fragen» müsse gewahrt bleiben. [Bericht Leuzinger an die Orchesterversammlung SMV, 11. 8. 1949]

Eine Offerte des Radios bezüglich der Musikerentschädigung belastete das Verhältnis noch schwerer. Leuzinger konnte und wollte das Angebot nicht annehmen; die IMF ihrerseits konnten und wollten keinesfalls auf die propagandistisch wirksamen Radioübertragungen verzichten. Laut den wenig aussagekräftigen protokollarisch festgehaltenen Punkten erzielte man de facto keine Einigung. Überlegungen, ein Schiedsgericht einzuberufen, versandeten, weil man dafür kein geeignetes Gremium in petto hatte. [Prot. 26. 6., 13. 7. 1949] Mit Rücksicht auf die bevorstehenden Festwochen und angesichts der Patt-Situation wollte man vorerst weiterfahren wie bis anhin und Neuverhandlungen im nächsten Jahr aufnehmen. Bande waren also noch keine gerissen, doch «dicke Luft» drückte schwer auf das Verhältnis.

Karajan mit seinem Sportwagen bei der Frohburg, 1949

1950 (12. BIS 27. AUGUST) – EIN VERMÄCHTNIS

Frische Triebe sind künstlerisch auch in der Jahrhundertmitte nicht auszumachen, hingegen wuchsen auf dem Nährboden der Konvention Blüten, deren schönste – der Aufnahmetechnik sei es gedankt – bis heute noch nicht ganz verwelkt ist. «Das klang so durchsichtig, so duftig, dass mir das Wort Glasperlenspiel in Erinnerung blieb», schwärmte Jahre danach der Fagottist Leuzinger. Mit dem Festspielorchester unter Karajans Leitung spielte der aufgrund eines damals unheilbaren Hodgkin-Lymphoms bereits dem Tode geweihte Dinu Lipatti sein letztes Konzert mit Orchester, das glücklicherweise auf Tonträgern festgehalten wurde.

[Lipatti starb am 2. Dezember 1950. Man wusste um seine schwere Krankheit; Artur Schnabel erklärte sich bereit, im Falle einer Absage einzuspringen.]

Die legendäre Live-Einspielung des C-Dur-Konzerts KV 467 hat bis zum heutigen Tag nichts von ihrem Referenzcharakter eingebüsst. Für Karajan galt Lipattis Mozart-Spiel gar als Massstab schlechthin; ich erinnere mich, wie er noch in den frühen Achtzigerjahren reagiert hat, als ich ihm ein neues Video mit einem Mozart-Klavierkonzert zum Ansehen und -hören beliebt machen wollte: «Danke, aber wissen Sie, das Niveau von Lipatti erreicht vermutlich niemand mehr.» Irrtum vorbehalten, doch meines Wissens findet sich denn auch unter den unzähligen Karajan-Platten und CDs keine Wiedereinspielung dieses Konzerts. Im Geschichtsbuch der IMF verdient ebenfalls die zu Beginn aufgeführte Komposition Erwähnung, denn ihre Wiedergabe ist bisher die einzige geblieben: Karajan dirigierte die 4. Symphonie von Albert Roussel.

Ernest Ansermet mit Wilhelm Backhaus, Rafael Kubelík mit dem Cellisten Pierre Fournier und Bruno Walter leiteten weitere Orchesterkonzerte. Beethovens zweite *Leonoren*-Ouvertüre, Schuberts *Unvollendete*, Strauss' *Don Juan*, Wagners *Siegfried-Idyll* sowie *Tristan*-Vorspiel und «Liebestod» bildeten die Werkfolge des letzten Auftritts Walters an den IMF. Der mit feinstem Sensorium ausgestatte unvergessliche Dirigent, dieser «Erwecker der Klänge», der es verstand, «das Sinnliche zu vergeistigen und das Geistige zu versinnlichen», den eine Fähigkeit zur echten Hingabe auszeichnete und der vermöge seiner Nobilität niemals in äusserliche Überhitzungen abglitt, löste laut dem Chronisten beim Publikum, das selbstverständlich das Nichtmehr-Wiedersehen nicht ahnen konnte, «tiefe Bewunderung und Ergriffenheit» aus. [NZZ, 22. 8. 1950, Mo.]

Wilhelm Furtwängler führte im einen seiner beiden Konzerte neben Werken von Gluck, Brahms und Beethoven Hindemiths *Schwanendreher*, ein Konzert für Solo-Viola, auf. Solist war der schottische Bratschist William Primrose, einer der Pioniere der Emanzipation dieses Instruments im 20. Jahrhundert. Herausgewachsen aus Toscaninis NBC-Orchester, schlug er eine Solistenkarriere ein und spielte als Kammermusiker unter anderem zusammen mit Schnabel, Szigeti und Fournier sowie im Trio mit Heifetz und Feuermann. Zum Abschluss der Festwochen dirigierte Furtwängler [Toscanini hörte die Aufführung [Sachs, 1980, S. 410] am Radio] die dramatische Legende *Fausts Verdammung* (vermutlich in deutscher Sprache gesungen; der Originaltitel lautet *La Damnation de Faust*) von Hector Berlioz. Im Repertoire Furtwänglers war dieses Werk des Franzosen das einzige, dessen er sich je angenommen hat. Vielleicht hat ihn dazu der vermeintlich urdeutsche Faust-Stoff gereizt, denn zu seiner Zeit neigte man verbreitet zur Auffassung, Fausts Charakter, sein auf letzte Dinge gerichteter Erkenntnisdrang, sei spezifisch deutsch. Im Zentrum des Berlioz-Werks steht zwar die Mephisto-Figur; das von ihr ausgehende dämonische Moment inspirierte den Komponisten zu äusserst kühnen und unkonventionellen Lösungen. Die Mischung von «Phantastik und skurrilem Humor, wie auch die ganz aus französischem Geist und Empfinden geborene Lyrik Berlioz'» habe denn auch durch Furtwängler eine «Umdeutung ins Deutsch-Romantische erfahren», urteilte der Berichterstatter Willi Schuh. Er vermisste an der Wiedergabe, die zwar vom «grossen Atem» beseelt gewesen sei, den «letzten Schliff» beim Festspielorchester wie beim Festwochenchor sowie das französisch Leichtfüssige, die Pikanterie und Eleganz. [NZZ, 2. 9. 1950, Mo.]

Einen Sensationserfolg beim Publikum, den die Kritik nicht vorbehaltlos teilte, erspielte sich Nathan Milstein als Solist (E-Dur-Violinkonzert) eines Bach-Konzerts des Collegium Musicum Zürich unter Max Sturzenegger, wobei der Ausnahmegeiger mit der Partita d-Moll (mit der Chaconne) auch solo zu hören war.

Der römische Organist Ferruccio Vignanelli widmete ein Hofkirche-Rezital Meistern des Früh- bis Spätbarocks. Die obligate Serenade und der Trioabend (Fischer – Schneiderhan – Mainardi) ergänzten das musikalische Gesamtprogramm.

Die Aufführung von Berlioz' «Fausts Verdammung» unter Furtwängler, 1950

Nach der Schauspiel-Pause wollte man dem Sprechtheater wieder einen markanten Stellenwert einräumen und bewies dabei eine glückliche Hand. Mit der Maria-Fein-Inszenierung von Jean Cocteaus *Oedipus* (*La Machine infernale*) zeigte man im Stadttheater eine Produktion, die zum ungewöhnlich grossen Theaterabend wurde. Kein Wunder, wenn der Blick sich auf die Besetzung richtet: Neben der legendären Maria Fein spielten ihre Tochter Maria Becker, Traute Carlsen, Will Quadflieg und Robert Freitag die Hauptrollen.

Auch Beatrice Hodel erinnerte sich an die «unglaublich eindrucksvolle» Aufführung, als sie mir am 2. August 2011 von einem Praktikum während der IMF 1950 erzählte:

[Beatrice Hodel, eine langjährige Konzertbesucherin mit einem grossen Musikerbekanntenkreis, organisierte von 1993 bis 2005 die Interpretationskurse von Alexis Weissenberg im Kloster Engelberg. Einige der Teilnehmer haben inzwischen erfolgreich Karriere gemacht und sind auch am Lucerne Festival aufgetreten, wie etwa Kyrill Gerstein oder Franceso Piemontesi.]

Mein Einsatz im Büro der IMF-Administration, das von Dr. Schütz geleitet wurde, dauerte ungefähr einen Monat; er begann kurz vor den Festwochen und endete nach deren Abschluss. Den Posten erhielt ich dank meiner guten Französisch- und Englischkenntnisse. Damals befand sich das IMF-Büro, das mit dem Informationsbüro des Tourist-Office des Verkehrsvereins kombiniert war, im Flügel des Hotels Schweizerhof, wo sich heute eine Modeboutique befindet. Die Räume waren auf zwei Etagen verteilt. Im unteren Stockwerk konnte das Publikum touristische Informationen einholen. In der oberen Etage befanden sich einige kleinere Räume für die Administration. Ein Büro stand Direktor Schütz zur Verfügung, ein weiteres besetzte sein Assistent Dr. Othmar Fries, der später Schütz auf diesem Posten folgen sollte. Ein Lehrling, ein temporärer Mitarbeiter und eben die Praktikantin ergänzten das kleine Team. Für mich war es vor allem dann interessant, wenn die Dame am Kartenschalter einen regelrechten Ansturm auf Konzertkarten und von Hotels-Suchenden zu bewältigen hatte. Wenn der Run nicht mehr allein zu schaffen war, läutete sie nach oben und verlangte Unterstützung. In diesen offenen Räumen blieb Augen und Ohren nichts verborgen. So sind mir Episoden im Gedächtnis geblieben, die mich damals regelrecht durchrüttelten.

Dr. Schütz herrschte über sein Personal als gestrenger Herr mit autoritärem, patriarchischem Gehabe. Seine Sekretärin war fast jeden Tag in Tränen aufgelöst, und ich litt, obwohl von Schimpftiraden verschont, immer mit, wenn das Personal gemassregelt wurde. Handkehrum konnte Schütz galant charmieren und hofieren, wenn die Prominenz, insbesondere die weibliche, in sein Büro kam.

Der ganze Betrieb faszinierte mich als engagierte Musikliebhaberin. Höhepunkte waren dabei die Begegnung mit den Berühmtheiten der Musikszene. Präsent bleiben mir die Besuche von Edwin Fischer, der neben seinen Konzertauftritten im Konservatorium (in der Villa «Himmelrich» an der Obergrundstrasse) einen der Meisterkurse leitete. Er kam oft vorbei, immer sehr nett, deutsch korrekt, also keineswegs charmant oder liebenswürdig wie der kleinwüchsige, fragile Dinu Lipatti, der immer wieder mit seiner Frau Madeleine vorbeischaute. Er gönnte sich immer etwas Zeit, um ein wenig zu plaudern. Der absolute

Ernest Ansermet verlässt das Kunsthaus, 1950

152 | AUFSCHWUNG UND KRISE

Liebling im Büro war Ernest Ansermet, ein Grandseigneur, ein Gentleman, ein Charmeur, der sich jeweils zum kleinen Team setzte und von Genf exquisite Schokolade mitbrachte.

Die Zeitumstände, noch weit entfernt vom heutigen hektischen Jet-Set-Betrieb, erlaubten solche Intermezzi. Während der relativ kurzen Mittagspause schwang ich mich auf das Fahrrad und fuhr bei schönem Wetter ins Lido, wo man unter den Badegästen Koryphäen wie Karajan und Furtwängler erblicken konnte, die sich im See eine Abkühlung gönnten oder im Liegestuhl in der Sonne dösten. Heute scheint es mir undenkbar, dass sich unter die Lido-Besucher Stars der Musikszene mischen. Selbstverständlich liess man die Künstler in Ruhe, man wagte nicht, sie anzusprechen, es blieb beim Tuscheln: «Hast du gesehen, der Karajan ist da …» Zu meinem Freundeskreis zählten jene Studenten, die an den IMF den Saaldienst im und um das Kunsthaus leisteten: die Platzanweiser, Kartenkontrolleure und die sogenannten «Türschletzer». Dieses Personal bestand ausschliesslich aus männlichen Kantonsschülern, Gymnasiastinnen waren ausgeschlossen. Der Name «Türschletzer» rührte von ihrer Aufgabe; sie waren dazu angehalten, an der Auffahrt zum Eingang des alten Kunsthauses die Türen der Nobelkarossen zu öffnen und den Damen mit ihren langen Abendroben beim Aussteigen zu helfen. Dr. Schütz übernahm es jeweils selbst, den Studenten Pflichten und Comment einzudrillen.

Das Festival war anno dazumal leicht überblickbar und galt als gesellschaftliches Ereignis. Das Publikum war sich selbst wichtig und inszenierte jeweils eine Selbstfeier. Damals nahm ich dies nicht bewusst zur Kenntnis, doch aus der Distanz betrachtet, handelte es sich um einen sehr engen Kreis. Ich stand selbst unter diesem Bann und nähte mir ein neues Kleid … Die ausländischen Gäste – viele Franzosen und Engländer, auch Amerikaner – verbrachten meist mindestens eine Woche in Luzern.

Meine Entlöhnung bestand in Freikarten für nicht ausverkaufte Konzerte. Überdies durfte ich hin und wieder einer Probe beiwohnen.

Die Praktikantin, die feine Musiksociety und die Presse bekamen (noch) nicht mit, wie das Verhältnis IMF versus SMV weiter bröckelte. Wegen fehlender Dokumentation lassen sich die genauen Umstände und Fakten nicht exakt nachvollziehen. Noch im Dezember 1949 war das Organisationskomitee der IMF willens, Neuverhandlungen im nächsten Sommer aufzunehmen, über die keine Zeugnisse existieren. Lediglich im Sitzungsprotokoll von Mitte Mai [Prot. 17. 5. 1949] werden Diskussionen erwähnt, im Verlaufe derer überlegt wurde, eventuell ein anderes Orchester zu verpflichten. Weil der SMV sich weigerte, die gebotene Radioentschädigung zu akzeptieren, sah sich das im Dilemma steckende Komitee mit der Frage konfrontiert, ob allenfalls auf die Radioübertragungen zu verzichten sei. Diese Punkte deuten darauf hin, dass die Basis für Weiterverhandlungen schmal geworden war, noch schmaler, als die Radiodirektion SRG den IMF brieflich mitteilte, sie gedenke in Zukunft nur noch mit dem Arbeitgeber (IMF) und nicht mit Angestellten (SMV) zu verhandeln. [SRG an IMF, Brief vom 22. Mai 1949]

1951 (11. AUGUST BIS 1. SEPTEMBER)

Furtwängler zeigte sich wieder einmal gekränkt und drohte, sich von den IMF zurückzuziehen, weil ihm das haltlose Gerücht zu Ohren gekommen war, das Direktorium wolle mit Karajan vermehrt zusammenarbeiten. Als Grund nannte er einen unveröffentlichten Brief an Walter Strebi: «Ich hatte die Hoffnung, dass sich mit den Luzerner Festwochen so etwas wie eine Furtwängler-Tradition aufbauen liesse.» [NZZ, 14. 8. 2004] Derweil planten die Luzerner auf Karajans Vorschlag hin ein erstmaliges Gastspiel (es sollte das einzige in der bisherigen Geschichte bleiben) der Wiener Symphoniker unter seiner Leitung. Mit diesem Orchester, das nach den Kriegsjahren finanziell und künstlerisch am Abgrund gestanden hatte, feierte der Dirigent seit 1948 grosse und für den Orchesteraufbau hilfreiche Erfolge. Da ihn ausserdem sein Bayreuth-Debut in diesem Sommer beanspruchte, sah man von einer Verpflichtung mit dem Festspielorchester ab. Er erhielt die Gelegenheit, mit dem Wiener Singverein und den Solisten Elisabeth Schwarzkopf, Elsa Cavelti (für die erkrankte Giulietta Simionato), Ernst Haefliger und Feodor Potorjinsky Bachs *h-Moll-Messe* als Festwochenabschluss zu zelebrieren. [DVD 5.7.]

Heute, nachdem sich die an historischen Vorbildern angelehnte Musizierpraxis, die vor ungefähr einem halben Jahrhundert mit den ersten zaghaften Versuchen begonnen hatte, längst durchgesetzt hat, rufen die auf Tonträger hinterlassenen Bach-Interpretationen Karajans (freilich auch noch anderer Grössen von damals) bei Kennern und Liebhabern höchstens noch ein mitleidiges Lächeln hervor. Man be- und verurteilt die Bach-Liebe und -Bewunderung des Dirigenten zwar als stilwidrig, billigt aber den Dokumenten aufführungstechnische Meisterschaft zu. Sie übertrifft nur zu oft den damaligen stilistisch zwar geläuterten, aber oft dürftig musizierten Vortrag sogenannt «historischer» Ensembles. Oder sie dienen zur Demonstration des im Strom der Zeit sich wandelnden Werkzeugangs. Am Beispiel einer Kritik zur erwähnten Aufführung der Bach-Messe offenbaren sich Zeichen der in Bewegung geratenen Diskussion um eine dem kompositorischen Gegenstand gerechter werdende Auffassung, die sich von der subjektiv-romantisierenden verabschiedet und sich auf Quellen stützt.

Willi Schuhs Ausführungen in der Abendausgabe der *Neuen Zürcher Zeitung* vom 6. September 1951 berühren zunächst Grundsätzliches:

Niemand kann sich (oder sollte sich) rühmen, das Geheimnis der einzig richtigen Bach-Aufführung zu kennen. Die Wandlungen, die das Bach-Bild im Laufe zweier Jahrzehnte durchgemacht hat, müssen nachdenklich stimmen, und sie bilden auch eine Mahnung zur Toleranz. Wie weit wir von einem gesicherten und einheitlichen Bach-Vortragsstil entfernt sind, hat gerade das hinter uns liegende Bach-Jahr deutlich gezeigt. Trotzdem: Die Erkenntnisse, die wir der Bach-Forschung und der eindringenden Bemühung hellhöriger Musiker verdanken, sind nicht gering anzuschlagen, denn wenn es auch keine «Rezepte» für die Aufführung Bachscher Musik gibt, so doch Richtlinien, und jedenfalls wissen wir ziemlich Bescheid über das, was auszuschliessen ist, was sich mit dem historischen und stilistischen Sachverhalt nicht verträgt. Es sind nun oft gerade Dirigenten von Ruf, die sich diesen Erkenntnissen verschliessen, und, auf ihre aus ganz anderen Quellen gespeiste Eingebung vertrauend, mit Bach-Ausdeutungen aufwarten, die der Wirkung auf den modernen Menschen sicher sein können, aber keine andere Stütze besitzen als eben die einer subjektiven Auffassung.

Im Kontext der Luzerner Wiedergabe der *h-Moll-Messe* stellen sich beim Kritiker Vorbehalte ein:

Das gilt auch für Herbert von Karajan, der […] «seine» h-moll-Messe vorführte – in einer Weise vorführte, die als Realisierung einer bestimmten Werkvorstellung und ebenso bestimmter Wirkungsabsichten allerdings uneingeschränkte Bewunderung erwecken musste. Die an die Einstudierung gewendeten 76 Proben haben ihre Früchte getragen. […] Aber in diese aufrichtige Bewunderung mischten sich das Erstaunen und das Unbehagen über eine Gestaltungsweise, die sich von Bachs musikalisch-geistiger Vorstellungswelt und aufführungspraktischen Gegebenheiten seiner Zeit weit entfernte. […]

Selbstverständlich kann der Berichterstatter im Rahmen einer Konzertkritik auf Einzelheiten nicht eingehen und nennt Paradigmata:

Was wäre nicht allein schon zu der (auf Orgel und Positiv aufgeteilten) Continuobehandlung zu sagen, mit der zum Beispiel im «Et incarnatus est» und im «Crucifixus» Wirkungen erzielt wurden, die eher der Klangsphäre César Francks oder Olivier Messiaens als der Bachs angemessen sind!

Schuh zählt noch andere «artistische Reizspiele von letzter Perfektion» auf, die zum Schluss führen, dies sei ein «Irrweg»; er sieht in der Darbietung *ein in seiner Gelöstheit und Durchgestuftheit ungewöhnliches musikalisches Bravourstück – kein ungeistiges zwar, aber die Geistigkeit, die man ihm [Karajan] zubilligen muss, ist eine moderne und raffinierte, die sich mit Bachs objektiv-sinnbildhafter musikalischer Darstellung nicht in Einklang bringen lässt. […] Es war gut, dass die Aufführung im Kunsthaus stattfand – im Gotteshaus wäre sie fehl am Ort gewesen.* [NZZ, 6. 9. 1951, Ab.] – Modern hier im Sinne von neumodisch wirksam oder in Mode, eben nicht als neuartig im Verständnis einer frischen Lesart.

Für die künstlerisch zweifelsfrei stimmigere Klimax sorgten die zwei Furtwängler-Konzerte, wenn dieser auch mit dem *Konzert für Orchester* von Béla Bartók (neben Weber- und Beethoven-Werken) eine ihm nicht unbedingt nahestehende Welt betrat. Leuzinger bemerkte im Rückblick, es sei sozusagen «unser [des SFO] Stück» im wahren Wortsinn gewesen, denn «der Dirigent blickte zu Seite, wenn die Solistengruppe ihre Soli spielte». [Leuzinger, 1985] Mit «Szenen aus der *Götterdämmerung*» erfüllte er einen seit langem gehegten Wunsch der Wagner-Apologeten im Komitee. Ein Mitglied versäumte es in kaum einer Sitzung, vermehrt Wagner-Aufführungen zu fordern, und hatte schon 1948 an Furtwängler einen detaillierten Entwurf einer Einrichtung zugeschickt, wie *Lohengrin* konzertant auf dem Kunsthaus-Podium zu realisieren wäre. Furtwängler, wahrscheinlich perplex über derart rührigen Eifer eines Dilettanten, antwortete damals freundlich zurückhaltend und liess durchblicken, die *Götterdämmerung* eigne sich allenfalls besser. Nun kam also der grosse Wagner-Abend zustande. Fast überflüssig zu vermerken, dass er zum Ereignis der Superlative wurde, zumal eine hochkarätige

Besetzung, wie sie sich zu jener Zeit kaum besser vorstellen liess, zur Verfügung stand: Astrid Varnay, Max Lorenz, Josef Greindl, Heinz Rehfuss neben anderen.

Ausser einer Wiederbegegnung (nach 1943) mit Carl Schuricht, zusammen mit Edwin Fischer, standen drei für die IMF neue Namen am Pult des Festspielorchesters: Leopold Stokowski, Igor Markevitch und André Cluytens. Stokowski [DVD 5.5.], bekannt und umstritten wegen seiner opulenten Bach-Bearbeitungen und eigenmächtigen Eingriffe in Notentexte, legendär aufgrund seiner Mitwirkung im Disney-Film *Fantasia*, kehrte später nie mehr nach Luzern zurück. Der «Klangzauberer» liess das hiesige Orchester buchstäblich in russischen Klängen «baden» [Leuzinger, 1985]; als Besonderheit realisierte er die eigene Orchestration von Mussorgskys *Bilder einer Ausstellung*.

Durch ein heterogenes Programm (Händel, Schubert, Bruch und Strawinsky) führte der damals knapp 40 Jahre alte Igor Markevitch, einer der eindrucksvollsten Dirigenten, der leider zu den heute fast Vergessenen zählt. Als nicht minder begnadeter Komponist – dieser ist ohnehin nur noch einigen wenigen präsent – verstand es der feinfühlige, filigrane und stupend hörende Präzisionsmusiker, intellektuelle Schärfe, mit

Leopold Stokowski dirigiert das Festwochenorchester, 1951

Igor Markevitch

der er den Text einer Partitur objektiv las, mit dämonischer Gestaltungsmacht, ungeheuren Energien und glutvoller Spannung aufzuladen, wodurch intensivste Aufführungen resultierten. Er vermochte seine enormen mentalen Stärken, seinen zwingenden Gestaltungswillen wie kaum ein anderer auf die Ausführenden zu übertragen, weil er sich selbst perfekt kontrollierte. Dank einer phänomenalen Schlagtechnik, die jegliches Theatralische mied, lud er die Musiker förmlich dazu ein, an der Musik exakt das wiederzugeben, was die strukturelle Logik einer Komposition forderte. Somit lenkte der aristokratische (Spitzname «Zar Igor II», was ihn nicht hinderte, sich in der linken Resistenza zu engagieren), hochgebildete Russe auch Augen und Ohren des Publikums auf die Partitur, ganz im Sinne einer seiner Maximen: «Je ne cherche pas à être admiré, mais à être cru.» [zit. nach Hausswald, 1965, S. 30] Mit dieser Attitüde verkörperte er einen neuen, modernen Dirigententypus. Vielgerühmt war seine Darstellung des *Sacre du Printemps* von Strawinsky, nicht nur deswegen, weil er (nach meinem Kenntnisstand) als Erster dieses barbarische, urgewaltige Musikritual auswendig dirigierte, sondern weil er dessen rhythmische Wucht in einem überlegenen Spiel der Kräfte bändigte und dadurch eine kaum zu überbietende Binnenspannung evozierte – es war denn auch dieses Werk, das er als Abschluss des ersten Luzerner Auftritts wählte.

Aus dem Bewusstsein unserer Zeit ist der flämischstämmige André Cluytens ähnlich weit weggerückt. Liebhaber älterer Aufnahmen hingegen erachten nicht selten seine Ravel-Interpretationen als unübertroffen. Seine internationale Beachtung erlangte er jedoch ausgerechnet als erster romanischer Wagner-Dirigent in Bayreuth. Es erstaunt nicht, dass die Kritik vor allem die Wiedergaben der Ravel-Werke, frei von Exzessen, bei seinem IMF-Debut übereinstimmend rühmte: die «Feinheit der Linienzeichnung», der «unwiderstehliche rhythmische Elan», die «Delikatesse in der Stufung des farbensprühenden Klanges». Solist war an Stelle von Artur Schnabel – er starb sieben Tage vor diesem Konzert – der britische Pianist Solomon (so sein Künstlername), der ein Jahr später noch einmal an den IMF auftrat; 1956 musste er seine Karriere wegen eines Schlaganfalls abbrechen.

Die übrige Programmstruktur erfuhr lediglich kleinere Varianten: Neben der Serenade und dem Trio-Abend spielte das Boccherini-Quintett, angeführt von Pina Carmirelli, fünf Gattungsbeiträge dieses Komponisten, das Winterthurer Streichquartett widmete den Schweizer Komponisten Willy Burkhard, Frank Martin und Arthur Honegger ein Konzert, und Karl Münchinger mit seinem Stuttgarter Kammerorchester und dem Organisten Heinrich Funk boten in der Hofkirche Barockmusik. Im Stadttheater sah man das Schauspiel *Die Glasmenagerie* von Tennessee Williams in der Regie von Albert Wiesner, dem Direktor des Stadttheaters von 1947 bis 1963, mit den Protagonisten Elisabeth Flickenschildt, Käthe Gold und Will Quadflieg.

Wegen gestiegener Orchester- (194'000 gegenüber 152'000 Franken im Vorjahr) und Druckkosten (das Generalprogramm erschien jetzt auch in englischer Sprache) wurden die Kartenpreise bescheiden angehoben. Bemerkenswert ist eine protokollarisch festgehaltene Notiz, im Vorverkauf sei ein Rückgang der Beliebtheit von Furtwängler-Konzerten zu verzeichnen. [Prot. 10. 5. 1951]

Die zähen Verhandlungen mit dem Radio erbrachten eine Erhöhung der Vergütungen, dennoch gab die Verkehrskommission zu bedenken, für die Defizitdeckung in Zukunft nicht mehr genügend Mittel zur Verfügung zu haben.

Die «Causa Leuzinger» strapazierte die Gemüter weiterhin. Beinahe in jeder Sitzung war die Rede von «zunehmenden Schwierigkeiten» bei den Verhandlungen, doch aus Furcht vor einer eventuellen Konkurrenz hielten die Luzerner am Orchester fest. Kurz vor den Festwochen kam eine Vereinbarung zustande, um «endlich über den Zustand des gegenseitigen Misstrauens hinauszukommen». Die Parteien einigten sich auf die Klausel: «Der SMV übernimmt für das Komitee IMF im Rahmen des Art. 2 die künstlerische Organisation.» [Prot. 8. 8. 1951] Die Querelen waren indes keineswegs ausgestanden. [DVD 5.6. und zum Gesamtüberblick 1951 DVD 2.1.]

1952 (9. BIS 30. AUGUST) – OHNE FURTWÄNGLER

Furtwängler musste fünf Tage vor der Festspieleröffnung in Salzburg plötzlich eine Probe abbrechen, klagte über Erschöpfungszustände und glaubte, das Gehör verloren zu haben. Seine Frau erzählte dem Biographen Haffner, die herbeigerufenen Ärzte hätten ihrem Mann nur geringe Überlebenschancen gegeben. Er genas zwar im Spätherbst, musste jedoch die weiteren Sommerverpflichtungen absagen. Der dirigierende Komponist Hindemith ersetzte kurzfristig den komponierenden Dirigenten im einen, als Einspringer für das andere Konzert engagierte man den Ungarn Ferenc Fricsay, eine der Ausnahmeerscheinungen – auf ihn gemünzt ist der abgegriffene Superlativ keine leere Hülse – im Kreis der damals jüngeren Dirigentengeneration. Er, dem Bruno Walter ehrenvoll attestierte, er gehöre zu den ganz wenigen seiner jüngeren Kollegen, die Demut hätten, prägte in den folgenden paar Jahren das künstlerische Gesicht der IMF essentiell mit und plante, weitere Akzente zu setzen, als den kaum Fünfzigjährigen eine grausame Krankheit verzehrte und schliesslich dahinraffte. Wie Fricsay selbst noch schrieb, habe ihn die gesundheitliche Krise vor eine «Erprobung» gestellt, nämlich zur vertieften Reflexion über sein bisheriges Leben als Mensch und Künstler gebracht. Er kam zum Schluss, «mit dem anvertrauten Gut meines Talentes noch sorgfältiger umgehen» zu müssen, «als ich es vor meiner Krankheit getan habe». «Deswegen bin ich Gott und dem Schicksal dankbar, dass ich diese Krankheit bekommen habe.» [Herzfeld, 1964, S. 106] Weggefährten bezeugen übereinstimmend, seine gelegentlichen Konzerte zwischen unzähligen Operationen hätten die bisherigen Dimensionen noch an Tiefe übertroffen. Sein einstiger Lehrmeister Zoltán Kodály meinte: «Sein Schicksal war ihm insofern gnädig, als er sein Ende erst auf einem kaum zu überbietenden Gipfelpunkt erreichte.» [Herzfeld, 1964, S. 87] Erik Werba, Klavierpartner so mancher grossen Stimme, formulierte mit einem zu Eckermann gesagten Goethe-Satz: «Jeder ausserordentliche Mensch hat eine gewisse Sendung, die er zu vollführen berufen ist. Hat er sie vollbracht, so ist er auf Erden in dieser Gestalt nicht mehr vonnöten …» [Herzfeld, 1964, S. 69] – ein Satz,

Sir John Barbirolli, 1970

der besonders für all die Frühabberufenen oder eben Frühvollendeten gilt: Mozart, Schubert, Chopin ... Darum sind auch unsinnige Hypothesen – «was hätte er noch alles geschrieben oder vollbracht, wenn nicht ...» müssig. Fricsay, Chefdirigent des RIAS-Symphonie-Orchesters (nach 1956 Radio-Symphonie-Orchester Berlin, seit 1993 Deutsches Symphonie-Orchester), hatte sich gerade entschlossen, Wohnsitz im thurgauischen Ermatingen am Untersee zu nehmen – dort ist er auch begraben –, als der erste Ruf nach Luzern erfolgte, anstelle Furtwänglers zu dirigieren. Solistin des Konzerts war, wie vorgesehen, die unvergleichliche Kirsten Flagstad, die die *Vier letzten Lieder* von Richard Strauss sang, die sie zwei Jahre zuvor in London uraufgeführt hatte.

Das Eröffnungskonzert dirigierte John Barbirolli, ein Engländer mit italienischen Wurzeln, der aus dem Hallé Orchestra Manchester einen international anerkannten Klangkörper formte. Mit Werken von Rossini und Vaugham Williams gab er quasi seine Visitenkarte ab und begleitete nachher die ebenfalls erstmals in Luzern auftretende Pianistin Clara Haskil. Die von einer schweren Skoliose geplagte, zerbrechliche und zeitlebens von extremem Lampenfieber gemarterte Frau ist längst zum Mythos geworden, eine Nachdenkerin am Klavier mit spirituellen Zügen, die mit ihren dünnen Fingern tiefste Regionen jener Werke aufschliessen konnte, deren sie sich annahm. Beim ersten IMF-Auftritt war es das f-Moll-Konzert von Chopin.

Die Presse hob da und dort positiv hervor, die Programme seien in diesem Jahr etwas mutiger gewesen. Die Wagnisse, wenn es welche waren, schlugen sich prompt in einem schlechten Finanzergebnis nieder. Ein Konzert wie dasjenige von André Cluytens, mit keinem Geringeren als Isaac Stern, wurde künstlerisch ein Erfolg, der Verkauf

Isaac Stern, John Barbirolli und das SFO nach der Aufführung des Brahms-Violinkonzerts, 1960

hingegen war miserabel – die Programmfolge Roussel, Prokofjew, Saint-Saëns, Honegger (5. Symphonie) und Ravel überstieg das erträgliche Mass des konservativen Publikums. Mit der «Neuheit», die Karajan offerierte, bekundete es offenbar weniger Mühe: der 5. Symphonie von Sibelius.

Nach früheren, vergeblichen Bemühungen gelang es jetzt, Eugene Ormandy zu gewinnen. Der schon 1921 in die USA emigrierte Ungar war seit 1936 mit dem Philadelphia Orchestra verbunden und brachte es in jahrelanger Arbeit zu Weltruf. Sein Luzerner Debut begann mit Zoltán Kodálys *Háry János-Suite*, die einen solistischen Cymbalon-Spieler verlangt. Den aufzutreiben war damals ein schwieriges Unterfangen. Per Zufall stiess jemand in Rom auf einen echten ungarischen Könner des Instruments, was aber auch hiess: Er konnte keine Noten lesen. Leuzinger erinnerte sich, Ormandy sei davon nicht überrascht gewesen und habe dem hergereisten Zimbalisten in jeder freien Minute seine Partien am Klavier vorgespielt, bis dieser sie auswendig beherrschte. «Das ganze Orchester fieberte mit dem Zigeuner, und ich habe noch nie einen Musiker gesehen, der so mit seiner ganzen Aufmerksamkeit an den Augen, Lippen und Bewegungen eines Dirigenten hing.» [Leuzinger, 1985]

Nach zwei Jahren Absenz kam der Festwochenchor unter Albert Jenny wieder zum Einsatz und sang unter der Leitung von Robert F. Denzler im Abschlusskonzert Händels *Messias*.

Münchingers Stuttgarter Kammerorchester, erstmalig das Végh-Quartett, unter anderem mit einer vollendeten Wiedergabe des 1. Quartetts von Béla Bartók, die Serenade wieder einmal mit Musik von Haydn, der traditionelle Trioabend und ein weiteres Dupré-Orgelrezital bildeten die Rahmenveranstaltungen. Theaterdirektor Wiesner präsentierte im Stadttheater seine Inszenierung der *Mittagswende* von Paul Claudel mit Agnes Fink in einer der Hauptrollen.

Auf Schloss Heidegg wurde erstmals das einheimische Orchester der Allgemeinen Musikgesellschaft Luzern hinzugezogen. Unter der Leitung von Max Sturzenegger bot es gefällige Serenaden-Musik von Josef Dominik Xaver Stalder, Franz Josef Leonti Meyer von Schauensee und Constantin Reindl und leistete damit einen verdienstvollen Beitrag, diese Mozart-Zeitgenossen aus der Innerschweiz vor dem Vergessen zu bewahren.

Die Festspielleitung richtete sich noch mehr nach den Wünschen der «grossen» Gesellschaft, bemühte sich um einen noch festlicheren Rahmen mit Gala-Empfängen, längeren Konzertpausen und setzte den Beginn der Wochenendveranstaltungen auf 19.30 Uhr fest, was später wieder rückgängig gemacht und erst in den Neunzigerjahren abermals Usus wurde, bis man schliesslich vor ein paar Jahren diese Uhrzeit als Standard festgelegt hat.

Mit Beginn des Jahres 1952 erlangten die IMF als einziges Festival der Schweiz Einsitz in der Association Européenne des Festivals de Musique, einer Vereinigung, die der Direktor des Centre Européen de la Culture, Denis de Rougemont, ins Leben gerufen hatte.

1953 (8. BIS 30. AUGUST) – TURBULENZEN UM DAS FESTSPIELORCHESTER

Dann traf ein, was sich abgezeichnet hatte. Schon unmittelbar nach 1952 flammte der Kompetenzstreit zwischen IMF und SMV erneut auf. Die wichtigsten Streitpunkte betrafen die Künstlerverpflichtungen, die Musiker- und Radiohonorare und die redaktionelle Gestaltung des Programmheftes. Hinter den Kulissen diskutierte man über die Stellung Leuzingers, dem Strebi im Januar 1953 vorwarf, es fehle ihm an «gutem Willen» aus lauter «Einsichtslosigkeit». [Prot. 7. 1. 1953] Man vermutete, Leuzinger wolle den vom SMV und dem Stadtrat gemeinsam durchgeführten IMF-Empfang für propagandistische Zwecke in eigener Sache missbrauchen. Leuzingers provokatives Vorwort im Programmheft sorgte ebenfalls für Ärger: Die IMF-Seite monierte, er habe «arglistig materielle Unrichtigkeiten» hineingeschmuggelt. [Prot. 14. 7. 1953] Indes wollte keine Seite die Durchführung der Festwochen gefährden und man vereinbarte, auf Auseinandersetzungen bis im Herbst zu verzichten. Die Festwochen 1953 wickelten sich also in einem vertragslosen Zustand ab. Noch wusste der SMV-Beauftragte das Orchester hinter sich, das sogar mit einem Streik drohte, was einer Erpressung gleichkam. Leuzinger fand zudem Unterstützung bei einem Teil der Presse; die *Schweizer Illustrierte* richtete etwa ein Protestschreiben an das IMF-Komitee, das ohne Wirkung blieb. Die Standpunkte waren zu diesem Zeitpunkt bereits derart verhärtet, dass nur noch ein Ausweg offen stand: Eine Seite musste kapitulieren, denn beide Kontrahenten wollten eines nicht, nämlich die IMF fallen lassen. Als während der Festspiele Leuzinger, begleitet von Vital Hauser und Eric Guignard (Zentralsekretär und Leuzingers Stellvertreter), in einer Sitzung der Programmkommission strittige Punkte bereinigen wollte, trat der Interimsvorsitzende Strebi – nach dem Tod von Alt-Präsident Pfyffer von Altishofen am 7. April und von Präsident Wey am 31. Juli – darauf nicht ein und berief eine interne Sitzung ein, an der das Vorgehen gegen Leuzinger, der «untragbar geworden» war, besprochen wurde. [Prot. 24. 8. 1953] Dahingehende Konsequenzen, das Orchester könnte abtrünnig werden und sich einem Konkurrenz-Festspiel anbieten, wurden nicht mehr befürchtet, da anderswo geeignete Räumlichkeiten und finanzielle Mittel fehlten, obwohl die IMF-Seite Kenntnis hatte, dass Leuzinger bemüht gewesen war, einen anderen Ort zu finden. Der Zeitpunkt schien dem Komitee gekommen, dem SMV deutlich zu demonstrieren, es gehe auch ohne ihn. Deshalb tat Schulthess vorsichtshalber kund, er nehme Fühlung mit dem Philharmonia Orchestra London auf, ebenso mit der Fremdenpolizei wegen der allfälligen Einreiseerlaubnis. [Prot. 31. 8. 1953] Gegen Ende Oktober gab das Londoner Orchester Bescheid, es komme 1954 gerne als «Hausorchester» nach Luzern. Damit befanden sich die Organisatoren in einer erstarkten Position und offerierten dem SMV lediglich eine geringere Honorarerhöhung als die geforderte; bei Nichtannahme des Angebots werde das Philharmonia verpflichtet, lautete die Botschaft an den Verband. Gleichzeitig war es dem IMF-Komitee ein grosses Anliegen, an die Schweizer Musiker zu gelangen, um ihnen mit Nachdruck deutlich zu machen, es wünsche sich weiterhin ein schweizerisches Festspielorchester, aber mit einem neuen Beauftragten. [Prot. 23. 10. 1953] Leuzinger führte den Kampf offenbar mit «nicht sehr wählerischen Mitteln» weiter, musste jedoch bald einsehen, auf verlorenem Posten zu stehen, als ihm auch der Verband den Rückhalt verweigerte. Mitte März 1954 liess man ihn ganz fallen, denn seine Abrechnung in der *Tat* vom 14. Januar, seine Intervention beim Philharmonia Orchestra, es solle von der Luzerner Reise absehen, sowie unberechtigtes Wirtschaften in die eigene Tasche brachten das Fass endgültig zum Überlaufen. Mit anderen Worten: Die eine Krise hatte eine neue – im SMV selbst – ausgelöst. In mehr oder minder heftigen oder boshaften Scharmützeln schossen die Gegner noch lange Zeit mit Giftpfeilen um sich. Das Komitee beschloss sodann, das Engagement des Philharmonia Orchestra zu bestätigen und gleichzeitig Vorverhandlungen mit dem SMV für einen Neubeginn 1955 anzusetzen. [Prot. 30. 10. 1953] Trotz der unerfreulichen Vorkommnisse herrschte zunächst Feierstimmung bei den Musikern, denn das zehnjährige Wirken des Festspielorchesters bot 1953 Anlass zu einem Jubiläumsfest, das vor geladenen Gästen im berstend vollen Kursaal mit einer inszenierten Opernparodie nach Webers *Freischütz* und einem Schnitzelbank begangen wurde. Trotz der Gaudi hätten die Anwesenden auf die Darbietungen unterschiedlich reagiert. Andeutungen ist zu entnehmen, der eine oder andere Vers habe den Unfrieden thematisiert und sei sauer aufgestossen.

Im Vorfeld der IMF 1953 wurde jedoch nicht nur gestritten, sondern man tangierte auch Problemkreise bezüglich der Wirtschaftlichkeit. Trotz der massiven Bührle-Subvention von 100'000 Franken veranschlagte man ein Defizit von 287'000 Franken, vor allem deshalb, weil als Schlusskonzert eine kostspielige Aufführung des Verdi-Requiems mit dem Chor und Orchester der Mailänder Scala geplant war. Zudem stellte man wenig Zuspruch aus der Romandie fest, weil die «französische Note» im Programm fehle und die Konkurrenz aus Montreux zu spüren sei. In Luzern selbst war eine steigende Tendenz zum Kauf billiger Konzertkarten zu verzeichnen. Zugpferd Karajan programmierte mit *Oedipus Rex* von Strawinsky ein Werk, das auf wenig Gegenliebe stiess. So gingen endlich auch Anstrengungen dahin, Jugendliche in die IMF einzubeziehen. Vierzig Gymnasiasten und Seminaristen erhielten Probekarten, sofern sie Einführungskurse an ihren Schulen besuchten.

Wagners bekannter Ausruf: «Kinder, schafft Neues!», der sich auf das rezipierende Publikum variieren liesse: «Kinder, fordert nicht immer dasselbe, sondern Unentdecktes!», hatte für das Eröffnungskonzert unter Eugen Jochum keine Geltung. Das *Meistersinger*-Vorspiel stand zum vierten Mal als Intrada symbolisch für eine Feier respektive für ein Jubiläum ein (wie schon 1938, 1943 und 1948), diesmal für den zehnten Geburtstag des Orchesters. Géza Anda, der unvergessliche ungarische Pianist, der 1943 in die Schweiz gelangte, bestach im populären b-Moll-Tschaikowsky-Konzert mit «stupender Technik», «sprühendem Temperament» und «an Chopin erinnernder Klangpoesie». [NZZ, 12. 8. 1953, Ab.] Anda wirkte fortan (ab 1955) als prägender und zentraler Künstler der IMF-Veranstaltungen; er trat bis 1969 ohne Unterbruch jährlich als Solist in Sinfoniekonzerten oder in Rezitals auf; einen letzten Klavierabend in Luzern gab er 1973. Nach dem Tod Edwin Fischers leitete er überdies die Klavier-Meisterklasse am Konservatorium

Das Wunderkind Miklós Perény in der Meisterklasse von Mainardi

(1960–1968). An Jochums Interpretation der D-Dur-Symphonie von Brahms kritisierte der Chronist trotz schöner Einzelheiten das «Zuviel an Espressivo» und das «Auftrumpfen an dynamischen Höhepunkten». [NZZ, 12. 8. 1953, Ab.] Es verging dann einige Zeit, bis der vor allem mit Bruckner-Aufführungen berühmte Dirigent der «altdeutschen», nachromantisch geprägten Schule wieder das Kunsthauspodium betrat. 1969 dirigierte er einen seiner Favoriten, Bruckners Fünfte – überwältigend in zweifacher Hinsicht. Die Wiedergabe fesselte, neigte andererseits zu Plattitüden, namentlich im Finale, wo mittels fragwürdiger Blechbläserverdoppelungen (!) der Choral ungebührlich laut in den Saal dröhnte.

Die weiteren Orchesterkonzerte brachten Wiederbegegnungen: Markevitch mit Milstein [DVD 5.8.], Karajan eben mit Strawinskys *Oedipus*, Kubelík mit Backhaus und zwei Furtwängler-Konzerte, wovon eines mit Edwin Fischer.

Guido Cantelli, der junge Protégé Toscaninis, eroberte das Festspielpublikum im Sturm; die Ovationen waren derart frenetisch, dass die Ausführenden das reich befrachtete Programm noch durch eine Zugabe bereichern mussten. Mit «geradezu hinreissendem Temperament», verbunden mit «strengster orchestraler Disziplin» und «genauestem Schlag» führte der 34-Jährige laut dem Rezensenten das Festspielorchester durch ein Programm mit Italianità (Rossini und Casella), Debussy *(La Mer)* und Brahms' 1. Symphonie. Die Darbietung «erinnerte in manchen Zügen an Toscaninis straffe und durchlichtete Wiedergaben». Der Bericht [NZZ, 3. 9. 1953, Ab.] schliesst mit der Versicherung, dem Künstler werde man hier «bald wieder begegnen». Dazu kam es leider nicht mehr. Im Jahr darauf musste Cantelli wegen Überbeschäftigung absagen; im November 1956 kam er bei einem Flugzeugabsturz bei Paris ums Leben. Toscanini hatte ihn zu seinem Nachfolger erkoren, er schrieb am 3. März 1949 an Cantellis Frau: «I am happy and moved to inform you of Guido's great success and that I introduced him to my orchestra, which loves him as I do. This is the first time in my long career that I have met a young man so gifted. He will go far, very far.» [zit. nach Sachs, 2006, S. 423] Toscanini erfuhr nie vom tragischen Tod seines Schützlings.

Karajans Bruder Wolfgang richtete Bachs *Kunst der Fuge* für drei Orgelpositive ein und realisierte Bachs spekulatives Spätwerk in dieser Bearbeitung mit seiner Frau und Hans Andreae; Mainardi spielte drei der sechs Cellosuiten Bachs (die restlichen drei folgten zwei Jahre später) – ansonsten zeigten die Rahmenkonzerte das traditionelle Gesicht.

Im Stadttheater wagte man sich an die Oper: Das Ensemble und das Orchester der Stuttgarter Oper boten fünf Aufführungen der *Hochzeit des Figaro* von Mozart (wie damals üblich in deutscher Sprache) unter der Leitung von Ferdinand Leitner, die nicht auf ungeteilte Begeisterung stiessen, da die sängerischen Leistungen, von Ausnahmen abgesehen, das festwochenübliche Mass nicht erreichten.

Umso grossartiger sollen die Solisten im glanzvollen Abschlusskonzert der IMF gesungen haben, was bei diesen legendären Namen nicht erstaunen kann: Elisabeth Schwarzkopf, Oralia Dominguez, Giuseppe di Stefano, Cesare Siepi. Antonino Votto leitete anstelle des erkrankten Victor de Sabata die denkwürdige Wiedergabe der erwähnten Totenmesse von Verdi.

BILANZ DER ORCHESTERKONZERTE ZWISCHEN 1946 UND 1953

Statistisch betrachtet überwiegt das klassisch-romantische Repertoire aus dem deutsch-österreichischen Raum, wie die Aufführungszahlen belegen: Beethoven 20, Brahms 16, Mozart 10 (inkl. *Requiem*), Wagner 9 (inkl. Szenen aus *Götterdämmerung*), Schumann 7, Strauss 5, Mendelssohn 4 (nur Violinkonzert und *Italienische*), Haydn 4 (inkl. *Schöpfung*), Bruckner 3, Schubert 3 (nur *Unvollendete* und *Grosse*), Bach 2 (inkl. *h-Moll-Messe*), Händel 3 (inkl. *Messias*), Liszt 2, Weber 2 (Ouvertüren), je 1: Mahler (*Lied von der Erde*), Bruch, Gluck (Ouvertüre).

Aus dem russischen, slawischen und nordischen Raum sind ausser den Konzertsaal-Klassikern Tschaikowsky und Dvořák nur Einzelaufführungen zu verzeichnen: Tschaikowsky 9, Dvořák 5, Martinů 2 (Kubelík), Mussorgsky 2 (*Tableaux d'une exposition*, instr. Stokowski und Ravel), je 1: Rimsky-Korsakow, Prokofjew, Smetana, Janáček, Sibelius.

Im Vordergrund der französischen Musik stehen ihre epochalen Exponenten: Ravel 4, Debussy 4, Berlioz 3 (inkl. *La Damnation de Faust*), Roussel 2, Saint-Saëns 2, je 1: Lalo, Franck, Fauré, Dukas, (Chopin).

Musik aus dem italienischen und spanischen Kulturkreis kam lediglich wegen der Dirigenten zustande, die aus den entsprechenden Ländern stammten: Rossini 2 (Ouvertüren), De Falla 2, Verdi 1 (*Requiem*), je 1: Martucci, Casella, Albéniz.

Das Gleiche gilt für angelsächsische Kompositionen: je 1: Elgar, Holst, Vaughan Williams.

Die zeitgenössische Musik beschränkte sich auf Werke, die zum Teil schon Züge des Alterns angenommen hatten. Die Musik der Schönberg-Schule (Schönberg, Berg, Webern) fehlte völlig, auch sogenannt avantgardistische Musik, wie etwa die des Italieners Dallapiccola. Deutsche Komponisten neben Hindemith sucht man ebenfalls vergebens, so etwa K. A. Hartmann. Zu verzeichnen sind: Strawinsky 5, Hindemith 4, Bartók 3, Honegger 3, Britten 2 (Kammeropern), je 1: Kodály, Schostakowitsch.

Von den Schweizer Komponisten wurden Willy Burkhard, Brun und Martin berücksichtigt, auch im Rahmen von Extraveranstaltungen. Die Vertreter einer avancierteren Musiksprache wie beispielsweise Will Eisenmann, Josef Garovi, Erich Schmid und Hermann Haller fanden keinen Einlass in die Programme.

Dass die zeitgenössische Programmierung nicht nach jedermanns Geschmack war, verbürgt der seit 1958 als Musikkritiker tätige Mario Gerteis, damals Platzanweiser, anhand der Aufführung der 5. Symphonie von Arthur Honegger unter André Cluytens: *Nachher kamen einige Leute auf mich zu, schimpften und forderten, ein solches modernes Werk dürfe in Zukunft an den IMF nicht mehr gespielt werden. Dazu kam noch das übrige Programm mit anderer Moderne – das war des Neuen zu viel! Ähnlich war es ein Jahr später, als der bereits sehr umschwärmte Karajan es wagte, Strawinskys* Oedipus Rex *aufs Programm zu setzen – der Saal war trotz der Berühmtheit nur halb voll.* [Gespräch mit E. S., 10. Juni 2012]

KURIOSA

Aus heutiger Optik mutet so manche Passage aus den Sitzungsprotokollen des Organisationskomitees der IMF recht seltsam an und entlockt dem kundigen Leser ein Schmunzeln. Wenn nachfolgend einige Blüten herausgegriffen werden, heisst das keinesfalls, die Arbeit dieses mit Herzblut arbeitenden Gremiums in Lächerliche ziehen zu wollen, sondern zu betonen, dass ein Festival dieses Formats letztlich aus einem Boden erwuchs, der von Liebhabern gehegt und gepflegt wurde. Sie wandten sich an professionelle Kräfte, wenn diese unerlässlich wurden, so zum einen auf die Stütze Walter Schulthess, zum anderen auf die Fachkräfte im Orchester. Leider hat dessen Bevollmächtigter seine ihm durchaus zugestandene Befugnis überstrapaziert, was handkehrum bei den verantwortlichen Organisatoren zwangsläufig Widerstand evozieren musste. Diese waren in künstlerischen Fragen zwar Laien, doch einigermassen beflissene und nicht ohne Ehrgeiz, wenn auch eben ihre Ansichten da und dort schief anmuten. Einige Beispiele:

Mit Argusaugen (sogar mit der Entsendung von «Spionen») verfolgte man die (Konkurrenz?-)Festspiele in Interlaken. Bedenken wurden ausgeräumt, weil die Konzerte zum einen nicht zeitgleich stattfanden, zum anderen, weil man diesem Ort mit dem Bau eines neuen Festspielhauses zuvorkommen wollte. Als Interlaken das Amsterdamer Concertgebouw Orkest verpflichtete, beruhigte man sich: Dieses Orchester sei ohnehin keine Konkurrenz!

Als Konzertmeister Peter Rybar für ein Jahr auf die Mitwirkung in Luzern verzichten musste und an seiner Stelle Michel Schwalbé vorgeschlagen wurde, fanden zwei Herren, der Qualität dieses Mannes sei nicht zu trauen. – Karajan traute ihm hingegen mehr und engagierte ihn kurze Zeit später als Konzertmeister der Berliner Philharmoniker. Besonders gewitzt dünkte sich ein Mitglied, als es vorschlug, Horowitz als Solisten zu verpflichten, denn damit locke man den mit ihm verschwägerten Toscanini unweigerlich nach Luzern. Ein anderes Mitglied schrieb, für das Mozart-Requiem seien zwei Stadttheater-Sänger (auf ihre Namensnennung sei hier verzichtet) geeigneter als Haefliger und Rehfuss – die übrigen Teilnehmer teilten diese Meinung allerdings nicht. Ins gleiche Horn stiess ein anderer, der an der Qualität von Max Lorenz zweifelte, obwohl Furtwängler den Sänger gewünscht hatte. Er behauptete auch, eine lokale Sängerin (der Name sei wiederum verschwiegen) bewältige die Sopranpartie von Beethovens Neunter mindestens so gut wie Elisabeth Schwarzkopf. Angesichts der doch zahlreichen Wagner-Aufführungen beklagte jemand, es müsse mehr Wagner auf das Programm, auch wenn er «ausser Mode gekommen» sei. Schliesslich hielt das Protokoll einer Programmbesprechung den Vorschlag fest: «Auch die h-Moll-Messe von Brahms wäre ein schönes Werk.» Wen wundert's, dass da auch Dirigenten wie «Ormandi», «Klaiber», «Karayan» und «Clutence» angefragt wurden …?

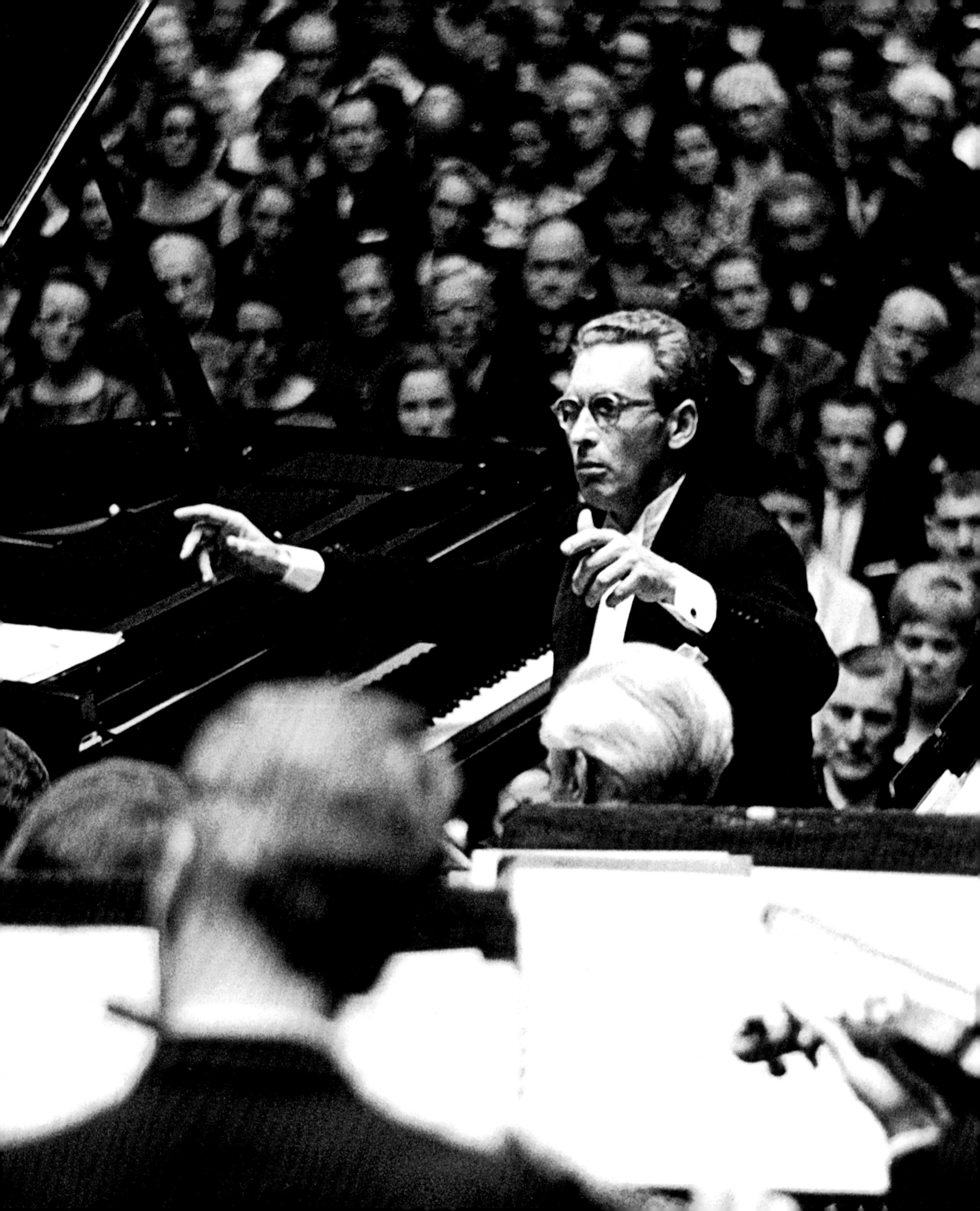

UMSCHWÜNGE

1954 bis 1969

Das Wesen der Geschichte ist die Wandlung.

Jacob Burckhardt

Géza Anda dirigiert vom Klavier das English Chamber Orchestra, 1964

Der leidenschaftliche Einsatz von Walter Strebi für die Belange der IMF seit ihrer Gründung machte Ende November 1953 seine Wahl zum Präsidenten zur voraussehbaren und logischen Folge. Sein fruchtbares Wirken in dieser Funktion von 1953 bis zu seiner Demission im Jahre 1965 sowie die Nachfolge Alois Trollers, eines hochgebildeten Juristen, bildeten die entscheidenden Faktoren, die dieser Zeitspanne das Gepräge gaben. Während Strebi unter massgebender Unterstützung von Walter Schulthess – mitunter auch einer Programmkommission – im künstlerischen Bereich den IMF zu einem gefestigten Profil verhalf, führte Troller sie in die Gegenwart, indem er die Organisationsstruktur professionalisierte. Der Übergang gestaltete sich nicht ohne zähes Ringen, denn einigen Habitués fiel der notwendig gewordene Abschied von liebgewonnenen Traditionen und Gepflogenheiten schwer.

DAS SONDERJAHR 1954

Das 1945 von Walter Legge als reines Schallplattenorchester gegründete Philharmonia Orchestra (nicht zu verwechseln mit dem London Philharmonic) trat im ersten Präsidialjahr Strebis an die Stelle des Festspielorchesters und gab neun Konzerte. Das aus besten Musikern des Vereinigten Königreichs zusammengestellte Orchester besass zu diesem Zeitpunkt bereits den Ruf eines erstrangigen Klangkörpers dank der intensiven Schulung durch Herbert von Karajan. So, wie er die zweitklassigen Wiener Symphoniker aus der Versenkung geholt hatte, formte er in kürzester Zeit aus dem zusammengewürfelten englischen Verein ein Elite-Ensemble. «Dabei half ihm freilich der an den Tresor des musikliebenden indischen Maharadschas von Mysore angeschlossene finanzielle Fundus des Schallplatten-Orchesters.» [Der Spiegel, 12/1955]

Im Verlaufe seiner Geschichte änderte das Orchester oft seinen Namen. Nachdem die Schallplattenfirma das Orchester nicht mehr finanzierte, wurde es zum privatrechtlichen Verein und deswegen zum New Philharmonia Orchestra. 1977 nahm es den ursprünglichen Namen wieder an und hiess ab 1988 einfach The Philharmonia, was 2000 rückgängig gemacht wurde. Seither spielt es wieder unter der (alten) Wortmarke Philharmonia Orchestra. Otto Klemperer löste 1959 Karajan als Principal Conductor ab.

Die Verpflichtung der Engländer konfrontierte das Organisationskomitee der IMF mit einer heiklen Aufgabe. Der springende Punkt berührte neuerlich die «Gegenpäpste» Furtwängler – Karajan. Das Orchester wünschte nämlich zwei Konzerte mit ihrem Chef, was eine Absage Furtwänglers zur Folge gehabt hätte – er verlangte ja exklusiv zwei Auftritte in Luzern. Laut Protokoll vom 15. Februar 1954 ging es Karajan gemäss den Worten von Schulthess «nicht darum, mit Furtwängler gleichgestellt zu werden, sondern darum, zwei Konzerte mit dem ihm nahestehenden Orchester zu dirigieren». Nun griffen die bekannten Grabenkämpfe auch auf das Komitee über. Die eine Partei unterstellte Karajan gewiefte Taktik, warnte vor ihm und fürchtete, Furtwängler werde geopfert. Die Gegenseite argumentierte, Furtwängler sei ein kranker Mann, Karajan gehöre die

Trio Schneiderhan – Mainardi – Fischer

Zukunft. Zu guter Letzt fand man die diplomatische, allseits befriedigende Lösung: Da Ansermet im Streitfall mit dem Schweizerischen Musikerverband neutral bleiben wollte und früh mitteilte, er wolle für dieses Jahr verzichten, und weil dazu Cantelli nicht verfügbar war, gewährte man Karajan als dessen Einspringer ein Konzert mehr. Eines der Furtwängler-Konzerte wurde doppelt angesetzt, sodass er auf drei Abende kam, einen mehr als Karajan. [DVD 5.9.] Die übrigen «Symphoniekonzerte» (so die einst beschlossene Schreibweise) leiteten Kubelík, Fricsay, Edwin Fischer (vom Klavier) und Cluytens; Solisten waren die Geigerin Gioconda de Vito (erstmals), Walter Gieseking, Clara Haskil und Igor Oistrach, der im Schlusskonzert das Violinkonzert von Aram Khatchaturian aus Russland mitbrachte, die einzige Unbekannte im sonst durch und durch konventionellen, risikolosen Gesamtprogramm, das demzufolge beim Publikum grossen Zuspruch erntete. Die Presse hingegen rügte die Mutlosigkeit. Zwischen den Philharmonia-Darbietungen spielten an zwei Abenden Pierre Fournier und Reine Gianoli Beethovens Werke für Violoncello und Klavier. Auch die Mozart-Serenade mit Maria Stader, das «Haustrio» (Fischer – Schneiderhan – Mainardi; auch im *Tripelkonzert* Beethovens mit dem Philharmonia) wie das Orgelkonzert mit Dupré fehlten nicht.

> [Fischers letzter Auftritt: 1955 musste der angesetzte Trio-Abend wegen Erkrankung Fischers abgesagt werden, der sich danach nie mehr ganz erholte. Das Ensemble wurde aufgelöst, Fischer gab keine Konzerte mehr und unterrichtete nur noch gelegentlich. 1960 starb er; seine Asche wurde im Luzerner Friedental beigesetzt.]

Mit der zweimal aufgeführten 9. Sinfonie Beethovens (ausser dem Bassisten Otto Edelmann in der gleichen Besetzung wie 1948) setzte Furtwängler noch einmal den künstlerischen und geistigen Höhepunkt. Nach dem Biographen Haffner sei es die insgesamt 103. Aufführung der Symphonie – und die letzte – unter seiner Leitung gewesen. [Haffner, 2003, S. 430] Darauf studierte Furtwängler noch das Haydn-Bruckner-Programm des dritten Abends ein. In den Proben sassen Edwin Fischer, Rafael Kubelík, Pierre Fournier und Enrico Mainardi; sie bewunderten andächtig Furtwänglers Arbeit. Bruckners 7. Symphonie war das letzte Werk, das Furtwängler in Luzern dirigierte. Noch einmal erlebte das Publikum die einzigartige, geheimnisvolle Atmosphäre, die sich bei Furtwängler-Abenden so unvergleichlich einstellte. Ende September begann sein Gehör bedenklich nachzulassen; Mitte November kam noch eine Bronchopneumonie dazu. Ein Prominenten-Arzt resignierte und vermerkte: *[…] ihn hatte die Angst befallen, dass er dem Schicksal Beethovens entgegenginge […] In dieser tiefen Depression hatte ihn eine akute Krankheit befallen, die vielleicht zu beherrschen gewesen wäre, wenn der Kranke sich nicht selbst aufgegeben hätte. Ich bin davon überzeugt, dass der Arzt einem Kranken, dessen Willen zum Leben erloschen ist, nicht mehr helfen kann.* [zit. nach Haffner, 2003, S. 434] Der Gedanke, Furtwängler habe die zwölfjährige Dauer des «Tausendjährigen Reiches» «viel schlechter verkraftet, als ihm vorgeworfen wird» [Thielemann, 2012, S. 246], scheint mir nicht abwegig. Am 30. November war Furtwängler tot.

1956, Donald Brun

1958, Celestino Piatti

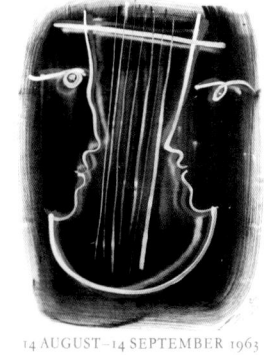

1963, Hans Erni

Mit dem Fokus auf die Dirigentengilde endete mit Toscanini (er leitete anfangs April 1954 sein letztes öffentliches Konzert, erlitt dabei eine Absenz und trat in der Folge bis zu seinem Tode am 16. Januar 1957 nicht mehr auf) und Furtwängler eine Kunst-Epoche, namentlich auch für Luzern. Beide Pultheroen markierten als Säulen die ersten Jahre des Festivals und trugen den Namen der IMF entscheidend über die Landesgrenze hinaus. Toscanini gab sozusagen den Start-Impuls und Furtwängler, mit der Schweiz enger verbunden als der Italiener, erwirkte die Verankerung der IMF in der damals noch schmalen Reihe der grossen Festspiele. Die so entstandene Zäsur war wohl eine künstlerische, jedoch keine bezüglich der Kontinuität: Der neue Pfeiler war bereits eingeschlagen in der Gestalt von Herbert von Karajan. Er stieg fortan – oder verkörperte ihn insgeheim schon vorher – während rund vier Jahrzehnten zum alleinigen Säulenheiligen auf.

Präsident Strebi bemühte sich derweil, den IMF (noch) mehr Glanz zu verleihen und forderte Wandelhallen im Kunsthaus (1958 wurde wenigstens ein ästhetisch dürftiger Vorbau aufgestellt) und strengere Kleidervorschriften (auf den Konzertkarten stand seit 1958 «Abendanzug erwünscht» statt wie vorher «dunkler Anzug»), um den äusserlichen Rahmen festlicher zu gestalten. 1955 schickte er das Stuttgarter Kammerorchester und ihren Leiter Münchinger in die Nobelherberge auf dem Bürgenstock, wo Serenadenklänge die feine Gesellschaft und den Mitte Februar 1954 gegründeten Verein «Freunde der IMF» mit Kerzenlicht ergötzten, bis dieses mit den letzten Takten von Haydns *Abschiedssinfonie* ausgehen musste.

Das Erscheinungsbild erhielt überdies einen frischen Anstrich. Einer der bestbekannten Grafiker der Schweiz, Donald Brun, schuf ein neues Plakat, das sehr gefiel, beachtet und prämiert wurde. Brun erhielt zudem den Auftrag, ein Signet, so hiess damals das Logo, mit gestaltetem «Geigenkopf auf grünem Grund» [Prot. 26. 11. 1954] auszuführen.

> [In den Kriegsjahren und darauf bis 1948 schuf der inzwischen zu internationalem Ruhm gekommene Hans Erni, Schwager Strebis, die Plakate. Brisant ist eine Kritik an ihm wegen seiner Sympathien für die kommunistische Linke. So hiess es, er sei «für IMF politisch untragbar». [Prot. 30. 6. 1955] Nach seiner Wandlung vom Saulus zum Paulus kam er von 1963 bis 1965 wieder zum Zuge, nachdem Celestino Piatti und abermals Donald Brun Klassiker der Festspielplakate realisiert hatten.]

Die übrigen Werbemassnahmen erfuhren eine Intensivierung, Geschenkgutscheine kamen ins Angebot, und das Vorprogramm musste früher, nämlich vor den anderen Festspielen erscheinen. [Prot. 31. 3. 1955]

Nachdem der SMV im August 1954 bestätigt hatte, Leuzinger besitze keine Verbandsfunktion mehr, standen Neuverhandlungen über eine Formierung des Orchesters für 1955 an.

DAS SCHWEIZERISCHE FESTSPIELORCHESTER (SFO)

Der bisherige Stellvertreter, der Tonhalle-Cellist Eric Guignard, trat 1955 als neuer Bevollmächtigter des SMV für das Festspielorchester in Leuzingers Fussstapfen. Er, der Diplomatie und Durchsetzungsvermögen klug zu verbinden wusste, einen konzilianten Umgang pflegte und in Luzern viele Freunde gewann, stellte das verloren gegangene Vertrauen in das Komitee wieder her und willigte in einen Vertrag ein, der dem Musikerverband nur noch die Verantwortung für die Orchesterzusammensetzung überliess. Unter diesen Voraussetzungen stand 1955 der Wiederverpflichtung des Festspielorchesters, das von nun an unter dem Namen Schweizerisches Festspielorchester auftrat, nichts mehr im Wege, die Differenzen waren ausgeräumt.

Schon vorher gab Strebi die zukünftige künstlerische Marschrichtung zu Protokoll: «Die IMF sind kein Experimentierfeld für moderne Musik», aber man wolle weiterhin schweizerische Werke oder solche «von Weltgeltung» aus anderen Kulturen programmieren. [Prot. 7. 10. 1954] Die Vorzugsstellung Furtwänglers erbte nun Karajan. Als meistgefragter Dirigent sollte er in Zukunft jeweils zwei Konzerte dirigieren. Seinem schon 1952 angekündigten Wunsch nach einem Dirigentenkurs wurde 1955 ebenfalls entsprochen. [Prot. 30. 8., 9. 12. 1954]

[Der Musikkritiker Mario Gerteis erinnert sich:
1955 erteilte Herbert von Karajan den einzigen Dirigierkurs in Luzern. Für die praktische Arbeit wurde speziell ein Orchester zusammengestellt; Assistent war Hugo Käch. Ich erinnere mich an aktive Teilnehmer wie Boris Mersson, Urs Vögelin und Miltiades Caridis. Die Proben fanden im Lukassaal statt. Bei geöffneten Fenstern konnte man von draussen die Anweisungen und Korrekturen Karajans hören, der sich mächtig ins Zeug legte und wegen des Kurses ungefähr zwei Wochen in Luzern weilte. Am Abend besuchte er meistens die Konzerte der «Konkurrenz». Ich war Platzanweiser an der Türe rechts, wo die Prominenz sass. Beim Auftritt des Dirigenten mussten die Pforten geschlossen werden. Ich hatte strengste Weisung, nachher niemanden mehr in den Saal zu lassen. Karajan, der Rastlose und Zeitknappe, hatte die Gewohnheit, immer erst im letzten Moment aufzutauchen. Einmal sprintete er heran, schaffte es aber nicht mehr rechtzeitig: Er befand sich nur noch einige Meter vor mir, als ich vorschriftsgemäss die Türe vor seiner Nase schloss. Er musste zehn Minuten draussen bleiben und eine Ouvertüre im Korridor anhören.] [Gespräch mit E. S., 12. 6. 2011]

Das Bewährte dominierte das Programm: Ansermet stand am Pult des Orchester redivivus für das Eröffnungskonzert [DVD 2.2.], Solist im Dvořák-Violinkonzert war Milstein. Im ersten Karajan-Konzert erklang Honeggers *Symphonie Liturgique* als einziges schweizerisches Œuvre in diesem Sommer. Ein reines Beethoven-Programm dirigierte er im Schlusskonzert (Solist: Schneiderhan). Nach Ormandy (Solist: Casadesus) begegnete man erst- und einmalig dem inzwischen fast vergessenen, früh verstorbenen Spanier Ataúlfo Argenta, der mit Ansermets Orchestre de la Suisse Romande gute Beziehungen pflegte und mit ihm einige Schallplatten einspielte. In Luzern begleitete er

Nathan Milstein kurz vor seinem Auftritt

Andrés Segovia, den ehemaligen Maestro assoluto der Gitarre, der 1962 noch einmal an den IMF auftrat. Der Luzerner Festwochenchor und die Solisten Irmgard Seefried, Ernst Haefliger und Heinz Rehfuss sangen in Haydns *Jahreszeiten* unter Kubelík. Als Kammermusiker begleitete Kubelík am Klavier die Violinistin Ludmila Bertlova (seine erste Ehefrau) mit Werken von Martinů, von seinem Vater Jan Kubelík und von Josef Suk. Im Zentrum dieses Konzerts stand die Wiedergabe von Janáčeks *Tagebuch eines Verschollenen* mit Ernst Haefliger und Sieglinde Wagner.

Vor dem Abschlusskonzert stand endlich ein weiteres Dirigentenmonument des 20. Jahrhunderts vor dem SFO: Otto Klemperer. Der damals Siebzigjährige, bereits von schwerem Leiden gezeichnet, hatte sich vom revolutionären Feuerkopf und Verkünder neuer Strömungen gewandelt und zählte in jenen Tagen zu denen, die «uns alte, vom Vergessenwerden bedrohte Wahrheiten unverlierbar einzuprägen wissen». [NZZ, 6. 9. 1955, Mo.] Seine Interpretationen der klassisch-romantischen Epoche, auf die er sich mit wenigen Ausnahmen im Alter beschränkte, erfüllten ein Wort des alten Kurt Sanderling, der einmal sinngemäss geäussert hat, das Suchen nach immer neuen Interpretationswegen könne den Blick auf das Wesentliche auch versperren; oft sei der einfache oder mitunter «alte» Pfad der bessere. Poetisch, aber völlig unsentimental muss denn auch die komplette, geniale Schauspielmusik zu Shakespeares *Sommernachtstraum* von Mendelssohn (mit Maria Stader und Sieglinde Wagner) – endlich nach dem Violinkonzert und der *Italienischen* ein anderes bedeutendes Werk des Komponisten – an diesem Abend gewirkt haben, was mir Mario Gerteis als authentischer Zeitzeuge bestätigte. Als Solisten für das 1. Klavierkonzert von Liszt wählte Klemperer ausdrücklich Paul Baumgartner, ein in vielen Zügen ähnliches Temperament, das Kraft nie mit Lärm verwechselte, Impulsivität und Zucht richtig mischte, Komponenten, die für dieses Konzert speziell nötig sind, damit es nicht zum blossen Virtuosenstück gerinnt. Es vergingen dann drei Jahre, bis Klemperer wieder in Luzern auftrat.

Im Serenaden-Rahmen gab der weltweit gefeierte Geiger Arthur Grumiaux sein IMF-Debut; der langjährige Duo-Partner von Clara Haskil – (die beiden konzertierten 1957 und 1960) – blieb ein beliebter und geschätzter Gast bis 1978.

Gleich zwei Orgelrezitals figurierten im Programm; die bis anhin regelmässig und am meisten aufgetretenen Organisten Dupré und Nowakowski zogen je einmal die Register der Hoforgel.

Der letzte Ton an den IMF 1955 war noch lange nicht verklungen, als Notizen einer «vertraulichen» Sitzung [Prot. 23. 8. 1955] darauf hindeuten, dass es das Komitee reizte, das Philharmonia Orchestra nach den Erfolgen im vergangenen Jahr für das Jahr 1956 wieder einzuladen. Am SFO wollte man jedoch ausdrücklich festhalten. Das Vorhaben bedingte eine Verlängerung der Festwochendauer, zudem riskierte man damit eine neuerliche Verärgerung des SMV, vor allem auch deswegen, weil es absehbar schien, dass Karajan und Kubelík nur noch das Gastorchester zu dirigieren wünschten. Deshalb beabsichtigten die Verantwortlichen mit dem SFO die «konservativen» und mit dem Philharmonia die «modernen» Programme zu spielen. Das war zwar listig, aber zugleich

Otto Klemperer, 1959

naiv gedacht, fern von jeglicher Realität – es kam denn auch anders, als man dachte.

Die Pläne verursachten die erwarteten Kontroversen; der SMV wollte die Konkurrenz eines Fremdorchesters nicht billigen, die IMF ihrerseits pochten darauf, keinen neuen Scherbenhaufen zu errichten, sondern vorerst einmal «gütlich Hand [zu] bieten» [Prot. 15. 12. 1955], und beruhigten tags darauf in einem Schreiben des Präsidenten und des administrativen Leiters mit dem Satz: «Wir betrachten das SFO nach wie vor als *das* Orchester der IMF.» [Strebi und Schütz an SMV, Brief vom 16. Dezember 1955]

DIE FESTIVAL STRINGS

Rudolf Baumgartner und Wolfgang Schneiderhan hören eine Aufnahme ab, 1959

Einstiger Schüler von Stefi Geyer, zweiter Geiger in ihrem Quartett (ergänzt durch Ottavio Corti und Eric Guignard), zweiter Konzertmeister im Collegium Musicum Zürich, Mitbegründer des Zürcher Kammerorchesters, Mitglied des Festspielorchesters (1943–1946 und 1949), Assistent Schneiderhans in dessen Meisterkursen sind nur einige der unzähligen Stationen, die der Geiger Rudolf Baumgartner durchlaufen hatte, als ihm, der nie eine Solistenkarriere anpeilte, ein Konzert im Juni 1955 des famosen Kammerorchesters I Musici di Roma in Graz gewissermassen zum Schlüsselerlebnis wurde. Brigitte Seeger, Violinistin der ersten Stunde, erinnerte sich: «Damit war es da, das Konzept der Festival Strings.» [zit. nach Schläpfer, 2003, S. 69] Schneiderhan, der gefeierte Solist, hatte seinen Schützling und Studenten Baumgartner schon Jahre zuvor ermuntert, ein Streichquartett zu gründen. Doch Baumgartner meinte im Nachhinein: «Ein Kammerorchester lag mir näher.» [Ebd.] Seine Idee, die offenbar schon lange in ihm schlummerte, ging dahin, dem zu gründenden Ensemble mit «Festival Strings Lucerne» einen internationalen, keiner Übersetzung bedürftigen Namen zu geben, der die verschiedene Herkunft der Mitglieder vereinte und das Wesentliche des Klangkörpers betonte: Streichorchester, Musikfestwochen, Luzern. Ende Oktober stiess das Projekt bei Präsident Strebi auf begeisterte Zustimmung; er war willens, die «Strings» in die zukünftige Festspielplanung einzubauen, sofern die künstlerische Qualität den Erwartungen entsprach. Im Dezember begannen die Probearbeiten mit den dreizehn jungen Musikern aus sechs Ländern. Die Geiger kamen aus der Klasse Schneiderhan, die tieferen Streicher aus bestehenden Orchestern. Baumgartner leitete das Kammerorchester anfänglich vom ersten Pult als Primus inter pares. Noch war das Unterfangen ein Experiment, dem die Eminenz hinter dem Ganzen, Wolfgang Schneiderhan, entscheidende künstlerische Impulse gab. Der prominente Name des Solisten diente als beste Werbung und machte die neue Formation schnell weiterum bekannt. Daher kündigte das Programmheft der IMF 1956 sie als «Festival Strings Lucerne. Streicherensemble Wolfgang Schneiderhan» an. Ein Jahr später hiess es, er sei dessen «Gründer und künstlerischer Leiter», erst ab 1961 druckte man die fortan übliche Version ab: «Rudolf Baumgartner, Leiter der Festival Strings Lucerne, die er 1956 zusammen mit Wolfgang Schneiderhan gegründet hat.» [Schläpfer, 2003, S. 77]

Am 26. August 1956 war es so weit: Vor voll besetztem Kunsthaussaal feierten die Festival Strings mit einem Barockmusikprogramm ihr Debut, dem ein glanzvoller Erfolg beschieden war. Die Kritik hob den frischen Vortrag und die Einheitlichkeit des Stils, den homogenen Klang hervor; Qualitäten, die vermöge der identischen geigerischen Schulung des Ensembles hervorstachen. Solistisch spielte Schneiderhan das bachsche E-Dur-Konzert und zusammen mit Baumgartner Bachs d-Moll-Doppelkonzert. Der erste wichtige Schritt war getan; das Ensemble, dessen frisches Spiel männlich einnahm, wurde für das nächste Jahr wieder verpflichtet, gleich mit zwei Konzerten. Jetzt schmückte man sich mit noch mehr Prominenz. Im ersten der beiden Konzerte drängten Baumgartner und Schneiderhan auf die Mitwirkung von Yehudi Menuhin.

Dessen Gagenforderung aber lag jenseits des vorgesehenen Budgets. Schneiderhan verzichtete auf ein Honorar, wodurch der Wunsch in Erfüllung gehen konnte. [Prot. 7. 3. 1957] Menuhin spielte nicht nur das a-Moll-Konzert, sondern zusammen mit den beiden Strings-Gründern einen Part im Konzert für drei Violinen von Bach (BWV 1064, Konzert für drei Klaviere C-Dur, zurückübertragen von Rudolf Baumgartner). Im zweiten Konzert sang Irmgard Seefried, Schneiderhans Ehefrau, zuerst eine Bach-Kantate, dann war sie in Respighis *Tramonto* zu hören, bevor das Konzert mit Streicher-Stücken von Hindemith und den *Rumänischen Volkstänzen* von Bartók schloss, was darauf hinweist, dass Baumgartner gewillt war, Musik der Gegenwart im Repertoire der Strings ebenfalls zu berücksichtigen. Damit machte er im nächsten Jahr Ernst.

Neben der Wiedergabe von Vivaldis *Jahreszeiten* und sämtlichen sechs *Brandenburgischen Konzerten* Bachs an zwei Abenden lief ein drittes Konzert unter dem Namen «Musica nova». Die wirkliche Neue Musik hielt also dank der Festival Strings Einzug in das Gesamtkonzept der IMF. Das Wagnis, das die Verantwortlichen anfänglich nur zögernd eingingen – Baumgartner: «Man wollte uns erst gar nichts bezahlen, dann bekamen wir ein halbes Honorar» [zit. nach Schläpfer, 2003, S. 131] –, lockte gewiss nicht die grossen Scharen erst in den Saal der Lukas-Gemeinde, dann in die Aula der Kantonsschule Alpenquai und später in das Verkehrshaus. Die Presse hingegen honorierte den Mut als etwas vom «Interessantesten des ganzen Festivals». [Weltwoche, 6. 10. 1967] Die Programme mit Neuer Musik bis 1970 bestanden meistens aus Uraufführungen oder einige Male immerhin aus Schweizer Erstaufführungen. Die nachfolgende Liste zeigt die Vielfalt der Auswahl in stilistischer Hinsicht (Schweizer Komponisten sind kursiv gesetzt). Ein Kritiker schrieb, die Werke hätten damals als Seismographen «erregend» gewirkt. Einige Namen und deren Werke – darunter auch viele schweizerische – haben im Musikleben die Jahrtausendwende freilich nicht überdauert, andere sind inzwischen jedoch etabliert, mindestens beim interessierten Publikum.

Festival Strings mit den Solisten Rudolf Baumgartner, Aurèle Nicolet, Helmut Winschermann und Adolf Scherbaum, 1958

URAUFFÜHRUNGEN UND SCHWEIZERISCHE ERSTAUFFÜHRUNGEN

1958: UA (Uraufführung) Enrico Mainardi, *Armin Schibler,* Richard Kittler
SE (Erstaufführungen) Ingvar Lidholm
1959: UA *Peter Mieg*
1960: keine UA oder SE. Stattdessen:
J. S. Bach: *Die Kunst der Fuge* in der neuen Einrichtung von R. Baumgartner
1961: UA Sándor Veress, Hilding Rosenberg, Johann Nepomuk David, Milko Kelemen
1962: UA *Albert Moeschinger, Hermann Haller,* Wladimir Vogel, Joonas Kokkonen
1963: UA Alexander Goehr, Marcel Mihalovici, *Franz Tischhauser*
1964: UA Jean Françaix, Aleksandr Tscherepnin, Everett Helm, *Werner Kaegi*
1965: UA *Heinrich Sutermeister,* Krzysztof Penderecki, *Klaus Huber*
1966: UA Rafael Kubelík, *Rudolf Kelterborn*
SE Harald Genzmer, Ernst Krenek
1967: UA Dalibor C. Vackár, *Conrad Beck*
SE Toshirō Mayuzumi
1968: UA Ivo Malec, *Robert Suter*
SE Edisson Denissow
1969: UA *Hans Ulrich Lehmann,* Maurice Ohana [DVD 3.2.]

Die Etablierung der Festival Strings Lucerne – über Jahre führten sie gewissermassen obligat jeweils zwei traditionelle Konzerte und das «Musica nova»-Konzert aus – brachte auch gewisse Einbussen mit sich. Das grosse Vorbild, das damals führende Streicherensemble I Musici di Roma, weigerte sich beispielsweise, in Luzern aufzutreten, um unvermeidlich aufkommenden Wertvergleichen aus dem Wege zu gehen. Auf der anderen Seite verzichtete die IMF-Leitung darauf, nach ähnlich ausgerichteten Kammerorchestern zu rufen. Deshalb musste man auf einige Ensembles in Luzern verzichten, obwohl noch einige andere Formationen gerade in jenem Zeitsegment ihre Hochblüte erlebten.

Die eitle Freude, die anfänglich herrschte, erfuhr in den nächsten Jahren auch Trübungen. Zwar ohne Eklat und ganz im Dunkeln war Baumgartner gewillt, sich von Schneiderhan künstlerisch zu lösen mit dem Argument, die Strings bräuchten neue Impulse, wünschten mit anderen Solisten zu spielen. Unfreundliche Übernahme oder mutiger Entschluss? Jedenfalls überwand Baumgartner eine «Durststrecke» und «formt[e] das Ensemble zu seinem Instrument». [Schläpfer, 2003, S. 78] Aber auch ihm gegenüber setzte es Schelte ab. 1965 musste er schonungslose Kritiken seitens der Musiker einstecken. Sie misstrauten der internen Organisation, wünschten Einblick in die Finanzen und rügten seine Doppelrolle als Geiger und Leader. Er verlege sich zunehmend und grundlos aufs Dirigieren, vor allem bei geigerisch schwierigen Stellen, lauteten die Vorwürfe. «Ich begriff, dass eine Institution wie die Festival Strings keine unveränderliche Grösse darstellt und keine absolute Richtigkeit besitzt. Viele […] Prinzipien mögen zehn Jahre lang nützlich und richtig gewesen sein, aber eines Tages sind sie aufgebraucht.»

[zit. nach Schläpfer, 2003, S. 109] So seine Reaktion. Der Tiefpunkt – es war nicht der letzte – zeigte in Form von Tournee-Absagen Folgen, aber keine für die IMF. Die Konzerte fielen nicht in die Zeit der Neuformierung, die nötig wurde, um der drohenden Auflösung zuvorzukommen. 1966, mit Schneiderhan als Solisten (!), präsentierten sich am 14. August die fast komplett umbesetzten Strings im Kunsthaus, ernteten Ovationen, aber auch Vorbehalte. Mario Gerteis registrierte: «Jener mitreissende Schwung, der die Strings zumindest in den ersten Jahren auszeichnete, ist gebremst worden.» [zit. nach Schläpfer, 2003, S. 111]

GASTORCHESTER

Rudolf Serkin und Fritz Reiner

Das bereits angedeutete Thema Gastorchester, ausgelöst durch die spezielle 1954er-Situation, wurde zwei Jahre später Realität. Auf welche Weise der Knackpunkt angegangen werden sollte, nämlich ein anderes Orchester neben dem SFO zu verpflichten, ohne dieses zu verärgern oder mit ihm in einen neuen Konflikt zu geraten, ist nicht dokumentiert. Protokollarisch ist lediglich festgehalten, der SMV habe «alle Bedingungen angenommen ausser die Radiorechte» [Prot. 19. 1. 1956], wobei Senderechte und -vergütungen ohnedies einen anderen heiklen Punkt betrafen. Für die wahrscheinlich delikaten Verhandlungen dürfte dem SMV respektive SFO gefallen haben, dass ihm erstklassige Dirigenten und der Löwenanteil an Konzerten offeriert wurden. Die befürchtete Abwanderung der ersten Liga der Dirigentenzunft vom SFO hin zu einem Gastorchester wurde (noch) nicht Fakt.

Man verlängerte die IMF-Dauer um wenige Tage und setzte wieder dort an, wo man aufgehört hatte: die Philharmonia of England spielte 1956 drei Orchesterkonzerte nach den Konzerten des SFO. Die ersten zwei Philharmonia-Konzerte standen unter der Leitung der aus Ungarn stammenden Dirigenten Fritz Reiner und George Szell, die beide in den USA Weltruf erlangt und ihre Orchester unter strengstem Regime zu absoluten Spitzenorchestern geformt hatten. Der eine «Zuchtmeister» vollbrachte den Feinschliff in Chicago, der andere in Cleveland – man höre sich Aufnahmen mit diesen exzeptionellen Orchesterleitern an!

[Reiner polarisierte extrem, hinterliess stets diametrale Eindrücke – in Luzern nicht anders: Bei der Presse überwogen die positiven Urteile, das Komitee fand ihn «enttäuschend», ein Kontrabassist grollte: «Of all the conductors I have ever played for, and I must have played for hundreds, Reiner sticks out as the most disagreeable. I was playing with the Legge Philharmonia Orchestra in the Kunsthaus […] He was of medium height, thick-set, with greying hair brushed back. There was a wen (sebaceous cyst) on the back of his neck which the musicians used to call his ‹evil eye›.» [Meyer, 2007] Eine andere Stimme hievte ihn als unerreicht auf den Thron: «I have no hesitation in saying that Fritz Reiner was one of the greatest conductors of all time, if not the greatest. He had the ability to always provide the right tempi; he brought out the best in his orchestras although some of his players called him a martinet and a very rude man; his performances revealed details that you will not find in any other performances; his performers were always vital and never commonplace; unlike some conductors, who are full of themselves, […] Reiner was a modest man and faithful to each score. He was a conductor in the highest league and, in the view of many, unsurpassed.» [Wright, 2005]]

Für Reiner war es der erste, reichlich späte Auftritt in der Schweiz überhaupt. Er begleitete Walter Gieseking, der nach langer Konzertpause infolge eines schweren Unfalls wieder konzertierte; etwas mehr als zwei Monate später starb er. Chefdirigent Karajan, der die Festwochen mit dem SFO eröffnet hatte, setzte den Schlusspunkt hinter das Philharmonia-Gastspiel.

Das positive Echo auf die Durchführung der IMF mit zwei Orchestern ermunterte die Leitung, am gleichen Strang weiterzuziehen. Nach fünf Abenden mit dem SFO reisten die Wiener Philharmoniker von der Donau an die Reuss. Am Pult stand der Chefdirigent des New York Philharmonic, der griechischstämmige Dimitri Mitropoulos. Der mönchisch lebende Asket mit dem phänomenalen fotografischen Gedächtnis – er benötigte auch in Proben keine Partitur – zeigte sich erst- und letztmals an den IMF.

[Vom Konzert existiert eine Aufnahme des 5. Klavierkonzerts von Beethoven mit Robert Casadesus, vgl. S. 388.]

Dimitri Mitropoulos (r.) im Gespräch

Eine Brücke Wien – Luzern baute Rafael Kubelík, der mit dem Festwochenchor, Susanne Danco, Elsa Cavelti und dem Gastorchester die *Auferstehungssymphonie* von Gustav Mahler zum ersten Mal an den IMF realisierte, nachdem eine geplante Aufführung wegen der Tragödie im Hause Walter 1939 gescheitert war [vgl. S. 89f.].

Die Schauder erregende Musik des finalen «Hexensabbat» aus Berlioz' *Symphonie fantastique* beendete offiziell die IMF 1957. Dirigent André Cluytens und die «Wiener» verzückten das Publikum ausser Programm mit weniger fiebrigen Tönen und spielten noch hinreissend die wienerischste aller Wiener Zugaben – den *Donauwalzer*.

Als die Zwanzigjahrfeier anstand, blieb es nicht bei einem Orchester. Karajan, seit 1956 Chefdirigent des Berliner Philharmonischen Orchesters (so der offizielle Name bis 2002; «Berliner Philharmoniker» nannte sich das Orchester früher nur bei Schallplattenaufnahmen), musste auf die Leitung des SFO für immer verzichten, brachte die Berliner Spitzenmusiker zum Eintritt in die Aura der IMF mit Beethovens Neunter, dem Werk, mit dem sein Vorgänger Furtwängler sich verabschiedet hatte. Wiederum gesellte sich der Festwochenchor zum Gastensemble wie das Solistenquartett Lisa della Casa, Marga Höffgen, Ernst Haefliger und Gottlob Frick. Klemperer und Reiner dirigierten zwei weitere Konzerte des Berliner Orchesters, dem bald eine zentrale Rolle im Festivalgeschehen zufallen sollte, ein Status, der bis heute unvermindert anhält.

Das in Luzern schon fast institutionalisierte Orchester aus London – nach Karajan nunmehr unter der künstlerischen Leitung von Otto Klemperer – rundete das Jubiläumsjahr mit zwei Konzerten ab: Er dirigierte das Philharmonia Orchestra im Schlusskonzert

André Cluytens

mit Werken Beethovens. Der zu dieser Zeit als Chef in Pittsburgh tätige, ursprünglich aus Köln stammende Amerikaner William Steinberg leitete das andere Konzert.

Auch in den nächsten zwei Jahren stützte man sich auf das Philharmonia Orchestra, gewissermassen contre cœur, denn der Versuch, das Chicago Symphony Orchestra als erstes amerikanisches und erst noch zu den «Big five» zählendes Orchester 1959 zu holen, scheiterte an den amerikanischen Behörden, die keine Ausreisebewilligung erteilten. Das Berliner Philharmonische Orchester und Karajan mussten wegen der Eröffnung des neuen Festspielhauses in Salzburg den bereits abgeschlossenen Vertrag mit Luzern kündigen und auf die Mitwirkung 1960 verzichten, das einzige Jahr zwischen 1948 und 1988, in dem Karajan Luzern fernblieb. [Strebi: «Es geht auch ohne Karajan!»] Versuche und Verhandlungen, das Amsterdamer Concertgebouw Orkest zu verpflichten, verliefen im Sande.

Die vier Klemperer-Konzerte standen natürlich im Zentrum der Gastspiele in diesen zwei Jahren. Die Programme zeigten Geschlossenheit: ausschliesslich Tschaikowsky (mit Géza Anda) und Mozart (mit Clara Haskil, die mit dem d-Moll-Konzert KV 466 von Mozart den Saal magisch zu verzaubern schien [ebenfalls auf CD LF, vgl. S. 388].) im einen, im Mahler-Jahr 1960 dessen *Lied von der Erde* (mit Christa Ludwig und Ernst Haefliger) und Beethoven (mit Rudolf Firkušný) im anderen.

[In der Erzählung *Der Lauscher* schildert Dölf Steinmann [2008, S. 46–49] eine Plattenaufnahme – damals reisten die Produzenten den Künstlern zu diesem Zweck noch nach – der Mozart-Variationen über «Ah, vous dirai-je, Maman» mit Clara Haskil in der Luzerner Lukaskirche. Der Erzähler (alias der Autor, damals Platzanweiser) hörte zu und vermittelt zurückblickend ein fesselndes, lebendiges Bild der Pianistin.]

Der Festwochenchor feierte 1959 das 20. Jahr seines Bestehens mit Händels *Messias* und sang das Oratorium zusammen mit dem Philharmonia Orchestra unter der Leitung von Thomas Beecham. Die weiteren Konzerte übernahmen Rafael Kubelík (mit Claudio Arrau) und 1960 der mit dem Orchester sehr vertraute Carlo Maria Giulini sowie George Szell, der Mahlers *Kindertotenlieder* mit Dietrich Fischer-Dieskau erstmals in Luzern aufführte. Zum Abschluss erlebte man mit dem NHK Symphony Orchestra unter Hiroyuki Iwaki erstmals ein japanisches Orchester; es brachte unter anderem eine Komposition von Toshirō Mayuzumi aus dem Fernen Osten mit.

Manchmal entpuppt sich ein Anlass erst im Nachhinein als einmaliges historisches Ereignis und erlangt erst post festum die ihm gebührende Einschätzung. Kaum jemand im Saal mag am 31. August 1959 wohl geahnt haben, einem Solisten begegnet zu sein, der später zum Jahrhundertphänomen stilisiert wurde und heute längst Kult geworden ist. Sein früher Tod löste eine regelrechte Industrie aus, die vehement einbrach und dann wieder boom(t)e. Sie (v)erklärte ein Phänomen in unzähligen Bücherbänden, ganzen Fernsehserien, wiederaufgelegten offiziellen und ausgegrabenen Aufnahmen. Die Kassen der Produzenten klingelten jedenfalls. Das Genie inspirierte Schriftsteller zum Schreiben von Essays und Romanen (wie Thomas Bernhards *Der Untergeher*). Sein Name: Glenn Gould. Er, der sich bekanntlich fünf Jahre später vom Konzertbetrieb völlig zurückzog und seine Kunst ausschliesslich der Schallplatte im publikumsfernen Tonstudio widmete, gestaltete an jenem Tag auf seine unverwechselbare Art Bachs d-Moll-Klavierkonzert unter Karajan. Die Vermutung liegt indes nahe, es sei Karajan gewesen, der als Magnet zum Konzertbesuch gelockt habe, denn Werbungen oder Vorschauen kündigten den Auftritt Goulds keineswegs mit grossen Lettern an; man beschränkte sich auf das übliche Prozedere. Für einen vollen Saal garantierte ohnehin der Name des Dirigenten. Weil lediglich wenige Bilder das Ereignis dokumentieren, darf man vermuten, die verantwortlichen Stellen seien sich dessen Singularität nicht bewusst gewesen.

[Das frühere Stiftungsratsmitglied Kaspar Lang war dabei und erinnert sich:
Schon als Jugendlicher schwärmte ich von Glenn Gould, tue es noch heute und schätze mich deshalb überaus glücklich, dass ich als Vierzehnjähriger sein einziges Luzerner Konzert mit Karajan in Begleitung meiner Eltern besuchen durfte. Ich besass damals seine Platte mit den Goldberg-Variationen *und drängte deshalb zum Konzertbesuch. So wie Thomas Bernhard und Gerhard Meier den Pianisten literarisch geschildert haben, sind seine Erscheinung und sein Spiel mir im Gedächtnis geblieben. Die Platte vom gleichen Konzert unter Bernstein besitze ich immer noch. Eine Aufnahme mit*

Carlo Maria Giulini wird von Hortense Anda-Bührle beglückwünscht

Glenn Gould erteilt Autogramme im Solistenzimmer

Walter Gieseking, Walter Strebi, Walter Legge, Herbert von Karajan und Stadtpräsident Kopp applaudieren einem Alphornbläser, der in einer Probenpause sein Können demonstriert hat, 1954

George Szell und Willy Boskovsky, 1966

William Steinberg

Karajan existiert ja nicht. Ich erinnere mich nur, dass Karajan im Gegensatz zu Bernstein das Orchester sehr zurückgenommen hatte, um Gould ganz in den Vordergrund zu rücken. Allerdings weiss ich nicht mehr, was Karajan nachher dirigiert hat – eine Tschaikowsky-Sinfonie? [Nein, es war *Don Quixote* von R. Strauss]] [Gespräch mit E. S., 1. 12. 2010]

[Zur Erzählung *Die Flügelbraut*, die auf tatsächlichen Begebenheiten beruht, liess sich der Luzerner Schriftsteller Dölf Steinmann animieren; er schildert, wie er von Goulds letztem Konzert in Europa wie «elektrisiert, schon vor dem ersten Ton» war, obwohl er ahnungslos gewesen sei. An diesem Abend sei «etwas Magisches geschehen». [Steinmann, 2008, S. 10f.]]

Während der folgenden Jahre nach der Karajan-Absenz [vgl. das aufschlussreiche Gespräch mit Heinz Holliger (S. 379) zu den Jahren nach 1961] wechselten sich die «Berliner» und «Wiener» ab oder traten – wie 1965 und ebenso viel später – beide im selben Jahr in Erscheinung. Die Präsenz der prestigeträchtigsten Orchester Europas verhalfen und verhelfen den IMF/LF mitentscheidend zu internationalem Ansehen und Anerkennung. 1967, als die «Philharmoniker» ausfielen, trat das Cleveland Orchestra unter ihrem Principal Conductor George Szell (zweimal) und unter Karajan an deren Stelle und boten Wiedergaben höchster Kunstfertigkeit, die auf der damals schon 20 Jahre dauernden Meisterschaft der Orchestererziehung Szells basierte. Davon lieferte der zu jener Zeit wahrscheinlich beste Klangkörper Nordamerikas ein äusserst beeindruckendes Zeugnis ab.

[Ein Aperçu: In diesem Orchester sass ein junger Pianist namens James Levine, derselbe Levine, der 1989 als Erster nach Karajans Tod die Berliner Philharmoniker in Luzern dirigieren sollte!]

Das erste Orchester aus den USA kam jedoch bereits 1964 nach Luzern – das Pittsburgh Symphony Orchestra unter William Steinberg mit unter anderem der reizvollen *Pittsburgh Symphony* von Paul Hindemith. Zwei Jahre später konzertierte unter Max Rudolf das Cincinnati Symphony Orchestra, deren durchsichtiges kammermusikalisches Musizieren mir besonders in Erinnerung geblieben ist. Die beiden Übersee-Formationen brachten selbstverständlich auch Kompositionen aus der Neuen Welt mit: von Walter Piston (Pittsburgh), William Walton (Cleveland) und William Schuman (Cincinnati). Aus subjektiver Sicht bedeutete die Darbietung und Neuentdeckung der 4. Symphonie *(Das Unauslöschliche)* von Carl Nielsen das Ereignis dieser Gastspiele. Selbstverständlich waren die «Amerikaner» jeweils auf ausgedehnten Europa-Tourneen und nicht exklusiv in Luzern zu hören; ein Exklusivengagement wäre finanziell niemals tragbar gewesen. Diese Prämisse gilt, abgesehen von späteren Sondervereinbarungen, aktuell immer noch. Überaus prominent kündigte die Werbung, vor allem jene der involvierten Schallplattenfirma, die Tournee des New York Philharmonic unter dem Big Star Leonard Bernstein zu sechs Festivals in zehn verschiedenen Ländern an, eingeschlossen die IMF. Das künstlerische Resultat erfüllte die Versprechen der Werbetrommeln durchweg; das Publikum verabschiedete nach brillanten Wiedergaben einer Haydn-Sinfonie, der Symphony No. 3 von Roy Harris und der berliozschen *Symphonie fantastique* Dirigent und Orchester jedenfalls «mit stürmischen, nicht endenwollenden Ovationen» für eine «blendend schöne Leistung». [NZZ, 29. 8. 1968, Ab.] Es vergingen rund 20 Jahre, bis der charismatische «Lennie» das Festwochen-Publikum – mit den Wiener Philharmonikern 1987 und 1988 – wieder in seinen Bann zog.

Vereinzelt hörte man weitere Gäste, wie etwa 1962 und 1967 das Orchestre National de la RTF unter Jean Fournet (mit Monique Haas), Jean Martinon, Igor Markevitch (mit Nikita Magaloff und der *Psalmen-Sinfonie* Strawinskys), Georg Solti (mit einem Bartók-Programm) und Maurice Le Roux (mit Henryk Szering). Le Roux brachte sieben Teile aus der ekstatischen und klangsüssen *Symphonie Turangalîla* von Olivier Messiaen unter Mitwirkung der Ondes-Martenot-Spielerinnen Yvonne und Jeanne Loriot in Anwesenheit des Komponisten zu Gehör. Die Programmkommission wünschte nur «so viel Stücke [aus der Symphonie], dass die Aufführung nicht länger als 50 Minuten dauert». [Prot. 22. 8. 1966]

Lorin Maazel dirigiert das SFO, vermutlich 1960

[Beinahe wäre es statt dieses letztgenannten bereits zu einem Konzert unter Pierre Boulez gekommen, worauf Sitzungsprotokolle des Komitees und diverse Briefwechsel in der Zeit von Februar 1965 bis Mai 1967 (in der Sammlung der Paul Sacher Stiftung, Basel) hinweisen. Sacher, inzwischen Mitglied der Luzerner Programmkommission, und Schulthess empfahlen Boulez erst für ein Konzert mit einem Spezialensemble für Neue Musik, dem Ensemble der Domaine Musicale. In Boulez sah man damals gemeinhin den wilden, gegen das Etablierte aufmüpfigen Exponenten der radikalen Avantgarde, schlimmstenfalls einen anarchistischen Opernsprengmeister (Boulez: «Sprengt die Opernhäuser in die Luft!» [Der Spiegel, 40/1967]). Seine eminente und letztlich epochale Bedeutung als Komponist und Dirigent erkannte oder erahnte ein eher kleiner Kreis von Fachleuten. Nachdem den Luzernern eine nächste Offerte mit dem Orchestre National wahrscheinlich weniger riskant schien, wurde dieses Projekt von allen betroffenen Seiten verfolgt. Basel bot zudem eine Alternative in Form eines koordinierten Konzerts mit der Basler Orchestergesellschaft (BOG) an, die mit Boulez für ein Strawinsky-Fest plante. Boulez erteilte gar seine Zusage, verlangte jedoch immer wieder präzisere Angaben über das Projekt; ihm war offenbar nicht eindeutig klar, was sich auf das Orchestre National und was sich auf die BOG bezog. Am 21. Mai 1966 sagte er ab und teilte dies Le Roux mit, der schliesslich in Luzern sowie in den USA und in Montréal dirigierte. [Boulez an Le Roux, Brief No.1/2, PSS, Sammlung Pierre Boulez] Die wahren und ausschlaggebenden Gründe der Absage gehen aus den Dokumenten nicht hervor; Boulez selbst erinnerte sich nicht auf meine Anfrage hin. Als Spekulation wäre die Vermutung zu werten, das ramponierte Verhältnis zwischen Boulez und den einstigen gaullistischen Kulturpolitikern Frankreichs habe als Spielverderber gewirkt.]

Im Reigen der Gastorchester fehlte das Philharmonia Orchestra weiterhin nicht: Zum Vierteljahrhundert-Jubiläum 1963 und 1968 kam es zum neuerlichen Stelldichein. 1963 erlebte man es unter Lorin Maazel sowie unter Carlo Maria Giulini, Willi Boskovsky und Karl Böhm. Da die Wiener Philharmoniker ihre weltbekannten Neujahrskonzert-Programme mit vornehmlich Werken der Strauss-Dynastie grundsätzlich weder bei Gastauftritten noch während der Saison spielen, kam Luzern mit den Engländern in den Genuss eines Wiener Strausses von Walzern und Polkas durch den Wiener Konzertmeister Boskovsky, der die Neujahrskonzerte zu jener Zeit traditionell mit Geige und Bogen leitete. Als «New» Philharmonia trat es fünf Jahre später unter Claudio Abbado – von ihm wird noch mehrmals die Rede sein –, Klemperer und Kubelík auf. Jeder der drei setzte eine Luzerner Premiere auf das Programm: Abbado die *Drei Orchesterstücke* op. 6 von Alban Berg, Klemperer Mahlers Neunte und Kubelík Schönbergs Klavierkonzert mit John Ogdon.

Chor und Orchester des Bayerischen Rundfunks (erstmals) waren 1965 unter ihrem Chef Rafael Kubelík für eine denkwürdige konzertante Aufführung der Oper *Aus einem Totenhaus* von Leoš Janáček und ein weiteres Konzert hergereist. Mahlers Fünfte erklang vier Jahre später mit der Tschechischen Philharmonie unter Václav Neumann [DVD 3.6.];

er und George Szell dirigierten zwei weitere Konzerte des Prager Orchesters [CD LF, vgl. S. 388], das beim Luzerner Erstauftritt im Gedenken an die gewaltsame Niederschlagung des «Prager Frühlings» durch die Sowjets besonders frenetisch gefeiert wurde.

Das Kölner Rundfunk-Sinfonieorchester und der Kölner Rundfunkchor unter der Leitung von Andrzej Markowski setzten mit Aufführungen der anonymen *Messe de Tournai* (14. Jahrhundert) – das erste vollständig überlieferte Ordinarium missae – mit dem Deller Consort, des *Stabat Mater* (1962) von Krzysztof Penderecki und des Requiem (1963–1965) von György Ligeti einen Meilenstein in die Festival-Geschichte. [DVD 3.4.] (Es dauerte bis 2007, bis unter Jonathan Nott die Ligeti-Totenmesse wieder auf einem Programm stand.) Die Kombination früher Musik mit jener der extremen Moderne bedeutete nicht nur eine sinnstiftende und sehr mutige Zusammenstellung, sondern spricht auch für ein hervorragendes Gespür für den hohen Stellenwert dieser Werke. Pendereckis knappe und konzentrierte dreichörige Vertonung der Mariensequenz wie das faszinierend ausdrucksdichte Requiem Ligetis sind inzwischen Marksteine der Musik der zweiten Hälfte des 20. Jahrhunderts geworden. Den Schlusspunkt hinter dieses Festival-Jahr setzten nochmals die «Kölner» mit einem Konzert unter Zdenek Mácal.

Zu gesellschaftlichen und künstlerischen Höhepunkten gerieten allemal die Berliner- und Wiener-Philharmoniker-Konzerte. Karajan, mit seinem Orchester jeweils zweimal, mit den Wiener Philharmonikern einmal, hypnotisierte Jahr für Jahr Kenner, Liebhaber und jene, denen seine Konzerte ein schickliches Muss bedeuteten. Mit Ravels *Boléro* (1968) riss er buchstäblich den ganzen Saal von den Sitzen und am Abend vorher nahm einem seine Interpretation der 10. Symphonie von Dmitri Schostakowitsch den Atem. Den vielleicht nachhaltigsten Eindruck während dieses Zeitsegments und darüber hinaus hinterliess 1963 die mirakulöse Aufführung des Requiems von Verdi in der superben Besetzung Leontyne Price, Christa Ludwig, Giuseppe Zampieri, Nicolai Ghiaurov mit dem Wiener Singverein. Mit Urteilen aus zeitlicher Distanz ist durchaus Vorsicht geboten; in diesem Fall verstummt jedoch der Widerspruch. Die ältere Generation, die beide erlebte, stellte die 1963er-Aufführung jener sagenhaften unter Toscanini gleich, und altgediente, hartgesottene Berliner Philharmoniker, die das Werk unter ihrem «Alten» (so ihr Insider-Jargon) ungezählte Male gespielt hatten, sprachen noch in den Achtzigerjahren vom «Requiem anno 1963», als einfach alles stimmte und jenes Ereignis zur absoluten Sternstunde wurde. Es sei mir nachgesehen: Die viel bemühte Gänsehaut spüre ich nach rund einem halben Jahrhundert wieder, derweil ich an jenen Abend denke – für meinen ersten Konzertbesuch in Luzern war es des Guten fast zu viel. Ähnlich packte 1966 die Schlussszene der *Götterdämmerung* in der geradezu überdramatischen Interpretation durch Georg Solti und Birgit Nilsson mit den Wiener Philharmonikern. Zuvor hatte der mit vulkanischem Feuer geladene Solti seine heute noch frisch wirkende Gesamtaufnahme des *Rings* abgeschlossen, deren bahnbrechende Aufnahmetechnik heute noch erstaunt. Besondere Erwähnung verdienen ebenfalls die mit den Wiener Philharmonikern verbundenen Luzerner Erstauftritte von István Kertesz (1962) und Zubin Mehta (1964).

Zubin Mehta erstmals in Luzern

ERSTARRUNGEN UND BEWEGUNGEN

Die Organisatoren sahen sich nach dem Wechsel in der SFO-Organisation erneut mit Konflikten konfrontiert, die der SMV respektive das Orchester mit der SRG austrug. Diese erklärte sich ausserstande, höhere Beiträge für die Radiorechte zu entrichten. Das SFO verlangte deshalb von den IMF, die Differenz auszugleichen, was das Komitee als «unannehmbar» ablehnte. [Prot. 19. 1. 1956] Stadtpräsident Paul Kopp, seit zwei Jahren Organisationsmitglied, wollte in der heiklen Situation sogar den Bundesrat kontaktieren, um Druck auf den SMV auszuüben. Strebi fürchtete eine neue Eskalation und drängte auf Neuverhandlungen. Nachdem der SMV den Vertrag mit der SRG im Mai gekündigt hatte, kam sozusagen fünf vor zwölf dennoch ein modifiziertes Abkommen zustande. [Prot. 18. 7. 1956] Die Konzertübertragungen konnten somit über den Äther gehen; seit 1958 kündigte jeweils ein speziell komponiertes Tonsignet – ein Vorschlag von Enrico Mainardi – die Direktübertragungen aus Luzern markant an. Das SFO schürte immer wieder etwas Glut und heizte eine gewisse Unruhe an. Ende 1958 protestierte der SMV gegen die zunehmende Verpflichtung ausländischer Orchester; zwei Jahre später forderte der Verband Honorarerhöhungen.

[Vorgänge dieser Art gehörten und gehören stets zum Alltag einer Festival-Organisation und dürfen deshalb nicht überbewertet werden. Wie in jedem anderen Metier prallen Sichtweisen und Interessen je nach Partei oder Stellung aufeinander, für die eine funktionierende Organisation schliesslich eine Lösung findet, finden muss, damit kein Stillstand eintritt.]

Für die IMF-Leitung standen noch andere Probleme an, die bewältigt werden mussten. Ende November 1956 verstarb der Mäzen Emil G. Bührle; in der Person seiner Tochter, der damals gerade 20-jährigen Hortense (1964 heiratete sie den Pianisten Géza Anda), sicherte man sich schnell Nachfolge und Geldquelle. Ende 1957 schuf man Ausschüsse, die je für die Gebiete Musik, Konzertorganisation, Freunde, Werbung und Finanzen verantwortlich waren. [Prot. 25. 11. 1957] Steigende Kosten und deren Bewältigung konfrontierten das Komitee als Perpetuum mobile. Da die auf der Hand liegende Lösung in Form einer stetigen Erhöhung der Kartenpreise den Unwillen des Publikums provozierte, griff man zum probaten Mittel der Kategorieneinteilung, das heisst, man teilte mehr Plätze einem oberen Preissegment zu – ein Verfahren, das bis zur Gegenwart Anwendung findet. Dazu erhöhte die Stadt die Subvention 1961 von 4000 auf 8000 Franken, 1962 auf 10'000 Franken. Ein neues Phänomen blühte bei den sofort ausverkauften Karajan-Konzerten: der Schwarzhandel. Per Zeitungsinserat wurden Karten zu «leicht erhöhten Preisen» angeboten. Stichproben ergaben einen tatsächlichen Aufschlag von 100 Prozent. Das Protokoll vermerkte nur die Entrüstung, Mittel zur Abhilfe fanden sich nicht. Um etwas mehr Volksnähe zu demonstrieren, wurde die Durchführung von «Volkskonzerten» zu moderaten Preisen überlegt [Prot. 3. 9. 1957] – offenbar blieb es vorläufig beim blossen Ansinnen.

Ein Dauerthema bildete das Klimaproblem im Kunsthaus, das Glasdach spendete in den Sommermonaten so viel Wärme, dass die Saaltemperatur zuweilen Saunagrade erreichte. Der Einbau einer Klimaanlage verbot sich indes aus Gründen der Lärmimissionen – beim damaligen Stand der Technik kühlten die Maschinen nicht ohne Geräusch. Experimente mit Schilfmatten auf dem Dach fruchteten so gut wie nichts. Gegen die Imponderabilie kämpfte man bis zum Abbruch des Hauses. Als die Klimaanlage Ende der Sechzigerjahre doch noch eingebaut wurde, überfielen jeweils Reklamationen von zwei Seiten die IMF-Leitung. Nahe den Öffnungen für den Kühlluftaustritt fröstelte es die Leute, während andere sich nach wie vor über ein unfreiwilliges Schweissbad beklagten.

Der Konzertbeginn gab auch allenthalben zu reden. Während einige Mitglieder für 19.30 Uhr plädierten, damit nicht Scharen aus dem Saal rasten, um die (letzten) Züge zu erreichen, fürchteten die anderen, der frühe Beginn habe den Nachteil, dass viele Besucher zu spät einträfen. Das Fazit: Es blieb beim Status quo 20.00 Uhr.

Der Kalte Krieg, der im Aufstand in Ungarn 1956, im Berliner Mauerbau 1961 und in der Kubakrise 1962 gipfelte, evozierte hierzulande wie im übrigen Westeuropa eine ausgeprägt antisowjetische Stimmung, die einherging mit der Verunglimpfung der wenigen Sympathisanten des Kommunismus. Das Komitee IMF, fast ausschliesslich von nach wie vor liberalen und konservativen Mitgliedern besetzt, stellte in der Sitzung vom 3. Februar 1961 die Frage nach dem Prozedere bei der Verpflichtung von Musikern aus Russland und dessen Satellitenstaaten und einigte sich darauf, Künstler des Ostens weiterhin zu berücksichtigen mit Ausnahme der russischen. Deshalb sucht man im Festivalarchiv vergebens nach Ausnahmekünstlern wie David Oistrach oder Jewgeni Mrawinsky, um nur zwei Namen zu nennen. Als es am 31. August (im Monat der Errichtung der Berliner Mauer) um das Engagement des Dirigenten Karel Ančerl und des Geigers Josef Suk ging, überwogen die Bedenken gegen eine Verpflichtung der beiden Tschechoslowaken. (Ančerl dirigierte 1971 einmalig das SFO; Suk trat 1965 erstmals an den IMF auf.) Das Ungarische Streichquartett, eingeladen für ein Konzert am 8. September, wurde hingegen nach einer knappen 3:2-Abstimmung nicht an seinem einzigen Luzerner Gastspiel gehindert. [Prot. 31. 8. 1961]

Demgegenüber vermisste man die Besucher aus Amerika. Der Verkehrsverein monierte, die IMF seien in der Neuen Welt noch nicht oder viel zu wenig bekannt, und brachte die Petition ein, einen Manager für Public Relations in den USA zu suchen. Die Person wurde gefunden [Prot. 3. 2. 1961]; aus den verfügbaren Dokumenten ist allerdings nicht ersichtlich, welche Auswirkungen die Bemühungen um Publizität in den Vereinigten Staaten hatte. Die intensiven Anstrengungen, die diesbezüglich durch die Schaffung der «American Friends of Lucerne Festival» in der jüngsten Vergangenheit unternommen wurden, hatten also vor rund einem halben Jahrhundert einen bescheidenen Vorläufer.

Brief des Gymnasiasten Heinz Holliger an Paul Sacher; im Zusammenhang mit den IMF interessiert folgende Passage:

Gestern Abend durfte ich in das Symphoniekonzert an den Luzerner Festwochen. Ein so wunderbares Konzert hörte ich bis jetzt noch nie. Das Spiel von Clara Haskil und Anda im Bach-Konzert war von höchster Reife und Überzeugungskraft.
Das grösste Erlebnis war für mich die Liturgische Symphonie von Honegger, diese bedeutete mir mehr als der schönste Gottesdienst. Ich hörte das Werk zum ersten Mal. Die Wirkung war überwältigend. Das ganze hält eine solche Einheitlichkeit zusammen, man könnte kaum einen Satz über den andern erheben. Jeder ist für den andern nötig. Ich glaube, dass auch das Publikum, nachdem der letzte, zarte Schlussgesang des «Dona nobis pacem» verklungen, wirklich ergriffen war. Und das ist doch sicher eine grössere Kunst, wenn ein Werk nicht nur von einem auserlesenen Kreis von Musikgelehrten verstanden, (vielleicht auch nicht empfunden) wird, sondern wenn es einem weiteren Zuhörerkreis zugänglich ist, ohne jedoch oberflächlich und banal zu sein. Der Zuhörer braucht sich ja gar nicht unbedingt im Bau eines Musikstückes auszukennen und alle technischen Spitzfindigkeiten zu erkennen, wenn er nur fühlt, dass hier ein grosser Meister am Werk ist, der auch noch in unserer Zeit etwas zu sagen hat, und dem die Musik etwas Ernstes, Heiliges ist.

Anlässlich der Landesausstellung 1939 hatte es erste öffentliche Fernsehversuchsdemonstrationen in der Schweiz gegeben. Die SRG sendete 1953 zunächst an fünf Abenden pro Woche ein rund einstündiges Programm im Sinne eines Versuchsbetriebs, bevor das Fernsehen Schritt für Schritt Fuss fasste und schnell zum Massenmedium wuchs. Schon 1960 wünschten sich die IMF-Organisatoren eine TV-Übertragung der Serenade, und Fricsay trat ausdrücklich für eine Aufzeichnung seines Konzerts im folgenden Jahr ein. Die Begehren wurden aber abgelehnt wegen damit verbundener Störungen – die Kameras erforderten eine unangenehm grelle Ausleuchtung des Saales und des Orchesters. Zudem herrschte die Meinung vor, ein Fernsehkonzert biete optisch zu wenig und sei deshalb unattraktiv. [Prot. 26. 4. 1961]

Im Bereich der Meisterkurse geriet einiges in Bewegung. Géza Anda, schon 1955 als Nachfolger des kranken Edwin Fischer vorgesehen, leitete von 1960 bis 1968 die Klavierklassen. Der Vorschlag von Rudolf Baumgartner, Kurse für Jazz und Cembalo anzubieten, stiess auf Ablehnung. Strebi begründete sie mit der Bemerkung, das Cembalo habe keine Bedeutung mehr. [Prot. 4. 12. 1961] Das Nein ist nicht simpel als Ignoranz zu werten, denn zu jener Zeit klangen die meisten neu gebauten Cembali unbefriedigend, wenn nicht gar hässlich.

Géza Anda und Pierre Fournier

Erst im Zuge der an historischen Vorbildern angelehnten Bauweise und Musizierpraxis erlangte das Cembalo die Bedeutung, die ihm heute zukommt. Unter diesem Aspekt ist Strebis negative Reaktion durchaus verständlich. Aussergewöhnliche internationale Attraktion besassen nach jenem Karajans zwei Dirigierkurse, die Rafael Kubelík 1961 mit dem Radio-Orchester und 1962 mit dem Orchester der AML und des Bayerischen Rundfunks erteilte. Es dauerte 20 Jahre, bis Kubelík sich wieder für einen Kurs zur Verfügung stellte; seit einigen Jahren können junge Dirigenten bei Bernard Haitink sowie im Rahmen der Lucerne Festival Academy bei Pierre Boulez, Peter Eötvös und David Robertson neue Impulse empfangen. Verblüffung verursachen die Studiengebühren: Während heute für die Haitink-Kurse (allerdings nur vier volle Tage) die aktiven Studenten 450 Franken, die Hörer pro Tag 30 Franken entrichten müssen, kostete den aktiven Teilnehmer der 20 Halbtage dauernde Kubelík-Kurs 1962 stolze 1200 Franken.

Bereits im Spätherbst 1960 kündigte Strebi seinen Rücktritt auf 1963 an [Prot. 29. 11. 1960], der indes erst zwei Jahre später erfolgte. Die Gründe, die ihn zu diesem Schritt bewogen, sind nicht auszumachen, auch nicht die, die sein Ausharren im Präsidium erklären. Gesichert ist nur die Tatsache, dass Strebi quasi als letzte bedeutende Amtshandlung eine neue Musikkommission etablierte, die erstmals am 10. Februar 1965 tagte, und sie noch drei weitere Jahre präsidierte. Bisher fungierte die Kommission, bestehend aus Anda-Bührle, Strebi und Schulthess, lediglich als Sanktionierungsinstanz, von nun an sollte sie die künstlerischen Ausrichtungen festlegen, dabei bestimmte Strebi explizit, dass alle Handlungen dieses Gremiums «streng geheim» bleiben sollten und nur noch Beschlussprotokolle abgefasst wurden. Als Neumitglieder berief man Alois Troller –

er übernahm 1968 den Vorsitz –, Paul Sacher und Othmar Fries in die Kommission. [Prot. 1, 10. 2., Prot. 2, 7. 5. 1965] Nach den Aufsehen erregenden Erfolgen des Schweizer Komponisten Rolf Liebermann als Intendant der Hamburger Staatsoper berief man ihn im Herbst zum neuen Mitglied der Musikkommission. Seine Verpflichtungen, einmal auch eine Krankheit, hinderten ihn jedoch meistens, nach Luzern zu den Sitzungen zu reisen. Er lud im April 1967 deswegen die Programmkommission – so der neue Name seit Oktober 1966 – zu einer Sitzung nach Hamburg und einem Besuch einer Opernvorstellung ein. Die Zusammensetzung des für die künstlerische Konzeption massgeblichen Ausschusses lässt unschwer die Mutmassung zu, dass die Meinungen dieser Mitglieder fallweise heftig auseinanderklafften.

> [Paradigmatisch seien einige verbürgte Gegebenheiten genannt: Sacher, ausser dodekaphonischer Musik allen Richtungen der Moderne zugetan, monierte, die Etikette «Musica Nova» entspreche selten dem Gebotenen, die Stücke seien zu gemässigt, um als Neue Musik zu gelten, eine Ansicht, die Fries und Troller nicht teilten. Sacher befand ein in Einsiedeln aufgetauchtes Requiem von Cimarosa, von dem die Firma Philips eine Aufnahme produzieren wollte, als zu «konventionell» und keineswegs als Bereicherung des Programms. Nach der Aufführung des Schönberg-Klavierkonzerts durch Kubelík und Ogdon verbat sich die bekennende «Antimodernistin» Anda-Bührle, zukünftig solche Werke ins Programm aufzunehmen. Sie wollte nach eigenen Worten «keine Programme, die nicht vom Publikum gewünscht» wurden, ein Votum, das die Opposition Trollers hervorrief. [Prot. 1, 10. 2. 1965, Prot. 6, 22. 8. 1966] Der umsichtige und klug agierende Schulthess mag bei derartigen Differenzen einige Wogen geglättet haben. Als er altershalber seine Demission einreichte, folgten umgehend heftige Kontroversen über das weitere Vorgehen.]

Strebis Präsidentschaft beliess, pauschal betrachtet, die zahlungsfähige Besucherschaft im kulturbürgerlichen Glauben, dass Schönes vor allem schön und festlich serviert werden müsse, wozu auch das äussere Ambiente zähle. Weil es am geziemenden Rahmen im kargen Kunsthaus fehlte, entschädigten dafür Soupers bei Gala-Empfängen in den führenden Hotels die prominente Gesellschaft mit Glanz und Gloria. Sie bekam Gelegenheit, nach Beethoven und Brahms sich selbst zu feiern. Dieser geschlossene Kreis verlangte mitnichten nach Neuem, sondern fühlte sich wohl, das (vermeintlich?) Vertraute zu geniessen und sich in einer vielbeneideten Exklusivität wenigstens einmal pro Jahr zu sonnen. Das Enfant terrible des Konzertpodiums, Friedrich Gulda, konnte sich nicht verkneifen, bei den Festwochen 1963 «beim Anblick der dort versammelten ‹Elite›» bissig zu vermerken: «Die Berührung mit Schlechtem macht schlechter. Man sollte sie daher tunlichst vermeiden.» [Gulda, 1971, S. 58] Und ein grosser Rest des Publikums fühlte sich mit der selbsternannten Elite einig. Der geschäftige Alltag verbot sozusagen geistige Auseinandersetzungen mit Unbekanntem. Man wollte den sicheren Wert kaufen, wenn man die teuren Konzertkarten erstand. Unter diesen Umständen erwuchs ausser seitens einiger als beckmesserisch empfundener Pressekritiken kein Widerstand; die IMF feierten ihr jährliches Fest samt der mitschleichenden Erstarrung. Die gewagteren Konzerte änderten an diesem Bild wenig; sie störten die edlen Feiern nicht, fanden an

Pierre Fournier und Friedrich Gulda nehmen den Applaus des Publikums entgegen, 1963

Orten statt, wo es ohnehin nur eine Minderheit von Neugierigen hinzog – Alpenquai-Aula und Verkehrshaus. Der Umgang mit den besonders gehätschelten Künstlern nahm zuweilen bizarre Formen an, besonders Karajans Anfahrt glich einem Staatsakt. Vom Hotel zum Kunsthaus fuhr ihn gewöhnlich Alfred Gerber, ein Gönner aus dem Hause Bührle, hinter einer Motorradeskorte von Polizisten in Gala-Uniform, die den übrigen Verkehr zum Stillstand brachte. Als Karajan rügte: «Das können wir doch eigentlich nicht machen», weil unvereinbar mit den demokratischen Traditionen des Landes, beruhigte man ihn oder beschleunigte in einem anderen Jahr gar per Schnellboot seinen Transfer über das Seebecken.

Es wäre jedoch kleinlich, wollte man verargen, dass die Festspielleitung den Charakter des Festlichen nicht nur durch das künstlerische Angebot, sondern auch durch den gesellschaftlichen Rahmen zu betonen gedachte. Festival, Festspiele, Festwochen – egal welche Begriffe – beanspruchen, um ihrer Etikette gerecht zu werden, Veranstaltungen, die sich durch ihre Künstler und ihr Ambiente vom Alltag der Saison herausheben. Dazu gehört seit alters her der äusserliche Glanz, unabhängig davon, wie der Festbegriff den Einzelnen trifft und ob er daran eigens partizipiert. Für den einen gleicht das Fest einer Weihe, besitzt das Attribut des Ernsten; der andere sieht in ihm vordergründig das Medium der Repräsentation oder versteht es hedonistisch; ein weiterer Teil begreift es als Möglichkeit zur kulturellen Bildung. Alle diese Aspekte prägen das Publikum. Ohne ihre Gesamtheit ist das Festspiel nicht denkbar, geschweige durchführbar. Von dieser Festspielgemeinde dürfen auf der anderen Seite die Ausführenden, die ja auch festlich auftreten und eine festwochenwürdige, eine die in sie gesetzten hohen Erwartungen erfüllende, konzentrierte Leistung vollbringen müssen, Respekt und Rücksicht erwarten. Strebis Nachfolger auf dem Präsidentenstuhl registrierte Zeichen der Zeit, die nach einem Umbruch riefen. Im Zuge der sich ausbreitenden 68er-Bewegungen und -Revolten mahnte Alois Troller, Jurist mit Gesangsausbildung, ein «Homo creator» (so die Bezeichnung einer Geburtstags-Festschrift), zur Mässigung, warnte vor dem Überborden, denn die Leute seien skeptischer geworden, verlangten Rechenschaft, derweil junge Leute sich am «Establishment» stiessen – so deren Schlagwort für das vermeintlich verstaubt Gestrige –, sie seien aufmüpfig in ihrer Ratlosigkeit. Zum Ärger des konservativen Lagers postulierte Troller obendrein die vermehrte Berücksichtigung des zeitgenössischen Schaffens in den Programmen. Fast überflüssig zu erwähnen, dass derart eingestellte Visiere Traditionen aufs Korn nahmen, deren Überwindung sich nicht ohne heftige Gegenwehr vollziehen liess.

NEUE FACETTEN

Die im SFO vereinigten Musiker stritten nicht nur über die Abgeltung von Radiorechten und um höhere Honorare. Sie sprachen die Entschädigungen für Rundfunkaufnahmen während der IMF gemeinnützigen Zwecken zu: Bedacht wurden der Hilfsfonds und der Fürsorgefonds des SMV sowie das Orchester der AML zugunsten seiner Altersfürsorge. 1956 schuf das SFO einen Kompositionsfonds, um Werke von anerkannten zeitgenössischen Komponisten anzuregen, in Auftrag zu geben und in Luzern uraufzuführen, sofern das Komitee dem Projektvorschlag zustimmte. Damit erhielten Bestrebungen, mit Vorstössen hin zur Musik der Gegenwart die Verkrustungen der altvertrauten Programme gelegentlich etwas aufzulösen, nach denjenigen der Festival Strings weitere, wenn auch nicht überaus risikofreudige Impulse. Der erste Kompositionsauftrag ging an Frank Martin.

1956 standen Karajan, Ansermet (Stern interpretierte dabei das 2. Violinkonzert von Bartók [CD LF, vgl. S. 388]), Fricsay (Anda war Solist im 2. Klavierkonzert von Bartók) und im Chorkonzert mit dem Festwochenchor Hindemith, der seine Kantate *Ite angeli veloces* zur Wiedergabe brachte, am Pult des SFO. Das SFO verabschiedete sich für dieses Jahr mit einem Konzert unter Wolfgang Sawallisch, der erstmals an den IMF auftrat und dann bis 1995 immer wieder ein gern gesehener, hochgeschätzter Gast blieb. Besonders die Orchestermusiker schwärmten von seinen angenehmen Umgangsformen und seinem souveränen Führungsstil, der den einzelnen Spieler kaum je nervös machte, weil die stupende Schlagtechnik, die sich gewissermassen aus einer natürlich wirkenden Musikalität ergab, Sicherheit vermittelte.

Ein Jahr später im Eröffnungskonzert dirigierte Karajan zum letzten Mal das SFO. Der Festwochenchor pausierte; Ansermet (Schneiderhan spielte das *Concerto pour violon et orchestre* von Frank Martin) und zwei «Neue» leiteten die restlichen SFO-Konzerte: Carlo Maria Giulini und Joseph Keilberth – als äussere Erscheinungen grundverschiedene Persönlichkeiten, deren innere Haltung beide jedoch in gewissen Zügen verband. Hier der stets elegant gekleidete, noble Gran Signore, Cavaliere di Gran Croce von vornehmer, zurückhaltender Ritterlichkeit, dort der deutsche «Handwerker», der den Eindruck eines vitalen, etwas vierschrötigen Mannes hinterliess und gelegentlich auch derb austeilen konnte (Kritiker: «Tintenhuren»). Beiden eignete ein wertkonservatives Ethos, beide waren keine Diven am Pult, beide keine mit Skandalen gespickte Jet-Setter, beide belesen und hochgebildet. Keilberths liebste Gesellschafter waren die Werke Arthur Schopenhauers und Thomas Manns. Der eine wie der andere vertrat den Standpunkt, Zeit sei Geld und verderbe die Kunst. So hatte Keilberth immer ein offenes Ohr für kleinere Orte, wo Musik aus idealistischen und nichtkommerziellen Gründen gefördert wurde – ein schönes Zeugnis dafür war die freundschaftliche Verbindung zu Winterthur, dem Kunstmäzen Werner Reinhard und dem Städtischen Orchester. (Heute tilgt ein bekannter Dirigent jene Stadt aus seiner Biografie, wo er immerhin seine Karriere startete …)

Paul Hindemith dirigiert seine Kantate «Ite angeli veloces», 1956. Rechts von ihm Ernst Haefliger

Ferenc Fricsay und Géza Anda, 1956

Carlo Maria Giulini

Giulini, vom greisen Toscanini relativ spät entdeckt und gefördert, orientierte sich an ihm wie an Mahler und Klemperer, deren ästhetisch-ethische Unerbittlichkeit ihm als Leitbild diente. Keilberth, der sich bis zu seinem frühen Tod nie verzieh, ein einstiger Mitläufer der Nazis gewesen zu sein, schrieb in einem Brief: «Wert lege ich auf folgende Dinge: Ablehnung der modernen ‹Ekstasedirigenten›, Dienst am Werk, sparsamste Mittel, Universalität, d.h. Ablehnung jeglicher Art von Spezialistentum.» [Keilberth, 2007, S. 206] In einem anderen Schreiben an den Kollegen Josef Krips, an den «lieben Seppl» vom «alten Josef», heisst es: «Die ‹Kapellmeisterjugend› ist so ganz anders; viel glatter, sehr geschickt, aber für uns Ältere hat halt die Musik doch noch etwas anderes bedeutet.» [Keilberth, 2007, S. 501] Vor einem Zürcher Konzert 1964 kommentierte er: *Das Dirigieren ist nur ein Hilfsmittel, nie Selbstzweck. Musizieren ist alles – und je unauffälliger dabei dirigiert wird, desto schöner wird die Musik gestaltet sein und so unsere Seele berühren. Das mag der heutigen Mode widersprechen – eine ästhetische Wahrheit bleibt dies trotzdem.* [Keilberth, 2007, S. 588] Diese Ausführungen zu zwei Ausnahmeerscheinungen mögen als übergebührlich empfunden werden; sie stehen hier stellvertretend für Phänomene, wie sie längst aus der Mode gekommen sind. Um es mit Worten aus berufenem Munde zu sagen: *Nein, Keilberth bekäme heute keine so gute Presse, wie er sie damals hatte. Denn wir leben in einer Zeit, die das Forte, das Plakative liebt, im Gesang, aber auch in der Orchesterbehandlung. Keilberth machte ein Piano da zu singen möglich, wo es geschrieben steht, wusste aber auch, wann er aus der Reserve heraustreten durfte.* [Fischer-Dieskau, zit. nach Keilberth, 2007, S. 689] Giulini stand zwei Jahre später nochmals vor dem SFO, dann folgten die Konzerte mit dem Philharmonia Orchestra.

Ferenc Fricsay und Clara Haskil bei einem Empfang

Erst nach langem Unterbruch leitete er 1992 Beethovens Neunte mit dem European Community Youth Orchestra (ECYO) und dem Londoner Philharmonia Chorus. 1997 schliesslich musste er krankheitshalber ein Konzert mit den Wiener Philharmonikern absagen. Abgesagt – nicht zum letzten Mal – hatte auch der Solist Arturo Benedetti Michelangeli bei Giulinis Luzerner Premiere; für ihn sprang Géza Anda ein. Keilberth trat bis zu seinem frühen Tod, der ihn mitten in einer *Tristan*-Aufführung in München ereilte, regelmässig an den IMF auf, obwohl er in seinem Dirigier-Tagebuch nach dem ersten Auftritt notierte: «4 Proben. Schönes Konzert mit viel Resonanz. V. [5. Sinfonie Beethovens] sehr gelungen. Sicher werde ich da nicht mehr so schnell engagiert.» [Keilberth, 2007, S. 411] Im Gegenteil: Er wurde sofort wieder verpflichtet, begleitete Clara Haskil und Géza Anda im Doppelkonzert KV 365 von Mozart und sprang erst noch im letzten Konzert des SFO für den erkrankten Schuricht ein. Hierzu merkte er an: «Schönes Musizieren […] *Heldenleben* Schluss ist halt herrlich. Nachts im Schlafwagen nach Salzburg.» [Keilberth, 2007, S. 434]

Clara Haskil im Kreis ihrer Bewunderer

1958 wurde auch die erwähnte SFO-Auftragskomposition *Ouverture en Rondeau* von Frank Martin unter Ansermet im Eröffnungskonzert uraufgeführt. Erstmals kam das Publikum daraufhin in den Genuss von Arthur Rubinstein als Solisten eines Konzerts: Es hörte eine meisterhafte Interpretation des 1. Klavierkonzerts von Chopin. Die Leitung des Chorkonzerts lag in den Händen Fricsays. Nach der vom Klerus auferlegten Zwangspause von elf Jahren durften in der Jesuitenkirche wieder IMF-Konzerte durchgeführt werden. Weshalb die Präfektur der Kirche ihr Veto aufgab, entzieht sich meiner Kenntnis. Lag der Grund in einem personellen Wechsel?

[Mario Gerteis erinnert sich an die Aufführung, die nicht nur für ihn denkwürdig war: *Im Sommer 1958 stieg ich zu höheren musikkritischen Ehren auf: Ich durfte für das* Luzerner Tagblatt *erstmals Rezensionen über die Internationalen Musikfestwochen schreiben. Nun galt es, einen strengeren Massstab anzulegen und sich zugleich über profundes Fachwissen auszuweisen.*

Besonderes Bauchweh bereitete mir das traditionelle Chorkonzert, das meinem kritischen Griffel anvertraut wurde. Nicht nur, weil mit Kodálys Psalmus Hungaricus *und Rossinis* Stabat Mater *zwei eher schwierige und zudem kaum allzu bekannte Werke auf dem Programm standen, sondern auch, und dies sogar in erster Linie, weil mit dem Luzerner Festwochenchor einheimische Kräfte im Spiel waren, die natürlich mit ihrer Leistung prunken wollten und auf jede Meckerei empfindlich reagierten, ja vielleicht sogar die Zeitung abbestellen mochten!*

Also wählte ich die Strategie der List. Ich hatte einen guten Freund, der in diesem Festwochenchor mitsang. Ihm schloss ich mich an und ging in sämtliche Proben. Inkognito natürlich, eingeschmuggelt unter die zweiten Tenöre – obwohl meine bescheidenen sängerischen Qualitäten eher im Bariton-Bereich lagen. Albert Jenny studierte den Laienchor ein; er gab sich eine Heidenmühe, nach und nach ein taugliches Resultat hinzukriegen. Jede Woche wurde zwei Stunden lang gefeilt, und der besondere vokale Stolperstein war die «In sempiterna saecula»-Fuge im Finale des Rossini-Werks. Sie wurde erbarmungslos bis zur Erschöpfung geübt. Übrigens war ich so fleissig bei den Proben dabei, dass ich eine Auszeichnung erhielt …

Dann aber, als der «echte» Dirigent – Ferenc Fricsay – für den letzten Schliff erschien, trat ich in den Ausstand. Dafür sass ich am Konzerttag in der Jesuitenkirche auf meinem Presseplatz. Vor mir der Klavierauszug, in den ich gewissenhaft die kniffligen Stellen und gefährlichen Fallgruben eingezeichnet hatte. Natürlich konnte ich später in meiner Kritik sämtliche nicht ganz gelungenen Einsätze, alle Wackelpassagen und sonstigen Unsicherheiten detailakribisch aufführen. Höflich formuliert, versteht sich! Solch eine fundierte Besprechung sollte ich nicht so bald wieder schreiben. Zudem mit Langzeiteffekt: Wenn ich später erneut mit Rossinis Stabat Mater *konfrontiert wurde, ahnte ich jeden Patzer im Voraus – und meist traf er dann prompt ein.*]

Vom Wunderkind mit phänomenalem Gedächtnis und vom in Amerika Furore machenden Jungstar – Lorin Maazel – ging in Europa schon länger die Kunde. Im Alter von neun Jahren dirigierte er anlässlich der Weltausstellung in New York erstmals öffentlich ein Orchester und wurde von Leopold Stokowski als «Wunder des Jahrhunderts» gepriesen. «Little Maazel» dirigierte dann Amerikas «Big Orchestras», Konzerte mit bis zu 8500 Zuhörern. Mit elf Jahren lud ihn Toscanini ein, das NBC-Orchester zu dirigieren. In den Fünfzigerjahren kam er nach Europa und erschien in Luzern als 28-jähriger Dirigent des SFO im dritten Symphoniekonzert. Die Berichterstattungen auf seinen Einstand betonten den Kontrast zu den vorangegangenen Dirigenten wie die «ungewöhnliche musikalische Vorstellungs- und Willenskraft», wobei er «seine Intentionen mittels einer sehr präzisen Dirigiertechnik zwingend zu übermitteln» wisse. «Die jugendliche Lust an der Errichtung einer Art von Gewaltherrschaft über den grossen Apparat und am virtuosen, die dynamischen, klanglichen und rhythmischen Wirkungen gern ins Extrem treibenden Orchesterspiel steht einstweilen unverkennbar im Vordergrund.» [NZZ, 27. 8. 1958, Mo.] Inzwischen warf der zu den absoluten Granden der Branche Zählende während über 60 Jahren wiederholt Schlaglichter mit verschiedensten Spitzenorchestern Europas und Amerikas in die Programme des Luzerner Festivals. Seit jenem Anfang sind seine brillante Schlagtechnik – nicht wenige behaupten, die weltbeste – und eine «temperamentsbesessene Präzision» [Der Spiegel, 3. 9. 2008] geblieben. Der

Joseph Keilberth

Glamour-Glanz leuchtet in seinen späten Jahren naturgemäss etwas matter; das Autokratische, das sich immer hinter der Ausstrahlung eines blasiert Gelangweilten versteckte, zeigt mildere Formen. Der junge Maazel jedoch signalisierte das Nahen einer neuen Dirigentengeneration, die nicht zuletzt auch für Luzern wegweisend wurde.

1959 musste Kubelík für den erkrankten Fricsay einspringen, Keilberth führte mit dem Festwochenchor das *Deutsche Requiem* von Brahms auf, bevor der aus dem heutigen Kroatien stammende Lovro von Matačić – berühmt die Bruckner-Aufführungen dieses herkulinischen Mannes – erstmals ein Konzert an den IMF leitete. (1962 kam es zu seinem zweiten und letzten Luzerner Auftritt.)

Fricsay, von schweren chirurgischen Eingriffen inzwischen etwas erholt, konnte das Eröffnungskonzert im nächsten Jahr leiten [DVD 2.3.], auf ihn folgten John Barbirolli und erstmals Karl Böhm, der als massstabsetzender Dirigent der Werke Mozarts und Richard Strauss' galt. Dementsprechend huldigte das Programm diesen Komponisten. Nach Mozarts *Haffner-Sinfonie* und vor dem musikalischen Blick in die Privatsphäre des Ehepaares Strauss, den die *Sinfonia Domestica* grosszügig gewährt, spielte György Cziffra das Es-Dur-Konzert von Liszt. Leider begegnete man diesem Ausnahmekönner am Klavier nur noch einmal im Kunsthaus. 1968 sprang er für den verhinderten Swjatoslaw Richter ein. Hingen die Organisatoren dem Gemeinplatz an, Cziffra erschöpfe sich in seiner sagenhaften Technik? Die Konzertkritik des Strauss- und Böhm-Freundes Willi Schuh liest sich als symptomatisches Urteil über den Pianisten. Der Kritiker ergiesst sich in Elogen über Mozart, Strauss und Böhm über fast den ganzen Umfang der Konzertkritik. Lediglich im Schlussabschnitt, einer Pflichtübung gleich, schildert Schuh kurz den «Begeisterungstaumel» für Cziffra. Die Hörer seien von der Trivialität des Werkes völlig abgelenkt worden und hätten «sich willig in den Bann der stupenden, ganz als Selbstzweck in Erscheinung tretenden Bravourleistung ziehen lassen». Am Ende kommentierte er: «Der Geist und ein wenig auch der Ungeist des Virtuosentums verflossener Zeiten scheinen in Cziffras Spiel noch einmal aufleben zu wollen.» [NZZ, 22. 8. 1960, Ab.]

[Martin Meyer, zurzeit Feuilleton-Chef der *Neuen Zürcher Zeitung*, sieht Cziffra im Rückblick anders. In seiner seit Jahren traditionellen Vortragsreihe anlässlich des Lucerne Festival «am Piano» äusserte er, die Kritik sei mit Cziffra ungebührlich hart und ungerecht ins Gericht gegangen. *Ich würde sogar sagen, da richtete sie recht eigentlich Schaden an. Als Cziffra im Herbst 1956 im Gefolge des Aufstands nach Paris emigrierte, sorgte er für Sensationen. […] Der furchtlose Interpret von Liszt stellte dessen virtuoses Œuvre zunächst in den Mittelpunkt seiner Arbeit. Er konnte noch ganz anderes, spielte Stücke von Lully oder C. Ph. E. Bach mit vollendeter Souplesse, Schumanns* Symphonische Etüden *mit unfassbarem Schwung, Chopin mit dem Sinn fürs Explosive. Doch Cziffra, so hiess es dann, vorzüglich in deutschen Landen, sei zuletzt nur bloss ein Techniker, ohne Sinn und Verstand für die tiefere Botschaft. Der Mann, der Jahre in Konzentrationslagern verbracht hatte, litt unter solchen Pauschal-Urteilen. Was ihm fehlte, war die Allüre westlichen Selbstbewusstseins. Er war allerdings kein Meister der Öffentlichkeitsarbeit. Acht Stunden am Tag sass er an seinem Instrument, feilte und wog, bis für ihn – nämlich für eine fast manisch betriebene Kontrolle der manuellen Grundlagen – das Wichtige stimmte: den musikalischen Text aus seinen technischen Bedingungen befreit zu haben.*] [Ich danke Martin Meyer für die freundliche Überlassung der unveröffentlichten Vortragsmanuskripte.]

1960 stellte Kubelík mit der *Glagolitischen Messe* («Mša Glagolskaja») ein weiteres Hauptwerk Janáčeks vor, Maazel und der Geiger Christian Ferras führten erstmals (nach dem für Luzern neuen Adagio aus der unvollendeten 10. Symphonie Mahlers) ein Werk der Schönberg-Schule im Kunsthaus auf: Mit dem Violinkonzert von Alban Berg hörte man die erste Komposition im sogenannten dodekaphonen Kompositionsstil. In einem Extrakonzert erreichte die «virtuose» Linie den Gipfelpunkt: Arthur Rubinstein spielte zusammen mit dem SFO unter Wladimir Golschmann gleich drei schwierige Klavierkonzerte: Beethovens c-Moll-Konzert, das 1. Klavierkonzert von Brahms und die *Rhapsodie über ein Thema von Paganini* von Rachmaninow an einem(!) Abend zu bewältigen, schien menschliche Kräfte zu übersteigen. Die meisterhafte Gestaltung durch den Grandseigneur des Klaviers habe denn auch vereinzelte technische Entgleisungen ergeben, die der Chronist Willi Reich als «heilsames Sühneopfer» auffasste, mit dem «die durch das titanische Unternehmen herausgeforderten Götter des Klavierspiels wieder versöhnt wurden». [NZZ, 31. 8. 1960, Mo.]

Yehudi Menuhin und Zoltán Kodály, 1961

Kodály ist ein Lyriker der menschlichen Stimme. Demzufolge sind seine grössten Werke mit der menschlichen Stimme verbunden: seine Kinderchöre, die Spinnstube, *das* Te Deum, *das Singspiel* Hary János *und, die Krönung seiner Werke, der* Psalmus Hungaricus. *Von seinen Orchesterwerken ist für mich seine Symphonie, die er im 79. Lebensjahr vollendet hat, das Grösste.* [Fricsay, 1962, S. 68] Man kann diese Meinung teilen oder nicht, jedenfalls war es ein geschichtsträchtiges Ereignis, als Fricsay im Eröffnungskonzert 1961 auf Wunsch des Komponisten, der während der Proben und des Konzerts in Luzern weilte, dessen *Sinfonie in C*, die vom Festspielorchester in Auftrag gegeben worden war, aus der Taufe hob. «Da konnte ich die ganze belebende Kraft seiner [Fricsays] vollen Meisterschaft, in musikalischer Urnatur begründet, bewundern», resümierte der begeisterte Kodály. [Fricsay, 1964, S. 87] Leider war es Fricsay nie mehr gegönnt, sein immenses Können an den IMF zu zeigen. [DVD 2.4.] Der Kritiker der *Neuen Zürcher Zeitung* würdigte das neue Werk als «glückliche Verbindung von musikantischer Frische und starker Gefühlsspannung», es klinge ausgezeichnet und habe «alle Aussicht, einen ungewöhnlichen Siegeszug durch die Konzertsäle anzutreten». [NZZ, 18. 8. 1961, Ab.]

Im Eingang des Konzertberichts konstatierte der Schreibende überdies, im «Gesicht [der IMF] werden Züge einer Wandlung sichtbar. Wohl stehen nach wie vor die Meisterwerke der klassischen und romantischen Epoche im Mittelpunkt, […] aber der Wille zur Abkehr von Programmen konventionellen Zuschnitts» setze sich stärker durch. «Und erfreulicherweise hat nicht nur Bewährtes [der neueren Musik] in repräsentativen Konzerten Aufnahme gefunden, sondern auch einiges Neue.»

*Ferenc Fricsay und Zoltán Kodály nach der
Uraufführung von dessen Sinfonie, 1961*

Neben der Kodály-Sinfonie gelangte auch Armin Schiblers Violinkonzert mit Schneiderhan und dem SFO unter Sawallisch zur Uraufführung. Charles Mackerras und Miltiades Caridis (1955 Kursteilnehmer bei Karajan) präsentierten sich erstmalig in Luzern. Caridis begleitete den amerikanischen Kulturhelden Van Cliburn, der 1958, mitten im Kalten Krieg, als Texaner sensationell den Moskauer Tschaikowsky-Wettbewerb gewonnen hatte.

1962 stand Kubelík im Zenit der SFO-Dirigenten. Das Eröffnungskonzert schloss er mit der Luzerner Erstaufführung von Bartóks Einakter *Blaubarts Burg* mit Irmgard Seefried und Dietrich Fischer-Dieskau. [DVD 2.5.] Im Rahmen eines «Geistlichen Konzerts» brachte er nach Dvořáks *Te Deum* sein eigenes *Requiem pro memoria uxoris* (seine erste Frau verstarb 1961) für Bariton, Gemischten Chor, Knabenchor und Orchester zur Uraufführung. Unter Steinberg erklang mit *Sechs Orchesterstücke* op. 6 erstmals eine Komposition von Anton Webern in Luzern. (Es vergingen daraufhin volle zwölf Jahre, bis wieder ein Opus von Webern auf einem IMF-Programm stand.) Unter Szell interpretierte Leon Fleisher Beethovens B-Dur-Konzert. [Die 1. Symphonie von Brahms zum Schluss des Konzerts ist auf CD LF erschienen, vgl. S. 388.] Der einstige Schnabel-Schüler musste rund zwei Jahre später seine Konzerttätigkeit wegen einer fokalen Dystonie (Lähmung zweier Finger in der rechten Hand) jäh abbrechen. Er verlegte sich notgedrungen auf das Repertoire für die linke Hand, konnte dank intensiver Behandlungen eingeschränkt wieder beidhändig spielen. 25 und 30 Jahre später, 1987 und 1992, kam es zur Wiederbegegnung mit ihm, als er als Solist die Konzerte für die linke Hand von Ravel und Prokofjew spielte. Im Rahmen des Lucerne Festival «am Piano» 2008 und 2012 beeindruckte er mit zwei Rezitals.

Das Vierteljahrhundert-Jubiläum 1963 wurde mit einem Festakt im Stadttheater eingeleitet, bei dem der Wahl-Luzerner Kubelík und das SFO sich der *Fortunat*-Ouvertüre von F. X. Schnyder von Wartensee annahmen.

Im Gedenken an die unvergleichliche Clara Haskil riefen die IMF einen Concours im Namen der 1960 Verstorbenen ins Leben. Der Wettbewerb stellte Höchstanforderungen und sollte alle zwei Jahre durchgeführt werden. Es blieb bei der viermaligen Austragung. 1973 wurde der Concours nach Vevey, in den ehemaligen Wohnsitz der Pianistin, verlegt. Die hochkarätig besetzte Jury, bestehend aus ihren Weggefährten und Freunden Géza Anda, Arthur Grumiaux, Mieczysław Horszowski, Nikita Magaloff und Igor Markevitch, konnten bei der ersten Durchführung keinen Preis vergeben. Die Jury vermisste bei den Teilnehmern den geistigen Zugang zu den Werken im Sinne der geehrten Künstlerin. Um ein Exempel der intendiert adäquaten Haskil-Interpretation zu statuieren, spielte Horszowski unter Markevitch statt des vorgesehenen Preisträgers das Mozart-Konzert KV 453, dem der Dirigent die Luzerner Erstaufführung der 1. Symphonie Mahlers folgen liess. Horszowski erlangte in den nächsten Jahren in Luzern einen Sonderstatus. Der Dozent am berühmten Curtis Institute lehrte auch am Konservatorium und gab von 1976 bis 1990 vor einer verschworenen Horszowski-Gemeinde jedes Jahr seine legendären Klavierabende, zu denen die noch unbekannten Murray Perahia, András Schiff und andere pilgerten. Horszowski griff in Luzern noch in die Tasten, als er anderswo schon längst nicht mehr auftrat.

Aus den übrigen SFO-Konzerten 1963 stach die Aufführung von Honeggers *Jeanne d'Arc au bûcher* unter der Stabführung Ansermets hervor. Keilberth notierte über sein Konzert: «3 Proben, sehr anstrengend. Schönes, sehr erfolgreiches Konzert mit wirklich hinreissend spielendem Orchester. Kubelík im Konzert, anschl. privater Empfang mit ganz erfreulichem Gespräch.» [Keilberth, 2007, S. 554]

Schneiderhan und das SFO unter Ferdinand Leitner brachten im Jahr darauf mit dem Violinkonzert von Hans Werner Henze abermals eine Novität zu Gehör. [DVD 2.6.] Rafael Frühbeck de Burgos, der spanische Dirigent mit deutscher Herkunft, und die Solistin Montserrat Caballé (ihr einziger Luzerner Auftritt) setzten iberische Akzente (de Falla: *El sombrero de tres picos*). Dorati und Van Cliburn sowie Kertész und Szeryng waren die Protagonisten der übrigen SFO-Konzerte.

Das Eröffnungskonzert 1965 unter Keilberth (Solist: Schneiderhan) stand ganz im

Van Cliburn am Schiffslandesteg vor dem Kunsthaus

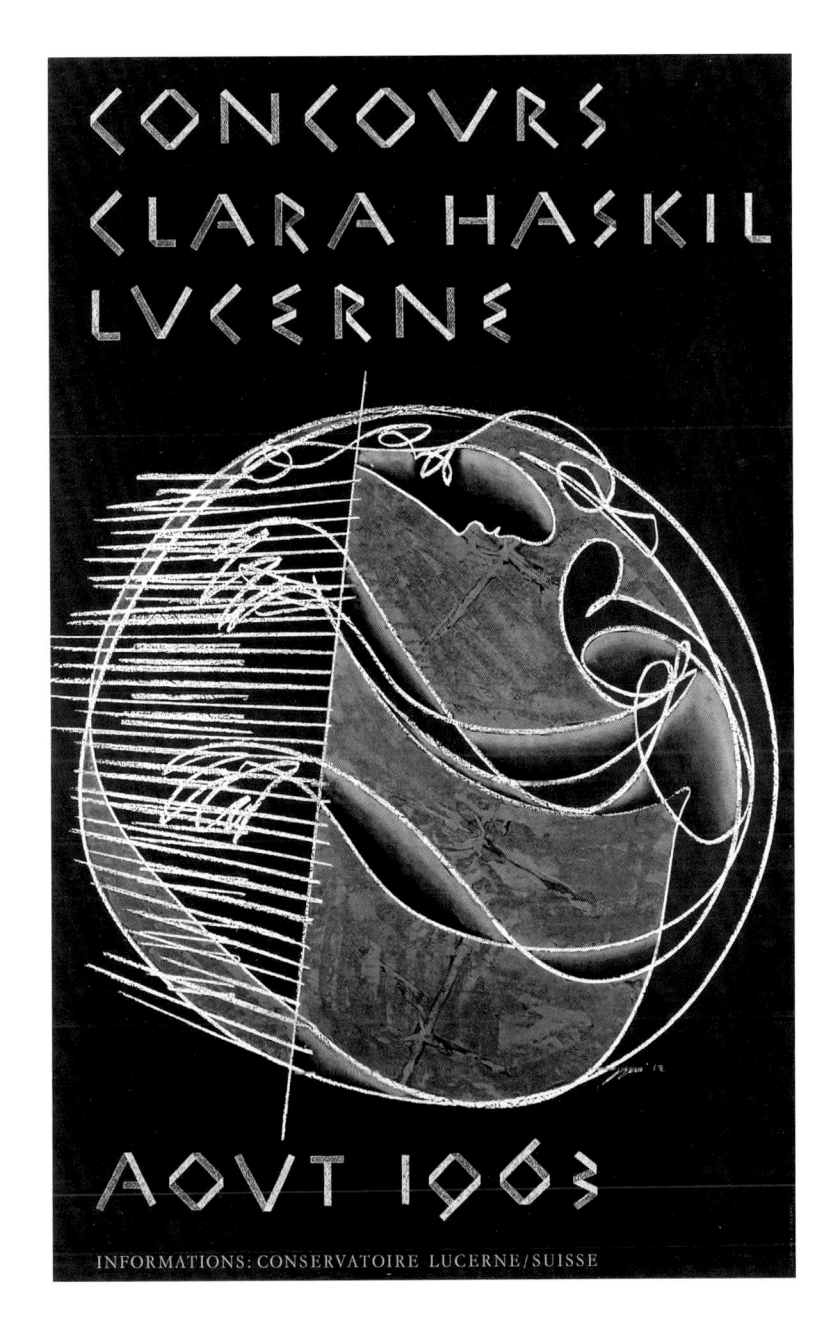

Plakat von Hans Erni zum Concours Clara Haskil, 1963

Zeichen der Wiener Klassik. Die Tagebuchnotiz des Dirigenten offenbart, dass ein nicht in Routine erstarrter Interpret selbst bekanntestem Repertoire stets wieder neue Aspekte abgewinnen kann: «Nach 4 Proben gutes Konzert mit einigen Höhepunkten. In der *Eroica* vieles neu eingefallen. Grosser Erfolg. Ferien!» [Keilberth, 2007, S. 608]

Im zweiten Anlauf kürte die Jury den ersten Preisträger des Concours Clara Haskil. Christoph Eschenbach – nunmehr seit rund 40 Jahren bekannter als Dirigent – spielte unter Markevitch im zweiten Symphoniekonzert das A-Dur-Konzert KV 488 von Mozart und begann darauf seine internationale Karriere.

Joseph Keilberth beglückwünscht Ernest Ansermet, 1963

1966 kam es im Eröffnungskonzert zum Wiedersehen mit einem der Dirigenten der ersten Stunde. Klecki, abwesend seit 1949, setzte als Konzertabschluss das *Konzert für Orchester* seines Landsmannes Witold Lutosławski auf das Programm. Zuvor begleitete er den einzigen Auftritt des britischen Pianisten Clifford Curzon – ein zweites Engagement 1982 musste dieser leider absagen. Der selbstkritische, skeptische und uneitle Musiker teilte mit seinem Lehrer Schnabel die Selbstkritik und die forschend-nachdenkliche Haltung zum Musikwerk und unterschied sich somit vom blendenden Virtuosen. Der berühmte New Yorker Kritiker Harold C. Schonberg behauptete, Curzons Pianissimo habe allein zwanzig Schattierungen aufgewiesen.

Es folgten Erst- und Letztauftritte. Cluytens starb ein knappes Jahr nach seinem letzten Luzerner Konzert mit französischem Programm. Bernard Haitink und Claudio Abbado hingegen betraten zum ersten Mal das Kunsthaus-Podium. Der Zufall wollte es, dass mit dem English Chamber Orchestra auch Daniel Barenboim an den IMF debütierte.

[Als Novum gastierte das English Chamber Orchestra bereits 1961. Seine Wurzeln schlagen insofern ein wenig nach Luzern aus, als Ursula Jones-Strebi zu den Mitbegründern der grossen Kammerformation gehörte, die sich anfänglich Goldsbrough Orchestra nannte und den neuen Namen 1959 annahm. Das erste Luzerner Konzert stand unter der Leitung von Charles Mackerras, ein zweites unter dem Leader Emanuel Hurwitz, dem Konzertmeister des Ensembles. Solisten waren Rudolf Baumgartner und der Trompeter Philip Jones, der später mit seinem eigenen Blechbläserensemble in Luzern auftrat. 1964 leitete Géza Anda vom Klavier aus das Orchester mit Musik von Mozart und Beethoven.]

Zeichnung von Hans Erni im Gästebuch Strebi mit Unterschriften einiger Mitglieder des English Chamber Orchestra und von Daniel Barenboim nach einem spontanen Hauskonzert mit Schuberts «Forellenquintett»

204 | UMSCHWÜNGE

Abbados Anfang in Luzern

Mit einer Verehrerin, 1966

Noch konnte selbstverständlich niemand ahnen, dass diese drei Künstlerpersönlichkeiten einmal zu den Grundpfeilern der jüngeren Festivalgeschichte zählen sollten, selbst wenn im Sitzungsprotokoll der Programmkommission das Votum festgehalten wurde: «Haitink und Abbado sollen im vermehrten Masse an die IMF gebunden werden.» [Prot. 6, 22. 8. 1966] Andres Briner meinte lapidar: «Claudio Abbado wird nicht zum letztenmal in Luzern dirigiert haben.» Der Mailänder, «bis jetzt ein erfreulich unverwöhnter Maestro mit einem unverbildeten Musiziergeist», habe mit dem SFO in «totalem künstlerischem Einverständnis» gespielt und mit dem Programm *Sinfonische Metamorphosen* von Hindemith, Sibelius-Violinkonzert mit Francescatti und Mendelssohns *Italienischer* Symphonie einen «Hochgenuss» beschert. [NZZ, 23. 8. 1966, Mo.] Haitinks Konzert erfuhr durch die krankheitsbedingte Absage Milsteins im letzten Moment eine Änderung. Schneiderhan spielte statt des vorgesehenen g-Moll-Violinkonzerts von Prokofjew eine Reprise des 1957 vorgestellten *Concertos* von Frank Martin, bevor der Dirigent der 4. Symphonie von Mahler eine ihren komplexen Gehalt erschliessende Wiedergabe angedeihen liess. In erster Linie habe sich Haitink auf die vom Komponisten mit äusserster Genauigkeit bezeichnete Partitur verlassen und sei nicht darauf aus gewesen, Mahler «neu zu entdecken», was «auf restlos überzeugende Weise gelang». Die Aufführung (mit Irmgard Seefried im abschliessenden Satz mit dem *Wunderhorn*-Lied) «erwies Haitink als berufenen Mahler-Dirigenten, dem man hoffentlich in Luzern bald wieder mit einer Mahler-Symphonie begegnet». [NZZ, 19. 8. 1966, Ab.] Die Wiederbegegnung kam zwei Jahre später – mit Bruckner allerdings, indes nochmals mit Frank Martin: der Uraufführung seines *Magnificat* wiederum mit Schneiderhan und Seefried. Den 24-jährigen Barenboim erlebte man in der Doppelfunktion als Solist und Dirigent, bewunderte einen ungemein begabten, bezüglich Dynamik und Temponahme Extremen zuneigenden Musiker, der widerstreitende Empfindungen auslöste und es seither vereinzelt immer wieder tut. Das ändert nichts an der Tatsache, dass er im gegenwärtigen Musikleben eine Ausnahmeerscheinung darstellt und von Lucerne Festival auserwählt wurde, 2013 die Eröffnungsrede zum 75-Jahre-Jubiläum zu halten. Auf alle drei 66er-Debütanten wird später noch öfters zurückzukommen sein.

Nach dem Eröffnungskonzert 1967 mit Kertész und Fournier leitete Keilberth sein letztes IMF-Konzert, unter anderem mit der bisher einzigen und denkwürdigen Aufführung von Schoecks dramatischer Kantate *Vom Fischer un syner Fru*. Die Solisten waren Elisabeth Grümmer, Ernst Haefliger und Peter Lagger. «Alles (5 Proben) schön gegangen, viel Resonanz. Schoeck sehr schönes hintergründiges Werk. Anschl. Empfang. Geredet! Ferien!!» So lautet der eigene Konzert-Kommentar Keilberths. [Keilberth, 2007, S. 655] Obwohl erst kaum 60 Jahre alt, fand sein Sohn, sein Vater habe bald darauf «ergreifend alt» ausgesehen, habe bedrückt und depressiv gewirkt, auch wegen der kulturellen und politischen Lage. «Alt im Sinne eines Menschen, der genug von einem Leben hat, in dem er ständig einem seinen Idealen entgegengesetzten Zeitgeist Paroli bieten muss.» [Keilberth, 2007, S. 662] Der Haskil-Preis ging an die uruguayische Pianistin Dinorah Varsi; sie spielte im Preisträger-Konzert unter Charles Dutoit, dessen Karriere sich gerade im Schnellschritt beschleunigte, das f-Moll-Konzert von Chopin. Wieder konnte man dank Kubelík mit Dvořáks *Stabat Mater* ein Hauptwerk der tschechischen Musik erstmals erleben. [DVD 1.2.]

Neben der bereits erwähnten Uraufführung von Martins *Magnificat* bedeutete die Wiedergabe des Oratoriums *Soliloquia* von Klaus Huber eines der markantesten Ereignisse im Jahr 1968. Neben dem SFO wirkten der Radiochor Zürich, Mitglieder der Evangelischen Singgemeinschaft und die Solisten Dorothy Dorow, Jeanne Deroubaix, Ernst Haefliger, Kurt Widmer und Roger Stalman unter der Gesamtleitung von Ernest Bour mit. Damit gewährten die Programmverantwortlichen einem gewichtigen und anspruchsvollen Werk eines Schweizer Komponisten, dessen Musiksprache effektiv dem Prädikat «neu» entspricht, in prominentem Rahmen Platz. Nach der Premiere am Pult der Wiener Philharmoniker 1964 leitete Zubin Mehta nun das Festspielorchester; William Steinberg schliesslich beendete die SFO-Konzerte dieses Jahres, das, ganz abgesehen von den westeuropäischen Studentenunruhen, auch bezüglich der IMF mehr aussermusikalische Schlagzeilen verursachte denn kunstbezogene.

1969: Nach sieben Jahren seit Kubelík nahm sich István Kertész im Eröffnungskonzert erneut des hochbedeutenden Seelendramas *Herzog Blaubarts Burg* von Béla Bartók an, nun in originaler ungarischer Sprache, während Antal Dorati für die erste Luzerner Aufführung der 6. Sinfonie Mahlers verantwortlich war.
[Mario Gerteis erzählte, dass sich – bei einem Interview im Vorfeld der Aufführung von *Herzog Blaubarts Burg* – Istvan Kertész über die allzu knappen Einführungs-

worte im offiziellen Programm sehr geärgert habe. Der Dirigent selber hatte bei der kurz zuvor veröffentlichten Plattenaufnahme eine tiefgründige Analyse über die geistig-symbolische Bedeutung des bartókschen Einakters verfasst. Die *Luzerner Neuesten Nachrichten* hatten diesen Text als Vorschau veröffentlicht. Kertész schlug vor, beim Konzert seine Ausführungen als Sonderdruck dem Programm beizulegen. Er zeigte sich sogar bereit, einen beträchtlichen Teil der Druckspesen zu übernehmen. Und so geschah es – zum Missfallen der IMF-Verantwortlichen.]

Aus Anlass der letzten Durchführung des Concours Clara Haskil im Rahmen der IMF vermochte die Jury wie bei der ersten Abhaltung keinen Preisträger zu ermitteln. Im dafür vorgesehenen Konzert spielte deswegen die damalige Ehefrau des Dirigenten Charles Dutoit, Martha Argerich, mit «unglaublicher Vehemenz und Brillanz» [NZZ, 22. 8. 1969, Mo.] Prokofjews 3. Klavierkonzert, das die grosse Pianistin 1992 und 2001, abermals unter Dutoit, an den IMF zu Gehör brachte. Dutoit leitete im Concours-Konzert die Uraufführung der *Fünf Madrigale* für grosses Orchester und zwei Solostimmen von Rudolf Kelterborn, ein von der Pro Helvetia in Auftrag gegebenes Werk mit Textfragmenten von Ramuz, Shakespeare, Louise Labé, Trakl und Petrarca, die von Elisabeth Speiser und Ernst Haefliger gesungen wurden. Eugen Jochum und der Pianist Bruno Leonardo Gelber setzten die Schlusspunkte hinter die SFO-Konzerte.

Der Festwochenchor, der in diesem Jahr auf sein 30-jähriges Bestehen zurückblicken konnte, stand seit 1963 unter der neuen Leitung von Guido Fässler, der Albert Jenny ablöste, nachdem sich dieser 1961 mit der Einstudierung des Requiems von Mozart unter Josef Krips und 1962 mit jener des *Requiems pro memoria uxoris* von Kubelík eindrücklich verabschiedet hatte. Unter Fässler übte der Chor die nächsten Aufgaben ein: Honeggers *Jeanne d'Arc au bûcher* für Ernest Ansermet (1963) und Haydns *Schöpfung* für Karl Richter (1964). 1965 sang der Chor unter Kurt Redel in der neu aufgefundenen *Matthäus-Passion* von G. Ph. Telemann, die im Jahr darauf in Alessandria und 1969 in Lourdes wiederholt werden konnte, und von der eine Platten- respektive CD-Aufnahme existiert. Eine reizvolle Aufgabe wartete zum «Dreissigsten»: Unter Benjamin Britten mit dem English Chamber Orchestra durfte der Chor in *The Fairy Queen* von Henry Purcell (in einer Einrichtung von Benjamin Britten und Peter Pears) singen.

IMF-Präsident Troller bei der Tischrede anlässlich des Stadtratsempfangs 1967, rechts von ihm sitzen Ernst Haefliger und Peter Lagger mit ihren Gattinnen

REZITAL UND KAMMERMUSIK

Irmgard Seefried mit ihrem Klavierpartner Erik Werba

In der hier umrissenen Zeitspanne bildeten Liederabende, die leider heute mehr und mehr an Zuspruch verlieren, einen festen Bestandteil des Festwochen-Programms. Es gelang immer wieder, die grossen Stimmen und Ausdeuter des Kunstlieds nach Luzern zu holen. Von 1955 bis 1969 huldigten Künstlerinnen und Künstler wie Elisabeth Schwarzkopf, Irmgard Seefried, Lisa della Casa, Rita Streich, Grace Bumbry, Christa Ludwig, Victoria de los Angeles sowie Dietrich Fischer-Dieskau, Ernst Haefliger, Walter Berry und Hermann Prey dieser hohen Kunst. Auch in der Reihe «Junge Künstler» sang Kurt Widmer Werke der Liedgattung.

Das Klavierrezital erfreut sich hingegen gestern wie heute allgemeiner Beliebtheit. Abgesehen von den sogenannten Edwin-Fischer-Vorspielabenden mit Beethoven-Sonaten fand der erste eigentliche Klavierabend im Kunsthaus jedoch erst 1956 statt. Er wirkte wie ein Paukenschlag. Am Klavier sass der unvergleichliche Arthur Rubinstein. Er wurde in der Folge zum unbestrittenen Zugpferd, zum Kult, um es zeitgemäss auszudrücken. Von 1956 bis 1968 verzückte er mit nur zwei Unterbrüchen und letztlich noch 1972 mit seinem einzigartigen Spiel das Publikum und riss es in seinen Bann. Jene, die den Grandseigneur des Klaviers erlebt haben, geraten bis heute ins Schwärmen, wenn von seinen Auftritten die Rede ist. Untrügliches Zeichen dafür, dass Rubinstein in der Galerie der grossen Festival-Figuren ein besonderer Platz gebührt.

Viel Aufsehen erregten die einzigen Solorezitals der Pianisten Witold Małcużyński, ein Spezialist für das Werk Chopins, Van Cliburn, György Cziffra und Peter Serkin. Der damals 17-jährige Sohn Rudolf Serkins und Enkel Adolf Buschs, ausgebildet bei seinem Vater, Horszowski und Karl-Ulrich Schnabel, wurde als erstes Nachwuchstalent in der 1964 geschaffenen Reihe «Junge Künstler» verpflichtet. Leider ist es seither nie mehr gelungen – gewünscht hatte man die Wiederverpflichtung schon nach seinem Debut –, den inzwischen Arrivierten nach Luzern zu holen, der ganz im Sinne seiner Vorfahren musikalisch denkt und spielt.

Swjatoslaw Richter, der lange nicht aus der Sowjetunion ausreisen durfte, aber nach seinem Amerika-Debut 1960 blitzartig den Parnass der Pianistengilde erklommen hatte, machte sich am Vierwaldstättersee ebenfalls rar. Ständig begleitet von Geheimdienstagenten, schwebte der scheue, körperlich riesige Titane, der jedoch kein Blender war, 1964 und im Jahr darauf an das Klavier im Kunsthaus. 1977 erlebte man ihn noch einmal als Solisten des Grieg-Konzerts und unversehens in einem Klavierabend, den er spontan gab, als sein Partner Fischer-Dieskau gezwungen war, seinen programmierten Liederabend (mit dem Russen am Klavier) abzusagen. Selbstverständlich fehlten die «Stammgäste» Wilhelm Backhaus und Géza Anda in dieser Reihe nicht.

Einer der Kapriziösesten der Zunft, der perfektionssüchtige und hypersensible Benedetti Michelangeli – «Divino Arturo» im Munde seiner Verehrerschaft –, erschien 1966 nicht auf der Bühne; das Konzert musste ersatzlos ausfallen. Der Programmkommission ging die Galle über, sie fühlte sich genarrt und beschloss, in Zukunft auf das Raffinement des melancholischen Klangästheten zu verzichten. Doch bereits zu Beginn einer neuen Etappe der IMF-Geschichte, 1970, geruhte der geniale Exzentriker unter den Exzentrischen sich an einen seiner mitgebrachten eigenen Flügel zu setzen und seine facettenreiche Kunst im Kunsthaus zu demonstrieren. Das zu jenen Zeiten wohl unbestritten führende Klavierduo Alfons und Aloys Kontarsky brachte 1968 Meisterwerke für zwei Klaviere von Mozart, Debussy und Bartók zu Gehör, was die Brüder liebend gerne taten und spürbar genossen, denn sie erachteten sich, entgegen ihrem Ruf, nicht ausschliesslich als zuständig nur für Neue Musik. Wo immer damals Klaviermusik zu vier Händen eines Neutöners gespielt wurde, mussten die Kontarskys her, denn sie garantierten wie kaum andere die erforderliche Kompetenz für die neuen Musiksprachen. Dies unterstrichen sie, als sie 1970 Bernd Alois Zimmermanns *Monologe* und 1972 Karlheinz Stockhausens *Mantra* (in Anwesenheit des Komponisten) in der Schweiz erstmals aufführten.

Schon der nur flüchtige Blick auf das Repertoire der erwähnten Klavierabende macht augenfällig, dass Werke Chopins bei den Interpreten (und wahrscheinlich auch beim Publikum) deutlich bevorzugt wurden. Klaviermusik von Beethoven, Brahms und – erstaunlicherweise relativ häufig – Debussy bildet eine nächste Konstante. Überraschen mögen die nur vereinzelt programmierten Werke Schumanns. Schubert – das war nicht nur für Luzern typisch – wurde lange von den Pianisten bis auf die letzten Sonaten und die *Impromptus* ignoriert. Lediglich Wilhelm Kempff (er spielte in seinem einzigen Luzerner Rezital 1973 ein reines Schubert-Programm) und vor allem Artur Schnabel und seine Nachfolger berücksichtigten dieses Œuvre, später taten es vor allem Alfred Brendel, Maurizio Pollini (1977 mit den drei letzten Sonaten), Radu Lupu und András Schiff (denkwürdig der grosse und grossartige Schubert-Zyklus 1997) und leiteten damit geradezu eine Schubert Renaissance ein.

Empfang im «Wilden Mann». Am Tisch Swjatoslaw Richter, Maria Strebi und Oskar Kokoschka, 1964

Arthur Rubinstein. «Die Zigarre muss ihm dargereicht worden sein aus der geöffneten Kiste oder bereits beschnitten – jüdisch beschnitten, wie er zu scherzen pflegte – auf einem Tablett. [...] Ja, eine unversehrte Zigarre hat eine eigene Resonanz, hat im Stadium ihrer höchsten Genussentfaltung einen unverwechselbaren Ton. Wie der gut gestimmte Flügel im richtigen Raum.»
[aus: Dölf Steinmann, «Pan Artur», in «Abgelichtet», S. 18f.]

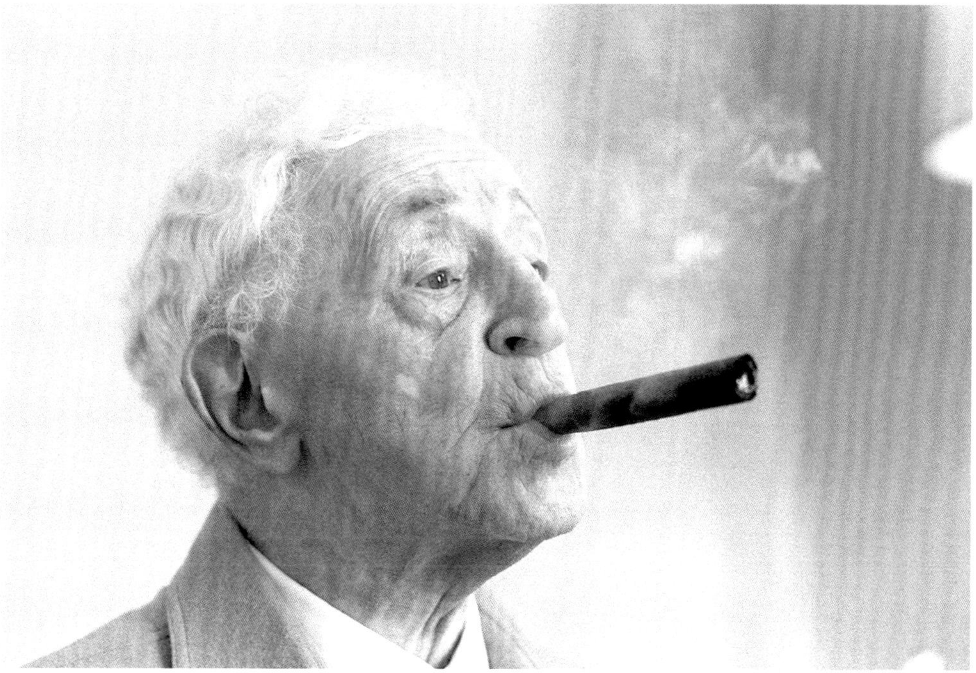

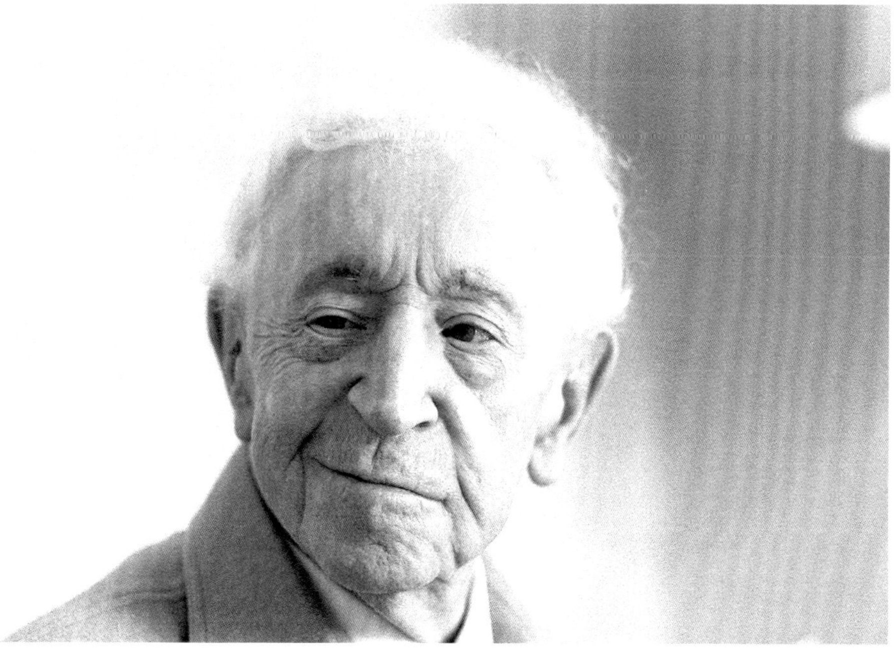

Selbstverständlich durften führende Kleinformationen im Programm nicht fehlen. So konzertierten das Wiener Oktett und das Wiener Philharmonische Streichquartett, Quartetto Italiano, Juilliard Quartet und das Koeckert-Quartett. 1963 widmeten sich Francescatti und Casadesus sowie Gulda und Fournier dem Sonatenschaffen Beethovens für Violine respektive Violoncello und Klavier. Der berühmteste Harfenist seiner Epoche, Nicanor Zabaleta, war 1960 im alten Casino am Löwengraben (Zunfthaus Herren zu Schützen) erstmals zu hören. 1967 diente der Festsaal des Klosters St. Urban an der äussersten Kantonsgrenze als Veranstaltungsort für die Wiedergabe von Madrigalen Claudio Monteverdis mit den Ambrosian Singers der Accademia Monteverdiana; die Freunde der IMF trafen sich anschliessend zu einem festlichen Empfang im Schloss Mauensee.

Strebis Tochter Ursula, verheiratet mit dem englischen Trompeter Philip Jones, heute noch Mitglied des Stiftungsrats, war nicht nur Mitbegründerin und Promotorin des English Chamber Orchestra, sondern trieb auch die Karriere des Ensembles ihres Mannes tüchtig voran. The Philip Jones Brass Ensemble verblüffte 1963 erstmals mit seiner Virtuosität und entzückte die Einheimischen vor allem mit der Zugabe in Form eines speziellen Arrangements des Liedes «Vo Lozärn gäge Weggis zue».

Mit speziellen Abenden würdigte man Komponisten wie 1959 Arthur Honegger, 1962 – auf Wunsch von Bundesrat Philipp Etter – Othmar Schoeck, und zum Dank für seine unschätzbaren Dienste für die IMF wurde Walter Schulthess 1969 mit eigenen Werken verabschiedet. [DVD 3.5.] Abschied von einer grossen aktiven Sängerinnen-Karriere nahm im Rahmen der Serenade gleichzeitig die unvergessliche Maria Stader. Sie tat es mit der Mozart-Arie «Nehmt meinen Dank …». Ebenfalls vor dem Löwendenkmal sang 1965 hingegen zum ersten Mal eine Luzernerin, die erst eine internationale Berühmtheit werden sollte und bis 2001 immer wieder solistische Aufgaben an den IMF übernahm: Edith Mathis.

Nach dem letzten Auftritt Duprés an der Hoforgel 1963 zogen neue Namen fortan ihre Register: Karl Richter, Marie-Claire Alain, Eduard Müller, Lionel Rogg, Edward Power Biggs, Erich Vollenwyder. 1969 füllte Gerd Zacher das Kirchenschiff mit ungewohnt neuen Klängen aus dem Fundus von Komponisten wie Ysang Yun, Olivier Messiaen und György Ligeti.

SCHAUSPIEL

Die Musikveranstaltungen erfuhren alljährlich (ohne 1961) eine Ergänzung durch die Aufführung eines Schauspiels im Stadttheater. Die Inszenierungen von Stücken von Lessing bis Brecht schufen Theatergrössen der Zeit wie Oskar Wälterlin, Ernst Dietz, Erik Ode, Walter Oberer und August Everding. Stadttheater-Direktor Horst Gnekow führte während seiner Intendanz (1961–1968) selbst Regie, und berühmte Schauspieler wie Käthe Gold, Matthias Wiemann, Maria Wimmer, Annemarie Düringer, Lukas Amman, Hanns Ernst Jäger und viele andere zierten die Affichen der Theaterabende, die sich meist vom Angebot der Saison abhoben.

KRISE

Die verfügbaren Unterlagen geben keine Klarheit darüber, wann genau es im Gebälk der IMF-Organisation, in erster Linie in der Programmkommission, bedrohlich zu knacken begann. Das Protokoll hält zum Jahresbeginn 1968 fest:

Der Vorsitzende [Strebi] gibt bekannt, dass er mit Brief vom 4. 1. 1968 Herrn Prof. Troller gegenüber seinen Wunsch geäussert hat, das Präsidium der Programmkommission abzugeben. Er glaubt, dass die heutige Organisation sich in der Praxis nicht bewährt habe, da sich Doppelspurigkeiten und Friktionen zwischen der Programmkommission, dem Musikausschuss und dem Komitee ergeben haben. Die Programmkommission war ursprünglich als vorbereitendes und beratendes Organ konzipiert, ist es aber heute nicht mehr, da sie im Rahmen der langfristigen Planung auch Beschlüsse von grosser Tragweite zu fassen und Aufgaben des Musikausschusses übernommen hat. Herr Dr. Strebi ist deshalb der Meinung, dass es nur logisch wäre, wenn Herr Prof. Troller als Präsident IMF auch das Präsidium der Programmkommission übernehmen würde.

Troller erklärte sich dazu bereit; Strebi blieb vorläufig Mitglied der Kommission. Gleichzeitig gab Troller bekannt, Schulthess gedenke ebenfalls, sich zu entlasten, und wünsche sich zurückzuziehen. Dies wog in den Augen Trollers schwer, denn dieser Schritt ergebe «die Inkompetenz des Präsidenten, der es nicht wagen würde, in eigener Kompetenz über Probleme zu entscheiden, für die ein Gremium von Fachleuten zuständig sein sollte». [Prot. 2. 4. 1968] Wie er das delikate Problem zu lösen gedachte, wollte Troller später bekannt geben.

Am 28. Mai eröffnete er dem Komitee seine Pläne, welche die starke Einbindung von Rudolf Baumgartner in künstlerischen und von Othmar Fries in administrativen Fragen und Aufgaben vorsah. Eine Einigung über die Realisation des Vorschlags konnte nicht erreicht werden, auch weitere bilaterale Besprechungen halfen nicht aus der Sackgasse. Mit den Streitigkeiten einher ging auch ein Gerangel um Kompetenz- und Titelfragen bezüglich der beiden Vorgeschlagenen. Sacher schlug vor, sie zu «Mitarbeitern des Präsidenten» zu ernennen. Darauf antwortete Troller in einem längeren Schreiben an die Mitglieder der Programmkommission wie folgt:

[Fries] erachtet es als angemessen, dass er den Titel erhält «administrativer Direktor». Wenn er auch die Probleme dem Präsidenten vorlegt und dieser Anregungen macht, so hat doch Dr. Fries in Wirklichkeit die Kompetenzen und Pflichten eines Direktors. Der Präsident würde sich geradezu mit fremden Federn schmücken, wenn Dr. Fries nur als Mitarbeiter erscheinen würde.

Nach reiflichen Überlegungen bin ich der Meinung, dass das Gleiche eben doch auch für Rud. Baumgartner gelten wird. Sein Einfluss auf den geistigen Gehalt der Musikfestwochen [...] wird notwendigerweise grösser sein als jener irgendeines nicht fachkundigen Präsidenten. Daran kann auch die Tätigkeit der Programmkommission nichts ändern, weil sie, wie das nun erwiesen ist, einfach nicht in der Lage ist, so sehr im Detail zu beraten.

Dezidiert umreisst Troller im Brief seine Haltung gegenüber Grundsatzfragen, die an die IMF der Zukunft gestellt seien: *Es ist meines Erachtens eine subjektive und nur für einen kleinen Kreis von Personen zutreffende Annahme, dass die Luzerner Festwochen durch die persönliche Tätigkeit charakterisiert seien. Davon erfahren jene Künstler, die Einladungen schätzen, und der kleine Kreis von Eingeweihten, der sich jeweilen bei Einladungen trifft. Die grosse Zahl von Konzertbesuchern erfahren [sic!] davon nichts. Manche sind sogar durch das Hervortreten einer angenommenen Festwochenelite eher schockiert. Das wurde mir oft vorgehalten. Eine Demokratisierung, um modisch zu reden, und Objektivierung ist auch in diesen Belangen notwendig. Von aussen werden die Festwochen nach ihren Programmen und nicht danach beurteilt, wer in Luzern entscheidet und sich trifft.*

So komme ich doch wiederum zu meinem Vorschlag zurück. Erneut möchte ich betonen, dass damit der künstlerische Direktor nicht Direktor des Festivals schlechthin ist. Er ist ja dem Organisationskomitee und der Programmkommission sowie dem Präsidenten unterstellt. Er kann nicht von sich aus Orchester und Künstler engagieren, ohne dass er dazu ermächtigt ist. Ebenso kann er nicht Programme selber bestimmen. Hingegen soll auch der Präsident und sollen die Mitglieder der Komitees keine Entscheidungen in künstlerischen Belangen treffen, ohne vorher den Direktor angehört zu haben. Auf diese Weise ist die beste Fürsorge gegen die grosse Gefahr von spontanen personellen Entscheidungen irgendwelcher Art getroffen, die sich oft aus dem geselligen Zusammensein ergeben könnten. [Troller an Anda-Bührle, Liebermann, Sacher und Strebi, Brief vom 13. August 1968]

Auf diesen Anregungen und Anträgen beharrte der Präsident und erachtete weitere Diskussionen als unnütz. In der auf den Brief folgenden Sitzung kam zum Ausdruck, dass die Worte Trollers in den Ohren einiger Mitglieder geradezu apokalyptisch dröhnten. Es kam zu heftigen und regen Aussprachen, die Mitglieder wurden um Stellungnahmen gebeten. Sacher meinte, der Direktorentitel sei Baumgartner erst nach einer Bewährungsphase zu verleihen. Er erkannte richtig, dass im Falle einer sofortigen Ernennung zum Direktor mit den dazugehörenden Rechten und Pflichten die Existenz der Programmkommission unnötig würde und sie sich auflösen müsste. Für Liebermann stand nicht Baumgartner zur Diskussion, sondern der Präsident, weil er die Programmkommission abwerte. Anda-Bührle hielt den Brief für «unzulässig», «nicht logisch» und fand, er «widerspreche» sich. Für Fries lief die Diskussion in die falsche Richtung, der springende Punkt sei das Verbleiben oder der Rücktritt Schulthess', und er fragte diesen konkret, in welcher Form er sich zurückzuziehen gewillt sei, denn eigentlich gehe es um seine Nachfolge. Schulthess erklärte, er habe weder schriftlich noch mündlich demissioniert, sondern nur dem Präsidenten gegenüber erwähnt, er gedenke nicht länger als bis 1970 die ihm übertragenen Arbeiten auszuführen und dann nur noch jene Künstler zu betreuen, die die IMF von ihm engagierten. Mit Baumgartner sehe er eine loyale Zusammenarbeit, doch könne dieser die anfallenden Aufgaben niemals alleine lösen, es brauche einen Mitarbeiterstab. Troller präzisierte, er habe im Brief vom 13. August ein Konzept vertreten, das die Mehrheit der Programmkommission ablehne. Er halte aber an der Konzeption fest, denn solange der Präsident nicht vollamtlich tätig sei, brauche er qualifizierte Mitarbeiter. Dieser Punkt bilde die Hauptdifferenz gegenüber der Auffassung des Ehrenpräsidenten Strebi. Er werde seinen Vorschlag und die davon abweichenden Meinungen objektiv dem ganzen Komitee unterbreiten, es, und nicht die Programmkommission, müsse letztlich entscheiden. Sacher betonte noch einmal, er gebe sein Einverständnis, sofern Baumgartner eine «andere Titulatur» als «Direktor» gegeben werde, andernfalls habe dies die sofortige Demission von ihm, Anda-Bührle und Liebermann zur Folge, und verlangte den Abbruch der Diskussion. Strebi – grösstenteils der Sitzung fern – war der Diskussionen ebenso überdrüssig, verlangte jedoch eine konsultative Abstimmung, die eine 5:1-Mehrheit bei einer Enthaltung gegen den Antrag Troller ergab. [Prot. 26. 8. 1968]

Gerüchte über die Krise drangen nach aussen, für einmal wurde das festwochentypische Verschwiegenheitssiegel durch Indiskretionen gebrochen. Manche Medien, «denen der Krach wichtiger ist als seine Ursache» [von Matt, 2010, S. 238], traten Polemiken los, dass man um den Weiterbestand des Festivals bangen musste. Die schreibende Zunft malte den Teufel an die Wand: die Finanzen reichten für eine Fortsetzung nicht mehr aus, weil die Gönner ihre Geldbeutel nicht mehr öffnen würden. Nörgler unterstellten den Organisatoren nicht ganz astreine Geschäftspraktiken, die etwa die Honorierung und Provisionen der Konzertgesellschaft tangierten, was wiederum zu Verdächtigungen innerhalb der Organisation führte – kurz: Jede Un- und Halbwahrheit wurde ausgeschlachtet. Es scheint im Nachhinein, als wäre die Presse selig geworden, endlich mit den Skandalen und Skandälchen à la Bayreuth und Salzburg Schritt halten zu können, an denen man sich Jahr für Jahr laben durfte.

Schliesslich zählte das faktische Resultat: Troller setzte sich durch. Unverzüglich beauftragte der Verkehrsverein das Organisationskomitee IMF mit der Abfassung eines Berichts, der über die Situation «objektiv und umfassend» orientieren sowie «Übertreibungen und falsche Behauptungen [...] korrigieren und die Proportionen auf die sachlichen Gegebenheiten zurück[...]schrauben» sollte.

Nach einer Einleitung fasst der 25-seitige Bericht die rechtliche Situation der Musikfestwochen seit ihrer Gründung zusammen. Die wichtigsten Auszüge:

Rechtsträger der Musikfestwochen von 1938 bis 1945 war die Verkehrskommission für Luzern, Vierwaldstättersee und Umgebung, von 1945 bis 1958 die Verkehrskommission Luzern und seit 1958 ist es der Verkehrsverein Luzern (VVL).

Ausführendes Organ ist das Sekretariat IMF, das dem Direktor des Offiziellen Verkehrsbüros Luzern unterstellt ist. Bisherige Präsidenten waren:

Stadtpräsident Dr. Jakob Zimmerli (Gründer, 1937–1940), Oberstdiv. Hans Pfyffer von Altishofen (1940–1943), Stadtpräsident Dr. Max Wey (1943–1953), Rechtsanwalt Dr. Walter Strebi (1953–1965), Prof. Dr. Alois Troller (seit 1965).

Der Präsident und die übrigen leitenden Persönlichkeiten des Organisationskomitees arbeiteten von allem Anfang an ehrenamtlich. Das Komitee umfasste in personeller Hinsicht zur Hauptsache musikalische Laien; nur Musikdirektor Dr. J. B. Hilber (Mitglied des Komitees 1939–1943) bildete eine Ausnahme.

Es zeigte sich deshalb bald die Notwendigkeit, einen versierten musikalischen Berater zuzuziehen, der in der Person des Musikers und Komponisten Walter Schulthess [...] gefunden wurde. Er wirkte von Beginn weg in diesem Sinne mit und führte seit 1943 offiziell den Titel eines künstlerischen Beraters.

Auch Herr Dr. Walter Strebi war von 1943 an Mitglied des Komitees und betreute bis zu seiner Demission als Präsident des Komitees vorwiegend die künstlerischen Belange, worunter der Verkehr mit Dirigenten und Solisten, die Abstimmung der Programme und die Betreuung der Künstler auf dem Platze zu verstehen ist, während es der Konzertgesellschaft oblag, die eigentlichen Verhandlungen mit den engagierten Kräften zu führen, die Verträge abzuschliessen und auch die Honorare auszubezahlen. Dies erlaubte eine selbständige Führung der IMF in kleinstem Kreise.

Der Luzerner Verkehrsdirektor besorgte die gesamte Administration und Propaganda, den Vorverkauf und den Saaldienst sowie den Verkehr mit den Massenmedien. Der Direktor der Schweizerischen Volksbank betreute als Quästor die Finanzen. Für den Luzerner Festwochenchor wurde ein besonderer Administrator ernannt, der ebenfalls Mitglied des Komitees war und ist.

Im Januar 1968 verständigte sich Dr. W. Strebi mit Prof. Dr. A. Troller dahin, dass dieser ab Ende IMF 1968 auch den Vorsitz der Programmkommission übernehme. Somit behielt der Musikausschuss auch weiterhin praktisch die Fäden in der Hand, wobei die Bereinigung und Abstimmung der Programme in der Regel in persönlichen Gesprächen mit Solisten und Dirigenten erfolgte und dabei gelegentlich gewissen Zufälligkeiten unterlag. Zudem funktionierte die gegenseitige Orientierung der Mitglieder nicht immer in wünschenswertem Masse. Dies alles musste zu Meinungsverschiedenheiten führen.

Ein zusammenfassender Blick auf die bisherige Entwicklung der IMF und deren wichtigste Stationen mündet in die Folgerung:

Das Komitee ist heute der Auffassung, dass mit dem Wachstum der IMF auch die Konzeption und damit die Organisation auf eine neue Basis zu stellen seien. Heute müssen Künstler und Orchester in der Regel auf drei Jahre hinaus engagiert werden, sonst sind sie nicht mehr verfügbar. Dies hat aber auch einen Einfluss auf die Programmgestaltung. Es muss zuerst die Konzeption erarbeitet werden, welche dann die Grundlage zu den Verhandlungen mit den Interpreten bildet.

Ein Festspiel, das sich finanziell weitgehend selbst zu tragen hat, kann sich dabei nicht in Experimenten ergehen, sondern nach wie vor muss das bewährte Musikgut vergangener Epochen Rückgrat seiner Programme bilden. Daneben ergibt sich aus der internationalen Bedeutung der IMF die Verpflichtung, sowohl unbekanntere Werke früherer Epochen als auch das Musikschaffen der Gegenwart in vermehrtem Masse zu pflegen, wobei gerade schweizerische Musikfestwochen es als vornehme Aufgabe betrachten dürfen, auch schweizerisches Musikschaffen einer internationalen Öffentlichkeit vorzustellen.

Nun kommt die Haltung des Präsidenten Troller zur Sprache, der zwar das erworbene Ansehen der IMF erhalten und mehren will, aber überzeugt ist, *dass aus den angeführten Gründen die Programmplanung und damit auch die personelle Planung zu ändern sei, und [er] postulierte eine Vorausplanung auf drei Jahre, wobei die Gesamtprogramme der vorhergehenden und der nachfolgenden Jahre Berücksichtigung finden müssten. Er schlug weiterhin vor, dass die gute zeitgenössische Musik angemessen in den Programmen zu erscheinen habe und dass auch jene Werke früherer Epochen, über die zu Unrecht oft hinweggesehen wird, vermehrt erklingen sollten. Ferner proponierte er, dass auch regelmässig die bedeutendsten Werke von Schweizer Komponisten aufzuführen seien.*

Über diese Konzeption, die gar nicht so neu ist, […] gingen schon die Meinungen in der Programmkommission auseinander. Es handelte sich aber nicht um einen Gegensatz zwischen «konservativ» und «progressiv», sondern eher um einen solchen zwischen kurzfristiger und langfristiger Planung.

Weiter wird vermerkt, die Suche nach einer neuen Lösung sei durch die im Oktober 1968 eingereichte formelle Demission von Schulthess beschleunigt worden. Das intendierte Direktorium sei auf Widerstand gestossen, weil ein solcher Apparat dem vor allem von Strebi gepflegten «Stempel des Persönlichen abträglich» sei, zudem traue Frau Anda-Bührle «diesem Direktorium die nötigen Fähigkeiten nicht zu». Die Konsequenz war der Ausbruch einer «Vertrauenskrise».

Schon vor dieser Sitzung der Programmkommission [26. August] und auch nachher verdichteten sich in Luzern und der übrigen Schweiz Stimmen und Gerüchte, welche von schweren Unstimmigkeiten im Schosse der Programmkommission und des Organisationskomitees wissen wollten.

Die nachfolgende Abstimmung im Organisationskomitee fiel mit 8:1 Stimmen zugunsten des Antrages Troller aus. Dieser Ausgang der Abstimmung bewog den Präsidenten, auf eine Demission zu verzichten.

Damit war nun die Lage klar: Der Präsident hat ein Vertrauensvotum erhalten, und Herr R. Baumgartner war als künstlerischer Direktor gewählt. Dies hatte später die Auflösung der Programmkommission zur Folge und löste auch den Austritt von Frau H. Anda-Bührle aus dem Organisationskomitee aus. Demgemäss besteht heute folgende Organisation:

a) *Ehrenpräsident:*
   Dr. Walter Strebi, Rechtsanwalt, Kastanienbaum
b) *Komitee*
   Präsident:
   Prof. Dr. Alois Troller, Advokat, Luzern
   Künstlerischer Direktor:
   Rudolf Baumgartner, Direktor des Konservatoriums Luzern, Zürich
   Administrativer Direktor:
   Dr. Othmar Fries, Verkehrsdirektor, Luzern
   Mitglieder:
   Dr. Werner Bühlmann, Regierungsrat, Kastanienbaum
   Dr. H. R. Meyer, Nationalrat, Stadtpräsident, Luzern
   Paul Kopp, Präsident VVL, Luzern
   [und weitere vier Mitglieder]
c) *Künstlerischer Berater*
   Walter Schulthess, Konzertgesellschaft, Zürich [bis 1970]

Nach der detaillierten Aufstellung der Finanzlage umreisst der Bericht den Komplex der «Freunde IMF», der Gönnervereinigung, die trotz der namhaften Zuwendungen Bührles aus der finanziellen Krise in den Jahren um 1950 wuchs, um nicht öffentliche Mittel in hohem Ausmasse zu beanspruchen.

Es handelt sich hier weder um einen Verein noch sonst um einen organisierten Zusammenschluss. Sinn und Zweck ist die Erfüllung einer grossen ideellen Aufgabe: Mit der materiellen Unterstützung, welche die «Freunde IMF» den IMF zukommen lassen, setzen sie das Komitee in die Lage, seine Tätigkeit im Sinne der Erreichung hoher Ziele auszuüben. Dabei war es nie Absicht, eine Massenorganisation aufzuziehen.

Der Jahresbeitrag ist auf mindestens Fr. 500.– festgesetzt; [...] zahlreiche Freunde IMF [leisten] *wesentlich höhere Beiträge.*

Im Jahre 1966 wurde die lose Vereinigung in die juristische Form einer Stiftung umgewandelt, die zuhanden der IMF die von den Mitgliedern geleisteten Beiträge verwaltet und die Beiträge zur Deckung der Defizite der IMF verwendet.

Die «Freunde IMF» geniessen den Vorzug bei der Zuteilung von bestellten, jedoch voll zu bezahlenden Konzertkarten [...] und werden von Fall zu Fall zu den gesellschaftlichen Veranstaltungen eingeladen.

[Alle Zitate aus dem Bericht des Organisationskomitees, 18. 11. 1968]

In der Sitzung des Luzerner Grossen Stadtrates erteilte Stadtpräsident H. R. Meyer ebenfalls ausführlich Antwort auf eine Interpellation über die Vorgänge, die zur Krise im Sommer geführt hatten. Die Reorganisation ersetzte also das inzwischen zwar luzerntypische, aber doch in die Jahre gekommene Kollegialsystem durch das im Ausland längst praktizierte und bewährte Direktorialsprinzip.

Mit der Neustrukturierung verlor man mit Sacher und Liebermann zwei gewichtige Kräfte für die Ausarbeitung der Programme. Immerhin verzichtete Sacher nicht darauf, die sehr beliebten Serenaden weiter zu dirigieren. Hortense Anda-Bührle hingegen wandte sich, tief getroffen und beleidigt, von Luzern (vorerst) ab. Ihr Mann Géza Anda lotste seine Meisterklasse von Dreilinden ins Zürcher Muraltengut, erfüllte dennoch seine Verpflichtung für den Klavierabend im August 1969 und liess sich auch für 1973 wieder für ein Rezital engagieren. Die Abgänge einzelner Mitglieder aus dem Freundeskreis erwiesen sich als verkraftbar und bedeuteten keine Existenzgefährdung der IMF, deren öffentliche und private Subventionen 1968 sich ungefähr die Waage hielten, nämlich je runde 160'000 Franken, neben 760'000 Franken aus dem Karten- und Programmverkauf plus den Radiovergütungen. Den Einnahmen standen Ausgaben von 1'150'000 Franken gegenüber.

Krise und Neufindungen waren ausgestanden, die IMF rückten im Sommer 1969 in den Zeitungen von den kulturpolitischen wieder in die Kunstspalten. Es manifestierte sich, dass die Spannungen ausschliesslich die Führung betrafen, aber nicht das Publikum. Es strömte festlich wie eh und je zu den Konzerten, wobei eine Zunahme von ostasiatischen Gästen zu registrieren war. Lediglich etwas Gegenwind wehte Stadtpräsident Meyer entgegen, als er als massgebliche Instanz gewillt war, Karajan den Luzerner Kunstpreis in Würdigung seiner Verdienste und Treue zu Luzern zu verleihen. Argumente wie: «Karajan ist kein einheimischer Künstler» oder Ressentiments wie: «Karajan ist der musikalische Genius des Wirtschaftswunders (Adorno) und somit des Establishments» lösten – allerdings zahme – Wogen der Entrüstung aus. Lediglich rund zwei Dutzend Demonstranten der «Jungen Linken» versuchten ohne Erfolg, die Preisübergabe-Feier am 31. August zu stören. Karajan, obwohl er in Salzburg scherzhaft gesagt haben soll, als ihm die Nachricht von der Preisvergabe übermittelt wurde, dies komme sehr gelegen, er sei gerade pleite, stellte den Preis von 10'000 Franken dem Konservatorium zur Förderung junger Künstler wieder zur Verfügung, dankte mit bewegenden Worten und mit Musik. Zur Freude des Publikums führte er vom Cembalo aus Mitglieder der Berliner Philharmoniker durch das dritte *Brandenburgische Konzert* von Bach. [DVD 3.7.]

Als der neue Direktor Rudolf Baumgartner wahrscheinlich erste Dispositionen zur Durchführung «seiner» ersten Festwochen 1970 traf, änderte die Organisation ihren juristischen Status. Am 19. Mai 1970 erfolgte die Gründung der Stiftung IMF mit dem Stiftungsrat als oberstem Organ. Die Geschäftsleitung bildete sich aus Präsident, Vizepräsident, Quästor und den beiden Direktoren (seit 1988 nur einen respektive Intendanten). Diese Rechtsform besteht bis heute.

Stadtpräsident Hans Rudolf Meyer verleiht 1969 den Luzerner Kunstpreis an Herbert von Karajan

Konzertstimmungen im Kunsthaus

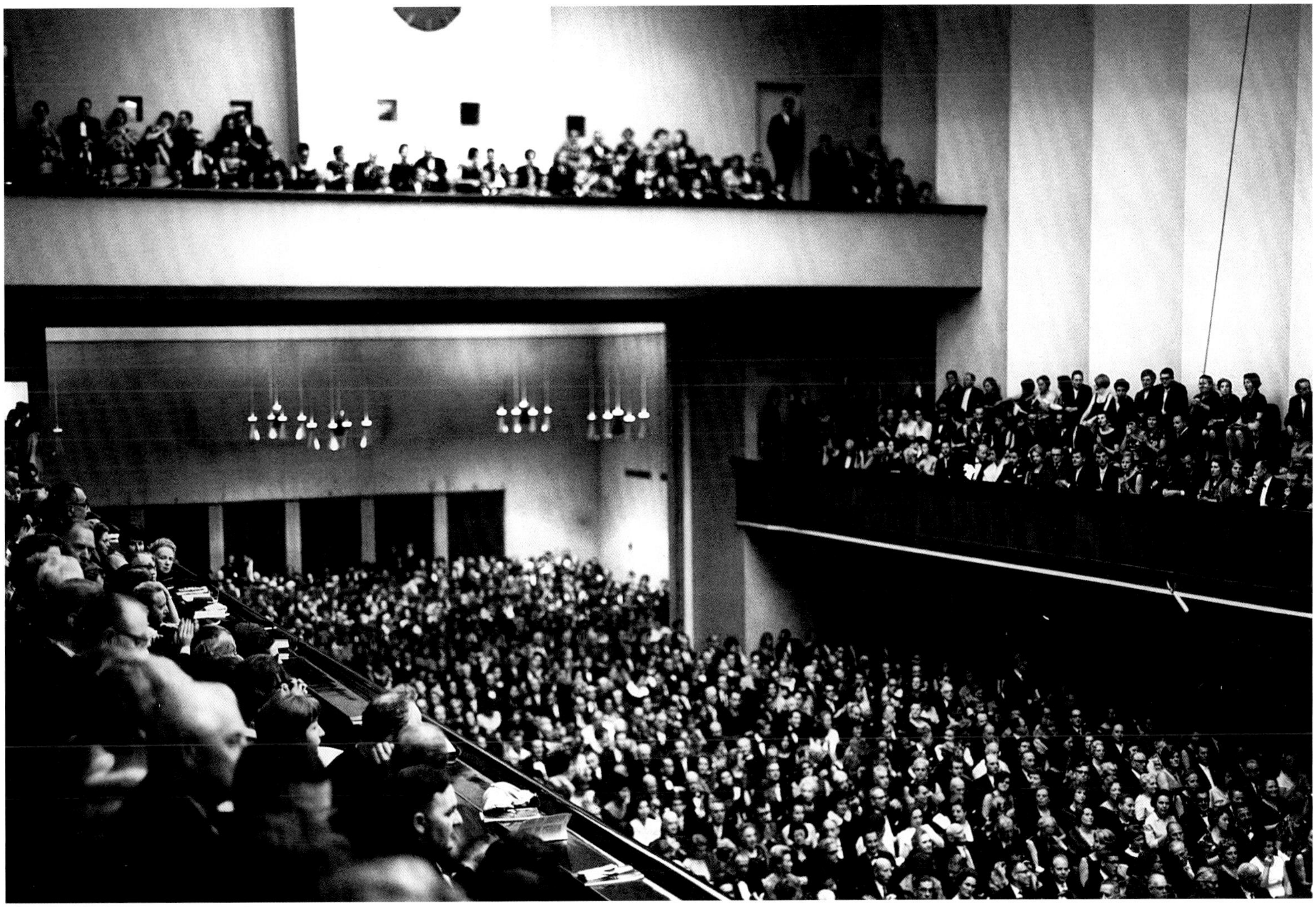

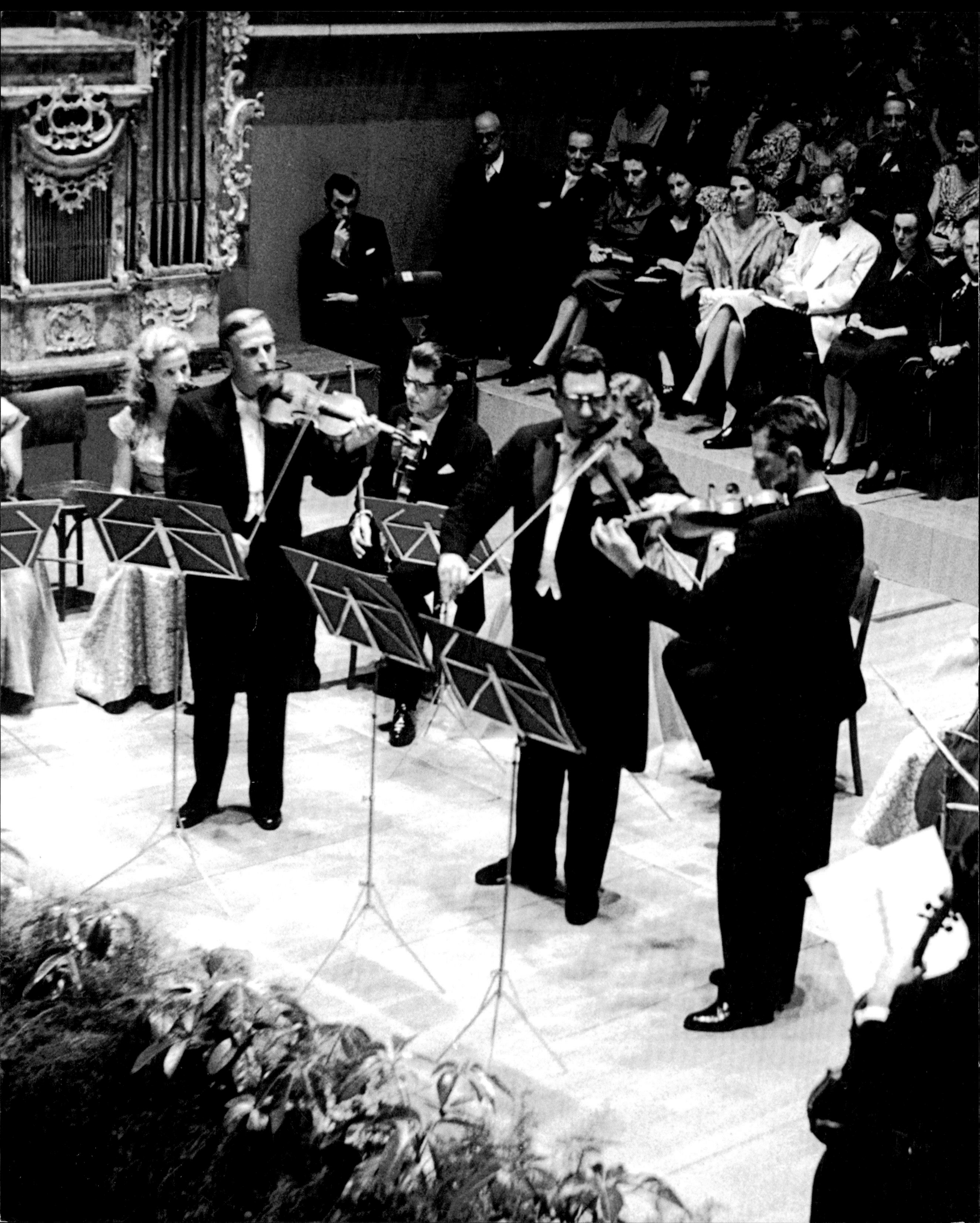

MUT ZUM RISIKO

Die künstlerische Direktionszeit von Rudolf Baumgartner
1969 bis 1980

In der Geschichte wirken die begangenen Fehler stärker als die gelungenen Taten.
Ernst Reinhardt

Yehudi Menuhin, Wolfgang Schneiderhan und Rudolf Baumgartner spielen mit den «Strings» das Konzert für drei Violinen BWV 1064 von Bach, 1957

So, wie er als Leiter der Festival Strings die Tore in neue Richtungen aufgestossen hatte, wagte Rudolf Baumgartner als künstlerischer Direktor der IMF Schritte, die darauf abzielten, den Veranstaltungen ein markanteres Profil zu verleihen, um drohende Verkrustungen zu lösen und somit Lähmungen entgegenzutreten. Er wusste, dass sein Präsident, Troller, ihm bei seinen Vorhaben den Rücken stärkte, denn er war ja seit seinem Amtsantritt ebenfalls gewillt, den Festwochen in künstlerischer und organisatorischer Hinsicht frischen Atem einzuhauchen. Als er sein Ehrenamt 1971 seinem Nachfolger, dem Anwalt und Stadtpräsidenten Hans Rudolf Meyer, überliess, hatte Baumgartner bis zu dessen Demission weiterhin einen Advokaten für seine Konzepte zur Seite.

Freilich konnte Baumgartner seine Ideen nach seinem Amtsantritt nicht sofort verwirklichen; das Programm 1969 stand zu diesem Zeitpunkt natürlich in den wesentlichen Zügen schon fest [vgl. Kapitel «Umschwünge»].

Baumgartner stellte das von ihm verantwortete Gesamtprogramm unter ein Leitthema. Ein roter Faden durch die Konzerte sollte damit dem Festival eine Struktur geben, die es von den immer mehr expandierenden anderen Festspielen abheben sollte. Baumgartners Credo lautete: «Musikfestspiele brauchen ein Thema, damit sie nicht zur blossen Touristen-Attraktion absinken, sondern zu einer geistigen Auseinandersetzung führen. Der Besucher soll sich für einen Komponisten und sein Land interessieren. Konzerte dürfen auch kulinarisch sein, aber nicht nur.» [zit. nach Schläpfer, 2003, S. 136] Am programmatischen Leitgedanken hielten Baumgartners Nachfolger bis in die Gegenwart fest, wenn auch in variierten Formen, die sich nicht bloss auf Länder und Komponisten beschränken.

Unbeirrt durch das immer wieder aufflackernde Herumdeuteln an den «Musica nova»-Konzerten hielt Baumgartner beharrlich an dieser Reihe fest, mit dem Unterschied zu früher, dass er selbst als Direktor auf den eigenen Auftritt verzichtete. «Für ihn ist die Gewaltentrennung selbstverständlich.» [Schläpfer, 2003, S. 136f.] Eine Ausnahme bestätigte 1976 die Regel. Er legte im Rahmen der IMF die Leitung der Festival Strings in andere Hände. Damit nicht genug. Mit der neu geschaffenen Reihe «Perspektiven» stellte er jedes Jahr einen Komponisten vor, dessen Schaffen für die zeitgenössische Musik repräsentativ war. Diese Serie lässt sich im Rückblick als eine Art Vorankündigung des «Composer in residence» des Lucerne Festival unserer Tage betrachten. Mit einer weiteren Neuerung in Richtung der Alten Musik schuf Baumgartner mit den «Musica antiqua»-Konzerten quasi ein Gegengewicht.

Neben diesen Konzertzyklen zeigten auch andere Programme die Handschrift der neuen Leitung, sei es in Form von Ur- oder Erstaufführungen, Entdeckungen, Wiederbelebungen von Vergessenem, Erstengagements von Orchestern, Ensembles und Solisten und anderem mehr.

1970 – BEETHOVEN

Dem Beethoven-Jahr (200. Geburtstag), weltweit gefeiert, vermochte sich auch Baumgartner nicht zu entziehen: Das Thema lag sozusagen auf der Hand. Dennoch beliess er es nicht bei wahlloser Beliebigkeit, sondern setzte bewusst auf Kontraste. So erklang in neun von zehn Sinfoniekonzerten jeweils eine der Beethoven-Symphonien im Kontext und in Konfrontation mit mindestens einem Werk des 20. Jahrhunderts. In den SFO-Konzerten unter Zubin Mehta, Josef Krips und Mario Rossi gesellten sich zu den Nummern 1, 2 und 4 Werke von Ernest Bloch (*Schelomo* mit János Starker), Igor Strawinskys *Sacre du Printemps*, Alban Bergs komplexes *Kammerkonzert* (mit Wolfgang Schneiderhan und Walter Klien) sowie die Uraufführung von Teilen aus dem Sinfonischen Zyklus *Huttens letzte Tage* von Armin Schibler, die der Bariton Kurt Widmer in letzter Minute für den erkrankten Dietrich Fischer-Dieskau einstudierte. (Das vierte Konzert des SFO unter Jean Martinon bestand aus ausschliesslich französischer Musik.)

Erich Leinsdorf (anstelle von George Szell) liess am Pult der Berliner Philharmoniker eine eigens eingerichtete Suite aus Prokofjews Ballett *Romeo und Julia* Beethovens Achter folgen, Chefdirigent Herbert von Karajan dirigierte zur *Eroica* respektive zur Fünften Werke von Strawinsky und Honegger. *Ein Heldenleben* von Richard Strauss und das Konzert für Holzbläser, Harfe und Orchester von Hindemith stellten Karl Böhm und die Wiener Philharmoniker an die Seite der *Pastorale* respektive der Siebten. Lediglich die Neunte mit dem gleichen Orchester und dem Festwochenchor unter Rafael Kubelík wurde ohne Gegenpol aufgeführt.

Ein Konzert des Juilliard Quartet und der nach zwei Absagen 1957 und 1966 endlich erfolgte Klavierabend von Benedetti Michelangeli passten sich dieser programmatischen Konzeption an.

Arturo Benedetti Michelangeli, Zeichnung von Fritz Ryser

Die Leitung des «Musica nova»-Konzerts lag in den Händen von Francis Travis. Eigentlich hätte er eine von Baumgartner bestellte Gemeinschaftskomposition von vier jungen Schweizer Komponisten (Jacques Guyonnet, Thomas Kessler, Hans Ulrich Lehmann und Jürg Wyttenbach) aus der Taufe heben sollen. *Ad libitum – Versuch einer Kunst-(Haus)-Musik* traf «tintennass» zu spät ein, sodass das technisch schwierige Werk nicht mehr genügend geprobt werden konnte. Von Lehmann spielte man deshalb noch einmal das im Jahr zuvor uraufgeführte Konzert für zwei Bläser und Streicher. Dazu kamen eine Uraufführung von Rolf Gehlhaar mit dem Schlagzeuger Christoph Caskel, die Schweizer Erstaufführungen der *Ramifications* von György Ligeti und der *Monologe* für zwei Klaviere von Bernd-Alois Zimmermann mit den Kontarsky-Brüdern.

Der aus Argentinien stammende, in Deutschland wirkende Mauricio Kagel wurde von dem Musikwissenschaftler Hansjörg Pauli als erster Komponist in der Reihe «Perspektiven» vorgestellt.

Als «Junge Künstler» traten erstmals ein Dirigent und ein Solist (der Cellist Rocco Filippini) zusammen mit einem gestandenen Orchester auf. Marc Andreae, eben zum Chefdirigenten des Orchestra della Radio Svizzera Italiana (ORSI) erkoren, brachte dabei *Septuria lunaris* des späteren IMF-Intendanten Matthias Bamert zur Uraufführung.

Die aus professionellen Sängerinnen und Sängern neu gegründeten Luzerner Vokalsolisten erhielten gleich ein Forum an den IMF. Zusammen mit den verstärkten Festival Strings brachten sie ein Prachtwerk barocker Musik zu Gehör: Alessandro Scarlattis *Vespro di Santa Cecilia* erlebte in der Jesuitenkirche unter Mitwirkung zahlreicher Solisten und der Leitung von Peter Maag eine authentische Wiedergabe. In der *Neuen Zürcher Zeitung* zog der Chronist das Fazit, er hoffe, «diese Ensembles wieder vereint wirkend zu hören». [NZZ, 20. 8. 1970, Mo.]

[Die Luzerner Vokalsolisten (1970–1988)
Im Herbst 1964 gelang es Hans Jörg Jans, im Zuge seiner bio-bibliographischen Forschungen zur Kirchenmusik von Scarlatti (angeregt von Leo Schrade) die bisher fehlenden Stimmhefte zur *Cäcilienvesper* ausfindig zu machen. 1965 konnte die komplette Partitur und im Frühjahr 1966 im Archiv der RAI das Aufführungsmaterial hergestellt werden, sodass bereits im Herbst 1966 erste Wiederaufführungen einzelner Teile stattfinden konnten (in Berlin und am Autunno Napoletano della RAI). Nach der ersten Gesamtaufführung in Luzern 1970 folgten weitere Aufführungen, in neuerer Zeit in Rom (Fabio Biondi), Berlin, Brüssel (René Jacobs), an den Händel-Festspielen Göttingen und in Berkeley (McGegan, Live-Einspielung).
Nach der Auflösung der RAI-Archive wurde das Aufführungsmaterial von der Bibliomediateca der Accademia di Santa Cecilia übernommen und wird – jetzt digitalisiert – für Aufführungen zur Verfügung gestellt. 2012 erschien die Partitur im hauseigenen Verlag im Druck. Bereits 1963 hatte sich auf Jans' Initiative hin eine Chorgemeinschaft aus musikalisch gebildeten Laien und professionellen Sängern als Capella der Jesuitenkirche gebildet, die von Franz Xaver Jans musikalisch geformt und bis 1980 geleitet wurde. *Ende der Sechzigerjahre hatte ich mir immer gewünscht,*

dass den erfahrungsgesättigten, eminenten und entsprechend hochgeschätzten Kapazitäten meines Vaters als Chorerzieher und Interpret ein professionelles Instrument zur Verfügung stehen sollte. Deshalb bedeutete 1969 der Auftrag von Rudolf Baumgartner, für die Aufführung der Cäcilienvesper *den Festival Strings ein entsprechendes Pendant aus professionellen Sängern unter der Leitung von Franz Xaver Jans an die Seite zu stellen, ein ausgesprochener Glücksfall. In zahlreichen, in der gesamten deutschen Schweiz durchgeführten Auditionen wählten wir aus über 130 jüngeren Sängern, die uns zum Teil von bekannten Gesangslehrern empfohlen wurden, fünfzehn passende Stimmen aus.*
Die Programmierung der Scarlatti-Vesper ging jedoch auf einen Vorschlag des Stiftungsrats-Präsidenten Troller zurück, bei dem ich 1967 über den Fund und die bisherigen Teilaufführungen vorgesprochen hatte – und der zu meiner grössten Überraschung in seinem Büro gleich eine Arie aus einer Scarlatti-Oper intonierte …
Ab 1978 (für die Aufführung der Nocturnes *Debussys unter Celibidache) habe ich die Einstudierungen übernommen und ab 1982 die Kirchenkonzerte mit den Vokalsolisten in der Hofkirche geleitet.* [Jans an Singer, Brief vom 7. Juni 2013]]

1971 – NATIONALE ROMANTIK

Die gegenüber früheren Jahren eindeutig anspruchsvollere, abwechslungsreiche und interessantere Programmkonzeption machte, wenn nicht das breite Publikum, so doch die Presse neugieriger. Zur Eröffnungskonferenz erschien die bisher höchste Zahl an Medienvertretern: 189.

Wiederum konnte Baumgartner ein interessantes Programm bieten, wenn auch das Thema derart weit gefasst war, dass das gängige früh- bis spätromantische Repertoire darin ohne Einschränkung Platz fand. In den Sinfoniekonzerten waren bedeutende Beispiele des symphonischen und konzertanten Werks der deutschen Romantik von Schubert, Schumann und Mendelssohn bis hin zu Brahms, Reger, Bruckner, Strauss und Mahler zu hören. Dem zweiten Themenkomplex «Musik aus der Tschechoslowakei, Ungarn und Russland» entsprachen aber lediglich vereinzelte Konzerte oder Konzertteile mit Kompositionen von Bartók und Dvořák. Die Ausschau nach einem russischen Werk blieb gar fruchtlos. Allein ein von Karel Ančerl geleitetes Konzert des SFO huldigte mit Musik von Smetana (*Tábor*), Dvořák (Cellokonzert mit Zara Nelsova) und Janáček (*Sinfonietta*) zur Gänze tschechischer Musik.

Mehr Würze als das etwas salzlose Leitthema streuten Erstbegegnungen in die Veranstaltungen. Denn obwohl sich die Anzeichen mehrten, bei der Suche nach erstrangigen Dirigenten für das SFO auf Schwierigkeiten zu stossen, gelang es dennoch, ausgewiesene und neue Kräfte an die IMF zu binden.

[Nicht selten schlugen Orchesterleiter eine Einladung mit der Begründung aus, Aufwand und Ertrag seien nicht im Gleichgewicht: wenig, doch intensive Probenarbeit, um aus einem zusammengewürfelten Orchester Homogenität zu erreichen; Einstudierung eines speziellen, wenn möglich themengebundenen Programms – und dies für ein einziges Konzert.]

Mit Dean Dixon, der wegen seiner Hautfarbe Amerika einst verliess, in Europa und Israel aber Fuss fasste und erst 1970 in den USA wieder zu Ehren kam, leitete ein Afroamerikaner das SFO (es blieb bei dem einen Mal) unter Mitwirkung des Pianisten André Watts, der 1985 und 1987 nochmals in Luzern spielte.

Die jahrelange, bis in die Gegenwart hineinreichende Verbundenheit mit dem Israel Philharmonic Orchestra nahm in diesem Jahr ebenso ihren Anfang. Unter ihrem Chefdirigenten Zubin Mehta sowie den Gästen Istvan Kertész und Josef Krips traten solistisch neue Gesichter hervor: der Geiger Pinchas Zukerman [DVD 4.1.] und der Pianist Radu Lupu, dem man diese feste Einladung als Dank dafür zugesichert hatte, dass er ein Jahr zuvor vorsichtshalber, das heisst als eventuell einspringender Solist, im Saal sass, als Benedetti Michelangelis Rezital angesetzt war. Baumgartner wollte die Leute nicht wieder nach Hause schicken, falls es den Unberechenbaren im letzten Augenblick abermals nach Abreise vor dem Auftritt gelüsten sollte. Die Israeli boten zudem Kompositionen zweier Landleute an: Ami Maayani und Paul Ben-Heim.

Mit einem Klavierrezital, in dem übrigens mit Modest Mussorgskys *Bilder einer Ausstellung* das einzige russische Werk erklang, stellte sich Vladimir Ashkenazy vor, dem in der Wirkungszeit des Baumgartner-Nachfolgers Ulrich Meyer-Schoellkopf eine zentrale Bedeutung für die IMF zukommen sollte. Auch das Beaux Arts Trio, über ein

Vladimir Ashkenazy spielt Chopins Klaviersonate Nr. 2, Zeichnung von Röbi Wyss, 1981

Luzerner Debut von Vladimir Ashkenazy, 1971

halbes Jahrhundert hinweg sozusagen *der* Massstab des Klaviertrios schlechthin, setzte in diesem Jahr seinen ersten Markstein. Mit dem nach Casals absoluten Meister des Cellos, Mstislaw Rostropowitsch, hätte eine weitere Koryphäe (in der Serenade) auftreten sollen. Die staatliche Moskauer Konzertagentur Goskonzert teilte am 1. August telegraphisch mit, ein Auftreten des Cellisten sei «nicht vorgesehen». Im Klartext hiess das. Rostropowitsch wurde aufgrund seines öffentlichen Eintretens für den Nobelpreisträger Aleksandr Solschenizyn mit einem Auftrittsverbot im Ausland belegt. An seiner Stelle spielte Maurice Gendron.

Zum letzten Mal hingegen sollten die Luzerner dem Mann begegnen, der das SFO seit den ersten Jahren immer wieder zu grossen Leistungen anspornte. Mit Mahlers *Auferstehungssymphonie* endete Paul Kleckis fruchtbares Wirken an den IMF.

Der Zyklus «Perspektiven», wiederum von H. J. Pauli betreut, und das «Musica nova»-Konzert verschmolzen zur Einheit. Zur Debatte stand der Komponist Iannis Xenakis, dessen *Aroura* der junge Schweizer Dirigent Michel Tabachnik zur Uraufführung brachte. Ein weiteres «Musica nova»-Konzert bestritten das Sinfonieorchester des Westdeutschen Rundfunks Köln (WDR), die Chöre des WDR und des Norddeutschen Rundfunks (NDR) und fünf Solisten unter dem Chefdirigenten Zdenek Mácal mit der Schweizer Erstaufführung von Krzysztof Pendereckis *Utrenja*, einem komponierten Morgengottesdienst der Ostkirche, wie er an Karfreitag und Ostern zelebriert wird. Damit wurden die schon Jahre zuvor geknüpften Bande zwischen dem Komponisten und Luzern noch enger. Penderecki verlegte für längere Zeit seinen Wohnsitz in die Nähe Luzerns.

Baumgartners Blick ging noch weiter ostwärts. Mag sein, dass der Schwung der Hippie-Bewegung mit ihrem Aufbruch in Richtung Indien und der fernöstlichen Mystik dazu direkt oder indirekt beigetragen hat, in den Annalen der IMF scheinen jedenfalls zwei Namen gemeinsam auf, die jeder für sich eine Kultur prominent vertraten: Hier Yehudi Menuhin, das Aushängeschild der westlichen «klassischen» Musik, dort der Grossmeister des indischen Raga, der Sitar-Spieler Ravi Shankar. Zusammen gestalteten sie einen «Musikabend aus Ost und West», wobei Menuhin die Bartók-Solosonate spielte und sich dann mit Sitar- und Tabla-Spielern vereinigte, um gemeinsam klassische indische Musik hören zu lassen.

Yehudi Menuhin (l.) zusammen mit Ravi Shankar (r.) und einem Tabla-Spieler

Das Experiment, das Orchestra della Radio Svizzera Italiana mit einem jungen Dirigenten zu verpflichten, setzte Baumgartner mit dem Finnen Okku Kamu fort, dem ersten Gewinner des Dirigenten-Wettbewerbs der Karajan-Stiftung (1969).

Schliesslich die letzte Neuerung: Die Konzerte «Musica antiqua» erlebten ihre Feuertaufe mit der Chantefable *Aucassin et Nicolete*, einer mittelalterlichen Liebeslegende, die von den Wiener Les Menestrels auf 61 historischen Instrumenten nach einem Pariser Manuskript in der Aula der Kantonsschule szenisch aufgeführt wurde.

1972 – IGOR STRAWINSKY

In keinem einzigen der elf Sinfoniekonzerte fehlte er: Igor Strawinsky, dessen 90. Geburtstag Luzern würdigte. Er, der die Musik des 20. Jahrhunderts zusammen mit dem Antipoden Schönberg entscheidend prägte, bildete dieses Jahr den Leitgedanken, der auch zum Denkmal für den im April 1971 verstorbenen Komponisten wurde. Seine Orchesterwerke gelangten sowohl unter bereits eingeführten Dirigenten und Orchestern als auch unter neuen Persönlichkeiten und Klangkörpern zur Aufführung. Erstmals konnte man Riccardo Muti und Seiji Ozawa zusammen mit dem SFO erleben, ebenso in drei Konzerten das Koninklijk Concertgebouworkest unter Bernard Haitink, Rafael Kubelík und Eugen Jochum. Das Orchester aus Amsterdam bildet seit den 1990er Jahren dann durch kaum unterbrochene jährliche Gastauftritte bekanntlich eine tragende Säule des Festivals. Lange Zeit hatten die Organisatoren die Bedeutung dieses Ensembles verkannt, das unter seinem ersten Chefdirigenten Willem Mengelberg bereits in den Zwischenkriegszeiten zu Weltruhm gekommen war. In den Nachkriegsjahren, als Luzerns vermeintlicher Festspielkonkurrent Interlaken das holländische Orchester engagiert hatte, meinten die Herren aus Luzern, dies sei kein Grund zur Besorgnis, denn es erreiche die Qualitäten des SFO kaum … [Prot. 7. 3. 1946]

Zu Ehren Strawinskys durchbrach Sacher das traditionell Mozart (hin und wieder Haydn oder Zeitgenossen) huldigende Serenadenprogramm zum zweiten Mal. Nachdem er 1958 mit Brittens *Serenade* einen Sprung in die zeitgenössische Musik gemacht hatte, setzte er das von ihm einst bestellte *Concerto in re* Strawinskys auf das Programm der Abendmusik vor dem Löwen.

230 | MUT ZUM RISIKO

Alfons Kontarsky am präparierten Flügel, 1972

Uraufführungen gab es diesmal keine, dennoch nahm sich das Programm keineswegs mutlos aus. Im Gegenteil: Mit der Wiedergabe von Karlheinz Stockhausens *Mantra* durch das Duo Kontarsky in Anwesenheit des Komponisten mutete man dem Publikum einen polarisierenden Exponenten der neusten Musik zu. Stockhausen zählte ja zusammen mit Boulez, Berio und Pousseur zu den führenden Köpfen der sogenannten Darmstädter Avantgarde, um deren Musik eifrig gestritten wurde. *Mantra* wurde im Anschluss an die Aufführung ebenfalls mit dem Komponisten diskutiert.

In der Reihe «Perspektiven» begegnete man der Gruppo di Improvvisazione Nuova Consonanza, einer Gruppe von Komponisten, die gleichzeitig als ausführende Instrumentalisten kollektiv improvisierten, was zu unvorhersehbaren Resultaten führte, abhängig sowohl von der schöpferischen Individualität des Einzelnen wie vom Gruppenbewusstsein. Obwohl sich die Mitglieder als gleichwertige Partner verstanden, nannte das Programmheft Franco Evangelisti als Leiter. Ein anderes Mitglied erlangte Weltberühmtheit durch seine Musik für Sergio Leones Italo-Western-Filme: Ennio Morricone.

Bevor die Jesuitenkirche wegen einer aufwendigen Renovation für mehrere Jahre nicht mehr als Konzertkirche zur Verfügung stand, führten die Luzerner Vokalsolisten, der Festwochenchor und die verstärkten Festival Strings unter der Leitung von Ulrich Meyer-Schoellkopf Händels *Messiah* in der englischen Originalfassung auf.

Wie schon erwähnt, wurde der Concours Clara Haskil nicht mehr im Rahmen der IMF durchgeführt. Stattdessen initiierte Baumgartner Klaviermatinéen «in memoriam Clara Haskil», wobei er jungen und aufstrebenden Pianisten in der St. Charles Hall in

Meggen eine Plattform für den Karrierestart schuf. Im ersten Jahr präsentierten sich Michael Studer und Gitti Pirner. Den intimen und prachtvollen Rahmen nutzte Baumgartner auch für ein Rezital des amerikanischen Cembalisten und Musikwissenschaftlers Ralph Kirkpatrick.

Mit der Aufführung eines traditionellen japanischen Nō-Spiels suchte man nach dem letztjährigen indischen Abstecher dem Publikum eine weitere Form fernöstlicher Hochkultur näherzubringen. Nō-Spiele haben sich seit dem 15. Jahrhundert fast unverändert erhalten. Die für Abendländer nicht leicht nachvollziehbaren dramatischen Spiele mit Gesang, Tanz, Musik, Deklamation und Pantomime basieren auf mythologischen Stoffen, wobei sämtliche Rollen, auch die Frauengestalten, von Männern gespielt werden.

1973 – MUSIK VON SCHWEIZER KOMPONISTEN

Rudolf Kempe dirigiert das SFO, 1973
Links von ihm die Solistin Edith Peinemann

30 Jahre Schweizerisches Festspielorchester – das Jubiläum nahm Baumgartner zum Anlass, den programmatischen Schwerpunkt auf Musik schweizerischer Komponisten zu legen. Und er führte dieses Thema konsequent durch. Bis auf den Schubert-Klavierabend mit Wilhelm Kempff, das Rezital von Géza Anda und das Cello-Rezital von János Starker erklangen in jedem Konzert Schweizer Werke, oder es beteiligten sich zumindest Interpreten helvetischer Provenienz an Aufführungen, wie die Luzerner Vokalsolisten in der *Petite Messe Solennelle* von Rossini unter Wolfgang Sawallisch oder die Festival Strings zusammen mit Henryk Szeryng mit Werken von Bach, Mozart und Vivaldi. Sogar Karajan mit den «Berlinern» (zweimal Honegger), Böhm und Abbado mit den «Wienern» (je einmal Frank Martin) wichen dem Thema nicht aus. Liedersängerinnen und -sänger wie Jessye Norman (erstmals) und Peter Schreier (ebenfalls erstmals) flochten Schoeck-Lieder in ihre Programme ein; die Pianisten Rudolf Firkušný (Martin), Szuszanna Sirokay (Holliger), das Finlandia-Quartett (Paul Müller-Zürich), der Organist Eduard Müller (Conrad Beck), der Gitarrist Julian Bream (Martin), die Ioculatores Upsalienses (Ludwig Senfl) und die Festival Strings unter Räto Tschupp (Hermann Haller und Peter Mieg) leisteten Beiträge an das Leitthema.

Als Schwergewichte im Gesamtprogramm wirkten vor allem die Wiedergabe von Honeggers *Le Roi David* mit dem SFO, dem Luzerner Festwochenchor, den Solisten Elisabeth Söderström, Arlette Chédel, Kurt Huber und Hughes Cuénod unter Silvio Varviso sowie als Schlusskonzert die konzertante Aufführung von Schoecks *Penthesilea* mit dem Kölner Rundfunk-Sinfonieorchester und den Chören des WDR und NDR unter Zdenek Mácal. Das Konzert wurde mitgeschnitten und auf Schallplatte veröffentlicht. In einem von Charles Dutoit dirigierten Sinfoniekonzert hörte man übrigens erstmals die Pianistin Martha Argerich in Luzern.

Uraufführungen und Schweizer Erstaufführungen bedeuteten eine abermalige Bereicherung. Gleich zu Beginn des Eröffnungskonzerts erklangen unter der Leitung des Komponisten die *Kommunikationen* von Rudolf Kelterborn, der für die Fortsetzung des

Programms das Zepter an Rudolf Kempe weitergab und mit der Solistin Edith Peinemann das Violinkonzert von Hans Pfitzner der Vergessenheit entriss. Mit einer fulminanten Interpretation von Dvořáks *Symphonie aus der Neuen Welt* beschloss er das Konzert, das filmisch ausschnittsweise dokumentiert ist.

Im Konzert mit dem ORSI unter Michel Tabachnik kamen dessen *Movimenti* zur Uraufführung. Das «Musica nova»-Konzert mit The Contempory Chamber Ensemble New York beinhaltete Schweizer Erstaufführungen von William Bolcom, George Crumb und Matthias Bamert sowie die Uraufführung von *Dajo-houen* von Tona Scherchen, die – Tochter des Dirigenten Hermann Scherchen und der chinesischen Komponistin Xiao Shuxian – chinesische Elemente in die Musiksprache der europäischen Avantgarde einfliessen liess.

Die «Perspektiven» standen im Zeichen Klaus Hubers, während Werner Kaegi erstmals einen Überblick über den Stand der zeitgenössischen elektronischen Musik vermittelte.

Nach den Vokalsolisten fand nochmals eine einheimische Chorneugründung Aufnahme in die IMF. 1973 sangen vorerst die Damen der Luzerner Singer unter ihrem Leiter und Gründer Hansruedi Willisegger in Mendelssohns Schauspielmusik zu *Ein Sommernachtstraum* in dem von Niklaus Aeschbacher geleiteten Sinfoniekonzert. Von 1975 bis 1991 trat der Chor dann regelmässig an den IMF auf und liess sich vortrefflich in die jeweiligen Themen einbinden.

Ein weiteres Sinfoniekonzert wandelte das IMF-Motto auf eine besondere Weise ab, indem es das Schweizerische auf Luzernisches konzentrierte. Zwar spielte mit dem Orchester des Südwestfunks ein Gastorchester, Dirigent Max Sturzenegger, die Solisten, Sopranistin Edith Mathis und der Flötist Jean Soldan, waren Luzerner. Unter dem Titel «Musica Lucernensis» erklangen Werke von Fritz Brun, Xaver Schnyder von Wartensee sowie drei Uraufführungen: *Gesänge für Sopran und Orchester* von Albert Jenny nach Gedichten von Herbert Meier, *Konfrontationen* von Will Eisenmann und die Sinfonie Nr. 2 von Peter Benary.

Nach dem Gründungsjahr zeigten die IMF einmal mehr eine Ausstellung von Musikerhandschriften [vgl. S. 75]. Diesmal sah man nach den Worten des Sammlers Paul Sacher «Zeugnisse meiner Beziehungen zu Komponisten, meiner Verbindungen, meiner Freundschaft zu ihnen»: Partituren, Skizzenblätter, Entwürfe, Fotografien, Briefe und Gästebucheintragungen. Die Geschichte dieser Dokumente von mehr als sechzig Komponisten «sei mit Herzblut geschrieben» worden, sagte Sacher bei der Eröffnungsfeier, die das Stalder-Quintett musikalisch neben einer Serenade von Willy Burkhart durch die Uraufführung von *gegen-(bei)spiele* von Hans Ulrich Lehmann bereicherte.

Nach den Festwochen folgte an der Spitze des SFO auf Eric Guignard abermals ein Musiker des Tonhalle-Orchesters in der Person des bisherigen Stellvertreters André Raoult. Zu dessen neuem Stellvertreter wählte der SMV den Tonhalle-Bratschisten Rolf Studer. [SMV, 1993, S. 47f.]

Klaus Huber führt 1973 in seine Werkstatt im Rahmen der «Perspektiven» ein

1974 – ZWEITE WIENER SCHULE

Der als «Zwölftonmusik» gebrandmarkten Musik des Lehrmeisters Arnold Schönberg und der seiner wichtigsten Schüler und Freunde, Alban Berg und Anton Webern, erwies man in Luzern wie anderswo lange Zeit wenig Gunst. Die IMF alterten fast um ein Vierteljahrhundert, ehe in den 1960er Jahren Werke aus dem Kreis des Wiener Triumvirats erklangen.

1974 wagte Baumgartner die Wiener Schule (den zwar eingebürgerten Terminus «Zweite» verwende ich ungern, weil eine «Erste Wiener Schule» schlicht nicht existiert) gar zu thematisieren, was die Presse als mutige Grosstat lobte. Das Publikum indes honorierte das Unterfangen mit Absenzen, was sich am Schluss in Finanzlöchern empfindlich niederschlug. Für das riskante Programm war die Zeit offenbar noch nicht reif, obwohl der genauere Blick auf die aufgeführten Werke zeigt, dass Neuerungen in Form von Luzerner Erstaufführungen so zahlreich gar nicht waren. Lediglich die (tonale!) *Passacaglia* (mit dem ORF-Symphonieorchester unter Milan Horvat), die *Orchesterstücke* op. 10 (unter Eliahu Inbal) und das *Konzert* op. 24 von Webern, die *Lulu-Symphonie* Bergs und die spätromantische Komposition *Pelleas und Melisande* (unter Herbert von Karajan), die *Orchesterstücke* op. 16 (unter Zubin Mehta mit dem erstmals gastierenden Los Angeles Philharmonic), die *Variationen* op. 31 und das 2. Streichquartett Schönbergs figurierten erstmals im IMF-Programm. Bergs vielleicht schwierigste Partitur, das vier Jahre früher vorgestellte Kammerkonzert, fehlte, nicht

Sergiu Celibidache bei der Probe

jedoch sein Violinkonzert noch die *Drei Orchesterstücke* op. 6. Selbst die Einbindung der Zugpferde vermochte den mangelnden Besucherzuspruch nicht aufzufangen: Neben den erwähnten Karajan und Mehta widmeten sich Brendel, Sawallisch, Schneiderhan und Fischer-Dieskau und andere der Musik des Schönberg-Kreises. Als unauslöschliche Ereignisse haften in meinem Gedächtnis zwei Abende: Die in acht (!) harten Proben errungene phänomenale Wiedergabe der Schönberg-*Orchestervariationen* mit dem SFO unter Sergiu Celibidache und der «Wiener Abend» im Unions-Saal, wo das Publikum zu «Schmankerln» aus Küche und Keller die Bearbeitungen der Strauss-Walzer durch den Schönberg-Kreis sowie *Pierrot lunaire* unter Jürg Wyttenbachs Leitung und Regie in Form eines höchst originellen Kabaretts bei Tisch serviert bekam.

Mario Gerteis erinnert sich: *Das erstmalige Erscheinen des bereits 62-jährigen Sergiu Celibidache war eine Sensation. Man kannte natürlich den Namen: 1945 hatte der gebürtige Rumäne, da politisch nicht vorbelastet, die Berliner Philharmoniker übernehmen können. Als sieben Jahre später Furtwängler zurückkam, trat Celibidache generös beiseite. Allerdings rechnete er sich die Nachfolge aus – aber 1954, nach dem Tod Furtwänglers, wurde nicht er, sondern Karajan an die Spitze des Berliner Orchesters berufen. Celibidache verschwand, zumindest für uns Mitteleuropäer, in der Versenkung. Skandinavische Verpflichtungen und Engagements bei Radioorchestern vollzogen sich am Rande des grossen Geschehens.*

So war sein Luzerner Auftritt 1974 fast so etwas wie die Rückkehr eines Verschollenen. Wir alle waren gespannt. Da erreichte mich ein Anruf des oft sehr spontanen Rudolf Baumgartner. Es passiere ein Wunder, schwärmte er, ich müsse sofort an die Probe ins Kunsthaus kommen. Ich ging, und es war in der Tat überwältigend, wie Celibidache mit dem Schweizerischen Festspielorchester bei einem so eminent schwierigen Werk wie Schönbergs Orchestervariationen *op. 31 arbeitete. – Mit ungeheurer, ja manischer Detailakribie, die dennoch unwiderstehliche Spannung in Schönbergs hochkomplexe Musikverläufe brachte.* [Schriftliche Mitteilung an E. S., September 2013]

Der Schock über das negative Besucherergebnis sass tief; die Programme zogen fortan wieder grössere Bögen um das Œuvre der vermeintlich Atonalen. Ein Beispiel: Von den mit einer Opuszahl versehenen Werken Weberns – 31 an der Zahl – sind bis und mit 2012 erst die Hälfte erklungen, wobei vor allem bei einem ausgesprochenen Konzertfestival erstaunt, dass die Symphonie op. 21 bis auf den heutigen Tag nie auf den Programmen erschien. Um Nachholung des Versäumten sind seit über einem Dezennium in erster Linie Pierre Boulez und die Institution der Lucerne Festival Academy besorgt. Im Sommer 2013 erhielt man dank dieser Einrichtung erstmals Gelegenheit, die *Kantaten* op. 29 und op. 31 zu hören. Hauptwerke Schönbergs wie die grossbesetzten *Gurre-Lieder*, 2006 erstmals unter Michael Gielen, oder *Moses und Aron*, 2012 unter Sylvain Cambreling, waren allerdings vor dem Bau des KKL wegen der zu knappen Bühnengrösse ohnehin nicht zu realisieren.

Mit dem einmaligen Auftritt des jungen New Conservatory Symphony Orchestra and Chorus unter dem Komponisten Gunther Schuller bekam man einen Eindruck vom Ausbildungsstand in den USA. Die Studenten brachten unter anderem Strawinskys

Requiem-Canticles zu Gehör, ein Werk, das zu seinen späteren Kompositionen zählt, die mit der seriellen Technik experimentieren. Vom dirigierenden Komponisten Schuller bot das Orchester ein Stück als schweizerische Erstaufführung.

Im Fokus der «Perspektiven» stand György Ligeti, in dessen Schaffen der Zürcher Ordinarius Kurt von Fischer einführte.

In die faszinierende balinesische Gamelan-Musik, die nicht nur Debussy anlässlich der Pariser Weltausstellung 1889 durch ihre metallenen Klänge und virtuose Spieltechniken tief beeindruckte, führte der Basler Musikethnologe Urs Ramseyer ein, womit bereits eine dritte Musikhochkultur des Ostens beleuchtet wurde.

Nachdem die Festwochen in den ersten vier Jahren der Ära Baumgartner die jahrelang gepflegte Praxis weiterverfolgt hatten, eine Schauspielaufführung ins Programm zu integrieren, brach man dieses Jahr mit dieser Tradition und buchte damit einen weitbeachteten Grosserfolg. Die Wiedererweckung von Vincenzo Bellinis *Romeo & Julia* (originaler Titel: *I Capuleti e i Montecchi*) wurde weiterum als Theaterereignis erster Güte, als «grosser Tag für eine Schweizer Opernbühne» [NZZ, 22. 8. 1974, Mo.] gewürdigt. Für jene, die die Luzerner Produktion erleben durften, die Stadttheater-Direktor Ulrich Meyer-Schoellkopf verantwortete und musikalisch betreute, bleibt diese buchstäblich bis zum letzten Atemzug gelebte, unerhört berührende Aufführung für immer im Gedächtnis. Vor allem zeigte sie, was eigene Kräfte zu leisten imstande sind, wenn sie sich engagiert mit jener Literatur auseinandersetzen, die den Dimensionen des kleinen Hauses entsprechen.

1975 – BÉLA BARTÓK UND MAURICE RAVEL

Mit der Thematisierung der beiden Komponisten gedachte man des 30. Todesjahrs des Ungarn und des 100. Geburtstages des Franzosen. Dabei erhielten Bartók und sein Heimatland ein eindeutiges Übergewicht. Von Ravel waren lediglich acht Werke programmiert; immerhin erklangen *Don Quichotte à Dulcinée* (mit Gérard Souzay und Dalton Baldwin), das *Klavierkonzert für die linke Hand* (mit Philippe Entremont und dem New York Philharmonic unter Pierre Boulez), *Alborada del gracioso* (mit Michael Ponti) und *Gaspard de la nuit* (mit Nikita Magaloff) als IMF-Premieren.

Die Gastorchester leisteten ausnahmslos Beiträge zum Schwerpunkt. Das Israel Philharmonic unter Mehta spielte die bis anhin einzige Aufführung der *Deux Portraits* sowie mit dem 2. Violinkonzert – dies war der zweite und gleichzeitig letzte IMF-Auftritt Itzhak Perlmans nach 1968 – zwei Bartók-Werke. Das Orchester des SWF unter Ernest Bour, die Berliner Philharmoniker unter Karajan sowie das New York Philharmonic unter Boulez berücksichtigten beide thematisierten Komponisten, wobei die letztgenannten Bartóks Pantomime *Der wunderbare Mandarin* integral realisierten, was unter dem gleichen Dirigenten erst nach der Jahrtausendwende wieder geschah.

Herbert von Karajan bei der Probe und im Konzert

Im Eröffnungskonzert stand, den Leitfaden ergänzend, Liszts *Missa coronationalis* (*Ungarische Krönungsmesse*) mit dem SFO und dem Festwochenchor unter János Ferencsik als Hauptwerk auf dem Programm.

Das Budapester Kammerensemble unter András Mihály setzte einen weiteren ungarischen Akzent, nicht zuletzt durch die Uraufführung eines Stücks ihres Leiters und der Schweizer Erstaufführung einer Kurtág-Komposition.

Ergänzt und vertieft wurde der Schwerpunkt durch eine von Walter Labhart gestaltete Ausstellung, die von Sándor Veress eröffnet wurde, sowie Rahmenveranstaltungen: Die Luzerner Singer sangen aus dem reichen Liedgut von Bartók und Kodály; rumänische und transsylvanische Folklore-Darbietungen zeigten Quellen, aus denen die beiden Komponisten schöpften; Podiumsgespräche mit Fachkräften beleuchteten Spezifika des bartókschen Œuvres und Luzerner Kräfte boten einen repräsentativen Querschnitt durch das Klavierwerk Bartóks.

Der polnische Komponist Witold Lutosławski stand schliesslich im Zentrum der «Perspektiven».

Schon in den späten 1960er Jahren bemühte sich die Festwochendramaturgie um eine Verpflichtung Maurizio Pollinis, des Gewinners des Warschauer Chopin-Wettbewerbs 1960. Der Mailänder gewährt seit seinem Karrierestart seine Konzerte wohldosiert und verteilt sie auf sorgfältig ausgewählte Konzertsäle. 1975 willigte Pollini endlich ein, mit einem Klavierabend im Kunsthaus zu debütieren. Doch es sollte nicht sein: Ein schwerer Verkehrsunfall hinderte ihn am Luzerner Einstand, der bezüglich des Programms mit Werken von Webern, Bartók und Schumann gleich eine für den Pianisten typische Note aufgewiesen hätte, nämlich sein leidenschaftliches Engagement für die Musik der Gegenwart, die aus der traditionellen herausgewachsen ist. Für ihn sprang Michael Ponti ein.

Dank gelungener chirurgischer Eingriffe konnte Pollini seine Konzerttätigkeit erstaunlich rasch wieder aufnehmen und bereits ein Jahr später das Rezital nachholen mit der Folge dreier Beethoven-Sonaten aus drei Schaffensperioden (op. 28, op. 57 und 106). Für den Denker und den Analytiker am Klavier bildet die geistige Auseinandersetzung mit dem Konventionen sprengenden Klavierwerk Beethovens seit jeher eine Konstante. In diesem Œuvre-Segment erblickt und erkennt Pollini Wege und Parallelen zur Neuen Musik und konfrontierte in jüngster Vergangenheit – inzwischen längst als Luzerner Habitué – dessen Klaviersonaten mit zeitgenössischen Kompositionen in der Reihe «Pollini Perspectives».

1976 – SPANIEN

Nicht nur spanische Musik, sondern auch iberische Interpreten standen im Mittelpunkt des neuerlich geographisch ausgerichteten Schwerpunkts. Besonders gewürdigt wurde der 100. Geburtstag des 1973 verstorbenen Pablo Casals mit einer Ausstellung in Anwesenheit seiner Witwe Marta Casals-Istomin. In Soiréen (mit Referaten) fanden Cello-Rezitals mit Paul Tortelier, Miklós Perény, Esther Nyffenegger, Klaus Heitz, Markus Nyikos und Markus Stocker im Zeichen des grossen Vorbilds in der Kornschütte (Rathaus) statt.

[Diese Veranstaltungen, präziser: zwei Blumenkisten, lösten eine kuriose Provinzposse aus. Stadt- und IMF-Präsident Meyer («HRM»), bekannt durch impulsives Handeln und konsequentes Durchsetzungsvermögen, liess über Nacht lieblos bepflanzte, zentnerschwere Tröge auf den steinernen Sitzbänken vor dem Rathaus aufstellen. Wie er freimütig eingestand, nicht etwa zur Verschönerung, sondern um «die Bänke unbenützbar zu machen». Warum die Massnahme? Dem Treiben auf dem altehrwürdigen Kornmarkt, einem Jugendtreffpunkt, wo Lang- und Kurzhaarige lauthals redeten und zur Gitarre sangen, tranken und herumlungerten, wollte der Stadtvater Einhalt gebieten. Denn die Grüppchen, so Meyer, «blockierten auch den Zugang zur ‹Kornschütte›», dem «neuen» Fest- und Konzertsaal. Offenbar benahmen sich Jugendliche just dann daneben, wenn Konzertbesucher in festlichem Gewande dem Lokal zustrebten, dessen festwochenwürdige Aufmachung Meyer massgeblich vorangetrieben hatte. Mit der Aufstellung der sperrigen Kisten und aufgrund wenig bedachter Äusserungen entfachte Meyer jedoch einen Sturm der Entrüstung, den sein Leibblatt, das *Luzerner Tagblatt*, lediglich distanziert ironisierte. Die *Luzerner Neuesten Nachrichten* forderten hingegen mit Donnergetöse, der Fauxpas sei schleunigst rückgängig zu machen. Eine lächelnde Stimme aus Zürich meinte: «[M]it Blumenkisten dagegen anzugehen, muss, bei allem Respekt vor dem Stadtpräsidenten und den honorablen Gästen der Musikfestwochen, schon ein bisschen bezweifelt werden.» [NZZ, 25. 8. 1976]]

Die Festival Strings unter Matthias Bamert führten im Rahmen eines Gedenkkonzerts mit dem Solisten Pierre Fournier Casals' *El cant dels ocells* auf; im selben Konzert erklang als Uraufführung Bamerts *Ol-Okun* neben Werken von Carlos de Seixas, Joaquin Turina, Haydn und Mozart.

Die Strings feierten ihrerseits das 20. Jahr ihres Bestehens. Für das Jubiläumskonzert machte Baumgartner begreiflicherweise eine Ausnahme von seiner IMF-Dirigierabstinenz. Und der Solist des Konzerts konnte kein anderer sein als der Mitbegründer des Ensembles: Wolfgang Schneiderhan.

Der spanische Komponist und Dirigent Christóbal Halffter dirigierte das Eröffnungskonzert, unter anderem die schweizerische Erstaufführung seines *Requiem por la libertad imaginada*, während im Schlusskonzert die für Spezialprojekte stets willkommenen WDR-«Kölner» unter Jesus López-Coboz mit Manuel de Fallas nachgelassener Kantate *Atlántida*, in der Ergänzung und Bearbeitung von Ernesto Halffter, einen aussergewöhnlichen thematischen Akzent setzten. In der Sparte Folklore zeichnete man die Linien von der Musik des Nahen Ostens, von sephardischen Liedern bis hin zum Flamenco nach. Mario Videla registrierte an der Orgel der Matthäuskirche spanische Orgelwerke des 17. und 18. Jahrhunderts. Die Escolania y Capella de Musica de Montserrat, das Collegium Aureum und Pro Cantione Antiqua nahmen sich Monteverdis *Vespro della beata vergine* an. Gerold Fierz meinte, die Aufführung könne man als einen keineswegs missglückten, doch eben vorläufigen «Versuch über Monteverdi» werten. [NZZ, 8. 9. 1976] Erst am Lucerne Festival zu Ostern 2011 hörte man eine wahrscheinlich gültigere, auf neusten Erkenntnissen basierende Interpretation durch Jordi Savall. Die Ioculatores Upsalienses, abermals Protagonisten der «Musica antiqua», realisierten *Le Jeu de Robin et de Marion* des Adam de la Halle.

Dank des iberischen Schwerpunkts kam es zum einzigen Luzerner Auftritt von Teresa Berganza (Liederabend) und zur ersten Begegnung mit den Pianistinnen Alicia de Larrocha (Rezital) und Maria João Pires («in memoriam Clara Haskil»), die später Luzern immer wieder die Ehre erwiesen. Ein weiteres Debut machte selbst Geschichte, weil es der Start zu einer unvergleichlichen Weltkarriere bedeutete. Zusammen mit ihrem Bruder Christoph am Klavier spielte die 13-jährige Anne-Sophie Mutter in der Meggener St. Charles Hall ein mehr als aufsehenerregendes Rezital, das Publikum und Presse entzückte. Baumgartner bat Karajan darauf, ein Vorspiel des jungen Talents anzuhören, wozu er nach einer Orchesterprobe im Kunsthaus bereit war. Er lud Mutter noch zu einem weiteren Vorspiel nach Berlin ein. Die Folgen bedürfen keiner weiteren Erörterung.

Das eine Karajan-Konzert bereitete einigen Verdruss, nicht in künstlerischer Hinsicht, doch bezüglich des gebotenen Quantums an Musik. Karajan setzte Bruckners unvollendete 9. Symphonie auf den Programmzettel und wollte gemäss Bruckners Anweisung das *Te Deum* als Finale anfügen, was jedoch einen Chor und vier Solisten erfordert hätte. Aus finanziellen Gründen mussten die IMF darauf verzichten; es blieb bei der rund einstündigen Symphonie. Da wunderten sich einige Leute doch sehr, als das Konzert ohne Pause zu Ende war, ehe der Stundenanzeiger gerade erst eine volle Umdrehung gemacht hatte. Es hagelte Reklamationen: «So wenig Musik für so viel Geld ...!» Ein Jahr später entschädigte Karajan das Publikum dafür mit einer Dreingabe, der einzigen, die er in Luzern je anbot: Mit dem Ausdruck «perfektesten Orchesterspiels» spielten seine Berliner Philharmoniker die *Valse triste* von Sibelius als «Salonmusik in schwindelerregender Höhe». [NZZ, 5. 9. 1977] 1985 geschah es noch einmal. Wieder bestand das Konzert lediglich aus Bruckners gewaltigem Torso – nur sah man jetzt dem physisch gezeichneten Karajan den Kurzauftritt verständlicherweise nach.

Die 1974 überaus geglückte Co-Produktion mit dem Stadttheater erlebte eine Fortsetzung, diesmal mit Giovanni Paisiellos *Barbiere di Seviglia*, dem ersten Barbier, vor Mozart und Rossini. Die Gesamtleitung lag wiederum bei Ulrich Meyer-Schoellkopf; als sängerische Darsteller ragten besonders Fernando Corena und Sylvia Geszty heraus.

Die zeitgenössische Musik hörte sich weniger «neutönerisch» als zuvor an. Hatte man Baumgartner etwa schon mutloser gemacht? Aus einem als «Kompositionswettbewerb der zehn Schweizer Städte» 1973 ausgeschriebenen Concours gingen Quartette und Ensemblemusik von Robert Suter, Heinz Holliger, Klaus Hochmann, Walter Baer und Armin Schibler preisgekrönt hervor und kamen zur Uraufführung. Der Basler Ordinarius und Wladimir-Vogel-Biograph Hans Oesch blickte im Rahmen der «Perspektiven» auf das Werk des Komponisten anlässlich dessen 80. Geburtstags. Im Sinfoniekonzert des SFO leitete Gunther Schuller die Uraufführung seines Violinkonzerts (Solist: Zvi Zeitlin), und im Konzert des Symphonieorchesters des Bayerischen Rundfunks leitete Rafael Kubelík die Premiere seiner *Sequenzen*. Im zweiten Konzert kam es unter ihm zur denkwürdigen, ungemein einnehmenden Aufführung von Brittens *War Requiem* mit dem Rundfunkchor, dem Luzerner Festwochenchor und dem Tölzer Knabenchor sowie den Solisten Gwyneth Jones, Peter Pears und John Shirley-Quirk. Das die Zuhörer bannende Werk bekam man in Luzern erst wieder zu Ostern 2013 mit dem gleichen Orchester unter Mariss Jansons zu hören.

1977 – SKANDINAVIEN

Nach dem Süden lenkte Baumgartner jetzt den Blick nach Norden. Der für das zweite Sinfoniekonzert vorgesehene Finne Paavo Berglund übernahm kurzfristig auch das Eröffnungskonzert mit dem Solisten Swjatoslaw Richter, da Lorin Maazel verhindert war. In Anbetracht der zunehmenden Schwierigkeiten mit der Verpflichtung namhafter Dirigenten für die SFO-Konzerte könnte man sich fragen, ob die Anbindung von Dirigenten für mindestens zwei Konzerte nicht grundsätzlich die Attraktivität erhöht hätte, erstrangige Dirigenten zu gewinnen.

Die Hauptakzente bezüglich des Themas setzten hauptsächlich Werke der bekannten Grieg, Sibelius, Nielsen sowie von jenen, die hierzulande nur selten auf den Programmen erscheinen: Franz Berwald, Christian Sinding, Karl-Birger Blomdahl. Von Joonas Kokkonen (Komponist auch der «Perspektiven»-Reihe), Sven-Erik Bäck und Aulis Sallinen hörte man Uraufführungen; von Hilding Rosenberg erklang die Symphonie Nr. 4 *Die Offenbarung Johannis* mit der Philharmonia Hungarica, dem LFC und Kurt Widmer unter der Leitung des Schweden Sixten Ehrling als schweizerische Erstaufführung und wurde für die Schallplatte mitgeschnitten. Als Gäste aus dem Norden lud man das Finnische Rundfunkorchester unter Leif Segerstam und Jorma Panula ein. Eine Sibelius-Ausstellung sowie vertiefende Referate öffneten den Blick auf die skandinavische Tonkunst, der überdies verschiedene einheimische Kräfte in Rahmenveranstaltungen weitere Gewichte verliehen. Ferner zeigte ein Kino Bergman-Filme, das Museum Graphiken von Edvard Munch, und im Stadttheater wurde Strindberg gespielt, um die Kultur des Nordens umfassender zu vermitteln.

Manchen Künstlern begegnete man zum ersten Mal: Endlich klappte es mit Mstislaw Rostropowitsch, der 1974 die Sowjetunion verlassen hatte. Er wirkte in der Serenade solistisch mit und begleitete am Klavier seine Frau, die Sopranistin Galina Wischnewskaja, in einem Liederabend. Der nachmalige Wahlluzerner James Galway begeisterte mit dem Tokyo Akademiker-Ensemble unter Fumiki Asazuma. Anne-Sophie Mutter und Maria João Pires wollte man unverzüglich und jetzt im Kunsthaus wieder hören; sie spielten Konzerte mit den Strings unter Theodor Guschlbauer. Michel Dalberto spielte «in memoriam Clara Haskil». Daniel Barenboim, Chefdirigent des Orchestre de Paris von 1975 bis 1989, konzertierte erstmals mit diesem Klangkörper in Luzern.

Weitere Uraufführungen ausserhalb des Themenschwerpunkts galten neuen Werken von Rolf Urs Ringger und David Pedrós.

Für Baumgartners Bemühungen, andere Publikumsschichten für die IMF zu gewinnen und den Unkenrufen entgegenzutreten, die Festwochen seien elitär, zeugen zwei neue Konzertzyklen: Das «Open-air» für Jugendliche, organisiert von Studenten des Konservatoriums, finanziert von der Migros, und das «Konzert für Betagte und Behinderte», das die Stadt Luzern bis 1992 regelmässig offerierte. Die Festival Strings stellten sich zur Verfügung, als Solisten engagierte Baumgartner Migros-Stipendiaten; der Musikologe Rudolf Bossard gab kurze Werkeinführungen. Doch nicht überall stiess die Initiative auf Gegenliebe, man belächelte die Anbiederung an eine soziale Randgruppe oder reagierte zynisch. In einem Leserbrief hiess es: «Klare Abteilung in Sondergruppen lässt den anderen ihren ungetrübten Musikgenuss; Rollstühle, Krücken, ärmliche Kleidung passen nicht zum festlichen Charakter der IMF. Aber wir wollen sie doch integrieren: die Stimmlosen, die Sprachlosen, die Beinlosen, die Mittellosen, die Gesetzlosen, die Rechtlosen, die Haltlosen, die Arbeitslosen. Wir. Die Herzlosen.» [zit. nach Schläpfer, 2003, S. 144] Baumgartner beharrte auf der neuen Konzertform. Sie bildete alljährlich einen Programmpunkt. Nach seiner Direktionszeit leitete Baumgartner die Veranstaltung noch bis 1997. Später hiess diese Konzertform «Luzerner Konzert» respektive «Nachmittagskonzert».

Die Festival Strings unter Rudolf Baumgartner im «Konzert für Betagte und Behinderte» mit Clown Dimitri, 1987

James Galway

1978 – JUBILÄEN

In dieses Jahr fielen gleich mehrere Gedenkfeiern: 800 Jahre Stadt Luzern, 40 Jahre Internationale Musikfestwochen Luzern, der 150. Todestag von Franz Schubert und der 50. Todestag von Leoš Janáček.

Der Beitrag der IMF an die zahlreichen städtischen Festlichkeiten bestand im vermehrten Einbezug einheimischer Komponisten und Interpreten. Da überregional bedeutende Musikschaffende aus der Innerschweiz sich nicht in Schwärmen fanden, erweiterte man den Kreis bewusst auf jene Komponisten, die immerhin eine enge Beziehung zur Stadt und ihrer Umgebung zeigten: Richard und Siegfried Wagner, Sergej Rachmaninow.

Der Guru der Orchestererzieher, der es nach eigenen Worten immer wieder verstand, Durchschnittsorchester zu Spitzenformationen heranzubilden, trieb neuerlich – diesmal mit neun (!) Proben – das SFO zu Höchstleistungen. Sergiu Celibidache entzog sich dem Schweizerischen nicht und brachte mit dem Solisten Philippe Huttenlocher sechs Lieder aus dem Zyklus *Unter Sternen* nach Keller-Gedichten von Schoeck in der neuen Orchestrierung von Rolf Urs Ringger zur ersten Wiedergabe. Innerschweizerisch ging es mit den Strings unter Peter Lukas Graf weiter. Neben Stücken der Mozart-Zeitgenossen Leonti Meyer von Schauensee und J. F. X. Stalder gelangten je eine Komposition von Josef Garovi und Peter Benary zur Uraufführung. Im nächsten Sinfoniekonzert dirigierte Ulrich Meyer-Schoellkopf Musik von Siegfried Wagner und Fritz Brun und begleitete Hubert Harry im selten aufgeführten 1. Klavierkonzert Sergej Rachmaninows. Weitere zentralschweizerische Komponisten wie Caspar Diethelm, Albert Jenny und Albert Benz erschienen auf den Programmen. Baumgartner konnte dabei auf Musiker zählen, die an «seinem» Dreilinden-Konservatorium wirkten. Hauseigene Kräfte unterhielten auf einer «Kammermusikalischen Kreuzfahrt» mit Abschluss im Parkhotel Vitznau die Gäste. Im Stadttheater und auf dem Weinmarkt stiegen die mittelalterlichen Osterspiele wie ein Phoenix aus der Asche. Unter der Regie von Josef Elias, unter Mitwirkung der Luzerner Spielleute und der populären Schauspielerin Margrit Winter erlebten (bearbeitete) Spiele von Hans Salat, Zacharias Bletz und Renward Cysat ihre Auferstehung. In solcher Umgebung durfte auch authentische Schweizer Volksmusik nicht fehlen. Von Brigitte Bachmann-Geiser ausgewählt und fachkundig kommentiert, vereinigten sich Volksmusiker aus der Innerschweiz, eine Tessiner Bandella, Walliser Trommler und Pfeifer, Handörgeler aus dem Jura, eine Toggenburger Zitherspielerin und die Appenzeller Streichmusik zum urchigen Musiktreffen. Ein Liederabend mit der inzwischen weit über die eidgenössischen Grenzen hinaus bekannten Luzernerin Edith Mathis schlug gewissermassen die Brücke vom Lokalen zum Internationalen und zur Schubert-Hommage.

Letztere glich leider einer Alibiübung, ihre Konzeption besass wenig Stringenz, indem sie fast nur ohnehin viel gespielte Werke berücksichtigte. Der neben Richter bedeutendste russische Pianist Emil Gilels flocht bei seinem einzigen Luzerner Auftritt die *Moments musicaux* in das Programm seines Klavierabends. Mehr Gewicht auf Schubert legte Daniel Barenboim in seinem Rezital, aber mit den *Impromptus* und der B-Dur-Sonate hielt er sich an den gängigen Schubert. Ihm taten es die Wiener Philharmoniker unter Karl Böhm (mit der zweiten und der C-Dur-Symphonie, der *Grossen*) und Claudio Abbado (mit der *Unvollendeten,* mit der er sich 2013 für immer verabschiedete) gleich. «Junge Künstler», der Pianist Etsko Tazaki («in memoriam Clara Haskil») und der Geiger Thomas Zehetmair, streuten einzelne Schubert-Piècen in ihre Darbietungen. Ganz im Zeichen dieses Komponisten stand noch ein Kammerkonzert des Wiener Kammerensembles zusammen mit Jörg Demus (Oktett und *Forellenquintett*).

Der Fokus auf Leoš Janáček vollzog sich mit geschärfterer Optik. Rudolf Firkušnýs Klavierrezital stand ausschliesslich im Zeichen dieses Komponisten. Peter Keller, Clara Wirz und Mario Venzago am Klavier realisierten das *Tagebuch eines Verschollenen*, und zum Festwochenabschluss führten Orchester, Chor und Solisten des Tschechischen Nationaltheaters Prag unter Josef Kuchinka die dreiaktige Oper *Die Sache Makropulos* in der Originalsprache auf. Vereinzelte kleinere Werke Janáčeks ergänzten den Blick auf sein Schaffen.

Daniel Barenboim im Gespräch mit Maria Strebi
Rechts: Friedelind Wagner

Die «Perspektiven» porträtierten mit der Musikerdynastie Tscherepnin weniger harte Brocken als in den Jahren zuvor. In einem Sinfoniekonzert mit dem Radio-Sinfonieorchester Basel unter der Leitung von Gennady Rozhdestvensky waren Werke von drei Generationen der Tscherepnins (Aleksandr Nikolajewitsch, dem Vater Nicolai und Enkel Ivan) zu hören, darunter eine Uraufführung des Jüngsten.

Das Publikum aber scherte sich wenig (nicht nur in diesem Jahr) um die themengebundene Musik und fragte sogar im Schwarzhandel nach Karten für die Karajan-Konzerte, in welchen zu erhöhten Preisen (180 Franken in der teuersten Kategorie) der «Magier» das Verdi-Requiem mit der Starbesetzung Mirella Freni, Agnes Baltsa, José Carreras und Nikolaj Ghiaurow dirigierte. Der übergrossen Kartennachfrage wegen entschloss man sich zur audiophilen Direktübertragung in zwei Kirchen. Nicht minder begehrt war das zweite Konzert, in dem Karajan vor dem *Sacre du Printemps* Anne-Sophie Mutter, Yo-Yo Ma und Mark Zeltser in Beethovens *Tripelkonzert* begleitete. Zu den Highlights ausserhalb der Themen zählten auch die Erstauftritte von Gidon Kremer in einem Konzert des SFO unter Miltiades Caridis und des Chicago Symphony Orchestra unter ihrem Chefdirigenten Georg Solti.

Eine Rarität brachten das Radio-Orchester Basel unter Matthias Bamert, der Festwochenchor, die Vokalsolisten, nun einstudiert von Hans Jörg Jans, mit Schumanns *Faust-Szenen* zu Gehör. Einen Schatz des Spätmittelalters hoben Les Menestrels im «Musica antiqua»-Konzert mit Machauts *Livre du Voir-Dit* aus der Versenkung.

Gesamthaft gesehen, litten dieses Jahr die Veranstaltungen und ihre künstlerische Substanz unter einem Überangebot an Themen. Weil man vor lauter Bäumen den Wald kaum mehr sah, fehlte die sichtbare, evidente Struktur. Es hagelte (zu Recht) Kritik, die monierte, das Prädikat «international» sei wegen der allzu stark vom Lokalkolorit gefärbten Festwochen geradezu ad absurdum geführt worden. Beispielsweise bemerkte eine Pressestimme bissig und maliziös, das Interesse an Luzerner Komponisten reiche kaum über die Museggtürme hinaus.

In den organisatorischen Bereich kam Bewegung. Othmar Fries wurde als Verkehrsdirektor abgelöst; sein Posten als administrativer Direktor der IMF mutierte in ein Vollamt, das er bis zu seinem altersbedingten Rücktritt 1988 ausübte. Schwerer wog, dass Hans Rudolf Meyer alle seine Ämter niederlegte: als Stadtpräsident, Stadtrat und Präsident des Stiftungsrats der Musikfestwochen. Der stets unter Hochspannung agierende, ruhelose und entschlussfreudige Mann hatte einen gesundheitlichen Rückschlag hinnehmen müssen. Zum neuen Präsidenten wählte man im Januar 1979 den bisherigen Vizepräsidenten und Rechtsanwalt Werner Bühlmann. Die Mutation sollte nicht ohne Konsequenzen bleiben.

1979 – ITALIEN

Was ein Jahr zuvor kritisiert wurde, wurde jetzt vermisst: Schweizer Musik. Man monierte darüber hinaus, die Aufstockung des Festivals stosse an Grenzen. Seit den 28 Veranstaltungen bei Baumgartners Anfängen zählte man nun deren vierzig. Doch die Kritik an der Überfrachtung verflog; die Nachfolger schlugen sie ebenfalls in den Wind. Das Wachsen der IMF und erst recht dann des Lucerne Festival war unaufhaltsam. Heute kreist die Anzahl der Veranstaltungen um die Hundert.

Italia aus der Feder von Alfredo Casella machte den Anfang. Unter der neuerlichen Stabführung von Sergiu Celibidache setzte das SFO mit diesem Werk ein eindeutiges Zeichen, auf welcher Musik der Schwerpunkt in diesem Jahr lag. Eine stattliche Anzahl von Konzertprogrammen vermittelte denn auch den Besuchern einen vertiefenden Einblick in Teile des Musikschaffens im südlichen Nachbarland. Besonders schlüssig und interessant, weil abseits des Gewohnten, nahm sich ein Sinfoniekonzert des Coro e Orchestra della Scala unter Claudio Abbado aus. Mit (Haupt-)Werken von Giovanni Gabrieli, Pergolesi, Luigi Nono und Verdi steckte es weite Horizonte italienischer Musik ab. Einen Leckerbissen mit einer Prise erotischen Flairs genoss ein kleiner Kreis von Eingeweihten in einer Nocturne mit der armenischstämmigen amerikanischen Komponistin, Sängerin und Schauspielerin Cathy Berberian. Angelo Garovi führte in das extravagante Spätkonzert mit kurzen Vokalwerken von Monteverdi und Carissimi über Luciano Berio (Berberians Ex-Ehemann) bis hin zu ihr selbst. In ihrer Komposition *Stripsody* versuchte sie 1966, die zur Zeit der amerikanischen Pop-Art als neuer Schrei aufkommende Bildkonzeption der Warenästhetik in Musik umzusetzen. (Man denke an die künstlerischen Präsentationen von Industrieprodukten und Massenartikeln eines Andy Warhol oder an die überdimensionalen Comicstrips eines Roy Lichtenstein.) *Stripsody* ist eine Collage aus der Imitation alltäglicher Geräusche, durchsetzt mit den typischen Comicstrip-Sprechblasen aus *Peanuts* und Getratsche, das jenem in amerikanischen Serienfilmen glich.

Weniger unkonventionell gestaltete sich ein SFO-Sinfoniekonzert unter dem unverwüstlichen Nello Santi, der zusammen mit Maria Chiara Verdi-Opernausschnitte zum Besten gab.

Mit Streichquartetten von Boccherini, Malipiero und Schubert spielte das Quartetto Italiano zum letzten Mal im Rahmen der IMF, während das Stadttheater abermals aus dem Schatzkästchen fast vergessener Opern Domenico Cimarosas *Il Matrimonio segreto* hervorholte. In der Inszenierung von Michael Hampe und unter der musikalischen Gesamtleitung von Ulrich Meyer-Schoellkopf leistete diese Gemeinschaftsproduktion mit der Kölner Oper einen wertvollen Beitrag zum Schwerpunkt. Ebenso gewährte, neben seinen aufgeführten Werken, eine Ausstellung über Ottorino Respighi Einblicke in dessen Leben und Werk.

Pollini holte in puncto Charakterzüge das 1975 ausgefallene «Debut»-Programm nun gewissermassen nach. Auf Schumanns *Symphonische Etüden* folgten die *Klavierstücke*

Claudio Abbado in den frühen 1980er Jahren

op. 11 und op. 23 (als Zugabe die sechs aphoristischen op. 19) von Schönberg und, die Linie in die Gegenwart weiterführend, «... *sofferte onde serene* ...» seines Landsmannes und Freundes Luigi Nono. Leider misslang die Präsentation dieser Komposition für Klavier und Tonband wegen der Technik völlig: Aus dem linken Lautsprecher vernahm man nur hässliches, schnarchendes Rauschen und aus dem rechten schallte es dumpf und verzerrt. Selbstverständlich war Pollini äusserst verärgert über die Techniker, die keine Erklärung für die Panne fanden; in der morgendlichen Probe hatte die Tonbandwiedergabe einwandfrei geklappt. Knappe 30 Jahre später ging endlich die «Wiedergutmachung» makellos über die Bühne – nunmehr in der mit modernster Technik ausgestatteten Salle blanche.

Mit Bruno Giuranna als Solist im erwähnten Konzert unter Celibidache trat wohl einer der bedeutendsten Bratschisten nicht nur Italiens, sondern seiner Generation auf. Für das zweite Sinfoniekonzert stand ein Freund Schostakowitschs, Kirill Kondraschin, am Pult des SFO, brachte dabei dessen 6. Symphonie zur Luzerner Erstaufführung und begleitete den jungen Krystian Zimerman bei seinem Luzerner Debut. Beide Namen finden sich nur einmal oder im Falle des Solisten selten in den Annalen der Festwochen. Kondraschin, der 1979 aus der Sowjetunion exilierte, starb 1981, bevor er als neu gewählter Chefdirigent des Symphonieorchesters des Bayerischen Rundfunks diese Position überhaupt antreten konnte. Zimerman, der nach eigenem Bekunden von Kondraschin entscheidende Einflüsse gewann, spielte solistisch nur noch im folgenden Jahr und 1984 unter Karajan sowie 1992 unter Gary Bertini. Der polnische Pianist übt seine Konzerttätigkeit sehr eingeschränkt aus, setzt sich selbst überdurchschnittlich hohe Standards, was es ausserordentlich schwierig macht, ihn zu verpflichten.

Nach Anne-Sophie Mutter und Thomas Zehetmair bewies Baumgartner wiederum viel Fingerspitzengefühl, als er für die Reihe «Junge Künstler» den 14-jährigen Frank Peter Zimmermann nach Luzern holte. Noch ein Name, dem eine Weltkarriere bevorstand.

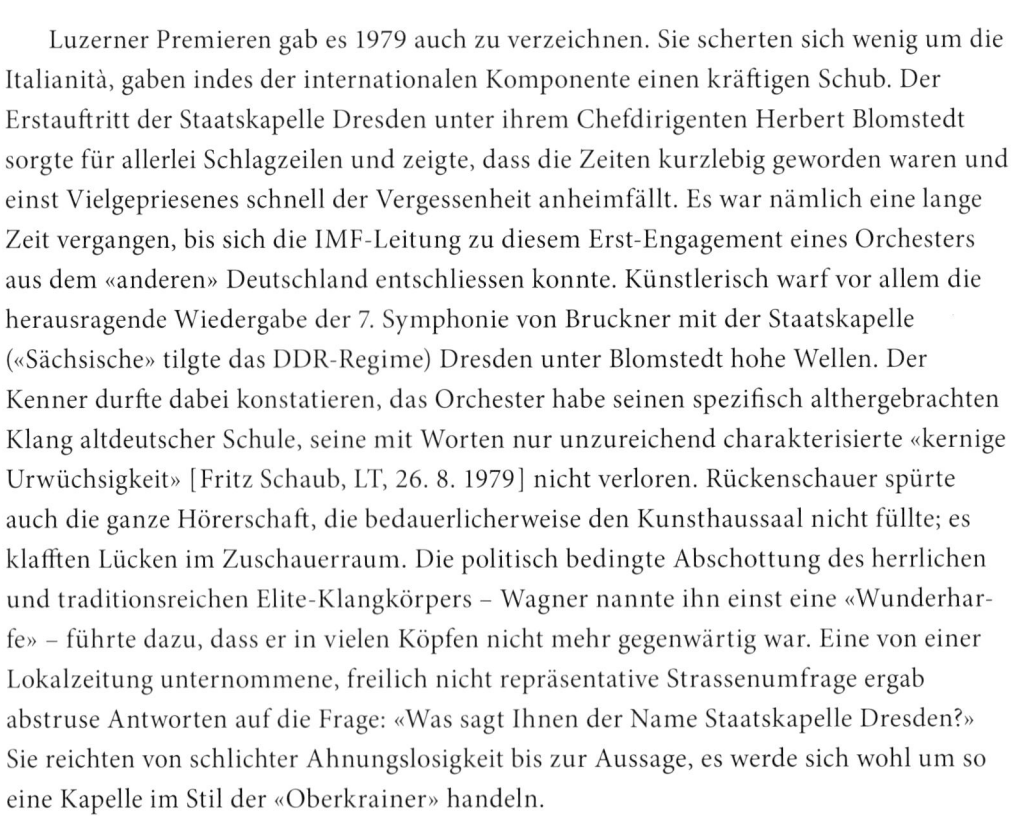

Herbert Blomstedt

Luzerner Premieren gab es 1979 auch zu verzeichnen. Sie scherten sich wenig um die Italianità, gaben indes der internationalen Komponente einen kräftigen Schub. Der Erstauftritt der Staatskapelle Dresden unter ihrem Chefdirigenten Herbert Blomstedt sorgte für allerlei Schlagzeilen und zeigte, dass die Zeiten kurzlebig geworden waren und einst Vielgepriesenes schnell der Vergessenheit anheimfällt. Es war nämlich eine lange Zeit vergangen, bis sich die IMF-Leitung zu diesem Erst-Engagement eines Orchesters aus dem «anderen» Deutschland entschliessen konnte. Künstlerisch warf vor allem die herausragende Wiedergabe der 7. Symphonie von Bruckner mit der Staatskapelle («Sächsische» tilgte das DDR-Regime) Dresden unter Blomstedt hohe Wellen. Der Kenner durfte dabei konstatieren, das Orchester habe seinen spezifisch althergebrachten Klang altdeutscher Schule, seine mit Worten nur unzureichend charakterisierte «kernige Urwüchsigkeit» [Fritz Schaub, LT, 26. 8. 1979] nicht verloren. Rückenschauer spürte auch die ganze Hörerschaft, die bedauerlicherweise den Kunsthaussaal nicht füllte; es klafften Lücken im Zuschauerraum. Die politisch bedingte Abschottung des herrlichen und traditionsreichen Elite-Klangkörpers – Wagner nannte ihn einst eine «Wunderharfe» – führte dazu, dass er in vielen Köpfen nicht mehr gegenwärtig war. Eine von einer Lokalzeitung unternommene, freilich nicht repräsentative Strassenumfrage ergab abstruse Antworten auf die Frage: «Was sagt Ihnen der Name Staatskapelle Dresden?» Sie reichten von schlichter Ahnungslosigkeit bis zur Aussage, es werde sich wohl um so eine Kapelle im Stil der «Oberkrainer» handeln.

«DDR-Musiker abgesprungen!», verkündete die Schlagzeile des *Luzerner Tagblatts* am Dienstag, 28. August 1979. Weiter hiess es, der Cellist Horst Schönwälder, ein Ensemblemitglied der Staatskapelle Dresden, sei in der Schweiz abgetaucht. *Das Fehlen des Cellisten wurde bereits während des Konzerts* [am Sonntagabend] *bemerkt. Seither fehlt von ihm jede Spur. Schönwälder logierte in der Nacht* [vorher] *mit einem weiteren Ensemblemitglied in einem Doppelzimmer des Hotels Royal. Wie von der Réception zu erfahren war, teilte man beim Begleichen der Hotelrechnung lediglich mit, dass ein Musiker früher abgereist sei. Bis zur Stunde hat sich Schönwälder weder bei der Kantonspolizei*

noch bei der Eidgenössischen Fremdenpolizei gemeldet. Auch von der DDR-Botschaft in Bern konnte weder eine Auskunft noch eine Stellungnahme eingeholt werden. Es wird vermutet, dass sich der Cellist, der sein Instrument mit sich genommen hat, noch in Luzern an einem unbekannten Ort versteckt hält.

Eine sogenannte Republikflucht der unspektakulären Art – kein mühsam gegrabener Tunnel, kein selbstgebastelter Heissluftballon, um den mauer- und stacheldrahtgeschützten Eisernen Vorhang zu überwinden. Der Musiker nutzte kurzerhand das erste innerschweizerische Gastspiel seines Orchesters, um sich vom Arbeiter- und Bauernstaat auf Nimmerwiedersehen zu verabschieden, ein freilich nicht risikoloses Unterfangen, denn Honecker und Konsorten liessen Künstler extra muros beileibe nicht an der langen Leine. Handkehrum waren der ostdeutsche Staat wie die übrigen Länder des Ostblocks am Export ihrer Vorzeigekünstler wegen der Deviseneinnahmen sehr interessiert und erteilten deswegen auch Ausreisebewilligungen.

[Nachschrift: Wo sich der flüchtige Cellist Horst Schönwälder erst verborgen hielt, liess sich nicht eruieren. Jedenfalls gelangte er nach Westdeutschland und wurde Mitglied des Frankfurter Opern- und Museumsorchesters. In den Jahren 1987–1989 und 1992–1995 spielte er zudem im Bayreuther Festspielorchester. Nebenbei leitete er ein Kammerorchester in Bad Homburg sowie das Hessische Ärzteorchester.]

Der künstlerische Erfolg bewog die IMF-Leitung, das Orchester auch 1983 und 1985 nochmals zu verpflichten; nach dem Mauerfall 1989 und vornehmlich in den jüngst vergangenen Jahren gastiert die wieder unter ihrem althergebrachten Namen auftretende Sächsische Staatskapelle Dresden regelmässig am Lucerne Festival.

Das andere hochbedeutende Ensemble Ostdeutschlands, das Leipziger Gewandhausorchester, kam erst Jahre nach dem Zerfall des kommunistischen Regimes im Eröffnungsjahr des KKL 1998 nach Luzern.

Nach den Orchestern aus Cleveland (1967), New York (1968), Philadelphia (1974) und Chicago (1978) gelang es den IMF in diesem Jahr, das noch ausstehende der sogenannten «Big five»-Orchester Amerikas zu gewinnen. Unter Chefdirigent Seiji Ozawa spielte das Boston Symphony Orchestra neben Werken von Bartók und Ravel die thematisch konvenierende Sinfonische Dichtung *Fontane di Roma* von Respighi. Das Cleveland Orchestra präsentierte sich zudem unter Szells Nachfolger Lorin Maazel.

Humor und Spass hatten für einmal im «Musica Nova»-Konzert unter Mario Venzago Platz. Die Uraufführung von Franz Tischhausers Tafelmusik *Dr. Bircher und Rossini mit «Variazioni frugali» (siebenmal Birchermüesli) und der «Fantasia opulenta» (bei TISCH im HAUSE Rossini)* bereitete Ausführenden wie Zuhörern weidlich Vergnügen.

1980 – POLEN

Unter der Ägide von Stiftungsratspräsident Bühlmann begann sich die Trennung von Baumgartner abzuzeichnen, denn der Präsident opponierte ziemlich unverhohlen gegen Baumgartners Führungsstil. Kaum verwunderlich, dass dieser Umstand schon 1979 zu Spannungen in der Exekutive führte, deren Entladungen bald auch an die Öffentlichkeit gelangten. Was genau hinter verschlossenen Türen verhandelt und worüber tatsächlich gestritten wurde, ist meines Wissens in keiner Form verbindlich festgehalten. Im Klartext, ob zu Recht oder Unrecht sei dahingestellt, unterstellte Bühlmann dem künstlerischen Direktor diktatorisches Verhalten. Des Weiteren habe er die Programme ungebührlich kurzfristig dem Stiftungsrat kommuniziert, so «dass wir von der Hand in den Mund leben mussten und aus Zeitnot oft keine Wahl mehr hatten». [zit. nach Schläpfer, 2003, S. 153] Die Vorbehalte, die späte Programmierung betreffend, sind wohl begründet. Aber: Was wollte und sollte denn der fast ausschliesslich aus musikalischen Laien zusammengesetzte Stiftungsrat für eine «Wahl» haben? Dirigenten oder Solisten auswechseln, oder statt der Bruckner-Symphonie eine von Brahms vorschlagen? Eher ins Schwarze traf die Kritik, Baumgartner glänze zu oft mit Abwesenheit und sei unerreichbar. Seine Phantasie und Ideen seien begrenzt, er plane für 1981 – notabene der 100. Geburtstag des Komponisten – wiederum Bartók als Leitthema, das sei schon 1975 der Schwerpunkt [sic!] gewesen. Seltsamerweise verlautete hingegen so gut wie gar nichts über die präkaren Finanzlücken, die während der Ära Baumgartner aufgerissen wurden. Der finanzielle Schiffbruch war die Konsequenz der (zu) mutigen Programmierung. 1974, als Musik der Wiener Schule (Schönberg, Berg und Webern) auf den Schild gehoben wurde, blieb das breite Publikum aus. Bereits in der Folge wurden Baumgartner die Flügel gestutzt. Die Wahl der in den «Perspektiven» vorgestellten Komponisten fiel vor allem kurz vor den Achtzigerjahren auf leichter verdauliche Namen. Dennoch honorierte das zahlende Publikum Baumgartners zweifellos innovative Neuausrichtungen schlecht. Wenn auch viele von Baumgartners Ansätzen im Festivalbetrieb von heute an der Tagesordnung sind und die Moderne stark gewichtet wird, wollte sie der Künstler Baumgartner damals zu abrupt erzwingen. Er vergass, die Leute darauf vorzubereiten und einzustimmen, und es fehlte an Propaganda. Public Relations im heutigen Sinn waren noch nicht geboren. Somit schoss Baumgartner unter den Voraussetzungen und Bedingungen seiner Zeit übers Ziel hinaus. Die künstlerische Vision allein genügte nicht; der Unterboden (Publikum, Ökonomie, Lokalpolitik etc.) vermochte die allzu befrachtete Saat kompromissloser Kreativität (noch) nicht zu schlucken. Und wenn Soll und Haben nicht ausgeglichen sind, werden kritische Geister auf den Plan gerufen. In diesem Fall öffnete sich erneut die Kluft zwischen Künstler und Pragmatiker. So war aus pragmatischer Sicht Baumgartners Abgang – er kündigte völlig überraschend noch vor den Festwochen – notwendig, aber unwürdig in der Form, selbst wenn sich die Reden am Empfang nach dem Schlusskonzert am 9. September 1980 versöhnlich anhörten. Dabei herrschte im Stiftungsrat keineswegs Unité de doctrine, wie die Presse spottete. Mario Gerteis schrieb von «kleinstädtischem Geist», der den «offenen Schlagabtausch» scheut. Wie diametral das Urteil über die Ära Baumgartner ausfällt, zeigen exemplarisch die Aussagen des Ehrenpräsidenten H. R. Meyer und des Präsidenten W. Bühlmann. «Luzern ist durch Baumgartner zum neben Salzburg bedeutendsten Festival Europas geworden, da kann ich mich auf das Urteil absoluter Fachleute abstützen», meinte Meyer, Bühlmann hingegen: «Das hohe Niveau, das die Luzerner Festwochen besitzen, ist in letzter Zeit nicht immer gehalten worden. Das haben internationale Fachleute bestätigt.» Seinem Naturell entsprechend, reagierte der Betroffene selbst gelassen, wünschte sich für die Zukunft lediglich «mehr Energie für seine künstlerische und pädagogische Tätigkeit» und war dafür dankbar, dass Troller und Meyer als Präsidenten «meine Bestrebungen unterstützten». [alle Zitate nach Schläpfer, 2003, S. 154f.] Sie führten schliesslich dazu, dass sich die IMF dank Baumgartner zu einem Festival entwickelten, das ein Eigenprofil zu formen begann und sich somit wohltuend abhob von der Flut von Festivals, die just in jener Zeit über das Land rollte. Viel später, im Rahmen einer Baumgartner-Gedenkstunde 2002, würdigte der nachmalige Präsident Jürg R. Reinshagen Baumgartners Kernverdienste: «Wenn heute Lucerne Festival sich als Themenfestival präsentiert, beharrlich der Moderne immer weitere Tore öffnet und das Publikum zunehmend auch erreicht, ist dies [ihm] zu verdanken.»

Noch einmal mit einem geographischen Schwerpunkt verabschiedete sich Baumgartner als künstlerischer Verantwortlicher. Dabei halfen ihm Kontakte, die er anlässlich einer Festival-Strings-Tournee 1977 geknüpft hatte. [vgl. Schläpfer, 2003, S. 155] In Konzerten, Ausstellungen, Vorträgen und im Theater fand das Leitthema «Polen» seinen Niederschlag.

Die polnischen Dirigenten Witold Rowicki (unter anderem mit Lutosławskis *Konzert für Orchester*) und Krzysztof Penderecki (mit dem ungarischen Geiger János Kulka) dirigierten die Konzerte des SFO. Penderecki stand auch als Komponist im Zenit der «Perspektiven»; im Rahmen des Gastspiels des New York Philharmonic Orchestra unter Zubin Mehta kam seine 2. Symphonie zur Schweizer Erstaufführung. Selbst Karajan nahm sich Pendereckis *Polymorphia*-Partitur an, deren Wiedergabe allerdings nicht ganz pannenfrei ablief. Und auch Abbado mit dem European Community Youth Orchestra (ECYO) brachte ein polnisches Stück von Tadeusz Baird nach Luzern mit: das *Concerto lugubre* für Viola mit Bruno Giuranna, der dem Kritiker der *Neuen Zürcher Zeitung*, Andres Briner, damit die nachhaltigsten Eindrücke des Abends vermittelte. Als Kuriosum überliess Abbado zur Konzerteröffnung die Stabführung dem englischen Ex-Premier, Musikliebhaber und Hobby-Dirigenten Edward Heath, der die *Zauberflöte*-Ouvertüre «ohne Fehl zu Ende» [NZZ, 21. 8. 1980] führte und nachher charmant dem Publikum das Orchester vorstellte. Polnische Musik stand überdies in den beiden Schlusskonzerten im Mittelpunkt, authentisch wiedergegeben vom Chor und Orchester der Nationalphilharmonie Warschau unter Kazimierz Kord unter Mitwirkung der Sopranistin Stefania Woytowicz, die allesamt mit einer erlesenen Rarität, der hochbedeutenden 3. Symphonie (*Das Lied der Nacht* nach altpersischen Texten aus dem 13. Jahrhundert) von Karol Szymanowski, einen grossartigen Schlussstein setzten.

[Rosmarie Hohler, seit 1979 in der Administration tätig, erinnerte sich an die Ankunft der polnischen Musiker in Luzern: *Die Musiker mussten eine zweitägige, beschwerliche und unkomfortable Zugfahrt über sich ergehen lassen. Irgendwie erfuhr ich, die Musiker seien hungrig und durstig, sie hätten kaum etwas zu trinken oder essen bekommen. Die Pressechefin und ich entschlossen uns spontan zu einer kleinen Willkommensgeste. Wir organisierten aus einem Supermarkt Einkaufswagen und füllten sie mit Tragtaschen, die für alle Mitglieder je ein Brötchen, einen Schokoladenstengel und einen Umschlag mit einer Zehnfranken-Note enthielten. Ich weiss nicht mehr, woher wir das Geld dafür nahmen. Bei der Ankunft standen wir mit IMF-Fähnchen gekennzeichnet und mit den Einkaufswagen am Perron und überreichten den Gästen das kleine Präsent, was zu leuchtenden Augen bei diesen ausgehungerten Menschen führte.*]

Weitere Besonderheiten waren in einem Konzert mit Alter Musik aus Polen zu hören. Die Festival Strings unter Ralf Weikert widmeten ihr Programm ebenfalls vorwiegend der Musik dieses Landes.

Die Wahl des Polen Karol Wojtyła zum Papst (Johannes Paul II.) erregte 1978 nicht nur in der katholischen Welt viel Aufsehen. Die Medien überboten sich mit biographischen Hintergrundberichten. Unter anderem wurde bekannt, dass sich der Papst früher als Schauspieler und Bühnenschriftsteller betätigt hatte. Die Theater, auch dasjenige von Luzern, erwogen Aufführungen seiner Dramen. Theaterdirektor Ulrich Meyer-Schoellkopf gelang es, ein Stück des Papstes auf die Stadttheaterbühne zu bringen – beileibe kein leichtes Unterfangen. Er schilderte mir das Zustandekommen im Gespräch:

Noch zu Zeiten Baumgartners brachte ich als Theaterdirektor eine Sensation auf die Bühne des Stadttheaters. Sie trat mangels Reklame nie ins Bewusstsein der Welt. Damals sass seit kurzem Johannes Paul II. auf dem päpstlichen Thron. Wir bestellten vom Herder-Verlag seine Stücke, lasen sie und führten schliesslich Der Laden des Goldschmieds *auf. Ein hochaktuelles Stück, ein Gespräch zwischen zwei Kindern über eine geschiedene Ehe. Bei den Verhandlungen winkte der Verlag anfänglich ab mit der Begründung, die Anfrage sei sinnlos, denn Seine Heiligkeit erteile keinesfalls eine Aufführungsbewilligung, seit er auf dem Stuhl Petri sitze. Ich steckte dies nicht ein und rief den damaligen Obersten und Kommandanten der päpstlichen Schweizer Garde an, den Luzerner Franz Pfyffer von Altishofen: «Sie begleiten doch Seine Heiligkeit tagtäglich auf deren Gängen. Könnten Sie dabei für Luzern nicht etwas Gutes tun? Sprechen Sie doch bitte den Papst auf unser Anliegen an.» Das hat er tatsächlich getan und erhielt unter bestimmten Bedingungen die Erlaubnis. Die Konditionen lauteten:*

1. Keine totale Inszenierung, sondern eine halbszenische, 2. Die Schauspiel-Musik musste von Penderecki sein, 3. Es durfte kein Eintrittsgeld erhoben werden.

Der dritte Punkt verursachte uns Kopfzerbrechen. Ich bat die Diözese der Schweiz um einen Beitrag, um die acht Aufführungen verschenken zu können, was denn auch geschah. So besuchten auch Bischöfe und gar Kardinäle die Aufführung im Rahmen der Festwochen. Das Echo: ein handfester Verriss in Theater heute. *In der katholischen Welt hatte die*

Aufführung nachhaltige Wirkung. Sonst blieb diese aus, weil ein Forum für Publicity fehlte. Es blieb beim kaum beachteten obligaten Beitrag des Theaters an die Festwochen – nicht mehr, nicht weniger. Wenn ich heute diese Geschichte amerikanischen Katholiken erzähle, taxieren sie das Unterfangen als unglaubliche Tat.
[Gespräch mit Meyer-Schoellkopf, 20. 12. 2011]

In Nebenveranstaltungen gedachte man des polnischen Pianisten und Politikers Ignacy Paderewski und des kompositorischen Schaffens von Siegfried Wagner. Erstauftritte (meist mit wenig Bezug zum Leitthema) waren die des Royal Philharmonic Orchestra unter Dorati, jener der 12 Cellisten der Berliner Philharmoniker, von Elisabeth Leonskaja, die für den erkrankten Swjatoslaw Richter einsprang und seither immer wieder gern in Luzern gehört wurde, und schliesslich der einzige der Grande Ecurie et la Chambre du Roy unter Jean-Claude Malgoire mit französischer Barockmusik, deren Wiedergabe sich an historischen Erkenntnissen orientierte. Auch für Kinder gab es musikalische Kost: Matthias Bamert und das Radio-Sinfonieorchester Basel führten sie im Hotel Union auf eine vergnügliche musikalische Reise.

Baumgartner schied als künstlerischer Direktor mit der Aufforderung am Festival-End-Dinner: *Lassen Sie die viel zitierte Öffnung der IMF nie mehr enger werden. Verhüten Sie Stagnation oder gar einen Status quo ante. Helfen Sie meinem Nachfolger Ulrich Meyer, auch in Zukunft freie künstlerische Entscheidungen treffen zu können. Nach den Ereignissen in unseren Nachbarstädten* [im Fadenkreuz die Jugendkrawalle im Nachgang der 68er-Bewegungen] *werden grösste Anstrengungen nötig sein, um der Jugend weiterhin unsere Kultur näher zu bringen.* [zit. nach Schläpfer, 2003, S. 156] Keine Frage, dass es die Aufgabe der Verantwortlichen war, künftig diesem Postulat Genüge zu tun. Künstlerisch legte Baumgartner allemal Wege an, auf denen nicht mehr zurückgeschritten werden durfte. Doch erst einmal gebot die wirtschaftliche Situation innezuhalten, um dem angeschlagenen Haushalt die Möglichkeit zu geben, das Niveau des inhaltlich Vorauseilenden wieder zu erreichen.

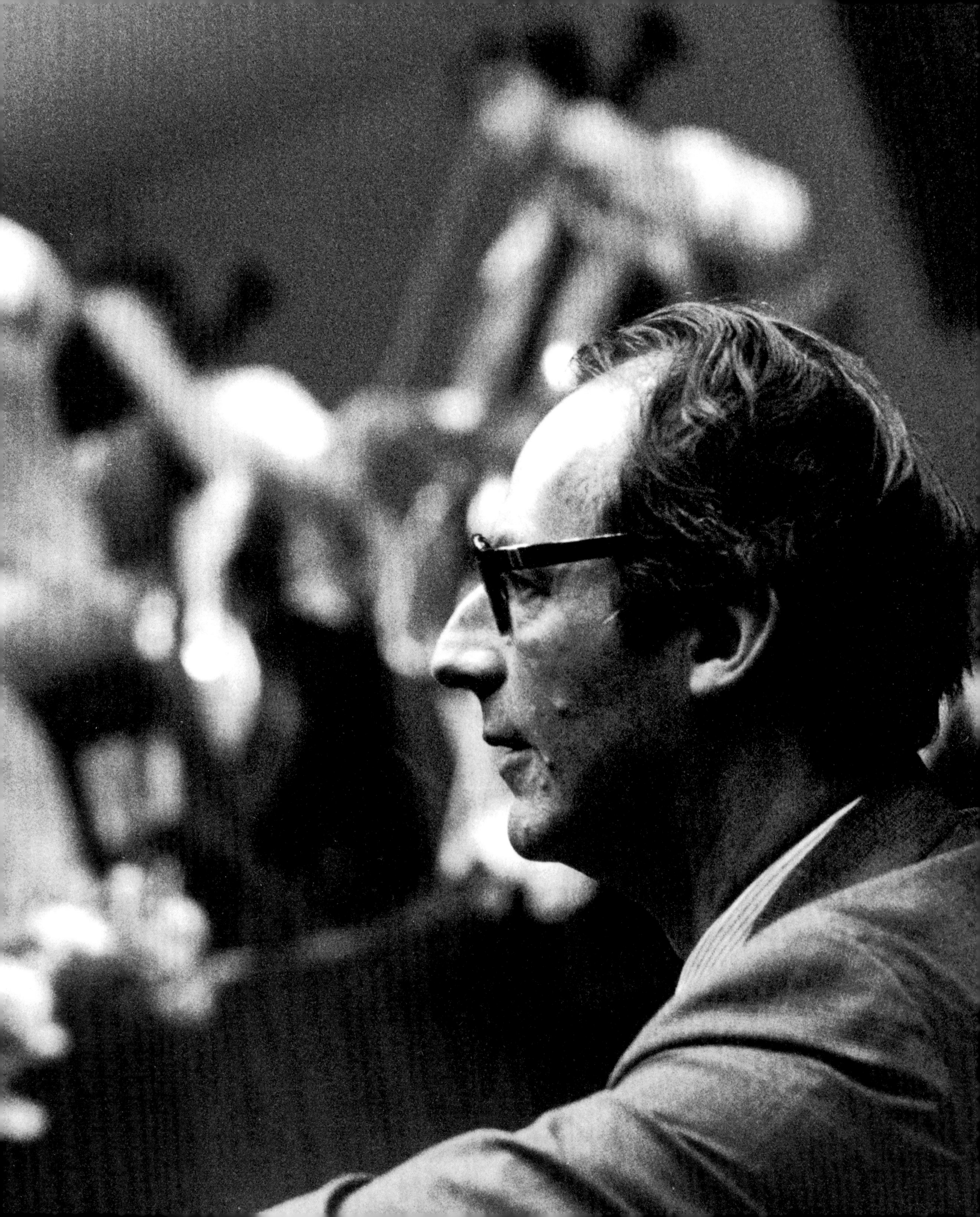

KONSOLIDIERUNG

Die künstlerische Direktionszeit von Ulrich Meyer-Schoellkopf
1980 bis 1991

Wer sichere Schritte tun will, muss sie langsam tun.

Goethe

Ulrich Meyer-Schoellkopf hört sich eine Probe an

IMF-Präsident Werner Bühlmann im Gespräch mit Edith Mathis

Als Theaterdirektor begann die Mitwirkung an den IMF für Ulrich Meyer-Schoellkopf relativ früh, zuerst mit der Sparte Schauspiel. Wie bereits erwähnt dirigierte er 1972 Händels *Messiah* in der Jesuitenkirche. Mit *Romeo und Julia* kam 1974 das Musiktheater dazu. Seine Wahl zum künstlerischen Direktor, eine quasi Hals-über-Kopf-Entscheidung nach der abrupten Kündigung Baumgartners, schilderte er so:

1980 wurde ich zum künstlerischen Direktor gewählt. Stiftungsratspräsident Bühlmann besuchte mich aus heiterem Himmel – ich hatte keinerlei Kenntnis von Baumgartners Rücktritt – und ersuchte mich, dessen Nachfolge anzutreten. [Diese Aussage widerspricht der Schilderung von Schläpfer [2003, S. 154].] Nach zwei Tagen Bedenkzeit stimmte ich schriftlich zu unter der Bedingung, für sämtliche IMF-Belange die Kompetenzen zu besitzen und zu verantworten. Ich war bereit, mit dem administrativen Direktor Fries zusammenzuarbeiten sowie mit anderen Kräften unter der Kontrolle des Stiftungsrats. Die Entscheidungen geschäftlicher und künstlerischer Natur sollten jedoch bei mir allein liegen. Den Brief hat der Präsident nicht beantwortet. Er ging gleich an die Presse, die mich unverzüglich als neuen künstlerischen Direktor ankündigte. Übrigens erfuhr ich am Radio von meiner Wahl. Meine Berufung erfolgte ohne Vertragsverhandlungen und ohne Vertrag, auch später band mich kein schriftliches Abkommen an die IMF. Was sollen Verträge? (In Berlin hatten gewisse Intendanten Zehnjahresverträge und verschwanden nach eineinhalb Jahren …) Der einzige Vertrag, der gilt, ist der Erfolg. Freilich spielte diese Vorgehensweise keine grosse Rolle, da meine Besoldung als Theaterdirektor einfach eine Fortsetzung erfuhr. Das Übrige richtete sich nach Entschädigung und Aufwand bis zum Zeitpunkt, als ich vom Theater zurücktrat. Ich bekam eine feste Besoldung als Chefdirigent des Sinfonieorchesters, dessen Leitung ich noch eine Zeit lang weiter verantwortete. Das war der Status quo 1982 bis 1988, als Othmar Fries zurücktrat. Sodann erhöhte sich meine Besoldung, weil ich die Gesamtverantwortung übernahm. Auch diese Mutation wurde nie vertraglich geregelt.

Als Meyer-Schoellkopf 1990 zum Intendanten der Berliner Philharmoniker berufen wurde, mutmasste der Stiftungsrat, Meyer vollziehe möglicherweise den Abgang von den Festwochen aus Gründen der Honorierung. Darauf angesprochen, meinte er:

Primär war dies keineswegs der Fall; ich erachtete es einfach als geeigneten Moment, nach gut zehn Jahren einen Wechsel vorzunehmen. Denn ein Festival ist als Ganzes persönlich geprägt und braucht deswegen hin und wieder eine Frischluftkur. Jedenfalls tat mein Weggang Luzern und mir gut.

DIE STARTPHASE

Die heikle Finanzlage nach Baumgartners Demission erforderte eine Führungsperson, die, ohne an Ort zu treten, fähig und willens war, die IMF pragmatisch und klug abwägend zu konsolidieren. Meyer-Schoellkopf entsprach exakt diesem Anforderungsprofil. Als Theaterdirektor hatte er bereits eindrückliche Erfolge mit einer «Politik der kleinen Schritte» erzielt, die er fortan vorerst als Künstlerischer Direktor (bis 1988) und dann als gesamtverantwortlicher Direktor (bis 1991) verfolgte und in dieser Eigenschaft die in ihn gesetzten Erwartungen souverän einlöste.

Realistisch erkannte Meyer-Schoellkopf die IMF als kommerzielles Unternehmen. Ihm bereitete das Nebeneinander von Kunst und Kommerz keinen Gewissenskonflikt. Er sah das Ende des Mäzenatentums nahen und erkannte die Notwendigkeit des Sponsorings. Vorsichtig tastete er sich auf diesem neuen Terrain vor, wobei er von Werner Bühlmann und dann vor allem von Georges Bucher, einem Unternehmer, energischen Support erhielt. Bucher kam die fast völlige Unabhängigkeit der IMF von Subvenienten der öffentlichen Hand ohnehin zupass. Das bedeutete jedoch, Fühler nach auswärts ausstrecken zu müssen, da Luzern nun einmal keine Industrie-, sondern eine Tourismusstadt ist. Ihr Kapital waren seit je ihre naturgegebenen Vorzüge, was sie auch als Festspiel- und Kongressstadt attraktiv macht(e). Präsident, Direktor und Gleichgesinnte trieben folglich mit vereinten Kräften auch die Planung des neuen Kultur- und Kongresszentrums vehement voran.

IMF-Präsident Georges Bucher

Einfluss auf die künstlerische Gestaltung bekam Meyer-Schoellkopf erstmals 1981, selbstverständlich noch nicht in vollem Umfang. In den Grundzügen war das Programm bereits festgelegt, das Thema «Bartók und Enescu» zusammen mit dem naheliegenden Schwerpunkt Ungarn bestimmt. Da mit diesen Komponisten vor allem die Sinfoniekonzerte nicht genügend ausgefüllt werden konnten, *griff ich hier ein und erweiterte das Thema mit dem Gebiet «Spätromantik und der Übergang zur Moderne». Damals musste die Attraktivität der Festspiele sehr im Auge behalten werden, denn die finanzielle Situation präsentierte sich nicht gerade rosig und forderte ein vorsichtig abwägendes Vorgehen.* Ebenso standen die meisten Interpreten schon länger fest, da Baumgartner bereits einige Engagements abgemacht oder vertraglich geregelt hatte. Am strukturellen Ablauf änderte sich vorerst nichts. Das Hauptgewicht kam nach wie vor den wie ein Jahr zuvor dreizehn Sinfoniekonzerten zu, die vom SFO unter Herbert Blomstedt, Rafael Frühbeck de Burgos und Horst Stein sowie den Gastorchestern Ungarische Nationalphilharmonie (Ferencsik), Berliner Philharmoniker (Karajan), Orchestre de Paris (Barenboim), Chicago Symphony (Solti) und Wiener Philharmoniker (Maazel) bestritten wurden. Als Ausnahmeereignis führte die Rumänische Nationalphilharmonie Bukarest die lyrische Tragödie *Oedipe* von George Enescu konzertant auf, was übrigens drei Musiker dazu nutzten, abzuspringen und im Westen um Asyl nachzusuchen. [NZZ, 1. 9. 1981]

*Rudolf Baumgartner dirigiert die Festival Strings.
Solist: Wolfgang Schneiderhan, 1981*

Die «Perspektiven» verschwanden aus der Veranstaltungsreihe, nicht aber zeitgenössische Musik. Ein ganzer Kammermusikabend mit einer Uraufführung war Rudolf Kelterborn zugedacht, ein anderer den Schweizer Komponisten Vogel (Uraufführung), Wildberger, Suter und Liebermann.

Rudolf Baumgartner trat nun wieder selbst als Leader der Festival Strings in Erscheinung und steuerte in drei Konzerten Beiträge zum Leitthema bei. Das einstige Vorbild der Strings, die Musici di Roma, liessen sich endlich zu ihrem einzigen Luzerner Auftritt verpflichten.

Meyer-Schoellkopfs Handschrift liess sich dennoch deutlich erkennen. Er engagierte sofort Interpreten, die während seiner ganzen Wirkungszeit zu den regelmässigen Gästen, zu den prägenden Gestalten der IMF seiner Zeit zählten. Malcolm Frager, bereits 1974 einmal in Luzern, trat bis zu seinem frühen Tod mit Ausnahme des Jahres 1983 jedes Jahr im Kunsthaus auf. Keine Selbstverständlichkeit, da der Pianist zu den Unauffälligen der Branche zählte und nicht dem genialischen Künstlertypus entsprach. Analytisches Denken, akribisches Quellenstudium, Sachlichkeit und musikalische Intelligenz zeichneten diesen bescheiden auftretenden Künstler aus, der das Schallplattenstudio gern mied, weil ihm die geschlossene Darstellung im Konzert mehr bedeutete. Das waren Voraussetzungen, die ihn nicht gerade zum Publikumsmagneten prädestinierten. Wem aber solche Attribute lieb und teuer waren, dem schenkte Frager grossartige Momente des Klavierspiels.

Gerade als er sich auch als Dirigent in Szene zu setzen begann, nahm der russische Meisterpianist Vladimir Ashkenazy 1978 Wohnsitz in Luzern. Mit dem neuen Festwochendirektor verband ihn schnell eine Freundschaft, die sofort einen Niederschlag in den Programmen und darüber hinaus fand. Sowohl als Pianist als auch als Dirigent wurde Ashkenazy zu einer zentralen Persönlichkeit der IMF. Bald fungierte er gar als Triebfeder der Kulturpolitik.

DAS BERATERGREMIUM

Durch die aufwendige Arbeit am lokalen Stadttheater verfügte Meyer-Schoellkopf zu Beginn seiner neuen Tätigkeit nur über beschränkte Kontakte und Verbindungen zur internationalen Musikszene. Deshalb war ihm eine Idee, die noch dem Kopf des Ehrenpräsidenten Strebi entsprang, höchst willkommen, und er setzte sie gleich um. Strebis Absicht war, ein Beratergremium zu etablieren; noch vor seinem Tod – er starb unerwartet am 2. Mai 1981 – richtete er eine diesbezügliche erste Anfrage an Kubelík. Unmittelbar nach Meyer-Schoellkopfs Wahl wurde das Gremium konstituiert. Der kleine Kreis bestand aus grossen und bedeutenden Künstlern, die den Festwochen nahestanden, weltweit vernetzt waren, zwei gar in Luzern (Kubelík und Ashkenazy) wohnten; den Dritten im Bunde (Sacher) verbanden seit Jahrzehnten mit Luzern enge Freundschaften. Diese Persönlichkeiten waren willens, den IMF als Supporter und Impulsgeber beizustehen. Kraft ihrer eigenen Einflusssphäre vermochten sie Türen zu öffnen und Verbindungen herzustellen, nicht nur mit Ideen, sondern mit konkreten Schritten zu Künstlern und Orchestern.

Dazu fand jährlich lediglich eine einzige Sitzung statt, die angesichts dieser viel beschäftigten Künstler jeweils nicht einfach zu terminieren war. Selbstverständlich generierte diese Sitzung auch Ideen, die in eine programmatische Richtung wiesen, doch nahmen die Herren nie direkt Einfluss auf die programmatische Gestaltung im engeren Sinne. Ein wesentlicher und folgenreicher Punkt ist ihr Engagement bezüglich der Projektierung eines neuen Konzertsaals.

Sitzung des Beratergremiums, v.l.n.r.: Ulrich Meyer-Schoellkopf, Rafael Kubelík, Vladimir Ashkenazy, Paul Sacher

Bernard Haitink dirigiert das ECYO

Leider vermittelt die Baumgartner-Biographie von Franziska Schläpfer den irreführenden Eindruck, ich sei zum IMF-Direktionsjob berufen worden, weil ich bereit gewesen sei, wieder mit einer Programmkommission zusammenzuarbeiten. Vermeintlich weist die Verfasserin mit dieser Kommission auf dieses Beratergremium, das ich ins Leben gerufen habe. Dieses Gremium fungierte ganz anders als jene Programmkommission, die bis zur Umwandlung der IMF in eine Stiftung [1970] die künstlerische Ausrichtung bestimmte. Und jene hatte, ganz abgesehen davon, eindeutig Walter Schulthess dominiert.

Ich habe selbst die anderen, mir bereits bekannten zwei Herren [Ashkenazy und Sacher] angefragt und erhielt ihre Zusagen. Denn es ist ja eine unumstössliche Tatsache, dass das Gebäude IMF auf den Säulen steht, die auf Beziehungen und Freundschaften zu weltberühmten Künstlern gründen. Das war von Anfang so und ist es heute noch. Die Treue grosser und bedeutender Künstler zu den IMF ist seit jeher tragend. Deswegen haben sich nicht wenige Musiker in Luzern angesiedelt. Das geht alles weit zurück zu Edwin Fischer, dann über Rafael Kubelík und Vladimir Ashkenazy bis hin zu Bernard Haitink und anderen. Dr. Strebi hatte diesbezüglich entscheidenden Einfluss, da er die ursprünglich für Konzerte engagierten Künstler eng an die Stadt binden konnte. Er hat sie gepflegt, freundschaftlich beraten und band sie in diese grosse Familie ein, die interessiert war, dass die Festwochen weiter existieren, ständig wachsen und sich entwickeln konnten, ohne die öffentliche Hand stark zu beanspruchen. Das ist ja das Geheimnis der IMF, dass sie ohne grosse Subventionen gedeihen konnten. [Meyer-Schoellkopf]

Zu jener Zeit betrug das Gesamtbudget rund vier bis fünf Millionen Franken. Ungefähr drei Viertel davon deckte der Kartenverkauf, nicht ganz zwanzig Prozent flossen von Privaten, Firmen und Stiftungen ein. Die Subventionen des Kantons betrugen zwei Prozent, die der Stadt vier Prozent.

Die drei Herren im Beratergremium pflegten ausgezeichnete internationale Verbindungen und Beziehungen. Sacher war ohnehin ein Förderer und Mäzen der zeitgenössischen Musik und war mit dem grössten Teil ihrer Exponenten befreundet. Auch für Luzern erteilte er gewichtige Kompositionsaufträge wie beispielsweise an Norbert Moret oder Hans Werner Henze. Kubelík bewirkte seit jeher und nun noch nachdrücklicher, dass das Werk von Bohuslav Martinů wieder vermehrt ins Bewusstsein des Publikums rückte. Ganz in seinem Element war er natürlich, als tschechische Musik 1984 den thematischen Schwerpunkt bildete. Da trug er selbstverständlich viel zum Gedankengut des Programms bei. Ashkenazy brachte seine Londoner Verbindungen ins Spiel. Er wirkte in dieser Periode als Chefdirigent des Royal Philharmonic Orchestra und war überdies mit dem Philharmonia Orchestra eng verbunden. Diese Fäden spann er immer wieder zu künstlerischen Ergebnissen zum Vorteil der IMF, will sagen, er verhandelte geschickt in finanziellen Fragen, was den nicht staatlich gestützten IMF zugutekam.

ANSTÖSSE ZU EINEM NEUBAU

Alice Bucher mit Claudio Abbado, im Hintergrund Othmar Fries

Die künstlerischen waren aber nur die Hälfte der Impulse, die vom Beratergremium ausgingen. Meyer-Schoellkopf:

Mit dem stetigen Wachstum der IMF sahen wir ein, dass eine Fortsetzung mit der damaligen Infrastruktur immer unmöglicher wurde. Erste Erfolge in dieser Hinsicht waren Bestrebungen dieses Beratergremiums. Freilich war dies zu Beginn alles ein bisschen verschleiert, doch ging der erste Appell für einen Neubau – nicht für eine Renovation des Kunsthauses! – eindeutig von Vladimir Ashkenazy aus. Er, der deutschen Sprache noch unkundig, gelangte via mich an die Presse und löste damit einen Denkprozess aus. Es gab ja lange im Vordergrund stehende Bestrebungen, eine Renovation des Kunsthaussaals ins Auge zu fassen. Über den Umfang der Massnahmen herrschte Uneinigkeit und es gab die üblichen Streitereien. Ashkenazy sträubte sich vehement gegen Lösungen, die von vornherein unbefriedigende Resultate zeitigten. Er sass dann Jahre später folgerichtig in der Jury des Architekturwettbewerbs, wo er zwar für ein Projekt eintrat, das keine Fortsetzung fand. Dann zeigte sich, dass die erst unrealisierbaren Visionen von Jean Nouvel unter anderen Voraussetzungen die geeignetsten schienen für eine Weiterführung. Das Wettbewerb-Projekt an sich war schon sehr überzeugend, wegen Inanspruchnahme des Seegebiets aber für eine Ausführung undenkbar.

Der Entwurf hat auch – ein nicht zu unterschätzender Punkt – die Öffentlichkeit überzeugt. So gelangte eine breite Mehrheit zur Überzeugung, der Neubau müsse mit diesem Architekten unbedingt vorangetrieben werden. Seine Ideen stimmten sogar jene um, die der Ansicht waren, eine neue Spielstätte sei für das elitäre Festival nicht vonnöten. Doch Nouvels Ideen schlugen auf grosser Breite ein. Ashkenazy trug nicht aus eigenen Mitteln, doch durch sein künstlerisches Potenzial viel dazu bei, den Neubau durch Benefizkonzerte voranzutreiben, für die er auf ein Honorar verzichtete. Das Geld floss in einen neu geäufneten Fonds, den man folglich «Ashkenazy-Fonds» nannte. Kubelík dirigierte gleichfalls zu Gunsten dieses Fonds. Das alles spielte sich nicht öffentlich ab. Den Eingeweihten war allerdings bewusst, mit diesen Geldern sei kein neuer Saal zu bauen. Die Beträge sollten vorerst dazu dienen, ein solides Fundament für die Neubauprojektierung zu garantieren. Sie halfen auch als Mittel der Promotion, als es darum ging, Gelder aus privaten Quellen zu sammeln.

Unter der Obhut der Bankiers Robert Studer und Karl Reichmuth mussten Millionenbeträge zusammengetragen werden, um die Kosten zu decken, die nicht in der Summe enthalten waren, über die das Stadtvolk schliesslich abzustimmen hatte. Alice Bucher legte sich ebenfalls enorm ins Zeug und finanzierte die Gesamtkosten für den Ideenwettbewerb, was damals eine beachtliche Leistung bedeutete. So durften die Luzerner Stimmberechtigten anfangs März 1989 über einen Millionenkredit abstimmen, der den Steuerzahler keinen Rappen kostete – wohl eine Einmaligkeit!

Dieser Grundstein zum Quantensprung der Festwochen wurde also gleich zu Beginn meiner Direktionszeit gelegt, vorbereitet durch das Engagement des Beratergremiums. Nicht zu vergessen ist dabei auch der Beitrag von Paul Sacher, der unter strengster Anonymität – als

Basler wollte er keine Gelder in andere Städte geben – floss. Selbstverständlich war der Hauptträger der Kosten die öffentliche Hand. Aber dank dieser privaten und auch notwendigen Zuwendungen ist die Öffentlichkeit wachgerüttelt worden und hat in der Folge dem Neubau in einer denkwürdigen Abstimmung 1994 ihren Segen erteilt.

LEITTHEMEN UND PROGRAMME

Schon anlässlich seiner ersten öffentlichen Verlautbarungen betonte Meyer-Schoellkopf, er wolle die vom Vorgänger eingeführte Fokussierung auf ein Thema fortsetzen. *Als Dirigent schaute ich in erster Linie darauf, ein Thema zu finden, in das sich die Sinfoniekonzerte einbinden liessen. Im Gegensatz zu Baumgartner, der ja Kammermusiker war, warf ich stets ein Auge darauf, die Sinfoniekonzerte ebenfalls in das Thema zu integrieren.* [Meyer-Schoellkopf] Der Schwerpunkt-Überbau wurde also möglichst offen gehalten, da der Tourneebetrieb der grossen Orchester es nicht immer erlaubt(e), auf Luzerner Sonderwünsche einzugehen; Themen konnten und können bei einer solchen Festivalkonstellation damaliger und erst recht heutiger Dimensionen nicht stringent durchgeführt werden. Die breit gefasste Thematik liess es indes zu, selbst Karajan und andere Koryphäen in die jeweiligen Leitgedanken mindestens teilweise einzubinden.

Die vom Vorgänger angestrebte Öffnung gegenüber neuen, jüngeren Publikumsschichten führte Meyer-Schoellkopf ebenso weiter, wobei aber nicht eine Aufteilung in verschiedene Publikumsgruppen mit spezifischen Interessen angestrebt wurde, sondern ein Publikum, das sich an der ganzen Spannweite des Programms interessiert zeigte. Bewährt hatte sich die Aufwertung der billigen Plätze durch den Einbau einer Tribüne im hinteren Saal des Kunsthauses. Das Publikum zeigte sich mehr und mehr bereit, auch dem gängigen Repertoire nicht zugehörende Werke kennenzulernen, die Neugierde nach Unbekanntem wuchs langsam an.

Im Verlauf der Jahre entwickelten sich Themen wie «Spätromantik» (1981), «Zeit der Jahrhundertwende» (1990), «Russland» (1989) oder «Amerika» (1987). Es gab die reinen «Geburtstagsjubiläen» mit Wagner (1983) sowie Liszt und Schoeck (1986). Mit dem Thema «Russland» gelang es, die Sinfonik von Schostakowitsch unter explizitem Einbezug von Interpreten aus dem Land vorzustellen. Eine fast visionäre Tat, just vor dem Einsetzen des sogenannten Tauwetters, ein durchaus kühnes Unterfangen, das aber auf der ganzen Linie reüssierte. «Ganz wichtig war mir die Feier der Festwochen selbst, nämlich die ‹50 Jahre IMF› 1988.» [Meyer-Schoellkopf] Zwei Programme schlugen die Brücke zu den Anfängen, indem Ashkenazy und das SFO unter Mitwirkung des Pianisten Murray Perahia exakt das Programm spielten, das Ansermet im ersten Festwochenkonzert überhaupt 1938 präsentiert hatte. Und Abbado dirigierte das Chamber Orchestra of Europe mit der Werkfolge der legendären Toscanini-Gala auf Tribschen, sogar zum selben Datum, dem 25. August, allerdings nicht im Freien, sondern im wettersicheren Kunsthaus. Zum Gedenken an den IMF-Mitbegründer Ansermet lud man das Orchestre de la Suisse Romande unter Armin Jordan ein und beauftragte es gleichzeitig, die Komposition *Diotimas Liebeslieder* von Norbert Moret mit der Sopranistin Phyllis Bryn-Julson aus der Taufe zu heben. Dazu bemerkt Meyer-Schoellkopf:

Moret genoss ohnehin einen besonderen Stellenwert aufgrund seiner Entdeckung durch Paul Sacher, der auf ihn anlässlich eines Tonkünstlerfestes in Amriswil aufmerksam geworden war. Seither förderte er diese eigenartige, aber starke musikalische Begabung bis zu seinem Lebensende. So haben auch Anne-Sophie Mutter und Mstislaw Rostropowitsch eigens für sie geschriebene Werke von ihm gespielt. Leider spielt Mutter dieses Konzert nur noch sehr selten, Thomas Demenga hingegen hat das für Rostropowitsch geschriebene Cellokonzert hin und wieder aufgeführt. Moret ist bedauerlicherweise nach seinem Tod in Vergessenheit geraten; es ist immer schwer für einen Komponisten zu überdauern, wenn er sich nicht bereits zu seinen Lebzeiten zu etablieren vermochte. Es müsste von irgendeiner Seite wieder ein Anstoss kommen, um dieses Œuvre wiederzubeleben. Aber eben: Wenn jemand Neue Musik programmiert, ist er begreiflicherweise mehr daran interessiert, den (noch) lebenden Komponisten zu präsentieren. Wahrscheinlich braucht es eine neue Generation, um Moret dann als längst fällige Wiederentdeckung aufs Podest zu hieven.

Im Verlauf seiner Direktionszeit erhöhte Meyer-Schoellkopf die Anzahl der Sinfoniekonzerte sukzessive von dreizehn auf sechzehn. Im Vergleich zu heute ist das kaum die Hälfte. Das geringere Quantum bot allerdings den Vorteil, eigenständige Programme zusammenzustellen – Wiederholungen fanden grundsätzlich nicht statt, auch keine von Jahr zu Jahr. Heute sind sie bei über dreissig Orchesterkonzerten pro Jahr kaum mehr zu vermeiden.

Noch ein anderer Faktor ist entscheidend für die Wandlung: Die Voraussetzungen sind heute ganz andere. Seit der Fertigstellung des KKL wünschen die renommierten Orchester nach Luzern zu reisen, um in diesem wunderbaren Saal zu spielen. Vorher war dies nicht unbedingt der Fall; man musste manchmal regelrecht um ein Gastspiel ringen und hatte denkbar schlechte Karten, wenn dazu noch ein themengerechtes Programm gewünscht wurde. Der neue Saal veränderte zudem die Attitüde des Publikums. Sein Interesse, in diesem Saal Musik zu hören, stieg enorm; das neue Haus lockte die Leute von überall her an.

[Deshalb ist es absolut richtig, dass die Verantwortlichen von heute dieses neue Potenzial entsprechend ausnützen. Aus der Natur der Sache hat sich die heutige Situation herausgeschält: einerseits durch die jahrzehntelange Freundschaft mit den Orchestern wie den «Berlinern» und Karajan, andererseits durch das Wissen um die Notwendigkeit eines neuen Saales. Im alten Haus konnten Orchester manchmal gar nicht vollständig platziert werden. Es gab Fälle, wo sich in den Proben herausstellte, dass die volle Streicherbesetzung keinen Platz auf der Bühne fand. Bestimmte Werke konnten gar nicht programmiert werden.]

PROGRAMME UND INTERPRETEN

Die England-Verbindungen Ashkenazys spielten vermutlich schon bei der Wahl der Musik Englands zum Thema 1982 eine mitentscheidende Rolle. Mit diesem Leitfaden gelangten etliche Werke zur Wiedergabe, die bis anhin noch nie an den IMF zu hören waren; ältere Musik aus dem elisabethanischen Zeitalter oder neuere wie Kompositionen von Peter Maxwell Davies und die monumentale Kantate *The Mass of Life* von Frederick Delius, die Geist und Atmosphäre von Nietzsches *Zarathustra* musikalisch umsetzt. Christopher Hogwood gedachte als Querbezug Haydns England-Aufenthalten mit einem «Abend mit Dr. Haydn» und einer Aufführung der *Schöpfung*, zu deren Komposition Haydn in England angeregt wurde. Als Gastorchester von der Insel kam das Philharmonia Orchestra unter Ashkenazy, der im zweiten Konzert auch den verhinderten André Previn ersetzte. Ebenfalls musste die Geigerin Kyung-Wha Chung im Elgar-Konzert ersetzt werden. Für sie sprang Nigel Kennedy ein, damals ein unbeschriebenes Blatt und noch kein Hype im Punk-Look. Als man ihn wenige Jahre später, gemäss dem ungeschriebenen Gesetz, einen Einspringer mit einer Wiederverpflichtung zu belohnen, engagieren wollte, war er für Luzern nicht mehr zu gewinnen. Unter Abbado gastierte überdies das London Symphony Orchestra unter Mitwirkung des Cellisten Yo-Yo Ma.

Neben von ihm dirigierten Konzerten mit seinem Orchester des Bayerischen Rundfunks sorgte Rafael Kubelík für einen Meilenstein in der Festivalgeschichte. Er leitete 1982, nach 1961 und 1962, einen weiteren Dirigierkurs, den er, der sich nicht für einen eigentlichen Dirigierpädagogen hielt, deshalb als Interpretationskurs verstand. Er verkörperte dabei den weisen Dirigenten, der seinen immensen Erfahrungsschatz an eine junge Generation weitergeben konnte. Besonders ein Teilnehmer trat im Sinne Kubelíks ins Rampenlicht, wurde mit einem von der Witwe Strebis gestifteten Preis bedacht und startete darauf eine aufsehenerregende Karriere: Claus Peter Flor. 1988 (unter anderem mit der Uraufführung von Kubelíks *Invocation* für Tenorsolo, Knabenchor und grosses Orchester) und 1991 dirigierte Flor je ein Sinfoniekonzert mit dem SFO. Dieser Meisterkurs, «eine eigentliche Sensation» [Meyer-Schoellkopf], gab überdies den übrigen Kursen einen gewaltigen Aufwind, denn diese waren inzwischen etwas erstarrt.

Wagners Œuvre eignete sich für ein ausgesprochenes Konzertfestival schlecht. Man kam deshalb im Wagner-Jahr 1983 dramaturgisch nicht umhin, es bei Einzelaspekten zu belassen und dafür Wagners musikalisches Umfeld intensiver zu beleuchten, besonders naheliegend die Werke seines Bewunderers Bruckner und seines Antipoden Brahms.

Ashkenazy war dieses Jahr Solist und spielte das 1. Brahms-Klavierkonzert unter dem Altmeister Kurt Sanderling, einem der letzten direkten Nachfahren der deutschen romantischen Schule, der jedoch Luzern erstmals beehrte. Ein feiner Anlass für die Liebhaber gepflegter Liedkunst war die Wiedergabe der *Schönen Magalone* von Brahms mit Peter Schreier, Walter Olbertz und Gert Westphal. Im Gegensatz zu Baumgartner und zum Nachfolger Bamert griff Meyer-Schoellkopf im Rahmen der IMF vereinzelt

Claus Peter Flor und Rafael Kubelík

selbst zum Taktstock. Seine Affinität zu Bruckner unterstrich er mit der Aufführung der f-Moll-Messe und des *Te Deum*. Bruckner und Brahms waren selbstverständlich auch auf die Festwochen-Ikone Karajan zugeschnitten. An der Spitze des Concertgebouw Orkest deutete Bernard Haitink mit Schönbergs *Verklärter Nacht* und Mahlers 4. Symphonie auf Wagners Auswirkungen. Der Erstauftritt des Tokyo String Quartet beschritt mit Werken von Hugo Wolf, Berg und Brahms ähnliche Pfade. Sein bisher einziges Luzerner Klavierrezital gab der damalige junge Sensationspianist Ivo Pogorelich.

Vom Jubilar gab es dennoch zwei schwergewichtige Werke zu hören: Das Orchestre de Paris und Daniel Barenboim präsentierten konzertant den 2. Akt von *Tristan und Isolde* mit Johanna Meier und René Kollo in den Titelrollen, die Wiener Philharmoniker und Lorin Maazel den 1. Akt der *Walküre* mit Eva Marton, James King und Åage Haugland. Michele Campanella spielte neben Klaviermusik von Liszt aus dem Raritätenkabinett solche von Wagner.

Die neue Musik ist dieses Jahr [...] ziemlich zu kurz gekommen: keine Uraufführung, keine Erstaufführungen, die Musik unserer Zeit glänzt durch Abwesenheit. Und das einzige Musica-nova-Konzert, zu dem man sich durchgerungen hat (das Webern-Jubiläum hat man nicht wahrgenommen), wurde risikolos gestaltet: man wählte einen Namen, der lange nicht so sehr als Komponist denn als Dirigent grossen Klang hat, so der Ingress-Wortlaut der Berichterstattung Fritz Mugglers über eine Komponisten-Begegnung mit Pierre Boulez in der *Neuen Zürcher Zeitung*. [NZZ, 8.9.1983] Muggler attestiert der

Veranstaltung jedoch hohen Informationsgehalt – Paul Sacher erteilte Einführungen und unterhielt sich mit dem Komponisten – und lobte die Interpreten der boulezschen Frühwerke, «die längst historisch geworden sind»: Aurèle Nicolet, Jürg Wyttenbach und das Alban Berg Quartett. Es sei dahingestellt, ob das zahlreich erschienene Publikum die Boulez-Werke tatsächlich als «historisch» empfunden hat.

Meyer-Schoellkopf erfüllte 1984 mit dem Thema «Musik der Tschechoslowakei» zweifellos einen Wunsch Kubelíks, der Land und Musik seiner Herkunft stets im Herzen trug. Leider musste er ausgerechnet die Leitung des Eröffnungskonzerts krankheitshalber absagen. An seine Stelle trat Jiří Bělohlávek. Für das Schlusskonzert mit dem Symphonieorchester des Bayerischen Rundfunks kehrte Kubelík wieder aufs Podium zurück und bescherte mit der integralen Wiedergabe von *Ma Vlast* (*Mein Vaterland*) von Smetana eine der grossen Sternstunden der IMF-Geschichte. Leider war das Konzert des SFO unter Antal Dorati das letzte, das dieser grossartige Musiker hier leitete. Weitere Themenakzente setzten das Talich-Quartett, die Tschechische Philharmonie, die Luzerner Vokalsolisten mit Werken von Jan Dismas Zelenka, Goethe-Lieder von Jan Václav Tomášek (Einführung: Emil Staiger) sowie Edward H. Tarr und Marc Ullrich (Clarini), die im Rahmen der Serenade die *Sonata natalis* von Pavel Josef Vejvanovsky darboten. Ein weiteres SFO-Konzert unter Jean Fournet stand im Zeichen des 10. Todestages von Frank Martin, ebenfalls die vom Stadttheater eingerichtete szenische Aufführung der *Mystère de la Nativité* in der Jesuitenkirche. Im Fokus des Musica-nova-Konzerts stand ausschliesslich das Schaffen von Norbert Moret.

1984 geriet Sand in die scheinbar bestens funktionierende Maschinerie der Berliner Philharmonie, in den trügerischen Gleichklang zwischen Dirigent und Orchester. Das vereinbarte Engagement des Zugpferdes Karajan drohte zu platzen. Meyer-Schoellkopf, der die Krise mittels einer diplomatischen Glanzleistung löste, schilderte die Turbulenzen:

Es war im Frühsommer 1984, als ein Konflikt die bislang ungetrübte Harmonie zwischen Karajan und dem Berliner Philharmonischen Orchester empfindlich störte. Der Streit eskalierte. Anlass dazu gab die durch Karajan im Alleingang erfolgte Verpflichtung von Sabine Meyer als Solo-Klarinettistin. Als das Orchester gegen Karajans Verfügung votierte, sistierte er seine Zusammenarbeit mit dem Orchester. Davon unmittelbar betroffen waren die Festspieltourneen nach Salzburg und Luzern im August und September. Die schwelende Krise tangierte die IMF Luzern an einer besonders heiklen Stelle, ging es doch um die mit Abstand gefragtesten Konzerte der Festwochen. Im Juli verpflichtete Karajan in seiner Eigenschaft als einflussreichstes Direktionsmitglied der (dortigen) Festspiele kurzum die Wiener Philharmoniker anstelle des Berliner Orchesters für seine Salzburger Konzerte. Diese Lösung lag sozusagen auf der Hand und liess sich widerstandslos bewerkstelligen, da die «Wiener» dort ohnehin als Residenzorchester fungierten. Er schlug weiter vor, die Luzerner Festwochenleitung möge gleich verfahren. Anderseits zeigte das Berliner Philharmonische Orchester Bereitschaft, mit einem anderen Dirigenten nach Luzern zu reisen.

Der Stiftungsrat der IMF rief zu einer Krisensitzung und sprach sich mehrheitlich für eine Berliner Lösung (ohne Karajan) aus. Ich sah jedoch Karajans Verbundenheit mit Luzern und seine Treue zu den Festwochen, die ihm sehr viel zu verdanken haben, als absolute Priorität und versuchte, die Wiener Philharmoniker unter Karajan zu gewinnen, ohne dabei die Philharmoniker in Berlin zu verdriessen. In den ersten Augusttagen erreichten mich Anrufe von Karajan und vom Orchestervorstand der Wiener Philharmoniker. Beide Seiten verkündeten, die «Wiener» verhielten sich zur Luzerner Einladung ablehnend. Unverzüglich reiste ich nach Salzburg. Noch rechtzeitig erschien ich zur entscheidenden Orchesterversammlung im Festspielhaus, und es gelang mir, das Orchester zu überzeugen, Luzern in dieser prekären Situation nicht im Stich zu lassen.

Der sonst sehr pragmatisch agierende Meyer-Schoellkopf appellierte dabei geradezu pathetisch: «Meine Herren, die ganze Schweiz schaut auf Sie; Sie können uns doch jetzt nicht vergelten, dass wir uns bei Morgarten und Sempach nicht sympathisch waren!» Das Eis war gebrochen, die delikate Situation gemeistert, zumal das Berliner Philharmonische Orchester den Entscheid ohne jegliche Verstimmung akzeptierte. Meyer-Schoellkopfs eigene Überzeugung, es komme bald zu einem Schulterschluss zwischen dem Maestro und seinem Orchester, erfüllte sich bekanntlich rascher als erwartet. Und so bildeten bereits 1985 die Karajan-Konzerte mit den «Berlinern» abermals einen Schwerpunkt im Rahmen der IMF.

1985, als die Musikwelt und mit ihr Luzern die 300. Geburtstage der spätbarocken Komponisten Bach, Händel und Domenico Scarlatti feierte, bildete dieses für Orchesterkonzerte nicht gerade günstige Jubiläum trotzdem den Schwerpunkt. Im Zentrum der Bach-Feier stand die Aufführung der *h-Moll-Messe* durch die Gächinger Kantorei und das Bach-Collegium Stuttgart unter Helmuth Rilling mit den Solisten Krisztina Laki, Julia Hamari, Aldo Baldin und Andreas Schmidt. Händels bekanntestes Oratorium, *Der Messias,* erklang in Mozarts Bearbeitung unter Christopher Hogwood. Die Luzerner Vokalsolisten mit dem Tenor Luigi Alva sangen Werke des jüngeren Scarlatti.

Der zwei Jahre früher vorgestellte Pierre Boulez beging in diesem Jahr seinen 60. Geburtstag und gastierte gleich zweimal: mit dem Ensemble Intercontemporain, das unter seiner Leitung ein Werk von Heinz Holliger und den eigenen *Marteau sans maître* realisierte. Mit dem Basler Sinfonieorchester führte er neben Werken von Strawinsky und Ravel seine *Notation I* auf (weitere Nummern folgten sukzessive und wiederholt in späteren Jahren).

Einen Jahreshöhepunkt setzten das European Community Youth Orchestra, der Wiener Jeunesse Chor und der London Symphony Choir, die Solistinnen Karita Mattila und Christa Ludwig mit Mahlers *Auferstehungs*-Symphonie unter der Gesamtleitung von Claudio Abbado. Die Ausführenden setzten ein unüberhörbares Zeichen dafür, dass die Förderung von Jugendorchestern für die zukünftige Musikszene eine wichtige Komponente darstellen würde.

Das National Symphony Orchestra of Washington (Leitung: Mstislaw Rostropowitsch) und das Orpheus Chamber Orchestra (Solist: Peter Schreier) gastierten zum ersten Mal, während Wolfgang Schneiderhan seinen letzten Luzerner Auftritt hatte.

Diesmal fehlten Uraufführungen nicht. Die Camerata Bern mit ihrem Leader Thomas Füri hoben ein Werk von Ysang Yun aus der Taufe, das Carmina-Trio (wenig später zum Quartett erweitert) eines von Peter Wettstein und die Brüder Haefliger ein weiteres von Peter Mieg. Niemand konnte beim Konzert «Junge Künstler» der Letztgenannten ahnen, dass der Geiger Michael Haefliger einmal Intendant des Festivals würde; der Pianist Andreas Haefliger blieb bei seinen Leisten und schlug die Pianistenlaufbahn ein. Ein anderer, damals hochgepriesener junger Pianist, der Grieche Dimitri Sgouros, mag als Beispiel dienen, wie raketenartig schnell verlaufende Karrieren im gnadenlosen Musikbetrieb ebenso rasch wieder verpuffen.

Die grosse, weltumspannende Laufbahn des Alban Berg Quartetts kam Luzern leider nur selten zugute, weil sich diese führende Formation ausgerechnet in der Festwochenperiode jeweils eine Konzertabstinenz gönnte. Der Auftritt in diesem Jahr – mit zwei Hauptwerken der Literatur: Bergs *Lyrischer Suite* und Schuberts letztem Quartett – bildete neben den Jahren 1994 und 1998 eine der Ausnahmen.

«Junge Künstler»: Michael und Andreas Haefliger konzertieren in der Kornschütte, 1985

Die in Luzern lange zur Tradition gehörende Pflege des Werks von Othmar Schoeck erfuhr unter Meyer-Schoellkopf eine Intensivierung. 1986 thematisierte er diesen Komponisten zum 100. Geburtsjahr, zusammen mit Franz Liszt zu dessen 100. Todesjahr.

Die Schoeck-Feier kulminierte in der konzertanten Wiedergabe der Oper *Massimila Doni* unter Gerd Albrecht, von der auch eine Schallplatte produziert wurde. Von Liszt erklangen als Klimax die beiden Symphonien: James Conlon und das SFO erarbeiteten die *Faust-Symphonie* und das Orchestre de Paris unter Daniel Barenboim spielte die Symphonie zu Dantes *Divina Commedia* erstmals in Luzern; unter dem gleichen Dirigenten kam es erst wieder 2011 zu einer zweiten Aufführung.

Mit runden Geburtstagen hatte es damit kein Ende. Zu Paul Sachers Achtzigstem stand neben der obligaten Serenade ein Sinfoniekonzert mit dem Philharmonia Orchestra unter seiner Leitung auf dem Programm, das ganz auf den Jubilar zugeschnitten war, nämlich mit von ihm in Auftrag gegebenen, hochbedeutenden Kompositionen. Den Anfang bildete die *Musik für Saiteninstrumente, Schlagzeug und Celesta* von Bartók; mit Anne-Sophie Mutter als Solistin folgte *Chain II* von Lutosławski, bevor Honeggers Oratorium *La Danse des Morts* mit Béatrice Haldas, Julia Juon und Philippe Huttenlocher Luzerns Hommage an Sacher beschloss. Ein zweites Konzert des Orchesters dirigierte – erstmals in Luzern – sein Chefdirigent Guiseppe Sinopoli. Der Aristokrat des Klaviers, der aus Kuba stammende amerikanische Pianist Jorge Bolet, nach einem Wort von Emil Gilels «der grösste Pianist der westlichen Hemisphäre», gab sein einziges Luzerner Rezital ganz im Zeichen von Liszt. Ein geplanter Auftritt zwei Jahre später musste Bolet wegen einer Krankheit absagen, der er 1990 erlag.

Im Bereich Moderne vermittelte ein Konzert des Ensemble Modern unter Bernhard Klee einen Einblick in das Schaffen von Hans Werner Henze, und das Quatuor Sine Nomine brachte ein kurzes Quartett des Luzerners Caspar Diethelm zur Uraufführung.

Mit Minnesang im Stadttheater und der *Marienvesper* von Monteverdi (Einrichtung: Alois Koch) in der Stiftskirche Beromünster wurde alte und ältere Musik berücksichtigt.

Eine das Thema nicht aufgreifende Wiedergabe des Mendelssohn-Oratoriums *Paulus* unter Jesús López-Cobos, dem SFO und dem Festwochenchor (Einstudierung: Franz Schaffner) [Schaffner leitete den Luzerner Festwochenchor seit 1983 bis zu seiner stillschweigenden Auflösung] ist in der Festwochengeschichte ein Unikat geblieben.

Der 1987 zweifach aufgeteilte Schwerpunkt «Ravel, Amerika» glich, aus dem Abstand von heute betrachtet, eher einem oberflächlichen Streifzug, vor allem was die amerikanische Musik betrifft. Man sucht umsonst nach einem Meilenstein oder nach Programmpunkten, deren Einbezug etwas mehr Mut zum Risiko verraten hätte – so fiel beispielsweise John Cage als einer der wichtigsten, freilich nicht unumstrittenen Exponenten der Neuen Musik überhaupt weg. Vorgesetzt wurden relativ viele Werke von Aaron Copland, unter anderem das *Lincoln Portrait*, dann vereinzelte, zum Teil periphere Werke von Roger Sessions, Gunter Schuller – das Emerson String Quartet spielte das ein

Friedrich Gulda, 1987

Jahr zuvor entstandene 3. Streichquartett –, Charles Ives und Irving Fein. Die Evergreens *Rhapsody in Blue* und *An American in Paris* von Gershwin fungierten quasi als Wunschkonzertnummern. Einzig ein Konzert des Ensemble Intercontemporain unter Peter Eötvös öffnete die Ohren für die (amerikanische) Avantgarde. Neben der Uraufführung der *Deux Nocturnes* von Christoph Delz, Wiedergaben von Stücken Anton Weberns und Klaus Hubers hörte man bei dieser Gelegenheit an den IMF erstmals Musik von Edgard Varèse und Elliott Carter.

Paul Hindemiths *Requiem for those we love*, das einheimische Kräfte unter Alois Koch in der Jesuitenkirche interpretierten, darf als preziöser Beitrag zur Leitidee betrachtet werden, entstand die Trauermusik doch in des Komponisten amerikanischem Exil und stützt sich auf einen Text von Walt Whitman. Ein Sonderfall und absoluter Renner war die Wiederbegegnung mit Leonard Bernstein, diesmal am Pult der Wiener Philharmoniker. Am einen der Abende lernte man seine Symphonie *Jeremiah* (Solistin: Christa Ludwig) kennen.

Ravels Schaffen, ebenso dasjenige seiner Umgebung (Debussy, Roussel), wurde facettenreicher beleuchtet. Neben der bekannten Orchestermusik – ein Glanzpunkt die Wiedergabe des *Klavierkonzerts für die linke Hand* durch Leon Fleisher – gewann man Einblicke in das gemeinhin unbekannte Liedschaffen; Friedrich Gulda geruhte, nicht nur den IMF endlich ein Rezital zu gewähren, sondern spielte auch Ravel und Debussy als Programmteile.

Erfrischend wie Gulda für seine Bewunderer geriet die Luzerner Erstaufführung der *Alpensinfonie* von Richard Strauss unter Vladimir Ashkenazy mit dem ECYO. Bis anhin hatte sich jedes Orchester wegen mangelnder Platzverhältnisse geweigert, das opulent besetzte Werk auf der Kunsthausbühne zu stemmen. Erst die enthusiasmierte Jugend liess sich von den engen Räumlichkeiten nicht beeindrucken.

Leonard Bernstein nach dem Konzert im Kunsthaus, 1968

270 | KONSOLIDIERUNG

1988 – 50 JAHRE FESTWOCHEN: OSTERFESTSPIELE

Die Jubiläumsfeiern begannen schon zur Osterzeit mit der substanziellsten Erweiterung der Festspiele in der Ära Meyer-Schoellkopf: der erstmaligen Veranstaltung der Osterfestspiele. In Anlehnung an die Tradition der mittelalterlichen Oster- und Passionsspiele war man willens, einen besonderen Beitrag zur Feier zu leisten, und beabsichtigte, Publikumszuspruch vorausgesetzt, eine Fortsetzung drei Jahre später zu planen. Es vergingen schliesslich vier Jahre bis zur alljährlich regelmässigen Durchführung, weil die New Yorker Philharmoniker die Gastverpflichtung als «Orchestra in residence» 1991 wegen Terrorbefürchtungen als Spätfolgen des ersten Golfkriegs kurzfristig absagten – das detaillierte Programmheft lag bereits gedruckt vor. Mit dem Ausfall des zentralen Programmpunkts entschlossen sich die IMF-Verantwortlichen, auf die gesamte Neuauflage der Veranstaltung zu verzichten.

Wir wussten um die Schwierigkeiten, einen Neuanfang zu starten, waren aber doch zufrieden mit dem Erfolg nach der ersten Durchführung, sodass wir gewillt waren, diese Festspiele weiterzuführen und ihnen einen festen Platz im kulturellen Leben zu sichern. Leider gaben wir nach der Absage der «New Yorker» zu schnell auf. Erst im Nachhinein erfuhr ich von einer deutschen Agentur, das Israel Philharmonic Orchestra unter Zubin Mehta hätte die Konzerte realisieren können. [Meyer-Schoellkopf]

Die Zeitungen druckten gutgemeinte, rührend naive Leserbriefe ab. Einige ihrer Absender verstanden den Totalverzicht wegen eines einzigen Orchesters überhaupt nicht, vor allem nicht, weil Luzern doch mit dem AML-Orchester einen vollwertigen Ersatz hätte aufbieten können.

Das neue Festival sollte die drei historischen Kirchen der Stadt als Spielort berücksichtigen (Jesuitenkirche, Hofkirche, Franziskanerkirche) sowie die Programme auf das

Nikolaus Harnoncourt dirigiert den Concentus Musicus Wien und den Arnold-Schoenberg-Chor an den Osterfestspielen

kirchliche Datum, die Passionszeit, ausrichten, also der Sakralmusik zu einer dominanten Stellung verhelfen. Eine weitere Profilierung ging damit einher, nämlich der Einbezug von Spezialensembles und -chören der sogenannten historisierenden Aufführungspraxis. Diese Grundzüge entsprechen dem Konzept des aktuellen «Lucerne Festival zu Ostern» nach wie vor, doch werden die Kirchen als Veranstaltungsort zu Gunsten des KKL aufgrund verschiedener Argumente weniger berücksichtigt: unter anderem das kleinere (unbequemere) Platzangebot der Kirchen und ihre problematische Akustik, die sich zwar bei raumadäquaten Werken als durchaus gewinnbringend erweisen könnte, auch stilistisch.

Wie angedeutet verlief die Durchführung der ersten Osterfestspiele – mit Calderóns *Das Grosse Welttheater* im Stadttheater eröffnet – sehr zufriedenstellend. Sie boten künstlerisch, konform mit den Zielen, unter anderem durchaus selten zu hörende Sakralmusik wie Beethovens *Christus am Ölberg* (Royal Philharmonic/Ashkenazy), *Psalm* und *Anthem* von Purcell (Tallis Chamber Choir/CMZ/Sacher), Mozarts *Grabmusik* (AM-L-Orchester/Konzertverein-Chor/Hans Zihlmann), das Requiem von Dvořák (Philharmonisches Staatsorchester Hamburg/Albrecht) und als Abschluss die *Glagolitische Messe* Janáčeks. «La grande Dame de l'orgue», Marie-Claire Alain, spielte an der Hoforgel ein letztes Mal, und das Melos Quartett verabschiedete sich von Luzern unter anderem mit einer Uraufführung eines Fragments von Josef Garovi.

Die Jubiläumsfeiern beging man in den Sommer-Festwochen mit den vorgängig erwähnten Konzerten im Zeichen der Rückbesinnung auf das Gründerjahr zum einen, zum anderen mit einem Festakt, zu dem neben Reden Claus Peter Flor und Mitglieder des SFO die *Musik für Streicher* von Peter Benary, ein Auftragswerk der Stadt Luzern zum 80. Geburtstag von Paul Sacher, uraufführten. Die Musiker des SFO erteilten ihrerseits einen Auftrag an Krzysztof Penderecki; unter der Leitung des Komponisten fand die Uraufführung seiner *Passacaglia* im Rahmen eines Sinfoniekonzerts statt. Die IMF bestellten bei Josef Haselbach *Anima di bronzo*, der die Festival Strings zur Premiere verhalfen, bei Rudolf Kelterborn die *Gesänge der Liebe* (UA: Royal Philharmonic/Meyer-Schoellkopf) und die *Contrasti sospesi* (UA: Wiener Bläserensemble) bei Martin Derungs. Im «Musica nova»-Konzert blieben Uraufführungen aus, aber mit Kompositionen aus der Werkstatt von Karlheinz Stockhausen verdiente der Anlass allemal seine Etikette. Nicht nur mit dem *Siegfried-Idyll* im «Toscanini-Konzert» Abbados gedachte man Wagners, auch das New York Philharmonic unter Zubin Mehta leistete mit Szenen aus *Götterdämmerung* einen gewichtigen Beitrag zum Andenken an den einstigen prominenten Luzerner Gast. Beethovens Neunte, obligat bei denkwürdigen Ereignissen, erklang in der Interpretation der Academy of Ancient Music, dem London Symphony Chorus (Einstudierung: Richard Hickox), den Solisten Arleen Augér, Catherine Robbin, Anthony Rolfe-Johnson und David Thomas unter der Leitung von Christopher Hogwood wesentlich entschlackter, als man sie damals gemeinhin zu Gehör bekam.

Das Jubeljahr sollte indessen auch ein Abschiedsjahr werden. Die Begegnungen mit Karajan, Bernstein, Isaac Stern und den Luzerner Vokalsolisten endeten für immer.

Friedelind Wagner und Leonard Bernstein

*Herbert von Karajan letztmals in Luzern.
Der Dirigent begibt sich zur Probe.
V.l.n.r. erkennt man einen der Orchesterwarte
der Berliner Philharmoniker (mit Krawatte),
Präsident Bühlmann (Rückansicht), Karajan,
Beate Burchard (Osterfestspiele Salzburg),
Othmar Fries, Erich Singer, Eliette von Karajan
(Rückansicht)*

Karajan hätte nach eigenen Worten liebend gerne das erste Konzert im neuen Saal dirigiert. Dazu sollte es nicht mehr kommen. Immerhin leistete er noch einen imageträchtigen Propagandabeitrag, als es galt, für den Neubau kräftig die Werbetrommel zu rühren. In einer Probenpause diktierte er Meyer-Schoellkopfs Sekretärin ein druckreifes Plädoyer, dessen Reinschrift er nach der Probe unterschrieb und zur Veröffentlichung freigab. Triumphal hatten seine Luzerner Konzerte begonnen, triumphal endeten sie nach 40 Jahren, als Karajan als Achtzigjähriger 1988, von schwerem Leiden gezeichnet, das Podium des Kunsthauses betrat. Noch einmal bannte er Orchester und Publikum mit einer in den Ecksätzen ungewohnt trutzigen, in den Mittelsätzen wunderbar gelösten Interpretation der 1. Symphonie von Brahms. Peter Hagmann meinte in der *Neuen Zürcher Zeitung*, der Auftritt, den man gar nicht mehr erwartet hatte, habe «jedenfalls nicht nach einem Schwanengesang ausgesehen». [NZZ, 3./4. 9. 1988] Die vorausgegangene *Verklärte Nacht* von Schönberg in der Streichorchesterfassung musizierte das in Luzern 33 Jahre wirkende Gespann zwischen Chefdirigent und Orchester konvenierend ganz im Geiste der Brahms-Nachfolge. Ein unvergesslicher Abend, der ein wichtiges und wuchtiges Kapitel der Festwochengeschichte beendete, indem der Wille und Geist dieses «seltsamen Mannes» (Wolfgang Stresemann) seine hinfällig gewordene Physis noch einmal bezwang und ihr eine Höchstleistung abrang. Der langwährende Brenn- und Fixpunkt der IMF erlosch mit diesem Ereignis; die Verantwortlichen mussten zwangsweise andere Komponenten für die Attraktivität und Strahlkraft der Festwochen auf den Schild heben.

[Eine kleine persönliche Rückschau: Heutzutage ist mir Herbert von Karajan manchmal höchst gegenwärtig, manchmal ist er schon ganz weit weg. Je nachdem, unter welchem Aspekt ich seiner gedenke. Von den frühen siebziger Jahren an bis zu seinem letzten Auftritt habe ich ihn in Luzern betreut, ihn vom Hotel zu den Proben und Konzerten und wieder zurück gefahren. Näher gekommen bin ich ihm vielleicht ein kleines Stück, ihm nahezustehen vermochte wahrscheinlich ohnehin niemand. Privat vermittelte er ein völlig anderes Bild, als das, welches er selbst von sich für die Öffentlichkeit inszenierte und das die Medien genüsslich auskosteten. Peter Gülke bemerkt in seinem erkenntnisreichen Essay über den Maestro assoluto (Titel: *Könner, Macher, Sphinx und Showstar*): «[…] er [wollte] so *bekannt* sein wie möglich und so wenig *gekannt* sein wie möglich.» Denn just über das, was er seiner Umwelt gab, sprach oder schrieb er kaum – über Musik. Und ganz nebenbei: Alles Geschreibe über Karajan, Altes und Neues, fragt, von löblichen Ausnahmen abgesehen, kaum je ernsthaft nach seinem Verhältnis zur Musik. Für Gülke – ich stimme da mit ein – scheint sich eine geradezu makabre Vermutung zu bestätigen, *Musik habe ihm als Medium von Kontaktnahme und Mitteilung nicht viel bedeutet – makaber, weil einer, der so viel Glück geschenkt hat, nicht darauf angewiesen war, zu verstehen, was er schenkte, und weil er mit dem kommunikativsten Stoff, den wir haben, allein bleiben wollte.* Unter diesem Aspekt mutet es symbolisch an, dass seine letzten Proben vor dem Tod im Zeichen einer Oper standen – *Un ballo in maschera*.]

Post festum vollzog sich ein Wechsel an der Spitze des Stiftungsrats. Auf Werner Bühlmann folgte mit Georges Bucher der bisherige Vize- als IMF-Präsident, Stiftungsrat seit 1978. Er zeigte gleich an, wohin die Marschrichtung vordringlich gehen sollte. In einem Zeitungsinterview äusserte er schon vor seinem Ehrenamt: «Ohne grösseren Konzertsaal ist die Existenz der IMF gefährdet.» [LNN, 13. 8. 1988, Sonderbeilage] Bezüglich der Exekutive wurde nach dem altershalber erfolgten Rücktritt des administrativen Direktors Othmar Fries dem künstlerischen Direktor Ulrich Meyer-Schoellkopf die Gesamtverantwortung in Personalunion übertragen.

Das weite, an sich zu weite Thema «Russland» schränkte Meyer-Schoellkopf 1989 ein, indem er vor allem zwei Komponisten ins Zentrum rückte: Mussorgsky und Schostakowitsch. Die mannigfaltigen Beziehungen Schweiz – Russland bildeten einen Seitenstrang – etwa der Schweizer Komponist Paul Juon, der in Moskau wirkte, oder die Russen Tschaikowsky, Strawinsky, Rachmaninow und Skrjabin, die längere Zeit in der Schweiz weilten und tätig waren; der Emigrant Wladimir Vogel hingegen fand nach mühsamer Überwindung einiger Hindernisse in der Schweiz schliesslich Asyl. In einer Matinée wurde Tolstois Novelle *Luzern* am Handlungsort gelesen, im Hotel Schweizerhof. Somit erreichte die Programmstruktur eine Kohärenz, wie sie an einem Festival dieser Grösse nur selten zu erreichen ist. Abgestützt wurde die stringente Planung nicht zuletzt auch durch den Einbezug russischer und russischstämmiger Interpreten und durch die Tatsache, dass auch viele der Tourneeorchester sich bereitwillig dem Thema widmeten. So erklangen fünf der fünfzehn Symphonien Schostakowitschs, wovon die Nummern 8 (Chicago Symphony/Solti) und 14 (Camerata Bern/Holliger) erstmals. Ebenfalls neu an den IMF waren Schostakowitschs Orchesterlieder nach Michelangelo-Texten (Radio-Symphonieorchester Berlin/Ashkenazy/Fischer-Dieskau), das Violinkonzert Nr. 1 (SFO/Bělohlávek/Mullova), das Streichquartett Nr. 7 (Tokyo String Quartet) und das Trio Nr. 1 (Ex Aequo-Trio, Berlin). In der Orchestrierung Schostakowitschs spielte das SFO unter Yuri Ahronovitch Orchesterstücke aus der Oper *Chowanschtschina* von Mussorgsky wie auch dessen *Lieder und Tänze des Todes* unter Jiří Bělohlávek mit Paata Burchuladze. Neben Konzerten mit dem Staatlichen Sinfonie-Orchester Moskau unter Gennadi Rozdestvensky und den Solisten Igor Oistrach und Viktoria Postnikowa bereicherten Victor Tretjakow, Elisabeth Leonskaja, Nikita Magaloff und Vladimir Spivakov den Schwerpunkt.

Nicht an den Leitfaden gebunden waren das einmalige Gastspiel des Orchesters und Chores des Sofia Festival unter dem Karajan-Schützling Emil Tchakarov mit dem Verdi-Requiem sowie eine Aufführung von Pendereckis *Ein polnisches Requiem* mit den Chören des NDR und BR, dem Orchester des NDR unter der Leitung des Komponisten. Ein Konzert der Berliner Philharmoniker unter James Levine galt dem Andenken Karajans. In der Reihe «Junge Künstler» stellte sich mit Christian Tetzlaff ein Geiger vor, der in Zukunft immer wieder am Festival erscheinen sollte.

Für die IMF als Konzertfestival mit dem Rückgrat Sinfoniekonzerte bot der Schwerpunkt «Jahrhundertwende» 1990 ein nicht versiegendes Füllhorn. Das symphonische Schaffen an der Schwelle vom 19. zum 20. Jahrhundert stand im Zentrum der Darbietungen mit Werken der Komponisten aus allen Himmelsrichtungen: Mahler, Strauss, Bruckner, Zemlinsky, Schreker, Schönberg, Berg, Webern aus dem österreichisch-deutschen Raum, Sibelius, Nielsen, Martinů, Jan Kubelík, Suk, Janáček, Bartók, Kodály aus der nordischen und östlichen, Debussy, Strawinsky, Holst, Varèse aus der westlichen und Respighi aus der südlichen Hemisphäre. Diese Namen standen bei kammermusikalischen Veranstaltungen ebenfalls im Vordergrund.

Neue Namen von Orchestern und Solisten schienen im Gesamtprogramm erstmals auf: Das San Francisco Symphony Orchestra debütierte unter Herbert Blomstedt mit Bruckner; Michael Gielen dirigierte ein eng an das Thema gebundenes Programm mit dem SFO; Günter Wand leitete sein einziges Konzert in Luzern mit den zwei unvollendeten Symphonien Schuberts und Bruckners; Christoph von Dohnányi, damals Artistic Director in Cleveland, kam mit seinem Orchester auf der Europa-Tournee nach Luzern. Sándor Végh, der ehemalige Primarius des nach ihm benannten Quartetts, erschien nun als Dirigent der Camerata Salzburg. Erstbegegnungen waren diejenigen mit dem Cellisten Heinrich Schiff (Rezital mit Gérard Wyss) und seinem Namensvetter András mit seinem ersten Klavierabend. Nach ihrem ersten Auftritt im Schoeck-Jahr 1986 sang die schweizerische Sopranistin Brigitte Balleys anstelle von Marjana Lipovšek Lieder von Berg, Mahler und Strauss.

Erwähnenswert ist ausserdem, dass Rafael Kubelík mit der Solistin Yuuko Shiokawa das Violinkonzert Nr. 6 seines Vaters Jan dirigierte, Anne-Sophie Mutter in der Serenade *En rêve* von Moret spielte und das Concertgebouw Orkest unter Riccardo Chailly neben Mahlers *Lied von der Erde* Luciano Berios *Rendering* aufführte. Die Konzerte der Berliner Philharmoniker, nunmehr unter ihrem neuen Chefdirigenten Claudio Abbado, wurden der starken Nachfrage wegen und als Geschenk an die Luzerner Bevölkerung direkt zum Löwendenkmal übertragen, was auch Jahre später noch der Fall war.

Zeitgenössische Musik bekam man im Verkehrshaus zu hören. Das Experimentalstudio der Heinrich-Strobel-Stiftung des Südwestfunks realisierte in der Klangregie von André Richard Musik von Halffter, Nono und Boulez. Eigene Uraufführungen bot John Wolf Brennan mit seinem Ensemble im «Konzert für Junge».

1991 stand im Zeichen des unumgänglich weltweit ausgeweideten Mozart-Jahrs und des Jubiläums «700 Jahre Eidgenossenschaft». Präsident Bucher drängte zu diesem Anlass auf eine Reprise von Konzertdurchführungen auf dem Tribschen-Areal, verbunden mit der Möglichkeit, via Schiffsfahrt zum Konzert zu gelangen, denn die 1938 getroffenen baulichen Massnahmen an der Landebrücke waren immer noch einigermassen intakt. So profitierte man logistisch von Vorrichtungen, die über ein halbes Jahrhundert zuvor gebaut wurden. Anders als bei der legendären Toscanini-Gala sollte die Freilichtbühne beim Seeufer unterhalb der Wagner-Villa aufgestellt werden, um die abfallende Wiese als natürliche Tribüne zu nutzen. Meyer-Schoellkopf wusste um die Risiken des Vorhabens (Wetterrisiko, Kosten für die Infrastruktur wie die Errichtung des Konzertpavillons, Tribünenbestuhlung, Restauration, Sanitäranlagen etc.) und sanktionierte als Direktor, dessen Sache es nie war, mit dem Kopf durch die Wand zu gehen, erst, als der finanzielle Aufwand in jedem Fall gesichert war.

Der Himmel über Tribschen zeigte sich am Eröffnungskonzert des SFO unter Wolfgang Sawallisch glücklicherweise von seiner heitersten Seite, nicht durchwegs leider bei den nächsten Veranstaltungen an diesem Ort, wo noch Konzerte zweier Jugendorchester schweizerischer Provenienz anstanden: des Schweizerischen Jugendorchesters unter Andreas Delfs und des Orchestre des Rencontres Musicales unter Luca Pfaff. Unter der Etikette «IMF-Extra» stellte John Wolf Brennan eine «Tribschen SinFONietta» zusammen, die seine Kompositionen – darunter vier Uraufführungen – zu Gehör brachten. Ein anderes Jugendorchester, die Philharmonische Werkstatt Schweiz, sowie der Kammerchor Heidelberg, Mitglieder der Knabenkantorei Basel unter der Gesamtleitung von Mario Venzago führten im Kunsthaus Schoecks Oper *Venus* konzertant auf. Künstler wie Frieder Lang, Lucia Popp, Hedwig Fassbender, Boje Skovhus figurierten in den Hauptrollen.

Der Blick auf das Gesamtprogramm verdeutlicht, dass Schweizerisches gegenüber Mozart mehr Gewicht erhielt. Dazu meinte Meyer-Schoellkopf:

Die Neue Musik und deren Förderung spielte während meiner Direktionszeit immer eine Rolle. Im Rahmen des Tragbaren wurde dieser Komplex stets berücksichtigt. Es ging jedoch darum, die Programme so zu gestalten, dass das Publikum die Konzerte mit zeitgenössischer Musik mitzutragen gewillt war, sodass sie selbsttragend waren – mein Grundaxiom lautete: Öffnung ja, sofern sie verantwortet werden kann. Das führte im Schweizer Jahr 1991 dazu, dass Schweizer Komponisten schwerpunktmässig berücksichtigt werden konnten. Der Schweizerische Tonkünstlerverein ignorierte zu meinem Bedauern diese Tatsache völlig, obwohl über zwanzig Komponisten schweizerischer Provenienz zum Zug kamen. Überdies luden wir neben den schweizerischen Jugendorchestern das Tonhalle-Orchester unter dem Schweizer Komponisten und Dirigenten Beat Furrer ein. Das Mitteilungsblatt des Tonkünstlervereins erwähnte diese Anstrengungen mit keinem Wort, was ich nicht nachvollziehen konnte. In dieser Hinsicht fehlte uns damals eine PR-Abteilung, die so etwas hätte bekannt machen können.

Werke von Roland Moser, Francesco Hoch, Beat Furrer, János Tamás, Peter Benary, Thüring Bräm, Jacques Demierre, David Wohnlich und Andreas Nick erlebten ihre Uraufführung. Kompositionen von Daniel Schnyder und Heinz Holliger wurden als schweizerische Erstaufführungen vorgestellt. Das Amati Quartett spielte zur Ausstellungseröffnung «Vom Alphornruf zum Synthesizerklang» (Gestaltung: Walter Labhart) Musik von Rudolf Kelterborn, Wladimir Vogel und Robert Suter. In anderen Rahmen waren Kompositionen von Sándor Veress, Norbert Moret, Josef Haselbach, Raffaele d'Alessandro, Albert Jenny, Jürg Wyttenbach und Hansruedi Willisegger zu hören, ebenso Schweizer (Luzerner) Musik der Vergangenheit wie Werke von Joseph Joachim Raff, Josef Garovi, Franz Joseph Breitenbach, J. D. X. Stalder, Ludwig Senfl. Kurt Widmer sang Lieder von Bernhard Klein, Hans Georg Nägeli und Friedrich Theodor Fröhlich; Alois Koch leitete in der Stiftskirche Beromünster die *Missa solemnis a tre cori* von F. J. L. Meyer von Schauensee.

Das Eröffnungskonzert des SFO unter Wolfgang Sawallisch auf Tribschen, 1991

Diesem prallvollen Schweizergefäss gegenüber nahmen sich die Mozart-Beiträge relativ bescheiden aus – andere Orte sorgten genügend für eine Mozart-Sättigung. Lediglich die Konzerte der Wiener Philharmoniker unter Lorin Maazel, der Academy of St. Martin in the Fields unter Neville Marriner und des Orpheus Chamber Orchestra mit Alicia de Larrocha als Solistin standen ganz im Zeichen des Klassikers. Im Hotel Union arrangierte Jürg Wyttenbach eine *Faschings-Harlekinade* nach Mozart-Musik, die einen kabarettistischen Kontrapunkt zu den inflationären Mozart-Feiern setzte.

FAZIT

Ulrich Meyer-Schoellkopfs klug abwägende und geschickte Diplomatie in schwierigen Situationen blieb dem Ausland nicht verborgen. Das Berliner Philharmonische Orchester berief ihn 1990 zum Intendanten, als es den Neuanfang «post Karajan» zu bewältigen hatte.

Der Journalist Thomas Wördehoff [gegenwärtig Intendant der Ludwigsburger Schlossfestspiele] *resümierte meine Luzerner Zeit in der* Weltwoche *als uninteressant und konservativ. Abgesehen davon, dass er kaum je die Festwochen besuchte, zeigte er sich einfach konform mit jenen Kräften, die Baumgartners Ablösung nicht verkraften wollten.*

Diese Schelte des Medienvertreters greift zu kurz. Wie eingangs erwähnt, war Meyer-Schoellkopf bei der Übernahme des Direktionspostens gezwungen, Vorsicht walten zu lassen und keine waghalsigen Experimente einzugehen. Die Konsolidierung der Festwochen war ihm oberstes Gebot. Sie ist ihm geglückt, was ihn bei seinem wichtigsten und wegweisendsten Postulat bei Politikern und Wirtschaftsvertretern überzeugend und glaubwürdig auftreten liess: dem Ruf nach einem neuen Konzertsaal. Für den Neubau leistete er entscheidende Vorarbeiten und war massgeblich mitbeteiligt am Erschaffen diesbezüglich günstiger Voraussetzungen. Er sah gerade im Umgang mit der sich ständig wandelnden Musikszene, dass über den IMF ein Damoklesschwert hing. Sie drohten allenfalls zum marginalen Festival zu verkommen, falls ihre Infrastruktur auf dem Status quo bliebe.

Zielte der mediale Vorwurf auf mangelnde Berücksichtigung der zeitgenössischen Musik ab, so strafen ihn die oben angeschnittenen programmatischen Überblicke Lügen. Freilich setzte Meyer-Schoellkopf auf gesicherte Werte; er stützte sich fast ausnahmslos auf Komponisten, die ihre Feuertaufe bereits bestanden hatten, und war überdies der nicht abwegigen Überzeugung, die Qualität der Interpretation sei vor allem bei moderner Musik das Movens der Akzeptanz. Deswegen vertraute er die Aufführungen Neuer Musik nur ausgewiesenen Kräften an. Lediglich bei der Auswahl schweizerischer Komponisten war sein Auswahlverfahren weniger streng, weil er ganz bewusst das Schaffen dieser Komponisten mit jenem der internationalen Szene konfrontieren wollte. Die Aufführungen Alter Musik mit Spitzenkräften nahmen gar zu. Die Meisterkurse entwickelten sich ebenfalls weiter; neben dem Kubelík-Dirigierkurs lud man beispielsweise im

Russland-Jahr den Komponisten Edison Denissow zu einem Kompositionskurs ein.

Zusammen mit Georges Bucher, einem gewieften Organisator mit guten Beziehungen zur Wirtschaft, erkundete Meyer-Schoellkopf erste Pfade des Sponsorenwesens, das heute zur nicht mehr wegzudenkenden Säule der Festivalausrichtung gewachsen ist. General Motors war eine der ersten Adressen. Damit stiess das Gespann Türen auf, die in die heutigen Dimensionen führten. *Die ersten grossen Beträge flossen aus Kassen, die mit den Festwochen sehr verbunden waren, so zum Beispiel der Zuger Kultur-Stiftung Landis & Gyr, die das langjährige Stiftungsrats-Mitglied Heinz Hertach verwaltete. Wir lehnten uns an grosse Konzerne an; einer der ersten war Sandoz. Deshalb wählten wir dessen CEO Marc Moret in den Stiftungsrat. Erst Matthias Bamert intensivierte die Kontakte, in erster Linie zu Nestlé, einem Sponsor, der heute noch eine Vorreiterrolle spielt. Dazu kam die Zusammenarbeit mit diversen Kulturstiftungen – ein Baum also, der ständig gewachsen ist. Der Quantensprung hingegen erfolgte mit der Einweihung des KKL. Dies war ein höchst positiver Einschnitt, alles andere ist sukzessiv gewachsen.* [Meyer-Schoellkopf]

Doch liess sich Meyer-Schoellkopf nicht von augenscheinlich verlockenden Angeboten blenden. Als ein grosser, in der Musikindustrie führender japanischer Elektronikkonzern offerierte, die Festwochen als Exklusiv-Sponsor finanziell zu garantieren, schlug man die Offerte aus, weil die totale künstlerische, organisatorische und propagandistische Abhängigkeit (zu Recht) befürchtet wurde.

Bei Meyer-Schoellkopfs Weggang nach Berlin war der Status der IMF gefestigt. Die solide Basis erlaubte, sich wieder experimentierfreudiger auszurichten. Gefragt wurden im Hinblick auf die bald bevorstehende Volksabstimmung über den grössten städtisch je zu leistenden Baukredit vermehrte Anstrengungen in Richtung Öffentlichkeitsarbeit. Diesbezüglich herrschte Nachholbedarf, denn man kann nicht behaupten, nach Meyer-Schoellkopfs Abschied seien die IMF in der Bevölkerung breit wahrgenommen oder gar mitgetragen worden. Trotz Einbezug der Jugend, trotz Bemühungen um bescheidene Preise für bestimmte Kartenkategorien, trotz Veranstaltungen für Schichten mit alternativen Hörgewohnheiten etwa behielten die Festwochen ihren gesellschaftlich elitären Charakter bei. Meyer-Schoellkopfs Wesen und Temperament neigten überdies nur spärlich zu Popularisierungen im Sinne des nahen Dialogs und Kontakts. Mit der Berufung von Matthias Bamert wählte der Stiftungsrat den Garanten für ein weiter auf- und ausbauendes oder ergänzendes Prozedere. Der Vorgänger hatte die Fundamente zementiert. Nun mussten sich die Festwochen vielschichtig für das neue Jahrtausend wappnen, um fernerhin der vordersten Gilde der europäischen Musikfestivals anzugehören.

Pierre Boulez beim Luzerner Erstauftritt mit dem New York Philharmonic, 1975

Blick in den Saal des Kunsthauses während eines von Zdeněk Mácal dirigierten Konzerts, 1976

Das Luzerner Debut von Anne-Sophie Mutter in der St. Charles Hall in Meggen, am Klavier ihr Bruder Christoph, 1976

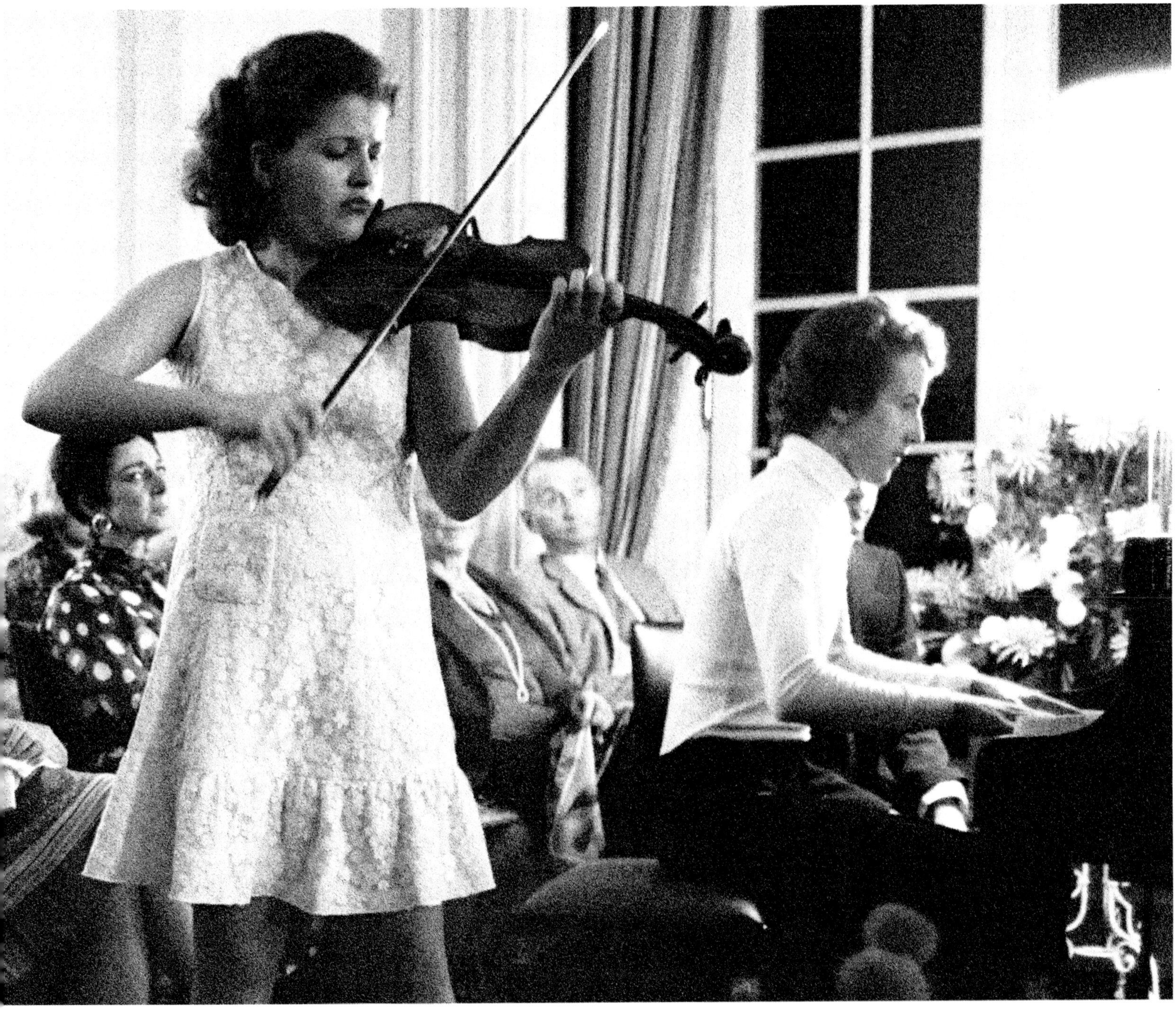

Erstmals Maurizio Pollini in Luzern. Der Pianist verlässt das Podium unter Applaus

Ovationen für die Mitwirkenden nach der Aufführung von Benjamin Brittens «War Requiem». Rafael Kubelík leitet vermutlich den Applaus auf den Tölzer Knabenchor und dessen Leiter Gerhard Schmid-Gaden weiter. Links von Kubelík die Solisten Gwyneth Jones, Peter Pears, John Shirley-Quirk (verdeckt); rechts Heinz Mende (Leiter des Chors des Bayerischen Rundfunks) und Guido Fässler (Leiter des Luzerner Festspielchors). Musiker des Symphonie-Orchesters des Bayerischen Rundfunks, 1976

Swjatoslaw Richter spielt das Grieg-Klavierkonzert, Paavo Berglund dirigiert das Schweizerische Festspielorchester, 1977

Vorfahrt der chauffierten Konzertbesucher

Originale Appenzeller Streichmusik Alder, Urnäsch, in der Kornschütte, 1978

Georg Solti dirigiert Brahms, 1978

Herbert von Karajan, Yo-Yo Ma und Anne-Sophie Mutter vor der Probe zum «Tripelkonzert» von Ludwig van Beethoven, 1978

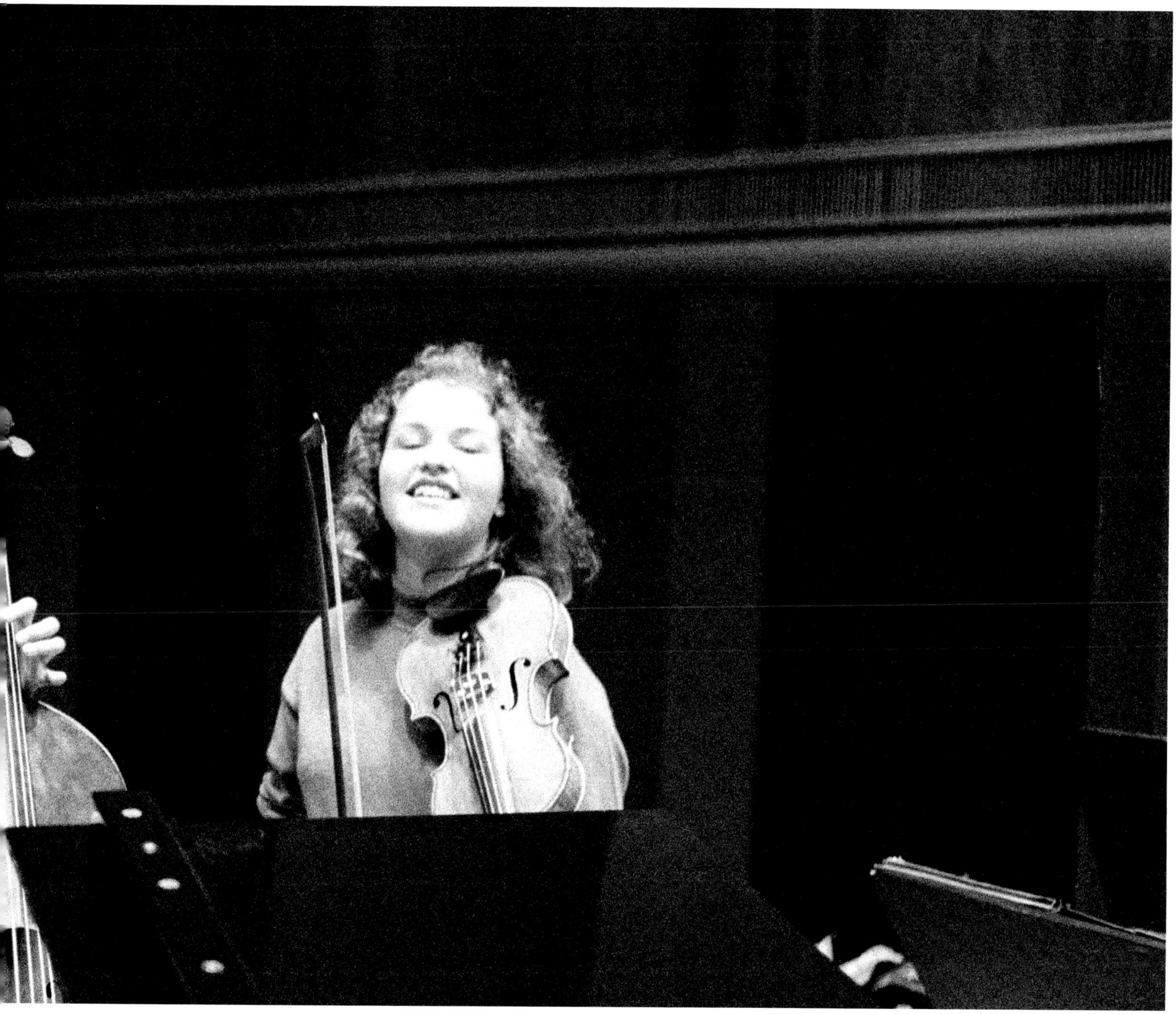

Sergiu Celibidache und Bruno Giuranna interpretieren Hindemiths «Schwanendreher», 1979

Scherzando: Horszowski und Rubinstein

«Notturno» mit Cathy Berberian im Stadttheater, 1979

Ashkenazy und seine Frau unterhalten sich mit Claus Peter Flor (rechts angeschnitten) vor seinem Auftritt, 1988

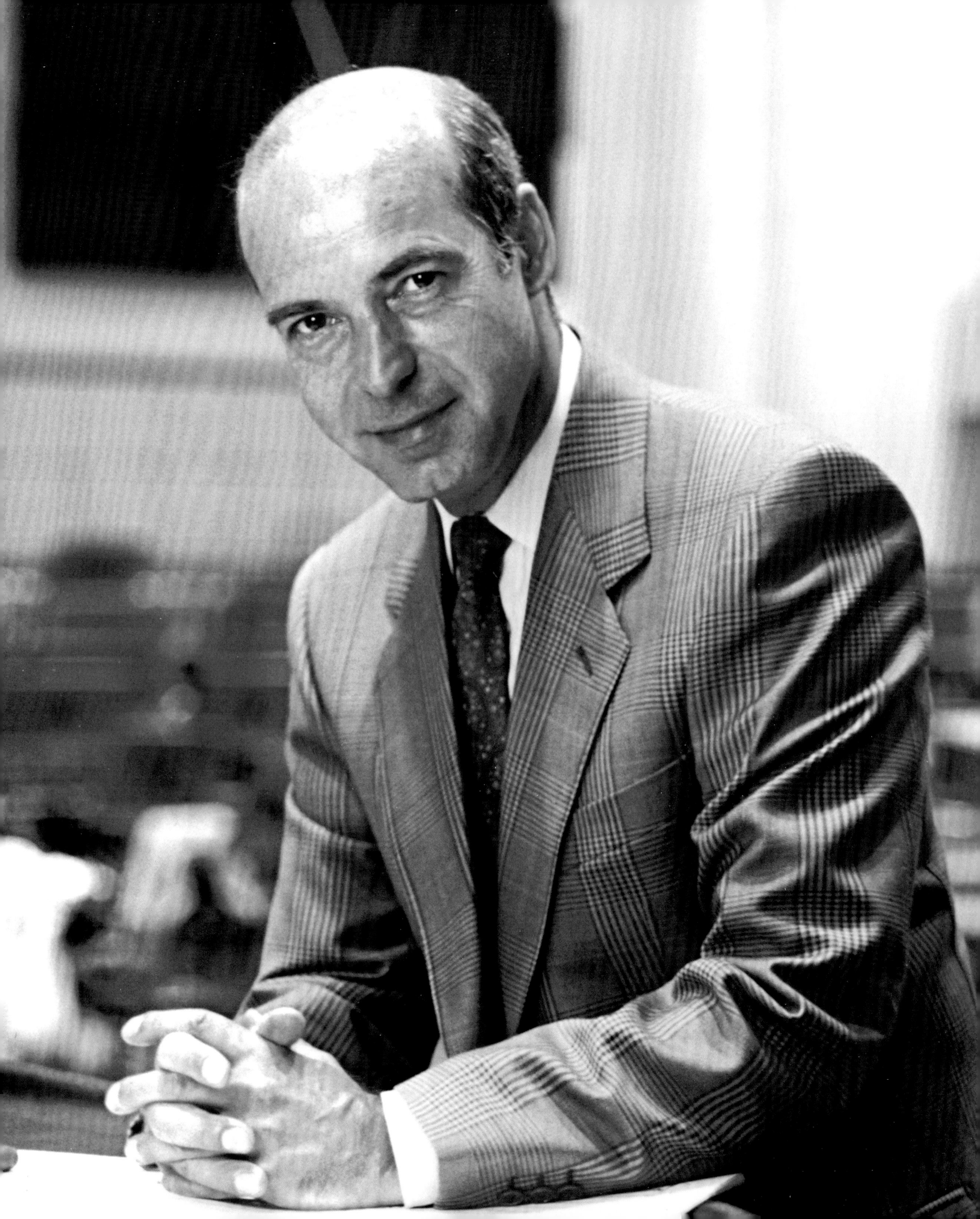

NEUE ASPEKTE

Die Intendanz Matthias Bamert
1991 bis 1998

Erfolg besteht darin, dass man genau die Fähigkeiten hat, die im Moment gefragt sind.
Henry Ford

Lorin Maazel und Matthias Bamert

Mit eigenen Worten zog der neue Direktor, dessen Bezeichnung seiner Position bald zum Intendanten mutierte, im Rückblick ein erstes Fazit.

Als ich nach Luzern kam, waren die IMF in der Stadt in der breiten Bevölkerung unbeliebt und bei ihr nicht verankert. Man betrachtete die Veranstaltungen als elitär, nur für einige wenige Privilegierte bestimmt. Sofort versuchte ich, Wege zu öffnen, um auch Festwochen für Luzern attraktiv zu machen. Denn es war mir klar, dieser Faktor sei mitentscheidend für die Abstimmung über den neuen Konzertsaal. Im Rückblick darf ich behaupten, es sei mir gelungen, die Einstellung der Luzernerinnen und Luzerner gegenüber den Festwochen geändert zu haben. [Auch die folgenden Zitate basieren auf einem Gespräch mit Matthias Bamert, das ich am 11. November 2010 in Cademario führte.]

Wege zur Öffnung hiess im Klartext die Einführung neuer Konzertformen, verknüpft mit einem anderen Verständnis des «Thema»-Begriffs. Bamert schrieb im Geleitwort zum Programm 1992: «In der Vergangenheit pflegten die Programme der IMF jedes Jahr unter einem ‹Thema› zu stehen. Ich würde die Bezeichnung ‹Leitgedanke› vorziehen, da wir uns damit in freier Weise ‹Neben- und Hintergedanken› erlauben können.» [Programmbuch IMF, 1992, S. 8] Bamert empfand die Leitthemen, wie sie sich vorher präsentierten, als einengend. Er suchte nach roten Fäden, die die Phantasie beflügelten. Auf diese Weise vermochte er manchmal Musik vorzustellen, die ein Mauerblümchendasein fristet, wie beispielsweise «Die heilende Kraft der Musik» des griechisch-armenischen Esoterikers Georges I. Gurdjieff und seines musikalischen Begleiters Thomas de Hartmann. Der Fundus an Ideen kannte keine Grenzen.

Der «rote Faden» wurde 1992 so umgesetzt, dass man zum Leitgedanken «Europa» Aspekte der Musik dieses Kontinents programmierte. Daneben (als Nebengedanken) berücksichtigte man die Komponistengruppe Les Six aus Anlass des 100. Geburtstags ihrer Mitglieder Honegger, Milhaud und Tailleferre. Weil Europa seinen Blick stets auch auf Amerika richtet, gedachte man (als Hintergedanke) der 500 Jahre zurückliegenden Entdeckung dieses Kontinents. Die weiteren Leitgedanken waren 1993 der 100. Todestag Tschaikowskys und 50. Rachmaninows. Daneben kamen Komponisten aus ihrem Umfeld zum Zug. «Interpretation, Bearbeitungen und Arrangement» lautete die Affiche 1994 und im Jahr darauf «Missverstandene Musik», «‹Entartete› Musik», «Vergessene Musik». 1996 bildeten der Komplex «Die heilende Kraft der Musik» und 1997 «Nostalgie» und Schuberts 200. Geburtstag Leit- und Nebengedanken. Zur Einweihung des neuen Konzertsaals ging es 1998 um «das Fest» an sich.

«FESTIVAL IM FESTIVAL»

Die Realisierung der einzelnen Leitgedanken erfolgte entweder mittels des traditionellen Konzerts oder aber bis anhin nicht gekannter Veranstaltungsreihen. Die nach aussen hin wirksamste war das «Festival im Festival», mit dem die IMF ganz neue Pfade beschritten. Es integrierte für Jahre, ganz im Zeichen der kulturellen Situation mit ihrer immer grenzenloseren Stilvielfalt, bewusst und als auflockerndes Moment in die etablierten Festwochen Musik, die bisher ausgegrenzt wurde. *Noch in den 1970er Jahren wurden beispielsweise Tradition und Avantgarde oder sogenannte «Ernste Musik» (E-Musik) und «Unterhaltungsmusik» (U-Musik) strikt voneinander getrennt, sodass ein Nebeneinander innerhalb ein- und derselben Festivals undenkbar gewesen wäre. Dem ist heute nicht mehr so. Auch im Bereich der Musik, sowohl in Bezug auf den kompositorischen Stil wie auch auf die Aufführungspraxis, durchmischt sich heute da und dort, was früher klar getrennt wurde. Philosophen sprechen dabei von Postmoderne.* [Regula Koch im Programmbuch 1992, S. 155]

Es begann 1992 mit einem Strassenmusikfestival. Einzelne ausgewählte Musiker oder -Gruppen erfreuten die Luzerner Bevölkerung tagelang auf Strassen und Plätzen, unterzogen sich dem Urteil einer Fachjury, welche die besten Formationen prämierte und für ein Schlusskonzert im Kunsthaus – tags zuvor spielten dort die Berliner Philharmoniker unter Abbado – auswählte. Neue Ideen, die eine Allgemeinheit tangieren, evozieren meist Opposition – auch diese. Bamert: *Anfangs stiess ich auf heftige Widerstände, beim Stassenmusikfestival fürchtete man eine Invasion von «Drögelern» und Ausgeflippten. So musste ich erst die Verantwortlichen der Polizei überzeugen und auch den sonst sehr offenen Stadtpräsidenten Franz Kurzmeyer. Nach dem Erfolg wünschte er eine Wiederholung, was wiederum ich nicht wollte, denn solche Formen verlangen die Einmaligkeit. Sie lassen sich nicht wiederholen.*

Die Fortsetzungen mischten die IMF ebenfalls tüchtig auf und verliehen ihnen einen Anflug von Volksnähe, ohne zur blossen Anbiederung zu geraten. Im Gegenteil. Wahrscheinlich ist an einem währschaften alpenländischen Volksfest kaum je echtere, urchigere Schweizer Folklore aus allen Himmelsrichtungen erklungen als am «Schweizer-Tag der Volksmusik».

1993: Amateurmusik mit Wettbewerb und Finale in der Bahnhofhalle
1994: Schweizer-Tag der Volksmusik
1995: Zigeunerfestival mit Ausstellung und Referaten
1996: Workshops und Referate zum Leitgedanken (Heilkraft Musik)
1997: Pfeifen im Walde mit Finale in der Bahnhofhalle
1998: Fest (im Leitgedanken integriert), Symposium «Fest»

Zwei Plakate zu «Festival im Festival»

Ich werde nie vergessen, wie beim Amateurmusik-Festival die berühmten Opernchöre von blutigen Laien im Bahnhof erschallten, ebenso wenig den Sonntag der Volksmusik [die eindrückliche Anthologie ist auf vier CDs dokumentiert], *als neben Darbietungen in der Kornschütte* [mit fachlich fundierten Kommentaren von Brigitte Bachmann-Geiser] *auf Plätzen und Strassen der Stadt gesungen, gejodelt, gefidelt und gehandörgelt wurde. Auch mit «Pfeifen im Walde» kam eine spielerische Note in den Festivalbetrieb, eine etwas weniger ernste als jene des üblichen Konzertrituals.*

Das Zigeunerfestival geriet für Bamert (und nicht nur für ihn) sogar zu einem absoluten künstlerischen Höhepunkt seiner IMF-Tätigkeit. Das unvergessliche farbenprächtige Mini-Festival beeindruckte Auge wie Ohr gleichermassen und stiftete einen überaus stimmigen Beitrag zur Völkerverständigung und zur Korrektur der immer noch häufig verstellten Sicht auf diese Randgruppen. Im Rahmen verschiedener Darbietungen traten Formationen aus dem Orient, Nordafrika, Osten und Westen Europas zusammen auf, um einmal die verschiedenen Stränge aufzuzeigen, denen die Fahrenden und ihre Musik auf den Wanderungen aus dem vorderen Orient über Ägypten nach Frankreich und Spanien (bis zum Flamenco) beziehungsweise nach dem Balkan und Ungarn gefolgt sind, und um ein andermal aufzudecken, dass in diesem Reichtum an Facetten ebenso Berührungspunkte auszumachen waren, die auf gemeinsame Ursprünge wiesen.

SYMPOSIEN

Im Bestreben, die jeweiligen Leitgedanken vertiefend zu akzentuieren, veranstaltete man dazu flankierende Symposien, wozu namhafte Referenten eingeladen wurden. Zum Thema «Die heilende Kraft der Musik» richtete man in der Kornschütte ein Rekreationszentrum ein. Neben Vorträgen rund um das Pfeifen zeigte man zwölf Spielfilme «mit Pfiff» – Filme, in denen dem Pfeifen dramaturgische Wirksamkeit zukommt. Einen hochinteressanten Ausblick in die Zukunft vermittelte 1998 das Symposium «Das Festival im 21. Jahrhundert».

COMPOSER IN RESIDENCE

Ein weiterer wichtiger Schritt war die Fortsetzung der zeitgenössischen Komponistenportraits, die seit Baumgartner zu den regelmässigen Veranstaltungen zählten. Bamert intendierte unverzüglich einen intensiveren Einbezug eines zeitgenössischen Komponisten in das Gesamtprogramm. Als Composer in residence bildete von nun an alljährlich ein Komponist – abwechslungsweise ein ausländischer und ein schweizerischer –, von dem man ein neues Werk wünschte, um es uraufzuführen, einen zentralen Programmpunkt. Es gelang, mit Alfred Schnittke (1993), Klaus Huber (1994), Luciano Berio (1995), Beat

Luciano Berio und Riccardo Chailly

Die Ausführenden des Klavierquintetts von Alfred Schnittke (Mitte), das Tale-Quartett und Irina Schnittke (l.)

Furrer und Michael Jarrell (1996), Wolfgang Rihm (1997) und Heinz Holliger (1998) führende Komponisten für diese neue Einrichtung zu gewinnen.

Die Premiere der Reihe musste leider ohne Uraufführung auskommen, da Alfred Schnittke bereits schwer erkrankt war – er verstarb 1998 – und sich ausserstande erklärte, eine Komposition für Luzern zu schreiben. An seiner Stelle und auch im Sinne einer Fortsetzung des Kurses von 1988 erteilte Edison Denissow zum zweiten Mal ein Kompositionsseminar. Klaus Huber weitete im Jahr darauf seinen Kurs zu einem eigentlichen Lehrgang aus, den er in zwei Arbeitsphasen gliederte. Bis zum Herbst bekamen die Teilnehmer Gelegenheit, ihre Kompositionen auszuarbeiten, um sie dann unter der Leitung des Dozenten definitiv und aufführungsreif zu gestalten. Die Schlussarbeiten und ein Schlusskonzert erfolgten im aargauischen Boswil in Zusammenarbeit mit der Stiftung Künstlerhaus Boswil. Danach konnten keine Kurse mehr angeboten werden. Hingegen initiierte Heinz Holliger ein Projekt unter dem Titel «Brücken zur Musik», um Kindern und Jugendlichen auf ungewöhnliche Weise den Zugang zur Musik zu ermöglichen. Dazu führte er Gespräche mit jungen Komponisten über das Komponieren zeitgenössischer Musik für Kinder und Jugendliche.

Jeder Composer in residence erfüllte den Wunsch nach einem neu geschaffenen Werk:
Klaus Huber: *Intarsi*, Kammerkonzert für Klavier und siebzehn Instrumentalisten, in memoriam W. Lutosławski
Luciano Berio: *Notturno* in der Version für Ensemble
Beat Furrer: *Stimmen* für Chor und vier Schlagzeuger
Michael Jarrell: *Mémoires pour chœur mixte et ensemble; Kassandra*, Monodrama nach dem Roman von Christa Wolf
Wolfgang Rihm: *Gebild* für eine hohe Trompete, zwei Schlagzeugspieler und zwanzig Streicher, Neufassung
Heinz Holliger: Vier japanische Gedichte auf japanische Haiku

Neben diesen Premieren wurde nach Möglichkeit – nicht immer konnte man den Wünschen der Komponisten aus organisatorischen oder finanziellen Gründen nachkommen – das übrige Werk repräsentativ vorgestellt. Seit Wolfgang Rihm und Heinz Holliger werden die Composer in residence stets mit einem illustrierten Sonderband gewürdigt.

MITTAGSKONZERT

Anklang fanden mit der Zeit immer mehr die während der Ära Bamert eingeführten einstündigen Mittagskonzerte. Sie bestanden aus keineswegs beliebig zusammengestellten Programmen, sondern waren eng mit der Leitthematik verknüpft oder verfolgten einen Nebengedanken. Im ersten Jahr hörte man zeitgenössische Musik von Schweizer Komponisten (unter anderem mit der Uraufführung der *Arietta notturna* von Robert Suter) neben solcher von Schnittke und seinem (russischen) Umfeld oder seinen Vorfahren. 1994 kam man in den Genuss von Vorträgen mit Instrumenten, die man selten oder fast nie solistisch zu hören bekommt: Tuba, Kontrabass, Glasharmonika, Ondes Martenot, Theremin, Akkordeon und Laute. Zigeuner traten im Jahr darauf auch in diesem Rahmen auf, in weiteren Konzerten erklangen neben Beethovens «russischen» Streichquartetten (op. 59) solche von Korngold, Bloch und Vogel. Herbert Henck spielte 1996 Klavierwerke der erwähnten Sonderlinge Gurdjieff und de Hartmann. Das Quartett Juliane Banse, Stella Doufexis, Christian Elsner und Oliver Widmer sang bekanntes und unbekanntes Liedgut. Die Mittagskonzerte 1997 standen im Zeichen von Schubert, etwa mit Klaviermusik für zwei Klaviere und Klavier zu vier Händen mit dem Duo Soós-Haag. Die übrigen Veranstaltungen bestanden in Beiträgen zum Pfeifen-Festival – zwei Klaviervorträge mit von Vogelstimmen inspirierter Musik von Schumann bis Messiaen und einen mit Alter Musik. 1998 schliesslich wurden junge Schweizer Talente vorgestellt, etwa das Trio Novanta, Brigitte und Yvonne Lang, das Casal Quartett, Adrian Oetiker, Tobias Moster mit dem Ensemble Opus Novum, das mit Christiane Boesiger Schönbergs *Pierrot lunaire* darbot, und der Geiger Stefan Tönz mit einem Rezital für Solo-Violine.

LATE-NIGHT-KONZERTE

Für Nachtschwärmer, Junge und Junggebliebene führte man 1995 erstmals den neuen Zyklus Late-Night-Konzerte durch, die nach der Ära Bamert fortgesetzt wurden. Da tauchten Namen auf, die gerade en vogue waren: Henryk M. Góreckis Symphonie Nr. 3 (*Klagelieder*), deren Aufnahme es damals sogar als «E-Musik» auf die Hitparade schaffte, Perkussionsmusik von und mit Steve Reich, die Furore machende Schlagzeugerin Evelyn Glennie, die wegen ihres Hörschadens Musik nur mittels Vibrationen wahrnimmt, sowie das Kronos Quartet, bekannt für Interpretationen zeitgenössischer Musik mannigfaltiger Stilbereiche. 1996 erlebte man – themenkonform – eine syrische Derwisch-Zeremonie, Ritualmusik aus Zimbabwe und Trommelmusik und Tänze aus Korea. András Schiff, Yuuko Shiokava und das Quatuor Mosaïques huldigten 1997 in diesem Rahmen abermals Schubert. Ein Jahr später kam es zu Nächten mit Flamenco-, Klezmer-, napolitanischer und kirchlich byzantinischer Musik.

Plakat «late night concerts»

MUSIK UND DICHTUNG

Während die erwähnten neuen Konzertformen eher auf die beabsichtigte Öffnung der IMF nach aussen zielten, schuf man mit den Matineen «Musik und Dichtung» quasi eine gegengewichtige Reihe für Kenner und Liebhaber. Die St. Charles Hall in Meggen bot dafür den geziemenden Rahmen. Um nicht im Uferlosen sich zu verlieren, entschloss man sich, massgebende schweizerische Schriftsteller für diese Anlässe zu gewinnen und einzuladen. Es wurde ihnen freigestellt, selbst aus ihren Werken zu lesen oder diese Aufgabe einem professionellen Sprecher (Schauspieler) anzuvertrauen. Zwischen den Lesungen spielten Solisten wie beispielsweise Heinrich Schiff, Aloys Kontarsky, Hiroko Sakagami oder Conrad Steinmann Musik, die mit den Autoren vorgängig abgesprochen und vereinbart wurde. Ausser Thomas Hürlimann und Peter Bichsel – sie fungierten selbst als Sprecher – lasen Schauspieler wie Anne-Marie Blanc, Elke Stoltenberg, Wolfgang Stendar und Udo Samel aus Werken von Gerhard Meier und Thomas Hürlimann (1992) über Adelheid Duvanel (1996) zu Peter Bichsel (1998).

KÜNSTLERISCHE SCHLAGLICHTER

Neben allen diesen Novitäten leuchteten selbstverständlich auch Glanzlichter im herkömmlichen Rahmen. 1992 beispielsweise kam es zur einzigen Begegnung mit dem Dirigenten Klaus Tennstedt mit dem London Philharmonic Orchestra und zur letzten mit Gary Bertini. Yuri Temirkanov und das wohl beste Orchester Russlands, die St. Petersburger Philharmoniker, reisten erstmals nach Luzern. András Schiff, Yuuko Shiokawa und der leider früh verstorbene Boris Pergamenschikow spielten die Uraufführung des *Trio concertante* von Rafael Kubelík. Im Bereich Moderne wurden Werke der Genfer Komponistin Geneviève Calame unter Jacques Guyonnets Leitung präsentiert, der Organist Zsigmond Szathmáry entlockte der Hoforgel mit Werken von Bach bis Kagel ungewöhnliche Klänge. Im Mittelpunkt der Klaviervorträge und Rezitationen mit Werner Bärtschi standen Stücke von Satie. Das Ensemble recherche, zusammen mit dem Experimentalstudio der Heinrich-Strobel-Stiftung des SWF, realisierte in der Klangregie von André Richard Werke von Spahlinger, Richard, Nono und Lachenmann.

Die Rachmaninow-Würdigung 1993 gipfelte in einem «Klaviermarathon». Im Laufe eines Sonntags wurde das integrale Klavierwerk des Komponisten durch acht Pianisten wiedergegeben. Leider bewirkten kurzfristige Absagen kleine Abstriche an der Vollständigkeit.

Noch ahnte niemand, dass die drei Konzerte des Festspielorchesters just im 50. Jahr seines Bestehens zu Abschiedsvorstellungen werden sollten. Neeme Järvi, Heinz Holliger und Wolfgang Sawallisch leiteten die letzten Konzerte dieses Orchesters, das den IMF so lange ein besonderes Gepräge verliehen hatte. Das SFO gab zu seinem Jubiläum an

Holliger ein Orchesterwerk in Auftrag. Unter seiner Leitung wurde *(S)irató in memoriam Sándor Veress* uraufgeführt. Sawallisch leitete eine eindrückliche Wiedergabe des *Stabat Mater* von Dvořák mit den Solisten Lucia Popp (die kurz darauf verstarb), Marjana Lipovšek, Peter Dvorský und René Pape. Der Luzerner Festwochenchor in der Einstudierung von Franz Schaffner gestaltete noch einmal die Chorpartien.

[Dieser Laien-Chor, der nie als feste Einrichtung konstituiert war, wurde ebenfalls aufgelöst, bedauerlicherweise auf etwas unschöne Weise – der Chor verschwand nach einem Konzert im Jahr 2000 schlicht und einfach von der Bildfläche. Faktisch wurde er überflüssig, weil die meisten Gastorchester nur noch mit professionellen Chorkräften anreisten. Bei einigen Aufführungen zeigte sich in den letzten Jahren schonungslos, dass einem Laien-Chor Grenzen gesetzt sind, wenn er technisch schwierige Aufgaben bewältigen muss. Darüber hinaus hatte sich die breite Hörerschaft durch die Verbreitung der Schallplatten an professionelle Chor-Standards gewöhnt und zeigte sich nicht mehr bereit, diesbezügliche Einbussen hinzunehmen.]

Bevor man Mikhail Pletnev in seiner ursprünglichen Eigenschaft als Pianist in Luzern kennenlernte (dazu kam es 1995), erschien er 1993 erstmals als Dirigent des von ihm gegründeten Russischen Nationalorchesters.

Mikhail Pletnev dirigiert vom Klavier das Russische Nationalorchester, 1993

Cecilia Bartoli singt barocke Arien

Zum Thema «Interpretationen» gehörte die Aufführung bekannter Werke mit Interpreten, die sich an der historischen Aufführungspraxis orientierten. Einer der führenden Dirigenten dieser Richtung, John Eliot Gardiner, demonstrierte zusammen mit seinem Orchestre Révolutionnaire et Romantique diesen Interpretationsansatz anhand beethovenscher Symphonik und Mozarts selten aufgeführten *Thamos* bei seinen Luzerner Erstauftritten. Ein Konzert des Amsterdam Baroque Orchestra unter Ton Koopman mit Werken Haydns und Mozarts zählte ebenfalls zu dieser Sparte. Als Beispiel nachschöpferischer Bearbeitung der anderen Art darf hier Hans Zenders «komponierte Bearbeitung» der schubertschen *Winterreise* stehen, die der Komponist mit dem Klangforum Wien und dem Solisten Hans Peter Blochwitz vorstellte. Der Schubert-Zyklus bildete ausserdem die Basis noch mehrerer präsentierter Bearbeitungen.

Die Compagnia Teatro Dimitri studierte speziell für die IMF ein Konzertspektakel unter dem Titel *L'homme orchestre* ein – eine hintersinnige und virtuose Clownerie, begleitet vom Musikkollegium Winterthur. In der Parklandschaft Tribschen inszenierten das Luzerner Ballett, das ch-tanztheater und Mitglieder der Ballettschule *Pictures in the Park*, ein Open-Air-Spektakel nach Motiven von Mussorgskys *Tableaux d'une exposition*.

Diva assoluta Cecilia Bartoli sah man bereits 1988, als ihr der internationale Durchbruch noch nicht gelungen war, für ein IMF-Debut vor, das sie leider absagte. 1995 war es dann so weit: Die Koloratur-Mezzosopranistin mit ihrer einzigartigen natürlichen Ausstrahlung sang Lieder und Arien vom Frühbarock bis zu Ravel – ihr Repertoire ist bekanntlich sehr breit, nicht zuletzt wegen des grossen Umfangs ihrer Stimme von zweieinhalb Oktaven. Seither zählen Bartoli-Abende zu den regelmässigen Festival-Schlagern.

Am Pult der Wiener Philharmoniker stand in diesem Jahr zum einzigen Mal in der IMF-Geschichte der französische Dirigent Georges Prêtre, der sich einst bei André Cluytens zum Orchesterleiter hatte ausbilden lassen.

Im folgenden Jahr, 1996, stellte sich mit Simon Rattle an der Spitze des City of Birmingham Orchestra ein Dirigent erstmals vor, der von Lucerne Festival nicht mehr wegzudenken ist, seit er 2002 zum Chefdirigenten der Berliner Philharmoniker gewählt wurde. Das Jahr stand (neben dem Leitgedanken) bezüglich der Sinfoniekonzerte ganz im Zeichen des Abschieds vom altehrwürdigen Kunsthaussaal. Das letzte Konzert mit den Wiener Philharmonikern war deswegen als «Adieu» programmiert. Nicht eine grosse Symphonie stand am Ende des Programms, sondern nach «Siegfrieds Tod» und der «Trauermusik» aus Wagners *Götterdämmerung* sang Felicity Lott zum Konzertabschluss die *Vier letzten Lieder,* den Schwanengesang des alten Richard Strauss. Für den Dirigenten Giuseppe Sinopoli selbst sollte das unweigerlich viele Erinnerungen an die IMF-Vergangenheit heraufbeschwörende Konzert zum eigenen Abschied werden. Er, der knappe fünf Jahre später während einer *Aida*-Aufführung zum Gedenken an den Intendanten Götz Friedrich in der Berliner Oper verstarb, kehrte nicht mehr nach Luzern zurück.

> [Unmittelbar nach dieser letzten Veranstaltung im Hause, das fast ein halbes Jahrhundert lang eine Mitte der IMF bedeutete, fuhren die Maschinen auf, begannen ihr Zerstörungswerk, um Fundamente für eine Festival-Neuzeit zu errichten.]

Giuseppe Sinopoli und die Wiener Philharmoniker beim letzten Konzert im Kunsthaus

1 Nina Corti, 1988

2 Karlheinz Stockhausen, 1988

3 Leonard Bernstein und Gerhard Hetzel, Konzertmeister der Wiener Philharmoniker, 1988

4 Anne-Sophie Mutter, 1988

5 Yuri Ahronovitch und Andrej Gavrilov, 1989

1 Václav Neumann, 1990
2 Bernard Haitink, 1989
3 Sándor Végh, Camerata Salzburg, 1990
4 Kurt Sanderling, 1989
5 Sándor Végh nach dem Konzert, 1990

1

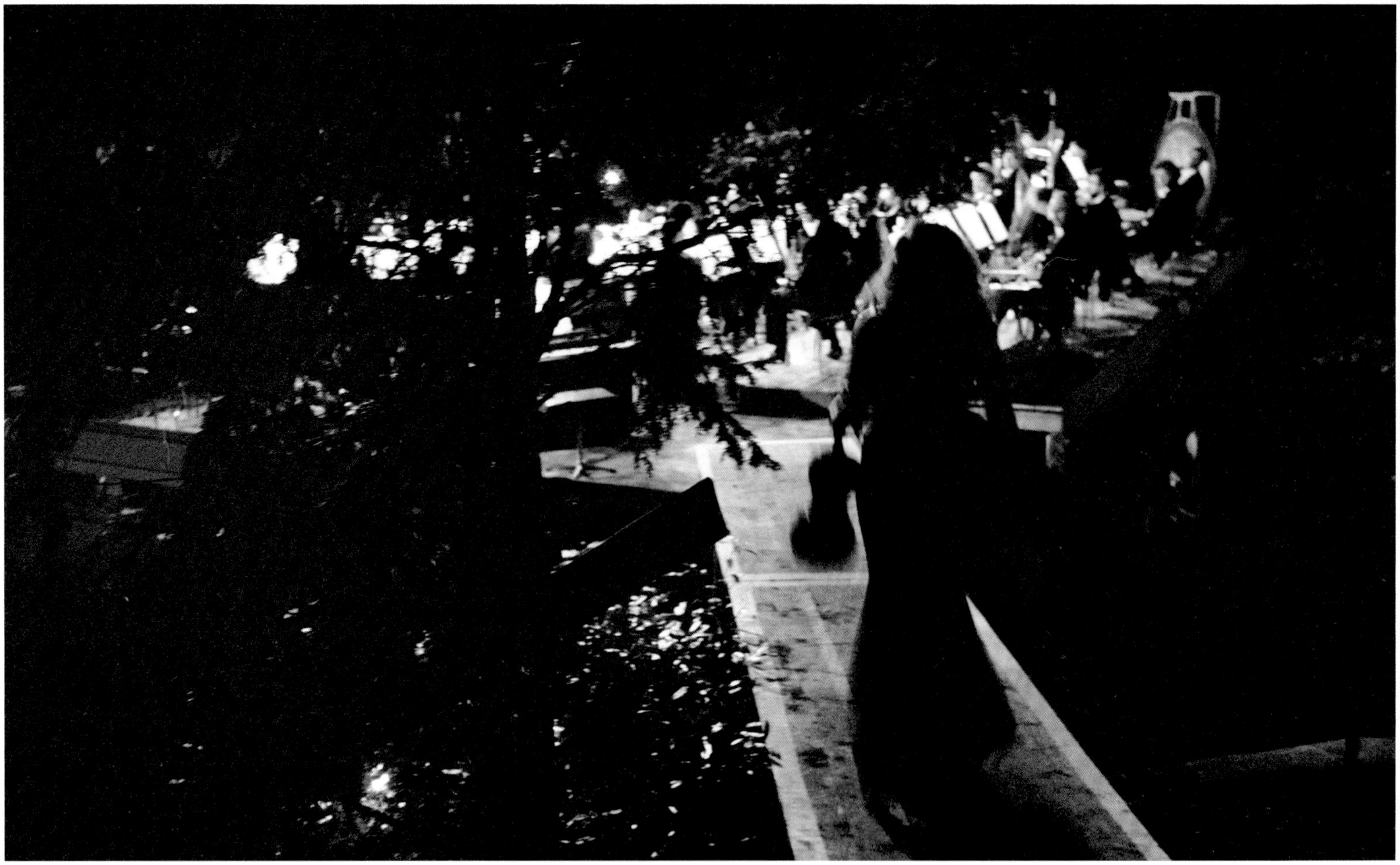

2

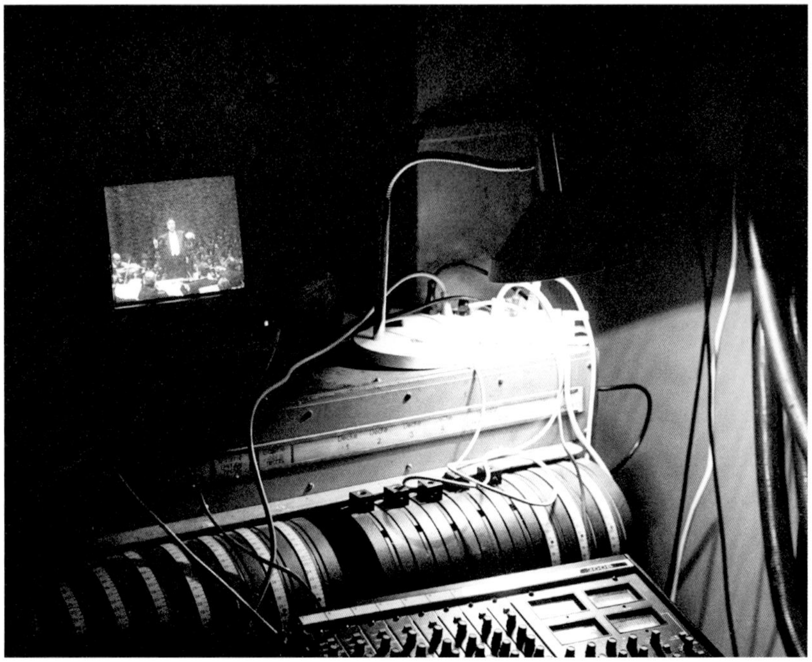

3

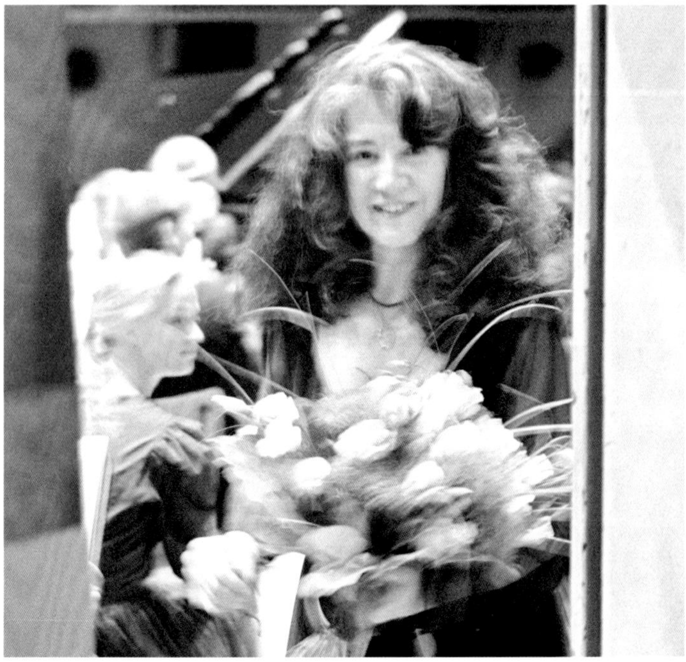

1 Anne-Sophie Mutter tritt bei der
  Serenade vor dem Löwendenkmal auf, 1988

2 Technikraum des Radios, auf dem Bildschirm
  dirigiert Claudio Abbado, 1992

3 Martha Argerich, 1992

4 Carlo Maria Giulini dirigiert das ECYO, 1992

5 Krystian Zimerman, 1992

SONDERJAHR 1997

Der Abbruch der Konzertstätte zwang die IMF-Verantwortlichen, delikate Entscheidungen zu treffen. Falls der Abbruch des alten Meili-Baus später erfolgt wäre, will sagen die IMF auf den Saal (noch) nicht hätten verzichten müssen, hätte dies eine Bauverzögerung und andere Imponderabilien mit sich gebracht. Deshalb blieb es bei den Alternativen: Keine Festwochen 1997? Nur Veranstaltungen im Kleinformat? Übliche Durchführung an anderem Ort? Einhellig herrschte die Meinung vor, ein radikaler Verzicht falle ausser Betracht, die Redimensionierung wurde ebenso ausgeschlossen. Es musste also ein Ersatzkonzertort gesucht werden. Man wurde fündig, und nicht nur das. Bamert nannte neben dem Zigeunerfestival als zweiten herausragenden Höhepunkt in seiner Luzerner Laufbahn «die Durchführung der Festwochen im Sommer 1997 in der Von-Moos-Stahlhalle in Emmen. Was erst nach einer hereinstürzenden Grosskatastrophe aussah, entpuppte sich als singuläres Ereignis, als Festival der Superlative, das unvergesslich bleibt».

Abbruch des Kunsthauses, 1996

Wie es dazu kam, schilderte mir Toni J. Krein, ehemals Leiter des künstlerischen Büros IMF, am 22. Juni 2012 in Weggis:

Die Geschichte mit der Stahlhalle begann eigentlich, bevor der Plan B [Abbruch des Kunsthauses nach den IMF 1997] der Trägerschaft bekannt wurde. 1995, kurz nachdem ich die Leitung des künstlerischen Büros der IMF übernommen hatte, nahmen die Verantwortlichen der IMF zur Kenntnis, das geplante KKL würde zu den Osterfestspielen 1998 noch nicht fertiggestellt sein. Grundsätzlich gingen wir davon aus, unsere Veranstaltungen bis und mit Sommer 1997 im Kunsthaus durchzuführen. Wir mussten uns demnach nach anderen Lokalitäten für diesen Zeitpunkt umschauen.

Das Thema Räume hatte mich bislang immer wieder beschäftigt und interessiert, mindestens seit meiner Tätigkeit in Frankfurt a. M., als ich beim Wiederaufbau der Alten Oper beteiligt war. Räume suchen, Ideen finden, diese mit Leben zu füllen, bedeutete für mich stets eine Leidenschaft. So habe ich es mir gleich zu Beginn meiner Tätigkeit an den IMF zur lustvollen Aufgabe gemacht, Ersatzspielorte für das Jahr 1998 zu suchen. In jeder freien Minute fuhr ich die Stadt und die nähere Umgebung ab und spähte nach potentiellen Konzertstätten. Irgendwann, vermutlich im Spätfrühling 1995, verschlug es mich nach Emmenbrücke, wo ich des riesigen Von-Moos-Werks ansichtig wurde, damals noch nicht wissend, um was für ein Gebäude es sich handelte. Man konnte die Lagerhalle des Walzwerkes nicht betreten. Gesichert ist lediglich ein Termin in meiner Agenda, die ich bis heute aufbewahrt habe. Darin findet sich ein Eintrag eines Treffens am 12. Juni mit Herrn von Reding vom Unternehmen Von Moos AG. Heute entsinne ich mich nicht mehr, ob ich die Halle damals erstmals von innen sehen oder sie bereits vorher einmal besichtigen konnte. Jedenfalls überwältigte mich der 300 Meter lange Bau beim ersten Anblick und liess mich nicht mehr los. Die Halle war angefüllt mit riesigen Stahlwickeln, den allseits bekannten gewaltigen Rollen. Ich fühlte mich gewissermassen in einer profanen Kathedrale, deren bauliche und industriearchitektonische Qualitäten mich unmittelbar faszinierten. In meinen Terminkalender zeichnete ich Grobskizzen und fügte ungefähre Massangaben bei – heute würde man mit der Digitalkamera einige Bilder schiessen. Zurück im Büro erzählte ich begeistert von der Entdeckung, denn ich war fest davon überzeugt, dieses Objekt übertreffe bei weitem alles andere, was ich sonst als mögliche Ausweichorte gesichtet hatte. Für mich hiess es: «That's it!»

Relativ kurz darauf kam Thomas Held [Projektleiter KKL, Gesamtkoordinator Kulturraum] auf uns zu, bat um ein Gespräch und informierte uns über den sogenannten Plan B. Der sah vor, das alte Kunsthaus bereits unmittelbar nach dem letzten IMF-Konzert 1996 abzureissen. Eine notwendige Massnahme, die es ermöglichte, den gesamten KKL-Bau früher fertigzustellen. Dazu stand eine grössere Zeitspanne für den Bau des Konzertsaals zur Verfügung. Held legte nahe, falls dieses Prozedere keine Zustimmung fände, stünde das Kunsthaus 1997 mitten in einer wüsten Baustelle; es wäre kein Vergnügen, ja eine Zumutung, zum Konzertsaal zu gelangen. (Schon 1996 waren rund um das Kunsthaus Bagger aufgefahren und hoben Baugruben aus, der Zugang hingegen war dem Publikum kaum verwehrt.) Held berichtete weiter von bereits getroffenen Vorabklärungen und machte uns beliebt, als Ersatz-Konzertstätte das Botta-Zelt zu verwenden, das 1991 als mobiler Festsaal für die Feierlichkeiten im Rahmen von «700 Jahre Eidgenossenschaft» an verschiedenen Orten diente. Dieses Zelt sei weiterhin funktionstüchtig und verfügbar. Intendant Matthias Bamert und ich rümpften beim Wort «Zelt» (gedanklich) die Nasen, zeigten uns jedoch offen. Erst mussten ohnehin Präsident und Stiftungsrat informiert und weitere Abklärungen getroffen werden. Für Präsident Georges Bucher bedeutete der Vorschlag quasi Land in Sicht; er liebäugelte mit dem Zeltstandplatz auf dem bedeutungsschwangeren Tribschen-Areal, wo der Hauptteil der Konzerte durchzuführen sei. Im IMF-Büro herrschte indes einhellig die Meinung, es sei nach einer anderen Lösung zu suchen.

Bamert regte daher eine genauere Prüfung der Halle in Emmenbrücke an. Darum mag es sein, dass es sich beim erwähnten Eintrag (12. Juni 1995) bereits um einen zweiten Besuch handelte. Präsident Georges Bucher, immer noch auf Tribschen fixiert, nannte bereits einen Architekten, der eventuell behilflich sein könnte, eine optimale Lösung zu finden: Max Schmid. Mit ihm hatte Bucher als Verwaltungsratspräsident der Casino AG erfolgreich den Umbau des ehemaligen Kursaals bewerkstelligt.

Im Frühsommer stapften wir zu viert auf Tribschen herum: Bucher, Held, Bamert und ich. Während die beiden Erstgenannten weiterhin von der Zelt-Variante schwärmten, wuchs bei den beiden anderen die Skepsis. Wir wandten uns an betroffene künstlerische Partner – an die Berliner und Wiener Philharmoniker sowie an das Concertgebouw Orchester Amsterdam, denn wir waren davon überzeugt, diese Spitzenorchester würden niemals in einem Zelt auftreten, was sie uns denn auch bestätigten. Damit war der Weg geebnet, das Lobbying für eine einmalige Durchführung der Festwochen in der Stahlhalle in Emmenbrücke zu starten. Es galt, die Idee beliebt zu machen und erste organisatorische Massnahmen zu treffen.

Wie immer bei solchen Unterfangen stellte sich nicht zuletzt die Frage der Finanzierung. Der Plan B schloss eine Finanzierungshilfe ein. Aufgrund der kürzeren Bauzeit und der früheren Fertigstellung des KKL sparte die Trägerschaft Gelder ein, die sie uns zur Verfügung stellen konnte. Sie hätte demnach Zeltmiete und -aufbau übernommen. Die IMF ihrerseits sahen bis anhin kein Budget für einen derartigen Fall vor. Das Geld, das für die Zeltvariante vorgesehen war, reklamierten wir in der Folge für die Lösung Emmenbrücke, was denn auch gewährt wurde.

Dann begannen die Verhandlungen mit der Firma Von Moos, denn die Halle musste für unsere Zwecke freigeräumt werden. Die Verantwortlichen der Firma zeigten sich stets äusserst zuvorkommend und kooperativ. Sie waren bereit, die Halle soweit als nötig von den Stahlrollen zu befreien. An diesem Punkt kam Architekt Max Schmid ins Spiel; er begann mit der Ausarbeitung der Grobpläne, um das Platzvolumen zu eruieren, das vom ganzen Gebäudekomplex benötigt wurde. Schmid taxierte den Ostteil der Halle als beste Möglichkeit für den Einbau der Konzerthalle samt den notwendigen Infrastrukturen. Der Saal sollte aus Holz gebaut werden in einer ausreichenden Festigkeit, um Vibrationen zu vermeiden. Selbstverständlich wurden diese Arbeiten im Detail von Anfang an zusammen mit den Akustikern realisiert.

Aus meiner Zeit in Montepulciano kannte ich die Firma BBM in München. Das bestens ausgewiesene Akustik-Unternehmen hinterliess bei mir beste Eindrücke, als es mit einfachsten und kostengünstigsten Mitteln die an sich überhallige San-Biagio-Kathedrale in Montepulciano akustisch in eine konzerttaugliche Kirche verwandelte. Die Mitarbeiter kamen nach Emmenbrücke und nahmen erst einmal Messungen vor, um das Saalvolumen zu bestimmen. Dies führte zu einer von Beginn weg glücklichen Zusammenarbeit mit Schmid. Die Beteiligten richteten sich nach dem Wiener Musikvereinssaal aus; der berühmte Bau diente als Referenz. BBM legte in der Folge die Pläne des legendären Prunksaals quasi auf jene von Schmid, freilich ohne die Ornamente, Balkone, Säulen und dergleichen Beiwerk. Gewisse Merkmale wie die enge Bestuhlung und die nirgends glatten Wände, um den indirekten Schall zu brechen und Reflexionen weitgehend zu vermeiden, wurden wohlbedacht umgesetzt.

Das Projekt wurde mit guten Zwischenergebnissen sehr schnell vorangetrieben, im Wissen, dass eine gewaltige Sache bevorstand. Ein guter Saal allein konnte ja nicht genügen. Es musste überlegt werden: Wie bringen wir die Leute dorthin, wie können wir den Ort für das Publikum attraktiv gestalten, denn Emmenbrücke gilt im Vergleich zu Luzern nicht gerade als Touristenmagnet.

Weil der Industriebau glücklicherweise Bahngeleise aufwies, die direkt zum SBB-Netz führten, bekam die Idee Gewicht, einen Shuttle zu organisieren: vom Hauptbahnhof Luzern direkt zum Konzertort in Emmenbrücke! Wir führten Gespräche mit den SBB und es gelang, die Bundesbahn für die Absicht zu begeistern. Interessanterweise heckte sie gerade den Plan aus, für die sogenannte Stadtbahn Zug – mittlerweile S-Bahn – Rollmaterial zu testen. Deshalb bot ihr unser Vorhaben die Chance, die projektierten Zugkompositionen auszuprobieren; die Bahn vermochte also von uns auch zu profitieren. Sie übernahm die Prüfung der Schienen, denn der Transport von Personen stellt andere Anforderungen als jener von Stahl; kleinere Unterhaltsarbeiten waren vonnöten. Kurz: Ein möglicher Transportweg war damit gesichert.

Selbstverständlich war allen Beteiligten bewusst, dass ein Teil des Publikums dessen ungeachtet mit dem Auto zum Konzert anzureisen wünschte, darunter auch Leute, die eine Vorfahrt für ihren Chauffeur erwarteten. Alle diese Begehren riefen nach dem Einsatz eines Verkehrsplaners. Der damit Beauftragte ging mit Verve an seine Aufgabe heran: Fahrwege berechnen, Parkplätze schaffen, Vorfahrten konzipieren, reibungslose An- und Wegfahrten garantieren.

Die Frage der Gastronomie bildete einen weiteren wichtigen Themen- und Problemkomplex, denn in der Umgebung der Halle suchte man vergebens nach einer Gaststätte, die Festwochenansprüchen genügte. Meine Bemühungen, die Betreiber der Quartierbeizen zu temporären Sonderanstrengungen zu animieren, verpufften, weil es den Wirten an Erfahrung und Kapazität mangelte.

Die Firma Von Moos ihrerseits wies auf die Problematik der Gastronomie bezüglich Logistik hin, denn der Restaurantbedarf musste zwingend angeliefert werden können. Wir aber hatten lediglich einen einzigen Bühnenzugang (Ostseite) und den Publikumszugang (längs der Südseite) zur Verfügung; weitere Zugänge konnten gar nicht geschaffen werden, da Von Moos verständlicherweise die Bedingung stellte, ihren Betrieb reibungslos fortsetzen zu können. Somit durfte das eigentliche Betriebsgelände unsererseits nicht tangiert werden, mit anderen Worten: Der Zugang zu ihm war verwehrt, es blieb abgeschottet. Die Längsseite im Norden bot ebenso keinen Ausweg, da dort die Aufbewahrung der ausgelagerten

Stahlwalzen vorgesehen war. Es musste bei den beiden Zugängen bleiben. Und das hiess: Die Zulieferung für die Gastronomie musste über den Publikumszugang erfolgen – ein Riesenproblem, fast ein Ding der Unmöglichkeit.

Überhaupt: Wo war ein Restaurant einzuplanen? Betreibung und Logistik erwiesen sich als schier undenkbar innerhalb des verfügbaren Raumes. Wir sahen für die Gastronomie von Anfang eine lange Bar vor, um ein zeitraubendes Anstehen zu vermeiden. Überdies stellten wir hohe Anforderungen: Das Angebot sollte attraktiv sein, der Restaurationsbesuch ein einmaliges Erlebnis hinsichtlich Ort und Qualität vermitteln und dergestalt dazu anreizen, eine bis zwei Stunden vor Konzertbeginn sich dort aufzuhalten. Die gesamten dafür verfügbaren sechzig Meter wollte man dazu nutzen, den Konzertbesuchern einen bequemen Ort der Musse verbunden mit einem erlesenen Angebot an Speis und Trank zu bieten. Unter den zahlreichen Bewerbungen vieler Luzerner Gastronomen befand sich auch eine interne. Das Wirte-Ehepaar, welches das firmeneigene Personalrestaurant führte, hatte Interesse bekundet und versichert, zusammen mit einem Partner den hohen Ansprüchen gerecht werden zu können. Als Partner schlug es Peter Gamma vor, den ich als Referenz von der Feier «150 Jahre Stadttheater Luzern» 1989 her kannte. Als wir unseren Wunsch nach einem Spezialitätenrestaurant äusserten, brachte Gamma Starkoch Anton Mosimann ins Spiel. Damit hatten wir sozusagen die Flughöhe erreicht: Dieses Team erhielt den Zuschlag. Gamma legte selbst die Messlatte ganz oben an. Im Nachhinein wissen wir: Er hat reüssiert. Mit dieser Lösung erledigte sich zudem das logistische Hindernis. Das Personalrestaurant auf dem Firmengelände konnte auf internen Wegen beliefert werden; der Publikumszugang wurde nirgends mehr tangiert.

Allmählich kamen alle Komplexe in einer sehr guten Zusammenarbeit unter einen Hut, und aufgrund der verheissungsvollen Zwischenergebnisse zogen auch die Sponsoren nach. Es gab Donatoren, die diese einmaligen Festwochen gleich noch um ein Unikat bereicherten. So mietete die Direktion eines Unternehmens den «Roten Pfeil» und fuhr mit ihren Gästen vom Zürcher Sitz aus direkt zum Konzert nach Emmenbrücke.

Unter (positiver) Höchstspannung wurden noch viele Detailarbeiten erledigt. Für alle Verantwortlichen galt die Maxime, dass diese Festwochen in der Industriehalle keinesfalls als Notlösung im Hauruck-Stil, sondern in der Festwochengeschichte als unvergessliche, singuläre Station zwischen altem Kunsthaus und neuem KKL gelten sollten. Mit vereinten Kräften ist dies gelungen, selbst die Skeptiker verstummten allmählich – von einem Hirngespinst konnte keine Rede mehr sein.

Es kann nicht verwundern, dass zwar weitere Steine aus dem Weg zu räumen waren, in erster Linie – der immerwährende Refrain – das Finanzierungsproblem. Die Summe der Trägerstiftung reichte bei weitem nicht aus. Es klaffte ein Loch von ungefähr zwei Millionen Franken. Wir kamen nicht umhin, einerseits selbst noch einen Beitrag zu budgetieren und andererseits nach Geldgebern Ausschau zu halten. Das Glück war uns hold. Anlässlich einer Probefahrt mit der neuen Zugkomposition im kleinen Kreis sprach ein privater Gönner (sein Name macht in Sachen Lucerne Festival selbst nach seinem Tod bis heute Schlagzeilen) spontan einen hohen Betrag zur Kostendeckung. Die SBB trugen ihren Teil selbst: Der Preis der Konzertkarte schloss die Bahnfahrt ein. Die Gastronomie kostete uns ebenfalls nichts, sie fungierte als selbsttragende Einrichtung. Dagegen benötigten die IMF mehr Personal, unter anderem einen technischen Verantwortlichen.

Die Halle wurde buchstäblich auf den allerletzten Schlag fertiggestellt; Zeit zum Ausprobieren blieb keine, weder für Akustikproben noch andere Experimente. Gewiss machte man Messungen, die zwar über die reine Physik Auskunft gaben, musikalische Töne hörte man jedoch keine vor dem Eröffnungskonzert, das Pierre Boulez mit dem Gustav-Mahler-Jugendorchester dirigierte. Boulez war für mich damals eine bewunderte Künstlerautorität, vor der ich einen Heidenrespekt hatte; ich kam aus dem Henze-Kreis, also aus dem «Feindeslager». (Bekanntlich blieben Henze und Boulez leider unversöhnt.) Boulez reiste zusammen mit dem Orchester erst am Konzerttag an, und ich führte ihn durch den Saal. Er schaute sich erst um, war sichtlich bass erstaunt. Wie fast alle später auftretenden Künstler zeigte er sich ebenso von der Innenausstattung überrascht (die Solistenzimmer waren mit Designermöbeln ausgestattet, die ein führendes Geschäft leihweise zur Verfügung gestellt hatte). Nach der ersten Tour d'horizon gestand ich kleinlaut, es sei keine Zeit mehr geblieben, den Saal auf seine reale Akustik hin zu prüfen, er, Boulez, sei jetzt so etwas wie das Versuchskaninchen, er dirigiere hier die ersten Klänge. Deshalb tat ich ihm offen kund, sehr nervös und aufgeregt zu sein. Mit einer Grosszügigkeit sondergleichen und der Attitüde eines Grandseigneurs beruhigte er mich sogleich und äusserte, wenn er in diesen Saal blicke, könne das nur gut klingen. Mir fielen tausend Steine vom Herzen! Ich erinnere mich gut, wie ich mich nachher beschwingt und erwartungsfroh auf den Festwochenbeginn freuen konnte.

Projektplan von Max Schmid und Konzertsaal in der Von-Moos-Halle

Kreins Vorfreude geriet zur Freude aller: Das «Festival der Not» setzte einen Tupfer in die IMF-Geschichte, dessen einmalige Färbung und unvergleichliche Aura wohl für immer einsam dastehen. Kaum vorstellbar, dass ein Orchester, ein Interpret oder die Konzertbesucher diese Veranstaltungen nicht als unvergesslich apostrophierten. Hätte die Akustik im neuen Konzerthaus nicht das hohe Niveau erlangt, wäre im Nachhinein mutmasslich Unbill erwachsen; man hätte sich auf die Hörverhältnisse der Stahlhalle berufen, wo sie optimal waren. Die Sonderfahrten zum Konzert mit der Bahn, die exquisite Restauration, die singuläre Ambiance des Foyers – all das und anderes mehr trugen dazu bei, dass das IMF-Jahr 1997 wie ein erratischer Block in die Luzerner Festivallandschaft ragt.

In der Stadt waren die IMF dennoch präsent, sei es in Kirchen oder kleineren Sälen. Die Schubert-Hommage gipfelte in der Wiedergabe sämtlicher Klaviersonaten des Komponisten in der Interpretation von András Schiff im Saal des Hotels Union. Das Mammutpensum, das dieser Musiker im Zeichen Schuberts bewältigte – er spielte den Zyklus auch andernorts –, trug wesentlich mit dazu bei, Schubert endlich als Klavier-Komponist vermehrt wahrzunehmen.

Am 19. August 1998 war es so weit. Der neue Konzertsaal (noch nicht das ganze KKL; die Orgel fehlte aus bautechnischen Gründen ebenfalls noch) konnte nach Probeläufen mit dem Orchester der AML unter Jonathan Nott seiner Bestimmung übergeben

András Schiff, Schubert-Zyklus im Hotel Union, 1997

Miklós Perény, Yuuko Shiokawa, András Schiff in der Franziskanerkirche, 1991

werden. Architektur und Akustik des mittlerweile weltberühmten KKL sind inzwischen ausführlich multimedial dokumentiert.

Für die festliche Einweihung wünschten sich die Verantwortlichen die Berliner Philharmoniker, nicht nur ihres Weltrufs wegen, sondern auch, um dem Umstand Nachdruck zu verleihen, dass Luzerner Festwochenbesucher die Gastspiele dieses Klangkörpers seit 40 Jahren als jährliche Höhepunkte empfanden. Dank der nunmehr noch engeren Beziehung der Intendanz der «Berliner» mit Ulrich Meyer-Schoellkopf, der als ehemaliger Direktor das Begehren verständnisvoll und gegenüber dem Orchester engagiert unterstützte, willigte es ein, die Ferien zu verkürzen und zum unüblich frühen Termin nach Luzern zu reisen, um den Wunsch der IMF zu erfüllen. Die Weihe des Hauses erfolgte unter den Klängen von Wolfgang Rihms *In-Schrift* und der 9. Symphonie von Beethoven mit dem Eric Ericson Kammerchor, dem Schwedischen Rundfunkchor und den Solisten Soile Isokoski, Birgit Remmert, Reiner Goldberg und Bryn Terfel. Das Ereignis unter der Gesamtleitung von Claudio Abbado wurde vom Westschweizer Fernsehen für die Eurovision direkt übertragen.

Um das Signum «Fest» zu akzentuieren, lud man andere grosse Festspiele ein, Produktionen aus ihrer Werkstatt im KKL zu präsentieren. Dies gelang mittels zäher und komplizierter Verhandlungen mit den Bayreuther und den Salzburger Festspielen sowie den London Proms. Chor und Orchester der Bayreuther Festspiele unter James Levine führten aus der *Götterdämmerung* den zweiten und (auszugsweise) dritten Aufzug konzertant auf. Einen Tag darauf dirigierte Daniel Barenboim den dritten Akt der *Meistersinger von Nürnberg* mit der Bayreuther Besetzung. Ehrengast war Wolfgang

Wagner, der die Aufführungen mit seiner Frau Gudrun und Tochter Katharina besuchte.

Von den Salzburger Festspielen gelangte Messiaens *Saint François d'Assise* zu einer fesselnden Aufführung mit dem Hallé Orchestra und dem Arnold Schoenberg Chor unter Kent Nagano. Nicht wenige Festwochenbesucher empfanden diese Wiedergabe als künstlerischen Höhepunkt jenes Sommers. Die London Proms schickten das BBC Symphony Orchestra unter Andrew Davis nach Luzern. In den insgesamt achtzehn Sinfoniekonzerten fehlten die europäischen Stammgäste (zweimal Concergebouw Orkest, dreimal Wiener Philharmoniker) so wenig wie zwei Spitzenorchester aus den USA – diesmal das Los Angeles Philharmonic und das Chicago Symphony. Die St. Petersburger Philharmoniker sowie erstmalig das Leipziger Gewandhausorchester vervollständigten die illustre Liste der Gastorchester. Nachdem Anne-Sophie Mutter in der Emmener Stahlhalle das Werk für Violine und Klavier von Brahms gespielt hatte, widmete sie sich 1998 im neuen KKL jenem von Beethoven.

Das rundum positive Echo auf die Salle blanche im KKL war weltweit enorm. Man sah die IMF plötzlich in einem anderen Licht, mit einem Schlag wurde Luzern zum Muss; der Saal evozierte einen Neugierdeeffekt.

Die Konzertpausen 1996 finden bereits mitten in der Baustelle statt

RADIO UND FERNSEHEN

Mit ein Grund der Wahl Bamerts zum Direktor waren seine Beziehungen zum Schweizer Fernsehen, weil einige von ihm dirigierte, von Adrian Marthaler neuartig und unkonventionell inszenierte Musikproduktionen weitherum Aufsehen erregt hatten. Die Luzerner hätten es liebend gerne gesehen, wenn ihre Konzerte vom Fernsehen übertragen worden wären. Der Stiftungsrat hoffte, mit Bamert dafür den richtigen Verbindungsmann gefunden zu haben. Zwar machte Vorgänger Meyer-Schoellkopf beim Musikchef des Fernsehens Armin Brunner immer wieder (vergebliche) Avancen, um Konzertübertragungen zu erwirken. Er gewährte Brunner beispielsweise, seine Produktionen mit Stummfilm-Musik im Rahmen der IMF zu präsentieren.

Ich [Bamert] habe Brunner unmissverständlich gesagt, er solle nun endlich aus Luzern ein Sinfoniekonzert aufzeichnen. Offenbar wurde dieser von der Konferenz der europäischen Fernsehstationen belächelt, weil er stets die Meinung vertreten hatte, das Live-Konzert am Fernsehen sei in seiner üblichen Form klinisch tot. Vermutlich um Haltung zu demonstrieren, machte er einen Rückzieher und verweigerte Übertragungen.

Der Bruch mit dem Schweizerischen Fernsehen war damit vorerst besiegelt. Es kam dann schliesslich doch noch zu den zwei einzigen Ton- und Bildaufnahmen: Haydns *Schöpfung* 1992 mit dem Scottish Chamber Orchestra, dem Luzerner Festwochenchor und den Solisten Edith Mathis, Christoph Prégardien und René Pape unter der Leitung von Peter Schreier sowie das Eröffnungskonzert in der neuen Salle blanche im KKL 1998 mit den Berliner Philharmonikern unter Abbado.

Das Schweizer Radio DRS (heute SRF 2) geizte ebenfalls mit Konzertsendungen von den Festwochen. Es übertrug lediglich Konzerte, deren Programm mindestens eine Komposition schweizerischer Provenienz oder sonst eine Ausserordentlichkeit (Uraufführung, Schweizer Erstaufführung, Repertoire-Rarität oder dergleichen) enthielt. Bamert resumiert:

Dies war allenfalls für Schweizer Hörer interessant, erweckte jedoch im Ausland keine Aufmerksamkeit. In dieser Zeit machte in London der neugeschaffene Sender Classic FM Furore. Der Kanal wurde im Zeitraum von nur zwei Jahren zur wichtigsten Privatstation für klassische Musik und wies plötzlich eine höhere Zuhörerquote auf als der etablierte Kanal BBC 3. Ich besuchte die Leiter des neuen Senders und fragte, ob sie an Konzertübertragungen aus Luzern interessiert seien. Selbstverständlich fragten sie nach den Kosten. Ich antwortete: Nichts – das Geld fände ich bei Sponsoren. Meine Bedingung aber war, dass sämtliche Konzerte gesendet würden und pro Tag mindestens einmal etwas von Luzern übertragen werde. Die Leute kamen nach Luzern und richteten ein Studio ein. So geschah es, dass beispielsweise während der von der BBC gesendeten Proms-Konzerte auf Classic FM unsere Konzerte über den Äther gingen. Das stiess der UER (Union Européenne de la Radio) und dem Chef der BBC natürlich sauer auf. Er, zugleich Direktor der Proms, intervenierte beim Schweizer Radio, weil er fand, die hohe Qualität der

Luzerner Veranstaltungen dürfe nie und nimmer einem Privatsender überlassen werden. Es sei die Aufgabe des schweizerischen Rundfunks, diese Konzerte aufzuzeichnen. Die BBC sei dann gerne gewillt, diese Konzertaufzeichnungen ebenfalls zu programmieren, freilich nicht während der Proms-Konzerte. Ein Jahr später erwies sich das Schweizer Radio plötzlich als omnipräsent und nahm den grössten Teil der Konzerte auf, was bis heute der Fall ist. Mein Vorgehen war mit einem erheblichen Risiko behaftet.

AUFLÖSUNG DES SFO

Dazu wieder Bamert: *In vielen Kreisen ist nach wie vor die Rede davon, Präsident Bucher und ich seien die Totengräber des Schweizerischen Festspielorchesters gewesen. Ich kann und will dazu nur Folgendes sagen: Hans Martin Ulbrich suchte mich gleich nach meinem Einstand auf und erklärte mir die gemeinsamen Rücktritte der Beauftragten des SFO, seinen und jene von Harald Glamsch und Annemarie Wildeisen. Sie begründeten den Schritt damit, sie seien nicht mehr imstande, die geforderte hohe Qualität des Orchesters zu garantieren. Zudem seien die IMF in vielen Fällen nicht in der Lage, Dirigenten der ersten Garnitur zu verpflichten. Tatsächlich liessen sich kaum den hohen Erwartungen entsprechende Dirigenten finden, die gewillt waren, für ein einziges Konzert ein jedes Jahr neu zusammengestelltes Orchester zu formen und ein einziges Programm für eine einzige Aufführung zu erarbeiten. Wir mussten in der Auswahl Kompromisse eingehen. Dazu kamen die hohen Kosten. Obwohl der einzelne Musiker im SFO verhältnismässig bescheiden honoriert wurde, betrug der finanzielle Aufwand für die Gastorchester wesentlich weniger. Die Intendanten der Schweizer Orchester, aus denen die SFO-Musiker stammten, erklärten sich ihrerseits nur unter Vorbehalten bereit, einzelne Musiker für Luzern weiterhin freizustellen, erst recht keine nach Qualitätskriterien ausgewählte. Mit anderen Worten: Künstlerisch wäre niemand mehr verantwortlich gewesen.*

Die Musiker und ihr Verband hatten für die zähen Verhandlungen durchaus diskussionswürdige Modelle für eine Beibehaltung des Orchesters ausgearbeitet, konnten sich aber letztlich nicht durchsetzen, weil keine andere Instanz hinter den Vorschlägen stehen wollte. Jede Partei beanspruchte sozusagen «de Füfer und's Weggli». Das Verschwinden des SFO ist symptomatisch für die damalige Zeit und ihre Zeichen: Die Spielzeiten (die Saison) in den Stammorchestern waren mittlerweile viel länger geworden; die Musiker beanspruchten zu Recht im Sommer die Ferienwochen. Aus reinem Idealismus und aus Prestigegründen reiste ohnehin niemand mehr nach Luzern, man musste nicht mehr um jeden Zustupf froh sein wie noch vor einem halben Jahrhundert. Kollidierte die (frühere) Saisoneröffnung in Zürich, Basel, Bern oder Genf mit der Festwochenperiode, konnte man es dem Chefdirigenten nicht verargen, wenn er dafür auf der Bestbesetzung seines Apparats beharrte und seinen Elitemusikern keinen Urlaub für einen Luzerner Abstecher erteilen wollte. So löblich und engagiert sich die Musikervertreter für eine

Das SFO beim letzten Konzert vor seiner Auflösung, 1993

Beibehaltung des SFO einsetzten, so wenig erkannten sie die gegenwärtigen Realitäten. Die Festwochenseite hatte nie die Absicht, das Orchester zu liquidieren, denn es verkörperte und garantierte das Moment der Exklusivität, des Eigenen, auf das man nicht verzichten, selbstverständlich nicht um jeden Preis verzichten wollte, schon gar nicht auf Kosten der Qualität. Und weil sie nicht ausser Zweifel stand, zog man den Schlussstrich.

FRÜHFORM DES LUCERNE FESTIVAL ORCHESTRA

Nachdem das Eigengewächs Schweizerisches Festspielorchester Vergangenheit war, wollte man aus eben erwähnten Gründen an einem festivaleigenen Orchester festhalten. Bamert heckte einen an sich verheissungsvollen Plan aus. Er umging ein Selektionsverfahren, indem er ein Orchester aus ehemaligen, also bewährten und bereits geprüften Mitgliedern des European Community Youth Orchestra und des Gustav Mahler Jugendorchesters zu einem hauseigenen Lucerne Festival Orchestra zusammenstellte.

[In diesen Elite-Jugendorchestern durften die Mitglieder höchstens drei Jahre lang teilnehmen. Deshalb ging die Überlegung dahin, den jungen Musikern in Luzern ein Wiedersehen zu ermöglichen, was in der Folge gerne genutzt wurde.]

Im ersten Jahr gelang es, für drei Konzerte Sanderling, Menuhin und Roshdestvensky als Dirigenten zu gewinnen, die zwar hochstehende Aufführungen zuwege brachten. Der Besucherzuspruch liess indes zu wünschen übrig, er stand in keinem Verhältnis zum enormen organisatorischen Aufwand, denn mit jedem einzelnen Mitglied musste ein separater Vertrag abgeschlossen, An- und Abreise gebucht sowie die Unterkunft individuell gesucht werden, was die Arbeitskapazität des kleinen IMF-Teams sprengte. Diese Faktoren verursachten überdies hohe Kosten, die schliesslich nicht mehr tragbar wurden. Und eine Altlast aus SFO-Zeiten blieb: das Problem der Suche nach erstklassigen Dirigenten. 1995 reichte es nur noch zu einem Konzert unter Charles Dutoit. Schliesslich musste man kapitulieren und das an sich interessante Experiment abbrechen.

[Bamert: *Der Versuch lässt sich mit dem Lucerne Festival Orchestra unter Claudio Abbado überhaupt nicht vergleichen. Mit Abbado leuchtet*[e] *ein unglaublich berühmter Name über dem Gebilde; er selbst* [war] *mit diesem Orchester künstlerisch und menschlich eng verbunden, ein ausgesprochener Glücksfall für Luzern.*]

OSTERFESTSPIELE

Nach der Absage des New York Philharmonic für die Osterfestspiele 1991 [vgl. S. 271] führte Bamert ein Jahr später die Osterfestspiele als erste von ihm verantwortete Veranstaltungsreihe wieder durch. Seither finden sie alljährlich statt (sind inzwischen zur Festival-Tradition geworden), anfänglich effektiv über die Ostertage, später eine Woche früher; die Osterperiode erwies sich nämlich als nicht publikumsfreundlich.

So habe ich den Zeitpunkt der Durchführung 1995 geändert. Vor allem das kirchliche Luzern hat die Osterfestspiele nicht realisiert, weil die Karwoche in den Kirchen ohnehin mit Veranstaltungen und Feiern ausgelastet war. Ich habe intensiv mit den Vertretern der Geistlichkeit diskutiert. Daraufhin plante ich die Osterfestspiele eine Woche früher, das heisst, am Palmsonntag fand das Schlusskonzert der wenige Tage dauernden Veranstaltungen statt. Inhaltlich blieb es bei der Betonung der Sakralmusik. Ich wollte mit dem Osterfestival keinesfalls dasjenige im Sommer konkurrenzieren oder imitieren und verlieh den Sinfoniekonzerten einen kleineren Stellenwert, verzichtete möglicherweise ganz auf sie. Wir konzentrierten uns auf Alte (sakrale) Musik in historisierender Aufführungspraxis, um ein klares Profil zu erlangen, das sich vom Sommer klar abhob.

In den Jahren 1997 und 1998 ergab sich, bedingt durch die KKL-Bauphase, die Durchführung der Konzerte in den Kirchen sozusagen von selbst.

In Anlehnung an die Salzburger Osterfestspiele mit der Residenz der Berliner Philharmoniker plante Luzern ursprünglich, jeweils ein amerikanisches Orchester als tragende Säule einzuladen. Dieser Idee standen in organisatorischer und finanzieller Hinsicht zu viele Hindernisse im Weg, sodass schon bei der ersten Wiederaufnahme 1992 das London Symphony Orchestra diese Funktion übernahm. Dabei kam es zum

The Hilliard Ensemble in der Franziskanerkirche

Luzerner Debut der Dirigenten Michael Tilson Thomas und Mariss Jansons. Für die der Karwoche adäquaten Akzente sorgten Philippe Herreweghe, La Chapelle Royale und das Collegium Vocale Gent mit der Wiedergabe der bachschen *Matthäus-Passion* und die Taverner Consort & Players unter Andrew Parrott mit einem Passionskonzert in der Pfarrkirche Hitzkirch sowie einer Osternacht-Liturgie in der Hofkirche. Dabei wurde Pendereckis *Benedicamus Domine* uraufgeführt, das an zwei Stellen jenes aus dem Codex Engelbergensis 314 (fol. 135') integriert.

In den traditionell in der Stadt verankerten einheimischen Chören machte sich zunehmend Unmut gegen die IMF-Programmkonzeption für Ostern breit. Das Argument: Die Festwochen-Dramaturgie programmiere grosso modo exakt ihre Literatur. Man befürchtete eine Konkurrenz. Schliesslich legte sich die Aufregung, als am runden Tisch die Bedenken ausgeräumt werden konnten. Zudem waren die IMF willens, das terminlich betroffene traditionelle Palmsonntagskonzert der Musik-Akademie (heute Hochschule Musik) in der Jesuitenkirche jährlich in das Programm der Osterfestspiele aufzunehmen.

Mit dem Los Angeles Philharmonic unter Esa-Pekka Salonen (erstmals in Luzern) stand 1993 dennoch ein amerikanischer Klangkörper im Mittelpunkt der Orchesterkonzerte – zwei Jahre später das Orchester aus Detroit unter Neeme Järvi und 1995 das Cleveland Orchestra unter Christoph Dohnányi; 1994 kamen die Gäste aus Kanada – das Orchestre Symphonique de Montréal unter Charles Dutoit.

Während dieser Periode zählten die sakralen Passionskonzerte zu den besonders erinnerungswürdigen und künstlerisch hervorragendsten: Stellvertretend für andere seien die drei geistlichen Konzerte unter der Leitung von Jordi Savall und seinen verschiedenen Chor- und Instrumentalensembles genannt, die 1995 die vorösterliche Konzertreihe massgeblich prägten. Ein Jahr später beeindruckten die *Johannes-Passion* von Bach in der Interpretation von Sigiswald Kuijken sowie die Wiedergabe von Haydns *Sieben Worten unseres Erlösers am Kreuz* durch das Cherubini Quartett. Als Kammerorchester gastierte erstmals der Concentus Musicus Wien unter Nikolaus Harnoncourt, dem Doyen der älteren Aufführungspraxis. Mit ihm und seinem Ensemble wurde für die Zukunft ein alljährliches Gastspiel vereinbart, das denn auch ohne Unterbruch bis 2012 stattfand, meist zusammen mit dem Arnold Schoenberg Chor. Leider liess und lässt sich das Publikum so manchen Schatz aus dieser musikalischen Fundgrube entgehen. Die Aufführungen des *Stabat Mater* von Emanuele Rincon d'Astorga sowie des Requiems von Antonio Lotti unter Thomas Hengelbrock glichen wunderbaren Entdeckungsreisen. Aufregende Interpretationen von Violinkonzerten Vivaldis mit den Sonatori de la Gioiosa Marca mit Giuliano Carmignola gehörten ebenso zum unverwechselbaren Profil dieser Veranstaltungsreihe, die sich dramaturgisch jedes Jahr als sehr stringent präsentierte, obwohl sie nicht an einen Leitfaden gebunden war – ihr Thema war die Passions- und Osterzeit selbst.

PIANO-FESTIVAL

Elisabeth Furtwängler und Alfred Brendel

Erneut lasse ich Bamert sprechen: *In meinem letzten Jahr als Intendant hatte ich dann noch die Idee mit dem Piano-Festival, um dem Publikum an einem verlängerten Wochenende das beste Klavierspiel der Gegenwart bieten zu können. Der Kerngedanke: Pianisten von Weltruf, die zwar in den Musikzentren durchaus vereinzelt auftraten, sollte man in konzentrierter Form innerhalb von wenigen Tagen hören können. Ich versuchte, die Piano-Freaks nach Luzern zu lotsen. So schwierig es war, die Osterfestspiele zu lancieren, so leicht fiel die Etablierung des «Piano» aus. Das Festival rund um das Klavier fand sofort regen Zuspruch und der Erfolg war von Beginn weg gross.*

Die Etablierung der neuen Veranstaltungsreihe jeweils Ende November fusste noch auf anderen Überlegungen, denn in die Vorfreuden über den KKL-Neubau und die erwartungsvollen Hoffnungen mischten sich auch Bedenken: Ohne Erfahrungen liess sich schwer abschätzen, ob sich der teure Gebäudekomplex auch möglichst kostendeckend auslasten liess. Mit anderen Worten: Nur mit einem gegenüber früher aufgestockten Veranstaltungsangebot liess sich dies bewerkstelligen. Mit der Lancierung der «Piano»-Woche wollten die Verantwortlichen der IMF als einstige Hauptinitianten des Neubauprojekts eine kleine Schützenhilfe leisten, um das mit dem Quantensprung vom Kunsthaus zur Salle blanche verbundene Risiko etwas abzufedern. Seitens der IMF war die Novität abgesichert, da mit der Bank Julius Bär ein Hauptsponsor dafür gewonnen werden konnte.

1 Evgeny Kissin und Verehrerinnen aus Fernost
2 András Schiff – der Schlussakkord verklingt
3 Martha Argerich
4 Maria João Pires

«Piano 98» – so der Name des ersten Jahrgangs – richtete sich als spezifisches Klavierfestival an das Publikum der Klaviermelomanen. Die Konzentration auf Tasteninstrumente in dicht gedrängter Folge gab der Hörerschaft die Möglichkeit, innerhalb kurzer Frist führenden Pianisten der Gegenwart im Konzert zu begegnen. Als Maxime galt ein Diktum des Altmeisters Alfred Brendel: «Das Klavier kann alles.» Will sagen, dem Klavier sind, bei entsprechendem Handwerk, sämtliche Register abzugewinnen, der volle orchestrale Ton ebenso wie der Konversationscharakter des Mit- und Gegeneinanders der Kammermusik, das pianistische Bravourstück genauso wie intime Lyrismen.

Konzertformen, die sich während des Sommers als Attraktion erwiesen, übernahm man auch für dieses neue Glied in der Kette. Also: Nicht nur die Klavierabende der Titanen – im ersten Jahr waren es Murray Perahia, Anatol Ugorski, das Duo Katia und Marielle Labèque und Alfred Brendel – bekamen darin Platz, sondern auch jungen, vielversprechenden Pianisten bot man Auftrittsmöglichkeiten, als erstem Till Fellner. Eine Sternstunde, die unvergessen bleibt, schenkte das «Late Night Concert» dem Saal: Michel Petrucciani gab eines seiner letzten Konzerte, gut einen Monat vor seinem frühen Tod.

Im Verlauf der Jahre sind stets neue programmatische Impulse im Sinne der Grenzenlosigkeit des Klaviers hinzugekommen. In der ersten Auflage zeigte das Kino Limelight an die zwanzig Filme im Rahmen einer Film-Retrospektive (Produktion: Auditorium du Louvre) über Jahrhundertgrössen des Klaviers.

ORGANISATION

Der als unkonventionell bekannte Dirigent Matthias Bamert bestieg die «Luxuslimousine IMF» unter der Bedingung, seine Karriere grosso modo fortsetzen zu können, sein Büro musste «in der Aktentasche Platz haben», die Luzerner Präsenz beschränkte er auf wenige Wochen und auf die Durchführung der Oster- und Sommerfestspiele. An Ort setzte er eine Geschäftsleitung für die einzelnen Ressorts Künstlerisches Büro, Administration, Finanzen und Vorverkauf ein, welche die Geschäftsgänge in Absprache mit ihm zu regeln hatte.

Jeden Tag war Bamert mit den Ressortleitern in telefonischem Kontakt, egal, ob er sich gerade in Australien oder Amerika befand, «wo ich manchmal vor ein Orchester trat und für mich gedacht habe, ich hätte gescheiter die zu dirigierende Partitur besser angeschaut als mich um die Festwochen gekümmert». Als das KKL stand, musste der Intendant einsehen, dass die Aufgaben sich noch mehrten und neben Dirigierverpflichtungen nicht mehr zu bewältigen waren. Er sah sich gezwungen, zwischen Vollamt und Rücktritt zu entscheiden.

Da ich von Hause aus nicht Intendant war, dieses Metier nie gelernt habe, entschloss ich mich zur Fortsetzung meiner Dirigentenlaufbahn. Die IMF-Gesamtleitung wollte ich ursprünglich ohnehin nicht übernehmen, weil ich von einer Festivaldirektion keine Ahnung hatte. Nach ersten Kontakten wurde mir allerdings klar, dass ich als Dirigent auf dem Podium nicht als Spieler aktiv bin, selbst keinen Ton spiele, aber die Leute zu motivieren, inspirieren und manipulieren vermag, ihre Instrumente nach meinem Willen zu spielen. Und ich überlegte, folglich müsse es mir gelingen, jene Leute zu motivieren und inspirieren, die wissen, wie ein Festival durchzuführen sei. Deshalb habe ich am Anfang meinem Team gesagt, es möge mir erlauben, monatelang «dumme» Fragen zu stellen. Darin bestand mein Lernprozess. Manche dieser Fragen bewegten wiederum etwas im Team. Summa summarum habe ich diese Arbeit, die ich nicht suchte, sehr gerne gemacht. Es war eine befriedigende und sehr kreative Arbeit. Für alle Beteiligten war die Zeit mit riesigen Belastungen verbunden, da ich, mit Ausnahme weniger Perioden und während der Festspiele selbst, nicht in Luzern weilte. Gerade dadurch bildete sich ein ausgezeichneter Teamgeist, auch oder gerade weil manchmal Differenzen oder Reibereien aufkeimten, was angesichts der ausgeprägt individuellen Charaktere nicht verwundern konnte. Letztlich war es dringend nötig, dass alle am selben Strick zogen.

[Aus eigener Perspektive kann ich bestätigen, mich nie in einer Zwangsjacke gefühlt zu haben. Wir genossen im Arbeitsprozess sehr viel Freiheit. Freilich durften wir uns nicht in Teilgebieten verheddern. Das Mit- und Füreinanderarbeiten musste Priorität haben. «Das Team empfand die Musikfestwochen nicht als ‹Job›, sondern lebte die IMF buchstäblich.» (Bamert)]

Die Geschäftsleitung 1991, v.l.n.r.: Rosmarie Hohler, Matthias Bamert, Werner Rogger, Erich Singer

STIFTUNGSRAT

Es kamen stets mehr auswärtige Mitglieder in den Stiftungsrat. Vieles habe ich bewusst im Hintergrund gemacht. Einen solchen versteckten Kampf führte ich um die Farbwahl des neuen Konzertsaals. Ich bat verschiedene Künstler, sich zu der von Jean Nouvel vorgeschlagenen blauen Saalfarbe zu äussern. Claudio Abbado hat schliesslich gedroht, die Eröffnung nicht zu dirigieren, falls der Saal in Blau gehalten werde. Nouvel geriet deshalb ausser sich und sagte: «Also, dann gibt es überhaupt keine Farbe!» Und der Saal wurde weiss.

Mit Georges Bucher hatte ich das Glück, einen fantastischen Präsidenten an der Seite zu wissen. Stets hat er mir den Rücken gestärkt, was nicht heisst, er habe zu allem Ja und Amen gesagt. Es herrschte ein völliges Vertrauensverhältnis. Ihm, dem geborenen, nach Unabhängigkeit strebenden Unternehmer, ging es immer um die Sache; er drängte sich nie in den Vordergrund. [Bamert]

Stiftungsratssitzung im Verwaltungsgebäude der Nestlé AG, Vevey
links: Werner Rogger, Matthias Bamert, Jürg Reinshagen, Walter Jaeger, Heinz Hertach, Richard Metzger, Vorsitz: Georges Bucher
rechts: Erich Singer, Marc Moret, Markus Lusser, Adolf Gugler, Robert Kaufmann, Ursula Jones-Strebi

SPONSOREN

Die Geldbeschaffung via Sponsoren war erst in der letzten Phase der Ära Meyer-Schoellkopf zaghaft angegangen worden und noch praktisch ein ungepflügtes Feld. In diesem Bereich handelte Bamert gleich mit viel Geschick und mit forscher Vorgehensweise – seine Devise lautete: «Ich biete Ihnen ein allerbestes Produkt, was ist das Ihnen wert?» Damit stiess er auf offene Ohren. Es gelang ihm, kapitalkräftige Exponenten der Wirtschaft an das Festival zu binden. Es erwuchsen Partnerschaften, die bis heute für das Festival von existenzieller Bedeutung geblieben sind. *Gegen jede Logik und ohne Know-how im Managementbereich, ohne Eigenerfahrungen versuchte ich Festwochen zu konzipieren, ohne Rücksicht auf das Geld. Wenn das Produkt oder Projekt vorlag, ging ich auf Geldsuche, wobei ich Höchstqualität vorweisen konnte, um das Interesse bei potentiellen Geldgebern zu wecken und jene zu animieren, meine Pläne finanziell zu unterstützen. Auf diese Weise konnten nach den Berliner Philharmonikern auch das Concertgebouw Orkest und die Wiener Philharmoniker fest an das Festival angebunden werden, was damals eine Einzigartigkeit in der Festivallandschaft bedeutete.*

Aus der Überzeugung, «an der Schwelle dieser Neuentwicklung müssten auch personelle Erneuerungen stattfinden» [Georges Bucher im Programmbuch 1998, S. 6], trat Stiftungsrats-Präsident Georges Bucher, dessen anspornende Kraft viel bewegt und bewirkt hatte, zusammen mit Intendant Matthias Bamert nach der ersten Durchführung der Festwochen im neuen KKL zurück. Für Bamert war es eine «arbeitsintensive Zeit», reich an zukunftsweisenden Neuerungen. Er hatte während seines Wirkens aufgezeigt, wohin und wonach sich ein Festival der Zukunft möglicherweise richten könnte, wollte dies indes neuen Kräften überlassen, die mit dem neuen Konzertsaal über eine optimale Infrastruktur verfügen konnten. Den Zeitpunkt der Demission wählte Bamert ganz bewusst. Er verschaffte so seinem Nachfolger optimale Startkonditionen.

1

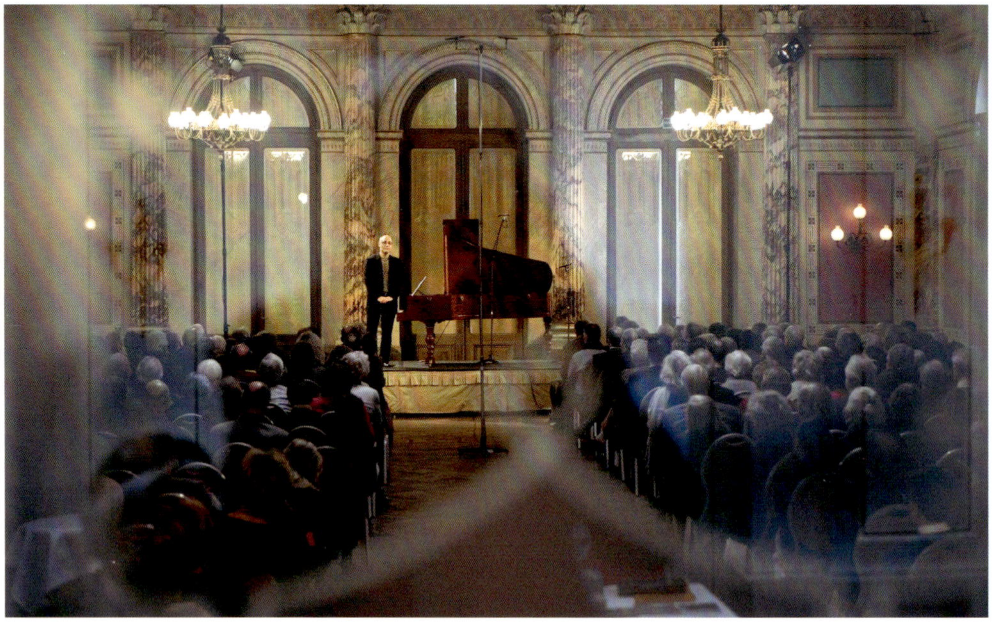

2

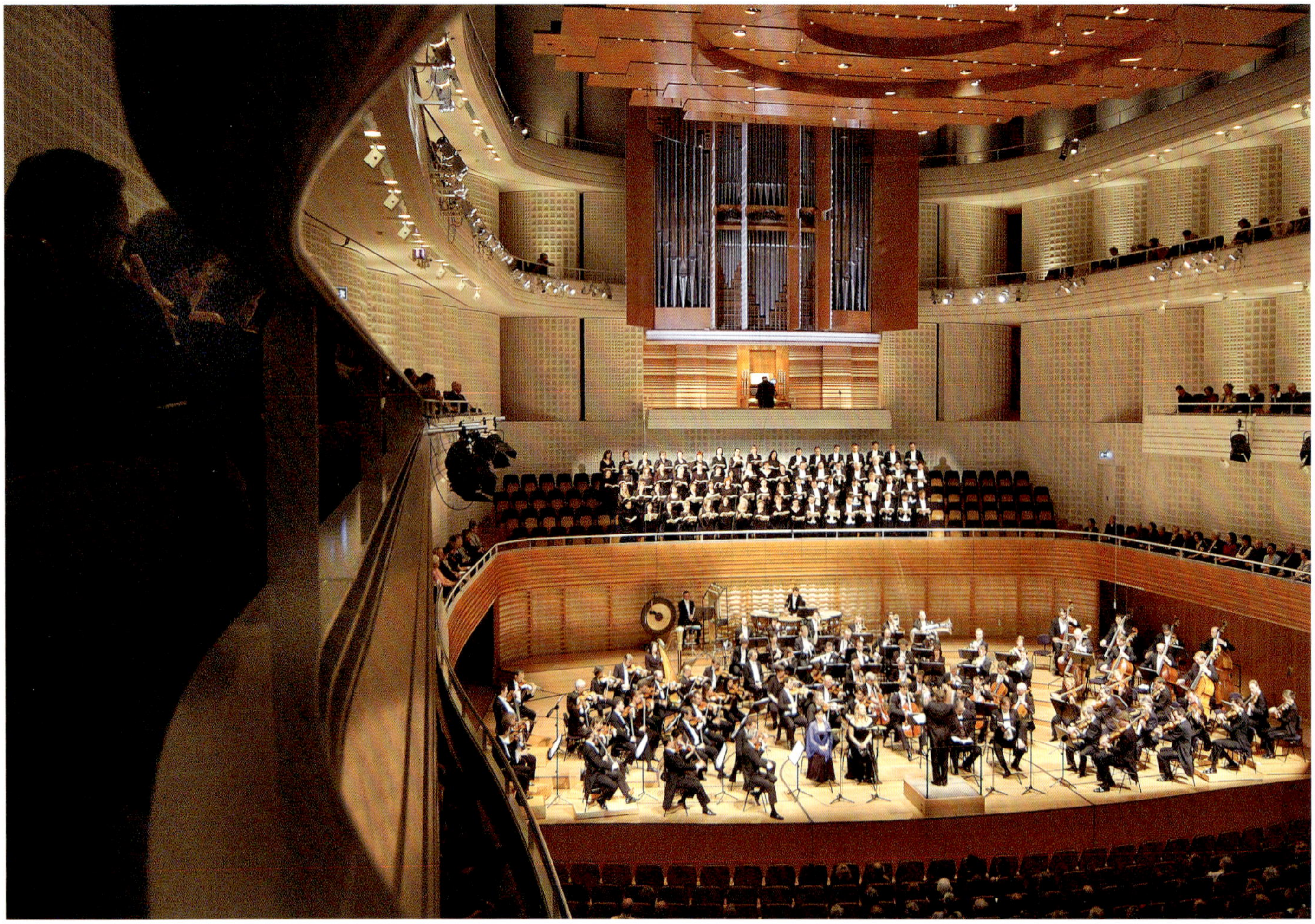

1 Hammerflügel-Rezital von Andreas Staier im Hotel Schweizerhof, 2010
2 Konzert in der Salle blanche des KKL Dvořák-Requiem unter Mariss Jansons
3 KKL-Impression
4 Pierre Boulez beobachtet einen Dirigierstudenten der Academy
5 Podiumsgespräch mit Ulrich Mosch, Wolfgang Rihm, Helmut Lachenmann, Udo Rauchfleisch
6 Evgeny Kissin, «am Piano»
7 Podiumsgespräch mit Martin Meyer und Alfred Brendel, «am Piano»

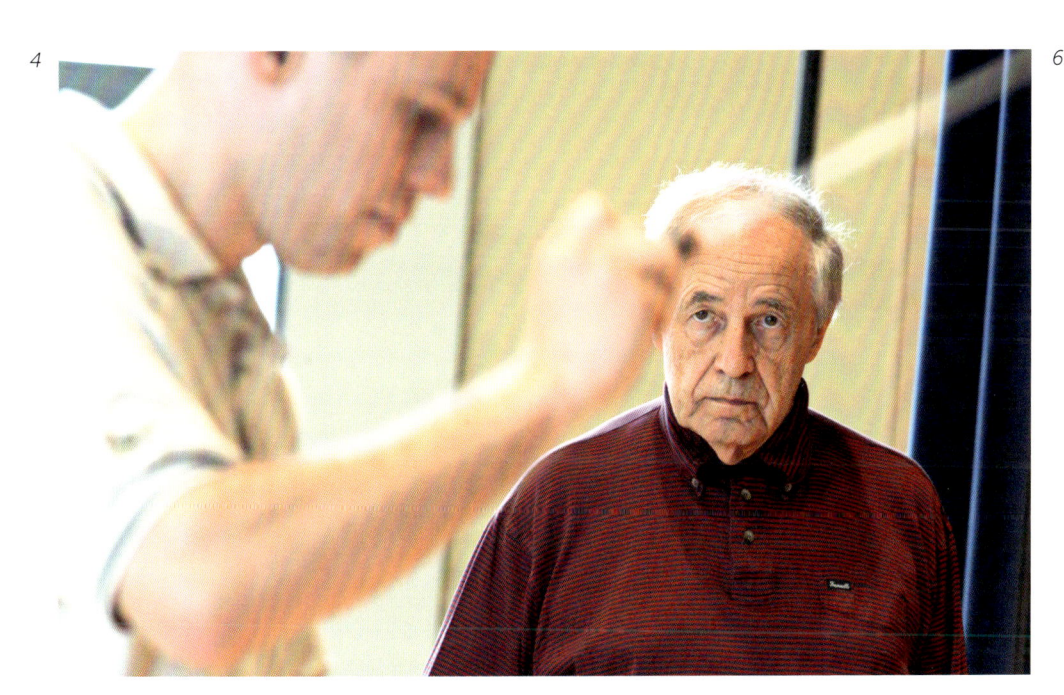

Das erste Konzert des Lucerne Festival Orchestra, Claudio Abbado leitet die Aufführung von Mahlers 2. Symphonie, 2003

Claudio Abbado und Cecilia Bartoli im Eröffnungskonzert, 2006

1   Jürg Reinshagen, HK Gruber,
    Bundesrat Moritz Leuenberger
2   Claudio Abbado und Radu Lupu
3   Mariss Jansons verlässt das Podium
4   Eine Studentin der Academy übt auf
    der KKL-Brücke
5   Michael Haefliger, Klaus Jacobs und
    Mariss Jansons
6   Pierre Boulez, Daniel Barenboim und
    Katharina Rengger (damals Head of
    Management LF-Academy)

337

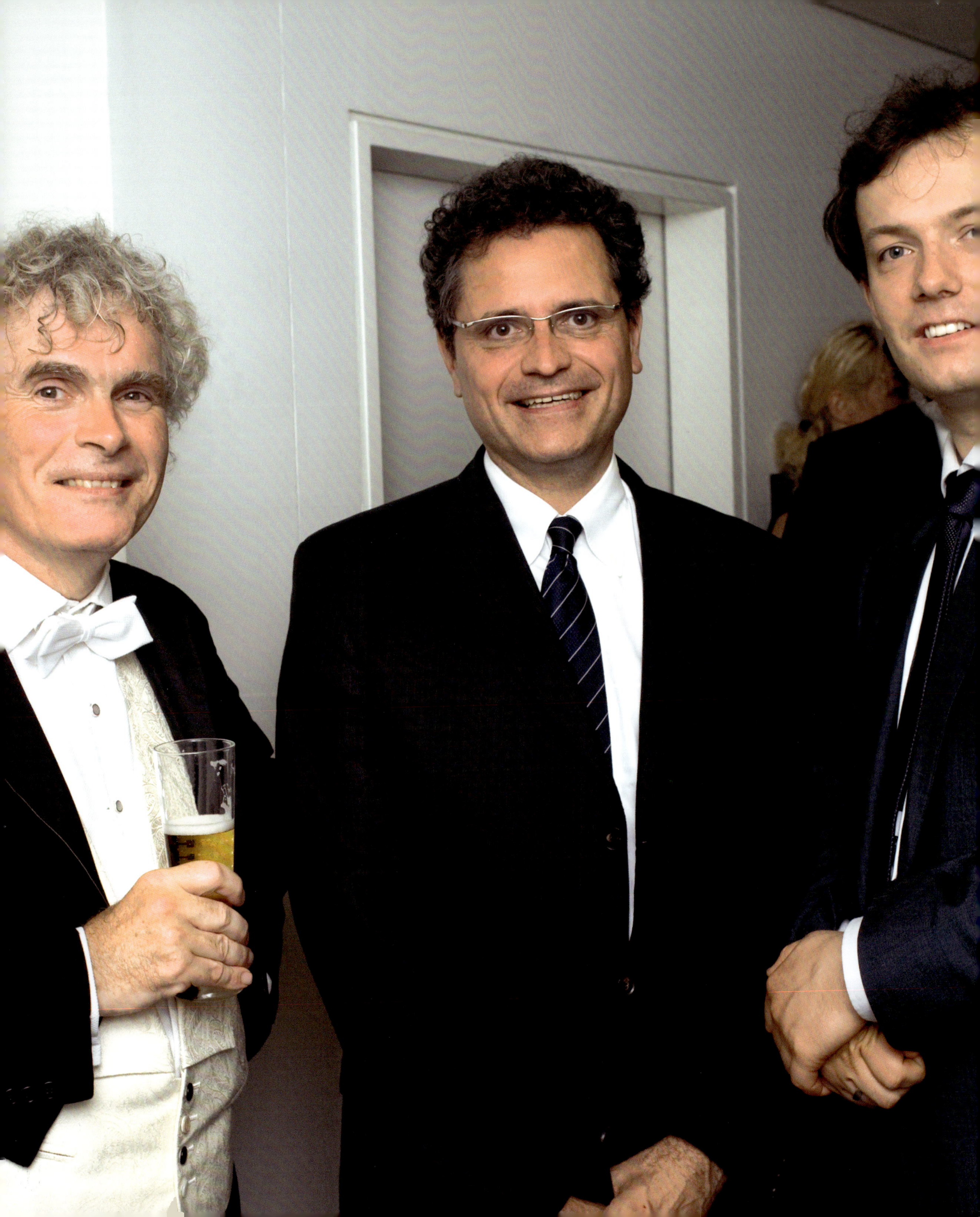

GEGENWART

Die Intendanz Michael Haefliger seit 1998

Wandel und Wechsel liebt, wer lebt.

Richard Wagner

Simon Rattle, Michael Haefliger, Andris Nelsons

Michael Haefliger und Jürg Reinshagen

Pierre Boulez und Claudio Abbado, 2013

Die jüngere Vergangenheit des Festivals, ohnehin die Gegenwart sind selbstverständlich noch nicht historisch geworden und lassen deshalb nur einen subjektiv eingeschränkten Überblick über die letzten 15 Jahre zu. Im Folgenden sollen die wesentlichen Aspekte dieser Zeitspanne deshalb vor allem aus der Sicht der Verantwortlichen – des Intendanten Michael Haefliger und der Präsidenten des Stiftungsrats, Jürg R. Reinshagen (1999–2008) und Hubert Achermann (seit 2009) – gewichtet werden, die mir ihre Einschätzungen in Gesprächen darlegten. [Reinshagen am 27. 2. 2012, Haefliger am 8. 6. 2013, Achermann am 9. 8. 2013]

Zweifellos überstrahlen die 2003 respektive 2004 erfolgten Neugründungen des Lucerne Festival Orchestra unter der Leitung von Claudio Abbado und der Lucerne Festival Academy unter Pierre Boulez alle anderen Errungenschaften und Wandlungen während dieser Zeit. Im kürzlich erschienenen Buch *Das Wunder von Luzern* [Henschel Verlag 2013] werden die beiden Einrichtungen ausführlich portraitiert, sodass an dieser Stelle eine knappe Besprechung genügen darf.

Der Neubau des KKL Luzern erlebte 2000 seine Vollendung. Im Konzertsaal konnte die von der Firma Goll gebaute, von Jakob Schmid entworfene, von Philippe Laubscher disponierte und von Beat Grenacher intonierte Orgel mit 66 Registern im Eröffnungskonzert eingeweiht werden. Das Instrument – ein Blickfang im Saal – birgt 4387 Pfeifen; von den 66 Registern konnten deren elf von der alten Kunsthaus-Orgel wieder eingebaut und in das neue Klangkonzept integriert werden. Die Kosten (knappe zwei Millionen Franken) trugen vollumfänglich Freunde und private Gönner der Festwochen als Geschenk an das hauseigene KKL-Management. Für die konzeptionelle Neuausrichtung der Festival-Planung war dazu die abermalige Erweiterung der Infrastruktur mitentscheidend, indem fortan auch der multifunktionale Luzerner Saal und das Auditorium zur Verfügung standen. Vor allem für die «Moderne»-Konzerte eröffnete der polyvalente Luzerner Saal neue Möglichkeiten, wogegen sich das Auditorium eher für Vorträge und Gespräche eignet.

Bedauerlicherweise keimten in der letzten Phase und unmittelbar nach der Vollendung des KKL-Gesamtkomplexes permanent Spannungen im Verhältnis zwischen Festival und Stadt, mitunter auch zwischen Festival und KKL-Management auf. Es entstanden nach und nach zwei diametral entgegengesetzte Ebenen, die in den letzten Jahren glücklicherweise wieder stärker zusammengewachsen sind.

DAVOS ALS REFERENZ

Nach der Gründung des Davoser Festivals «young artists in concert» pflegte Michael Haefliger anfangs der 1990er Jahre den Kontakt mit Luzern, vor allem mit dem damaligen IMF-Präsidenten Georges Bucher, der ihn zu einigen Konzerten einlud. *Das verschaffte mir Eindrücke über das Festival, das mich seit meiner Jugend stets interessierte und an dem vor allem mein Vater und einmal sogar ich* [vgl. S. 268] *aufgetreten waren. Das*

Festival behielt ich ständig im Auge, weil es mich faszinierte; es besass für mich eine magische Aura, die anderen Festivals abging. Ich fand stets, es gehe hier um die Sache, um die Musik. Das sonst übliche Drumherum, das gesellschaftliche Tamtam, die Seitenblicke rings um das Festival schienen mir in Luzern weniger ausgeprägt als an vergleichbaren Orten, die Wirkung und der Umgang mit Interpreten muteten mich andersartig an. Diese Faktoren verhalfen mir früh zu einer inneren Beziehung zu den IMF. [Haefliger]

Vorgänger Bamert liess Haefliger bereits Mitte der 1990er Jahre wissen, er gedenke nach der Eröffnung des neuen Konzertsaals zurückzutreten, und tat weitsichtig kund, er sehe in der Person Haefligers einen möglichen Kandidaten für seine Nachfolge. Von Bamerts offiziellem Entscheid erfuhr Haefliger in Zeitungsmeldungen.

Nach einer Überlegungsphase rief ich kurzerhand Georges Bucher an und teilte ihm meine Kandidatur für die Bamert-Nachfolge mit. Er löste meine nervliche Anspannung nicht sonderlich, sondern bemerkte in seiner charakteristischen Art emotionslos, er nehme dies dankend zur Kenntnis, und verwies mich auf die anstehende Selektion. Es verging eine relativ lange Zeit, bis er mich nach Luzern rief, um ein Gespräch mit dem Findungsausschuss [aus Georges Bucher, Jürg R. Reinshagen, Heinz Hertach, Peter Schmid und Matthias Bamert] zu führen. Nach ungefähr drei weiteren Wochen teilte er mir mit, es sehe für mich verheissungsvoll aus. Gegen Ende der Festwochen 1997 wurde meine Wahl bekannt gegeben. Ausser meiner Davoser Referenz galt ich mehr oder weniger als unbeschriebenes Blatt. [Haefliger]

BEGINN IN LUZERN

Der frisch Erwählte konnte seine Position unter Voraussetzungen antreten, die dank Bamerts hervorragend geleisteter Arbeit besser nicht sein konnten. Dessen zahlreiche Innovationen brachten viel Leben in die Festwochen. *Seine fabelhaften Ideen inspirierten mich; sämtliche Parameter waren von hoher Qualität und gut strukturiert. Die finanzielle Situation gab ebenfalls keinen Anlass zu Sorgen, sie stand auf solidem Fundament. Bamert hatte bekanntlich das Sponsoring vorangetrieben und riet mir, in dieser Hinsicht meine Anstrengungen und Gewichte in die Waagschale zu werfen und sogleich Kontakte zu knüpfen. Es sei Zeitverschwendung, mehr finanziellen Support seitens der öffentlichen Hand zu erwarten; der Effort in Richtung Wirtschaft sei der Weg in die Zukunft.* [Haefliger]

Der Intendant räumt an dieser Stelle ein, ohne die beträchtliche städtische Unterstützung wäre indes der Bau des KKL nicht zustande gekommen; das Festival hätte dessen Errichtung im Alleingang niemals geschafft. Mit dem KKL – dem Meilenstein schlechthin in der jüngeren Festival-Geschichte – gab man Haefliger ein riesiges Potential zur Hand, um das Festival in bisher unvorstellbare Dimensionen zu führen. Es lag jedoch an ihm, die Chance zu packen.

Hubert Achermann bemerkte dazu: *Haefliger und das KKL, das passt einfach gut. Ohne das Gebäude, ohne seine architektonische und akustische Qualität wäre es schwirig geworden, den Ruf des Festivals weiterzuentwickeln – wobei ich betonen möchte, dass die Hülle das eine, das andere jedoch das angebotene Programm ist. Die konzeptionelle Arbeit von Michael Haefliger, seine Ideen und Visionen, das ist das Zentrale.* [Achermann, NZZ-Sonderbeilage, 13. 8. 2013]

Er ging die Aufgabe an, indem er dem Rat seines Vorgängers folgte, und nutzte das bereits gut aufgebaute Beziehungsnetz mit hervorragenden Partnern aus Unternehmen. Mit ihren Kadern setzte er sich unverzüglich an einen Tisch, um die gewichtigen Engagements für die Zukunft abzusichern. Dabei bewegte ihn die Tatsache, dass das Festival den Sponsoren quasi ausgesetzt war. *Ich musste mich fragen: Was passiert, wenn sie einmal ausblieben? Dieses Problem beschäftigte mich sehr und beschäftigt mich immer wieder. Engagiert und meinem Naturell gehorchend strebte ich an, dem Festival einen Identitätsschub zu geben, ihm eine eigene Identität zu verschaffen, denn von Davos her brachte ich eine Leidenschaft für die Moderne und für junge Künstler mit. Mir schwebten vermehrt Veranstaltungen mit Premierencharakter vor, also Uraufführungen und Engagements von Künstlern, die auf zeitgenössische Musik Wert legten. Zudem wollte ich vor allem junge Interpreten an diesem Eigencharakter teilnehmen lassen, selbstverständlich ohne dabei an den Aushängeschildern zu rütteln oder sie gar zu vernachlässigen.* [Haefliger]

Hans Werner Henze in der Probe ...

... und nach der Uraufführung seiner 10. Symphonie mit den Berliner Philharmonikern unter Simon Rattle, 2002

THEMENENTWICKLUNG

Es wäre töricht gewesen, an etablierten und erfolgreichen alten Bestandteilen nicht festzuhalten. So wurden Orchester-Residenz-Modelle wie etwa mit den Wiener und den Berliner Philharmonikern geschaffen.

Die thematische Ausrichtung erfuhr eine Intensivierung. Das heisst, es fand ein Prozess statt, einem Thema mehr Gewicht zu verleihen, indem den gastierenden Orchestern und Ensembles beliebt gemacht wurde, von der Haltung «Wir spielen, was wir wollen» abzukommen – und dies erst noch an anderen Tourneestationen. Mit der neuen Salle blanche im Rücken gelang es, eine Profilverstärkung zu erarbeiten. Die Themen konnten laufend besser in das Gesamtprogramm integriert werden. Heute ist es so, dass Orchester sogar im Voraus anfragen, auf welche Themen sie ihre Programme ausrichten sollen. In den ersten Jahren erschienen zur Thematik (inzwischen meist vergriffene) Buchpublikationen, in denen namhafte Autoren den jeweiligen Leitfaden aus verschiedenen Perspektiven eingehend beleuchteten, so zu den Themen «Mythen», «Metamorphosen», «Schöpfung», «Verführung» und «Ich» (1999–2003).

DAS LUCERNE FESTIVAL ORCHESTRA

Nach den vergeblichen Anstrengungen Bamerts, nach der Auflösung des SFO ein neues Luzerner Festivalorchester aufzustellen, empfand es sein Nachfolger offenbar nicht als Manko, kein festivaleigenes Ensemble vorzeigen zu können, «weil ich damit nicht belastet und mir dieses Bemühen unbekannt war». Seine ersten Gespräche auf künstlerischer Ebene führte Haefliger mit Abbado und Boulez, wobei es erst einmal um deren engere Bindung an Luzern ging. Abbado als Chefdirigent der Berliner Philharmoniker zeigte sich an den themenbezogenen Anliegen sehr interessiert, da er in Berlin ebenfalls Konzertzyklen unter einem «roten Faden» programmierte. An die Möglichkeit oder gar Notwendigkeit, ein festivaleigenes Orchester zu präsentieren, dachte Haefliger keineswegs, da «ich mit der Vergangenheit nicht verwachsen war». So erfolgte die Initialzündung für eine neue Orchestergründung «ohne mein Zutun». Wie aus heiterem Himmel erfolgte an Ostern 2000 Abbados folgenschwerer Telefonanruf aus Salzburg. *Er bat mich, unverzüglich dorthin zu fahren, und eröffnete mir seinen Plan, ein neues Festspielorchester auf die Beine zu stellen. Als ich nach meiner Rückkehr umgehend den Präsidenten Jürg Reinshagen mit dem Plan konfrontierte, stiess er bei ihm sofort auf unbedingte Zustimmung.* [Laut Reinshagen bedurfte es zwar einer gehörigen Portion Überzeugungskraft, um den Stiftungsrat für das Projekt zu gewinnen.] *Davon war ich sehr überrascht, denn ich hegte doch einige Bedenken hinsichtlich der Finanzierung. Der nächste Schritt führte mich deshalb zum Nestlé-Präsidenten Rainer Gut. Ich stiess nicht auf taube Ohren, und es entstand, was zur Edeletikette des Festivals wurde.*

Abbado hatte bekanntlich schon vorher durch die Neugründungen von Jugendorchestern wie dem ECYO und dem Gustav Mahler Jugendorchester die Orchesterlandschaft gehörig verändert. Man darf mit Fug behaupten, diese Formationen seien als erste Jugendorchester überhaupt richtig ernst genommen worden. Sie lösten einen Wandel beim breiten Publikum aus, das allmählich begriff, dass diese jungen Klangkörper durchaus die Höhe traditioneller Symphonieorchester zu halten vermochten. Nun erfüllte sich Abbado selbst den Traum eines eigens geformten grossen Spitzenensembles aus dem Fundus dieser Orchester, genauer: mit dem Stamm des aus ihnen hervorgegangenen Mahler Chamber Orchestra und hochkarätigen Ergänzungen an den ersten Pulten mit Solisten seines Freundes- und Bekanntenkreises. Weltberühmte Solisten sassen plötzlich wieder im Orchester und liehen ihre Qualitäten enthusiasmiert einer verschworenen Hundertschaft. Es war, als wäre der Geist des Toscanini-Eliteorchesters wieder aufgetaucht und schwebe über dem Festival. Abbado wies explizit darauf hin, er halte gerade deshalb Luzern als geeigneten Ort für seine Idee, und berief sich auf die Geburtsstunde auf Tribschen, deren ausgelegten Faden er aufgreifen und weiterspinnen wollte.

[Bevor Abbado seine Studien in Wien aufnahm, verfolgte er um 1950 an der Mailänder Scala die Probenarbeit von Toscanini, Furtwängler, de Sabata, Guarneri und anderen. Seine Mutter arrangierte 1952 ein Hauskonzert, zu dem sie Toscanini lud, der bei dieser Gelegenheit den jungen Abbado am Klavier hörte. Sachs [1980, S. 414] schreibt, Toscanini habe den Neunzehnjährigen mit dem d-Moll-Klavierkonzert von Bach zusammen mit einem von seinem Vater Michelangelo geleiteten Kammerorchester gehört und geäussert, das Spiel habe «wie ein Handschuh gepasst». (Abbado antwortete mir am 14. 8. 2013 auf die diesbezügliche Frage, es seien zu diesem Anlass lediglich ein paar Streicher dazugekommen.) Er hielt Toscanini für einen grossen Dirigenten, sah aber nicht ein, dass er in Proben schrie und die Musiker beleidigte. Abbado war damals schon überzeugt, man könne gute Resultate auch auf andere Art und Weise erreichen – «ich glaube, das ist viel besser». [Gerteis, 2013, S. 9]]

JUGENDORCHESTER

Heute konzentriert sich der Aspekt Jugend ganz auf die Academy unter Boulez; sie bildet die Plattform für die Ausbildung der Jugend in Verbindung zur Moderne. Daneben pflegt man nach wie vor die Kontakte zu andern Jugendorchestern weiter, wie etwa zum West-Eastern Divan Orchestra, das Daniel Barenboim ins Leben gerufen hat. Eine Besonderheit, ja ein Hype, weil kaum mit andern jungen Orchestern vergleichbar, ist das Simón Bolívar Orchestra aus Venezuela und sein erster Dirigent Gustavo Dudamel, denn das Publikum reagiert auf die aussermusikalischen, auf die soziale Komponente gerichteten Geschichten, die hinter diesem Klangkörper stecken. Sie bewirken eine Emotionalisierung der anderen Art; den Medien fällt zudem eine entscheidende Rolle zu.

Die Streichergruppe der Sinfónica de la Juventud Venezolana Simón Bolívar

[Grundsätzlich lässt sich in den letzten Jahren überhaupt eine Verschiebung des Medieneinflusses konstatieren. Die Empfehlungen, der Ansporn und das Schüren von Emotionen fusst zunehmend auf Hintergrundreportagen sowie Vorberichten und immer weniger auf der Kritik.]

Das Simón Bolívar Orchestra hätte, wäre es schon damals bekannt gewesen, ein ausgezeichnetes Beispiel für Bamerts Thema «Die heilende Kraft der Musik» dargestellt. Der Aufbau dieser Orchestergemeinschaft zeigt, was mit Musik in Regionen bewirkt werden kann, deren soziale Verhältnisse so problematisch sind, das Jugendliche glücklich sind, in einer Probe zu sitzen, heil dort angekommen und nicht von kriminellen Gangs unterwegs angegriffen worden zu sein.

NAMENSÄNDERUNG

Eines der primären Anliegen des Präsidenten Reinshagen war das Vorantreiben der Internationalisierung, und zwar eine nicht auf das Künstlerische, sondern auf das Publikum abzielende. Aus Reinshagens Perspektive [eigene Erfahrungen haben dieses Ermessen gestützt] fanden die IMF bisher im Ausland nicht die gebührende Beachtung aufgrund fehlender Ausstrahlung. Als ehemaliger Hotelier mit internationaler Klientel verlegte er die Gewichte vom lokal Engen, gar Provinziellen zum Kosmopolitischen. Der Stiftungsrat, vor allem sein Ausschuss, der dank seiner Besetzung auch ausserluzernische Sichtweisen in die Diskussion einbrachte, riet ebenfalls zur Hebung des Profils und zur Intensivierung der internationalen Zusammenarbeit. Man beauftragte Werbeexperten, eine für das In- und Ausland verständliche, neue und kürzere Marke zu kreieren, die überdies internettauglich sein sollte. [Die Suchmaschine führte bei der Eingabe «IMF» erst einmal auf den International Monetary Fund!] Nach eingehenden Abwägungen wählte man den englischen (beziehungsweise französischen) Namen «Lucerne Festival», der erstmals 2002 zur Anwendung gelangte. *Die neue Benennung verstehe ich als Mittel, um die stets intendierte programmatische Einzigartigkeit herauszustreichen und somit das Festival deutlich von anderen abzuheben. Also: Stärkung nach innen und Profilierung nach aussen.* [Haefliger]

SPANNUNGSFELDER

Grundsätzlich bewegt sich Luzern als Kleinstadt tendenziell zwischen Provinzgehabe respektive Dilettantismus und kosmopolitischer Attitüde und Weltoffenheit. [vgl. den Band *Kreative Provinz. Musik in der Zentralschweiz*] Damit soll kein negatives Werturteil gefällt werden, im Gegenteil: Der Antagonismus erwies und erweist sich nicht selten als günstiges Fruchtfeld. Der Kontrast führt immer wieder zu Spannungen, zu deren Tilgung konstruktive Lösungen gefunden werden müssen. Im Festivalbereich manifestierte sich die Kluft sogar im Bereich der Kartenbestellungen, wie oben schon angedeutet. Die Situation bei Haefligers Einstand präsentierte sich unvermindert prekär. Es hagelte böse Briefe und Protestschreiben, weil die Nachfrage nach Karten für attraktive Konzerte das Kontingent weit überstieg. Die Einheimischen vermochten sich noch relativ gut zu arrangieren, sie nutzten private Verbindungen und Netzwerke. Schlimmer sah es vor allem in der unmittelbaren Umgebung, vor allem in der Region Zürich aus. Von dort trafen geharnischte Schreiben ein, weil die Vorverkaufsstrategie dahin ging, gehen musste, den Kreis der Freunde und Sponsoren bevorzugt zu bedienen, was dazu führte, dass manche Konzerte schnell ausverkauft waren. Begreiflicherweise machte das doch eher humorvoll gemeinte Gerücht die Runde, man müsse Aussereuropäer sein, um an Karten zu kommen, erst recht, als das Festival begann, den Freundeskreis nach Amerika und Japan, danach auch nach England und Deutschland auszuweiten. Um das

Problem abzufedern und zu entschärfen, blieb nur der Weg über die zeitliche Ausdehnung des Festivals einschliesslich der sukzessiven Erweiterung des Angebots. Der Neugierdeeffekt, den das neu erbaute KKL bewirkte, forderte diese Massnahme zusätzlich. Die Aufregungen legten sich danach schnell.

Im Zuge der Öffnung zur Internationalität sieht Präsident Achermann ebenfalls «ein wesentliches Merkmal der Weiterentwicklung» [Achermann, NZZ-Sonderbeilage, 13. 8. 2013], vor allem was die mediale Aufmerksamkeit betrifft. Lucerne Festival wird heute von den grossen internationalen Medien breit wahrgenommen, was einen hoch zu veranschlagenden Faktor für seinen Bekanntheitsgrad bedeutet. Auf der anderen Seite blickt Achermann auf Brachland, denn über Internationalität dürfe nicht nur viel geredet werden, sondern es müssten sich auch zählbare Ergebnisse einstellen. Besonders der erweiterte Freundeskreis erfordere spezielle Massnahmenpakete. Ständig gelte es Austritte, bedingt durch Alter, Ableben, Wechsel vom Unternehmer zum Privatier und dergleichen zu kompensieren. Noch problemträchtiger scheint die Situation zu sein, dass durch die geographisch separierten Freundeskreise eine Zersplitterung droht. Deswegen richten sich Anstrengungen auf eine Internationalisierung der Festival-Freunde. Ebenso gelte es, die durch das moderne Vorverkaufssystem verloren gegangene Priorität für Freunde beim Kartenbezug auszugleichen, indem für diesen Kreis bestimmte exklusive Anlässe organisiert werden. Die jährliche Konzertreise des Lucerne Festival Orchestra in eines der grossen Musikzentren der Welt kann dafür nicht ausreichen. *Zudem muss gefragt werden, ob die Reisen für die Freunde neben dem touristischen Aspekt auch musikalisch interessant sind, wenn sie die Aufführungen bereits in Luzern gehört haben. Da müssen neue Wege gesucht werden.* [Achermann, Gespräch]

Die strategische Entscheidung, die Fühler ins weite Ausland auszustrecken, heisst jedoch nicht, «die Verbindung mit der Schweiz, mit der Region und der Stadt Luzern aufs Spiel [zu] setzen oder ihr einen geringeren Stellenwert bei[zu]messen. Es gilt nur, eine bessere Balance als früher zu finden. Das eine gegen das andere auszuspielen, wäre verfehlt.» Wie sich die Schweiz unaufhaltsam nach aussen öffnet – auch wenn dies vielen nicht passt –, will sich Lucerne Festival für internationale Entwicklungen offen zeigen, ohne die «Konzentration auf die urschweizerischen Eigenschaften und Stärken» [Achermann, NZZ-Sonderbeilage, 13. 8. 2013] zu verlieren.

Im künstlerischen Bereich sieht Haefliger Parallelen. Trotz der Intensivierung der künstlerischen Kontakte auf internationaler Ebene berücksichtigte das Festival immer wieder Schweizer Komponisten, «sofern sie in das künstlerische Konzept passten». Man unternimmt seit Jahren erfolgreiche Anstrengungen, deren Werke auch von internationalen Interpreten aufführen zu lassen, um die Kompositionen möglichst über unsere Grenzen hinaus bekannt zu machen. So geschah es beispielsweise mit Hanspeter Kyburz, Beat Furrer, Dieter Ammann. Die Dramaturgie für die Moderne baute diesbezüglich im Lauf der Jahre ein sehr gutes Netzwerk auf. Überdies verstärkte sich die Zusammenarbeit mit dem Luzerner Theater und dem Luzerner Sinfonieorchester über das Mass früherer Jahre. Das Orchester ist inzwischen im Festival integriert und tritt regelmässig auf, wogegen es vorher nur sporadisch und meist für Opernaufführungen des Stadttheaters zum Zuge kam. «Genauso wollte ich die Festival Strings gebührend in das Gesamtprogramm einbinden. Mit der Zeit kristallisierte sich die Lösung heraus: ein Jahr das LSO, das andere die Strings.» [Haefliger] Das einstige «Konzert für Betagte und Behinderte» findet unter dem Namen «Nachmittagskonzert» immer noch regelmässig statt.

STIFTUNGSRAT

Während der nun doch schon 15-jährigen Tätigkeit Haefligers für Lucerne Festival vollzog sich ein Wechsel im Präsidium des Stiftungsrats. Auf Jürg Reinshagen folgte Hubert Achermann. *Aus meiner Sicht tat die Mutation der Kontinuität im Arbeitsprozedere keinen Abbruch, obwohl sich Vorgänger und Nachfolger als Personen deutlich unterscheiden. Reinshagen, aus einer Musikerfamilie stammend, war mit dem Festival durch und durch emotional verhaftet. Der Unternehmer Achermann legt das Gewicht auf strukturelle Fragen. Diesen Umstand erachte ich als glückliche Fügung, denn zu Beginn meiner Intendanz waren die vorantreibenden Impulse, die speditiven Handlungen und schnellen Entscheidungen Reinshagens vonnöten. Mit meinen wenigen Erfahrungen hegte ich viel Respekt vor finanziellen Folgen, tendierte nachgerade zum Zögern. Der Präsident animierte mich, neue Wege einzuschlagen. Jetzt, wo die Phase einer gewissen Konsolidierung eingetreten ist, schätze ich es, einen abwägenden Vorgesetzten um mich zu wissen, mit dem ich zusammen mit dem Stiftungsrat die Weichen für die nahe Zukunft des Festivals stellen kann. Überhaupt war und ist es mir äusserst wichtig, alle Entscheidungen im Einvernehmen mit dem Rat oder seinem Ausschuss zu fällen.* [Haefliger] Schon aufgrund der Finanzierung ist dies unabdingbar, sitzen doch die Management-erprobten Führungskräfte jener Unternehmen im Rat, die zu den Hauptsponsoren des Festivals zählen. In diese Richtung stösst ebenfalls der Präsident, denn der Stiftungsrat muss ein ständiger Dialogpartner sein, sonst «laufen wir Gefahr, dass er das Interesse verliert». [Achermann, Gespräch]

BUDGET

Der Etat betrug bei Haefligers Anfängen ungefähr dreizehn Millionen Franken, inzwischen ist das Budget doppelt so hoch, wobei die Verteilung seit jeher in etwa dieselbe geblieben ist: Den Ausgleich leisten die Karteneinnahmen zu 50 bis 55%; die Sponsoren-, Freundes- und Stiftungsbeiträge zu 37%. Die Subventionen von Stadt und Kanton betragen um die 4%. Achermann relativiert: *Unter dem Strich bleibt davon aber nichts, die Subvention wird durch die Billettsteuer neutralisiert. Wenn der Satz von fünf auf zehn Prozent erhöht und das Geld nicht durch diese erhöhte Steuer wieder abgesogen würde, wäre unsere Situation deutlich komfortabler. Wir haben jetzt 75 Jahre mit dem gegenwärtigen System gut leben können, aber es wird zunehmend schwieriger. Wir geraten immer öfter an die Grenzen.* [Achermann, NZZ-Sonderbeilage, 13. 8. 2013] Aus diesem Grunde streckt Achermann die Fühler wieder vermehrt zur Politik aus, um Haltungen und Meinungen auszukundschaften und zu beeinflussen.

SPONSOREN

Dieser Komplex nahm gewaltige Dimensionen an. Was mit Georges Bucher in der Ära Meyer-Schoellkopf begonnen und während der Intendanz von Bamert ausgeprägtere Formen erhalten hatte – den Arbeitsprozess bewältigte die Administration in Personalunion –, erfuhr im folgenden Verlauf, unter Zuzug einer zweifach besetzten speziellen Abteilung eine Ausweitung auf die stattliche Anzahl von zur Zeit 55 Wirtschaftspartnern. Sie ergeben, zusammen mit den Künstlern, eine grosse Plattform. *Dank meinem dualen Studium (Musik mit Hauptfach Violine, Wirtschaft an der St. Galler Hochschule) gewann ich klare Vorstellungen darüber, wie das Zusammengehen von Ökonomie und Musik funktionieren könnte und wo Grenzen liegen. Die Wirtschaftspartner mussten von künstlerischen Konzepten und Visionen überzeugt werden, besonders auf den nicht etablierten Gebieten junge Musiker und moderne Musik. Für das eine fand ich bei der Credit Suisse Gehör, für das andere bei Roche, die das Erbe Paul Sachers weitertrug. In diesem Sinne hat der grosse Basler Mäzen quasi posthum auf meine Arbeit eingewirkt. Ich blicke deswegen gerne zurück auf eine der schönsten Begegnungen in meinem Leben, als es mir zusammen mit meinen Eltern vergönnt war, ihm auf seinem Wohnsitz zu begegnen Ihm gegenüber äusserte ich damals schon den Wunsch, in Luzern die Moderne weiter zu fördern. Vielleicht hat er in seiner stillen Art meine Anregung sogar weitergeleitet, obwohl er mich bis dahin kaum kannte. Aber ich gewann den Eindruck, sein Geist schwebe auch über Luzern, sein Einfluss habe stetig Wirkung gezeigt. Für mich waren er und Boulez geradezu Halbgötter, die ich zutiefst bewunderte. Einen weiteren, äusserst wertvollen Hauptsponsor gewann ich mit der Zurich Versicherung.* [Haefliger]

NEUE RESSORTS

Auf dem Fundament neuer Infrastrukturen führte Haefliger das Festival in bisher nicht gekannte Dimensionen, die im gleichen Zug ein Umdenken im Management und eine personelle Aufstockung erforderten. Die neuen Auslandprojekte, die Residenzen, zu denen das LFO (vereinzelt auch die Academy) jeweils Jahr für Jahr zu einem der grossen Zentren wie Rom, Tokio, New York, Wien, Paris und London Proms reist und dort fast zwei Wochen weilt, führte zu einer Erweiterung des Mitarbeiterstabes. Der Mehraufwand lohnte sich, denn die Gastspiele förderten Prestige und Internationalität des

Festivals stark. In den Büros an der Hirschmattstrasse wurden im Lauf der 15 Jahre nicht nur neue Ressorts geschaffen, sondern diese erfuhren selbst Modifikationen. Was einst die zweiköpfige Administration (unter der Leitung von Rosmarie Hohler und ihrem Sekretariat) betreute, hat sich inzwischen zu eigenen Abteilungen aufgesplittet: Marketing und Kommunikation, Sponsoring, Public Relations, Presse- und Öffentlichkeitsarbeit usw., sodass das Festival-Team insgesamt auf gegen vierzig Leute angewachsen ist [unter Bamert waren es 1997 ungefähr die Hälfte, früher noch weniger], «die es nötig mach(t)en, nicht nur Strukturen und Strategien, sondern auch Fragen der Führung neu zu überdenken. Wie ist die Exekutive zu organisieren? Das Team besteht ja aus intelligenten Leuten, deren Potential entsprechend genutzt werden soll». [Achermann, Gespräch] So erfuhr Bamerts Einrichtung einer Geschäftsleitung eine Wiedergeburt, freilich unter völlig verschiedenen Prämissen.

KARTENVERKAUF UND RECHNUNGSWESEN

Seit den Gründungsjahren wurde dieser Geschäftsbereich in den Büros des Verkehrsvereins und unter dessen Obhut abgewickelt. Nach 1979 übertrug man Rechnungswesen und Kartenverkauf extern an ein Büro im Mandat. Das spätere Geschäftsleitungsmitglied Werner Rogger und sein kleines Team arbeiteten bis 1986 in Räumen, deren Standort fast jedes Jahr wechselte. Lediglich nach Eröffnung des Kartenvorverkaufs bezog man im Kunsthaus den dafür vorgesehenen Büroraum mit den Schaltern.

Ende 1986 stellte man diesen Sektor auf eine neue Basis; die IMF integrierten die inzwischen aufgestockte Abteilung in ihre Verwaltung und verlegten deren Sitz zu den übrigen Festwochenbüros an die Hirschmattstrasse. Rogger übernahm im Mandat die Leitung des Finanzsektors und des Kartenverkaufs.

Bis Anfang der 1980er Jahre stellte man Rechnungen noch mit der Schreibmaschine aus. Der Kartendruck erfolgte praktisch in Handarbeit im Offsetverfahren und Laserdruck durch eine Buchdruckerei. Es war die erste Aufgabe des Vorverkaufsteams, während zwei Tagen (!) jede einzelne Karte zu prüfen und die Bündel systematisch in Kartenschränken zu verstauen. Die Kontrolle geschah mit Hilfe von auf Kartons aufgezogenen Saalplänen. Seit 1981 konnten dank einer neu entwickelten Reservationsbuchhaltung die Rechnungen über EDV erstellt, Zahlungseingänge geprüft und verarbeitet werden. Die Konzertbillets liess man nach wie vor drucken, bis 1994 ein Wechsel zu einem Computersystem erfolgte, dessen Software eigens für die Festwochen entwickelt und seither hinsichtlich Bestellungs- und Zahlungsmodus laufend optimiert worden ist. Auf einen kurzen Nenner gebracht, könnte die Geschichte der Konzertkarte mit «Vom Offsetdruck zu printed at home» betitelt werden.

*Wer erhält die besten Karten?
Vorverkauf-Eröffnungstag im Kunsthaus
anno dazumal*

LUCERNE FESTIVAL AN OSTERN

Der grosse Saal im KKL klingt verführerisch, nachgerade – dies meine persönliche Meinung – für jene Musik, die speziell zu Ostern programmiert wird: ältere und klassische Werke mit Ausführenden, die sich an der historischen Aufführungspraxis orientieren, oder Sakralmusik mit Chören. Wenn ich an Aufführungen wie jene unter Harnoncourt, Christie, Herreweghe, Savall und andere denke, kommt die Saalakustik einem Ideal gleich. [Haefliger] Sie stösst hingegen bei sehr gross besetzter Symphonik an Grenzen, vor allem, wenn Interpreten mit den Saalgegebenheiten nicht umzugehen wissen, was leider immer wieder der Fall sein kann, nicht zuletzt deswegen, weil Tourneeorchester sich mit kurzen Stellproben begnügen und keine Zeit aufwenden, sich mit den herrschenden Verhältnissen vertraut zu machen. Haefliger weiss: «Da kann die Saalakustik gnadenlos zuschlagen und sich als Hindernis erweisen.» Freilich fehlt der Salle blanche für gewisse geistliche Musik die Aura des Sakralen der Jesuitenkirche. «Bezüglich des Klangerlebnisses kann jedoch die Kirche dem KKL nicht Paroli bieten», ist der heutige Intendant überzeugt. Abgesehen davon implizieren diese Überlegungen finanzielle Fragen. Die Spezialensembles sind extrem kostspielig, sodass die Ausgaben niemals mit den in der Kirche zu erzielenden Einnahmen gedeckt werden können, da das Platzangebot beschränkter ist. Harnoncourt, der dem Festival an Ostern mit exemplarischen Aufführungen seit über zehn Jahren seinen Stempel auf unvergleichliche Weise aufdrückte, sträubte sich beispielsweise lange dagegen, mit geistlicher Musik im KKL aufzutreten. Nach einer Probe im Sinne eines Versuches liess er sich aber zu einer Dislokation bewegen. Die Architektur der Salle blanche, «ihre relative Enge und ihre beträchtliche Höhe sind immerhin dem sakralen Raumempfinden nicht ganz fremd». [Haefliger]

Michael Haefliger würdigt Alfred Brendel nach seinem Abschiedskonzert

Die rein symphonische Komponente des Osterfestivals wollte Haefliger zu Beginn seiner Tätigkeit wie der Vorgänger und begeistert von der Davos-Erfahrung mit den jungen Leuten des Gustav Mahler Jugendorchesters als Residenzorchester bestreiten, was denn auch während der ersten paar Jahre geschah. Leider musste man bald feststellen, dass die Akzeptanz des Publikums, verglichen mit den traditionellen Orchestern, zu wünschen übrig liess. Das bedingte, von Anfang an das Symphonieorchester des Bayerischen Rundfunks miteinzubeziehen, diesen hervorragenden Klangkörper, der mit Luzern seit Kubelík traditionell eng verbunden ist. Nach Auftritten unter Lorin Maazel entschied man sich nach dem Chefwechsel zu Mariss Jansons, das BR-Orchester als Residenzorchester des Festivals an Ostern zu verpflichten, zumal sich Jansons sehr für dieses Festival-Segment einsetzt.

Der Intendant räumt ein, dass durch die intensive und äusserst aufwendige Arbeit mit dem LFO und der Academy möglicherweise Grundsatzüberlegungen zu kurz kamen, den Festivals «am Piano» und «an Ostern» ein konzeptionell einschlägigeres Profil zu verleihen: «Wir pfleg(t)en zwar beide Festspiele sorgsam, bauten Ostern gar noch etwas aus und beliessen den Ablauf des Piano-Festivals in den eingefahrenen Bahnen.» Das Festival «an Ostern» bleibt dennoch ein wenig Sorgenkind, da der ganz grosse Publikumsandrang leider immer noch Wünsche offenlässt. *Hier sind fördernde Massnahmen geboten. Immer wieder diskutierten wir, das Festival zur Frühlingszeit allenfalls zeitlich zu verlegen oder gar fallen zu lassen. Doch dessen Charakter mit seinem hohen künstlerischen Wert hinterliess immer wieder derart starke Eindrücke, dass es schade wäre, wenn man die Veranstaltungen vor Ostern missen müsste. Immerhin steigerte sich die Besucherzahl von 4000 auf 11'000. Somit ist es von unseren Festivals jenes, welches das grösste Wachstum zu verzeichnen hat.* [Haefliger]

PIANO Off-Stage! im Luzerner Saal, 2010

AM PIANO

Bernard Haitink und Emanuel Ax bei der Probe

Das vom Vorgänger initiierte, jeweils im November stattfindende kleine Festival wurde nicht nur fortgeführt, sondern ebenfalls mit neuen Ideen versehen und geringfügig erweitert. Klavier-Duo, sogar Piano-Sextett, Debut-Konzerte und der Solo-Klavierjazz ergänzten die Klavierabende der Pianistengrössen wie Emanuel Ax, Radu Lupu, Evgeny Kissin, Murray Perahia, Mikhail Pletnev, Grigory Sokolov, Mitsuko Uchida und viele andere. Zu tragenden Säulen gar erwuchs das Dreigestirn Alfred Brendel, Maurizio Pollini und András Schiff. Dazu präsentierte man die Spezialisten auf anderen Tasteninstrumenten – Cembalo, Orgel und Fortepiano. Grossen Anklang finden seither geistreiche und brillant formulierte Vorträge von NZZ-Feuilletonchef Martin Meyer rund um das Piano, über seine Heroen von einst und heute sowie ihre Interpretationsansätze. Filme mit «Ikonen» der schwarzen und weissen Tasten, welche die Klavier-Interpretation im 20. Jahrhundert prägten, Vorführungen von Klaviermusik, die um die Wende vom 19. zum 20. Jahrhundert auf Papierrollen eingespielt respektive eingestanzt worden war, bereicherten das Festival ebenfalls. Seit 2003 erfreut sich das PIANO Off-Stage! – das Festival der Bar-Piano-Musik in Luzerns schönsten Bars und Restaurants – zunehmender Beliebtheit und ist inzwischen Tradition geworden.

PERSPEKTIVEN

Haefliger resümiert, es könne nicht darum gehen, Neues um seiner selbst willen machen zu wollen, sondern «die Innovation als weiteren Schritt im geschichtlich mehr oder weniger organisch gewachsenen Festival zu vollziehen». Der jüngste Entscheid, im Sommer die Festspielzeit auf vier Wochen zu beschränken, ist deshalb als Reaktion auf die Einsicht zu begreifen, der Organismus Festival sei inzwischen an Grenzen gelangt. Interesse und Konzentration sind im Abnehmen begriffen – «eine Redimensionierung kann nur guttun».

Die persönlichen Beziehungen, wie sie seit jeher von Luzern zu den Künstlern gepflegt wurden, sind nach wie vor eine Hauptsache. Sie reichen über den einzelnen Interpreten hinaus und betreffen ebenso die Orchester, deren Intendanten oder, wie bei den Wiener Philharmonikern, den Orchestervorstand. *Mit ihnen allen pflegen wir einen regen und intensiven Austausch. Besonders enge und sorgfältig aufgebaute Kontakte verknüpfen uns – neben Boulez und Abbado – mit Mariss Jansons und ganz speziell mit dem Wahl-Luzerner Bernard Haitink, an dessen herausragende Beethoven- und Brahms-Zyklen 2008 und 2011 ich erinnern möchte; mit ihm sind Schumann- und Mozart-Konzertserien konkret geplant. Er ist zu einer zentralen Figur des Festivals geworden.* [Haefliger] In gewisser Weise hat er, nicht zuletzt durch die Dirigierkurse während des Festivals zu Ostern, die Linie und das Wirkungsfeld von Kubelík fortgesetzt. Man kann seine Tätigkeiten mit dem Chamber Orchestra of Europe durchaus mit denjenigen des LFO vergleichen. Zusammen mit dem GMJO bestimmen diese von der Norm abweichenden, neuartig organisierten und formierten Orchester den Kern der Programmation. Diese Formationen bestehen aus Musikern, denen es freilich neben existentiellen Fragen vordringlich darum geht, sich der Musik und deren Vermittlung im Sinne einer exklusiven Dienstleistung sozusagen mit Leib und Seele zu verschreiben. Sie suchen ihre Dirigenten sorgsam aus, sie entscheiden autonom, sind projektgebunden und werden somit zum effektiven und eigentlichen Partner. Ihre Mitglieder sind kundig, was Aufführungspraktiken betrifft; sie kennen sich sowohl mit den an historischen Vorbildern orientierten als auch mit modernsten Spieltechniken aus, wissen und können mit ihnen gleichermassen kompetent umgehen. Diese Tiefen der vielschichtigen Auseinandersetzung sind mit einem traditionell strukturierten Orchester nicht zu erreichen. Für den Arbeitsprozess, das heisst zur Umsetzung der Idee der Festival-Identität, sind diese Orchester deshalb unentbehrlich. *Der Prozess der Integration forderte wiederum viel Arbeit. Am Anfang waren ihre Konzerte keine Renner, jetzt sind sie meist schnell verkauft, weil das Publikum inzwischen um deren hohe Qualität weiss. Es hat gelernt, das Spezielle, nicht Alltägliche an den Programmen zu schätzen.* [Haefliger]

Haefliger fügt an, er sei den Wiener Philharmonikern zu tiefstem Dank verpflichtet, weil sie sich für das Projekt «Credit Suisse Young Artist Award» gewinnen liessen. Luzern ist nämlich der einzige Ort, wo sich der traditionsreiche Klangkörper in einen Wettbewerb einbinden lässt. Normalerweise treten nur gestandene Solisten mit ihm auf. «Auch dahinter versteckt sich intensivste Arbeit, die sich durchaus mit jener vergleichen lässt, die mit der Academy im Verbund mit Roche geleistet wurde und wird», urteilt Haefliger anerkennend.

Bernard Haitink und Murray Perahia bei der Probe

AKZENTE

1999: «Mythen»

- Composer in Residence: Frangis Ali-sade, Gija Kancheli
- Artiste étoile: Evelyn Glennie
- Das Beratergremium wird aufgelöst, weil Sacher altershalber ausgetreten ist und Haefliger die Intendanz im Vollamt ausübt. Der Entscheid stösst nicht überall auf Sympathie.
- Gedenkkonzert zum 10. Todestag von Karajan
- Schoecks *Penthesilea* unter Mario Venzago in einer szenischen Realisierung von Reto Nickler (mit CD-Aufnahme)

Ostern
- Harnoncourt, der Concentus Musicus und der Arnold Schoenberg Chor beginnen mit Haydn-Messen eine Reihe, die in späteren Jahren weitergeht.

2000: «Metamorphosen»

- Orgeleinweihung im Eröffnungskonzert
- Composer in Residence: György Kurtág, Toshio Hosokawa
- Artiste étoile: Sabine Meyer
- Residenz des London Symphony Orchestra unter Boulez zu dessen 75. Geburtstag.
- In der *Frankfurter Allgemeinen Zeitung* schreibt Ellen Kohlhaas, der neue Intendant koppele «die Traditions-‹Schiene› weniger von risikofreudigeren Rahmenereignissen ab» als seine Vorgänger. «Dadurch gibt er dem Leitgedanken mehr Überzeugungskraft.» [FAZ, 5. 9. 2000]
- Credit Suisse Group Young Artist Award (erstmals): Quirine Viersen
- Bernard Haitink ersetzt am Pult der Berliner Philharmoniker den erkrankten Claudio Abbado.
- András Schiff spielt am Klavier einen grossen Bach-Zyklus.

Ostern
- Rihms *Deus passus* (Passions-Stücke nach Lukas), Pendereckis *Credo*
- Alois Koch dirigiert in der Jesuitenkirche *Das Gesicht Jesaias* von Willy Burkhard.
- Harnoncourt führt die *Johannes-Passion* von Bach auf.

2001: «Schöpfung» mit Symposium

- Poetisches Feuerspektakel «Das KKL in Flammen» zur Eröffnung. Das Thema als Urmythos wurde mittels der Prometheus-Gestalt musikalisch variantenreich programmiert; Höhepunkt: die schweizerische Erstaufführung von Nonos *Prometeo*
- Composer in Residence: Elliott Carter, Hanspeter Kyburz
- Artiste étoile: Anne-Sophie Mutter
- Prix Credit Suisse Jeunes Solistes (erstmals): Sol Gabetta
- Neue Corporate Identity; neuer Name: «Lucerne Festival»
- Luzerner Erstaufführung von Mahlers 8. Symphonie mit dem GMJO unter Franz Welser-Möst
- Trotz der Terroranschläge am 11. September in New York reist das Chicago Symphony Orchestra nach Luzern.

2002: «Verführung»

- Composer in Residence: Pierre Boulez (u.a. Aufführung von *Répons*), Olga Neuwirth
- Artiste étoile: Alfred Brendel
- Credit Suisse Group Young Artist Award: Patricia Kopatchinskaja
- Halbszenische Gesamtaufführung von Wagners *Parsifal* unter Abbado
- Uraufführung der 10. Symphonie von H. W. Henze durch die Berliner Philharmoniker unter Simon Rattle

Ostern
- Christian Thielemann erstmals in Luzern mit den Münchner Philharmonikern

2003: «Ich»

- Composer in Residence: Heiner Goebbels, Isabel Mundry
- Artiste étoile: Ingo Metzmacher, Thomas Demenga
- Credit Suisse Jeunes Solistes: Paweł Mazurkiewicz
- Erstes Konzert mit dem LFO unter Abbado. Im zweiten Konzert Start zu einem Mahler-Zyklus, der bis auf die 8. Symphonie in den folgenden Jahren fortgesetzt wird.
- Lucerne Festival Academy Preview unter Pierre Boulez
- Bernd Alois Zimmermanns epochales *Requiem für einen jungen Dichter* in einer aufwühlenden Aufführung unter Ingo Metzmacher
- Konzertante Wiedergabe von Mozarts *Idomeneo* unter Rattle mit den Berliner Philharmonikern
- Die Presse konstatiert übereinstimmend eine Tendenz zur Absage an den passiven Wohlfühl-Kulturkonsum.

Ostern
- *Johannes-Passion* unter Ton Koopman. Boulez dirigiert das GMJO in Residenz.

2004: «Freiheit»

- Composer in Residence: Harrison Birtwistle (u.a. Uraufführung der ersten Roche Commission)
- Artiste étoile: Maurizio Pollini
- Credit Suisse Young Artist Award: Sol Gabetta
- Die Academy als Institution wird fest im Festival verankert.
- Konzertante Wiedergabe von Beethovens *Fidelio* unter Barenboim
- «Musik aus Theresienstadt»

Ostern
- Monteverdi-Programm mit Jordi Savall

2005: «Neuland»

- «der Aufbruch ins Unerhörte» [FAZ, 8. 9. 2005]
- Composer in Residence: Helmut Lachenmann
- Artiste étoile: Christian Tetzlaff, Thomas Quasthoff
- Credit Suisse Jeunes Solistes: Tecchler Trio
- Ein Hochwasser (das verheerendste seit 1910) zwingt die Leitung zur Absage von sieben Konzerten, da man eine Überflutung der KKL-Umgebung und des Parking befürchtet.

Helmut Lachenmann und Heinz Holliger    *Harrison Birtwistle*    *Pierre-Laurent Aimard und George Benjamin*    *Michael Jarrell und Dieter Ammann*

2006: «Sprache»

- Composer in Residence: Matthias Pintscher, HK Gruber
- Artiste étoile: András Schiff, Emmanuel Pahud
- Credit Suisse Young Artist Award: Martin Helmchen
- Michael Gielen leitet die erste Luzerner Gesamtaufführung der grösstbesetzten *Gurre-Lieder* von Schönberg.

Ostern
- Bachs *h-Moll-Messe* in Kleinstbesetzung unter Konrad Junghänel

2007: «Herkunft»

- Composer in Residence: Peter Eötvös
- Artiste étoile: Jonathan Nott (u.a. mit Wagners *Rheingold* und Ligetis *Requiem*), Pierre-Laurent Aimard
- Credit Suisse Jeunes Solistes: Aniela Frey
- Aufführung der *Gruppen* von Stockhausen und *Marteau sans Maître* von Boulez
- Komponistenpreis an Roland Moser
- Vorstellung des «Salle modulable»-Projekts

Ostern
- Erstmals die Sinfónica de la Juventud Venezolana Simón Bolívar unter Gustavo Dudamel

2008: «TanzMusik»

- Composer in Residence: George Benjamin
- Artiste étoile: Joachim Schloemer, Albrecht Mayer
- Credit Suisse Young Artist Award: Antoine Tamestit
- Pollini-Projekte (Tradition im Spannungsfeld mit der Moderne)
- Aufführung *Répons* von Boulez

Januar
- Gedenkkonzerte zum 100. Geburtstag Herbert von Karajans: Berliner Philharmonikern unter Seiji Ozawa (Solistin: Anne-Sophie Mutter), «12 Cellisten» der Berliner Philharmoniker

Ostern
- Alois Koch leitet die Luzerner Erstaufführung von Michael Tippetts Oratorium *A Child of Our Time*. *Ein Deutsches Requiem* von Brahms erklingt unter der Stabführung von Mariss Jansons; in einem weiteren Konzert dirigiert er ein Wagner-Programm unter Mitwirkung von Mihoko Fujimura.

Simon Rattle und Kaija Saariaho

Jordi Savall

Üben ist überall möglich ...

2009: «Natur»

- Composer in Residence: Kaija Saariaho, Jörg Widmann
- Artiste étoile: Magdalena Kožená, Yefim Bronfman
- Credit Suisse Jeunes Solistes: Andriy Dragan
- Konzertante Aufführung von *Der Freischütz* von Carl Maria von Weber unter Thomas Hengelbrock. Die Berliner Philharmoniker unter Simon Rattle führen Haydns *Die Jahreszeiten* auf. Riccardo Chailly dirigiert die Konzertfassung von Mahlers Fragment der 10. Symphonie.

2010: «Eros»

- Composer in Residence: Dieter Ammann
- Artiste étoile: Hélène Grimaud
- Credit Suisse Young Artist Award: Nicolas Altstaedt
- *Tristan und Isolde* (halbszenische Gesamtaufführung) unter Esa-Pekka Salonen
- Das Schweizerische Tonkünstlerfest im Festival integriert
- Schweizer Erstaufführung von Henzes *Phaedra* im Luzerner Theater

Ostern
- Abbado dirigiert die Sinfónica de la Juventud Venezolana Simón Bolívar mit der Sopranistin Anna Prohaska.

am Piano
  Haitink beginnt den Brahms-Zyklus mit dem Solisten Emanuel Ax.

José Antonio Abreu, Gründer der Sinfonica de la Juventud Venezolana, Gustavo Dudamel und Andrej Gavrilov, 2007

Thomas Quasthoff und Claudio Abbado, 2005

2011: «Nacht»

- Composer in Residence: Georg Friedrich Haas
- Artiste étoile: Hagen Quartett, Charlotte Hug
- Credit Suisse Jeunes Solistes: Mi Zhou
- Pollini Perspectives

Ostern
- Jordi Savall setzt mit Monteverdis *Vespro della Beata Vergine* einen der Marksteine in der Geschichte des Osterfestivals.

2012: «Glaube»

- Composer in Residence: Sofia Gubaidulina, Philippe Manoury
- Artiste étoile: Andris Nelsons
- Credit Suisse Young Artist Award: Vilde Frang

Ostern
- Abbado gastiert erstmals mit seinem «Orchestra Mozart in Bologna», Solistin: Isabelle Faust

2013: «Viva la Revolutión!»

- Jubiläum 75 Jahre Festival
- Composer in Residence: Chaya Czernowin
- Artiste étoile: Mitsuko Uchida, Martin Grubinger
- «quartet-in-residence»: Jack Quartet
- Jubiläumstag am 25. August mit zahlreichen Gratis-Veranstaltungen für die Luzerner Bevölkerung
- Letzte Konzerte des Lucerne Festival Orchestra unter Claudio Abbado. Die Konzerte mit den beiden unvollendeten Symphonien von Schubert (Nr. 7, *Unvollendete*) und Bruckner (Nr. 9) sollten die letzten sein, die Abbado vor seinem Tod am 20. Januar 2014 leitete.
- Erste (konzertante) Gesamtaufführung der *Ring*-Tetralogie von Wagner im Zentrum der Programme

[Ergänzend soll hier erwähnt werden, dass die meisten Grossprojekte wie die Gründung des LFO und der Academy sowie die Aufführungen von Nonos *Prometeo*, des Requiem von Zimmermann, der *Gruppen* von Stockhausen und *Répons* von Boulez (2002 und 2008) nur dank namhafter Beiträge von Christof Engelhorn möglich wurden, der damals diese Zuwendungen anonym («private fundraising») gewährte.]

OFFENE FRAGEN

Nicht wegzudiskutieren ist, dass wegen des vorgerückten Alters der beiden tragenden Säulen Boulez und Abbado offene Fragen die Festival-Leitung beschäftigen. Bereits deutlich zeichnet sich bei Boulez ein schrittweiser Rückzug ab, *sodass die Academy nächstes Jahr zwischen Simon Rattle, Esa-Pekka Salonen, Peter Eötvös und David Robertson aufgeteilt werden muss. Es wäre wünschenswert, es würde sich später eine einzige Person herauskristallisieren, welche die Fäden der Academy zieht.* [Haefliger]

Mit Claudio Abbados Tod erlosch eine Lichtgestalt des Festivals. Er und das ihm freundschaftlich verbundene Lucerne Festival Orchestra schrieben das bis anhin herausragende Kapitel der jüngsten Festspielgeschichte, das nun mit dem schmerzlichen Hinschied des Dirigenten abgeschlossen ist. Zwar bekunden Stiftungsrat und Intendanz den festen Willen, am Orchestermodell festzuhalten, und sind sich dabei bewusst, dass Abbado unersetzbar bleibt. Dessen unvergleichliche Aura – die «Dreifaltigkeit von Wissen, Können und Charisma» [Gerhard R. Koch, FAZ, 20. 1. 2014] – bleibt ein singuläres Phänomen. Für die Festival-Verantwortlichen bedeutet die Suche nach einer Nachfolge jedenfalls eine grosse Herausforderung. Vorläufig bleibt die Hoffnung, dass eine künstlerische Leitung für ein wie auch immer zusammengesetztes festivaleigenes Orchester gefunden werde, die immerhin Abbados Geist weiterträgt: für Kommendes offen zu sein und neues Licht auf Altes zu werfen.

Die Antriebsfeder zur Teilnahme an der Academy ist hingegen eine ganz andere: Junge Studenten – sofern sie nicht dem Irrglauben verfallen, das Studium zeitgenössischer Musik sei obsolet – sind fest gewillt, das Repertoire der neuen und neuesten Musik kennenzulernen, selbst wenn der Wegfall des aktuellen und charismatischen Spiritus rector eine Zäsur bewirkt. *Wir müssen deshalb mit Entschlossenheit die Institution Academy stärken und dazu Mittel generieren, um ihre Strukturen zu stärken. Hier sehe ich im Moment eine meiner Hauptaufgaben in den nächsten Jahren und will hierzu meinen Beitrag leisten, solange ich meinen Vertrag erfülle. Unseren phänomenalen Ereignissen und Einrichtungen gilt mein Augenmerk und ich hoffe, sie brechen nicht in sich zusammen, auch wenn es in der künstlerischen Leitung Änderungen gibt.* [Haefliger]

AUSBLICKE

Wie die Zukunft des Festivals aussehen wird, steht natürlich in den Sternen, und nach einem Wort von Herbert Lüthy ist «Weissagung nicht Sache des Historikers». Am Jubiläumstag beteuerte Haefliger im Rahmen eines Podiumsgesprächs, Probleme dann anzugehen und nach Lösungen zu suchen, wenn es die Situation erfordere. Im Augenblick gelte für ihn: «Carpe diem!», selbstverständlich nicht mit der Attitüde des Sich-Ausruhens, sondern im steten Reflektieren. Gerade auf das Zentrum des Festivals, die symphonische Komponente und ihr Format, richtet sich sein Hauptaugenmerk, denn auch die Frage nach der Konzertform wird sich unweigerlich stellen. *Dauert ein Konzert immer und ewig ungefähr zwei Stunden oder darf der Ablauf ein anderer sein? Ich sehe keinen triftigen Grund, am Inhalt substanziell Wesentliches zu ändern, möchte indes klar fokussiert bleiben. Die jüngsten Entwicklungen erweckten in mir den Wunsch, vielleicht noch mehr inszenieren zu können. Als Ansätze dafür stehen die früher erfolgte* Fidelio-Aufführung, *die John-Adams-Produktion 2012, aktuell Chaya Czernowins Kammeroper oder nächstes Jahr die szenische* Matthäus-Passion *unter Rattle. Diese Ereignisse erachte ich als interessante Modelle für die Zukunft. Zudem ist mir daran gelegen, die Nähe zum Publikum noch enger zu suchen. Dies scheint mir für zukünftige Generationen sehr wichtig zu sein. Das Publikum wünscht den intensiveren Kontakt mit den Künstlern. Es will nicht mehr die Galionsfigur, die als Halbgott aufs Podium schreitet und als unnahbarer Titan das Publikum in Ehrfurcht erstarren lässt. Das ist beileibe keine Kritik an den Grössen der Vergangenheit, doch die Dinge haben sich gewandelt, die Entwicklungen verlaufen anders. Mit dem Projekt der «Salle modulable» starteten wir den Versuch, diese Schranken zu durchbrechen.* [Haefliger]

Nicht nur Präsident Achermann hält nach wie vor an der Vision fest, früher oder später eine neue, andere Art von Musiktheater präsentieren zu können. Tatsache ist, dass Stadt und Kanton Luzern ein neues Theater dringend brauchen. Wenn die nun kürzlich geäusserten Beteuerungen seitens der Politik und der involvierten Verantwortlichen, gemeinsam vorgehen und arbeiten zu wollen, ernst gemeint sind, könnte Lucerne Festival einen neuen Schub in jene Richtung bekommen. Dabei ist entscheidend, dass man sich darin einig ist – Achermann stützt sich darauf –, ein neues Theater zu bauen sei unsinnig und kurzsichtig, wenn nur alte Schinken frisch geräuchert würden, im Klartext: ein neues Theater mit alten Infrastrukturen gebaut würde. Vorläufig ist das Zusammengehen mit dem Luzerner Theater eine reelle Chance. Das weitere Prozedere hängt vom rechtskräftigen Ausgang des allerdings für die Stiftung Salle Modulable günstigen Urteils in Sachen der seinerzeit versprochenen Engelhorn-Gelder ab. Um an sie zu gelangen, ist die Stiftung verpflichtet, eine den neuen Umständen angepasste Machbarkeitsstudie für ein flexibel gestaltbares Musiktheater in der Stadt Luzern vorzulegen. Die Aktualisierung wird vermutlich im Rahmen des Projekts Neue Theater Infrastruktur Luzern (NTI) erfolgen, um zu beschleunigen, «was jetzt in der politischen Pipeline geplant» ist [Achermann, NZZ-Sonderbeilage, 13. 8. 2013].

Das ist so oder so noch ein weiter Weg. «Bis es allerdings so weit ist, kann sich das Festival unter einer neuen Leitung verändern und andere Richtungen einschlagen. Das ist auch gut so», meint Haefliger, und Achermann gibt zu Bedenken, dass «gerade die Geschichte des Festivals gezeigt hat, dass Organisationsformen mutieren können. Die Struktur, die seit 1970 Gültigkeit hat, muss nicht für alle Zeiten die richtige sein. Die Weiterentwicklung des Lucerne Festival wird zeigen, ob sie in Zukunft Bestand hat». [Achermann, Gespräch]

Abschliessend zieht Haefliger eine Bilanz, die ich überzeugt mitunterschreibe: *Wenn ich aus meiner Sicht zurückschaue, haben das Lucerne Festival respektive die früheren IMF seit dem ehrenamtlichen Organisationskomitee, dann unter den professionellen Leitungen von Baumgartner, Meyer-Schoellkopf, Bamert bis hin zu mir je hervorragend funktioniert; während nunmehr 75 Jahren wurde auf spezifische Art sehr gute Arbeit geleistet. Stets war die richtige Instanz zum richtigen Zeitpunkt am richtigen Platz. Ein einmaliger Glücksfall! Wie viel problematischer zeigen sich in dieser Hinsicht andere vergleichbare Festspiele!*

PANTA RHEI

Gegenwärtig ist Lucerne Festival solide positioniert; seinem Kader gelingen Vorhaben, die anderen Stätten verwehrt sind. Ob dies so bleibt, hängt nicht allein von der Führung und ihren Konzeptionen ab. Die Geschichte lehrt, wie politische, soziologische und andere Veränderungen – manchmal schleichend, manchmal jäh eintretend – vermeintlich Gefestigtes ins Wanken bringen können. Sicher ist nur, dass alles, eingeschlossen ein Festival wie das von Luzern, früher oder später ein anderes Gesicht bekommen wird, denn das «panta rhei», das immer in Bewegung Bleibende, trifft auch Lucerne Festival. – «Omnia mutantur, nihil interit» [Ovid: «Alles wandelt sich, nichts verbleibt in derselben Gestalt.»]

Maurizio Pollini, Pierre Boulez, Claudio Abbado

75 JAHRE LUCERNE FESTIVAL

Das Foyer mit sämtlichen Plakaten

Mitsuko Uchida und Mariss Jansons

NACHWORT UND DANK

Pausengespräch anlässlich des Interpretationskurses für Dirigenten, 1982
v.l.n.r.: Rafael Kubelík, Erich Singer, Daniel Barenboim, Yuuko Shiokawa

Ein Rauschmittel sei die Geschichte, schrieb Peter von Matt einmal. Die Ansicht teile ich wohl, wenn ich noch im Nachhinein den Schub spüre, der mich leidenschaftlich von einer Recherche zur anderen trieb, nachdem mich der Verleger Peter Schulz Ende 2002 mit der Aufgabe betraute, eine Chronologie des Lucerne Festival von den Anfängen bis zur Gegenwart zu verfassen. Dass gut zehn Jahre vergangen sind, bis der vorliegende Band endlich erscheinen konnte, gründet einerseits in beruflicher Inanspruchnahme und in Verlagsmutationen. Doch die tieferen Ursachen des Verzugs liegen anderswo. Die Forschungsarbeiten konnten zwar, wenn auch bedächtig, sofort beginnen, erwiesen sich alsbald aber als schier endloses Vorhaben. Je intensiver und begeisterter sie vorangetrieben werden konnten, desto unabsehbarer zeigte sich ihr Ende – aus dem einen ergab sich stets wieder ein anderes, der Suchprozess in alle Richtungen glich mehr und mehr einem Delirium, einem Wirbeln um die eigene Achse ohne Ende, die Arbeit drohte auszuufern. Aber selbst der stärkste Geduldsfaden reisst, wenn er überstrapaziert wird: Der Mahnfinger des Verlegers hob sich zum finalen «Ceterum censeo», das Papier des Druckers wartete unwiderruflich auf das niedergeschriebene Ergebnis. Der nun verlangte Schreibprozess rief zum Einhalt; ernüchterndes Erwachen folgte der Forschungstrunkenheit. Geschichte schreiben ähnelt der Befindlichkeit nach einer Nacht der Weinseligkeit. Denn: «Geschrieben ist geschrieben.»

Dass die Geschichte des Lucerne Festival zum 75. Jahr seines Bestehens erscheint, mag Zufall wie Absicht sein. Die Aufgabe bestand zu keinem Zeitpunkt darin, ein Jubiläumsbuch im Sinne einer Festschrift vorzulegen, sondern vielmehr darin, die Entwicklung des Festivals von seinen Anfängen bis zur Gegenwart in ihrem zeitgeschichtlichen Zusammenhang aufzuarbeiten, was bislang noch nicht in dieser Tiefe geschehen ist. Freilich liegen vereinzelte Studien und Artikel zu Teilaspekten vor; den Gesamtdarstellungen in den Jubiläumsbänden (1963, 1973 und letztmals 1988) hingegen warf man nicht immer zu Unrecht vor, sie seien schönfärberisch, unvollständig oder gar fehlerhaft. Diese durchaus kontrovers geführten Diskussionen wirkten als stärkste Triebfeder, mich vor allem bei der Aufarbeitung der Entstehungsgeschichte kritisch mit den spärlich und bruchstückhaft vorhandenen Quellen auseinanderzusetzen. Dieses Studium zog die Erkenntnis nach sich, dass die Gründung der ehemaligen Musikfestwochen unter Prämissen geschah, die dem aktuellen Bewusstseinsstand fremd geworden sind. Umso notwendiger erschien es mir, die politische und soziologische Situation der Schweiz vor und um die Zeit der Festwochen-Gründung knapp, aber gebührend differenziert aufzuzeigen.

Als später Beitrag zum Jubiläumsjahr mag die Chronik anderseits jenen entgegenkommen, bei denen ein solcher Anlass das Bedürfnis nach historischer Klärung weckt. Rund um die Vorbereitungen zu den Festival-Geburtstagsfeierlichkeiten in diesem Sommer fragten sowohl die Medien wie auch ein interessiertes Festivalpublikum nach den Anfängen der Veranstaltung, nach Daten, Werken und Künstlern, nach Sternstunden und Krisen und anderem mehr. Dieses Interesse am Festivalalltag, an den Geschichten der Menschen vor und hinter der Bühne fügte sich günstig zum Ziel des Buches, das nicht in erster Linie wissenschaftliche Chronologie, sondern Zeitspiegel unter Wahrung verbürgter Zeugenschaft sein will. Dies erlaubt auch Abstecher in subjektive Sichtweisen oder ins Anekdotische.

Wie oben angedeutet, sind die ersten Jahre des Festivals stärker gewichtet, weil wegen des zeitlichen Abstands vieles in weite Ferne gerückt oder überhaupt nicht bekannt ist. Die weiter fortschreitende Festival-Geschichte, die mit quantitativen inhaltlichen und zeitlichen Ausdehnungen bis hin zu den gegenwärtigen Dimensionen des Lucerne Festival verbunden ist, gebot ein zunehmend beschleunigendes Verfahren, um den Rahmen nicht zu sprengen. Deshalb sind Lücken, Auslassungen, Kürzungen oder Streichungen unvermeidbar. Doch ermöglicht der Link auf der Website von Lucerne Festival die Einsicht in sämtliche Programme, die auch laufend aktualisiert und gegebenenfalls korrigiert werden. Der Verlag, Lucerne Festival oder ich nehmen diesbezügliche Verbesserungsvorschläge oder Berichtigungen gerne entgegen.

Die vorliegende Arbeit stützt sich, was die Geschichte der Internationalen Musikfestwochen bis zum Jahr 1969 betrifft, im Wesentlichen auf die Protokolle des Organisationskomitees, die als eigentliche Beschlussprotokolle über die zentralen Punkte der Festwochenkonzeption informieren. Diese im Stadtarchiv aufbewahrten Akten verraten indes, dass von Anfang an entscheidende künstlerische und organisatorische Massnahmen entweder auf privater oder bilateraler Basis ausserhalb der Gremiumssitzungen

www.lucernefestival.ch/archiv
Login: lucerne_festival
Passwort: classicalmusic

getroffen worden sind, um das Aufkommen von Spekulationen und Gerüchten zu vermeiden. Die Festivalverantwortlichen trachteten stets danach, erst dann an die Öffentlichkeit zu gehen, wenn ein Vorhaben als praktisch hieb- und stichfest gelten konnte. Auf diese Weise hielt man sich aus den Schlagzeilen des Sensationsjournalismus heraus, macht es dem Forscher hingegen oft unmöglich, gewisse Entscheidungen nachvollziehen oder erklären zu können. Leider wurde zudem die Privatkorrespondenz von Jakob Zimmerli und Walter Strebi, zweier Entscheidungsträger der IMF, vernichtet, ebenso weitgehend jene der Konzertgesellschaft Zürich zu Zeiten seines Leiters und Gründers Walter Schulthess, der mit geschickter Hand Luzern die massstabsetzenden Interpreten vermittelte. Hingegen überliess der Anwalt H. L. F. Meyer dem Stadtarchiv seine aus Liebhaberei angefertigte umfangreiche IMF-Dokumentation, die ich bei Bedarf einsehen konnte. Ein wertvolles Dokument über Tribschen und das «Concert de Gala» bilden die Rückblicke von Ellen Beerli-Hottinger, die darin als erste Kustodin des Richard-Wagner-Museums das legendäre Toscanini-Konzert authentisch schilderte. Selbstverständlich förderte der Blick in die damaligen Tageszeitungen weitere Erkenntnisse, lokal das *Luzerner Tagblatt,* das *Vaterland,* die *Luzerner Neuesten Nachrichten* sowie die *Freie Innerschweiz.* Für künstlerische Belange orientierte ich mich hauptsächlich an der Berichterstattung der *Neuen Zürcher Zeitung.* Diverse Jubiläumsschriften, das *Schweizerische Musikerblatt,* die *Schweizerische Musikzeitung,* Broschüren, Programmbücher und das Archiv des Schweizerischen Festspielorchesters vermittelten ebenso fruchtbare Hinweise wie die zahlreich beigezogene Fachliteratur, die direkt oder indirekt den Entstehungsprozess dieses Buches begleitet hat. Zur Erfassung des Festivals nach 1970 konnte ich mich neben eigenen Erfahrungen auf Zeitzeugen abstützen, vor allem auf Gespräche, die ich mit den jeweiligen Stiftungsrats-Präsidenten und den Direktoren respektive Intendanten führte.

Bei der Auswahl der abgedruckten Fotos und Dokumente wurde dahingehend verfahren, dass die Abbildungen den Text vordringlich stützen sollten. Nach Möglichkeit gelangte wenig oder gar nicht veröffentlichtes Material in den Druck, erst recht dort, wo im Zuge der neueren Geschichte die Wahl der Aufnahmen zur Qual wurde. Von Ausnahmen abgesehen, wurde auf stereotype Künstlerposen verzichtet, hingegen darauf geachtet, unbekannte Seiten der Protagonisten zu zeigen oder fotografische Blicke hinter die Kulissen oder in die Foyers zu werfen. Bei ganzen Fotostrecken war überdies der künstlerisch-ästhetische Wert der Bilder mit ausschlaggebend. Bewusst wurde das schwarz-weisse Druckverfahren eingesetzt. Der Farbdruck wurde nur für das letzte Kapitel gewählt.

Die Freude am Arbeitsprozess überwog bei weitem die Unannehmlichkeiten, die sich mit einem solchen Projekt zwangsläufig einstellen. Zu dem günstigen Befund trugen nicht zuletzt Unterstützungen mannigfaltiger Art bei, die hier verdankt seien.

Ein namhafter Betrag der UBS-Kulturstiftung ermöglichte überhaupt erst die kostspieligen Forschungsarbeiten, die mit vielen Reisen, Literaturbeschaffung sowie foto- und filmtechnischer Datenübertragung verbunden waren. Dazu haben grosszügige Hilfeleistungen jener Institutionen und Privatpersonen, die für meine Recherchen

Informations- und Auskunftsträger waren, meine Arbeit wesentlich erleichtert. Dafür sei Daniela Walker und ihrem Personal vom Stadtarchiv Luzern, Ursula Jones-Strebi, der Zentralen Hochschulbibliothek Luzern (besonders der Abteilung Musik und ihrer Leiterin, Bernadette Rellstab), Hans Martin Ulbrich, Rosmarie Hohler, der Paul Sacher Stiftung (Felix Meyer, Robert Piencikowski, Heidi Zimmermann), dem Personal des Archivs der *Neuen Zürcher Zeitung,* dem Luzerner Staatsarchiv und dem Stadtarchiv Zürich herzlich gedankt.

Ein weiterer Dank richtet sich an die Personen, die bereitwillig im ausführlichen Gespräch oder mit schriftlichen Äusserungen wichtige Informationen beitrugen: Hubert Achermann, Nina Bakman, Matthias Bamert, Georges Bucher †, Katja Fleischer, Michael Haefliger, Béatrice Hodel, Heinz Holliger, Hans Jörg Jans, Toni J. Krein, Kaspar Lang, Ulrich Meyer-Schoellkopf, Jürg R. Reinshagen, Werner Rogger, Paul Sacher †, Pierre Sarbach †. In diesem Zusammenhang möchte ich auch Rudolf Bossard, Claire Bucher, Hans Eggermann, Alfredo Gysi (Banca della Svizzera Italiana), Peter Hagmann, Antoinette Manzardo, Margrit Meyer, Martin Meyer, Martin Müller, Carlo Piccardi, Claire und Claudia Rickli, Eva Rieger, Fritz Schaub, Marianne Steinmann, Claudio Veress, Andreas Wegelin (Suisa) und Peter Wipf erwähnen, die mich mit wertvollen Hinweisen unterstützt haben.

Ganz besonders schätzte ich die Hingabe, mit der Arthur Spirk die beiliegende DVD-Dokumentation betreut und zusammen mit Beat Morell hergestellt hat. Grosszügig finanziert wurde sie von Carla Schwoebel.

Zuletzt richtet sich mein ganz spezieller Dank an den Verleger Peter Schulz, der mit mir sehr viel Geduld aufbringen musste, und an Max Wettach, der mit viel Herzblut das Buch gestaltete. Der Schlussdank gilt meinem Lektor Thomas Goetz, der wohlwollend dort eingriff, wo es nötig war. Seine Arbeit ergänzten Alois Koch, Jost Willi und Mario Gerteis. Deren fruchtbare und kritische Durchsicht des Inhalts, verbunden mit zahlreichen Anregungen, erwies sich als äusserst förderlich und hilfreich.

Erich Singer
Hergiswil, Mitte September 2013

Erich Singer

1943 in der Ostschweiz geboren. Musik- und Musikologieausbildung an diversen Hochschulen im In- und Ausland. Orchestermusiker und Dirigent in Basel, Musikpädagoge in Luzern. 1980–1990 Geschäftsführer von Konzertagenturen und Mandat als Pressechef (ab 1980) sowie nach 1983 im künstlerischen und redaktionellen Bereich der ehemaligen Internationalen Musikfestwochen Luzern (IMF). 1992–1995 Leiter des künstlerischen Büros und Musikredaktor von Lucerne Festival. Seit 2008 freischaffend. Autor diverser Publikationen zur Musik.

P. S. Die bestürzende Nachricht vom Tode Claudio Abbados ereilte die Musikwelt am 20. Januar 2014. Ende Februar erging auf den Bermudas das Urteil im Prozess um die Engelhorn-Gelder. Die für Lucerne Festival einschneidenden Ereignisse geboten mir, diesen Umständen Rechnung zu tragen und soweit es das abgeschlossene Layout zuliess, die Festival-Geschichte an entsprechenden Stellen – freilich notdürftig – zu aktualisieren.

Erich Singer
im Februar 2014

«LUZERN IST FÜR MEINEN GESCHMACK EINE ZAUBERHAFTE STADT»
Ein Gespräch mit Paul Sacher

Zum Anlass des 90. Geburtstags wie auch im Hinblick auf seinen letzten Auftritt als Dirigent der Serenaden führte ich mit Paul Sacher am 10. Juni 1996 im Haus Schönenberg (bei Pratteln) ein längeres Gespräch. Sachers Ausführungen, seine Beziehungen zu Luzern betreffend, sind hier auszugsweise wiedergegeben.

Der Dirigent und Mäzen antwortete auf folgende Fragen:

1. Paul Sacher hat die Serenade vor dem Löwendenkmal ununterbrochen seit 1944 dirigiert. Wie kam es dazu, und was verbindet Paul Sacher mit Luzern und insbesondere mit den Musikfestwochen?

2. In einem anderen Gespräch anlässlich seines 90. Geburtstags äusserte Paul Sacher, er habe viele entscheidende Impulse in persönlichen Begegnungen und Kontakten mit Komponisten, Interpreten, sonstigen Künstlern und bedeutenden Persönlichkeiten erhalten. Sind ihm in Luzern auch solche Leute begegnet, und wenn ja, welche?

3. Man kennt Paul Sacher als einen Mann der Visionen und Utopien. Von daher die Frage: Konnte Paul Sacher auch im Rahmen der Serenaden – gemessen an der Arbeit mit dem Basler Kammerorchester (BKO) und dem Collegium Musicum Zürich (CMZ) – ein Stück seiner Visionen realisieren, oder haben die Serenaden für ihn einen andern Stellenwert?

4. Paul Sacher hat sich entschlossen, in seinem Jubiläumsjahr die Serenaden letztmals zu dirigieren – trotz seiner geistigen und physischen Frische. Heisst das nun, dass er den Stab überhaupt nicht mehr in die Hand nimmt?

Zu Frage 1: «Walter Schulthess als graue Eminenz von Walter Strebi sagte eines Tages, man hätte an den Festwochen gerne eine Serenade, Luzern habe landschaftlich viele reizvolle Orte. So bat mich Walter Strebi, nach Luzern zu kommen, um ein paar Orte zu besichtigen. Im Vordergrund standen das Inseli, der Lichthof im Regierungsgebäude und das Löwendenkmal. Ich hatte nicht den leisesten Zweifel, dass das Löwendenkmal der richtige Ort sei. Man schloss sich dieser Meinung an. Es war von Anfang an die Absicht, die Serenade mit dem Collegium Musicum Zürich zu bestreiten. Nach über einem halben Jahrhundert der Erfahrung denke ich, es gibt keinen besseren und geeigneteren Ort. Es war die richtige Entscheidung – Luzern ist für meinen Geschmack eine zauberhafte Stadt. Die Bezugsperson, die mich mit dieser Stadt verbindet, ist Walter Strebi respektive seine Familie: Maria Strebi, ihre Tochter Ursula, die in London lebt – eine charmante, gebildete Frau, eine Expertin in Archäologie. Nach der ersten Serenade war man eingeladen bei Strebis, und daraus wurde eine Tradition; Jahr für Jahr soupierte man am Sonntag nach der Serenade im Hause Strebi. Das ist eine unverbrüchliche Verbindung, die mir sehr viel wert ist. Dr. Strebi war für mich ein bedeutender Mann. Ich hatte sogleich den Eindruck, er sei in und für Luzern eine Integrationsfigur und werde aus den Festwochen ein bedeutendes Festival machen. Obwohl er verhältnismässig früh verstarb, glaube ich, es ist sein Verdienst, dass alles so gut weiterlief und die IMF heute ihren hohen Stellenwert besitzen. Walter Strebi hat die Festwochen zu dem gemacht, was sie sind. Er sprach viel über seine Pläne, über Programme, Künstler etc. Ich denke, er hat den IMF, wie sie heute geführt werden, den entscheidenden Boden gelegt, auf dem später aufgebaut worden ist.»

Zu Frage 2: «Ich will auf diese Frage ganz allgemein eingehen. Nach meinen Erfahrungen und nach meiner Überzeugung wird alles Wichtige durch Menschen geschaffen und geht über Menschen. Ich ziehe ein Beispiel heran, um zu verdeutlichen, was ich meine. Vor mehr als 60 Jahren habe ich in Basel die Schola Cantorum Basiliensis gegründet, ein Lehr- und Forschungsinstitut für Alte Musik. Ich habe damals gespürt, dass dieser Teil der Musik eine wichtige Rolle spielte, dass man ihr aber vielerorts dilettantisch begegnete. Damals lebten in Basel einige Leute, die die Voraussetzung für eine solche Gründung bildeten: August Wenzinger, damals schon hervorragender Kenner der Alten Musik und seinerzeit der beste Viola da gamba-Spieler, oder die in Basel wirkende Holländerin Ina Lohr, die in kirchenmusikalischen Fragen eine Expertin war, oder der Tenor Max Meile mit seiner wunderbaren Naturstimme – er war der einzige mir bekannte Sänger, der die Musik Monteverdis kannte und sang – und schliesslich die beratenden Musikwissenschaftler Prof. Arnold Geering (der spätere Berner Ordinarius) und Dr. Walter Nef, der mein engster Mitarbeiter war. Anhand dieses Beispiels habe ich zeigen können, wie die Realisierung einer Idee überhaupt möglich wird: durch einen Kreis von Menschen, die bereit sind, sich für etwas einzusetzen, und die Fähigkeit haben, einen Plan zu verwirklichen. Später sind viele junge Leute dazugekommen, die Kenntnis und Experimentierfreude mitbrachten, um der Schola Cantorum zum Durchbruch zu verhelfen. Das Institut zog viele Studenten aus dem Ausland an, von denen einige berühmt wurden. Durch das Beispiel Schola ist die These untermauert, dass man für die Realisierung eines Plans andere Menschen braucht. Die Schola hat mit ihrer Ausstrahlung zur Verbreitung Alter Musik und zur Professionalisierung der Ausübenden mit Sicherheit entscheidend beigetragen, und so ist das auf allen Gebieten; dieses Beispiel steht mir nur besonders nahe. Alles stünde im luftleeren Raum, wenn ich diese Menschen mit ihrer grossen Leidenschaft nicht auf meiner Seite gewusst hätte. – In Luzern habe ich kaum wichtige persönliche Verbindungen gehabt ausser der erwähnten.»

Zu Frage 3: «Jemand, der heute lebt, kann kaum verstehen, was es 1926 bedeutete, das BKO und einige Jahre später, 1941, das CMZ zu gründen. Die Gründung des Collegium Musicum erfolgte auf Anregung von Walter Schulthess und seiner Frau, der Geigerin Stefi Geyer, die hervorragende Schüler hatte, die sie veranlassten, den Anstoss zur Gründung des Collegium Musicum zu geben. Das Basler Kammerorchester wurde gegründet, um ältere Musik aufzuführen. Damals nämlich war die Aufführung einer Haydn-Sinfonie ein mühsames Unterfangen. Es war schwierig, Orchestermaterial oder eine Partitur zu finden; manchmal musste man sie aus Stimmen erst wieder erstellen. 1926 gab es noch keine Gesamtausgabe der Werke Haydns. Unterdessen ist das alles ganz anders geworden: Es gibt wissenschaftlich fundierte Ausgaben, sodass heute alles mühelos zur Hand liegt, ganz zu schweigen vom Schallplattenangebot, von Rundfunk und Fernsehen, die ebenfalls Informationsquellen sind. Das Radio steckte 1926 gerade in den Anfängen und wurde mehr als technische Spekulation betrachtet, aber es griff wenig später entscheidend in das Leben der Menschen ein (Hitler hätte beispielsweise die politische Eroberung Deutschlands ohne das Radio nicht so schnell und erfolgreich durchführen können). – Man muss sich darüber Rechenschaft ablegen, dass zu Zeiten der Schaffung der beiden Kammerorchester eine ganz andere Weltsituation herrschte als heute; es gab zu jener Zeit in der Schweiz kaum andere Kammerorchester. – Neben der Pflege der älteren Musik war es mein zweites Ziel, mit meinen Orchestern neuere Musik aufzuführen. Sie sollte als eine Art Balance zur unbekannteren Sinfonik von Haydn und Mozart sowie zur Musik der Vorklassik wirken. Wir wollten auch unsere Zeit hören, unsere Avantgarde. Wir machten das nach bestem Wissen und Gewissen.

Heute kritisieren mich viele Leute, ich sei nicht in erster Linie ein Jünger Schönbergs gewesen, und vermissen meine Zuwendung an seine Schule. Ich kann dazu lediglich antworten: Vieles in der Werkauswahl, in der Programmierung fusst ebenfalls auf persönlichen Beziehungen. Während ich Strawinsky gekannt und immer wieder getroffen habe – ich kannte ihn gut, wir haben zusammen geredet, gegessen und korrespondiert –, habe ich Schönberg leider nie kennengelernt. Es braucht aber keine Erklärung, dass er eine der grossen Figuren in der Geschichte unseres Jahrhunderts ist. Im Übrigen ist es fast etwas Selbstverständliches, dass jeder Mensch, der etwas unternimmt, nach den Gesetzen, unter denen er angetreten ist, nach seinen persönlichen Vorlieben, nach seinem persönlichen Geschmack, nach den Fähigkeiten seines Verstandes und seiner Einsicht handelt. Es ist niemand vollkommen und macht alles fehlerlos und wunderbar.

Ich glaube, um auf die Serenaden zurückzukommen, durch unsere ‹normale› Tätigkeit genau das richtige Repertoire gefunden zu haben, das Luzern gebraucht hat. Ich darf sagen, Walter Strebi hat richtig entschieden, dem Collegium Musicum Zürich die Serenaden anzuvertrauen. Was bedeuteten sie? Wir konnten das Repertoire pflegen, das uns vertraut war, in dem wir Erfahrung hatten. Zudem muss ich erneut sagen, dass der Ort, der kleine Weiher vor dem Löwendenkmal, die vielen Bäume ringsherum eine Poesie besitzen, wie sie nur selten vorhanden ist. Abgesehen von der Musik, die wir dort aufgeführt haben, ist der Zauber des Löwendenkmals auch für den Erfolg der Serenaden mitverantwortlich. Man darf nicht vergessen, dass es dort auch schön klingt; die Akustik ist gut, selbst wenn sie einem nicht wie ein Tiger an den Hals springt. Man muss fein zuhören, aber es ist alles klar, nichts verschwimmt, und alles spielt sich ab in einem poetischen Zauber einer herrlich schönen Landschaft.»

Zu Frage 4: «Mit der Serenade hat der Entscheid nichts zu tun. Seit längerer Zeit dirigiere ich nicht mehr so viel wie einst. Ich denke, wenn man 90 Jahre alt ist, ist es ein grosses Glück, wenn man gesund ist, aufrecht gehen kann und sich wohlfühlt. Das ist eine grosse Gnade. Aber ich weiss den längeren Teil des Lebens hinter mir. So ist es sicher richtiger und intelligenter, etwas aus eigenem Entschluss zu beenden, als wenn einem gesagt werden muss, man solle einer neuen Generation Platz machen. Dazu etwas

Grundsätzliches: In der Kunst ist die soziale Komponente nicht die entscheidende. Kunst ist und bleibt im höchsten Grad ein elitäres Unternehmen. Es wird einem die Ungleichheit der Menschen nie so gezeigt, vorgelebt und vorgemacht wie in der Kunst. Es gibt solche, denen alles leicht gemacht wird; alle Fähigkeiten, Können, Geschmack und Wissen sind ihnen gegeben, um sich anderen Menschen mitzuteilen, und es gibt das Gegenteil … – Darüber muss man sich Rechenschaft geben, dass Kunst völlig undemokratisch ist. Jeder Versuch, sie in demokratische Regeln zu zwingen, ist aus sich selber zum Misserfolg verurteilt. Bref: Ich wollte deutlich machen, man sollte selbst merken, wenn man noch im Besitz seiner Fähigkeiten ist, wann der Augenblick gekommen ist, sich zurückzuziehen. Diese Entscheidung habe ich getroffen. Ich hätte mir ungern sagen lassen, es sei jetzt die Zeit gekommen, mich zurückzuziehen.»

Paul Sacher und Rafael Kubelík, links: Ursula Jones-Strebi und Maria Strebi

MARIO GERTEIS IM GESPRÄCH

1952, im ersten Jahr als Platzanweiser, hörte ich unter anderem die 5. Symphonie von Anton Bruckner. Am Pult stand der Komponist Paul Hindemith, also kein ausgesprochener Dirigent der obersten Garnitur, anstelle des erkrankten Wilhelm Furtwängler. Die Aufführung löste nichts weniger als meine berufliche Ausrichtung aus; ich wollte mich zukünftig in den Dienst der Musik stellen. Mit diesen Worten schilderte mir Musikkritiker Mario Gerteis im Sommer 2010 in zwei Gesprächen [am 10. 6. und 6. 7. 2010, hier auszugsweise wiedergegeben] über Vergangenheit und Gegenwart des Luzerner Festivals das für ihn folgenreiche Schlüsselerlebnis. Nunmehr seit über 50 Jahren verfolgt(e) er hörend und schreibend die Fest-Konzerte, zuerst als Berichterstatter beim *Luzerner Tagblatt* und ab 1967 bis 1995 bei den *Luzerner Neuesten Nachrichten*. Gleichzeitig schrieb er seit 1961 im Zürcher *Tages-Anzeiger,* dessen Redaktor er später wurde. Immer noch sieht man den Mann der schreibenden Zunft in manchen Konzerten und liest bis heute vereinzelt Rezensionen aus seiner manchmal spitzen Feder, die er als freier Journalist verfasst. Im Band *Aus dem Leben eines Musikkritikers* [Hochschule Luzern – Musik, 2013] hat er kürzlich Heiteres und Ernstes aus seinem reichen Fundus zusammengetragen.

Er ist nicht der Einzige, dem es so geht: *Es ist ein Phänomen, dass die alten Eindrücke stärker sind als die neuen. Ich kann das Programm von 1952 ohne Weiteres schildern, bin jedoch meist nur mit Mühe in der Lage, eines hervorzurufen, das zwei Jahre zurückliegt. Eine andere Kuriosität ist der Umstand, dass mir vom spezifischen Konzertfestival mit unzählig vielen grossartigen Konzerten ausgerechnet die konzertanten Opernaufführungen besonders im Gedächtnis haften. Sie haben mich am meisten beeindruckt. Wahrscheinlich deshalb, weil sie die einzigartige Gelegenheit bieten, sich völlig auf die Musik konzentrieren zu können.* Gerteis erwähnt als Beispiele *Aus einem Totenhaus* unter Kubelík (1965), *Atlántida* von de Falla (1976), *Oedipe* von Enescu (1981), Janáčeks *Die Sache Makropoulos* mit dem Prager Nationaltheater (1984), zweimal Schoecks *Penthesilea* (mit Mácal, 1986, und Venzago, 1999) und dessen *Massimila Doni* (1986).
In jüngster Zeit empfing er den letzten grossen Eindruck vom *Freischütz* unter Hengelbrock.

Das Wesen der Musikkritik hat sich in Gerteis' Augen stark gewandelt. «Die Kritik ist leider zum Begleitinstrument des Marketing verkommen; sie packt vieles, allzu vieles mit Samthandschuhen an.» Weil die früheren IMF und das aktuelle Lucerne Festival ihre Messlatte hoch setz(t)en, das Beste vom Besten zu bieten beanspruch(t)en, müsste dementsprechend die Kritik ihre Bewertungskriterien ebenso hoch hinaufschrauben. *An den früheren IMF war ein hartes Verdikt noch erlaubt. Heute sitzen – Ausnahmen bestätigen die Regel – Kritiker im Saal, die Angst vor der eigenen Meinung haben, weil sie befürchten, nicht mehr genehm zu sein. An moderner Musik wagt niemand herumzudeuteln, nicht bloss aus Furcht, eventuell ein Fehlurteil zu fällen. Nein, diese Musik wird überhaupt nicht mehr beurteilt; es beschleicht einen zuweilen der Eindruck, es werde jemand schon allein dafür gelobt, dass er noch komponiere.* Das Publikum zieht da wacker mit: «Es ist kaum mehr im Stande, ein Werk oder eine Aufführung nur einigermassen zu bewerten. Es kennt nur noch den Marketing-Wert des einen oder des anderen Interpreten.»

Als Kritiker – der «Sonderfall» des Konzertbesuchers – begrüsst Gerteis selbstverständlich Raritäten. *Je länger, je mehr lechze ich nicht unbedingt nach einer Beethoven- oder Brahms-Symphonie. Stehen Namen wie Szymanowski oder Nielsen auf dem Programmzettel, reizt mich solche Musik hingegen zur Berichterstattung. Deshalb habe ich – durchaus meine subjektive Meinung – das konkrete Motto, wie Baumgartner es eingeführt hat (Länder, Komponisten etc.), den heute gepflegten Leitgedanken vorgezogen. Man erlebte die vielen Facetten und Aspekte eines einzigen Landes. Oder ich schätzte den mutigen Schritt im Jahre 1974 mit dem Thema «Neue Wiener Schule», das konsequent durchgeführt wurde. Die neuen Themen dünken mich beliebig – Mahlers Symphonien passen jetzt zu jedem Thema.*

Die Neugierde nach Musik, die am Rande steht, indes nicht unbedingt niedrigen Ranges ist, führte Gerteis zu eigentlichen Entdeckungen. Dafür sorgte etwa Michael Gielen nicht nur mit der Luzerner Erstaufführung von Mahlers Siebter, sondern auch damit, «dass er mir auch die Musik von Suk, der mir inzwischen sehr viel bedeutet, und Schreker nahegebracht hat. Heute beschreitet Ingo Metzmacher ähnliche Wege».

In den letzten 30 Jahren waren für mich zwei Entwicklungen bemerkenswert: die Pflege der Alten Musik und die des Œuvres von Schostakowitsch. Als er 1975 starb, weilte ich gerade in Salzburg. Jan Slawe schrieb im Tages-Anzeiger *– die österreichischen Kritiker bliesen ins gleiche Horn –, mit ihm sei ein unbedeutender Komponist gestorben, der ungefähr zwischen zwölf und dreissig Symphonien geschrieben habe und ein staatstreuer Stalinist gewesen sei. Innerhalb kurzer Zeit wandelte sich dieses Bild völlig. In den Programmen Luzerns ist er fest verankert und zum Klassiker geworden.*

Noch einmal kehrt Gerteis zum ersten Jahr seines Saaldienstes als Gymnasiast zurück, als er auf André Cluytens zu sprechen kommt, der damals die fünfte Symphonie von Honegger dirigierte. Für viele Leute war es der pure Schock, *einige kamen auf mich zu und forderten, so ein modernes Werk dürfe in Zukunft an den Festwochen nicht mehr gespielt werden. Mir hinterliessen die Aufführung und ihr Leiter stärkste Eindrücke. Cluytens führte mich sozusagen kompetent in die Welt der damaligen französischen Moderne ein. Es gab damals keinen anderen Franzosen, der ihm diesbezüglich das Wasser reichen konnte und der diese Musik so schlüssig mit einer unnachahmlichen Leichtigkeit interpretierte, die nie an der Oberfläche blieb. Das Publikum lohnte es zwar nicht sonderlich. Selbst dem bereits sehr berühmten Karajan ging es ein Jahr später nicht besser. Als er es wagte,* Strawinskys Oedipus Rex *aufs Programm zu setzen, gähnten Lücken im Saal.*

Die bisherigen Rückblicke schliessen natürlich Erinnerungen an grosse Momente mit traditionelleren Programmen nicht aus, so etwa die Wiedergabe der drei letzten Mozart-Sinfonien unter Karl Böhm – «heute stilistisch vielleicht überholt, damals aber ein Ereignis wie Otto Klemperers unvergessliche Ausdeutung der Neunten von Mahler». Unvergesslich auch Wilhelm Furtwängler, «den ich noch in Proben erleben durfte». Er soll ähnlich wie Abbado vorgegangen sein, indem er wenig sagte, durchspielen liess, um wahrscheinlich die Musiker seinen «Atem» spüren zu lassen. Erst am Schluss sprach er einige Stellen an, probte sie aber nicht mehr. Karel Ančerl dirigierte leider nur einmal in Luzern. *Diese Persönlichkeit hat mich tief beeindruckt (1971). Die Aufführung der* Sinfonietta *von Janáček war eine der authentischsten, die ich je gehört habe. Da schmetterten die Fanfaren mit ursprünglich vitaler Kraft; nichts von Vorsicht war da zu spüren. Heute hört man das meist nur korrekt. Von den Gastorchestern war 1967 das Cleveland Orchestra unter George Szell eine wahre Offenbarung: die ideale Verbindung amerikanischer Perfektion mit europäischem Schönklang.* Es fallen noch andere Namen: Fricsay, Kubelík, Keilberth, Celibidache ... An Benjamin Brittens Luzerner Gastauftritte erinnert Gerteis schliesslich besonders gerne, weil er nicht nur einem grossen Künstler begegnete, sondern auch einem selten feinen Menschen. Als Gerteis ihn nach der Wertschätzung Elgars im Vergleich zu kontinentalen Komponisten fragte, antwortete Britten «very british»: «Not a giant as Mahler, but a good talent as Richard Strauss, sure.» [«Ein Riese wie Mahler ist er nicht, aber ein so gutes Talent wie Richard Strauss sicher.»]

GESPRÄCH MIT KASPAR LANG

Das langjährige Mitglied des Stiftungsrats und Präsident des Konservatoriums-Vereins Luzern, Kaspar Lang, schilderte mir am 1. Dezember 2010 einige Erinnerungen an die Festwochen.

Als Jugendlicher

Erste Eindrücke von den IMF empfing ich von vereinzelten Konzerten, die ich mit den Eltern besuchte. Intensiver wurden die Kontakte durch meine Tätigkeit als Platzanweiser während der Zeit an der Kantonsschule als Schüler des Lyceums, wie das Gymnasium damals hiess. Im Verkehrsbüro musste man sich anmelden und wurde dann streng, doch ohne Prüfung begutachtet. Ungefähr fünf Jahre lang – auch in den ersten Studienjahren – habe ich mich zur Verfügung gestellt. Das muss ungefähr in den Jahren 1960 bis 1965 gewesen sein. Da ich zudem in der halbprofessionellen Klarinettenklasse am Konservatorium war, durfte ich nicht nur die Konzerte besuchen, sondern auch die Proben, zu denen nur ein privilegierter kleiner Kreis Zugang hatte. Auf diese Weise erlebte ich die ganze Erarbeitung und Uraufführung der *Sinfonie in C* von Kodály unter Ferenc Fricsay.

Das Publikum damals

Sicher kamen die Besucher mehrheitlich aus dem Raum Luzern und der Agglomeration. Das Publikum war im Vergleich zu heute weniger national, geschweige international zusammengesetzt. Eine Ausnahme bildeten lediglich die Karajan-Konzerte. Da trat die «grosse Gesellschaft» ins Rampenlicht, herangechauffiert in Nobelkarossen, darunter viele Ausländer, vor allem Deutsche. Man spürte: ein ganz anderes Publikum. Man sah die grossen Abendroben, in Luzern wehte plötzlich ein Hauch von Salzburg. Dennoch legte man bei allen Anlässen viel Wert auf Etikette. Als Platzanweiser bekamen wir die Direktive, Leute im Pullover aus dem Saal zu weisen.

Stiftungsrat und Präsident

1988/89 kam ich dann in den Stiftungsrat, dem ich rund 20 Jahre angehörte. Nach der Eröffnung meiner Anwaltspraxis wurde ich 1982 Präsident des Konservatoriums. Das war mein Einstieg ins kulturelle Engagement für die Stadt Luzern. Mitte der Achtzigerjahre kam die ganze Geschichte um das Konzerthaus ins Rollen. Noch bevor die Stiftung Konzerthaus 1987 gegründet wurde, sass ich in verschiedenen Gremien, Diskussionsrunden und Instanzen ein.

Bleibende Eindrücke

Wenn ich zurückblicke, vermittelte Rafael Kubelík mir die wichtigsten Eindrücke; er war ja sozusagen «conductor in residence». Ich erlebte ihn bei den Proben und kam dann später durch gesellschaftliche Anlässe in Kontakt mit ihm. Dadurch ergab sich wiederum die Verbindung zu der Familie Strebi. Von Kubelíks Konzerten stach besonders die *Glagolitische Messe* heraus, er dirigierte sie zu Zeiten, als man Janáčeks Musik kaum kannte. Einen anderen Glanzpunkt bildete seine Wiedergabe des *War Requiem* von Britten.

Ein weiteres Highlight war das Konzert mit Mahlers *Lied von der Erde* mit Christa Ludwig und Ernst Haefliger unter Otto Klemperer. Ich hörte Mahlers Musik erstmals, die Aufführung überwältigte mich. Ein späteres unvergessliches Mahler-Erlebnis vermittelte mir der damals noch nicht so berühmte Claudio Abbado, der mit Lucia Popp und den Wiener Philharmonikern die 4. Symphonie dirigierte.

Von den Karajan-Konzerten bleiben mir das doppelt aufgeführte Verdi-Requiem 1963 und die Aufführungen von Bruckners Achter in unauslöschlicher Erinnerung. Das waren musikalische Zelebrierungen. Zu meiner Freude dirigierte er immer wieder Bartóks Meisterwerk, die *Musik für Saiteninstrumente, Schlagzeug und Celesta*. [Langs Erinnerungen an Glenn Gould, vgl. S. 180f.]

Von den Kammermusik-Konzerten war der Beethoven-Zyklus das eindrücklichste Ereignis: Das legendäre Trio Stern–Istomin–Rose spielte sämtliche Trios, Zino Francescatti mit Casadesus die Geigensonaten und Fournier mit Gulda die Cellosonaten.

Sensationell war der Abend, als Arthur Rubinstein gleich drei Klavierkonzerte gab [vgl. S. 200]. Ich gestehe, dass mir vor allem die sportliche Leistung im Gedächtnis haften geblieben ist; musikalisch tiefer packte und berührte mich seine Interpretation der B-Dur-Sonate von Schubert. Vielleicht ist das Urteil nicht objektiv (was ist schon objektiv?), es spielt eine Rolle, wie man selbst gestimmt ist, oder wie es Alfred Brendel jüngst ausdrückte: «Ich höre, wie ich will.» Jedenfalls blieb es *die* Rubinstein-Interpretation seiner Luzerner Auftritte. Bei seinen letzten stürmte das Publikum gar das Podium, umringte den Flügel wie bei einem Krawall – heute unvorstellbar. Zu einer weiteren Sensation in einem ganz anderen Sinne wurden die Klavierabende von Swjatoslaw Richter oder die Duo-Konzerte mit Arthur Grumiaux und Clara Haskil.

Nicht vergessen zu erwähnen möchte ich die Liederabende, die musikalisch für mich eine hohe Bedeutung haben. Die gleichzeitig geforderte Konzentration auf Text und Musik mutet mich immer wieder fantastisch an. Das ganz spezifische Timbre Irmgard Seefrieds, die Leuchtkraft der Stimme Elisabeth Schwarzkopfs und die tief in die Materie eindringenden Ausdeutungen Dietrich Fischer-Dieskaus bescherten den Zuhörern wunderbare Stunden.

Meisterkurse

Mit den Meisterkursen im Konservatorium fühlte ich mich selbstverständlich sehr verbunden, Kurse, die es in jener Art heute nicht mehr gibt. Meister und Schüler pflegten eine enge persönliche Beziehung, man hatte Zeit und Musse dazu – tempi passati. Die Studenten von Edwin Fischer bildeten eine regelrecht verschworene Gemeinde. Wahrscheinlich könnte Alfred Brendel davon authentischer berichten. Ähnlich ging es bei Enrico Mainardi und anderen zu. Die Dozenten traten regelmässig als Solisten auf, selbst dann noch, als ihr Zenit überschritten war.

Ein Ereignis der ganz speziellen Art waren die Meisterkurse und Konzerte von Mieczysław Horszowski. Da sassen seine damals noch unbekannten Bewunderer im Saal, Murray Perahia, András Schiff, Boris Bloch zum Beispiel. In den Kursen ging der Meister mit seinen Eleven sehr streng um, seine Bemerkungen konnten sogar recht giftig ausfallen. Als er schon 90 Jahre alt war, meinte Ulrich Meyer-Schoellkopf, die Zeit sei jetzt gekommen, Horszowskis Tätigkeit einzustellen. Als Präsident des Konservatoriums fiel mir die schwierige Aufgabe zu, den Meister davon zu überzeugen. Wir planten ein Abschiedskonzert in Anwesenheit seiner «Gemeinde», darunter auch Baumgartner und Meyer-Schoellkopf. Ich hielt eine Ansprache, in der ich seine Verdienste verdankte, und er erhielt natürlich ein Geschenk, hatte grosse Freude, fand das alles sehr nett, doch der Nimmermüde hielt an seinen Schweizerhof-Abenden fest, bis er fast 100 Jahre alt war. Die letzten Auftritte waren allerdings auf Luzern beschränkt, an anderen Orten trat er nicht mehr auf. Diese Abende – der Mann war fast gebrochen, technisch nicht mehr auf voller Höhe – liessen dennoch die unglaubliche musikalische Potenz dieses einzigartigen Künstlers aufscheinen.

HEINZ HOLLIGER: 50 JAHRE ALS MUSIKER BEIM FESTIVAL

Am 7. Juni 2011 führte ich mit Heinz Holliger ein spontanes rückblickendes Gespräch, das ein langes Kapitel der Festival-Geschichte aus der Sicht eines der bedeutendsten und komplettesten Musiker der Gegenwart reflektiert.

Als Orchestermusiker, Solist, Komponist und Dirigent hat Heinz Holliger während nunmehr fünf Dezennien an den einstigen IMF und am Lucerne Festival nachdrückliche Akzente gesetzt. Die Schau zurück bis in die Gegenwart filtert die Ereignisse. Einiges bleibt haften, anderes kommt unter die Räder. 1961 trat der damals 22 Jahre junge Oboist erstmals in Luzern auf, gleich in doppelter Funktion: als Solo-Oboist des Schweizerischen Festspielorchesters und als Solist eines Musica-nova-Konzerts der Festival Strings unter Rudolf Baumgartner. Holliger erzählte zuerst vom SFO, in dem er neun Jahre lang mitwirkte.

Der Orchestermusiker

Auf jeden Fall erinnere ich mich an Freunde, sehr bedeutende Schweizer Musiker, mit denen ich zusammenspielte. Zu meiner Zeit setzte sich das Orchester aus einer landeseigenen Elite zusammen. Um nur einige zu nennen: Peter Rybar, Michel Schwalbé, Aurèle Nicolet, Peter-Lukas Graf, André Jaunet. Von meinem ersten Jahr bleibt ein Konzert unter Carl Schuricht haften. Er dirigierte Mozarts Prager Sinfonie *in einem aberwitzig schnellen Tempo, das mich damals schockierte – heutzutage habe ich es als Dirigent mit voller Überzeugung übernommen. Seine Interpretation der* Rheinischen Sinfonie *von Schumann war ebenso ein einmaliges Erlebnis. Eine weitere unauslöschliche Erinnerung habe ich an das erste Konzert, das Claudio Abbado 1966 in Luzern dirigierte: Paul Hindemiths* Metamorphosen *nach Carl Maria von Weber und das Violinkonzert von Jean Sibelius mit Zino Francescatti.* [Die Aufführung der *Italienischen Sinfonie* von Mendelssohn hingegen war Holliger nicht mehr präsent.]

Luzern bot mir die Gelegenheit, mich praktisch weiter mit der sinfonischen Literatur zu beschäftigen, nachdem ich 1963 die Orchestertätigkeit in Basel aufgegeben hatte und fortan nur noch solistisch oder als Kammermusiker spielte. Deshalb erachtete ich die Mitwirkung im SFO als Bereicherung. Gleichzeitig habe ich viel gelernt, vor allem von den Fehlern der Dirigenten. Wenn man im Orchester sitzt, sieht man messerscharf, was vorne abgeht oder eben nicht. Die Sicht nur auf den Rücken des Dirigenten bietet dies nur marginal. Zudem habe ich als Komponist vom Orchester profitiert. Ich liess mir jedes Instrument exakt vorführen, um es aus der Praxis heraus genau kennenzulernen. Für mich ist und war Komponieren nie eine abstrakte Schreibtischarbeit, sondern stets eng mit der Praxis verwoben. Von derartigen Erfahrungen zehre ich deshalb bis heute und bin dafür sehr dankbar.

Ein weiteres unauslöschliches Ereignis war die Uraufführung der Sinfonie in C *von Zoltán Kodály. Ich bin sozusagen sein Enkelschüler, zählte doch mein Lehrer Sándor Veress zu seinen Schülern und wurde sein Nachfolger als Leiter der Kompositionsklasse an der Franz-Liszt-Akademie in Budapest. Der unvergessliche Ferenc Fricsay, bereits schwerkrank, leitete das beeindruckende Konzert, und ich gab alles, was ich konnte, obschon ich als Komponist zu jenem Zeitpunkt musikästhetisch ganz andere Wege eingeschlagen hatte – kurz davor sog ich in Boulez-Kursen völlig andere Luft ein.*

An dieser Stelle mündete das Gespräch in ein Lamento über das Ende des SFO, über Fehler und verpasste Chancen. Mein Argument, es sei im Jetset-Zeitalter zunehmend schwierig geworden, erstrangige Dirigenten für Proben und ein einziges Konzert nach Luzern zu verpflichten, bewertete Holliger als halbe Wahrheit, denn der Dirigent sei gerade in einer derartigen Bindung «beim Wort genommen». *Eine erspriessliche Arbeit mit dem SFO verbat nämlich jegliches Show-Gehabe; seriöse, intensive Probenarbeit war gefragt. Sergiu Celibidache demonstrierte dies zwei Mal exemplarisch: Er verlangte acht Proben, erreichte Aussergewöhnliches – zum Beispiel mit den Schönberg-Variationen – und führte das Orchester zur Höchstform. Ein Muster für die sinnstiftende Aufgabe des Dirigenten und eine frühe Möglichkeit, die leider nicht genug genutzt worden ist, unkonventionelle Programme zu erarbeiten.*

Der Solist

Im eingangs erwähnten Musica-nova-Konzert *haben wir im Kunsthaus gleich eines der Stücke – es sind insgesamt über hundert –, die mir gewidmet wurden, die* Passacaglia concertante *von Sándor Veress, uraufgeführt. Nach wie vor reihe ich dieses geniale Werk unter die fünf besten der Hundertschaft ein. Es nimmt sich heute noch frisch aus wie am ersten Tag. Damals bot es den Ausführenden noch etliche Schwierigkeiten. Es ist tatsächlich schwer, man kann es kaum dirigieren, am besten führt der Solist selbst das Zepter. Die Faktur gleicht der eines Streichquartetts aus zwölf Streichern mit Solo-Oboe, die vormals noch nie so virtuos eingesetzt worden war – der Part streift die Grenzen des Möglichen. Ich fühlte mich glücklich, dass meinem verehrten Lehrer im wichtigsten Festival der Schweiz endlich ein ihm adäquates Podium gewährt wurde. Und mich erfüllte es mit Stolz, dass er mir dieses Meisterwerk geschrieben und gewidmet hatte.*

Auf Holligers Initiative erteilte Baumgartner in der Folge weitere Aufträge. So an Krzysztof Penderecki, *der ein lustiges, kurzes* Capriccio *schrieb. Es gehört vielleicht nicht zu meinen absoluten Favoriten der Musik, aber ich habe es gern gespielt. Gleichzeitig, nämlich 1965, wurde mit dem befreundeten Flötisten Aurèle Nicolet das wunderbare* Alveare vernat *von Klaus Huber uraufgeführt. Da wurde im kleinen Rahmen, ohne viel Publicity und dem heute so wuchernden Medien-Brimborium, gute Neue Musik präsentiert, was mich sehr berührt hat.*

Oft wirkte Holliger bei den Serenaden am Löwendenkmal mit, die Paul Sacher und das Collegium Musicum Zürich gestalteten. Neben den klassischen Konzerten von Mozart und Salieri bis hin zu Honegger spielte er zusammen mit Ursula Holliger in diesem Rahmen auch die Uraufführung eines weiteren Meisterwerks der Neuzeit: des Doppelkonzerts für Oboe und Harfe von Witold Lutosławski.

Solist und Orchestermitglied war Holliger in einem denkwürdigen Konzert des SFO unter Antal Dorati anno 1969 mit der Aufführung des Oboenkonzerts von Richard Strauss und Gustav Mahlers Sechster Sinfonie, die erstmals an den Festwochen erklang.

Da habe ich sehr viel gelernt. Dorati hat das Konzert für grosses Orchester besetzt, die Oboensolo-Passagen hingegen solistisch (als Concertino) begleiten lassen. Das hat viel für sich, obschon ich heute immer der kleinen Besetzung den Vorzug gebe. Dorati war einer der grössten Musiker seiner Zeit, der Dirigent mit dem vielleicht umfassendsten Repertoire, das von unbekannten alten Stücken bis zur Avantgarde reichte, darunter sämtliche Haydn-Sinfonien und -Opern. In jedem Stilbereich spürte man seine Kompetenz. Dazu war er ein hochbegabter Komponist, der nach einer 30-jährigen Schreibblockade erst in späten Jahren wieder Musik schrieb, darunter auch drei Werke für mich. Leider hat man ihn in Luzern nicht oft genug eingeladen.

In neuerer Zeit setzte die Uraufführung des Oboenquartetts von Elliott Carter abermals einen Markstein. 2009 erlebte Lucerne Festival die Premiere der ersten Hälfte eines Oboenkonzerts, das Jörg Widmann für Holliger geschaffen hat (das ganze Werk erklang später in Salzburg). Bei weiteren Auftritten stellte Holliger in Luzern immer wieder Kompositionen vor, die das Oboenrepertoire nachhaltig prägen sollten, so Luciano Berios *Sequenza VII* für Oboe solo und die *Noctes intelligibilis lucis* von Klaus Huber (zusammen mit der Cembalistin Edith Picht-Axenfeld).

Der Komponist

In einer Matinée «in memoriam Clara Haskil» spielte Zsuszanna Sirokay 1973 mit *Elis – drei Nachtstücke* erstmals eine Holliger-Komposition an den IMF. Daran erinnert sich Holliger allerdings nicht, umso besser jedoch an die Aufführung seines ganz neuen Quartetts durch das Berner Streichquartett im gleichen Jahr, «als dem Primarius mittendrin die E-Saite riss». Mitglieder des Ensemble Intercontemporain führten 1985 das Trio für Oboe, Viola und Harfe auf, der Bratscher Jean Sulem spielte dazu noch *Trema*. Mit dem Orchestre de la Suisse Romande (OSR) unter der Leitung des Komponisten kamen überdies *Tonscherben* und das Violinkonzert – noch in dreisätziger Fassung – zur Wiedergabe. Später, mit dem Chamber Orchestra of Europe, folgte das *COncErto*. *Damals gewann ich den Eindruck, man unterschätze das Werk, wogegen ich es als Kompendium von alledem betrachte, was ich bisher gemacht habe. 1989 fand die Uraufführung von* Jisei II *(meinem Vater zum Gedenken, er starb am 18. Juli 1989) statt. Und zum «Begräbnis» des SFO (1993) erhielt ich den Auftrag für ein Orchesterwerk.* (S)irató, *in memoriam Sándor Veress, war das Resultat, das den Kreis zum Anfang (Veress) schloss.*

Ein repräsentativer Querschnitt durch das Œuvre Holligers war 1998 zu hören, als ihn das Festival zum «composer in residence» ernannte, mit weiteren Uraufführungen wie *Duo II* und den *Japanischen Liedern*; in jüngster Zeit standen regelmässig Werke aus seiner Feder auf den Programmen.

Der Dirigent

Schon einige Male trat der Dirigent Holliger in Luzern auf. Er leitete neben dem SFO und dem Orchestre de la Suisse Romande das Mahler Chamber Orchestra, das Chamber Orchestra of Europe und den Klangkörper des SWR. Erstmals am Pult stand er 1989, als Musik aus Russland den roten Faden der IMF bildete. Holliger führte die Camerata Bern durch ein mirakulös komponiertes Programm mit Bachs Kantate «Ich habe genug», Edison Denissows Variationen über Bachs «Es ist genug» und Schostakowitschs 14. Sinfonie. *Direktor Meyer-Schoellkopf sagte mir hinterher, dies sei das beste Programm, das er je gehört habe. Tatsächlich bildet diese Art einer Werkfolge für mich die Messlatte. Aus meiner Warte sind die meisten Programme schlecht zusammengestellt; ich schliesse mich selbst davon nicht immer aus. Eine gute Werkkoppelung gelingt umso eher, je weniger Fremdbestimmung oder je weniger Egomanie der Musiker dabei eine Rolle spielt. Eigentlich wäre es eine Selbstverständlichkeit, dass der Musiker sich als Diener eines ihn übersteigenden Grösseren verstehen sollte.*

An diesem Punkt rief Holliger Gestalten ins Gedächtnis, welche die IMF vor der Professionalisierung auf Kurs hielten. *Unter der Ägide des damaligen Präsidenten Alois Troller (Ende der 1960er Jahre) konnten sich äusserst unkonventionelle und schräge Ideen durchsetzen. Er programmierte etwa die* Turangalîla-*Sinfonie von Messiaen – damals eine sehr mutige Idee. Dieser Mann war mir äusserst sympathisch – vielleicht jenen weniger, die immer und ewig dem Gleichen frönten … Auch Festwochen-Übervater Walter Strebi brachte trotz seines etwas eckig und knorrig anmutenden Wesens viel Farbe in das Gesicht der IMF. Solche Leute haben mit viel Herzblut und (notabene) ehrenamtlich den alten Festwochen zu einem nicht zu unterschätzenden Profil verholfen.*

Subjektive Betrachtungen

Ich bin bekanntlich alles andere als fremdenfeindlich gesinnt, doch bereitet mir, offen gestanden, der neue Festival-Name Mühe, genauer: die Umtaufe von «Luzern» in «Lucerne». Die Anbiederung an die Sprache des Managements und Marketings, diese «Swinglish-Kultur», befremdet mich. In der ehemaligen DDR bestand der Zwang, alles zu russifizieren; uns schreibt indes niemand vor, amerikanisieren zu müssen. So viel als persönliches Aperçu, das meine Freude keineswegs trübt über die in den letzten Jahren grossartigen Programme hinsichtlich Neuer Musik. Die Aufführung der Gruppen *von Karlheinz Stockhausen im Rahmen der Lucerne Festival Academy ist ein markantes Beispiel unter vielen, die Boulez massstäblich realisiert hat, und das nicht nur im Konzert, sondern auch im Unterricht. Allerdings sähe ich auf der pädagogischen Ebene gerne einen stärkeren Einbezug von landeseigenen Kräften. Das Potential bedeutender Dozenten ist vorhanden; die Schweiz sollte ihre besten Qualitäten nicht immer unter den Scheffel stellen.*

Die Philosophie der Academy dachte Holliger weiter und sah ein brachliegendes Feld im schweizerischen Chorwesen. *Warum nicht die Einrichtung einer Chorakademie, analog zur aktuellen für Orchestermusik? Es wäre eine erstrangige Kulturtat, die Schweiz – durch Calvin und Zwingli «entchort» – zu einem Chorland zurückzuführen. Anstrengungen verliefen bisher immer im Sand, jüngst musste der Schweizer Kammerchor aus finanziellen*

Gründen die Segel streichen. Warum vermögen Holland mit dem Radiochor und dem Niederländischen Kammerchor sowie Städte des Baltikums Chöre auf höchstem Niveau zu halten? Vielleicht hätte ein hochkarätiges Festival die Chance, in die Bresche zu springen. Orchester gibt es sowieso (zu) viele, die ihrerseits jedoch kaum lernen, Haydn stilkundig zu spielen. Stilistisch einwandfreies Musizieren älterer Musik fordert ebenfalls den qualifizierten Unterricht. Das sind für die Zukunft bescheidene Anregungen, die vielleicht einst nicht auf steinigen Boden fallen in der Weise des von mir vertonten Brienzer-Mundart-Gedichts von Albert Streich: «Han i es chliins Liedelli gsungen … Die hei's due nid wiiters meh gsungen …» [«Hab ein kleines Liedchen gesungen … Die haben's dann aber nicht mehr weitergesungen …»]

Den summarischen Rückblick schloss Holliger mit einem zum Nachdenken herausfordernden Ausblick: *Kulturarbeit impliziert im schillerschen Sinne den Lehrvorgang, die Menschheit wieder zurückzuholen auf das Wesentliche, sonst geht's nur bachab. Wir leben in einer Welt der Ideologiezwänge, zu denen eigentlich niemand steht, wenn er aufrichtig ist. Der Fetisch Wachstum macht die Erde früher oder später kaputt, das Geldverdienen kann nicht den Zweck des Lebens oder eine Ersatzreligion bedeuten. Doch davon hängt scheinbar alles ab, und es braucht Fukushima, um wenigstens eine Woche lang Alternativen zu überlegen – und schnell wieder zu vergessen. In diesem Kontext ist die Kunst oder ein Festival vom Format Luzerns äusserst wichtig. Beide können ein Land und seine Politiker schütteln und aufrütteln. Leicht geht das freilich nicht, denn wir sind überdies befangen von der uns durch das Fernsehen eingehämmerten Einschaltquote. Nur was eingeschaltet wird – egal, ob man es sieht, hört oder beides nicht –, zählt. Und der Sponsor verteilt sein Geld – es gibt glücklicherweise Ausnahmen – nach dieser Quote. Wenn ich hingegen sehe, wie man Studenten, junge Leute, sogar kleine Kinder motivieren kann, wie sie sich mit Feuer und Flamme für (unkonventionelle) Musik begeistern, dann bin ich überzeugt, dass der Boden für effektive Kulturarbeit fruchtbar ist und bleibt.*

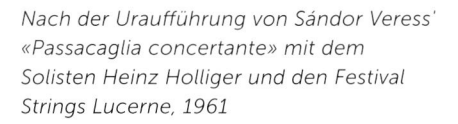

Nach der Uraufführung von Sándor Veress' «Passacaglia concertante» mit dem Solisten Heinz Holliger und den Festival Strings Lucerne, 1961

1 Mit seinem Lehrer Sándor Veress und Katharina Sallenbach (Mitte) in der Kantonsschule Alpenquai, 1961
2 Nach der Aufführung von Klaus Hubers «Die Seele muss vom Reittier steigen ...», Holliger, der Komponist, Walter Grimmer, 2004
3 Der Solist im Sinfoniekonzert, 1969
4 Veranstaltung mit Kindern und Jugendlichen
5 Der Dirigent
6 In der Probe mit Radu Lupu

4

5

6

QUELLENVERZEICHNIS

Verzeichnet sind alle zitierten Monographien, Beiträge in Sammelbänden und Zeitschriften, mit Autornamen gezeichneten Artikel in Tageszeitungen sowie Protokolle und Briefwechsel im Stadtarchiv Luzern (SALU) mit Signatur. Aufgeführt sind ausserdem die bisher erschienenen CDs der Reihe «Historic Performances» Lucerne Festival (Label audite)

DOKUMENTE IM STADTARCHIV LUZERN (SALU)

B 3.2/B1:187 f., *Verhandlungsprotokolle des Stadtrates Luzern, 1938–1939*

D080/1–9, *Sitzungsprotokolle Vorstand IMF, 1937–1978, insbesondere D080/001– D080/002 (1937–1945)*

D080/10, *Protokolle der Musikkommission, 1965–1968*

D115, *Nachlass Hans L. F. Meyer*

M17/423–447 und M17/468, *Amtliche Akten zu den IMF, 1937–1953*

M17/423, *Korrespondenz Stadtrat Jakob Zimmerli*

SEKUNDÄRLITERATUR

Achermann, H. (13. 8. 2013). Gut aufgestellt, klar entwicklungsfähig. *Neue Zürcher Zeitung, Sonderbeilage «Lucerne Festival Sommer 2013»*

Altermatt, U. (1999). *Katholizismus und Antisemitismus. Mentalitäten, Kontinuitäten, Ambivalenzen. Zur Kulturgeschichte der Schweiz 1918–1945.* Frauenfeld: Huber

Antisemitismus. (18. 11. 2009). In *Historisches Lexikon der Schweiz (HLS)*, abgerufen am 2. 2. 2013 unter: http://www.hls-dhs-dss.ch/textes/d/D11379.php

Bachmann, R. C. (1983). *Karajan, Anmerkungen zu einer Karriere.* Düsseldorf: Econ Verlag

Beerli-Hottinger, E. (2008). *Richard Wagners Nachfahren auf Tribschen oder Der ergötzliche Rückblick der ersten Museumsleiterin Ellen Beerli-Hottinger auf die Jahre 1933–1960.* Hg. von K. Fleischer. Horw: Arnold Druck

Bitterli, P. (13. 8. 1988). Die Gründung der IMF: Ein kunstpolitischer Akt gegen die Nazis? *Luzerner Neueste Nachrichten, Sonderbeilage IMF*

Bossard, R. (1988). «Zuo der eere Gottes, vfferbuwung dess menschen und der stadt Lucern lob». *Programmheft Osterfestspiele*

Brotbeck, R. (25. 5. 1996). Dauer und Verdrängung. Zur musikalischen Situation nach dem Zweiten Weltkrieg. *Neue Zürcher Zeitung*

Brendel, A. (2012). *A bis Z eines Pianisten. Ein Lesebuch für Klavierliebende.* München: Hanser

Chauvy, M. (2004). Carl Schuricht. Le rêve accompli (1880–1967). *Revue musicale de Suisse Romande,* S. 136–137

Feinberg, A. (2005). *Nachklänge. Jüdische Musiker in Deutschland nach 1945.* Berlin, Wien: Philo & Philo

Fricsay, F. (1962). *Über Mozart und Bartók.* Kopenhagen, Frankfurt a. M.: Edition Wilhelm Hansen

Fuhrich, E. & Prossnitz, G. (1990). *Die Salzburger Festspiele. Bd. I 1920–1945. Ihre Geschichte in Daten, Zeitzeugnissen und Bildern.* Salzburg: Residenz-Verlag

Furtwängler, W. (1996). *Aufzeichnungen 1924–1954.* Hg. von E. Furtwängler & G. Birkner. Zürich, Mainz: Atlantis Musikbuch-Verlag

Gerteis, M. (2013). Auguri, Claudio Abbado! *Musik & Theater, Special Edition Lucerne Festival,* S. 8–9

Gielen, M. (2005). *«Unbedingt Musik». Erinnerungen.* Frankfurt a. M.: Insel

Goebbels, J. (1992). *Tagebücher 1924–1945. 5 Bände.* Hg. von R. G. Reuth. München, Zürich: Piper

Gülke, P. (2006). *Auftakte – Nachspiele. Studien zur musikalischen Interpretation.* Stuttgart, Weimar: Metzler

Gulda, F. (1971). *Worte zur Musik.* München: Piper

Haffner, H. (2003). *Furtwängler.* Berlin: Parthas

Hagmann, P. (16. / 17. 8. 2003). Lucerne Festival. *Neue Zürcher Zeitung*

Hausswald, G. (Hg.). (1965). *Dirigenten – Bild und Schrift.* Berlin: Rembrandt-Verlag

Herzfeld, F. (1964). *Ferenc Fricsay. Ein Gedenkbuch.* Berlin: Rembrandt-Verlag

Kaestli, T. (1998). *Die Schweiz. Eine Republik in Europa.* Zürich: Verlag Neue Zürcher Zeitung

Kaufmann, R. (1993). *Luzerns Fremdenverkehr – bewegt durch hundert Jahre. 100 Jahre VVL 1892–1992.* Luzern: Sticher Printing

Keilberth, T. (2007). *Joseph Keilberth, ein Dirigentenleben im XX. Jahrhundert.* Wien: Apollon Musikoffizin

Keller, Z. (2006). *Der Blutruf (Mt 27,25): Eine schweizerische Wirkungsgeschichte 1900–1950.* Göttingen: Vandenhoeck & Ruprecht

Kertész, I. (2003). *Die exilierte Sprache. Essays und Reden.* Frankfurt a. M.: Suhrkamp

Klose, H. (1968). 25 Jahre Schweizerisches Festspielorchester. *Schweizer Musikerblatt* 6

Kopp, J. (2009). «Ein Quartier träumt vom Weltruhm». *Kulturmagazin* 12

Leuzinger, R. (Ohne Datum). *Die Tätigkeit des Schweizerischen Musikerverbandes 1943–1950* (Broschüre ohne weitere Angaben)

Leuzinger, R. (1985). Augenblicke im Musikleben der Stadt Luzern (1938–1953). *Separatdruck aus Luzerner Neueste Nachrichten, 14. 8. 1985*

Levi, P. (2011). *Ist das ein Mensch?* (Dt. Ausg.). München: Hanser

Mann, E. (2005). *Wenn die Lichter ausgehen. Geschichten aus dem Dritten Reich.* (Dt. Ausg.). Reinbek b. Hamburg: Rowohlt

von Matt, P. (2010). *Die tintenblauen Eidgenossen. Über die literarische und politische Schweiz.* (3. Aufl.). München: Hanser

Mattenberger, U. (11. 12. 1993). Schwierige Korrektur einer «Heiligenlegende». *Luzerner Neueste Nachrichten*

Melograni, P. (2007). *Toscanini. La vita, le passioni, la musica.* Mailand: Mondadori
Menuhin, Y. (1979). *Unvollendete Reise. Lebenserinnerungen.* München: Piper

Meyer, R. (9. 10. 2007). *Musical Reminiscences: Fritz Reiner, conductor.* Abgerufen am 19. 8. 2013 unter: www.robertmeyer.wordpress.com/2007/10/09/fritz-reiner-conductor

Müller, J.-W. (11. 1. 2010). Kampf um die Demokratie. *Neue Zürcher Zeitung*

Naegele, V. (2005). Luzern als «Gegenfestival»: Mythos und Realität. Die Anfänge der Internationalen musikalischen Festwochen Luzern. In C. Walton & A. Baldassarre (Hg.), *Musik im Exil. Die Schweiz und das Ausland 1918–1945*, S. 237–255. Bern: Lang

Riedler, M. (1983). Richard Wagner. Seine Zeit in Luzern. In *Richard Wagner. Seine Zeit in Luzern. Das Museum in Tribschen* (Offizielles Buch für das Richard-Wagner-Museum der Stadt Luzern), S. 7–18. Luzern: Keller

Rieger, E. (2012). *Friedelind Wagner. Die rebellische Enkelin Richard Wagners.* München: Piper

Ryding, E. & Pechefsky, R. (2001). *Bruno Walter – A world elsewhere.* New Haven: Yale University Press

Sachs, H. (1980). *Toscanini. Eine Biographie.* (Dt. Ausg.). München: Piper

Sachs, H. (Ed.). (2006). *The Letters of Toscanini.* Compiled, edited and translated by H. Sachs. Chicago: The University of Chicago Press

Schaub, F. (26. 8. 1979). Respighi und Bruckner auf festem Grund. *Luzerner Tagblatt*

Schaub, F. (24. 12. 1993). «Wovor haben sich die IMF zu fürchten?» Fakten zur Kontroverse um das IMF-Archiv. *Luzerner Zeitung*

Schläpfer, F. (2003). *Rudolf Baumgartner. Ein Musiker mit Unternehmergeist.* Luzern: Comenius

Schnabel, A. (2009). *Aus dir wird nie ein Pianist: Die Autobiographie.* Hg. von W. Grünzweig & L. Matheson. (2. Aufl.). Hofheim: Wolke

Schweizerischer Musikerverband SMV (Hg.). (1993). *Schweizerisches Festspielorchester/Orchestre Suisse du Festival, Luzern/Lucerne 1943–1993. Geschichte, Umfeld, Urteile, Dokumentation.* Mit einem historischen Beitrag von Hans Martin Ulbrich. Nyon, München: PremOp Verlag

Selvini, M. (1999). *Bruno Walter. La porta dell'eternità.* Montagnola: Fondazione culturale della collina d'oro

Singer, E. (12. 8. 2009). Das Lucerne Festival und seine Gründungslegende. *Tages-Anzeiger*

Spitteler, C. (2009). Unser Schweizer Standpunkt. In D. Riedo (Hg.), *Unser Schweizer Standpunkt. Ein Lesebuch.* Luzern: Pro Libro

Steinmann, D. (2001). *Abgelichtet. Drei Erzählungen.* Books on Demand

Steinmann, D. (2008a). Die Flügelbraut. In *Nachklang. Erzählungen.* Luzern: Verlag ars pro toto

Steinmann, D. (2008b). Der Lauscher. In *Nachklang. Erzählungen.* Luzern: Verlag ars pro toto

Stenzl, J. (1998). *Von Giacomo Puccini zu Luigi Nono. Italienische Musik 1922–1952: Faschismus – Resistenza – Republik.* Laaber: Laaber-Verlag

Stern, I. & Potok, C. (2000). *Meine ersten 79 Jahre.* Aus dem Englischen von P. A. Schmid. Bergisch Gladbach: Lübbe

Stiftung Berliner Philharmoniker (Hg.). (2007). *Variationen mit Orchester. 125 Jahre Berliner Philharmoniker.* (2 Bde.). Leipzig: Henschel

Stocker, B. (1. 9. 1938). Internationale Musikausstellung Luzern. *Schweizerische Musikzeitschrift* (16/17)

Stutz, H. (1997). Von Hitlers Geburtstagsfeier zu den Internationalen Musikfestwochen. In Stadtarchiv Luzern (Hg.), *Frontisten und Nationalsozialisten in Luzern 1933–1945*, S. 128–130. Luzern: Raeber (=Luzern im Wandel der Zeiten. Neue Folge, Bd. 9)

Thielemann, C. (2012). *Mein Leben mit Wagner.* München: Beck

Twain, M. (1997). *Bummel durch Europa.* Frankfurt a. M., Leipzig: Insel

Unabhängige Expertenkommission Schweiz – Zweiter Weltkrieg (2002). *Die Schweiz, der Nationalsozialismus und der Zweite Weltkrieg. Schlussbericht.* Zürich: Pendo

Wagner, F. (1997). *Nacht über Bayreuth. Die Geschichte der Enkelin Richard Wagners.* (3. Aufl.). Köln: Dittrich

Walter, B. (1947). *Thema und Variationen.* Stockholm: Bermann-Fischer

Walton, C. & Baldassarre, A. (Hg.). (2005). *Musik im Exil. Die Schweiz und das Ausland 1918–1945.* Bern: Lang

Wikipedia (20. 7. 2013a). *Maharadscha of Mysore.* Abgerufen am 25. 7. 2013 unter: http://en.wikipedia.org/wiki/Jayachamaraja_Wodeyar_Bahadur

Wikipedia. (20. 7. 2013b). *Walter Legge.* Abgerufen am 25. 09. 2013 unter: http://de.wikipedia.org/wiki/Walter_Legge

Wright, D. (2005). *Fritz Reiner.* Abgerufen am 19. 8. 2013 unter: http://www.wrightmusic.net/pdfs/fritz-reiner.pdf

Zuckmayer, C. (2002). *Geheimreport.* Hg. von G. Nickel & J. Schrön. (3. Aufl.). Göttingen: Wallstein

WEITERFÜHRENDE LITERATUR

Bachmann-Geiser, B. (2009). *Heinz. Kindheit und Jugendzeit des Musikers Heinz Holliger in Langenthal.* Langenthal: Merkur Druck

Canetti, E. (1980). *Masse und Macht.* Frankfurt a. M.: Fischer Taschenbuch

Dahlhaus, C. (1977). *Grundlagen der Musikgeschichte.* Köln: Gerig

Frassati, L. (1967). *Il Maestro. Arturo Toscanini e il suo mondo.* Torino: Fabbri

Fries, O. & Schaub, F. (1974). *Internationale Musikfestwochen Luzern 1938–1973. Eine Dokumentation.* Luzern: IMF

Gartmann, T. (2005). Der Schweizerische Tonkünstlerverein 1933 bis 1945. Ein Berufsverband, der sich nicht mit politischen Fragen befasst (?). In C. Walton & A. Baldassarre (Hg.), *Musik im Exil. Die Schweiz und das Ausland 1918–1945.* Bern: Lang

Gerteis, M. (2013). *Aus dem Leben eines Konzertkritikers.* Luzern: Hochschule Luzern – Musik

Gülke, P. (2012). Der sperrige Universalist. Erinnerungen an Igor Markevitch. *Dissonance* 119 (09)

Haman, B. (2002). *Winifred Wagner oder Hitlers Bayreuth.* München: Piper

Harry, H. (Hg.). (2013). *Hubert Harry, Pianist. Fragmente eines Lebens.* Luzern: Pro Libro

Huber, J. (2009). *Das Erbe der Moderne weitergeben. Pierre Boulez dirigiert das Lucerne Festival Academy Orchestra. Eine Phono-Monographie.* Zürich: Chronos

Jungheinrich, H.-K. (1986). *Der Musikdarsteller. Zur Kunst des Dirigenten.* Frankfurt a. M.: Fischer

KKL – Kultur- und Kongresszentrum Luzern. Die Geschichte seines Werdens, die Zukunft seiner Idee. (1998). Hg. v. K. Bühlmann. Rotkreuz: Zürcher

Koch, A. (Hg.). (2010). *Kreative Provinz. Musik in der Zentralschweiz.* Luzern: Pro Libro

Laubhold, L. E. & Stenzl, J. (Hg.). (2008). *Herbert von Karajan 1908–1989. Der Dirigent im Lichte einer Geschichte der musikalischen Interpretation.* Salzburg: Pustet

Marchesi, G. (2007). *Toscanini.* Milano: Bompiani

Markevitch, I. (1980). *Être et avoir été.* Paris: Éditions Gallimard

Merki, C. (Hg.). (2009). *Musikszene Schweiz. Begegnungen mit Menschen und Orten.* Zürich: Chronos

Mosch, U. (Hg.). (2006). *Paul Sacher – Facetten einer Musikerpersönlichkeit.* Mainz: Schott Music (= Veröffentlichungen der Paul Sacher Stiftung, Bd. 11)

Osborne, R. (2002). *Herbert von Karajan, Leben und Musik.* (Dt. Ausg.) Wien: Zsolnay

Prieberg, F. K. (1982). *Musik im NS-Staat.* Frankfurt a. M.: Fischer

Robinson, P. (1981). *Herbert von Karajan – Grosse Dirigenten, ihr Leben und Wirken.* Bearbeitet und erweitert von P. Geier. Stuttgart u.a.: Müller

Schaub, F. (1963). *25 Jahre Internationale Musikfestwochen Luzern 1938–1963.* Luzern: IMF

Stiftungsrat IMF. (Hg.). (1988). *Internationale Musikfestwochen Luzern 1938–1988. Geschichte und Persönlichkeiten.* (Bd. 1). Luzern: Raeber

Ulbrich, H. M. (2005). *«Ihre Pfötchen waren grossartig …» Musiker-Anekdoten und Zitate.* Zürich: Orell Füssli

Wagner, G. (1997). *Wer nicht mit dem Wolf heult. Autobiographische Aufzeichnungen eines Wagner-Urenkels.* Köln: Kiepenheuer und Witsch

Wulf, J. (1963). *Musik im Dritten Reich.* Gütersloh: Mohn

CD-EDITION «HISTORIC PERFORMANCES» LUCERNE FESTIVAL (LABEL AUDITE)

Vol. I Mozart: Klavierkonzert KV 466
Philharmonia / Klemperer / Haskil
Beethoven: Klavierkonzert Nr. 5
Wiener Philharmoniker / Mitropoulos / Casadesus
audite 95.623

Vol. II Tschaikowsky: Violinkonzert op. 35
SFO / Maazel / Stern
Bartók: Violinkonzert Nr. 2
SFO / Ansermet / Stern
audite 95.624

Vol. III Dvořák: Symphonie Nr. 8
Tschechische Philharmonie / Szell
Brahms: Symphonie Nr. 1
SFO / Szell
audite 95.625

Weitere Ausgaben sind geplant.

PERSONENVERZEICHNIS

Trotz intensiver Recherchen konnten nicht sämtliche Lebensdaten eruiert werden.

Abbado Claudio (1933–2014), Dirigent *7*, 77, 185, 204, 205, 232, 244, 246, *247*, 251, *261*, 262, 264, 267, 272, 276, 299, *310*, 319, 321, 324, 330, *334*, *335*, *336*, 340, 343, 344, 353, 355, 356, 359, 360, 361, *363*, 376, 377, 379
Abreu José Antonio (*1939), Komponist, Ökonom, Erzieher *359*
Achermann Hubert (*1951), Präsident LF 11, 13, 341 342, 347–350, 362, 369, 386
Aeschbacher Adrian (1912–2002), Pianist 134, 233
Ahronovitch Yuri (1932–2002), Dirigent 275, *308*
Aimard Pierre-Laurent (*1957), Pianist *357*, 358
Alain Marie-Claire (1926–2013), Organistin 212, 272
Albrecht Gerd (1935–2014), Dirigent 269, 272
d'Alessandro Raffaele (1911–1959), Komponist 277
Ali-Sade Frangis (*1947), Komponistin 355
Altstaedt Nicolas (*1982), Cellist 359
Alva Luigi (*1927), Sänger 267
Amman Lukas (*1912), Schauspieler 212
Ammann Dieter (*1962), Komponist 347, *357*, *359*
Anda Géza (1921–1976), Pianist 162, *168*, 179, 180, 187, 189, 190, *194*, 196, 202, 204, 208, 218, 232
Anda-Bührle Hortense (*1926), IMF-Organisationsmitglied *180*, 190, 191, 214, 217, 218
Andreae Marc (*1939), Dirigent 226
Andreae Volkmar (1879–1962), Dirigent 102–104, 120, 122, 143
Ansbacher Luigi (1878–1951), Anwalt Toscaninis 59, 60
Ansermet Ernest (1883–1969), Dirigent *2*, 27, 44, 52, 56, *57*, 59, 69, 78, 80, 86, 94, 96, 102, 103, 113, 115, 118, 128, 131, 136, 150, *152*, 153, 169, 171, 194, 197, 202, *204*, 207, 262, 388
Argenta Ataúlfo (1913–1958), Dirigent 171
Argerich Martha (*1941), Pianistin 207, 232, *310*, *327*
Arnold Gustav (1831–1900), Musikdirektor Luzern 21
Arrau Claudio (1903–1991), Pianist 180
Ashkenazy Vladimir (*1937), Pianist, Dirigent 228, *229*, 258–262, 264, 270, 272, 275, *295*
Augér Arleen (1940–1993), Sängerin 272
Ax Emanuel (*1949), Pianist 353, 359
Bach Carl Philipp Emanuel (1714–1788), Komponist 199
Bach Johann Sebastian (1685–1750), Komponist 164, 175, 303, 326, 344, 355
Bachmann-Geiser Brigitte, Musikwissenschaftlerin 224, 300, 388
Bäck Sven-Erik (1919–1994), Komponist 241
Backhaus Wilhelm (1884–1969), Pianist 113, 144, 150, 163, 208
Baer Walter (*1928), Komponist 241
Baird Tadeusz (1928–1981), Komponist 251
Balakirew Mili (1837–1910), Komponist 99
Baldin Aldo (1945–1994), Sänger 267
Baldwin Dalton (*1931), Pianist 236
von Balthasar Hans Urs (1905–1988), Theologe 42
Bamert Matthias (*1942), Dirigent, Intendant IMF 226, 233, 245, 253, 264, 279, *296*, 297–300, 312–314, 321–324, 326, *327*, 328, 329, 330, 331, 341, 343, 345, 349, 350, 363, 369, *329*, *330*
Banse Juliane (*1969), Sängerin 302
Barbirolli John Sir (1899–1970), Dirigent 128, 159, 199
Barenboim Daniel (*1942), Dirigent, Pianist 204, 205, 242, 244, 257, 265, 269, 319, *337*, 344, 357, *366*
Bartók Béla (1881–1945), Komponist 136, 140, 155, 160, 164, 175, 184, 194, 201, *204*, 206, 207, 209, 227, 230, 236, 238, 249, 250, 257, 269, 275, 377, 386, 388
Bartoli Cecilia (*1966), Sängerin 305, 306, *335*
Bärtschi Werner (*1950), Pianist 303
Bassermann Albert (1867–1952), Schauspieler 33
Baumgartner Paul (1903–1976), Pianist 116, 128, 131, 172
Baumgartner Rudolf (1917–2002), Künstlerischer Direktor IMF, Violinist, Dirigent 11, 113, 174–176, 190, 204, 213, 214, 217, 219, 223–228, 230–232, 235, 236, 239–242, 244, 246, 248, 250–253, 256–258, 260 262, 264, 278, 300, 363, 375, 379, 380, 387
Beck Conrad (1901–1989), Komponist 176, 232
Becker Maria (1920–2012), Schauspielerin 152
Beecham Thomas Sir (1879–1961), Dirigent 54, 86, 128, 180

Beerli-Hottinger Ellen (1887–1973), Kustodin Wagner-Museum 45, 368, 386
van Beethoven Ludwig (1770–1827), Komponist 14, 44, 56, 75, 77, 90, 94, 96, 99, 100, 104, 105, 108, 113, 130, 131, 134, 143, 144, 146, 147, 150, 155, 164, 165, 169, 171, 178, 179, 191, 196, 200, 202, 204, 208, 209, 212, 225, 238, 245, 272, 302, 304, 319, 320, 353, 357, 375, 377, 388
Bellini Vicenzo (1801–1835), Komponist 236
Bělohlávek Jiří (*1946), Dirigent 266, 275
Ben-Heim Paul (1897–1984), Komponist 228
Benary Peter (*1931), Komponist 233, 244, 272, 277
Benedetti Michelangeli Arturo (1920–1995), Pianist 196, 208, 225, 228
Benjamin George (*1960), Komponist *357*, 358
Berberian Cathy (1925–1983), Sängerin 246, *294*
Berg Alban (1885–1935), Komponist 49, 104, 185, 200, 225, 234, 266, 268
Berganza Teresa (*1935), Sängerin 240
Berglund Paavo (1929–2012), Dirigent 241
Berio Luciano (1925–2003), Komponist 231, 246, 276, 301, 381
Berlioz Hector (1803–1869), Komponist 151, 164, 178
Bernhard Thomas (1931–1989), Schriftsteller 180
Bernstein Leonard (1918–1990), Dirigent 183, 270, 272, *308*
Bertini Gary (1927–2005), Dirigent 248, 303
Bertlova Ludmila (1914–1961), Sängerin 172
Berwald Franz (1796–1868), Komponist 241
Bichsel Peter (*1935), Schriftsteller 303
Birtwistle Harrison (*1934), Komponist 357
Blanc Anne-Marie (1919–2009), Schauspielerin 303
Bletz Zacharias (1511–1570), Dramatiker 244
Bloch Boris (*1951), Pianist 378
Bloch Ernest (1880–1959), Komponist 225, 302, 305
Blochwitz Hans Peter (*1949), Sänger 265
Blomdahl Karl-Birger (1916–1968), Komponist 241
Boccherini Luigi (1743–1805), Komponist 246
Boesiger Christiane (*1966), Sängerin 302
Böhm Karl (1894–1981), Dirigent 89, 185 199, 225, 232, 244, 375
Bolcom William (*1938), Komponist 233
Bolet Jorge (1914–1990), Pianist 269
Bonnet Joseph (1884–1944), Komponist 95
Boskovsky Willi (1909–1991), Violinist, Dirigent *183*, 185
Boulez Pierre (*1925), Komponist, Dirigent *6*, 185, 190, 231, 235, 236, 265–267, 276, *280*, 317, *333*, *337*, 340, 343, 344, 349, 353, 355, 356, 358, 360, 361, *363*, 380, *382*, 388
Boult Adrian Sir (1889–1983), Dirigent 86, 93
Bour Ernest (1913–2001), Dirigent 206, 236
Bracher Karl Dietrich (*1922), Historiker 46
Brahms Johannes (1833–1897), Komponist 54, 72–74, 94, 96, 104, 112, 128, 130, 131, 134, 135, 141, 144, 146, 147, 150, 163–165, 191, 199, 200, 202, 209, 227, 250, 264, 265, 273, 320, 353, 358, 359, 375, 388
Brailowsky Alexander (1896–1976), Pianist *123*, 135, 141
Brecht Bertolt (1898–1956), Schriftsteller 33, 212
Breitenbach Franz Josef (1853–1934), Organist 277
Breitenbach Josef (1883–1955), Organist, Sohn von Josef B. 104
Brendel Alfred (*1931), Pianist 56, *117*, 209, 235, *285*, *333*, 326, 328, 352, 353, 356, 357, 377, 378, 386
Britten Benjamin (1913–1976), Komponist 136, 137, 140, 164, 207, 230, 241, 376, 377
Bronfman Yefim (*1958), Pianist 359
Bruckner Anton (1824–1896), Komponist 95, 120, 122, 130, 143, 147, 163, 164, 169, 199, 205, 227, 240, 248, 250, 264, 265, 275, 374, 377, 387
Brun Donald (1909–1999), Grafiker 170
Brun Fritz (1878–1959), Komponist 139, 233, 244
Brunner Armin (*1933), Dirigent, Musikmanager 321
Bryn-Julson Phyllis (*1945), Sängerin 262
Bucher Georges (1924–2010), Präsident IMF 71, 257, 274, 276, 279, 314, 322, 330, 331, 340, 341, 349, 369
Bühlmann Werner (1914–1997), Präsident IMF 217, 245, 250, 251, 256, 257, *273*, 274
Bührle Emil Georg (1890–1956), Industrieller, Mäzen 110, 122, 162, 187, 193, 217
Burchuladze Paata (*1955), Sänger 275
Burkhard Willy (1900–1955), Sänger 157, 164, 355

Busch Adolf (1891–1952), Violinist 26, 44, 47, 54, 56, 59, 60, 62, 63, 69, 71, 77, 78, 86, 93, *95*, 96, 126, 208
Busch Fritz (1890–1951), Dirigent 44, 47, 54, 56, 59, 60, 69, 71, 77, 86, 93, 96, 126
Busoni Ferruccio (1866–1924), Komponist 26, 96, 99, 131
Caballé Monserrat (*1933), Sängerin 202
Caduff Sylvia (*1937), Dirigentin 77, *116*
Cage John (1912–1992), Komponist 269
Calame Geneviève (1946–1993), Komponistin 303
Cambreling Sylvain (*1948), Dirigent 235
Campanella Michele (*1947), Pianist 265
Cantelli Guido (1920–1956), Dirigent 163, 169
Caridis Miltiades (1923–1998), Dirigent 171, 201, 245
Carissimi Giacomo (1605–1674), Komponist 246
Carlsen Traute (1887–1968), Schauspielerin 152
Carmignola Giuliano (*1951), Violinist 326
Carreras José (*1946), Sänger 245
Casadesus Robert (1899–1972), Pianist 114, 131, 147, 171, 178, 212, 377, 388
Casals Marta-Istomin (*1936), Ehefrau von Pablo C. 239
Casals Pablo (1876–1973), Cellist 93, 128, 229, 239
Casella Alfredo (1883–1947), Komponist 47, 163, 164, 246
Caskel Christoph (*1932), Schlagzeuger 226
Catalani Alfredo (1854–1893), Komponist 105
Cavelti Elsa (1907–2001), Sängerin 143, 154, 178
Celibidache Sergiu (1912–1996), Dirigent 227, *234*, 235, 243, 246, *247*, *292*, 376, 380
Chailly Riccardo (*1953), Dirigent 276, *301*, 359
Chamberlain Houston Stewart (1855–1927), Schriftsteller 39
Chamberlain-Wagner (von Bülow) Eva (1867–1942), Tochter von Richard W. 45, 46, *64*
Chédel Arlette (*1933), Sängerin 232
Cherubini Luigi (1760–1842), Komponist 54, 72, 73, 326
Chiara Maria (*1939), Sängerin 246
Chopin Frédéric (1810–1849), Komponist 135, 159, 162, 164, 197, 199, 206, 208, 209, 238
Christie William (*1944), Dirigent 351
Christoff Boris (1914–1993), Sänger 147
Chung Kyung-Wha, Violinistin 264
Churchill Mary (*1922) *82*
Ciano Galeazzo Gian Graf (1903–1944), Aussenminister Mussolinis 70
Cimarosa Domenico (1749–1801), Komponist 107, 191, 246
Claudel Paul (1868–1955), Schriftsteller 160
Cliburn Van (1934–2013), Pianist 201, 202, 208
Cluytens André (1905–1967), Dirigent 156, 157, 159, 164, 178, *179*, 204, 306, 375
Cocteau Jean (1889–1963), Schriftsteller, Schauspieler 152
Conlon James (*1950), Dirigent 269
Copland Aaron (1900–1990), Komponist 269
Corena Fernando (1916–1984), Sänger 106, 240
Corti Nina (*1953), Tänzerin *308*
Cortot Alfred (1877–1962), Pianist 56
Crumb George (*1929), Komponist 233
Cuénod Hughes (1902–2010), Sänger 232
Curzon Clifford (1907–1982), Pianist 204
Cysat Renward (1545–1614), Stadtschreiber Luzern, Dramatiker 20, 244
Czernowin Chaya (*1957), Komponistin 360, 362
Cziffra György (1921–1994), Pianist 199, 208
Dahlhaus Carl (1928–1989), Musikwissenschaftler 49, 388
Dalberto Michel (*1955), Pianist 242
Danco Susanne (1911–2000), Sängerin 178
David Johann Nepomuk (1895–1977), Komponist 176
Davies Peter Maxwell (*1934), Komponist 264
Davis Andrew (*1944), Dirigent 320
Debussy Claude (1862–1918), Komponist 96, 107, 130, 163, 164, 209, 227, 236, 270, 275
Delfs Andreas (*1959), Dirigent 276
Delius Frederick (1862–1934), Komponist 264
Della Casa Lisa (1919–2012), Sängerin 178, 208
Delz Christoph (1950–1993), Komponist 270
Demenga Thomas (*1954), Cellist 263, 356
Demierre Jacques (*1954), Komponist 277
Demus Jörg (*1928), Pianist 244
Denissow Edisson W. (1929–1996), Komponist 176, 278, 301, 382

Denzler Robert F. (1892–1972), Dirigent 52, 65, 103, 104, 108, 113, 131, 147, 160
Deroubaix Jeanne (*1927), Sängerin 206
Diethelm Caspar (1926–1997), Komponist 204, 269
Dietz Ernst (1916–1989), Schauspieler 212
Dimitri (Clown), eigentl. Müller Jakob (*1935), *242*
Dixon Dean (1915–1976), Dirigent 228
von Dohnányi Christoph (*1929), Dirigent 275
Dominguez Oralia (*1925), Sängerin 163
Dorow Dorothy (*1930), Sängerin 206
Doufexis Stella (*1968), Sängerin 302
Dragan Andriy (*1986), Pianist 359
Ducloux Walter (1913–1997), Dirigent 80, *81*
Dudamel Gustavo (*1981), Dirigent 344, 358, *359*
Dühring Karl Eugen (1833–1921), Philosoph 39
Dupré Marcel (1886–1971), Organist 106, 107, 128, 147, 160, 172, 212
Durigo Ilona (1881–1943), Sängerin 116, 136
Düringer Annemarie (*1925), Schauspielerin 212
Dutoit Charles (*1936), Dirigent 206, 207, 232, 324, 325
Duvanel Adelheid (1936–1996), Schriftstellerin 303
Dvořák Antonín (1841–1904), Komponist 128, 141, 164, 171, 201, 206, 227, 233, 272, 304, 388
Dvorský Peter (*1951), Sänger 304
Eberle Oskar (auch Oscar) (1902–1956), Theaterwissenschaftler, Regisseur 24, 78, 114, 120, 122
Ebrard August (1818–1888), Theologe 39
Eckermann Johann Peter (1792–1854), Vertrauter Goethes 158
Edelmann Otto (1917–2003), Sänger 169
Eger Paul (1881–1947), Theaterdirektor, Regisseur 110
Ehrling Sixten (1918–2005), Dirigent 241
von Einem Gottfried (1918–1996), Komponist 33, 65
Eisenmann Will (1906–1992), Komponist 164, 233
Eisler Hanns (1898–1962), Komponist 49
Elias Josef (1923–2000), Theaterregisseur 244
Elsner Christian (*1965), Sänger 302
Emmerich Albert (1901–1976), Sänger 104
Enescu Georges (1881–1955), Komponist 257, 374
Engelhorn Christof (1926–2010), Mäzen 360, 362
Entremont Philippe (*1934), Pianist 236
Eötvös Peter (*1944), Komponist, Dirigent 190, 270, 358, 361
Erni Hans (*1909), Maler 57, 170, *203, 204*
Eschenbach Christoph (*1940), Pianist, Dirigent 203
Etter Philipp (1891–1977), Bundesrat 35, 66, 75, 78, 112, 212
Evangelisti Franco (1926–1980), Komponist 231
Everding August (1928–1999), Intendant, Regisseur 212
de Falla Manuel (1876–1946), Komponist 164, 202, 239, 374
Fassbender Hedwig (*1954), Sängerin 276
Fässler Guido (1913–1995), Chordirigent 207, *285*
Faust Isabelle (*1972), Violinistin 360
Fehr Max (1887–1963), Wagner-Forscher 44, 78, 79
Fein Irving (1914–1962), Komponist 270
Fein Maria (1892–1965), Schauspielerin 152
Fellner Till (*1972), Pianist 328
Ferencsik János (1907–1984), Dirigent 238, 257
Ferras Christian (1933–1982), Violinist 200
Feuermann Emanuel (1902–1942), Cellist 56, 150
Filippini Rocco (*1943), Cellist 226
Firkušný Rudolf (1912–1994), Pianist 232, 244
Fischer Edwin (1886–1960), Pianist 102, 113, 116, *117*, 131, 139, 146, 151, 152, 156, 163, 169, 190, 208, 260, 378
von Fischer Kurt (1913–2003), Musikwissenschaftler 236
Fischer-Dieskau Dietrich (1925–2012), Sänger 180, 195, 201, 208, 225, 235, 270, 378
Flagstad Kirsten (1895–1962), Sängerin 99, 159
Fleisher Leon (*1928), Pianist 202, 270
Flesch Carl (1873–1944), Violinist 26, 113, 116, 118
Flickenschildt Elisabeth (1905–1977), Schauspielerin 157
Flor Claus Peter (*1953), Dirigent 264, *265*, 272, *295*
Fournet Jean (1913–2008), Dirigent 184, 256
Fournier Pierre (1906–1986), Cellist 150, 169, *190, 192*, 206, 212, 239, 377
Frager Malcolm (1935–1991), Pianist 258
Français Jean (1912–1997), Komponist 176
Francescatti Zino (1905–1991), Violinist 131, 147, 205, 212, 377, 379
Franck César (1822–1890), Komponist 95, 107, 155, 164
Frang Vilde (*1986), Violinistin 360

Freitag Robert (1916–2010), Schauspieler 152
de Freitas Branco Pedro (1896–1963), Dirigent 128
Freni Mirella (*1935), Sängerin 245
Frey Aniela (*1981), Flötistin 258
Frick Gottlob (1906–1994), Sänger 178
Fricsay Ferenc (1914–1963), Dirigent 158, *194, 196*, 197, *201*, 376, 380, 386, 398
Friedrich Götz (1930–2000), Regisseur, Intendant 306
Fries Othmar (1924–2002), Administrativer Direktor IMF 32, 152, 191, 213, 214, 217, 245, 256, *261, 273*, 274
Fritsch Theodor (1852–1933), Publizist, Verleger 39
Fröhlich Friedrich Theodor (1803–1836), Komponist 277
Fuchs Johannes (1903–1999), Chorleiter 114, 120
Fujimura Mihoko, Sängerin 358
Funk Heinrich (1904–1978), Organist 157
Furrer Beat (*1954), Komponist 277, 301, 347
Furtwängler Elisabeth (1910–2013), Ehefrau von Wilhelm F. 120, *326*
Furtwängler Wilhelm (1886–1954), Dirigent *3*, 77, 99, *102*, *112*, 113, 118, 120, 126–128, 135, 136, 140–144, 146, 147, *148*, 151, 153–155, 163, 165, 168–171, 178, 235, 326, 344, 374, 375
Gabetta Sol (*1981), Cellistin 356, 357
Gabrieli Giovanni (1557–1612), Komponist 246
von Galli Mario (1904–1987), Theologe 42
Galliera Alceo (1910–1996), Dirigent 128, 135
Galway James (*1939), Flötist 242, *243*
Gardiner John Eliot (*1943), Dirigent 305
Garovi Angelo (*1944), Historiker 246
Garovi Josef (1908–1985), Komponist 164, 244, 272, 277
Geering Arnold (1902–1982), Musikwissenschaftler 371
Gehlhaar Rolf (*1943), Komponist 226
Geiser Walther (1897–1993), Komponist 118
Gelber Bruno Leonardo (*1941), Pianist 207
Gendron Maurice (1920–1990), Cellist 229
Genzmer Harald (1909–2007), Komponist 176
Gerber Alfred (1912–1994), Industrieller 193
Gershwin George (1898–1937), Komponist 270
Gerstein Kirill (*1979), Pianist 152
Gerteis Mario (*1937), Musikpublizist 136, 164, 171, 172, 177, 197, 206, 235, 250, 344, 369, 374–376
Geszty Sylvia (*1934), Sängerin 240
Geyer Stefi (1888–1956), Violinistin 27, 69, 131, 136, 147, 174, 371
Ghedini Giorgio Federico (1892–1965), Komponist 105
Ghiaurov Nicolai (1929–2004), Sänger 186
Ghiringhelli Antonio (1903?–1979), Direktor Scala Mailand 129
Giannini Dusolina (1902–1986), Sängerin 56 Gielen Michael (*1927), Dirigent 118, 235, 275, 357, 375
Giese Therese (1898–1975), Schauspielerin 33
Gieseking Walter (1895–1956), Pianist 113, 169, 178, *182*
Gigli Beniamino (1890–1957), Sänger 88, 114, 120
Gilels Emil (1916–1985), Pianist 244, 269
Ginsberg Ernst (1904–1964), Schauspieler 33
Ginster Ria (1898–1985), Sängerin 96
Giordano Umberto (1867–1948), Komponist 104
Giulini Carlo Maria (1914–2005), Dirigent 180, 185, 194–196, *311*
Giuranna Bruno (*1933), Bratschist 247, 251, *292*
Glamsch Harald (*1944), Timpanist, Beauftragter SFO 322
Glennie Evelyn (*1965), Schlagzeugerin 302, 255
Gnekow Horst (1916–1982), Theaterdirektor 212
de Gobineau Joseph-Arthur (1816–1882), Diplomat, Schriftsteller 39
Goebbels Heiner (*1952), Komponist 356
Goebbels Joseph (1897–1945), NS-Reichspropagandaminister 120
Goehr Alexander (*1932), Komponist 176
Goethe Johann Wolfgang (1749–1832), Dichter, Staatsmann 114, 158, 255, 266
Gogol Nikolaj (1809–1852), Schriftsteller 140
Gold Käthe (1907–1997), Schauspielerin 157, 212
Goldberg Reiner (*1939), Sänger 180, 319
Goldhagen Daniel J. (*1954), Politikwissenschaftler 40
Golschmann Vladimir (1893–1972), Dirigent 200
Górecki Henryk M. (1933–2010), Komponist 302
Gould Glenn (1932–1982), Pianist 180, *181*, 183, 377
Gravina Gilbert Graf (1890–1972), Dirigent 26, 56
Greindl Josef (1912–1993), Sänger 156
Grenacher Beat (*1941), Orgelbauer 340
Grieg Edvard (1843–1907), Komponist 208, 241

Grimaud Hélène (*1969), Pianistin 359
Grimmer Walter (*1939), Cellist *385*
Gruber HK (Heinz Karl) (*1943), Komponist *336*, 357
Grubinger Martin (*1983), Schlagzeuger 360
Grumiaux Arthur (1921–1986), Violinist 172, 202, 377
Grümmer Elisabeth (1911–1986), Sängerin 206
Guarneri Antonio (1880–1952), Dirigent 104, 344
Gubaidulina Sofia (*1931), Komponistin 360
Guignard Eric (1913–1996), Cellist, Beauftragter SFO 161, 171, 174, 233
Guisan Henri (1874–1960), General 99
Gulda Friedrich (1930–2000), Pianist 191, *192*, 212, 270, 377
Gülke Peter (*1934), Musikwissenschaftler, Dirigent 118, 274
Guschlbauer Theodor (*1939), Dirigent 242
Gut Rainer (*1932), Bankmanager 343
Guyonnet Jacques (*1933), Komponist 226, 303
Haag Ivo (*1962), Pianist 302
Haas Georg Friedrich (*1953), Komponist 360
Haefliger Andreas (*1962), Pianist 268
Haefliger Ernst (1919–2007), Sänger 120, 131, 143, 154, 165,172, 179, *194*, 206–208, 377
Haefliger Michael (*1961), Intendant LF 13, 268, *337*, 339, *340*, 341–343, 346–349, 351–355, 361, 363, 369
Heifetz Jascha (1901–1987), Violinist 150
Haitink Bernard (*1929), Dirigent 15, 77, 190, 204, 205, 230, 260, 265, *309*, 353, *354*, 355, 359
Haldas Béatrice (1944–1987), Sängerin 269
Halffter Christóbal (*1930), Komponist, Dirigent 239, 276
Halffter Ernesto (1905–1989), Komponist 239
de la Halle Adam (1237–1287), Komponist 240
Haller Hermann (1914–2002), Komponist 164, 176, 232
Hamari Julia (*1942), Sängerin 267
Hampe Michael (*1935), Regisseur 246
Händel Georg Friedrich (1685–1759), Komponist 96, 156, 160, 164, 180, 226, 231, 256, 267
Harnoncourt Nikolaus (*1929), Dirigent *271*, 326, 351, 355
Harris Roy (1898–1979), Komponist 184
Harry Hubert (1927–2010), Pianist 244
Haselbach Josef (1936–2002), Komponist 272, 277
Haskil Clara (1895–1960), Pianistin 159, 169, 172, 179, 180, 196, *197*, 203, 206, 207, 231, 240, 242, 244, 378, 381
Haugland Aage (1944–2000), Sänger 265
Haydn Joseph (1732–1809), Komponist 21, 131, 135, 147, 160, 164, 169, 170, 172, 184, 207, 230, 239, 264, 305, 321, 326, 355, 359, 371, 372, 381, 383
Heath Edward (1916–2005), Englischer Premierminister 251
Heger Grete (1916–2007), Schauspielerin 33
Heidegger Martin (1889–1976), Philosoph 130
Heitz Klaus, Cellist 239
Held Thomas (*1946), Kulturmanager 313, 314
Helm Everett (1913–1999), Komponist 176
Helmchen Martin (*1982), Pianist 357
Henck Herbert (*1948), Pianist 302
Hengelbrock Thomas (*1958), Dirigent 326, 359, 374
Henze Hans Werner (1926–2012), Komponist 202, 260, 269, 317, *342*, 359
Herreweghe Philippe (*1947), Dirigent 325, 351
Hertach Heinz (*1936), Stiftungsratsmitglied IMF, LF 279, 341
Hickox Richard (1948–2008), Dirigent 272
Hilber Johann Baptist (1891–1973), Kirchenmusiker, Chorleiter 27, 88, 92, 113, 120, 122, 147, 215
Hindemith Paul (1895–1963), Komponist 104, 135, 140, 147, 150, 158, 164, 175, 183, 194, 205, 225, 270, 374, 379
Hirt Franz Josef (1899–1985), Pianist 131
Hirzel Max (1880–1957), Sänger 104
Hitler Adolf (1889–1945), Diktator des Deutschen Reichs 14, 34, 38, 41, 46, 57, 102, 143, 372
Hoch Francesco (*1943), Komponist 277
Hochmann Klaus (1932–1998), Komponist 241
Hodel Beatrice (*1932) 152, 369
Höffgen Marga (1921–1995), Sängerin 178
von Hofmannsthal Hugo (1874–1929), Schriftsteller 24, 102
Hogwood Christopher (*1941), Dirigent 264, 267, 272
Hohler Rosmarie, Mitglied der Geschäftsleitung IMF 252, *327*, 350, 369
Holliger Heinz (*1939), Komponist, Oboist, Dirigent 183, *189*, 232, 241, 267, 275, 277, 301, 304, 379–383, *384*

Holliger Ursula (1937–2014), Harfenistin 380
Holst Gustav (1874–1934), Komponist 164, 275
Honegger Arthur (1892–1955), Komponist 120, 131, 140, 141, 157, 160, 164, 171, 189, 202, 207, 212, 225, 232, 269, 280, 298, 375
Horowitz Vladimir (1903–1989), Pianist *64*, *66*, 86, 96, *97*, 165
Horszowski Mieczysław (1892–1993), Pianist 15, 202, 208, *293*, 378
Horwitz Kurt (1897–1974), Schauspieler 33
Hosokawa Toshio (*1955), Komponist 355
Hotter Hans (1909–2003), Sänger 134
Huber Klaus (*1924), Komponist 176, 206, 233, 270, 300, 301, 380, 381
Huber Kurt (*1937), Sänger 232
Hubermann Bronisław (1882–1947), Violinist 96, 128
Hürlimann Thomas (*1950), Schriftsteller 303
Hurwitz Emanuel (1919–2006), Violinist 204
Huttenlocher Philippe (*1942), Sänger 243, 269
Imhoof Markus (*1941), Filmregisseur 32
Inbal Eliahu (*1936), Dirigent 243
Isokoski Soile (*1957), Sängerin 319
Ives Charles (1874–1954), Komponist 270
Ivogün Maria (1891–1987), Sängerin 56
Iwaki Hiroyuki (1932–2006), Dirigent 180
Jäger Hanns Ernst (1910–1973), Schauspieler 212
Janáček Leoš (1854–1928), Komponist 140, 141, 164, 172, 185, 200, 227, 243, 244, 272, 275, 374, 376, 377
Jans Franz Xaver (1906–1989), Chorleiter 226, 227
Jans Hans Jörg (*1936), Musikwissenschaftler, Chorleiter 226, 245, 369
Jansons Mariss (*1943), Dirigent 241, 325, *336*, 352, 353, 358, *365*
Jarrell Michael (*1958), Komponist 301, *357*
Järvi Neeme (*1937), Dirigent 303, 325
Jayachamaraja Wodeyar Bahadur, Maharadscha von Mysore (1919–1974) 98, 168, 387
Jenny Albert (1912–1992), Komponist, Chorleiter 128, 134, 147, 160, 197, 207, 233, 244, 277
Jochum Eugen (1902–1987), Dirigent 162, 263, 207, 230
Jones Gwyneth (*1936), Sängerin 241, *285*
Jones Philip (1928–2000), Trompeter 240, 212
Jones-Strebi Ursula (*1932), Mitglied Stiftungsrat IMF, LF *102*, 204, *330*, 369, *373*
Jünger Ernst (1895–1998), Schriftsteller 130
Junghänel Konrad (*1953), Dirigent 357
Juon Julia (*1943), Sängerin 269
Juon Paul (1872–1940), Komponist 274
Kabalewsky Dmitri B. (1904–1987), Komponist 130
Kaegi Werner (*1926), Komponist 176, 233
Kagel Mauricio (1931–2008), Komponist 226, 303
Kamu Okku (*1946), Dirigent 230
Kancheli Gija (*1935), Komponist 355
von Karajan Herbert (1908–1989), Dirigent *5*, 48, 77, 99, *126*, 140, *142*, 143, 144, *145*, 146, 147, *149*, 150, 153–155, 160, 162–165, 168–172, 178–180, *182*, 183, 186, 187, 190,193, 194, 201, 218, 225, 230, 232, 234–236, *237*, 240, 245, 248, 251, 257, 262, 263, 265–267, 272–275, 278, *290*, 355, 358, 375, 376, 377
Kaufmann Robert (1927–2008), Kulturbeauftragter Stadt Luzern 26, *330*
Keilberth Joseph (1908–1968), Dirigent 194–196, *198*, 199, 202, 203, *204*, 206, 376
Kelemen Milko (*1924), Komponist 176
Keller Peter (*1943), Sänger 244
Kelterborn Rudolf (*1931), Komponist 176, 207, 232, 258, 272, 277
Kempe Rudolf (1910–1976), Dirigent *232*, 233
Kempff Wilhelm (1895–1991), Pianist 209, 323
Kennedy Nigel (*1956), Violinist 264
Kertész István (1929–1973), Dirigent 38, *126*, 202, 206, 207, 228
Kessler Thomas (*1937), Komponist 226
Khatchaturian Aram (1903–1978), Komponist 169
King James (1925–2005), Sänger 265
Kipnis Alexander (1891–1978), Sänger 54, 96
Kirkpatrick Ralph (1911–1984), Cembalist 232
Kissin Evgeny (*1971), Pianist *333*, 353, *327*
Kissling Richard (1848–1919), Bildhauer 32
Kittler Richard (*1924), Komponist 176
Klecki (Kletzki) Paul (1900–1973), Dirigent 48, 113, *115*, 118, 128, 128, 131, 134, 147, 204, 229

Klee Bernhard (*1936), Dirigent 269
Klein Bernhard (1793–1832), Komponist 277
Klemperer Otto (1885–1973), Dirigent 168, 172, *173*, 178, 179, 185, 195, 375, 377
Klien Walter (1928–1991), Pianist 225
Knappertsbusch Hans (1888–1965), Dirigent 89
Kodály Zoltán (1882–1967), Komponist 140, 158, 160, 164, 197, 200, 201, 238, 275, 276, 379
Kokkonen Joonas (1921–1996), Komponist 176, 241
Kokoschka Oskar (1886–1980), Maler *209*
Kollo René (*1937), Sänger 265
Kondraschin Kirill (1914–1981), Dirigent 247, 248
Kontarsky Alfons (1932–2010), Pianist 209, 226, 231
Kontarsky Aloys (*1931), Pianist 209, 226, 231, 303
Koopman Ton (*1944), Dirigent 305, 356
Kopatchinskaja Patricia (*1977), Violinistin 356
Kopp Paul (1900–1984), Stadtpräsident Luzern *182*, 187, 217
Kord Kazimierz (*1930), Dirigent 251
Korngold Erich Wolfgang (1897–1957), Komponist 302
Koženà Magdalena (*1973), Sängerin 359
Krauss Clemens (1893–1954), Dirigent 89
Krein Toni J. (*1951), Mitglied der Geschäftsleitung IMF 312, 318, 369
Kreisler Fritz (1875–1962), Violinist 26
Krenek Ernst (1900–1991), Komponist 176
Krips Josef (1902–1974), Dirigent 195, 207, 225, 228
Kubelík Jan (1880–1940), Violinist 14, 172, *265*, 275
Kubelík Rafael (1914–1996), Dirigent, Komponist *4*, 14, 77, 140, 141, 142, 163, 164,169, 172, 176, 178, 180, 185, 190, 199, 201, 202, 206, 207, 225, 230, 241, 259, 260, 261, 264, 266, 276, 278, *285*, 303, 352, 353, *366*, *373*, 374, 376, 377
Kuchinka Josef (*1925), Dirigent 244
Kuijken Sigiswald (*1944), Violinist, Gambenspieler, Dirigent 326
Kulenkampff Georg (1898–1948), Violinist 119, 128, 131, 139
Kulka János (1929–2001), Violinist 251
Kurtág György (*1926), Komponist 238, 355
Kurzmeyer Franz (*1935), Stadtpräsident Luzern 299
Kyburz Hanspeter (*1960), Komponist 347, 356
Labé Louise (ca. 1524–1566), Schriftstellerin 207
Labèque Katia (*1950), Pianistin 328
Labèque Marielle (*1952), Pianistin 328
Labhart Walter (*1944), Musikwissenschaftler 238, 277
Lachenmann Helmut (*1935), Komponist 303, *333*, 357
de Lagarde Paul Anton (1827–1891), Kulturphilosoph, Orientalist 39
Lagger Peter (1930–1979), Sänger 206, *207*
Laki Krisztina (*1944), Sängerin 267
Lang Brigitte (*1974), Violinistin 302
Lang Frieder (*1950), Sänger 276
Lang Kaspar (*1943), Mitglied Stiftungsrat IMF 180, 183, 369, 376, 377
Lang Yvonne (*1971), Pianistin 302
de Larrocha Alicia (1923–2009), Pianistin 240, 278
Laubscher Philippe, Organist 340
Le Roux Maurice (1923–1992), Dirigent 184, 185
Legge Walter (1906–1979), Schallplattenproduzent 98, 99, 146, 168, 177, *182*
Lehmann Hans Ulrich (1937–2013), Komponist 176, 226, 233
Leinsdorf Erich (1912–1993), Dirigent 225
Leitner Ferdinand (1912–1996), Dirigent 163, 202
Lessing Gotthold Ephraim (1729–1781), Schriftsteller 212
Leuenberger Moritz (*1946), alt Bundesrat, Jurist *336*
Leuzinger Rudolf (1911–1998), Beauftragter SFO 111–114, 120–122, 132–135, 146–150, 155, 156, 158, 160, 161, 170, 171
Levine James (*1943), Dirigent 77, 183, 275, 319
Lichtenstein Roy (1923–1997), Pop-Art-Künstler 246
Lidholm Ingvar (*1921), Komponist 176
Liebermann Rolf (1910–1999), Intendant, Komponist 191, 214, 215, 218, 258
Liehburg Eduard (Pseudonym für Meier Max Eduard) (1869–1962), Schriftsteller 22
Ligeti György (1923–2006), Komponist 186, 212, 226, 236, 358
Lindtberg Leopold (1902–1984), Regisseur, Theaterintendant 33
Lipatti Dinu (1917–1950), Pianist 128, 135, 150, 152
Lipovšek Marjana (*1946), Sängerin 275, 304
Liszt Franz (1811–1886), Komponist 74, 128, 164, 172, 199, 238, 262, *265*, 269, 380
Löhrer Edwin (1906–1991), Chordirigent 106

Lohr Ina (1903–1983), Musikwissenschaftlerin 371
López-Coboz Jesús (*1940), Dirigent 239, 269
Lorenz Max (1901–1975), Sänger 156, 165
Loriot Jeanne (1928–2001), Pianistin 184
Loriot Yvonne (1924–2010), Pianistin 184
Lott Felicity (*1947), Sängerin 306
Lotti Antonio (1667–1740), Komponist 326
Ludwig Christa (*1928), Sängerin 179, 186, 208, 267, 270, 377
Ludwig II., König von Bayern (1845–1886) 21, 22
Ludwig Walter (1902–1981), Sänger 147
Lupu Radu (*1945), Pianist 209, 228, *336*, 353, *385*
Lusser Markus (1931–1998), Notenbankier *330*
Lüthy Herbert (1918–2002), Historiker 361
Lutosławski Witold (1913–1994), Komponist 204, 238, 251, 269, 301, 380
Ma Yo-Yo (*1955), Cellist 245, 264, *290*
Maag Peter (1919–2001), Dirigent 226
Maazel Lorin (*1930), Dirigent *184*, 185, 197–200, 241, 249, 257, 265, 278, *298*, 352
Mácal Zdeněk (*1936), Dirigent 186, 227, 232, 374
de Machault Guillaume (ca. 1300–1377), Komponist 130
Mackerras Charles (1925–2010), Dirigent 201, 204
Magaloff Nikita (1912–1992), Pianist 184, 202, 236, 275
Mahler Gustav (1860–1911), Komponist 47, 73, 74, 88–90, 92, 138, 139, 147, 164, 178–180, 185, 195, 200, 202, 205, 206, 227, 229, 265, 267, 275, 276, 317, 323, 344, 352, 356, 359, 375, 376, 377, 381, 382
Mainardi Colleoni Ada (1897–1979) 60, 91, 92
Mainardi Enrico (1897–1976), Cellist 131, 139, 147, 151, 163, 169, 176, 187, 378
Małcużyński Witold (1914–1977), Pianist 208
Malec Ivo (*1925), Komponist 176
Malgoire Jean-Claude (*1940), Musikwissenschaftler, Dirigent, Oboist 253
Malipiero Gian Francesco (1882–1973), Komponist 47, 246
Mann Erika (1905–1969), Schauspielerin, Kabarettistin 41
Mann Golo (1909–1994), Historiker 44
Mann Thomas (1875–1955), Schriftsteller 41, 44, 130, 194
Manoury Philippe (*1952), Komponist 360
Markevitch Igor (1912–1983), Dirigent, Komponist 156, *157*, 163, 184, 202, 203
Markowski Andrzej (1924–1986), Dirigent 186
Marr Wilhelm (1819–1904), Journalist 39
Marthaler Adrian (*1947), Regisseur 321
Martin Frank (1890–1974), Komponist 128, 136, 140, 157, 164, 194, 197, 205, 206, 232, 266
Martinon Jean (1910–1976), Dirigent 184, 225
Martinů Bohuslav (1890–1959), Komponist 146, 172, 260, 275
Marton Éva (*1943), Sängerin 265
Martucci Giuseppe (1856–1909), Komponist, Pianist, Dirigent 104, 164
von Matačić Lovro (1899–1985), Dirigent 199
Mathis Edith (*1938), Sängerin, 212, 233, 244, *256*, 321
von Matt, Peter (*1937), Germanist 32, 36, 111, 215, 366
Matthaei Karl (1897–1960), Organist 120
Mattila Karita (*1960), Sängerin 267
Mauriac François (1885–1970), Schriftsteller 138
Maayani Ami (*1936), Komponist 228
Mayer Albrecht (*1965), Oboist 358
Mayuzumi Toshirō (1929–1997), Komponist 176, 180
Mazurkiewicz Paweł (*1976), Pianist 356
Medtner Nikolaj (1880–1951), Komponist 98
Mehta Zubin (*1936), Dirigent 186, 206, 225, 228, 234, 235, 236, 251, 271, 272, 186
Meienberg Niklaus (1940–1993), Schriftsteller 32
Meier Gerhard (1917–2008), Schriftsteller 180, 303
Meier Herbert (*1928), Schriftsteller 233
Meier Johanna (*1938), Sängerin 265
Meili Armin (1892–1981), Sänger 26, *29*
Meili Max (1899–1970), Sänger 371
Mende Heinz (1915–1987), Chorleiter *285*
Mendelssohn Bartholdy Felix (1809–1847), Komponist 14, 47, 54, 72, 74, 79, 96, 131, 141, 164, 172, 205, 227, 233, 269, 379
Mengelberg Willem (1871–1951), Dirigent 69, 73, 74, 86, 230
Menuhin Yehudi (1916–1999), Violinist, Dirigent 26, 126, 131, 134, 135, 136, 147, 174, 175, *200*, *224*, 230, 324
Mersson Boris (1921–2013), Komponist 171
Messiaen Olivier (1908–1992), Komponist 155, 184, 212, 302, 320, 382

Metzmacher Ingo (*1957), Dirigent 356, 375
Meyer Hans Rudolf (1922–2005), Stadtpräsident Luzern, Präsident IMF 217, 218, *219*, 224, 245, 251
Meyer Martin (*1951), Feuilletonchef Neue Zürcher Zeitung 199, 200, *333*, 353, 369
Meyer Sabine (*1959), Klarinettistin 266, 375
Meyer von Schauensee Franz Josef Leonti (1720–1789), Komponist 160, 244, 276
Meyer-Schoellkopf Ulrich (*1935), Künstlerischer Direktor IMF, Dirigent 77, 228, 231, 236, 239, 240, 244, 246, 252, 253, 255–279, 319, 321, 331, 349, 363, 369, 378, 382
Mieg Peter (1906–1960), Komponist 176, 323, 268
Mihalovici Marcel (1898–1985), Komponist 176
Mihály András (1917–1993), Komponist 238
Milstein Nathan (1904–1992), Violinist *64*, 147, 151, 163, 171, 205
Mitropoulos Dimitri (1896–1960), Dirigent 178
Moeschinger Albert (1897–1985), Komponist 131, 176
Moldenauer Hans (1906–1987), Musikwissenschaftler 48
Moldenauer Rosaleen (1926–1982), Musikhistorikerin 48
Molinari Bernardino (1880–1952), Dirigent 104
Monteverdi Claudio (1567–1643), Komponist 106, 107, 212, 240, 246, 269, 357, 360, 371
Moret Marc (1923–2006), Unternehmer 279, *330*
Moret Norbert (1921–1998), Komponist 260, 262, 263, 266, 276, 277
Morini Erica (1905–1995), Violinistin 135
Morricone Ennio (*1928), Komponist 231
Mosch Ulrich (*1955), Musikwissenschaftler *333*
Moser Roland (*1943), Komponist 277, 358
Mosimann Anton (*1947), Gourmet-Koch 316
Moster Tobias (*1959), Cellist 302
Motta Giuseppe (1871–1940), Bundesrat 37
Moyse Marcel (1889–1984), Flötist 128
Mozart Wolfgang Amadé (1756–1791), Komponist 86, 94, 95, 105–107, 121, 131, 135, 136, 144, 146, 150, 159, 160, 163–165, 169, 179, 180, 196, 199, 202–204, 207, 209, 212, 230, 232, 239, 240, 244, 267, 272, 276, 277, 278, 304, 305, 353, 356, 360, 372, 375, 379, 380
Mrawinsky Jewgeny (1903–1988), Dirigent 188
Muggler Fritz (*1930), Musikpublizist 265
Müller Eduard (1912–1983), Organist 212, 232
Müller-Zürich Paul (1898–1993), Komponist 232
Mullova Viktoria (*1959), Violinistin 275
Munch Charles (1891–1968), Dirigent 135, 141
Munch Edvard (1863–1944), Maler 241
Münch Hans (1893–1983), Dirigent 105, 109, 113, 115
Münchinger Karl (1915–1990), Dirigent 157, 160, 170
Mundry Isabel (*1963), Komponistin 356
Mussolini Benito (1883–1945), faschistischer Diktator 33, 37, 44, 47, 48, 57, 88, 130
Muti Riccardo (*1941), Dirigent 230
Mutter Anne-Sophie (*1963), Violinistin 240, 242, 245, 248, 263, 269, 276, *283*, *291*, *308*, *310*, 320, 356, 358
Mutter Christoph (*1961), Pianist 240, *283*
Nagano Kent (*1951), Dirigent 320
Nägeli Hans Georg (1773–1836), Komponist 277
Nef Walter (1910–2006), Musikhistoriker 371
Nelsons Andris (*1978), Dirigent *340*, 360
Nelsova Zara (1918–2002), Cellistin 227
Neppach Robert (1890–1939), Filmschaffender 89, 90, 91
Neumann Václav (1920–1995), Dirigent 185, *309*, 399
Neuwirth Olga (*1968), Komponistin 356
Nick Andreas (*1953), Komponist 277
Nickler Reto (*1961), Regisseur 355
Nicolet Aurèle (*1926), Flötist 118, *175*, 266, 379, 380
Nielsen Carl (1865–1931), Komponist 183, 241, 275
Nietzsche Friedrich (1844–1900), Philosoph 16, 39, 130, 264
Nikisch Arthur (1855–1922), Dirigent *26*
Nilsson Birgit (1918–2005), Sängerin 186
Nono Luigi (1924–1990), Komponist 246, 247, 276, 303, 356, 360
Nott Jonathan (*1962), Dirigent 186, 318, 358
Nowakowski Anton (1897–1969), Organist 172
Nussio Otmar (1902–1990), Dirigent 106
Nyffenegger Esther (*1941), Cellistin 239
Nyikos Markus (*1948), Cellist 239
Oberer Walter (1911–2001), Schauspieler, Theaterdirektor 212
Ode Erik (1910–1983), Schauspieler 212
Oesch Hans (1926–1992), Musikwissenschaftler 241

Oetiker Adrian (*1968), Pianist 302
Ogdon John (1937–1989), Pianist 185, 191
Ohana Maurice (1913–1992), Komponist 176
Oistrach David (1908–1974), Violinist 188
Oistrach Igor (*1931), Violinist 169, 275
Olbertz Walter (*1931), Pianist 64
Ormandy Eugene (1899–1985), Dirigent 134, 160, 171
Ozawa Seiji (*1935), Dirigent 230, 249, 358
Paderewski Ignacy (1860–1941), Pianist, Staatsmann 88, 253
Paganini Niccolò (1782–1840), Komponist, Violinist 94, 200
Pahud Emmanuel (*1970), Flötist 257
Paisiello Giovanni (1740–1816), Komponist 240
Panula Jorma (*1930), Dirigent 241
Pape René (*1964), Sänger 304, 321
Paray Paul (1886–1979), Dirigent 118, 128, 131
Parrott Andrew (*1947), Dirigent 225
Pauli Hansjörg (1931–2007), Musikwissenschaftler 226, 229
Pears Peter (1910–1986), Sänger 136, 207, 241, *285*
Peinemann Edith (*1937), Violinistin *232*, 233
Penderecki Krzysztof (*1933), Komponist, Dirigent 176, 186, 29, 251, 252, 272, 275, 325, 355, 380
Perahia Murray (*1947), Pianist 202, 262, 328, 353, 378
Perényi Miklós (*1948), Cellist *163*, 239, *319*
Pergamenschikow Boris (1948–2004), Cellist 303
Pergolesi Giovanni Battista (1710–1736), Komponist 106, 107, 246
Perlman Itzhak (*1945), Violinist 236
Perosi Lorenzo (1872–1956), Sakralkomponist 88
Perotinus (Magnus) (ca. 1150–ca. 1225), Komponist 95
Pessina Luigi E. (1897–1954), Verkehrsdirektor 103, 118, 133
Petrarca Francesco (1304–1374), Schriftsteller 207
Petrucciani Michel (1962–1999), Pianist 328
Pfaff Luca (*1944), Dirigent 276
Pfitzner Hans (1869–1949), Komponist 47, 233
Pfyffer von Altishofen Franz (1918–1995), Oberst der Schweizergarde 252
Pfyffer von Altishofen Hans (1866–1953), Präsident Festwochen 35, 102, 103, 110, 113, 118, *123*, 161, 215
Piatti Celestino (1922–2007), Grafiker 170
Pick-Mangiagalli Riccardo (1882–1949), Komponist 105
Piemontesi Francesco (*1983), Pianist 152
Pinscher Matthias (*1971), Komponist, Dirigent 357
Pinza Ezio (1892–1957), Sänger 89, 90
Pires Maria João (*1944), Pianistin 240, 242, *327*
Pirner Gitti (*1943), Pianistin 232
Piston Walter (1894–1976), Komponist 183
Pizzetti Ildebrando (1880–1968), Komponist 47, 105, 107, 108
Pletnev Mikail (*1957), Pianist, Dirigent 304, 353
Pogorelich Ivo (*1958), Pianist 265
Pollini Maurizio (*1942), Pianist 209, 238, 246, 247, *284*, 353, 357, 358, 360, *363*
Polo Enrico (1868–1953), Cellist 59, *64*, 69
Ponti Michael (*1937), Pianist 236, 238
Popp Lucia (1939–1993), Sängerin 304, 377
Postnikowa Viktoria (*1944), Pianistin 275
Potorjinsky Feodor, Chorleiter, Sänger 154
Pousseur Henri (1929–2009), Komponist 231
Power Biggs Edward (1906–1977), Organist 212
Prégardien Christoph (*1956), Sänger 321
Prêtre Georges (*1924), Dirigent 306
Previn André (*1929), Dirigent 264
Price Leontyne (*1927), Sängerin 186
Principessa del Piemonte (Marie José) (1906–2001), *66*, 81
Primrose William (1904–1982), Cellist 150
Prohaska Anna (*1983), Sängerin 359
Prokofjew Sergej (1891–1953), Komponist 160, 164, 202, 205, 207, 225
Purcell Henry (1659?–1695), Komponist 207, 272
Quadflieg Will (1914–2003), Schauspieler 152
Quasthoff Thomas (*1959), Sänger *357*, 359
Rachmaninow Sergej (1873–1943), Komponist, Pianist 92, 94, 98, 114, 139, 200, 243, 244, 274, 298, 303
Raff Joseph Joachim (1822–1882), Komponist 277
Ramuz Charles-Ferdinand (1878–1947), Schriftsteller 207
Rattle Simon (*1955), Dirigent 306, *340*, *342*, 356, *358*, 359, 361, 362
Rauchfleisch Udo (*1942), Psychologe *333*
Ravel Maurice (1875–1937), Komponist 56, 96, 157, 160, 164, 186, 202, 236, 249, 267, 269, 270, 305
Redel Kurt (1918–2013), Dirigent 207

Rehfuss Heinz (1917–1988), Sänger 156, 165, 172
Reich Willi (1898–1980), Musikpublizist 49, 200
Reichmuth Karl (*1939), Bankier 261
Reindl Constantin (1738–1798), Komponist 160
Reiner Fritz (1888–1963), Dirigent 177, 178, 387
Reinhardt Max (1873–1943), Theaterintendant, Gründer der Salzburger Festspiele 24, 25
Reinshagen Jürg R. (*1938), Präsident LF 251, *330*, *336*, 340, 341, 343, 346, 348, 369
Remmert Birgit (*1966), Sängerin 319
Rengger Katharina (*1972), *337*
Respighi Ottorino (1879–1936), Komponist 47, 104, 175, 246, 249, 275, 387
Richard André (*1944), Klangregisseur, Komponist 276, 303
Richter Hans (1843–1916), Dirigent 21
Richter Karl (1926–1981), Dirigent 207, 212
Richter Swjatoslaw (1915–1997), Pianist 199, 208, *209*, 241, 244, 253, *286*, 378
Rickli-Reggioni Claire (*1922) 148
Riegner Gerhart (1911–2001), Religionsphilosoph 40
Rihm Wolfgang (*1952), Komponist 301, 319, *333*, 355
Rincón d'Astorga Emanuele (1680–1757), Komponist 326
Ringger Rolf Urs (*1935), Musikpublizist, Komponist 242, 243
Robbin Catherine (*1950), Sängerin 272
Robertson David (*1958), Dirigent 190, 361
Rogg Lionel (*1936), Organist 212
Rogger Werner (*1937), Mitglied der Geschäftsleitung IMF *327*, *330*, 350, 369
Rolfe-Johnson Anthony (1940–2010), Sänger 272
Roosevelt Sara Ann Delano (1854–1941) *82*
Rosenberg Hilding (1882–1985), Komponist 176, 241
Rossi Mario (1902–1992), Dirigent 225
Rossini Gioacchino (1792–1868), Komponist 150, 130, 159, 163, 164, 197, 232, 240, 249
Rostropowitsch Mstistlaw (1927–2007), Cellist, Dirigent 229, 241, 263
de Rougemont Denis (1906–1985), politischer Philosoph 160
Roussel Albert (1869–1937), Komponist 99, 150, 160, 164, 270
Rowicki Witold (1914–1989), Dirigent 251
Rozhdestvensky Gennady (*1931), Dirigent 245
Rubinstein Arthur (1887–1982), Pianist 197, 200, 208, *210*, *211*, *293*, 377, 397
Ryser Fritz (1910–1990), Maler und Zeichner *225*
Saariaho Kaija (*1952), Komponistin *358*, 359
de Sabata Victor (1892–1967), Dirigent *102*, 104, *105*, 131, 163, 344
Sacher Paul (1906–1999), Dirigent, Mäzen 102, 121, 128, 185, 189, 191, 213, 214, 218, 230, 233, 259, 260–262, 266, 269, 272, 349, 355, 369, 372, *373*, 380, 388
Saint-Saëns Camille (1835–1921), Komponist 131, 160, 164
Salat Hans (1498–ca. 1561), Gerichtsschreiber, Dramatiker 37
von Salis Jean Rudolf (1901–1996), Historiker 37
Sallenbach Katharina (1920–2013), Bildhauerin, Ehefrau R. Baumgartners *383*
Sallinen Aulis (*1935), Komponist 241
Salonen Esa-Pekka (*1958), Dirigent 325, 359, 361
Salviucci Giovanni (1907–1937), Komponist 104
Samel Udo (*1953), Schauspieler 303
Sanderling Kurt (1912–2011), Dirigent 172, 264, *309*, 324
Santi Nello (*1931), Dirigent 246
Sargent Malcolm Sir (1895–1967), Dirigent 128, 131
Sauckel Fritz (1894–1946), NS-Gauleiter 41
Sauter-Falbriard Max (1879–1971), Sänger, Impresario 103, 110, 111
Savall Jordi (*1942), Gambist, Musikwissenschaftler, Dirigent 240, 326, 351, 357, 360
Sawallisch Wolfgang (1923–2013), Dirigent 194, 201, 232, 235, 276, *277*, 303, 358
Scarlatti Alessandro (1660–1725), Komponist 226, 227
Scarlatti Domenico (1685–1757), Komponist 267
Schaffner Franz (*1954), Chorleiter 269, 304
Schaub Fritz (*1936), Musikpublizist 32–34, 80, 248, 369, 387, 388
Scherbaum Adolf (1909–2000), Trompeter *175*
Scherchen Hermann (1891–1966), Dirigent 48, 52–54, 233
Scherchen Tona (*1938), Komponistin 233
Schey Hermann (1895–1981), Sänger 96
Schibler Armin (1920–1986), Komponist 176, 201, 225, 241
Schiesser Fritz, Timpanist 144

Schiff András (*1953), Pianist, Dirigent 14, 15, 70, 143, 202, 209, 302, 303, 318, *319*, *327*, 353, 355, 357, 378
Schiff Heinrich (*1951), Cellist 275, 303
Schiller Friedrich (1759–1805), Schriftsteller 22
Schloemer Joachim (*1962), Choreograph, Regisseur 358
Schlusnus Heinrich (1888–1952), Sänger 26
Schmid Erich (1907–2000), Dirigent 48, 164
Schmid Max (1946–2013), Architekt 314, 315
Schmid Peter (*1937), Stiftungsratsmitglied IMF, LF 341
Schmidt Andreas (*1960), Sänger 267
Schmidt Jakob (1935–1998), Orgelbauer 340
Schmitt Alois (1827?–1902), Komponist 105
Schnabel Artur (1882–1951), Pianist 143, 150, 157, 202, 204, 209, 387
Schnabel Karl Ulrich (1909–2001), Pianist 208
Schneider Jean, Fotograf *43*
Schneiderhan Wolfgang (1915–2002), Violinist 131, 147, 151, 169, 171, 174–177, 194, 201–203, 205, *224*, 225, 235, 239, *258*, 268
Schnittke Alfred (1934–1998), Komponist 300–302
Schnittke Irina (*1941), Komponistin, Pianistin *301*
Schnyder Daniel (*1961), Komponist, Dirigent 277
Schnyder von Wartensee Xaver Franz (1786–1868), Komponist 21, 202, 233
Schoeck Othmar (1886–1957), Komponist, Dirigent 48, 96, 103, 104, *106*, 131, 206, 212, 232, 243, 262, 269, 375, 276, 355, 374
Schöffler Paul (1897–1977), Sänger 143
Schönberg Arnold (1874–1951), Komponist 44, 47, 48, 164, 185, 191, 200, 230, 234, 235, 247, 250, 265, 273, 275, 302, 357, 372, 380
Schonberg Harold C. (1915–2003), Musikpublizist 204
Schönwälder Horst (*1965), Cellist, Pianist 248, 249
Schreier Peter (*1935), Sänger, Dirigent 232, 264, 268, 321
Schreker Franz (1878–1934), Komponist 275, 375
Schubert Franz (1797–1828), Komponist 14, 73, 74, 104, 143, 146, 150, 156, 159, 164, 209, 227, 232, 243, 244, 246, 268, 275, 298, 302, 305, 318, 377
Schuh Willi (1900–1986), Musikpublizist 73, 130, 138, 140, 144, 154, 155, 199
Schuller Gunther (*1925), Komponist 235, 236, 241, 269
Schulthess Walter (1874–1971), Direktor Konzertgesellschaft Zürich 27, 69, 78, 121, 122, 129, 136, 140, 161, 165, 168, 185, 190, 191, 212, 214, 215, 217, 260, 368, 370, 371
Schuman William (1910–1992), Komponist 183
Schumann Robert (1810–1856), Komponist 75, 128, 143, 164, 199, *209*, 227, 238, 245, 246, 302, 353, 379
Schuricht Carl (1880–1967), Dirigent 113, 114, 122, 156, 196, 379, 386
Schütz Eduard (1902–1959), Verkehrsdirektor Luzern 133, 149, 152, 153, 173
Schwarzkopf Elisabeth (1915–2006), Sängerin 134, 136, 143, 154, 163, 165, 208, 378
Seefried Irmgard (1919–1988), Sängerin 147, *148*, 172, 175, 201, 205, *208*, 280, 378
Segerstam Leif (*1944), Dirigent 241
von Segesser Hans-Ulrich (1908–1982) 21
von Segesser Joseph Placidus (1803–1878) 21
von Segesser Philipp Anton (1817–1888) 42
Segovia Andrés (1893–1987), Gitarrist 172
de Seixas Carlos (1704–1742), Komponist 239
Semper Gottfried (1803–1879), Architekt 21
Senfl Ludwig (ca. 1486–1542/43), Komponist 16, 106, 107, 232, 277
Serafin Tullio (1878–1968), Dirigent 104, 107
Serkin Peter (*1947), Pianist 208
Serkin Rudolf (1903–1991), Pianist 26, 54, 78, *177*, 208
Sessions Roger (1896–1985), Komponist 269
Sgouros Dimitri (*1969), Pianist 268
Shankar Ravi (1920–2012), Sitar-Spieler 230
Shirley-Quirk John (*1931), Sänger 241, *285*
Sibelius Jean (1865–1957), Komponist 160, 164, 205, 240, 241, 275, 379
Siepi Cesare (1923–2010), Sänger 163
Simionato Giulietta (1910–2010), Sängerin 154
Sinding Christian (1856–1941), Komponist 241
Sinopoli Giuseppe (1946–2001), Dirigent 269, 306, *307*
Sirokay Szuszanna (*1941), Pianistin 232, 381
Skovhus Boje (*1962), Sänger 176

Skrjabin Aleksandr (1872–1915), Komponist 113, 274
Söderström Elisabeth (1927–2009), Sängerin 232
Sokolov Grigory (*1950), Pianist 353
Solomon (Cutner) (1902–1988), Pianist 157
Solschenizyn Aleksandr (1918–2008), Schriftsteller 229
Solti Georg (1912–1997), Dirigent 48, 78, 184, 186, 245, 257, 275, 289
Soós Adrienne (*1966), Pianistin 302
Souzay Gérard (1918–2004), Sänger 236
Spahlinger Mathias (*1944), Komponist 303
Speiser Elisabeth (*1940), Sängerin 207
Spengler Oswald (1880–1936), Philosoph 130
Spitteler Carl (1845–1924), Schriftsteller 37, 41, 387
Spivakov Vladimir (*1944), Violinist 275
Stader Maria (1911–1999), Sängerin 136, 147, 169, 172, 212
Staier Andreas (*1955), Cembalist, Pianist *332*
Staiger Emil (1908–1987), Germanist 128, 266
Stalder Josef Dominik Xaver (1725–1765), Komponist 150, 160, 233, 244, 277
Stalman Roger (1927–2009), Sänger 206
Starker János (1924–2013), Cellist 225, 232
di Stefano Giuseppe (1921–2008), Sänger 163
Steinberg William (1899–1978), Dirigent 179, 183, 201, 206
Steinmann Conrad (*1951), Blockflötist 303
Steinmann Dölf (1942–2009), Schriftsteller 180, 183, 210, 211, 387
Stendar Wolfgang (*1929), Schauspieler 303
Stern Isaac (1920–2001), Violinist 126, 141, 147, 159, 160, 194, 272, 377, 388
Stocker Markus (*1945), Cellist 239
Stockhausen Karlheinz (1928–2007), Komponist 209, 231, 272, *308*, 358, 360, 382
Stokowski Leopold (1882–1977), Dirigent 156, 164, 198
Stoltenberg Elke, Schauspielerin 303
Strauss Richard (1864–1949), Komponist 25, 44, 52–54, 79, 99, 108, 130, 138, 139, 147, 150, 159, 164, 183, 185, 199, 225, 227, 235, 270, 275, 306, 376, 381
Strawinsky Igor (1882–1971), Komponist 44, 48, 56, 75, 131, 134, 140, 156, 162–164, 184, 185, 225, 230, 235, 267, 274, 275, 372, 375
Strebi Maria (1907–2014), Ehefrau von W. Strebi *102*, 135, *209*, 244, 370, *373*, 388
Strebi Walter (1903–1981), Jurist, Präsident IMF 57, 66, 80, *102*, 108–110, 116, *119*, 121, 126, *129*, 133–135, 140, 141, 146, 148, 149, 154, 161, 168, 170, 171, 173, 174, 179, *182*, 187, 190, 191, 139, 204, 212–211, 259, 264, 368, 370–372, 377, 382
Streich Albert (1897–1960), Schriftsteller 383
Stresemann Wolfgang (1904–1998), Intendant 273
Stucki Rosmarie, Pianistin 131
Studer Michael (*1940), Pianist 232
Studer Robert (*1938), Bankier 261
Studer Rolf, Bratschist 233
Sturzenegger Max (1904–1988), Dirigent 128, 151, 160, 233
Sulem Jean (*1959), Bratschist 381
Suk Josef (1874–1935), Komponist 172, 275, 375
Suk Josef (1929–2011), Violinist 188
Suter Robert (1919–2008), Komponist 176, 241, 258, 277, 302
Sutermeister Heinrich (1910–1995), Komponist 48, 113, 176
Szathmáry Zsigmond (*1939), Organist 303
Szell George (1897–1970), Dirigent 177, 180, 183, 186, 202, 225, 249, 376, 388
Szymanowski Karol (1882–1937), Komponist 275
Tabachnik Michel (*1942), Dirigent 229, 233
Tamás János (1936–1995), Komponist 277
Tamestit Antoine (*1979), Bratschist 358
Tarr Edward H. (*1936), Trompeter 266
Taruskin Richard (*1945), Musikwissenschaftler 44
Tauber Richard (1891–1948), Sänger 26
Tazaki Etsko, Pianistin 244
Tchakarov Emil (1948–1991), Dirigent 275
Telemann Georg Philipp (1681–1767), Komponist 207
Temirkanov Yuri (*1938), Dirigent 303
Tennstedt Klaus (1926–1998), Dirigent 303
Terfel Bryn (*1965), Sänger 319
Tetzlaff Christian (*1966), Violinist 275, 357
Thielemann Christian (*1959), Dirigent 169, 356, 387
Thode-von Bülow Daniela (1860–1940) 45, 46, 56, 57, 58, 59, 62, *64*
Thomas David (*1943), Sänger 272
Thorborg Kirstin (1896–1970), Sängerin 92

Tilson Thomas Michael (*1944), Dirigent 325
Tippett Michael (1905–1998), Komponist 358
Tischhauser Franz (*1921), Komponist 176
Tolstoi Leo (1828–1910), Schriftsteller 274
Tomášek Václav Jan (1774–1850), Komponist 266
Tönz Stefan (*1972?), Violinist 302
Tortelier Paul (1914–1990), Cellist 239
Toscanini (Horowitz) Wanda (1907–1998), Tochter von Arturo T. 63, 66, 68, 86
Toscanini Arturo (1867–1957), Dirigent *1*, 14, 26, 32, 33, 44, 45, 48, *52*, 54, 56–60, 62, 63, *64*, 65, *67*, 68–73, 77, 79–81, 86, 88–93, *95*, 96, *97*, 98, 99, 113, 118, 120, 122, 128–130, 133–135, 140, 146, *147*, 150, 163, 165, 170, 186, 195, 198, 262, 272, 276, 344, 368, 386, 387, 388
Toscanini Carla (1877–1951), Ehefrau von Arturo T. *64*, 66, 89
Toscanini Wally, Contessa Castelbarco (1900–1991), Tochter von Arturo T. 63, *64*, 66, 68, 70, 89
Toscanini Walter (1898–1971), Sohn von Arturo T. 70
Trakl Georg (1887–1914), Schriftsteller 207
Travis Francis (*1921), Dirigent 226
Tretjakow Victor (*1946), Violinist 275
Troller Alois (1906–1987), Jurist, Präsident IMF 168, 190, 191, 193, *207*, 213–217, 224, 227, 251, 382
Tschaikowsky Pjotr Iljitsch (1840–1893), Komponist 180, 112, 128, 141, 147, 162, 164, 179, 183, 201, 274, 298, 388
Tscherepnin Aleksandr Nikolajewitsch (1899–1977), Komponist 176, 245
Tscherepnin Ivan (1943–1998), Komponist, Dirigent 245
Tscherepnin Nicolai (1873–1945), Komponist 245
Tschupp Räto (1929–2002), Dirigent 232
Turina Joaquin (1882–1949), Komponist 239
Twain Mark (1835–1910), Schriftsteller 104
Uchida Mitsuko (*1948), Pianistin 353, 360, *365*
Ugorski Anatol (*1942), Pianist 328
Ulbrich Hans Martin (*1939), Oboist, Beauftragter SFO 112, 322, 369, 387, 388
Ullrich Marc, Trompeter 266
Vackár Dalibor C. (1906–1984), Komponist 176
Varèse Edgard (1883–1965), Komponist 270, 275
Varnay Astrid (1918–2006), Sängerin 156
Varsi Dinorah (1939–2013), Pianistin 206
Varviso Silvio (1924–2006), Dirigent 232
Vaughan Williams Ralph (1872–1958), Komponist 96, 164
Végh Sándor (1912–1997), Violinist, Dirigent 160, 275, *309*
Vejvanovsky Pavel Josef (um 1640–1693), Komponist 266
Veneziani Vittore (1878–1958), Chordirigent 86
Venzago Mario (*1948), Dirigent 244, 249, 276, 355, 374
Verdi Giuseppe (1813–1901), Komponist 81, 86, 89, 92, 93, 104, 105, 107, 113, 162–164, 186, 245, 246, 275, 377
Veress Sándor (1907–1992), Komponist 176, 238, 277, 303, 379–381, *383*
Viersen Quirine (*1972), Cellistin 355
Vignanelli Ferruccio (1903–1988), Organist 151
de Vito Gioconda (1907–1994), Violinistin 169
Vivaldi Antonio (1678–1741), Komponist 104, 175, 232, 326
Vogel Wladimir (1896–1984), Komponist 176, 241, 258, 274, 277, 302
Vollenwyder Erich (1921–1997), Organist 212
Votto Antonino (1896–1985), Dirigent 106, 113, 163
Wagner (Lafferentz) Verena (*1920), Tochter von Siegfried W. 45
Wagner Cosima (1837–1930), Ehefrau von Richard W. 21, 26, 59
Wagner Friedelind (1918–1991), Tochter von Siegfried W. 44, 45, 46, *52*, 64, 65, 71, *244*, *272*, 387
Wagner Gudrun (1944–2007), Ehefrau von Wolfgang W. 320
Wagner Katharina (*1978), Tochter von Wolfgang W. 320
Wagner Richard (1813–1883), Komponist 16, 21, 23, 26, 52, 39, 44, 45, 54–57, 59, 70–73, 77, 96, 104, 105, 107, 108, 113, 130, 134, 143, 150, 155–157, 162, 164, 165, 248, 262, 264, 265, 272, 306, 339, 356, 358, 360, 368, 386, 387
Wagner Siegfried (1869–1930), Komponist, Sohn von Richard W. 22, 45, 71, 243, 244, 253
Wagner Sieglinde (1921–2003), Sängerin 172
Wagner Winifred (1897–1980), Ehefrau von Siegfried W. 45, 388
Wagner Wolfgang (1919–2010), Enkel von Richard W. 320
Wahrmund Adolf (1827–1913), Orientalist, Schriftsteller 39
Walter Bruno (1876–1962), Dirigent 44, 53, 54, 71, 73, 77–79, 86, 88–90, 93, 104, 135, 146, 147, 150, 158, 178, 387
Walter Margarete (1906–1939), Tochter von Bruno W. 89, 90

Wälterlin Oskar (1895–1961), Regisseur, Intendant 212
Walton William (1902–1983), Komponist 183
Wand Günter (1912–2002), Dirigent 275
Watts André (*1946), Pianist 280
von Weber Carl Maria (1786–1826), Komponist 73, 162, 164, 359, 379
Webern Anton (1883–1945), Komponist 48, 75, 164, 202, 234, 235, 238, 250, 265, 270, 275
Weikert Ralf (*1940), Dirigent 252
Weingartner Felix (1863–1942), Dirigent 102, 103
Wenzinger August (1905–1996), Cellist, Gambist 371
Werba Erik (1918–1992), Pianist 158, *208*
Wermelinger Anton, Dirigent 26
Westphal Gert (1920–2002), Schauspieler 264
Wey Max (1982–1953), Stadtpräsident Luzern, Präsident Festwochen 103, 110–113, 121, 122, *123*, 133, 149, 161, 215
Whitman Walt (1819–1892), Schriftsteller 270
Wick Karl (1891–1969), Redaktor 42
Widmann Jörg (*1973), Klarinettist, Komponist 359, 381
Widmer Kurt (*1940), Sänger 206, 208, 225, 241, 277
Widmer Oliver (*1965), Sänger 302
Wiemann Matthias (1902–1969), Schauspieler 212
Wiesner Albert (1889–1954), Schauspieler, Regisseur 157, 160
Wildberger Jacques (1922–2006), Komponist 258
Wildeisen Annemarie (*1946), Leiterin Administration SFO 322
Willisegger Hansruedi (*1935), Chorleiter 233, 277
Wimmer Maria (1911–1996), Schauspielerin 212
Winschermann Helmut (*1920), Oboist, Dirigent *175*
Wirz Clara (1933–2009), Sängerin 244
Wischnewskaja Galina (1926–2012), Sängerin 241
Wohnlich David (*1953), Komponist 277
Wojtyła Karol, Papst Johannes Paul II. (1920–2005) 252
Wolf Christa (1929–2011), Schriftstellerin 301
Wolff Hugo (1860–1903), Komponist 265
Wördehoff Thomas (*1953), Musikpublizist, Intendant 278
Woytowicz Stefania (1922–2005), Sängerin 251
Wyss Paul (1902–?), Kurdirektor Luzern 80
Wyttenbach Jürg (*1935), Komponist, Pianist, Dirigent 226, 235, 266, 277, 278
Yun Isang (1917–1995), Komponist 212, 268
Zacher Gerd (*1929), Organist 212
Zampieri Giuseppe (1921–1981), Sänger 186
Zehetmair Thomas (*1961), Violinist 244, 248
Zeitlin Zvi (1922–2012), Violinist 241
Zelenka Jan Dismas (1679–1745), Komponist 266
Zeltser Mark (*1947), Pianist 245
von Zemlinsky Alexander (1871–1942), Komponist 275
Zender Hans (*1936), Komponist, Dirigent 305
Zepperitz Rainer (1930–2009), Kontrabassist 147
Zhou Mi (*1986), Sänger 360
Zihlmann Hans (*1936), Chorleiter 272
Zimerman Krystian (*1956), Pianist 248, *311*
Zimmerli Jakob (1863–1940), Stadtpräsident Luzern, Präsident Festwochen 25, 27, 32, 34, 35, 44, 45, 52–54, 58–60, 62, 63, 73–75, *76*, 77–80, 86, 88, 94, 102, 103, 215, 368, 388
Zimmermann Bernd Alois (1918–1970), Komponist 209, 226, 356, 360
Zimmermann Frank Peter (*1965), Violinist 248
Zinsstag Adolf (1878–1965), Goldschmied, Violinist, Schriftsteller 44, 45
Zuckmayer Carl (1896–1977), Schriftsteller 387
Zukerman Pinchas (*1948), Violinist 228
Zurflüh Robert (1917–2013), Posthalter 397
Zweig Stefan (1881–1942), Schriftsteller 14, 44

ABKÜRZUNGSVERZEICHNIS

IMF	Internationale Musikfestwochen
LF	Lucerne Festival
LNN	Luzerner Neueste Nachrichten
LT	Luzerner Tagblatt
M&Th	Musik und Theater
NLZ	Neue Luzerner Zeitung
NZZ	Neue Zürcher Zeitung, alte Ausgaben mit Zusatz Mo., Mi., Ab. (Morgen-, Mittag-, Abendausgabe)
SMZ	Schweizerische Musikzeitung
TA	Tages-Anzeiger
VA	Vaterland
AML	Allgemeine Musikgesellschaft Luzern
BR	Bayerischer Rundfunk
BOG	Basler Orchestergesellschaft
CMZ	Collegium Musicum Zürich
COE	Chamber Orchestra of Europe
ECYO	European Community Youth Orchestra
GMJO	Gustav Mahler Jugendorchester
LFO	Lucerne Festival Orchestra
NDR	Norddeutscher Rundfunk
SFO	Schweizerisches Festspielorchester
SMV	Schweizerischer Musikerverband
SWF	Südwestfunk
WDR	Westdeutscher Rundfunk
Prot.	Protokoll
SALU	Stadtarchiv Luzern
StaA	Staatsarchiv Luzern
SRG	Schweizerische Radio- und Fernsehgesellschaft

BILDNACHWEIS

Archiv Lucerne Festival
(Fotograf in Klammern, wenn bekannt)
1, 2 (Hans Blättler), 10, 11, 13 (Marco Borggreve), 50, 55, 56, 60, 63, 64, 66, 67, 82/83 (Jean Schneider), 84, 87 (K. Manz), 88, 91, 93, 94, 97, 98, 105 (Jean Schneider), 106, 115 (Hans Blättler), 117 (Jean Schneider), 129, 131, 140 (Jos. Laubacher jr.), 143, 152 (M. Wyss), 169, 170, 173r (Roland Reiter), 174 (Joe Boog), 175, 181, 182, 183 (Felix Scheidegger), 194 (Paul Weber), 194, 197, 201 (Hans Blättler), 204 (Paul Weber), 205, 207, 220/221, 222, 230 (J. Koch), 232, 233 (Herbert Borner), 242 (Georg Anderhub), 243 (Ruth + Sigi Tischler), 247, 254, 258, 259 (Stephan Wicki), 265 (Klaus Hennch), 268 (Georg Anderhub), 270, 277 (Priska Ketterer), 296 (Priska Ketterer), 298, 299, 302, 307 (Priska Ketterer), 318 (Georg Anderhub), 319, 323, 329 (Priska Ketterer), 370 (Daniel Vass), 383 (Hans Blättler), 384 u., 385 o., 385 lu (Daniel Vass), 385 ru.

Staatsarchiv Luzern, Nachlass Lisa Meyerlist
90r, 124, 149, 163, 183, 192, 202, 229, 231

Stadtarchiv Luzern
18, 28/29, 36 (F2a/Publikationen/5), 42, 43, 76 (F2a/Porträts/Einzel/1236)

Zentrale Hochschulbibliothek Luzern
20, 23 (Ms. 177. fol [fol. 18 recto]), 26 (Kursaal: LSa 19:11:6:22), 151

ZHBL-Musik
137 (Geschenk von Oscar Steiger)

Paul Sacher Stiftung, Basel
Sammlung Paul Sacher:
189

Einzelnachweise
Stadtarchiv Zürich, Nachlass Klaus Hennch
5, 10, 15, 57, 114, 144, 147, 159, 166, 173l, 177, 178, 179, 180, 184, 186, 190, 195, 198, 200, 208, 209, 219, 234, 237, 244, 256, 260, 261, 270, 272, 319, 326

Emanuel Ammon 280 bis 295, 351

Mondo Annoni 116

Privatbesitz Nina Bakman 145

Georg Anderhub 92, 210/211, 271, 305, 332 bis 335, 345, 357, 358r, 359r, 364u, 384ro.

Peter Fischli 4, 11, 132/133, 248, 257, 301, 304, 308 bis 311, 320, 327, 373

Priska Ketterer 6, 16, 317, 325, 336/337, 338, 340, 342, 352, 353, 354, 357, 358l, 359l, 363, 364o, 365

Privatbesitz Rosmarie Hohler 228, 317

Brigitta Kowsky 14

David Künler 30

Privatbesitz Claire Rickli 148

Privatbesitz Erich Singer 5 (Lauterwasser), 24 (Vierwaldstättersee [Offizielles Fremdenblatt] 21. 7. 1938), 26, 58 (aus: Fuhrich & Prossnitz, S. 224), 70 (aus Frassati, L. 1967, 86, 90l (aus: Selvini, M. 1999), 95, 96, 112, 141 (Hans Blättler), 144, 156 (Jean Schneider), 157 (A. Altaffer), 159 (Paul Weber), 225 (aus: Basler Konzertskizzen. Zum 100. Geburtstag von Fritz Ryser, S. 74), 273 (Peter A. Meyer), 330, 366, 369

Privatbesitz Nachlass Strebi 3, 94, 100, 102, 106, 119, 123, 196, 204

Max Wettach 11, 312

Privatbesitz Claudio Veress 384lo.

Hans Erni «Plakate», Genf 2011 168, 203
Internetnachweis www.findagrave.com 81

Der Verlag hat sich bemüht, alle Rechteinhaber ausfindig zu machen. Sollte trotz intensiver Recherche ein Urheberrecht nicht genannt sein, entschuldigen wir uns und bitten um Nachricht beim Verlag.

HINWEISE ZUR DVD

Die DVD versteht sich als reine Dokumentation, ohne dramaturgische Konzeption im Sinne eines inhaltlich kompakten Dokumentarfilms oder gar Spielfilms. Die festgehaltenen Ausschnitte dienen als Belege und zur Veranschaulichung in Form der «bewegten» Illustration. Die Dokumentarfilme von 1945, 1967 und 1973 sind unverändert kopiert, ebenso die Berichte der Filmwochen- und Tagesschauen. Die kurzen Sequenzen, die Walter Strebi als Kamera-Amateur mit Achtmillimeter-Filmmaterial gedreht hat, und die mir seine Tochter Ursula Jones-Strebi freundlicherweise überlassen hatte, bereiteten einige Schwierigkeiten bei der Aufarbeitung und Digitalisierung. Die im Laufe der Zeit brüchig gewordenen Filme mussten durch aufwendige Prozesse restauriert werden, bevor sie gemastert werden konnten. Wir wollten jedoch auf diese einzigarten, wohltuend dilettantisch gefilmten privaten Blicke hinter die Kulissen der Festwochen nicht verzichten. Der Betrachter mag anhand dieser Bilder, eindrücklicher als es die Wortschilderung vermag, erfahren, dass der damalige Musikbetrieb sich weniger hektisch ausnahm als im späteren Jetset-Zeitalter. Bedauerlicherweise musste aus rechtlichen Gründen von weiteren Filmdokumenten abgesehen werden.

Auf die einzelnen Sequenzen wird an entsprechender Stelle im Buchtext hingewiesen.

FILMDOKUMENTE ZUR FESTIVALGESCHICHTE

1. Dokumentarfilme

1.1. «*Luzern und seine internationalen Musikfestwochen*» | 18'12"
von Hans Trommer, 1945
Ernest Ansermet, Paul Kletzki (Klecki),
Edwin Fischer, Georg Kulenkampff, Joseph Breitenbach, Paul Sacher

1.2. «*LUZERN – die klingende Stadt*», 17. August 1967 | 15'02"
von Roy Oppenheim
Ausschnitt über die Luzerner Musikfestwochen
Christoph Eschenbach, Wolfgang Schneiderhan, Edwin Fischer, Arthur Rubinstein,
Herbert von Karajan, Yehudi Menuhin, Paul Sacher und Agnes Giebel

1.3. «*Luzern und seine Musikfestwochen*» | 19'10"
von Henri Raschle, Herbert E. Meier, Nina Brunst, 1973
Rudolf Kempe, Rudolf Baumgartner, János Starker, Elisabeth Grümmer,
Rudolf Firkušný, Wolfgang Schneiderhan, Wilhelm Kempff, Paul Sacher

1.4. «*Toscanini inedito*» («Der unbekannte Toscanini») | 6'25"
von Nicoletta Gemnetti und Fabio Calvi, RSI 2008
Toscanini im Jahre 1939. Interview mit Alt-Posthalter Robert Zurflüh bei
der Poststelle Kastanienbaum. Villa Althaus. (Ausschnitt)

2. Filmwochenschau- und Tagesschau-Berichte

2.1. *«Hommage à la musique»* | 1'53"
Edwin Fischer, Wolfgang Schneiderhan, Enrico Mainardi, William Primrose, Herbert von Karajan, Wilhelm Furtwängler und Sänger, Leopold Stokowski, Carl Schuricht, Paul Sacher, Karl Münchinger
Schweizer Filmwochenschau, 7. September 1951

2.2. *Ernest Ansermet probt mit dem SFO, Musikfestwochen* | 1'04"
Schweizer Filmwochenschau, 12. August 1955

2.3. *Othmar Fries über die IMF, Probe SFO unter Ferenc Fricsay* | 4'37"
Tagesschau, 13. August 1960*

2.4. *Yehudi Menuhin* | 1'11"
Tagesschau, 20. August 1961*

2.5. *Rafael Kubelík (Interviews mit Eric Guignard und Rafael Kubelík)* | 3'21"
Tagesschau, 15. August 1962*

2.6. *Konservatorium Dreilinden, Meisterkurs Wolfgang Schneiderhan* | 0'59"
Tagesschau, 5. Juni 1964*

*Die Tagesschauberichte enthalten, abgesehen von den Interviews, keinen Ton, wurden jedoch nicht etwa stumm gesendet, sondern live kommentiert. Das heisst, die Sprecherin oder der Sprecher fehlt im archivierten Film. Deshalb ist bei Menuhins Aussage zu ergänzen, dass er in Ferenc Fricsay den eigentlichen Nachfolger Furtwänglers erkannte.

3. «Antenne Spezial», 10. September 1969 | 19'02"
zu den Internationalen Musikfestwochen Luzern

3.1. *Herbert von Karajan, Streicher der Berliner Philharmoniker* | 3'17"
J. S. Bach: Brandenburgisches Konzert Nr. 3 G-Dur, 1. Satz (Ausschnitt)

3.2. *Festival Strings Lucerne, Les Percussions de Strasbourg, Rudolf Baumgartner* | 2'20"
Maurice Ohana: Silenciaire pour percussion et cordes, Uraufführung (Ausschnitt)

3.3. *Sergiu Luca in der Reihe «Junge Künstler»* | 2'02"
J. S. Bach: Sonate für Violine solo Nr. 2 a-Moll (Ausschnitt)

3.4. *Chor und Orchester des Kölner Rundfunks, Chöre des WDR und NDR* | 2'59"
Andrzej Markowski, Liliana Poli (Sopran), Anna Malewicz (Mezzosopran)
György Ligeti: Requiem, 1965 (Ausschnitt)

3.5. *Walter Schulthess: Lied «Ich wache noch in später Nacht» nach Christian Morgenstern* | 2'05"
Ernst Haefliger (Tenor) und Walter Schulthess (Klavier)

3.6. *Tschechische Philharmonie, Vaclav Neumann, Zino Francescatti (Violine)*
Johannes Brahms: Violinkonzert D-Dur op. 77, 1. Satz (Kadenz und Schluss) | 5'31"

4. Konzertaufzeichnung

4.1. *Das Israel Philharmonic Orchestra bei seinem ersten Gastspiel am 2. September 1971* | 3'35''
Zubin Mehta, Pinchas Zukerman (Violine)
Felix Mendelssohn: Violinkonzert e-Moll op. 64, 1. Satz:
Allegro molto appassionato (Ausschnitt)

5. Stummfilme aus dem Privatarchiv von Walter Strebi

5.1. *Paul Hindemith mit Bläsern, Dinu Lipatti als Zuhörer. Die Bläser des Festspielorchesters, unter ihnen der Fagottist und Gründer des Festspielorchesters Rudolf Leuzinger, spielen ein Bläserquartett von Hindemith im Garten des inzwischen abgerissenen Hauses der Familie Strebi vor dem Löwendenkmal, 1947* | 0'47''

5.2. *Paul Sacher und das Collegium Musicum Zürich bei der Probe zur Serenade vor dem Löwendenkmal, Solistin: Maria Stader (Sopran), 1947* | 0'36''

5.3. *Gartenparty bei Strebis. Man erkennt der Reihe nach Georg Kulenkampff, Adrian Aeschbacher, Walter Schulthess (mit Zigarette), Paul Sacher, Maria Stader und Maria Strebi, 1947* | 0'24''

5.4. *Arthur Honegger und Georg Kulenkampff im Garten am See. Honegger beim Schwimmen. Haus Strebi in Kastanienbaum, 1948* | 1'46''

5.5. *Leopold Stokowski mit Alphornbläsern, Fahnenschwingern, Talerschwingern im Garten des Hauses Strebi in Kastanienbaum, 1951* | 1'57''

5.6. *Enrico Mainardi, Kastanienbaum, 1951* | 0'16''

5.7. *Herbert von Karajan im Hause Strebi beim Löwendenkmal, 1951* | 0'21''

5.8. *Igor Markevitch und Nathan Milstein, Kastanienbaum, 1953* | 0'29''

5.9. *Wilhelm Furtwängler, Clara Haskil im Hause Strebi beim Löwendenkmal, 1954* | 0'15''

VERLAG UND STIFTUNG PRO LIBRO LUZERN

Der Verlag Pro Libro Luzern GmbH ist im Frühjahr 2006 gegründet worden und will die reichhaltige Kultur der Zentralschweiz mit Sachbüchern, ausgewählten literarischen Werken des 20. Jahrhunderts sowie Neuerscheinungen aus unserer Zeit dokumentieren.

Mit der im gleichen Jahr entstandenen gemeinnützigen Stiftung Pro Libro Luzern sollen die Herstellung und Verbreitung des anspruchsvollen Verlagsprogramms durch Donationen, Gönnerschaften und Sponsoring ideell und finanziell unterstützt werden.

Alle Bücher des Verlages sind im Buchhandel erhältlich (Auslieferung: AVA Verlagsauslieferung AG, CH-8910 Affoltern am Albis, www.ava.ch) oder können beim Verlag (Adligenswilerstr. 30, 6006 Luzern) oder per E-Mail: prolibro@bluewin.ch bestellt werden. Alle Informationen finden Sie unter www.prolibro.ch.

Die Sachbuchreihe «Kultur in der Zentralschweiz», 1997 begonnen, ist vom Verlag «Pro Libro» übernommen worden.

LITERATUR ZUR MUSIK

Beat Müller
«Jazz in Luzern»
von der Quartierbeiz in den Konzertsaal
2009, 141 S.
ISBN 978-39523525-4-0, Fr. 29.–
Vor 60 Jahren entdeckten ein paar Schüler im Luzerner Quartierschulhaus Maihof ihre Liebe für den amerikanischen Jazz. Sie ahnten nicht, dass aus ihrem Zirkel «Jazz-Freunde-Maihof» ein Club mit rund 1000 Mitgliedern würde. Das Buch dokumentiert die faszinierende Geschichte des ältesten noch aktiven Jazz-Clubs der Schweiz. In jährlich gegen 30 Konzerten mit rund 10'000 Besuchern traten und treten fast alle grossen Stars auf. Luzern verfügt damit, nebst der klassischen Musik, auch punkto Jazz über ein internationales Renommee.

Alois Koch (Hg)
«Kreative Provinz»,
Musik in der Zentralschweiz
2010, 256 S., gebunden
ISBN 978-3-905927- 06-1, Fr. 59.–
Wenige Gebiete der Schweiz definieren sich seit Jahrhunderten über ihre musikalische Kultur. «Kreative Provinz» vermittelt eine kaleidoskopische Rundschau der verschiedenartigsten musikalischen Entwicklungsstränge. Alle Sparten wie zum Beispiel die Volksmusik, Kirchen- und Gesangsmusik, Bläser- und Orchestermusik bis hin zur wachsenden Internationalität des KKL befinden sich zwischen begeistertem Dilettantismus und ambitionierter Professionalität. Das Buch dokumentiert auf spannende Weise das unerschöpfliche Potential einer überschaubaren Region.

Heidi Harry (Hg)
Hubert Harry Pianist
Fragmente eines Lebens – Fragments of a life
248 S., bebildert, Hardcover mit CD
ISBN 978-3-905927-31-3, Fr. 79.–
«Hubert Harry – Pianist» zeichnet Stationen seines Lebens (1927 – 2010) nach. In Nordengland geboren, gab Harry schon als Vierjähriger sein erstes Konzert. Nach Studien in Manchester kam er 1946 in die Schweiz und bildetet sich bei Edwin Fischer, Dinu Lipatti und anderen aus. Die vielversprechende Solistenkarriere gab er später auf zu Gunsten der pädagogischen Tätigkeit am Konservatorium Luzern, für die er von unzähligen Pianisten europaweit verehrt wurde.
Zum Autorenteam gehören, neben der Herausgeberin Heidi Harry, Rudolf Bossard, Musikwissenschaftler in Luzern, und Roger Taylor, Musikbibliothekar in Gillingham, Dorset (GB). Sie bürgen für exakt recherchierte Fakten und spüren feinfühlig dem Menschen nach. Schülerinnen und Schüler vermitteln Einblicke in die Werkstatt des Pädagogen. Fotografien und Dokumente illustrieren die biographischen Abschnitte. Durch die rhythmisch komponierte Gestaltung (Allan Harry) entstand ein «musikalisches» Buch. Die CD bringt Aufnahmen aus den Jahren 1945 bis 2003. Für Kenner seiner Kunst eine echte Trouvaille.

PRO LI BRO LUZERN

DANK

Autor und Verlag danken für grosszügige Unterstützung

Freunde Lucerne Festival
UBS-Kulturstiftung
Josef Müller Stiftung
Frau Carla Maria Schwöbel-Braun
FUKA-Fonds, Stadt Luzern
Kanton Luzern Kulturförderung, Swisslos

Stadt Luzern
FUKA-Fonds

IMPRESSUM

2014, erste Auflage
Copyright by Verlag Pro Libro Luzern GmbH, CH-6006 Luzern

Gestaltung
Max Wettach, Luzern

Lithografie
SETAP, Luzern

Lektorat
Thomas Goetz, Meilen

DVD
Video-Inszenierungen Arthur Spirk, Dübendorf

DVD-Produktion
morell.tv, Film & Fernsehproduktion GmbH, Zürich

ISBN 978-3-905927-03-0

www.prolibro.ch